U0841676

無錫文庫

第二輯

錫山游庠録
錫金游庠録
錫金游庠續録
錫金科第考
錫金游庠同人自述彙刊
無錫縣教育會年刊
芙蓉湖棹歌
梁溪竹枝詞
勾吳風土詩
錫山風土竹枝詞
無錫景物竹枝詞
雲林堂飲食製度集

鳳凰出版傳媒集團
鳳凰出版社

圖書在版編目（CIP）數據

錫山游庠錄等 /（清）邵涵初等輯纂. -- 南京 : 鳳凰出版社, 2011.12
（無錫文庫. 第2輯）
ISBN 978-7-5506-0970-9

Ⅰ. ①錫… Ⅱ. ①邵… Ⅲ. ①古籍－匯編－中國－清代 Ⅳ. ①Z424.9

中國版本圖書館CIP數據核字(2011)第238844號

責任編輯　王　劍
裝幀設計　姜　嵩
出版發行　鳳凰出版傳媒集團
　　　　　鳳凰出版社(原江蘇古籍出版社)
　　　　　南京市中央路165號　郵編 210009
　　　　　發行部電話 025－83223462
集團網址　鳳凰出版傳媒網　http://www.ppm.cn
印　　刷　無錫市證券印刷有限公司
　　　　　無錫市揚名高新技術産業園B區75號　郵編 214024
開　　本　889×1194毫米　1/16
印　　張　50
版　　次　2011年12月第1版　2011年12月第1次印刷
標準書號　ISBN 978-7-5506-0970-9
定　　價　650.00圓
　　　　　(本書凡印裝錯誤可向承印廠調換,電話:0510－85435666)

無錫文庫工作委員會

無錫文庫編輯委員會

無錫文庫學術顧問

（按姓氏筆畫排列）

朱玉麒　朱維錚　江慶柏　李文海

沈衛榮　武秀成　金良年　胡福明

莫礪鋒　徐中玉　陳熙中　許倬雲

張仲禮　張廷銀　彭　林　程章燦

馮　遠　馮其庸　楊天石　趙生群

劉玉才　錢　遜　錢中文　錢文忠

總序

七千年文明史，三千年建城史，江南名城無錫，襟長江依太湖，自古以來就是魚米之鄉，禮儀之邦。無錫文化自泰伯南奔以來，騰蛟起鳳，尚德崇文，在數千年的傳承發展中，教化常持，經世務實，人杰輩出，大家林立，文藻絢麗，錯彩鏤金。舍南舍北皆春水，欲與湖山作主人，數千年的人文傳統，賦予了風光秀美的無錫以獨特的文化魅力，鑄就了城市剛柔相濟、秀逸清麗的的文化品格。

無錫是中國吴文化的發源地。早在商代晚期，周太王古公亶父的長子泰伯三讓王位，携其弟仲雍奔吴，定居無錫梅里，建『勾吴國』，『端委以治周禮』，施以禮儀教化；興修水利，授以農桑，不數年而『民人殷富』。泰伯帶來的中原文化與無錫本地土著文明相結合，吴文化以及作爲其重要組成部分的無錫文化就此發端。晋室南渡，北方人群大量南遷，帶來了中原的文化技術，促進了無錫農業、水利、手工業和商業的發展，中原文明再度與吴文化進行融合互滲。在本土文化與异地文化的碰撞和交融中，不斷推動着無錫這座城市的文明進步。

無錫歷史文化『迫歷七千餘載歲月滌蕩，遂經四大轉折而成其廣大深厚：泰伯西來，吴文化成焉；永嘉南渡，江左文脉振焉；宋室波遷，江南文風始焉；歐風東漸，錫邑占風氣之先，民族工商文化始焉。數百代鄉彦賢達智慧與創造累積，文獻足徵，無慮百千』（《錫山先哲叢刊》重版弁言）。無錫文化以兼容并蓄多樣化的形態不斷發展。

崇文尚教，以教促文。北宋嘉祐三年（一〇五八），無錫始設縣學；北宋政和元年（一一一一），理學傳人楊時在無錫創建東林書院，此後無錫出現了喻樗、尤袤、李祥、蔣重珍等一批知名的教育家。至明代，顧憲成、高攀龍等在東林書院講學，此後又有許多書院相繼而起。古代無錫對教育的重視，促進了『崇文』和『尚教』的風氣，也造就了大量的人才。自隋朝開創科舉取士到清末廢除科舉，無錫共出了五名狀元、三名榜眼、六名探花和三名傳臚，并有五百四十名進士，一千二百多名舉人；『一榜九進士』、『六科三解元』，自古傳爲佳話。近代以來，經濟的繁榮進一步帶動了教育的興盛。無錫籍國學大師錢穆曾説：『晚清以下，群呼教育救國，無錫一縣最先起。』此後無錫的實業家紛紛出資興辦文化教育事業。教育的繁興，在極大程度上促進了無錫的文化發展，出現了空前的文化人才崛起的高峰。

文脉綿延，後出轉强。歷來『文化』的概念有廣義和狹義之分，這裏的『文脉』之『文』，用的是狹義的概念，即指經史、文學、藝術等人類所創造的精神財富的總和。在無錫的歷史文化傳統中，自古及今，悠悠文脉，如瓜瓞之綿綿。必須指出的是，從文化發生學的角度來看，早期中華文化的中心是在黄河流域的中原地區，無錫在宋元以前，雖有像顧愷之、李紳、尤袤、蔣捷、倪瓚等一批人文英才，但在整體上，無錫的文氣是自明清以迄近現代達到巔峰。在整個江南地區文教昌明和無錫經濟繁盛、教育勃興的大背景下，無錫地區在經史、文學、繪畫、音樂等諸多領域中，建樹卓越，俊才雲蒸，真正呈現出『人文之盛，冠於南國；碩彦輩出，著述繁富』的局面。

求實務本、重工崇商。無錫自古爲江南富庶之地、魚米之鄉。明代東林講學者將士商并列爲『本行』，講求經世致用；近代早期維新的思想家、實踐家薛福成提出『黜浮靡，崇實學』，大力倡揚『工商爲先，耕戰植其基，工商擴其用』的觀念，這些都成了近代以來無錫人求實務本、重工崇商的重要的思想根源；兼以明清時期，封建自然經濟解體，資本主義開始萌芽，無錫經濟日趨繁盛。鴉片戰争以後，上海開埠，由於商品經濟的發展和商業資本積累的增加，逐步形成了一個以上海爲中心的，北接江陰、靖江，西連蘇州、無錫、常州的經濟區域。有布、米、絲、錢『四大碼頭』的無錫，被譽爲『小上海』。到了十九世紀末、二十世紀初，無錫許多有識之士積極引進西方生産技術，大力興辦工廠，形成了近代六大資本系統，無錫成了近代中國民族工商業的發祥地和蘇南經濟中心。經濟的繁盛，不僅爲無錫文化的不斷發展提供了堅實的物質基礎，而且也形成了無錫文化的主流形態之一的，具有鮮明特色和豐富内涵的『工商文化』。

文化源長，文獻宏大。在歷史上，無錫有過兩次較大規模的文化整理。一八九九年，《常州先哲遺書》是包涵無錫在内的第一次區域性文化整理集成。一九二二年，《錫山先哲叢刊》是無錫真正意義上從城市角度進行的一次文化整理。當時，國家積貧積弱，社會動蕩離亂，身處亂世的有識之士高擎文化的旗幟，以縱覽千古的魄力和毅力致力於城市文化傳統的繼承與弘揚，爲無錫地方人文教育提供了文化楷模，對增强無錫崇文興教氛圍發揮了重要的作用，爲無錫躋身江南名城提供了文化動力，其意義至今爲後人感念。

滄桑巨變，天上人間。經過近一個世紀的奮鬥探索，特别是改革開放三十多年來的迅猛發展，中華民族强勢崛起。國運昌隆，盛世修典。中共無錫市委、市政府高度重視地方傳統文化的整理弘揚工作。自二〇〇七年提出『建設文明無錫，打造文化名城』以來，無錫全面深入開展歷史文化遺産的挖掘、清理、保護和修復工作，傳承弘揚優秀傳統文化，彰顯城市人文歷史底藴，掀起歷史文化名城建設新高潮。此後，市委、市政府在《無錫市文化大發展大繁榮行動綱要》中明確要求全面整理出版地方歷史文獻，市委、市政府在《關於深化文化體制改革加快文化强市建設的决定》中再次明確要求編纂《無錫文庫》，正式啓動迄今爲止無錫地區規模最大、綜合性鄉邦文獻集成的修編工作。爲確保《無錫文庫》的編纂工作順利進行，市委、市政府專門成立了『無錫文庫工作委員會』，由市委宣傳部牽頭，設立了『無錫文庫編輯委員會』，計劃用三年時間完成編纂出版工作。《無錫文庫》的編纂，將以嶄新的學術角度和現代學科框架對城市歷史文化進行全面梳理和弘揚，站在時代的高度，充分展示城市深厚的歷史底藴，彰顯先賢哲人的智慧創造，解讀無錫文化的獨特個性，提煉升華無錫的人文精神，光前裕後，古爲今用，以文化人，由人化文，以史爲鑒，開啓未來。

《無錫文庫》的編纂出版必將發揮重要的文化功能：首先是搶救文獻。無錫自古即有豐富的地方文獻，無論經史子集，都有重要著作流傳於世。然而無錫近代歷經戰亂，一些重要典籍已毁佚，僅有書名存留；還有一些珍貴的明清地方史籍，也以孤本存世，處於若存若亡之間。由於各種原因，一些代表無錫文化的典籍保存於國内外各大圖書館中，在無錫不易見到。從清末到民國期間，在文化上有不少重要成果，而這部分書籍因長期被忽視而處於毁佚的邊緣。《無錫文庫》的編纂就是爲了搶救文獻，保存文脉。其次是古籍整理。無錫先賢留下的載籍很多，但現存書籍，版本雜亂，良莠不齊，整體而言没有經過系統編排梳理，使用不便。《無錫文庫》的編纂，就是從版本目録學的角度加以梳理，每書皆撰提要，鈎玄指要，便於閱讀使用。第三是服務大衆。《無錫文庫》所收皆爲地方古史遺文，是研究無錫歷史沿革和文化傳承的必讀書目。《無錫文庫》的編纂出版，使這些書籍的使用更加便捷和廣泛，對無錫的文化建設、城市規劃、古迹保護、名勝開發都具有很高的學術價值和實用價值。

歷史唯物主義觀是《無錫文庫》編纂出版工作的重要指導思想。《無錫文庫》是一部具有社會主義新時代特點的典籍集成，編纂理念和選編觀念更加科學，注重學術性、實用性和經典性相結合，并且儘量收入古籍版本研究的新成果，廣泛收集流散在國内外的珍貴典籍。編纂工作中，始終堅持『尊重歷史、尊重科學、尊重規律、尊重專家』的原則，堅持『雙百』方針，對傳統文化中重要的不同學派、不同觀點的資料兼收并蓄，力求客觀、完整和全面。當然，《無錫文庫》不可能包羅萬象，而以文史哲爲主要内容，兼顧其他類别著述，整體呈現出無錫歷史文化的發展脉絡。强化編纂工作的學術規範，提倡實事求是的良好學風，對文庫的整體規模、體例框架、所收書目、版式裝幀等進行反復論證，反復比較，多方聽取意見，慎之又慎，力争使《無錫文庫》成爲一部真正代表無錫文化的綜合性鄉邦文獻集成。

編纂出版《無錫文庫》的盛舉，得到了海内外衆多著名的文史專家、學者教授的熱烈響應。許倬雲、馮其庸、楊天石、李文海、徐中玉、馮遠、胡福明等無錫籍文化名人和劉玉才、程章燦、江慶柏、張廷銀、金良年等專家學者應邀擔任《無錫文庫》的學術顧問，他們扎實的學術功底、嚴謹的治學風範、卓越的學術見識，爲《無錫文庫》提供了有力的支撑。

千年吴地文明，百年工商繁華，賦予無錫人聰慧和靈秀，創造了具有獨特品質的城市文化和城市精神。當我們手捧先哲留下的珍貴文化遺産，不僅滿懷感恩、敬畏之心，更涌動着不負前賢、勵志圖新的激情，去努力創造城市文化嶄新的輝煌，讓無錫文化大發展大繁榮的春天更加姹紫嫣紅、繽紛燦爛！

無錫文庫編輯委員會

二〇一一年一月

凡例

一、《文庫》所收爲無錫籍作家的著述和與無錫相關的歷代文獻，分爲《官修舊志》、《地方史料專著》、《年譜家乘》、《無錫文存》和《近現代名家名著存目》五輯。

二、無錫地域範圍以現行行政轄區爲準。《文庫》立足無錫市區，兼顧江陰、宜興，適當選收江陰、宜興具有代表性的著作。

三、《文庫》所收著作，以史料價值高、使用價值大爲原則，適當兼顧其版本價值。

四、《文庫》主要采用影印方式出版，《近現代名家名著存目》收入作家小傳和主要著述目録。

五、《文庫》所收著作，其編纂年代下限爲一九四九年；《近現代名家名著存目》則不受此限。

六、《文庫》所收著作，原書如有蠹損、殘缺、漫漶不清處，原則上以相同版本予以換頁、補頁，使全書清晰、整齊。

七、《文庫》對所收每種圖書，均撰寫提要，置於每種書扉頁之背面；每册均新編頁碼，自爲起訖。

八、《文庫》編制書名索引和著者索引，以方便讀者使用。

第二輯編輯説明

本輯爲《無錫文庫》之第二輯《地方史料專著》。這些書籍皆爲個人著作，它們是官修方志之外最重要的地方史料，是對地方歷史更爲精細的記録和闡述。其中保存了官志中看不到的材料，所以也是官志極其重要的補充。無錫自古以來人文薈萃，所以歷史上存留下來的地方史料專著也非常豐富。明清以來這些著述得到了長足的發展。作爲方志體裁的史書，這些著作所述史事已細化到一個鄉村，一座寺廟，一幢宅第，一座園林，一所學府，一項工程，一個專題等，從而爲後人保存了大量第一手的史料。進入民國後，隨着社會的發展，在政治、經濟、文化、教育等方面，出現了許多專門的出版物，這些具有時代特色的文獻，爲我們保存了民國時期原生態的歷史材料。從這些文獻中可以看到當時無錫向現代都市邁進的步伐。第二輯所收書籍，不少都是孤本，彌足珍貴。特别是一些藏於外地圖書館的珍貴書籍，這次也盡了最大的努力加以搜集。由於歷史的原因，一些地方史籍已失傳，僅有書名存留，不無遺珠之憾。一些民國書籍也偶有缺葉。敬請讀者見諒。從另一個角度而言，也更説明了這次文庫編纂的必要。

目録

錫山游庠録

（清）邵涵初 輯

《錫山游庠録》二卷首一卷，(清)邵涵初輯，清咸豐四年(一八五四)惠山尚德書院刻本，民國十九年(一九三〇)重印本。

邵涵初，字吟泉，號緘焦，無錫人。道光五年(一八二五)拔貢生。官阜寧訓導、淮安府教授。平生著述甚多，有《慧山續編》等十餘種。

《錫山游庠録》所載爲無錫明、清兩代的秀才名録。全書三卷，卷首内容有『學校源流』、『古碑姓名』、『學政源流考』。『古碑姓名』所記乃明代永樂二十二年、隆慶六年、萬曆十六年三碑所刻秀才名録，碑爲學中教諭所立。明萬曆三十年(一六〇二)到咸豐五年(一八五五)，共二百五十四年，從明代到清前期的歷次科考的名録，爲高鑠泉的祖輩所收集的各個抄本，清代中後期的名録則爲邵涵初自己所收集。這樣從明代永樂年間開始到清末咸豐五年止，游庠録已成爲無錫一地較完整的秀才學籍檔案。每一次童子試的學政名字、官銜、所考的題目，都列於秀才名單之前。某位秀才如果後來又考中舉人乃至進士，名字下都有添注。是書從明萬曆三十年至清雍正三年前爲卷上，書名爲《錫山游庠録》。清雍正四年無錫析爲無錫、金匱兩縣，故卷下書名爲《錫金游庠録》。在民國時刊印的該游庠録各册標題仍作舊稱外，在書前的題簽則改作《無錫游庠録》。

本書據民國十九年刻本影印。

(徐志鈞)

錫山遊庠錄

錫山游庠錄

咸豐乙卯新鐫

尚德書院藏版

錫山游庠錄敘

吾邑文人自副貢生以上皆得載名邑志列諸明倫堂後人可覽而稽其有終老於學中歷久遂無可考學者病焉夫科名之得失至無定矣主司憑一日之短長以決取舍而其所取者未必盡爲所長所舍者未必盡爲所短至於以短見黜雖欲自鳴其長而無憑此古人所以歎立名爲難得之遇然身前之名已不可得迨乎身後之名而并此區區者亦付之湮没而失傳是則老師宿儒所爲愍然傷心而稽古者亦無由資以考證夫固後起者之責也邵吟泉大令以道光乙酉拔貢授阜甯訓導卓薦調選授直隸南和知縣其爲訓導也凡可以表章文獻之事無不爲之及授南和則

未到任而引疾歸此其用意有非尋常意計所能測者今吟泉愍學籍之失傳乃取家藏本較訂之鋟板行世徵序於侃於是侃入學六十有一年矣迴思六十一年之前與諸君子揖讓於明倫之堂俯仰猶如昨日及茲披同案人姓名其見存者惟侃與孫戩宜大令而已而其後此之甲寅丙辰兩案中則反無有存者感歲月之不居歷名稱之易没乃慨然而爲之敘云

咸豐四年秋八月之吉汪士侃拜書

錫山遊庠錄敘

遊庠錄起萬歷壬寅至本年咸豐乙卯共二百五十四年本朝自雍正四年始析無錫東境添置金匱縣剖分學額故未析已前爲錫山遊庠錄既析之後爲錫金遊庠錄分前後編吾邑人文淵藪代有名賢洪武初年始定考取儒童之制有司以氏族之業儒者分占儒籍吾邵與焉五百年來坐享承平未有若吾邑之遭逢極盛者也然考家藏舊本僅始於萬厤壬寅而亦不無舛脫欲再求之嘉隆之世則遍索於徵文考獻之家而已不可得矣若仍束之高閣任其散佚消磨則螢窗雪案辛苦畢生僅青一衿而懷才不遇者遂并其姓名而湮沒無徵是可慨已爰以藏本質諸汪工部爲園先生乞加考證先生欣然以儒林文苑忠節孝友宦望行義耆碩隱逸著述方技貢舉甲科官階世職以及七代已上遊庠者咸爲詳註於案中夫庠序之英爲士子進身之始列名學籍既沒而典胥卽去其名涵初作校官時每按籍而致慨焉今以是本付諸梓人非特存二百年庠彥之名且使後此者積年增葺則因而傳者無窮矣方今數十年中同里同學誰不知名及至久而論定又可撫編歷數曰若者賢若者才若者宜爲之慰若者宜爲之惜則是編也更可爲有志者奮興之一助若夫卓越尋常之士出而爲邦家之光者固不徒爲閭里之榮無藉此微名爲也然更足爲吾鄉學校中生色已乙卯七月邵涵初拜書

無錫游庠錄續攷　　秦賡彤

頖宮明倫堂之西檗有碑陷於墉間石皴裂半爲泥封沃以頖池之水瘦剔之題爲無錫縣學重修記考其年則永樂二十二年甲辰也碑凡三列上列爲記文雖闕尚可句讀次列叙職官銜名撰人爲孫教諭姓名俱闕書丹爲西安知府呂名闕篆額者湖廣麻城教諭秦彧也按弘治志碑碣門永樂甲辰儒學碑連山林茱撰西安知府呂銘邑人舉永樂求賢科秦彧則由邑庠生中永樂戊子舉人（錫山秦氏遊庠登榜自彧始）是彧亦庠中人也後列殷布政序太學生胡濱舉人俞雍等均見選舉志下列載邑士姓名計六十有二人剝落已甚姓與名大半不備其可辨識者周恭甫龔伯庄陳益邵牧讓周尚文周景賜陳大猷過衡蔣德明許公傑倪思勉謝仲眞馮恭陶思信王廷珪蔣公大朱芾俞文得沈成甫陳叙恭鄒宗啟鄒宗善龔伯祥顧遵道鄒文昇顧宗順二十有六人此二十有六人者于志皆無可稽然莫非庠中人也錄而存之雖不若隆慶壬申萬厤戊子二碑之詳亦足資攷證焉咸豐乙卯八月之望

目錄

光緒戊寅重刻

無錫立學設官之始暨歷朝選舉制攷　秦麗昌

邑志學校之官紀自元初升縣爲州設州教授而實則肇於宋蒸宋慶厤仁宗年號時始詔州縣悉置學而無錫縣學則建於嘉祐三年仁宗改元知縣張詵其時學無專官知縣兼管勾學事銜見崇寍徽宗年號三年縣尉王相學記知縣兼主管學事銜丞簿尉亦有兼銜見紹興高宗年號十六年李彌正學記今碑在縣學戟門內而武寍章望之記所謂有先生之室者大都延師課士當嘉祐間有陳郡守襄請顧公臨爲主學一書可證也郡教授置於元祐元年哲宗年號至景定三年理宗年號縣置主學一員此縣學官師之始而職事位則有五曰正錄直學學諭教諭司計今學有淳祐五禩理宗改元薛師魯學田碑末坿載鄉貢進士司計尤有大錢會龍李觀國唐夫揚侍省進士縣學長直劉當矦陳潛王祖洪蔣金極立石一行葢卽學職事也元設教授外有大學小學訓導各一員蒙古字學教授一員明則縣教諭一員訓導二員均見毘陵志此立學後累朝官制也若夫士之升於學者宋沿唐制行科舉元豐神宗年號改用三舍法宣和徽宗年號癸卯復科舉常州郡定解額四十有三人江陰軍分其九紹興高宗年號丁巳添流寓名二遂以三十六人爲額見權晉陵令張貴謨記貢院舊以郡城永福寺爲之後在子城本漕司監糴料官廨監試主之考試位有六永福寺壁有監試通判軍州事朱發題名元代間有科舉屢格不行及明舉應天鄉試而常郡無定額矣至於學中取士

宗制大縣初以五十人爲率後乃以三歲應書多寡計之無錫官增給百人以百五十人爲率亦見王相記元設江浙儒學提舉專教事見至元六年李臺山撰提舉余公謙興學記又見至正二年孟潼撰州學記有提舉黃溍篆題二碑今在明倫堂明設提學副使始以歲科兩試取士入學

國朝因之簡任提督學政自康熙二十二年停止納生後額取文生十五名遞加至十名雍正四年析金匱縣無錫十二名金匱十三名別有撥入府學者

恩廣不在此限今士之遊於學校者日衆而師儒之官未嘗乏人宜何如循名責實以仰副

朝廷作人之意哉

明萬厤壬寅前無錫遊庠錄攷

秦麗昌 更名賡彤

邑乘有選舉志應辟召舉鄉會試以及副拔恩歲貢均有名若僅列於庠未經選舉者不與邵吟泉先生爲刋遊庠錄按歲科次第登其名志所遺錄所備也惟明萬厤壬寅前無攷謀於昌將蒐輯以存其略夫文亡獻闕聖人猶歎其無徵昌烏乎徵之哉無已請言其可知者據邑志無錫學剏建於宋嘉祐三年知縣張詵講堂後有先生之室東西兩序有諸生之舍業儒蓋百人見章望之記王仁輔則稱興學以來邑士之盛蓋宋代設科取士士之由科目進者如錢顗陳敏尤袤蔣芾李祥蔣重珍陳炤名賢輩出大率庠中人也元則如尤良陞以道陳顯曾陳汝霖張善明則如盛容邵寶秦金顧可久華察張選黃正色安如山王問談愷秦梁秦禾周子義秦燿孫繼臯顧憲成侯先春顧允成高攀龍爲名臣爲名儒亦大率庠中人也貢必升自學校自洪武年始姚樞李定陳禮以次擢用積官至通顯秦淮苗潤均祀名宦又無一非庠中人也此其可知者也雖然是固以選舉而登之志矣而他則何徵吟泉先生曰學宮中碑刻林立有諸生名是一徵也因往摩抄得碑之可徵者三一陷明倫堂壁爲明永樂二十二年甲辰碑石皴裂撰人名無存所載邑士名則有周恭甫等六十有二人一在學門左右隆慶六年壬申王問碑則有俞岳等二百有幾人萬厤十六年戊子孫繼臯碑又有張三才等二百餘人昌又曰是則然矣而吾邑

右族家乘纂詳亦一徵也余秦姓也能言秦自明初迄嘉隆則有秦錫秦伸秦渙秦濙秦瀚秦鋐秦釗秦源秦鏞秦達忠秦詔秦承祐秦倡秦僑秦超秦璧秦室秦熙宗秦塤秦伯鉉秦棻秦燿秦燮秦堅秦熒秦煚秦鳳梧秦程秦檉秦重慶秦延熙秦楷秦延煦秦重益秦栮秦樂若而人其已登選舉志及見前二碑者不贅凡此皆無歲科次第可稽然其爲庠士無疑也參之邑志可以存其略矣諸同志或別有采錄另帙補入茲就所見古碑徵之以備攷云

三碑姓名詳錄左方

永樂二十二年甲辰碑 闕撰人名按弘治志碑碣門永樂甲辰修學碑連江林茱撰由舉人任無錫縣教諭 碑凡六十有二人剝蝕三十有三人存二十有九人

邑士姓名周恭甫 顧心□ 蕭弘□
邵□安 □願甫 楊景□
龔伯庄 鮑信 朱□□
陳益 唐□昌 邵思仁
邵牧讓 俞文得 李□□
周尚文 陳傑 周□□
周景暘 顧□□ 趙□□
陳大猷 陳□辟 强□□
過衡 葛□□ 龔伯祥
吳原□ 沈成甫 顧遵道

錢公□ 王□□ 鄒文昇
高景□ 陳敘恭 顧宗順
張□ 鄒宗啓 徐□□
蔣德明 徐琳 楊子□
許公傑 鄒宗善 邵□宏
倪思勉 孫□□ 浦□□
徐□□ 吳□□ 陸□□
謝仲眞 陸文□
馮恭 □公□
周允□ 厲□□

陶思信 丁□□
王廷珪
蔣公大
朱莆

隆慶六年壬申碑 王問撰文爲教諭高巖立 碑凡二百三十有九人剝蝕十有五人存二百二十有四人

俞岳 虞海典 顧起□ 顧存性 華元祥
楊元 唐宗教 吳惇 張布皐 秦淪
吳應秋 顧道淳 華剛中 華與參 婁希亮
吳有成 談經 錢萬善 吳聘 吳應兆
周子敬 楊士登 過豪禮 華樹葬 馬夢朝

郭　東　蔡宗堯　秦　柄　華復元　楊泳之
鄒仕隆　莫啓堂　華仁夫　王大成　劉　潤
單有成　秦　棐　顧朝楨　許盛德　胡來朝
呂羲蒙　朱萬齡　陶用賢　虞　渭　呂應賓
顧憲成　陳幼學　杜　詩　陸德明　華　露
尤　瑨　吳三省　華汝霖　張子忠　華秉中
張三才　許九德　張應炤　華汝蘂　莫仁勤
華延紹　曹　祥　浦世忠　陸　粲　華王順
許九成　黃邦裕　張嗣英　侯先春　秦延勳
韓　文　顧履平　華　泮　黃邦奇　華敬吉

闕養民　華慶曾　楊拱翼　陸元懿　陸　集
陳汝文　盛　鑿　浦珠來　浦元吉　李思謙
華夢麟　李尚思　陸元和　烏　臺　許世卿
陳　志　王鎰顯　浦元嘉　華登庸　許志行
王問卿　陳甫耕　錢　完　強子義　魏　錦
浦湛如　呂大廉　湯有光　蔣紹光　李應祥
吳　愉　馬仲明　高　拱　殷邦靖　陸從龍
陳鳳翔　王伯誠　秦中行　鄒文泮　薛存智
尤　琮　韓斯靖　唐　䪨　華可徵　張子期
過體恒　王仲曾　錢文彥　張志伊　尤　璠

華道醇　秦　果　鄒拱辰　楊君錫　黃存忠
華欽禮　鄒近光　黃應龍　尤　鈿　華汝芳
秦　標　邵子才　龔元得　錢子裕　周之岐
陸汝諧　黃應陽　周　易　萬象春　秦　燦
蔣艮金　單明時　周易龍　周夢祥　陸汝嘉
陶用賓　周　序　王以忠　江　南　侯應昌
陳待翔　鄒明艮　沈從周　華承美　邵秉忠
張　木　蔣其德　高　捷　薛新民　邵世儒
浦承祿　華一中　華之立　邵秉彝　承　讓
華培仁　吳　江　徐以仁　周若曾　華祥武

周鳳鳴　口文煒　周維新　沈　學　華義中
吳　忱　張應貞　華之光　華過仁　周鳴盛
鮑義行　鄒應祥　鍾　敬　錢體仁　陳　訪
朱國年　葉茂春　賈應德　鄒汝賢　王信道
方尚賢　錢　會　顧龍靖　黃時裕　吳應卯
華紹芳　張文卿　王化弘　范汝修　惠　洋
華文龍　吳善徵　李時芳　華承緒　華羲中
王化行　張之元　華　雋　陳爾汲　馬貞吉
華承家　華承基　王化遠　陸　楨　黃學憲
蔡康啓　李起家　陳王道　華欽皐

萬厤十六年戊子碑 孫繼臯撰文爲教諭唐學禮立 碑凡二百三十有九人剝蝕七人存二百三十有二人

張三才○ 吳善徵○ 華承家○ 周之岐○ 尤鈿○
劉潤○ 周口祥 杜漸 施學淵 華日茂
謝汝嘉 華春奇 張子禮 祝登流 楊復元
馬希尹 秦延黙 顧麟禎 顧原會 過體恒
浦世忠○ 華欽臯 葉茂才 胡熙載 華三順
吳應年 周成德 周見龍○ 秦口煊 吳天錫
錢萬善○ 苗希明 周俊卿 鍾敬 華剛中○
華休曾 浦世英 顧存性○ 華羲中○ 李尚思○
陳延策 費雨弘 王國才 吳悅 秦惇

華夢麟○ 華國才 華國楨 吳有成○ 華夢豸
趙震雷 李崇德 虞徵口 黃道開 周元立
秦思恭 秦延烈 秦延肅 秦延烝 馬繼文
陳待翔 王化遠 華夢驥 張大受更名夢時 堵維藩
朱元仲 朱元會 曾志道 張子棠 華師周
顧應賜 王大同 華高祝 鄒汝昌 華秉中○
蔡維揚 鄒仁基 陸禹功 陳天德 華元亮
賈允元 華世榮 華世臣 余兆登 鄭邦彥
談煥章 華師召 王仲曾 王伯誠 馬夢朝○
魏德純 陸元輔 繆復亨 鄒維翰 張志尹

過休選 陸維楨 陸純 周重光 高捷
朱近亞 華瑮純 錢之龍 周炳烈 蘇良才
鮑禮行 鮑際明 虞韶成 唐士奎 計行健
過對墀 過對揚 過對廷 王化弘○ 朱弘禮
張朝卿 楊名顯 周如霖 華道充 浦廷儁
嵇兆慶 薛存智 陳如綸 陳如鑑 陸邦靖
計應鰲 計行德 顧邦甯 陳汝文 華義中○
華承基 華承式 吳中秀 薛賡明 朱元勳
吳從龍 張拱極 胡允恭 秦桱 華宗熹
華憲中 談堯道 湯高選 王純口 丁士昌

馬應乾 顧起隆 李堯詩 浦達之 侯應期
張李讓 蔣王成 吳道煒○ 陳起鳳 胡伯龍
張鳳來 過棠禮 陶用賓 方泰初 殷國與
趙士禎 華之文 華元禔 管萬化 周維新
黃懋孝 鮑湘 華揚春 談孔猷 孫雲龍
黃應兆 孫之賢 張鳳墀 吳桂芬 劉雲翼
孫伯英 孫世昌 張鳳翙 邵世儒○ 鄒弘基
華瑛脩 黃應日 邵士弘 俞世德 周易○
王國儒 蔣其德 陸元懿 秦秋 陸汝明
黃應詔 黃憲德 王大成 秦陞 秦燁

尤之濤○　蔣□仁　陳爾汲　陸德新　劉元洪
范汝修　華泮　沈懋曾　王化醇　王之柱
姚與治　駱士廉　周明盛　周洪啓　張木
樂邦楨　俞濤　華登明　黃懋楨　黃應龍
賈鑑　陸道充　馮泰運　張文耀　許國治
陳王廷　華龍　華涵成　華汝藥　錢國士
張文輝　九璠

涵初案錫山遊庠錄各家傳鈔本皆始於康熙二十八年己巳科案，余家舊藏本則始於明萬厤三十年壬寅科案，多八十七年。恐其失傳，於是乎彙集鐫版。剞劂將竣，見學署古碑林立，皆有諸生名。因屬秦臨士孝廉鈔錄，得永樂甲辰、隆慶壬申、萬厤戊子三碑，皆在萬厤壬寅已前，登於首簡。今攷萬厤碑中姓名有互見於隆慶碑者，皆用圈標識。永樂碑中若干人，皆無志傳可徵。隆萬兩碑中姓名表著者，詳註於右。

陳幼學萬厤癸酉舉人己丑進士南京太常寺少卿明史循吏有傳邑志宦望有傳　鄒廸光萬厤癸酉舉人甲戌進士湖廣提學副使有人倫之鑒捐本邑學田一百畝有碧邑志文苑有傳　萬象春本姓鄭萬厤癸酉舉人丁丑進士在諫垣有聲厤山東巡撫明史有專傳邑志宦望有傳　王問卿萬厤癸酉舉人甲戌進士官給事中　鄒龍光萬厤癸酉舉人庚辰進士官中書舍人　朱萬齡萬厤癸酉舉人祁陽知縣　顧憲成隆慶庚午年縣試第一補邑庠生萬厤丙子應天鄉試第一名舉人庚辰進士授主事擢文選司郎中忤旨削籍崇禎二年贈吏部右侍郎諡端文○曾祖緯邑庠生計其時在成卯間見端文公年譜　顧龍禎萬厤己卯舉人丙戌進士官御史邑志宦望有傳　侯先春萬厤己卯舉人庚辰進士兵科給事中明史附李成梁傳邑志宦望有傳　吳愉更名海鼇萬厤己卯舉人壬辰進士官行人司副使　婁希亮萬厤壬午舉人丙戌進士　華仁夫萬厤壬午舉人湖州同知　鄒近光萬厤乙酉舉人　顧朝禎萬厤乙酉舉人　葉茂才萬厤戊子舉人己丑進士南京工部侍郎名著東林邑志儒林有傳　秦延烝萬厤丁酉舉人癸丑進士兵部主事　秦延壽萬厤庚子舉人　華國才萬厤庚子舉人　華元禔萬厤癸卯舉人甲辰進士官御史邑志宦望有傳　張大受更名夢時年十五以縣學第一補庠生萬厤癸卯舉人官安吉知州有惠政歷山東運同與顧端文講學東林學者稱弦所先生邑志儒林有傳　賈允元萬厤己酉舉人庚戌進士浙江按察使邑志宦望有傳　秦延默萬厤壬辰拔貢湯溪知縣　過對揚萬厤丁酉副貢　秦棐萬厤癸酉恩貢　俞岳萬厤癸酉歲貢　虞汝典萬厤癸酉歲貢　吳聘萬厤甲戌歲貢邑志孝友有傳　秦柄萬厤丁丑歲貢　吳善徵萬厤己丑歲貢　張三才萬厤甲午歲貢　華春奇萬厤乙未歲貢萬年知縣　施學淵萬厤丙午歲貢　秦炫萬厤戊午歲貢

萬厤四十一年癸丑碑周繼昌撰文爲司訓寅臺邵先生諱一卿立諸生一百四十七人剝蝕三人

秦延烈　秦炫○　沈完淳　顧與淳　浦孟煦
徐登　顧與浚　顧與演△　單學夔△　孫節著
張京詒△　顧嘉舜　萬遷　陸繩宣　秦延赤△
秦延勳△　王大同　吳端會　嵇世修△　張瑯
曹羣玉△　王繼登　錢得剛△　邵名世△　浦中柱
丁時來△　顧就正△　鮑席珍　翟端元△　楊紹祖△
華朝彥△　華蒙吉　陳王庭　胡允恭　胡士驤△
陸士鍔　秦秋　秦繇　孫之賢　黃伯英
張雲鸞　華允誼　承天賀　高士鸞△　高世儒△

高世學 高世名△ 萬 選 顧存赤 俞亶儒
秦重慶 張希載 華昌時 虞 勲△ 朱 瓛△
華國禎 周運新△ 莫嗣鄉 錢起元 周懷義
浦懋允 李芳榮 丁士英 敖應雷 俞達壯△
司馬勝△ 裴鍾秀 楊世懋△ 李應侯△ 錢天倫△
華 棠△ 張應暘 馬希尹 賈允元○ 尤之濤
吳桂森 顧鼎梅 馬世奇△ 馬世名○ 黃道昌
黃鼎琰 黃之玉 王應會 鮑大昌△ 侯世芬
黃懋禎 堵景濂△ 秦 堈△ 胡正芳 薛廷芬△
浦承璐 楊汝修 談孔猷 錢景福 華兆登

周懷艮△ 蔣元賓 李仍枝△ 華 淑△ 吳廷錫△
盧敏政 張嵩徵△ 張懋徵△ 華允讓△ 秦鍾禎
陶希安△ 盧肇庚 魏讓升△ 朱元勲 劉允珍
吳道燁 錢學禮△ 虞集成 虞韶成 黃士鯤
王純一 王性一 鄒期相 黃麟趾△ 周如圭△
王孟遵 鄒 桂 孫源質△ 鄒同光 鄒弘基
錢孔明 賈名儒 王學源 陳奇齡 王國俊△
強兆龍△ 陸志遠 俞士洵 呂金聲 曹 端△
丁奇兆△ 李光祚△ 張志徵 陸士龍 周夢昌
浦士鵬△ 劉明翰△ □士標 □□□ 安廣居△

□□□ □□□
萬曆四十四年丙辰碑周炳謨撰文爲教諭蓬玄吳先生諱尙默立諸生姓名一百八
劉允珍○ 秦 煊○ 秦 緷○ 徐 登○ 沈完淳○
秦重慶○ 張雲鸞○ 顧鼎梅○ 華敦臨△ 孫節著○
虞韶成○ 錢學禮△○ 王性一○ 敖應雷○ 侯世芬○
胡正芳○ 顧嘉舜○ 馬世奇△○ 馬世名○ 唐士諫
翟端元△○ 唐道孚 唐道泰 曹思皇 李仍枝△○
黃麟趾△○ 黃鼎琰○ 黃之佩 浦允麟 高世儒△○
高世名△○ 嵇世修△○ 虞 勲△○ 鄒同光△○ 丁奇逢
朱 瓛△○ 張象緯△ 張 弼○ 吳 弼△ 吳廷錫△○

朱鵬新 浦中柱○ 浦萬須 朱允中 華潤璜
華潤球 華潤璉 華潤甗 楊昌時△ 施儀徵
施元徵△ 吳繩泰△ 王永念 王孫芝△ 王孫蘭△
王世熙 張 琦△ 張嵩徵△○ 張懋徵△○ 張鳳徵
安廣居△○ 堵景濂△○ 堵景洛 周如璧△ 繆應時△
賈允熙△ 賈名儒○ 倪應徵 鄒南金△ 黃繼祖△
黃京祖△ 張集之△ 秦雷震△ 秦 堦△ 秦 珍
秦 鏞△ 華錫瑛 華肇殷 華琪芳△ 華眞徵
錢振先 顧就正△○ 龔繼祖△ 倪 演△ 楊世懋△○
薛祚永 薛廷芬△○ 莫如璵 顧 棻△ 李源長△

李澤長△ 楊夢鰲 鄭印曾△ 方鎬△ 華溆△

張如齡△ 顧其言△ 孫式穀△ 鄒兌金△ 華廷獻△

涵初案遊庠錄始於萬厤三十年壬寅。茲屬孫生立本鈔錄萬厤四十一年癸丑、四十四年丙辰二碑。皆在壬寅年科案已後。而碑中姓名。有遊庠錄所未載者。或入學年分在壬寅已前。或家藏舊本鈔寫遺漏。故再以二碑列於首簡。此二碑中有姓名互見者。皆於名下用圈標識。有已載於遊庠錄者。再於名下用乙標識。其姓名載入志傳可徵者。詳註於後。

浦孟煦萬厤壬戌歲貢松江教授 徐登萬厤乙丑歲貢 秦鎔萬厤丁卯歲貢 吳道煒萬厤壬子舉人天啟乙丑進士工部主事 馬希尹萬厤壬子歲貢太倉訓導 尤之濤萬厤甲寅歲貢 吳桂森萬厤戊午歲貢邑志儒林有傳

劉允珍泰昌庚申歲貢 馬世名希尹子天啟辛酉舉人崇禎中舉賢良方正授知州未任

侯世芬天啟辛酉舉人 顧嘉舜天啟辛酉甲子兩科副貢邑志文苑有傳 張雲鸞崇禎年優貢邑志儒林有傳

鄒期相崇禎中由御史張纘曾舉賢良方正累官浙江衛經歷邑志儒林附兄期禎傳

天啟三年癸亥碑嚴一鵬撰文諸生姓名一百五十七人

安覲明 黃伯英。 單學夔△。 華允詔。 華德培△

計鴻勳 倪濟△ 華時亨△ 華時諧 楊世懋△。

楊世忠△ 吳其馴△ 湯淳△ 張元栄 張集之△。

賈明信△ 呂昺△ 周懷義。 黃奕祖△ 鄒同光△。

鄒振基△。 張希載。 周在謙 王京△ 華霨△

王都△ 顧天徜 許霽△ 張鵬翮△ 華惪徵△。

杜振祖△ 張士德 高世泰△ 陳鄉茂 唐用中△

華日躋△ 顧明正 鄒掄基 厲而溫△ 丁奇逢。

張利宿△ 莫汝璵。 秦至化△ 龔繼祖△。 華祖芳△

顧就正△。 華憲殷 鄭琩 繆應時。 浦中柱。

胡崇本 華毓珍△ 俞鳴霆△ 秦堦△。 黃道昌。

吳繩泰△ 鄒期相。 黃麟趾△。 黃繼祖△。 唐道標△。

黃禹琰。 周晉璧△ 張雲鸞。 顧棻△。 鄒南金△。

秦鋼 劉濤△ 高世寀△ 秦鏞△。 秦鉷△

賈允修△ 秦珍。 秦重口 黃麟文 吳廷錫△。

浦龍藪 浦遠△ 華春茂△ 周夢華△ 顧元英

莫察△ 方之鉷△ 俞鳴皋△ 盛明翩△ 盛世璋△

薛廷芬△。 侯之源 王永肩 王永念△。 趙宰△

惠元播△ 鄒初基△ 華肇音 鄒律△ 秦域△

華專荃△ 顧毓瑛△ 華專藻△ 華敷施△ 過松齡△

張惪徵△ 張懋徵△。 賈允熙△。 錢得剛△。 顧與權

鮑大呂 王玉汝△ 倪演△。 王世熙△。 劉玥翹△

李源長△。 李澤長△。 安廣居△。 陳家修△ 湯洵△

倪尚志△ 李期△ 王佐才 黃之佩△。 楊夢鼇△。

吳墱△ 黃京祖△。 王孫蘭△。 浦廷俊△ 顧杜△

莫嗣卿。 錢振先△。 莫師皋△ 莫知常 呂自咸△

陸敏學△ 周士茂△ 陳奇齡○ 鄒式金△ 錢用建
施儀徵△○ 張如齡△○ 張暎昇 吳之騆△ 吳騋祥△
秦重晉△ 朱毓禎△ 顧鼎燿△ 張令憲△ 安鐵△
倪洽△ 杜耀祖△ 郁廷俊△ 胡明逵 胡明遠
高聲可△ 鄒兌金△ 鄒正巳△ 杭清△ 侯世益
薛祚永○ 董爾舒

涵初案天啟癸亥碑亦孫生立本在學宮鈔錄也碑中姓名有互見於萬曆癸丑丙辰二碑者皆於名下用圈標識見於遊庠錄者仍於名下用乙標識有姓名僅見於此碑而無可標識者又得三十有二人皆學中人也遊庠錄始於萬曆壬寅至天啟

癸亥二十有二年必有壬寅已前入學者列名碑中故再登於首簡以資考證其姓名載入志乘可徵者二人註於後

安觀明 天啟壬申歲貢 計鴻勳 天啟丁卯舉人孝感知縣

康熙三十三年甲戌碑 周弘撰文爲督學時庵許公諱汝霖立 諸生姓名六十八人

顧正域 曹思義 秦麗中 王翼雲 遊庠錄鈔本作毛翼雲○凡遊庠錄與碑刻不符者當從碑刻
鄭廷標 林琇 遊庠錄作杜琇 朱永祉 遊庠錄作顧永祉
黃憲枝 錄作高顯枝 高擴 朱錫咸 錄作朝咸 王楷裴
趙繼抃 錄中作秦繼抃 陳應旂 王邦采 杜昭發
施巘 邵曾觀 賈崇範 華郭昌 秦枚
張亨孫 錄作彦孫 朱琦 錄中作錡 顧羽 馬思恭 施申嘉 錄作申加

沈應 錄中有沈雍熙而無沈應 已上三十三年歲案諸生遊庠錄中有丁詮碑中無
殷弘宙 錄作弘寅 華文遠 華瞻榮 滕雲鳳 華祖然
張之道 許表被 過璟 過延瑞 陳介圭 錄作介書
堵皐賡 陳起鸞 周鼎 錄中作周世鼎 周錫珩
高隆 盛鏞 曹良臣 朱岑 黃炎
張沆 王翰飛 已上三十四年科案諸生俱互見遊庠錄
朱之元 龔監 蕭畧 惠敷型 孫禹甸
楊宸鑑 鄒在善 楊鏞 周廷斌 蕭疇
高震 劉師弼 孫周疆 秦秉貞 華甘來
華秉鍈 碑中秉鍈名下註長洲縣籍四字 王楝 計策 秦樹勳

錢廷晉 已上二十人惟華秉鍈註明長洲縣籍其餘姓名遊庠錄中不載或康熙二十八年已前納生爲許宗師歲科兩試所取或許公捐俸修葺東林書院依庸堂時有贊助之力故與甲戌乙亥兩案新生同列名於是碑歟○周學士撰文時係三十三年而刊碑在後故有三十四年科案諸生

涵初案碑載朱之元已下各姓名可補遊庠錄之闕

學政源流考　　汪望求

古無督學之專官前明正統元年始命提學憲臣南北直隸各設監察御史一員他省則爲提學副使或提學僉事專主提督學校不許巡按御史侵其權其推舉必由吏部會禮部都察院重其任也　國朝順治二年分差御史二員督學上下江九年合爲一員十年停差御史照順天例　特命翰林爲督學上下江各一員十二年改南直隸爲省照例用提學僉事二員停差翰林康熙元年裁學道一員合上下江爲一二十四年始裁學道復用翰林督學兩江雍正三年仍分上下江各一員其在下江者爲江蘇學院考錫山游庠録自明萬歷三十年學憲趙之翰起茲追溯自正統元年初設提學御史彭勗起迄至萬歷二十八年陳子貞止記其名於左

彭勗字祖期江西廬陵縣人永樂十年陳循榜進士正統元年按臨

孫鼎字元鉉江西廬陵縣人舉人松江府學教授保陞按臨

葉巒字峻甫福建莆田縣人景泰二年柯潛榜進士天順元年按臨

嚴淦字宗源福建興化衛人景泰五年孫賢榜進士天順六年按臨

陳選字士賢浙江天台縣人天順四年王一夔榜進士成化四

年按臨

薛綱字之綱浙江山陰縣人天順八年彭教榜進士成化七年按臨

戴珊字廷珍江西浮梁縣人天順八年彭教榜進士成化九年按臨

婁謙字克讓江西上饒縣人成化二年羅倫榜進士成化十六年按臨

司馬垔字通伯浙江山陰縣人成化八年吴寛榜進士成化十九年按臨

王鑑之字明仲浙江山陰縣人成化十四年曾彦榜進士弘治五年按臨

林塘字廷玉福建侯官縣人成化十七年王華榜進士弘治八年按臨

方誌字信之浙江鄞縣人成化二十三年費宏榜進士弘治十四年按臨

陳琳字玉疇福建莆田縣人弘治九年朱希周榜進士弘治十七年按臨

黎鳳字乾兆江西新喻縣人弘治九年朱希周榜進士正德二年按臨

黃如金字希武福建莆田縣人弘治十八年顧鼎臣榜進士正

德八年按臨
張璿字仲齊直隸晉州人正德三年呂柟榜進士正德九年按
臨
張鰲山字汝立江西安福縣人正德六年楊愼榜進士正德十
一年十二年按臨
林有孚字以吉福建莆田縣人正德六年楊愼榜進士正德十
四年按臨
陳伯諒字執之福建福清縣人正德三年呂柟榜進士未按臨
丁憂
蕭鳴鳳字子雝浙江山陰縣人正德九年唐皐榜進士嘉靖元

年按臨
鄭洛書字啟範福建莆田縣人正德十二年舒芬榜進士未按
臨丁憂
盧煥字克文河南光山縣人正德十六年楊維聰榜進士嘉靖
四年按臨
劉隅字叔正山東東阿縣人嘉靖二年姚淶榜進士嘉靖七年
按臨
章袞字汝明江西臨川縣人嘉靖二年姚淶榜進士嘉靖十年
按臨
丘養浩字以義福建晉江縣人正德十六年楊維聰榜進士嘉

靖十年按臨
張相字子良山東臨清州人嘉靖五年龔用卿榜進士未按臨
丁憂
聞人詮字邦正浙江餘姚縣人嘉靖五年龔用卿榜進士嘉靖
十三年十四年按臨
馮天馭字應房湖廣蘄州人嘉靖十四年韓應龍榜進士嘉靖
十六年按臨奏回養病二十五年再臨
楊宜字伯時直隸衡水縣人嘉靖二年姚淶榜進士嘉靖十九
年二十年二十二年按臨
胡植字立之江西南昌縣人嘉靖十四年韓應龍榜進士嘉靖

二十六年二十八年按臨
黃洪毗字協恭福建莆田縣人嘉靖十七年茅瓚榜進士嘉靖
二十九年三十一年按臨
趙鏜字仲聲浙江江山縣人嘉靖二十六年李春芳榜進士嘉
靖三十二三十四年按臨
周如斗字允文浙江餘姚縣人嘉靖二十六年李春芳榜進士
嘉靖三十七年按臨
吳遵字公路浙江海寧縣人嘉靖二十六年李春芳榜進士初
未按臨丁憂嘉靖四十年按臨
耿定向字在倫湖廣麻城縣人嘉靖三十五年諸大綬榜進士

四十二年隆慶元年按臨

周弘祖字元孝湖廣麻城縣人嘉靖三十八年丁士美榜進士

隆慶二年按臨

鍾繼英字樂華廣東東莞縣人嘉靖四十四年范應期榜進士

隆慶四年按臨

周禧字以吉湖廣蘄州人嘉靖四十一年申時行榜進士未幾

卒

謝廷傑字宗聖江西新建縣人嘉靖三十八年丁士美榜進士

萬歷元年按臨

褚鈇字民威山西榆次縣人嘉靖四十四年范應期榜進士萬

歷四年按臨

郭莊字子蒞陝西徽州人隆慶二年羅萬化榜進士萬歷七年

按臨

李學詩字子興河南安陽縣人嘉靖四十四年范應期榜進士

未幾陞任

李時成字惟中湖廣蘄縣人隆慶五年張元忭榜進士萬歷九

年十年按臨

王國字之植陝西耀州人萬歷五年沈懋學榜進士告病歸

房寰字仲伯浙江德清縣人隆慶二年羅萬化榜進士萬歷十

二年十四年按臨

詹事講字明甫江西安樂縣人萬歷五年沈懋學榜進士萬歷

十六年按臨

柯挺字以拔福建海澄縣人萬歷八年張懋脩榜進士萬歷十

八年十九年按臨

曾象乾字體艮廣東連州人萬歷五年沈懋學榜進士萬歷二

十年考選貢告病歸

饒位字廷立江西進賢縣人萬歷八年張懋脩榜進士萬歷二

十一年二十二年按臨

陳子貞字以成江西南昌縣人萬歷八年張懋脩榜進士萬歷

二十五年二十六年二十八年按臨

錫山遊庠錄

國家設立學校士大夫理學文章經濟多出其中錫邑人文蔚起八　本朝二百年來其在學者可按籍稽也前明邑中名賢輩出為海內宗仰若張籌俞溥兩尚書之政事文章若邵文莊顧端文高忠憲之理學品節若秦端敏高材楊莊簡之宦望以及二文傑錫山四忠錫谷四諫東里七賢東林八君子又若十七給諫二十五御史耆英社十二人碧山十老惜陰社二十四賢其入學案籍俱無可考姑就舊本所存自萬麻壬寅科案馬忠肅公冠泮林始備錄之以資稽覽焉

萬麻三十年壬寅科案取文生七十二名

宗師趙之翰

馬世奇天啓辛酉歲貢生甲子舉人崇禎辛未進士授編修再擢左庶子甲申三月京城陷殉難贈禮部右侍郎謚文忠國朝順治十年賜謚文肅乾隆四十一年改謚忠肅明史有傳邑志入忠節傳　案忠肅祖濒嘉靖庚戌進士厯官桂林知府邑志宦望有傳父希尹萬麻壬子年歲貢太倉訓導子壬玉忠肅殉國後護櫬歸亂首垢面委頓彌月請郎南都江南亡後一日舟過虎邱疾作不欲歸臨没手斷頂髮命以沙門服殮純孝也邑志入文苑傳忠肅殉難時妾朱李二孺人盛飾自經奇節也忠肅僕許達扶櫬南歸俟忠肅葬後大書於墓旁曰蒐隨恩主自經於墓樹又李孺人胞弟李七芳於忠肅殉節後走投御河橋下死年僅十五此兩義僕也忠孝節義萃於一門求之麻代史傳誠不多覯以之弁冕多士允為後學儀型　顧龍章

楊昌時　安廷諫　黄鱗趾　華珍耀　吳鳴佩

江日升　華徽甯　秦致舜　盛允芳　李光祚本姓王

秦之珍　鄒德基邑志文苑有傳　秦務實　敖商功壬午歲貢

浦龍祥　沈道光　錢府治　秦化龍　華袞錫

張雲卿　陳振豪戊午舉人己未進士授蕭山知縣官至南陽知府擢南汝道邑志宦望有傳子瑞聲入文苑傳　黄企源丙子歲貢　劉禮元　過俊民崇禎丁丑歲貢生授常熟訓導再補臨安會兵潰邑吏皆望風遁民遂倚俊民為守城陷縊死功臣山乾隆四十一年賜入祀忠義祠邑志忠節有傳

盛節　繆顯　華士冠　王甯一　邵對揚

吳欽錫　鄒振基　成大業　周運新　曾雲義

華承佐　華企英　李雲翔　秦燿　丁孟實

璩學夔本姓趙丁丑歲貢　華貞元從高忠憲受靜坐說又受易於錢一本能豁然有得與族子允謀允誼允誠相師友　允謀萬麻庚午舉人與高忠憲吳桂森諸人遊闢者與起授寶應教諭時為作輿讓亭　允誼崇禎癸酉歲貢不赴廷試從忠憲講學忠憲殁力保持其家　允誠天啓辛酉舉人壬戌進士除工部都水司主事告歸崇禎改元起營繕司主

事進員外郎改職方員外郎乞養歸福王立起吏部員外郎在官十二日而歸國朝順治五年以未薙髮被執死江寧市諸孫向廉年十九亦從死乾隆四十一年賜謚節愍明史有傳載邑志儒林傳　楊兆行　吳鳴皋

濮起龍　陳家修　浦士鵬　浦伯驊　鄧鶴齡

周如圭　吳元賚　錢天御本姓馬　成元　何楞如

蔡士冠邑志耆碩傳　唐道濟　唐道衡一作道衢　王鳴皋　王乾一承積父載

錢得剛　張在宥　華世輝　蔡士升　華敦臨

萬德餘邑志宦望有傳　楊兆東一作兆榮　秦坰乙卯舉人天啓壬戌進士知澤州入為戶部員外郎管京糧廳

楊士俊　高世儒　顧在浚　王清中

萬麻三十四年丙午科案取文生七十名案舊本脫去甲辰歲案

宗師楊廷鈞

錢學禮　姚純敬　馮時見　曹樹勲　華迪德

秦重允　張果義　徐鳴鳳　邵世揚　魏上升

翟端元　錢宏緒　張文徵　許登　許世璠

浦凌雲與弟沖漢並遊錢一本高攀龍之門當東林難作之日獨與鄒期楨期相兄弟按節修講會不輟嘗以學行被薦予冠帶邑志儒林有傳　王國俊　尤鳳文　姚欽中　華爾奎

馮又新　俞希曾　丁志勲　曹璧玉　許霽

徐方甯　倪允超　楊自芳　單可權　唐錫蕃辛酉舉人

辛未進士官刑部主事　張元詰　陳吉義　談獻徵　黃文煊

孟可時　華璠美　茹國桝　鄒原魯　徐達可本姓呂

錫山遊庠錄　三

胡震亨　高士鸞　胡震元　宋士標　薛存赤本姓顧

丁奇兆　徐泰行　華錫瑛　許璿　錢天倫

高世名　華佩　周懷艮　華毓珍　張經奎

虞勲　司馬勝　張琦戊午舉人甲戌進士官禮部主事　厲而溫

呂自咸載邑志文苑附傳　陶希安　俞達莊　華璉

陳王道　董爾舒　華九敘　杭鼎新　張大儒

趙正義　趙光彥　高世學

蔡獻臣按察散收文生十三名

酉端　華士選　朱瓛　華祥檜　吳端曾

華復壽一作復智　賈澄如　過承玉　蔣榮祖　陶孟高

黃茂勲　侯鼎鍹先春孫原名宗源乙卯舉人崇禎丁丑進士授戶部主事載邑志附傳

華道化

萬厯三十六年戊申科案收文生七十三名舊本脫去丁未歲案

宗師楊廷鈞　又調史學遷重科考

吳弼　曹懋勛　葉振藻　顧有源　強兆龍乙卯舉人官崇陽知縣　楊于時　邵名世乙卯舉人天啓壬戌進士除南京兵部主事官至山東右布政使邑志宦望有傳　名世父士宏祖子才曾祖芸俱邑庠至名世而四代名世子儒顯儒榮儒炳俱邑庠儒榮子紹棠入嘉定庠儒炳子紹廣紹廣子曾觀曾觀子守勤守仁守誠俱邑庠自芸起凡八世庠彥相繼其中有間斷者不備載　姚宗昌

華潤修　徐來儀　計元勲　張永齡　華鼐

華珍輝　吳逢世　潘灝　張象緯明卿子天啓辛酉舉人

錫山遊庠錄　四

方之銓　曹元可辛巳歲貢　倪德淳　龔修齡　吳廷錫

李仍枝　錢之源　朱時蔚　過鳳鳴　李應侯

鄧雲勲　秦之華　丁時來　華淑邑志文苑　孫源質

華鵬振　葉鳳棲　華桂芳　方政　王甲

華振紱　華芳春　丁明英　胡之毅己卯歲貢　顧載

唐道標　莫察　錢宏道　杜芝芳　姚之元

杜尚廉　賈大年　華懋芳　潘際時　搢景濂維垣孫崇禎壬午舉人家居教授生徒從學者嘗八百餘人邑志儒林有傳　浦仲驤　吳明煉

錢用達　薛廷芬　王孫芝　華允讓　鮑大昌

蘇士英　戴明義　邵以甯　唐天選　陳昂甲申拔貢

秦延赤　杭鼎銓　王我賓　惕世懋　華爾賓
秦延煦　張鳳徵　嵇世修庠　吳繩泰國朝恩貢萊州推官邑志孝友有傳

萬厤四十年壬子科案取文生七十三名案已酉庚戌辛亥三年中計闕兩案

宗師熊廷弼號飛伯湖廣江夏人萬厯丁酉解元戊戌進士官至兵部尚書

華　棠　周應旋庠　徐龍徵　祝世禎　張　杰
沈日宣　王之經　賈允升　胡士驥辛酉舉人官桐鄉教諭
劉式金龍光孫崇禎辛酉舉人庚辰進士歷官泉州知府唐王升府爲道鄭氏專政棄官歸洪文襄承疇再薦出山皆不應邑志隱逸有傳　許龍光　錢逢聖　惕允蕃　顧占澄
華　選　陸　縉　呂元聲　邊彥宗　姚銘中庚午順天舉人官盧江教諭　鄭象乾　周士茂　華一鳳　嵇兆貞

張德徵　杜世熙本姓士　顧允佳癸巳歲貢　華之孟　侯世益
張元敎　顧就正　華潤玘　秦重甲　鮑大定
顧雲芹　葉先春　王家念　劉明翔壬午歲貢　王孫茂
張在德　嚴紹宗一鵬子禰孫繩孫之父天啓辛酉副貢生後襲父蔭以父年老無他兄弟遂絕意仕進居家侍養邑志孝友有傳　王掄節　顧元英　吳驥祥　滕憲時
鄒正已　周篤祐甲申歲貢　華春茂　成祚永　周廷輔
苗上端　葛繼亮　鄒南金　茹振先　浦　翼
華國行　倪應徵　張常徵　秦瑞鍾　楊紹祉崇禎中舉賢良方正以親老不赴巡撫祁彪佳以道明德立足表人倫薦邑志孝友有傳　張邦達　秦雷震
秦　琛　楚彥選　顧與演丁卯歲貢　浦　庚　許士堂一作士望

王禧錫　華朝彥癸未歲貢　華君賓　姚重華

萬厤四十一年癸丑歲案取文生五十名

宗師熊廷弼

蔡　璋乙酉歲貢邑志載官知縣未詳何缺　秦　坊貢生邑志耆碩有傳　強純熙
過仲傑　莫汝玷　黃麟允　張懋徵　吳驌祥
許交泰　徐爾英　周民新　華元會　吳騄祥
華世儒　過廷彥　朱大賓　華允孚　錢　芳本姓周
章應懋　俞平格　華振棠　衷拱辰　華　震
黃繼祖　張象煊　吳騋祥　呂　鼎　陳士茂
王　章　丁士豪　安廣居希范子高忠憲壻崇禎癸酉舉人癸未賜特用出身應得縣令自免歸甲申春都城陷慟哭乞死未幾卒載邑志儒林附傳　曹思皇　華鯤化

劉明翰元珍子乙卯舉人崇禎中授中書舍人定昭出閣爲講官邑志宦望有傳　趙之煊
薛俊民　施儀徵　陳世美　鄒兌金龍光孫崇禎庚午舉人　費國傳
黃懋祚　劉欽恒　徐　鎔　吳之騶
龔占立　楊　遠本姓浦　王家楫　秦　鏞崇禎庚午舉人丁丑進士授清江知縣擢監察御史邑志儒林有傳　張集之　徐　安

萬厤四十三年乙卯科案取文生七十名

宗師王以甯字成所浙江山陰人

華琪芳辛酉舉人乙丑榜眼歷官少詹事　強　毅　華璧玔一作弘璧　胡憲昭
楊榮光本姓秦　安廣譽希范子與弟廣生並工詩兼善書畫門人張愷亦有名邑志文苑有傳

倪　演　華謹允　顧其言　高　廣戊辰歲貢　楊夢鰲
蔡國璠　朱應秋丁卯舉人　顧占淳　王延禧己丑歲貢　郭純毓
張應昇　華　淑邑志文苑有傳　吳有聲本姓王　黃京祖
賈允熙　華桂茂　華德徵　杜牧南　龔繼祖
黃桂芳　堵景洛　周進瑞　張夢臯　浦萬澄
劉　挺本姓徐　華肇周　陳明義　張憲徵　鄒植基
劉常甯　李源長　成世祿　趙之夫　姚鑑中
錢振先甲子舉人辛未進士官至金華知府　方　鎬　華廷獻丁卯舉人壬午賜特用出身修武知縣
趙艮鼎　施元徵策孫戊午舉人己未進士官南助教累擢福建布政司副使邑志宦望有傳
華振鷹　鄭印曾　張如齡　婁應宿本姓敖

錫山遊庠錄　七

胡之玆丁卯舉人戊辰進士官至山東副使　湯　淳　黃知常　倪尙志
顧　棨與浹子甲子舉人丁丑進士官至河間知府　浦允麟　談振績
顧允耀　王孫蘭天啓甲子舉人崇禎辛未進士累遷廣東副使分巡南雄韶州二府十六年張獻忠大亂湖南與韶接壤孫蘭乞援督撫不應及賊陷衡州連州守將復據城叛而賊所設僞官傳檄將至孫蘭懼辱國遂自縊朝廷愍其忠予追䘏乾隆四十一年賜謚節愍明史有傳入邑志忠節傳　陳聖謨本姓蔣　虞官禹
張元選　秦　堦貢　施行徵　華肇殷　李澤長
黃之佩　孫式穀　張勳華　周如璧　孫源平
萬厤四十六年戊午科案取文生六十六名舊本脫去丙辰歲案
宗師駱駸曾字象先浙江武康人
王永吉天啓辛酉舉人壬戌進士授定興知縣官至福州知府邑志宦望有傳　劉蕙滋

邵　澄廪文莊元孫昔有二泉書院志　侯祥濟先春孫世棻子甲子舉人　吳　寅邑志文苑有傳
華臨亨甲申歲貢　姚銓中　吳其馴汝倫孫崇禎庚午舉人辛未進士由蘇州府教授內擢兵部職方司員外郎邑志宦望有傳
鍾　璠　許世耀
華德垓　丁大任　華　鼇　高翔鳳　張明佺復姓賈應兒孫有酉舉人壬戌進士
孫玆禾國初時邑人工書者稱孫高嚴華謂玆禾及高世泰嚴繩孫華長發也然玆禾之書尤爲時所重載邑志文苑附傳
黃家舒邑志隱逸有傳　朱廷佐
蔡三才　鄒初基邑志隱逸有傳　秦本實　成原禮
王玉汝己卯副貢　華瀲清　高世泰忠憲姪崇禎丙子舉人丁丑傳臚除禮部主事擢湖廣提學僉事解官歸重建東林書院講學其中三十餘年入國史儒林傳及邑志儒林傳子蓮生有文行事母以孝聞又弟肇升亦篤行世其家學
華衷醇　孫　繇　王慶曾　楊　璽己卯副貢

錫山遊庠錄　八

王有世　秦重豐　龔繹祖　華敷藻　楊　堪
張鵬翮　宿有養　葉時雍　秦　逵　潘際舜本姓蕭
趙元祉　顧　柱　湯　洵　呂有聲　王永稔
錢効積　黃奕祖　鄭　洵一作珣　時行徽　唐德球
張　珍　呂振之　周在謙　吳一儁　孫敷華更名國華
辛酉舉人官象山知縣
孫天瑞　劉　涴廪　華名芳　張德徵
俞鳴臯　張　壎　顧　樞天啓辛酉舉人入國史儒林傳及邑志儒林傳祀忠憲成萬厤丙子解元庚辰進士贈禮部右侍郎謚端文明史有傳入邑志儒林傳父與沐萬厤戊午舉人夔州知府子貞觀康熙丙午舉人官祕書院典籍入邑志文苑傳孫開陸康熙癸未舉人丙戌進士官澤州同知入邑志宦望傳自憲成至開陸五世科第
王家祥　吳　佐　成廷琇　馮起京　陸敏學

惠允播　鄒其鑣廸光孫癸酉順天舉人官商南知縣
天啓元年辛酉科案取文生七十五名舊本脱去已未歲案
宗師毛一鷺字儒祁浙江遂安人
辛　陞　杜允錫　黄鐘亮　俞鳴霆　劉　濤
顧龍裳順治乙酉恩貢生授蒙城訓導擢孝感知縣祀孝感名宦祠邑志宦望有傳　賈允修
顧鼎燿　秦世鎧　華向日　浦廷文　顧履端
顧汝誼　盛裔芳　徐調元崇禎庚午舉人丁丑進士授貴州知縣再補金華知縣邑志宦
望有傳　黃麟文　黃君求　唐士嶸丁卯舉人甲戌進士官至浙江副使
夏時寄丁卯歲貢　強　袞　華衷白　李　玥　顧　謙
許萬進一作爾進　秦　鍵　王元宗　王學純　程　遇

錫山游庠錄　九

唐熙載　杜振祖　高世甯忠憲季子少遭家難絶意進取嘗得任子不就邑志隱逸有傳
王家弼　楊　翱　杭　清　秦　鎔本姓孫　張利宿邑志隱逸
有傳　湯　龍　華汝璉　華時亨與父諸生珍聘同入邑志隱逸傳
時亨與秦鉞黃家舒王廷禧繆振先顧煜王玉汝唐德亮顧宸黃傳祖秦鏷王永肩吳濯時馬瑞呂陽錢陸燦許王儼共十七人結
聽社明季聽社十七子名與幾社復社相應有合刻十七子社稿行世　王新鼎　劉明翹
吳以馭汝倫孫崇禎壬午副貢甲申聞京師陷痛哭不食卒載邑志忠節附傳　趙玉森癸酉舉人
庚辰進士授檢討　馬常白　蘇華黻　趙　宰　黃敷筌
施允桂　華祖芳汝梅孫敦復子庚午舉人灤州知州　華拱日　華肇晉
杜牧祥　張存之　華敷施　陸應芳　王　淨
湯　源　曹達棻　成廷坫　郁廷俊　周文郁

楊成美　鮑　震　華應秋　莫師皋　華潤璣
黃原倚　彭國掄　許世煒　倪　濟　周起瑛
楊世忠　華世煜　安　繼本姓李　談高縺
天啓二年壬戌歲案取文生八十五名
宗師毛一鷺浙江遂安人
吳　曉本姓華　高聲可　黃桂英　鄒　律　朱毓楨
顧振揚　鄭儀曾　王永積永吉弟崇禎癸酉舉人甲戌進士知武定州再擢兵部職方司
郎中邑志宦望有傳　潘廷璧　錢振奇　華日躋　王　京
秦至化廩　華衷粹　華含輝　丁明俊　施元徽與父諸生
方昇同入邑志行義傳　顧毓瑛　周夢華崇禎乙亥拔貢選授推官邑志文苑有傳

錫山游庠錄　十

倪　洽　張令憲順治丁亥歲貢生授香山知縣滇寇破香山令憲及子丹翰皆見殺贈令憲按察使僉事
子祭葬錄其孫進爲符梁知縣邑志忠節有傳　王夢瓊　曹崇勳　王以敬
華祖潤　華衷雅　華紹齡　莫志皋　周如璽
呂　律　秦　鐄　唐德亮崇禎壬午舉人順治壬辰進士授戶部主事管京糧廳歷員外
郎制藝入百廿名家邑志文苑有傳　華中琦　曹　舟　浦光騰
王萬蒨　華恭允　潘汝璘　范文孫　石　惠
侯之源　葉兆紳　吳國英　華時階　趙章永
王永肩　過松齡順治乙酉舉人乙未進士授鎮江教授邑志宦望有傳父時揚萬曆丁酉副榜入孝友傳
孫炳蚪雍正癸卯舉人官懷遠知縣　吳　逵崇禎庚午舉人入本朝起工部主事累擢通政使邑志宦望
有傳　杜耀祖　賈明信　王嗣修　浦廷俊

方之瑛　張元來　吳愷　王都本姓汪　華策
盛明翮　徐德　唐用申　孫葵禾　張徵
過汝礪　沈日嚴　華嶽嶠　秦重晉　單玠
顧楞　秦域　顧煜順治丙戌舉人己丑進士官象山知縣邑志宦望有傳
王昌讓　孫盈　顧天璧　楊文琳　周習璧戊辰歲貢
潘泌　陳鼎新　盛世璋　華白滋官養利學正崇禎六年交阯入寇城陷具衣冠死明倫堂妻姜氏殺其三歲兒從死邑志忠節有傳
唐欽明　吳龍徵
堵允錫崇禎癸酉舉人丁丑進士歷官長沙知府福王立命爲湖廣參政攝湖北巡撫事唐王立實授巡撫加兵部右侍郎兼右僉都御史永明王立進兵部尚書尋加東閣大學士封光化伯賜劍便宜行事後以時事不可爲憤恨發病卒於潯州贈潯國公謚文忠明史有傳邑志忠節有傳
華洪儒入江陰學　王顧震　王陸鏡入蘇州學

錫山遊庠錄　十一

天啓三年癸亥科案取文生七十七名
宗師孫之益四川邛州人
王謨　鄒日昌　錢鑒　顧鋼　華果
蕭光緒癸酉舉人　尤直　蔡長齡　秦重益　張墀己卯舉人
丁亥進士　繆振先邑志文苑附唐德亮傳　計允　鄒躍龍
鄒謙牧　周廷試　顧爾棟　梅兆春　華天章
錢盛時　張贊辰　王昭　黃鐘韻　華廷璋
吳明楨　周頤　萬應泰　潘廷球應文孫丁卯舉人
胡士鰲　俞重第　姚龐　陳遐祉　金時清
朱玘　高鑑　蔣國佐　成梁癸酉舉人官懷寧教諭

王永譽　葉英　賈瑛　王勲　鄭應臯復姓萬乙
酉舉人丁亥進士官戶部主事　王永嘉　華嶽嵩　楊瑞芝
鮑叔薦　顧其朴　華安本姓盛　錢鎔本姓顧　過陛
葉元儒　華永試　趙運興辛卯歲貢　吳維城　劉濬
蔡襄　王永震　張翊明　華德湜　蔡吉士
高容厚一作永厚　華衮黻　宿有望　王孫蕙孫蘭弟庚午舉人甲戌進士官歸善
知縣　周起玉　浦允成　施肇曾　秦德滋崇禎癸酉
副貢邑志文苑有傳　戴元鵾　顧杲復社之魁王師徇江南杲盡散家財糾鄉里敢死士千人援江陰行至秒山兵潰爲下所殺乾隆四十一年賜入祀忠義祠邑志忠節有傳○華京吳縣籍諸生從吳江進士吳易起兵於長白蕩兵敗先驅妻子入水格殺數人後卒繼至手與搏戰溺死入邑志忠節傳○孫源文繼臯幼子諸生崇禎甲申聞京師陷日夜

錫山遊庠錄　十二

悲泣未幾咯血聲瘖淚盡而絕乾隆四十一年賜入祀忠義祠邑志忠節有傳○嚴紹賢一名首一鶚兄子諸生王師定江南薙髮令下紹賢大書屋壁日守義全歸遂自縊乾隆四十一年賜入祀忠義祠邑志忠節有傳　顧德先
黃麟角　徐祚　孫振宗　華祖德　張國籓本姓徐
張元韞壬寅恩貢　成原裕
天啓六年丙寅歲案取文生七十五名
宗師周邦基湖北麻城人
王起元本姓過　吳蒙丙子舉人　鄭篤慶　朱國華順治戊子副貢
張韓邑志文苑有傳　曹斌　華喆辛卯恩貢　姚鈺中
朱明　張思一作玉　徐琬　黃世昌　黃鐘英
滕達　吳舜庸　鮑鳳翔際明孫乙酉舉人官梧州推官　鄒淑魯

華聰允 張夢暘 華見龍蘇州人 馬兆良 許君寵
周儀 楊應漸 湯沐庠 葉長生 王永穗
陳良謨 許良 浦躍龍 王啟煥 李時芳
李瑛 蔣廷琯 高世猷 顧叔淳 李珍
賈明儀 黃鐘諧壬午舉人癸未進士官歸安知縣 黃中鋐庠 俞鳴烈
華玉澤庠 華壽衡 蔣鐘英 趙廷芳 高明本姓華
吳墉如 朱盛鼎 顧文昌 邵先德一作先春 華國瑞
華瑾 孫國瑞 王慎餘 秦伯麟 陳祥祉
翟起俊 沈浴 邵名成名世弟貢入太學考選主簿 陳穀似
周之德 裴中奇 高永德一作永清 虞世蔭 曹時芳

沈日贊 賈恩錫 許文掄 孫釆禾 華緯
吳維垣舉人辛丑進士寶雞知縣 李宗元 華琪名 唐章煥 劉宗熹順治辛卯
是年丙寅冬科案取文生四十五名
宗師周邦基
顧允佳癸巳歲貢 殷道昌 周家炳 華祚 葛羽文
華鋒 吳兆泰 虞際明順治乙未拔貢 王用賓
錢爾登崇禎癸酉舉人癸未進士見時事日非遽歸早歲師事高忠憲篤服其所著書邑志儒林有傳
秦鐼 秦鍾球 華錫疇 秦季鑅擢孫己卯舉人
陸輝斗本姓湯 黃鍾奎 顧祚昌 康沖翮 趙弘璧

強安華 章觀瀾 浦廷儀 華士昌 楊仁杰
胡時亨更名時忠崇禎丙子舉人丁丑進士除南昌府推官擢監察御史邑志宦望有傳 安超宗
浦孟烈 虞汝聲 王如輝 王永鞏 胡福行
鄒崇基 邵麟徵 秦重端 曹奇勳 葉光輔
高肇升 王瑤生 錢弘議 馬瑞父世名天啓辛酉舉人與兄世奇齊名以薦授知州邑志與瑞同傳瑞崇禎己卯舉人癸未進士除吉水知縣不赴改應天府武教授選國子博士邑志文苑有傳
錢大申 華允訥壬午舉人 李棻 華彥章 高有臨
崇禎二年己巳歲案取文生八十一名
宗師李懋芳浙江上虞人
虞璿 呂陽己卯舉人庚辰進士官湖廣僉事 羅谷 黃傳祖邑志文苑

有傳○傳祖與華淑呂自咸孫淓禾秦德澂秦
人在秦德淇黃芝錢星客結涯蓀詩社共九人 朱永祚庠
胡瑤本姓華 朱克建 強恂壬午舉人癸未進士官富陽知縣 張有威己卯舉人
陳六韜 張翔本姓秦崇禎己卯恩貢生是年中副榜康熙元年授永川知縣祀永川名宦祠邑志宦
望有傳 趙永煥 秦世銓庚午舉人 華鍾明季國初入學者多冒他姓舊本
注本姓施然考邑志順治丁亥歲貢生華鍾下注復姓秦按秦華
鍾官富川知縣滿冠大至被執不屈死贈按察使僉事予祭葬官
其子祉爲戶部主 龔廷璠 趙岳祥 高音本姓張
事邑志忠節有傳
華廷璜 孫國典本姓劉 陸燦本姓錢常熟人入無錫學順治丁酉舉人制藝爲俞長城選入
百廿名家邑志流寓有傳 萬應暘 陸暉 許瓊 金元亮
華霑 尤瑾本姓薛邑志隱逸有傳子諸生儀附傳 楊成婁
曹贊明 華蘭芳 俞彝戊子順天舉人 方國初

秦　鏕丙子舉人壬辰進士官溫州推官　華元濤　朱祖德　邊廷璸
成原耀　吳濯時載邑志文苑附傳　李廷華　施傳徵
陸澣　黃鼎　闕世昌　秦汧己卯舉人癸未進士官兵部主事父
欽翼與汧同科順天舉人官順昌知縣　樊振宗　朱彀　周升元
王仁沐　華居實　錢肅綺　華爾栢　顧宗用
王永圜　楊兆遠　過長盈　曹允修　許楫
周士琳戊子舉人　過永錫本姓趙己亥歲貢　尤雲翱　華斐
徐紹祖　華岳　浦逵　倪懋昭　楊允植
嚴瑴始爲名諸生中歲絕意進取服膺高子遺書因成東林書院志高世泰推爲主講學使張能鱗聞其名欲禮致之不
赴邑志儒林有傳　張玄箕　潘溥　顧棅　沈光統本姓吳

錫山遊庠錄　十五

黃鍾高　沈兆登　華琬倫由歲貢知醴陵縣再擢長沙知府宦績載長沙府志邑志宦望
有傳　華祖玉　方之鎰　陳長源　陳粱祉
李尊輝　邵承本姓王　黃毓泰　邵時夔順治乙未歲貢聞喜知縣
是年己巳冬補考取文生八十四名是舉行本年科考
宗師李懋芳
徐光　殷鑒　徐曜　李夔　陸士榮
高鵬沖　潘遂　顧際虞　李琪枝　黃永祚
過偉　胡沂　徐麟化　陳世俊　李升虬
過瑞麟　華勱　楊廷珪明季入學者多冒他姓故邑志載秦廷珪明末歲貢生福王時
除長沙縣丞唐王稱號福州督師何騰蛟檄署善化縣事順治四
年長沙破廷珪與二女赴水死僕鄒義爲衣冠殯之邑志忠節有
傳子鏡順治四年省父長沙既至見父已殉節死撫棺號慟亦死之康熙三年鏡弟鈗間關往訪始得御父兄柩以歸入邑志孝友
傳　華敷芃　朱二典　龔廷祥崇禎己卯舉人癸未進士乙酉王
師下江南時官中書舍人在金陵具衣冠自投秦淮乾隆四十一年　賜諡節愍邑志忠節有傳　張悉徵
張復　吳滕　李世英本姓姚　張陛　惠迪吉本姓錢
袁逵　鮑鳳儀際明孫順治丙戌舉人丁亥進士官樂安知縣載邑志宦望附傳
湯皐　鄧允祺壬寅歲貢　許學崇禎丙子舉人癸未進士未授官聞遭國變學悲憤求死其母
老癸救之謂曰汝死吾安依乃止後以不薙髮被執詣大吏破髮覆面而入大吏曰此病狂人命扶出遂獲免黃冠野服屛居養母
母死亦卒邑志忠節有傳　孫廉禾　王羽儀　榮袞　諸人玉士翹子叔
父士蘭萬曆乙卯舉人官中書士蘭子保宥順治丙戌舉人己丑進士官至南昌知府保宥弟豫順治戊子舉人己丑進士授編修
官至翰林院侍讀學士○按國朝館選爵里諡法考諸豫崑山籍　黃會煒廩　陶鴻猷

錫山遊庠錄　十六

胡宗虞　高瑞昭　華兆熊　金煒　王熙之
許泰　華三捷本姓歐　李向榮　李騰鯤　浦衍慶
沈肇康　朱璣　趙信　顧文昌　謝春魁
嵇賢晉　杭英　施召徵策孫崇禎壬午舉人癸未進士授陸川知縣山寇作亂被執
不屈死乾隆四十一年　賜諡節愍邑志忠節有傳　吳長庚丁酉舉人　唐鴻采
秦公鏐　鮑大復廩　顧洸　王雲龍　吳維藩
金啓明　黃芝　何廣本姓許　華繡　李見龍
黃會志　周德申　葉孝基　丁起龍　邵儒顯
薛日華　嚴鑠　浦日曙　楊基益　楊在恒
周錫申　劉葯滋　吳介石廩　姚鏵中　殷崇禮

秦伯鈐

是年己巳夏寄籍蘇郡考取文生二十九名

宗師李懋芳

曹　蘅　吳延祉（順治乙未拔貢官黃岡同知）　朱元芳（本姓翟）　華孝赤

呂　瓚　王萬調　王萬弼　呂　京（以上長洲）　趙世昌

華　旭（本姓施）　陳世偉　陸孝維（本姓秦）　秦應科　陸　合（本姓韓）

華　埰（本姓秦）　吳　屏（本姓華）　李廷秀（本姓秦）　張應用　朱廷彥

康元祥　胡旋吉　華　洵（本姓錢）　華　曾（復姓賈辛卯舉人壬辰進士官秀水知縣）

金　鶴　錢廷諤（本姓李）　朱應期（本姓吳以上吳縣）

沈仰鼎（崑山）　方國禮（崑山）　顧　問（常熟）

崇禎五年壬申歲案取文生六十四名

宗師甘學濶（字元宏四川酆水人）

張邦遴　趙　瑋　鄒　震（本姓陳）　陶宗虞　錢振彥

周嗣嚴　顧鳳翔　劉　楷　顧　稠　顧　宸（父嘉舜天啓辛酉副貢邑志文苑有傳宸崇禎己卯舉人操文場選柄數十年辟疆園新本風行海內好藏書爲詩文豐蔚典贍子彩有異才客衍聖公製樂府百餘種彩子忠亦工詩邑志文苑有傳）

劉明曜　徐果遠（傍姓劉順治乙酉舉人丁亥進士累官湖廣提學僉事邑志孝友有傳）　浦世麒　張宏義

邵捷春　錢允芳　唐聘庠　楊至謙　周繼旋

華維貞　朱君鼎　周懋申　倪　渼　倪永建

吳敬培（虞）　陳士昌　張光經（邑志隱逸附父利宿傳）　施瑞曾

華世偉　邵儒榮（名世子邑志文苑有傳）　宣天威　杜京耀

陶延齡　嚴　惇　薛　桓（虞）　吳如熊　陳穀戩

張　旭　姚　錦　高有懷　張元詒　華胥楷

榮　章　華袁闇　賈明允　華光祖　厲　復

徐調鼎　姚　亘（銘中子丙子舉人官定遠教諭）　鮑允俊　鄒學文

周　曉　虞光廷　張述祖　堵廷棻（乙酉舉人丁亥進士官歷城知縣）

張　銓　劉德炎（壬午舉人丁亥進士官忻州知州）　王獻琛　張　悃（本姓邵）

黃伯崢　秦仲諤　許　鑑　華　樾　張麟趾

崇禎六年癸酉科案取文生七十五名

宗師甘學濶

吳　鈞　張　吉　陶　璋　蘇友竟　宿有譽

華昌基　司馬德　高鼎鎮　孫穎禾（繼皋孫乙酉舉人）

陸廷元　曹鼎升　李其藻　顧應祥　過時會

葉奮預　竇叔玷　李　碧　秦　涵　周　偉

高豫燭　王佐奇　華　瑚　江可升　沈在淯（乙酉舉人己丑進士官永定知縣）

周鼎興（本姓薛）　黃邦詔　周化光　陸士璧

胡大加　王永廉　滕新國　韓　掄　王　儼（本姓許）

顧　熙　張忠徵　嚴世愈（本姓楊甲午歲貢）　殷臣乙

葉正儒　虞重元　陸縉彥　勵始揚　王學思

華映日　王鴻業　王之才（戊子恩貢）　黃毓華　顧　珍

薛滄 顧振 廉師世 張光緒邑志隱逸附父利宿傳
華毓王 萬齡 高思恭 吳振宗 張端
許梅 孫棨 王列星 黃鴻虞 秦世鑑又名澧
劉清 朱珧一作珧 鮑挺 胡觀 浦映翊
朱璉 錢鴻起 吳惠祖 錢秀 陳公懷
諸桂徵父士翹萬厤丙午舉人官至梧州知府 張元翼 許書本姓史
王仁淵 邵應奎杜門三十年鼎革後隱居不薙髮入隱逸傳御史錫金續志載以壽終以孫璿贈
崇禎七年甲戌歲案取文生九十名
宗師倪元珙浙江上虞人
陸之繼 鮑大啟 杜震元復姓楊 陳常乙酉舉人乙未進士
錫山遊庠錄 九
潘蕆 陸廷芝 何言本姓顧 馮祖武 周炳文甲午舉人
王仁淡 錢允棨本姓張 濮陽昊 王永祜 秦鍾瑋
祝士奇 秦玉膏 馬時英 鄒清 顧夢蓮
虞官孟 浦起濂 華溶吉壬午舉人癸未進士官泰和知縣 賈廷錫
葉時滋 殷臣庚 胡琛 吳文在 吳桂
秦德澄 李芳枝 成芳 吳可文一作日文 鄒漪邑志文苑
有傳 石鍾華 華之儁 王永柱 陳皇圖
俞壽 華朝瑞 吳百朋 唐宗 錢遠
茹元超 吳夢龍 鄒澄 許曾贈 包含韻
唐永元 華衷黃 趙箴 張有臨 惠敷坤

俞懋功 王淳中丁酉舉人 秦鏵 吳岱 許慎子
李太臨 虞元成 華恒 孫洪 華章憲
王修餘 鄒治順治甲午副貢內宏文院中書舍人 杜應會 錢濡起己卯副貢
顧祖德 龔奇本姓曹 秦瑞禎 賈蘭徵 曹蕃
胡士英 余化龍 張迎禊順治丙戌舉人己丑進士官武昌府推官○鄉會同榜范龍復
姓王解元官歷城知縣 張邁祚 楊璒 唐雲起 賈明詹
曹得餘 周公謨宏父邑志著碩有傳 楊堦改夏三錫 秦德藻齒德兼尊
諸子通顯孫會繁昌仁皇帝南巡幸寄暢園德藻婆娑迎謁溫旨存問尤極榮遇云邑志耆碩有傳
嚴福孫爲名諸生甲申後絕意進取專心古學邑志儒林有傳弟緇孫 宣植 秦欽虞
吳斐 楊用徵 殷允升 王驎孫 張紹曾
錫山遊庠錄 廿
崇禎八年乙亥科案取文生六十八名
宗師倪元珙
吳國傑 劉燁一作煜 孫秉禾邑志行義 包先登 黃汝行
全其天明副貢子錫秬順治中吳江籍歲貢 高明照 過鶴會 王永炤庠
張自申 倪金甌 張遵祐 丁孝治 劉湛
王膺 朱國禎 華桂 費國瑄順治戊子舉人己丑進士授餘杭知
縣民戴其德爲立生祠擢兵部主事以強項不能俯仰自劾歸邑志宦望有傳○鄉會同榜朱瑛授常寧知縣擢寶慶同知督師洪
承疇特疏薦之瑛竟以親老歸邑志宦望有傳 蔡之祐 朱兆璧 陳天成
許鼎錠 夏鼎 龔黃 杜永芳本姓倪 顧粲
成重台 丁維益 莫家光 龔國鑑 周天霞

呂大韶　駱昂　侯巘鼎銓子崇禎己卯舉人順治戊戌進士授推官邑志孝友有傳
畢兆顯　侯其源　華兢　華永蕃　張元度
呂渭飛　薛信辰順治丙戌舉人己丑進士除潮州知府官至浙江右布政使邑志宦望有傳
陳璜　李樹長　秦瑞　吳球鳴庚子副貢　華時高
袁溢本姓秦　陳允謙　張浩復姓王順治戊子恩貢生官宜春知縣宦績見江西通志邑志
宦望有傳　張希房　唐德元　吳維勳　顧携
揚兆甡　高誼本姓周　張元祜　胡璜　祝光錫
顧燮　顧宏祖　浦徵吉一作名吉　華起　秦世鏐
薛躬震　高永載　顧士傑　吳吉　吳素

崇禎十年丁丑歲案取文生六十八名

宗師元瑋字選浦山東濰縣人
揚墀邑志行義有傳子泖榜姓唐淵榜姓秦皆康熙丁巳舉人泖己未進士官行人淵貴池教諭○附丁巳舉人湯梁萬
炳之父官鳳陽教諭　華穎祥本姓張　馬時隽　賈明島　周景開一作景昌
孫計久本姓劉　秦璧　張爾卯　孫繹德己亥歲貢庚子順天舉人
姚見龍戊子舉人官望江教諭　顧焻順治丁酉歲貢生授安東訓導遷溧陽教諭子仔由安東籍入
學康熙癸巳舉人戊戌進士授編修擢中允入邑志宦望傳仔子
維鈁雍正甲辰舉人乾隆丙辰進士授嘉魚知縣遷刑部主事邑
志附仔傳維鑑雍正壬子順天舉人仔孫
裕涵乾隆己卯順天舉人官吉水知縣　安季允
華昌緒　石鍾嵋　秦掄元　胡曾　王元徽
潘際上　浦允祥　杜孫芳　劉蕃　馮有翼
王龍光本姓劉　侯晋　周青雷　李元培　王永璁

龔可楙　安叔允　張元冑　施國琮文行著名於時稱二劉三施二劉者
雷恒霖恒三施者國琮彝直京也載邑志文苑附傳　任鄂　尤文衍　朱應元
成磊　鄒德滋　錢肅潤鼎革後隱居教授四方學者尊爲東林老都講年八十八卒於
家邑志儒林有傳　秦鉅任　王允掄　許男偉　秦世鑑
顧宏烈廩　浦允藻　龔孫越　李黃裳　沈之鴻順治辛卯
副貢　蔡志儒　華敷葵　華鵬程　高維岩本姓徐
李臯　屠德隆　錢肅滋　顧雲達　王緒
朱明臯　鄒忠倚兌金子壬午舉人國朝順治壬辰狀元邑志文苑有傳○按邑中狀元前有宋嘉定癸
未蔣重珍謚忠文宋史有傳明萬厤甲戌孫繼臯　浦日升　嵇世儀　嚴繩孫康熙十八
年己未由主事俞陳琛薦博學鴻詞召試授翰林院檢討日講起居注官遷右中允在館纂修明史及平定三逆方略時與

秀水朱彝尊吳江潘耒富平李因篤稱四布衣今考崇禎十年丁丑歲案有繩孫名核計薦舉鴻詞已閱四十三年蓋甲申後久棄
諸生爲布衣其通籍已逾周甲矣入國史文苑傳及邑志文苑傳　馬壬玉忠肅子邑志文苑有傳
史進　錢雲生　華衷恪　周輔　吳長康
韓霖　朱鼎

崇禎十一年戊寅科案取文生八十一名

宗師元瑋
顧永譽　樂莘崇禎甲申恩貢生與父諸生韶弟諸生政皆入邑志行義傳　顧存一作厚
岳嵩　丁明徵　鄒善長　嵇其漸　吳鈺本姓王
賈明倩　劉遠祐本姓張　許襄乙酉舉人丁亥進士官中部知縣　華廷樾
朱用楫　朱兆松　倪愷　浦璜本姓秦　吳維修

尤　柱　華國球　萬應龍　朱家麟　陸　澔
華潤濱　侯九韶　吳廣培　劉明翥　周憲章
秦鉅儒　倪　鳳　陳廷選　高　斗　邵儒炳名世子
秦去非康熙壬寅歲貢官金華經歷子煜吳江籍榜姓嚴康熙丁卯舉人官靖江教諭　顧　栻
王仁流　蘇如溯　賈　庠　顧　炅　秦鈺生
尤雲翹　秦德湛邑志隱逸有傳　倪　梅　王　夏
吳垂裕　陸廷元　趙翌非　吳稱友　華　瑢
倪　琦　周家煥　秦闇然本姓浦　劉亮采　倪　博
盧　洸　張拱端　姚　儀　華碩謀　嚴臣丁
薛自俊　薛萬年　楊　聯　華尙洙　華　金一作仝

錫山遊庠錄　卅三

秦　條　華　儀本姓薛　陳維節　華振先　王仁漸
秦年錫　唐德淳　高道生　吳英銓　周士琳
顧　霖　顧儻生　華　翰　錢　起　陸逢晉本姓張
黃鍾雅　朱朝秀本姓關

崇禎十三年庚辰歲案取文生七十六名

宗師張鳳翮陝西城固人

張　夏少爲名諸生湯斌撫江南甚重之講學東林者以夏爲大師年八十餘以遺民終邑志儒林有傳國朝入祀鄉賢祠
沈彥登　顧晉吉　金百朋　華淵度　張　節
王　畿臧邑志文苑附傳　陸延升　張　烈　徐天緒一作天佐
陳　丹　華巨源　劉沖吉　周　官　孫若烜

淩九萬　楊德允　徐　鈺　榮孫芝　喬三錫
張傑勛　徐　岱　鄒就鎔　鄒淑汝　錢　埜
沈大經　鮑鳳儀　丁明暘　華　海　徐素壽一作泰壽
顧學濶本姓趙　華俊英　蔡錫祚　史紀明　姚　正
吳淵培　談培高　朱　禎　嚴榮寶　邵儒英名世子
黃宏澤　華名儒　强　泖　沈　烈本姓趙丁巳歲貢
過于美本姓秦改名渙　胡永祉　王廷求　侯　昕
侯　杲順治戊子舉人己丑進士授官平知縣再擢刑部郎中督九江關邑志宦望有傳孫可儀乾隆庚午副貢官五河知縣祀五河名宦祠及邑志宦望傳　吳瑞玉本姓華　王　涑本姓湯　殷學禮
鄒蘭金　秦　濱本姓華　鄭龍祥更名滙順治戊子舉人官臨邑知縣○同榜湯樂官畧陽知縣

錫山遊庠錄　卅四

華　爆　楊　煜　華　愷　王　法本姓華　侯月瑩
鄒　淑堦孫正允錫從子十五工制舉業面試學使案前得隽尤善技擊會鼎革允錫奉唐藩命撫楚以書招之入楚爲允錫前鋒累官都督僉事掌錦衣衛事馳驅五載身經百戰己丑四月守永興爲大兵所破巷戰力竭死東郭門內年二十四邑志忠節有傳　馮加遇　蔣　潔　錢濯吉一作潤吉
趙　簡　華　恂本姓秦　唐　佐本姓陶　許仁溢　朱殿臣
張志忠　楊國豫　顧　璧本姓秦　錢振濂　華日燦
鄒　陞

崇禎十四年辛巳科案取文生八十名

宗師宗敦一四川宜賓人

錢汝杰　王若采　秦廣之丁酉舉人辛丑進士　龔可楹

泰公鑛　鄒昌　浦誠　丁若蘭　單兆行
秦寶金一作鋆　張連礽　周英　虞書　胡永祚壬子歲貢
賈瑞鍾本姓秦　孫德濟　殷逢聖　高拱樞　倪金馬戊子副貢
秦銘尊廩　華允榛　吳恬本姓姚　朱懋隆　劉瑚
周世昌　華悌　王賡　施彝宣邑志文苑有傳
張瑞霖　華嶽　胡瑛　華振鷺甲午舉人己亥進士
趙駿烈　嚴詔本姓秦邑志附龔廷歷傳　華玄禎　鮑亦祥復姓華順
治丁酉舉人己亥榜眼官至侍讀邑志宦望有傳　秦爾濟　黃曾盛　孫仁溶辛卯舉人
壬辰進士官南安推官　雷起潛　劉贊勳　趙勳　郁鼎本姓陶
周令申　黃鐘全甲午舉人　施英曾　華袠丹　賈琯

華神秀　周命申　顧德泖　錢泚徵　顧喆生
徐穀　邵緒康本姓黃　王世憲本姓楊　孫士震　徐允懷
張暹祧　高暘生　孫光蘭　陳元升　華頎威本姓范
鄒潚一作紹鴻　夏彬本姓張　王慧生　顧錫琮　許犀
王重華　楊均豫　周梓　張輔辛卯舉人壬辰進士官肇昌推官
黃沅渼　吳光紀　湯澐　鮑袠敳　吳佩鳴復姓施甲
午舉人乙未進士官高州推官　堵孫驥　周允欽復姓張順治辛卯舉人壬辰進士授
太常博士官至翰林院侍讀邑志宦望有傳　王絛

崇禎十六年癸未歲案取文生七十七名附載吳縣學一名

宗師宗敦一

曹永熙本姓過　潘績燦　許國謨　徐美本姓時　黃鼎甲午舉人
乙未進士官至廣西提學僉事　華凝度　華孟欽　王松丙戌舉人
戊戌進士官大理推官　陳新　錢濂　鄒自淑　惠廷榮
張近　陶鎔　胡永祐　王錫士本姓薛庚子舉人
張安仁　錢爕　顧永昌本姓張　戴耀本姓秦　胡瓏
王芝芳　許國　胡之棐　陳韶　顧五壽本姓華
許士標　殷朝秀　華皋謨　吳成銓　王晉升本姓俞
趙雋　唐德溥　華鼎　華廷標一作傑　黃鳴鶴
郭永祚　鄒永祥　高鐙　王熊占　强岸先
錢維新本姓朱　馬補先　黃曾還　張通禕　華長發與秦沅善

二人嘗偕顧祖禹同纂方輿紀要邑志文苑有傳　周家燧　胡瓚　强公豐一作彝
張鳳詔　錢榮　秦德汾　倪杰　唐濤
顧鼎　侯煜　錢澄志　繆憲章　秦潢
華袠慊　吳浤桂森孫辛卯舉人壬辰進士官汝寧府推官　胡永禔丁巳歲貢
鄒德　華璉芳　施揚曾　孫聲　孫拱
繆祖寧本姓秦　華袠簡　蔡岳　周王一作思　王鍾華
戴遇春　杜勳本姓施　茹德淳　王國賓　賈章
沈鑣　高春生入吳縣

國朝

順治三年丙戌歲案取文生六十九名

宗師陳昌言（字道箴山西澤州人崇禎甲戌進士○按自此以下皆監察御史提督學政）

周曰篚　黃定國　周錫英　毛麟祥　過子英

李廷標　張永圖　許男　許登瀛　華袞

周之楨（本姓徐）　鄒允彬　劉德燦　華子實　顧夔

王之衍　周泉　陶鍊　蔡瓊枝（丙戌舉人丁亥進士官至浙江僉事）

成廣　王世鍾　張建雄　薛逢　唐德潤

龔兆蘭　宗維藩　顧鋌（辛卯副貢）　許光岳　華國昌

呂舜岳　浦可洛　曹珪　秦曠生　徐逢治

秦之屏　王用光　黃元吉　華康新　浦浩

張名世　俞明　李瑩（本姓薛）　顧眘西　賈璐

張廷政　嵇永福（甲午舉人乙未進士授嚴州推官康熙戊午以博學鴻詞薦報罷後以軍功議敘僉事道未補官而歿邑志宦望有傳）　陳必晉　馬學調（本姓陸）　章倫

賈明敘　吳始錫　許武侯　顧清（一作靑）　婁旭（本姓高）

朱逢聖　鮑鳳來　過岱　朱鏞　周以申

丁熙（癸卯舉人）　蔡運昌　承宗（本姓石）　楊固　吳之錫

丁允懷　胡模（本姓秦）　華侗　顧虞良　丁儁

是年又科試取文生七十七名

宗師陳昌言

頤　高蒙（一作豪）　錢淵　鄒待　顧瑞龍

季自昌　李宋　馮新　丁偉功　許京（本姓唐）

顧錫袞　周之祚　顧鏞虞　吳端（本姓丁）　許洊

高駿　鄒裕　龔季芳（一作兆芳）　華日新（復姓秦康熙癸丑歲貢生官旌德教諭邑志文苑有傳）

姚廷揚（本姓李）　施天祥　徐葉棻　張子靜

周鋁　華士昌　鮑鳳飛　張起龍　高珽

楊英　鮑允隆（鳳翔子癸卯舉人）　孫光烈　虞夏

陳士　陸翥　湯棻　薛蒲　周運昌

鄒桂　季維和　徐葉壽（一作榮壽）　華彪（本姓陳）　張昊

張星（本姓錢）　陳禮祉（幼學孫甲午舉人戊戌進士官臨安推官與父正卿萬曆乙卯舉人同入邑志行義傳）

賈明倫　浦歸帆　侯國棟　陶宏璧　秦洵

過向化　承天錫　華嘉楨　俞化鵬（本姓陳）　過英

孫詠和（一作永和）　張朱　顧楨　陳世祉　賈俊

李敬　周馥　陸鰲　張起　華天

諸葛材（本姓唐）　俞士英　唐夢吉（本姓金）　薛壯行（本姓談）　王仁液

王允佐　胡永仍　錢逵　陳貞祉　鄒沆金（崑山人）

李雲期（本姓錢吳縣人）　劉文鷹貢（江人）　吳　戚之衍（本姓鮑）

江人○已上四名皆自無錫籍入泮

順治四年丁亥歲案取文生四十名（府學十名又蘇郡學四名）

宗師蘇銓（字次公直隸交河人崇禎丁丑進士）

徐瑞星虞 孫 華 劉 漢 張 堡本姓顧 姚 琮
錢 欽 沈奕允 丁龍光 華 瀾 華士龍
陸運瑛本姓閔 張 烈 顧昌平 許自盛 顧 鈁本姓秦
顧卯訓乙卯歲貢 葉 修 馮駿業 胡用濟庚申歲貢 秦洛咸
劉中立己巳歲貢 吳鳴瑀 周廷鑨 闞 黙 侯 暹本姓華
顧允奕 吳 岡 劉德瑩 孫黃裳 俞 嘉
黃 球 吳延熹 鄭 馨本姓陳 陳 詩 趙 範
張遺祿本姓秦 吳心在 陸朝璞 李 培 張倫孫
龔國鏞以下府學 陳王烈 過 爵 全 燦 高 丰本姓錢
倪金莖 劉莘亶 鄒文焰 顧 凱本姓浦 周亮采

毛 袞以下蘇州 葛 鋐復姓鄒 陳 謨復姓朱戊子舉人乙未進士官江寧教授
華 輪

順治五年戊子科案取文生縣學四十名 府學十四名 又江陰學一名 蘇郡學十二名

宗師蘇銓

朱 光 吳 京 秦 治本姓龔 華 鏞 孫迎曦
王 綸 李春魁 施世忠 施世恩 劉秉鑑本姓許
何鴻吉 王雲琦 李覲光 沈登瀛 張 宿本姓唐
周 燦 顧 楫壬戌歲貢 呂 遴 惠 聲 張詠德
陸 渭本姓孫 劉嚴琨 鄭麒光復姓季庚子舉人丙辰進士官諸羅知縣宦績載臺灣府志邑志宦望有傳
張慧孫本姓邵 劉躍龍 鮑允修本姓華 俞 吉

王仁灝孫蘭子康熙壬子歲貢官漣江知縣邑志文苑有傳 許自銘 薛元高
過 珙 顧 銮 周師尹 鄒登岩 龔延祥
高 岳 賈明伉 陸位坤 諸永祺本姓唐 秦松齡甲午舉人乙未進士授檢討康熙己未舉博學鴻儒官至左諭德入國史文苑傳邑志儒林傳○按黃瑚少時名著雲門社康熙戊午詔舉博學鴻儒崑山葉方藹將以瑚名上而瑚已前沒年僅三十有四邑志文苑有傳 已上縣學 過 玫以下府學
顧兆隆本姓張 陳王略 秦 浩 吳 迪 劉 檠
華 標 吳震錦 錢志道 宣 心 楊 逖
劉三益已上本繆 宗維烈宗知縣子 王粲晉王學師子 施 京邑志文苑有傳入江陰學
陸 洣以下蘇州 劉中行 陸 浦本姓成 費宗洙 計 階
趙 王 鄒蘭生 秦 楨 倪補雲 吳 玹

劉逢恒 湯 麟

順治七年庚寅歲案取文生五十七名

宗師李允崇字寅居河南永城人丙戌進士

吳德裕 陳可明一作可聞 朱 錦 馮 琪 葉 幹本姓錢
孫長楧 錢 貢 莫與京 張逢泰 華元慶甲午舉人
張 濬 華 禾 過 鋌 吳 楨本姓欒 張有恒
錢易斗 施 熙元徵孫庚子舉人 倪 棐 姚夢龍
鄒 期 章允楨 周之鉞 華繼緒 顧 坐
顧景文邑志文苑有傳 國初邑中之工詩古文辭者結雲門社於惠山名動遠邇若睢州湯斌吳門汪琬及慈溪姜宸英咸來赴會邑中與於會者凡十八景文與弟貞觀及秦保寅秦松齡黃瑚嚴繩孫鄒顯吉劉雷恒劉霖恒安璐時號雲門十子

唐永祥 陳名周 華允藻貢生邑志耆碩有傳 張龍頷
周之鎬 孫溶佳嘗議編審法不可罷嵗愷切又議革除經催若催一圖十甲本年銀漕逢卯候比不及欠戶者議停丈量蘆洲議門稅勿加耗而免孤寡之稅時吳與祚爲邑令深倚信之邑志行義有傳孫濂雍正甲辰舉人庚戌進士榜姓唐官靖安知縣今江西滕王閣有全省士民公立澤及全省匾額入江西靖安名宦祠及邑志宦望傳 黃 爌
蕭允諧 顧賡虞 杜 溥 江 蓮 蔡 瓛
顧廷文景文弟邑志與景文同傳 龔百禩 趙 乾 張長華本姓郁
薛佶辰 陸 選本姓馬 王法高 張 鑽 楊 壤
徐宗偉 周龍瑞 王光訓 王起鼎王學師子 顧元珙本姓劉、
顧元齡 朱 仔本姓劉 顧 岱甲午舉人戊戌進士授銅仁推官擢杭州知府邑志宦望有傳
趙錢選 周際泰 呂 鍠丁酉舉人官巢縣教諭
錫山遊庠錄 一 圭
順治八年辛卯科案取文生五十一名又蘇郡三十四名教官子隨任應試二名
宗師李嵩陽字弦佩河南封邱人崇禎庚午舉人
裘 璪本姓王 章允楨 唐汝鑑 黃錫龍虞 華國璘
吳 江 華 銑 范 旭 王奕祖本姓過 滕徵麟
劉 楫 顧 璽本姓秦 楊國禎 王允持康熙壬子舉人乙丑進士當選知縣以母老歸邑志孝友有傳○同時虞銓諸生父官皋教行孝友官皋卒舁以哀毀成疾亦卒邑志孝友有傳案前後數案失虞銓名
華章志甲午舉人己亥進士授戶部主事累擢貴州提學僉事入祀貴州名宦祠邑志宦望有傳 周繼高庚子舉人官中書
張毓祥本姓王 顧存昜丙寅歲貢 蔡元瑞 王 麟
趙德修本姓葉 吳 綏 呂大呂 華恩霈 虞升元癸酉歲貢
華 臨 王抱承 張錦裳 過 詠 殷之七

鄒 侗 王遠圖 倪 旃 劉 高 夏廷章
秦滌之 張日驥本姓顧 王夢白 王仁溢本姓廉 曹普錫
諸 駿 侯 麟本姓浦 顧漢艮 鄒鎮明 鄭袞祥
黃 珙 吳八秀官太和教諭載邑志宦望附傳 薛在輿 曹鼎臣甲午舉人戊戌會試副榜授無爲州學正遷奉化知縣團練鄉壯勦平浙東七邑土寇奉化民爲刊勦寇錄行世官終中書科中書邑志宦望有傳
華 勤允諫孫壬子舉人官無爲州學正○允誠孫華王澄榜名王澄乙卯舉人己未進士官麗水知縣
顧皇士已上本籍 王 文王學師子 趙善鈺趙學師子 鄒雲鳳以下蘇州
華 濚 顏若舜本姓鄭 侯賡雍 華 俊 胡士恂本姓何
安 璿廣居子希范孫如山曾孫邑志文苑有傳 楊日煥本姓華 李應京
顧開先本姓浦 陳以謨 張象賢本姓華 秦廷錫 倪頊選以上吳縣
錫山遊庠錄 一 圭
倪 桓 秦 錄 金 聲本姓華 陸循納 秦松岱邑志儒林有傳
鄭 珩 劉宗燾 鄒象雍丁酉舉人己亥傳臚授武陟知縣內用行人入祀河南名宦祠邑志宦望有傳子奕鳳康熙乙酉舉人丙戌進士授編修 朱家珩
朱江左本姓姚 吳六息 呂 進以上長洲 李士達 周 魯
顧嗣業以上嘉定 沈 乾本姓姚 李 瓊 黃 裳以上吳江 陳國用崑山
丁令辰常熟
順治十一年甲午歲案取文生五十名又蘇郡學二十一名
宗師石申字仲生直隸灤州籍湖廣黃岡人順治丙戌進士授弘文院檢討官至吏部侍郎○按是年停差御史特設督學翰林
盛友務 張其翰癸卯舉人官新平知縣 呂 鋈 陳益恂

秦澍芳　華嘉允本姓浦　秦鉅倫癸卯舉人甲辰進士官宜君知縣　談　瑛
陳　韺　施鼎曾康熙丙午舉人官全椒教諭遷章化知縣歷戶刑兩部郎中邑志宦望有傳
華　黃康熙乙卯舉人已未進士歷官永平知府載邑志文苑附傳　張茂華一作茂斐　高　津
秦　淑一作洲　華　榮　張　霖　范安信　秦　浚
孫　昱　侯　愈　顧　琮　顧　埜　楊廷濟
趙　晉　侯　柏　周志焆　鄒　霖　吳懿培
周之鑑　吳道在　沈天定　張鳳池　顧　敦康熙乙卯
恩貢生當選知縣不就邑志行義有傳　孫　嘉　馬丙玉文肅次子　高菖生世泰子
王淑高　倪　卓　陸維湛　朱　琪　陳靜修
秦欽建　肅元輝　倪　檀　劉應選　曹晉錫本姓唐

諸廷夔　吳　鑑　鮑允昇　馮駿文已上本籍　錢仲選邑志儒林
有傳
已下蘇州　華　宷　吳　灝　秦　泖以上吳縣　潘三龍
王　澐　鄒　榮本姓倪　蔣維幹本姓楊　秦　錦乙丑拔貢
已上長洲
顧華文更名貞觀丙午舉人祕書院典籍詳註萬歷戊午案顧樞下　華　乘以上嘉定　葉芳菲本姓楊
王　吉本姓李　王　政本姓樂韶子莘弟邑志附韶傳　葉　復已上太倉　諸　拱
李慶蕃本姓倪　楊朝栻以上崑山　胡永祇　侯　楷　秦松年已上府學

順治十二年乙未科案取文生五十五名

宗師張能鱗字瑞庵順天大典人順治丁亥進士○按自此至趙崙皆提學僉事無一由翰林出身者

陸　寅乙丑歲貢　秦衍義　蘇毓龍　馮萬里　顧鼎燁
談宜丙　王范虬　薛　瑀　張熊祥　侯　昶
馬萬程　季　芳　瞿　恭　周允臨　過生煥
唐德耀　諸永錫父保容人崑山學　季　才　張有爲
周廷玉　黃　淶　顧寖大　瞿　暐　陸　益
秦　弘復姓周康熙癸卯舉人甲辰探花授國史院編修仕至侍講學士邑志文苑有傳　胡震鑰
陸慧生庚午歲貢　顧　敏　鄭麓曉　張聯孫　侯　律
鄭廷樹　許　源辛亥歲貢　許師謙　毛　襄　張王仁
鄒宸翰　張燕頌　侯麟勳癸卯舉人已未進士載邑志文苑附傳同年張光第丁未進士
吳　鎮　丁雲涉　楊　憲　徐允升　顧哲琦
張雅言　范　思　秦泰階　楊學會　鮑允治一作鼎銓
際昀孫已酉順天舉人　張曰駱　華維章　劉蕙滋　劉　雋

施龍曾　黃璘喆

順治十四年丁酉歲案取文生五十一名又蘇州三名

宗師張能鱗

金　詔本姓倪　徐允震　顧　捷本姓李　廖茂才本姓黃　施　旭
周允文本姓錢　華　封　華碩儼　吳中義　劉　宮丁卯歲貢
華星從　朱克纘　過德延一作延俊　劉超驤　陸維道壬寅恩貢
張允升本姓胡　倪　秉　鮑允隮　諸慶徵歲貢　趙　弼
高可璞　倪　淇　陸天恩　吳永清　秦松期康熙乙卯
恩貢生授崇城訓導不就改翰林院孔目邑志行義有傳　安虎文　高齊賢
胡世昌　秦汝泌官虹縣教諭載邑志宦望附傳父鉽長洲籍順治戊子舉人乙未會元殿試探花賜袍

服北狀元授國史院編修累擢江西按察使官至湖廣糧儲參政歸邑志宦望有傳　朱德緝

周永益　吳演一作濱　華鎧　薛鹿　陳晉新

賈履祥　浦朝棟　張忍孫己未歲貢　莫易　殷用梅

張鳳呂　孫繼蘭　錢鏡　陳九錫　錢孫蘭

許士仁　范廷銓　賈宸　秦松衡　繆海旭

王宣臣以下蘇州　秦松永　徐瀞　諸定遠康熙癸卯舉人甲辰進士授庶吉士改主事官至浙江溫處道○按國朝館選爵里謚法考作崑山人誤

○此下脫簡舊鈔本脫戊戌庚子科歲兩案

順治十八年辛丑科案取文生縣學九名府學十一名

宗師胡在恪字念蒿湖廣江陵人順治乙未進士

薛瑊　張馨孫庚午歲貢　林鐘己酉舉人庚戌進士　周宜振康熙丁巳舉人壬戌進士官錢塘知縣載邑志文苑附傳

錫山遊庠錄　三五

曹震　王植歲貢　陸光灝己未歲貢

華穎濠　薛竑已下府學　程章　秦華昌丁巳歲貢　華碩稼

秦澍　高芷生世泰子邑志耆碩有傳　張亥孫　劉榮節

侯麟炳　華元材　秦枚濬　張鼎

康熙元年壬寅歲科併試取文生縣學十五名府學六名

宗師孫允驥字清溪福建南安人順治乙未進士

黃諤癸丑拔貢官蔚州同知　徐勿休本姓吳子甲子舉人　其馴　華埰

胡宸楓　吳鍾虬歲貢　高崗　秦松高　王洸高

錢燧光　黃薡　施黙　楊維震　倪廷暉

侯文燦　鄒鼎成已下府學　顧崍壬子舉人　華碩宮　楊廷詔

陳益新　倪楨　侯文燿○此下脫簡舊鈔本脫去甲辰乙巳歲科案無考

康熙六年丁未歲科併試取文生縣學十五名府學六名

宗師梁儒字宗洙漢軍鑲白旗人順治乙未進士

吳之蕃一作斐　劉源淜　華毓芬　秦汝沆　高愈歲貢生入國史儒林傳及邑志儒林傳光緒乙亥入鄉賢祠

華蘭佩　呂高培康熙中隨嵇永福客蔡征西毓榮幕以軍功授米脂知縣丁母艱起補隴西邑志文苑有傳

孫維　趙潛用

華敷采　沈天敘　秦松華由歲貢生官筠連知縣祀筠連名宦祠邑志宦望有傳

季貞光　秦汝舟　吳文鎔己酉舉人鳳陽教諭○同榜朱世奕本姓華薛渭英信辰從子

施壽壬午舉人丙戌進士歷官刑部郎中邑志宦望有傳　秦松喬邑志耆碩有傳

侯模　張騋　華孝祉　馬翀文肅孫王玉子邑志文苑有傳

錫山遊庠錄　三六

康熙九年庚戌歲科併試取文生十五名府學六名

宗師簡上字謙居四川巴縣人舉人

華元璐　王起鋐　范鼎　高貞吉　殷沆歲貢

華文炳　王溥歲貢　倪金書壬子舉人官寧遠知縣　錢丹霞

秦已錫　顧仁恒　吳天錫　張錫盛　秦汝霖

楊瑞麟已下府學　孫敬基　林蕙　吳珍辛亥歲貢　周超

蔡球本姓季　華愈昌

康熙十二年癸丑歲科併試取文生十五名府學六名吳江學一名

宗師虞二球字天玉浙江定海人順治戊戌進士

劉齊乙丑拔貢邑志儒林有傳　邵緒廣名世孫緒賡子元龍康熙丙子順天舉人官湖南醴陵知縣

楊弘　姚來　錢濬　鄒孫譽　華修昌

胡安澤　嵇曾發　華雍　華隨　秦道然乙酉順天舉人己丑進士授編修官至禮科給事中邑志儒林有傳子芝田同科舉人官無極知縣蕙田雍正乙卯舉人乾隆丙辰探花官至太子太保刑部尚書謚文恭入國史大臣傳及邑志儒林傳孫泰鈞乾隆庚午舉人甲戌進士授編修自道然父松齡至泰鈞四世翰林

嚴濬曾　徐銘　華舜巘已下府學　范瑗按邑志行義有諸生范君瑗傳而舊本歲科遊庠錄祗有范瑗未知即是范君瑗否

高淳　施廷璋一作廷琭

鮑鴻業本姓高　秦之洵　侯麟煒　郁世焜吳江籍復姓吳戊午舉人己未進士官澄邁知縣○康熙初世焜與劉齊劉學洙吳遵鍈施壽孫祈雍秦道然七人爲文會名噪一時號蓉湖七子

康熙十四年乙卯科案取文生十五名府學五名

宗師解幾貞字蘭石陝西韓城人順治壬辰進士

楊心元　丁紹美歲貢邑志孝友有傳　朱時起　吳遵鋐

虞衡　孫祈雍丙申歲貢遂寧張尚書廷樞以茂異薦有旨徵召謝病尋卒邑志文苑有傳○同時敖獻吳縣籍諸生文名著同聲慎交兩社間邑志文苑有傳　王雲錦榜姓施庚午舉人丙戌狀元授翰林院修撰父志寧長洲籍壬子歲貢官青陽訓導邑志文苑有傳子興洛乾隆丙辰舉人孫日杏乾隆癸酉舉人曾孫光顯乾隆戊子舉人官普安知州自雲錦至光顯四世科第

邵澍　秦陽春　倪金印

唐我鋐　吳奕茂　秦汝濤歲貢　徐越　龔聯璧已下府學

成人德　張敏修　周金聲同祖弟金紳雍正乙卯順天舉人乾隆己未進士授新寧知縣祀新寧名宦祠邑志宦望有傳子永保乾隆庚辰順天舉人官彰化知縣

倪承烈　秦辰燕歲貢生年次無可考邑志附靖然傳○是年舊鈔本載蘇州籍六名賈華周華過張松江籍一名周　今其名皆無考

康熙十六年丁巳歲案取文生五名

宗師邵佳節字全儒浙江富陽人順治乙未進士○江陰學院署東有邵公祠

周錫瓚　吳鼎銓　侯文熺甲子舉人官長洲教諭宦績載蘇州府志○同年張龍瑞本姓王本省舉人朱旂吳一德皆順天舉人旂甲戌考授中書邑志孝友有旂傳　王世濟庚午舉人雲都知縣邑志宦望有傳

吳廷鏡

是年始開納生之例大縣考取文生五名其餘納生無額丁巳戊午己未辛酉壬戌五案皆有納生丁巳戊午兩案舊本不載納生姓名是年納生有何治時辛未歲貢舊本不載壬戌歲案始取文生十五名

康熙十七年戊午科案取文生五名舊鈔本註云此案有援納生員三十四名未錄　今無考

宗師邵佳節

唐侯夔　高申　王仁滋　施廷瓚　丁濟美官壽州訓

導邑志附過松齡傳○孫王士榜姓王乾隆丙子舉人順天籍歷官松谿漳浦知縣邑志附丁鶴起傳

康熙十八年己未歲案取文生五名納生一百三名依舊本載入府學十一名

宗師劉果字木齋山東諸城人順治己亥進士

李廷樞庚午舉人辛未進士官知縣　秦潮　黃福灝　鮑允皐

秦靖然辛卯舉人壬辰進士授編修邑志文苑有傳　靖然鄉會同榜黃天球榜姓徐官靖安知縣擢禮部主事邑志宦望有傳已下納生

吳泰金　甘棠　吳化鐘　侯承垿

過德藩　滕儀　秦秉忠　華文燦　吳欽禹

秦孝然貢生　純皇帝南巡秦氏諸老詣伏山園孝然年九十特荷　御詩之賜邑志附父松喬傳

陳之瑚　楊文佩　朱起元　徐照　劉實堅

吳琇　陳人龍乙未歲貢丁酉年六十四始鄉舉又十年雍正丁未　特賜進士邑志孝友有傳子士雋

雍正丙午順天舉人官崇寧知縣祀崇寧名宦祠宦績載四川通志及邑志宦望傳　顧　倬
馮祖義　程　璠辛亥歲貢　華元錫　吳　柱　高　洪辛酉舉人
官遵義知縣邑志宦望有傳○同榜薛景瑄華宗源官光澤知縣　華聖基　錢　豐
華　瀾　顧　陞己卯舉人　華以知　侯文焯　徐　坤
楊銘敦歲貢生考取教習除湯陰知縣邑志宦望有傳父諸生紹雍入邑志行義傳　楊孫抃
陳　謹歲貢　顧　陞　楊銘灝　楊　鈞　陳　讓
李蕙徵　高　涵　尤　沅　錢　治　尤洽文
華之同　楊　錩　馮　翊　華師昌　華碩京
錢　駿　華萃祥　侯文燈　周　弧　侯學黯
王　翼丙子舉人庚辰進士官內黃知縣　華咸祥　薛堂音　葉芳椿

謝　表　滕允恭　侯　暭　秦巽權丙子舉人官滁州學正
劉龍驤　施宏佐　王德潤　華飈盛　唐茂徵
安　鏸　秦昌燕子大呂雍正丙午舉人乾隆壬戌進士官江寧府教授　施　俊
華滙九　周際唐　吳　銓　華　秉　高衍疇
過　琦　華常吉　華人瑞　秦舜燕　朱　鈖
張庚孫　諸　泖　錢震宜　朱　鐮　秦憲然
過奕讚　陸汝楷　華知徇　李　龍　秦來祐
吳穎鋭　朱嘉謨　呂　鏞　鄭宗泌　金三錫
華克繩　黄　晟　胡宸標　殷　來　金兆駒癸卯歲貢
許拱乾　秦曾榮癸卯歲貢邑志附靖然傳　顧元琛　徐鍾華

范　義已上納生皆歸縣學已下府學　張龍翔　過　儲　華音徵
安　嘉丁卯舉人　唐我鈊　鄒人坊　顧　森戊子副貢　華　棟
潘宗惠　華　楨　過　修甲子舉人官海城知縣行取戶部主事監海運倉邑志宦望傳
康熙二十年辛酉科案取文生五名府學四名納生若干名舊本摘鈔九名
宗師田雯字倫霞山東德州人康熙甲辰進士
諸　楨康貢姪輝烈乾隆丙辰舉人　童長吉　陸震銓　孫　棟戊子副貢
邑志耆舊有傳是科舉人朱王綋順天副貢張徐軒官涇縣教諭　黄國裕　張允孫
林　苞　劉有恒　秦爲龍弟朱千吳縣籍康熙癸巳舉人　賈履坦
秦寶然貢生邑志孝友有傳　鮑繼鏞　徐駉孫　王濟上已上納生
已下府學　邵　璿乙丑拔貢授芮城知縣再擢監察御史掌登聞鼓院奏建儲事蔭其子龍徵爲輕車都尉

邑志宦望有傳弟瑚邑志隱逸有傳　唐開灒　過　澄　高　槎
康熙二十一年壬戌歲案取文生十五名府學五名納生一百五十一名
宗師趙崙字閬仙山東萊陽人順治戊戌進士
倪丹衷　辛耀高　華　綸　華觀國　秦流慶
沈龍山　全兆龍　錢賡梧　鮑芳林　黄　輅
薛　鴻　顧鍾麟　黄芹生　王仁演　秦敬然邑志耆碩
有傳已下府學　侯文烜　顧衡文　秦源功　嚴元初
顧起安已下納生　倪之炳　雷　寅　陳　謨　錢斗光
張麗金　倪宏祚　包永濟　陸　璇　朱克用
甘　霖　高維楨　鄒雲龍　吳　棟　李迪光邑志耆碩

有傳
童果行　朱渶　趙繼羲　蔡家楨　孫昌緒
孫士登　錢夢虎　賈文炎　倪天閑　孫士敎
華維烈　吳承濂　胡廷銓　强應慈　顧綸永
張之依　朱杲　朱鉦　祝昇平癸卯恩貢　顧鏊嘗與族兄培及武進金敞同受業於宜興湯之錡專力於聖賢之學之錡卒培與敞築室於錫山之麓曰共學山居以招四方學者敞卒培與鏊共主講席接引學者諄諄不倦邑志儒林有傳
薛駿　惠来　華希閔辛卯副貢官涇縣訓導中庚子舉人雍正乙卯由侍郎吳應棻薦舉博學鴻詞辭未赴乾隆壬申年八十恭迎聖駕於惠山賜知縣銜邑志儒林有傳弟希閎雍正己酉舉人官內閣中書邑志孝友有傳
曹思敬　鮑維清
丁允祉歲貢生官潛山教諭與父華祖同入邑志行義傳　嚴永祉　高謙吉

錫山遊庠錄　一　四十一

錢注生　顧慶年　顧學聖　許爀　許韶
鄒銓　鄒辰乘　秦本天　江荀龍　曹泖
吳經華癸卯歲貢　張遴奇　胡恂　王煥　尤湛
張鳳岡　吳位鏞　鄧曾榮　方廷標　浦鎬
胡鶴曾　黃汝濟邑志孝友有傳子趙音乙酉解元己丑進士授檢討世稱固窮先生邑志宦望有傳
華文强　白霞　秦汝瀚　朱琬壬午舉人癸未進士歷任郫縣新津臨安知縣載邑志宦望附傳○癸未同榜吳一元復姓王康熙庚午舉人官靈臺知縣邑志文苑有傳○壬午同榜李射斗官上海教諭
錢龍鏕　惠翰　虞文龍　侯元岱
王言　黃鶴臣　華協恭　王路　秦瀛
高有容　高起韓更名羅龍康熙癸巳順天南元官浙江黃巖教諭　施謙吉癸酉舉人

授中書改寧都知縣邑志耆碩有傳
鄒珮瓚　金長煥　薛行
錢太　馬廷鑌　陸兆獅庚子舉人　鄭枅　徐松
陳琮　浦淇　方朝楨　邵維松　金汝楫
周慶元　楊宏度　尤炎　許嘉基　華景顥
楊國蕃　楊鋌　施准　滕培　丁鳴球
張龍錫　曹樹屏　曹樹藩　錢松高　丁鳴玉
郭尚忠　秦純熙　强元龍　諸枚癸酉舉人官嘉定教諭
高佩翔　楊維城　張欽文　錢晉錫　倪之熺
倪之燧　秦敬熙歲貢生官常熟訓導子琦雍正己酉順天舉人　浦鼎
高崧　吳松　楊銘頤　薛榴祥　張肇基

錫山遊庠錄　一　四十一

尤肇基　陳金鑑　陳周渭甲午歲貢　陳漢章　周鋐
嚴以成　陳藻鑑　陳汾　劉鳳翀　劉光夏
秦樹績己卯舉人官宿州學正

邑志載康熙二十二年停止納生按黃廻谷叩識小錄云國朝康熙初因征三逆國用多絀故入泮開納粟之例每名一百兩外加耗銀二十兩時吾邑援例遊庠者每案多至一百三四十名憑文取中者大縣五名又稱納生考試定例六年內雖考末等不黜六年之後方有末等被黜者考取文童大縣十五名至三十八年大縣廣額五名共二十名六十一年又廣額五名共二十五名武生額十五名廩增生各二十名歲貢二年一輪

府學定額二十五名各縣分撥廩生四十名各依等第挨補

康熙二十二年癸亥科案取文生十五名府學五名

宗師趙崙

顧青岳　秦宏鑄（丁未歲貢）　秦二丰　周鈞　秦人功

華芳楠　黄宏　秦龍標　秦金奏　黄汝濟

呂逵　黄廷龍　秦天植　秦之鴻（辛卯舉人官中書）

張濱（已下府學）　華應辰　侯鄭煥　呂階頤　鄒重光

賈宏祚

康熙二十四年乙丑歲案取文生二十名（舊鈔本祗存五名已下闕並闕丙寅戊辰兩案）

宗師李振裕（字維饒江西吉水人康熙庚戌翰林侍講官至戶部尚書○按是年後復用翰林提督學院）

范晟　楊宮　秦銘黯　王季思　糜天棫

按錫邑遊庠錄邑中所傳鈔者多從康熙己巳科案始其自萬曆壬寅始者僅得一本乃康熙元年後脱去甲辰乙巳兩案至乙丑歲案祗有范晟等五名其餘紙爛并脱去丙寅戊辰兩案故自康熙二十八年後各鈔本始詳某案某題而是年已前則非特闕其題且闕數案其人皆無可考已然考康熙丁丑歲案第一名爲孫裘仁載明邑志儒林傳而案中反無裘仁名康熙辛巳科案脱去黄球顧棟高二名可見闕略仍多也吾邑文獻之家豈無善本此書刊行如有執全書以質我謏陋者則幸甚

康熙二十八年己巳科案　取文生十五名（府學六名）

宗師李振裕

題（煥乎其有文章　舜有臣五人而天下治）（自是年起舊本始載文題）

秦恬然（邑志與敬然同傳）　吳乾錫　劉遜志　虞道澄（年午舉人○同榜施鍔本姓黄雍正癸卯進士授登封知縣改淮安教授尋舉卓異大學士陳世倌以體用兼優薦授國子監博士邑志儒林有傳○順天榜湯萬炳絜子乙未進士）

呂皋颺　劉上行（廩）　薛亦偉

周金華　宋之瑞（廩）　姚從龍　顧岵瞻　邵會訓（邑志文苑有傳）

吳彬　秦沂曾　張允讋（已下府學）　張良弼（辛卯舉人○同年華湘官巢縣知縣○錢鋐官開建知縣）

○趙廷獻　吳命榮　侯承采

黄桂徵（一作徵桂）　顧士行

康熙三十年辛未歲案取文生十五名（府學七名）

宗師高裔（字素侯順天宛平人康熙丙辰翰林侍講官至大理寺卿）

題（以季孟之間待之　是以長爲悅者也）（是年起鈔本載文題）

王起祚（邑志附張文耀傳）　吳于濟（丁酉副貢）　秦軒然（貢）　秦庭（復姓馮）

邵琛（廩貢璠弟）　華廷迎　張光宙（泰開之父邑志孝友有傳）　季騮光（辛卯順天舉人官上元教諭）

周雲錦　周金簡（宏子壬午舉人壬辰進士授編修）　季椒生

鄒人紀（廩）　張文耀（乙巳歲貢晚除天長訓導以老不行邑志文苑有傳）　殷王賓

陳詢（已下府學）　朱鳳飛　陸實　徐建　馬思敬（廩）

周金蘭　陳起鳳　侯恒（查各鈔本一有陳無侯一有侯無陳今並載之）

康熙三十一年壬申科案取文生十五名（府學十二名）

宗師高裔

題（人將拒我　搏而躍之）

顧一泖　賈履泰　宣彬　倪尚轍　孫大謩

陳　璣　華鳳池一作鳳墀　姚起龍　徐建熙一作建禧　王過禧
龔士衡　秦　龍　顧　錦　潘會宸　顧經永已下府學
王起嵩　秦繩曾復姓王癸卯舉人庚戌進士官揚州教授邑志儒林有傳　嚴元梓一作元詳
鮑　延官邳州學正　周文濬　羅　炳　高　峴　周永祺己卯舉人
趙永孫　華　崧　周與欽　馮祖之廩
康熙三十三年甲戌歲案取文生十五名府學十二名
宗師許汝霖字且然浙江海寧人康熙壬戌翰林侍講學士官至禮部尚書入祀名宦祠國史有傳
題喜怒哀樂之未發謂之中　敢問友　全章
顧正域廩　曹思義壬午舉人丙戌進士官伏羌知縣鄉會同年劉洽順天榜官嶶州府教授趙炳本姓
顧浙江籍　秦繼忭　鄭廷標　王楷裴庚午副貢　陳應旂

錫山遊庠錄　卌五

沈雍熙　朱　錡　朱朝咸　顧永祉　秦麗中
秦　枚　施申加　施　巘　張彥孫已下府學　華郭昌
馬思恭　高　擴　邵曾觀　黃顯枝　毛翼雲
杜　琇　顧　羽　杜昭發　王邦采邑志文苑有傳
賈崇範　丁　詮歲貢安慶訓導　○是年南巡廣額案中姓名不止此數另有考見卷首
康熙三十四年乙亥科案取文生十五名府學六名○是年起鈔本又失載狀題
宗師許汝霖
題與晳者
殷宏寅　華文遠　華瞻榮　滕雲鳳　華祖然
張之道　許表被邑志文苑有傳　過　璟　過延瑞

陳介書本姓沈　堵皋賡　陳起鸞　周世鼎　周錫珩
高　嶐已下府學　盛　鏞　曹良臣　朱　岑　黃　炎邑志文苑
有傳　張　沆　王翰飛
康熙三十六年丁丑歲案取文生十五名府學九名又補載一名
宗師張鵬翮字運青四川遂寧人康熙庚戌翰林改主事兵部侍郎官至文華殿大學士贈少保謚文端入祀賢
良祠　國史有傳
題揖讓而升下而飲
茹廷亮　鄒　健　劉　果　秦玉椿　華昌齡
吳之枚貢邑志儒林有傳　華元龍　王起鴻會汾父優貢邑志有碩附傳
張　煤　胡羽翼　呂源發　黃志道　周景仲

錫山遊庠錄　卌六

黃重皐　過　洪已下府學　强式曾　陳　瑩　陳祖植
唐廷祥　邵曾復　徐建昌一作廷昌　錢良佐　秦　望邑志文苑
有傳　薛麟勲　補　孫裘仁繼皐元孫雍正己酉歲貢邑志儒林有傳舊本闕今據乾隆庚
午志儒林傳云學使張文端公鵬翮奇其文於童子中拔置第一遂遊庠旋於是年食餼故補其名於案中
康熙三十八年己卯科案取文生二十名府學十名
宗師張泰交字洎谷山西陽城人康熙壬戌進士太僕寺少卿入祀名宦祠
題古之人古之人行何為踽踽涼涼生斯世也
楊　聲貢　施宏任己卯舉人官萬全知縣　陳　宸　朱　鍾
吳名立　董　璧　沈朝翽　鄒雲升覃精儀禮之學與族父組綬及同邑
姚琛蕭銘功師事武進金敞組綬為人廉潔自守與顧培兄弟同主講席以布衣終邑志儒林有傳　王起莘

浦起龍由知縣王喬林舉孝友端方辭未赴中雍正己酉舉人庚戌進士官蘇州教授邑志文苑有傳○鄉會同年趙璟本姓季肇縣知縣○起龍受業師呂簡村蘇州籍歲貢邑志文苑有傳　錢栗　劉辨志
鄒秉綱復姓華王子舉人官常熟教諭邑志耆碩附祖允藻傳　杜璋　馮佺
朱廷銓貢生邑志耆碩有傳　高嵰世泰孫　糜天樸　呂滋
龔宸樞已下府學　秦汪度　吳浩然　王乾楷　張洙
秦存然貢　張齊孫　徐方慶　楊守約癸巳舉人同年高躍龍王賚皆順天舉人賚中癸巳進士官內閣中書　糜天桂　糜炯

康熙三十八年大縣廣額五名已後歷年縣學額二十名撥入府學者列於縣學之後於縣學末名之下註明已下府學

康熙三十九年庚戌歲案

錫山遊庠錄　罒

宗師張榕端宦祠字子大河南磁州人康熙丙辰翰林閣學入祀名宦祠

題未若貧而樂富而好禮者也子貢曰詩云如切如磋如琢如磨

鄒兆升更名升恒丁酉舉人戊戌進士選庶吉士館試第一授編修歷官侍講學士邑志文苑有傳父卿森與弟顯文顯臣皆工詩畫載邑志文苑附傳子永綏雍正乙卯順天舉人乾隆丙辰進士歷官工部郎中孫奕孝乾隆癸酉舉人丁丑探花官至工部侍郎管理樂部郊祀大典中和韶樂皆由奕孝奉敕編定入國史大臣傳及邑志文苑附傳　周永禧壬子舉人
秦夏鼎　尤星曜廩　吳雲渭　錢高棨　華鼎鏞
薛洳　秦梅鼎　秦芾　錢新令　黃澄
華佫　沈鍾英　華鳳鳴　吳希祐　馬穎
張忠欽　徐有容　陶鴻中已下府學　朱廷銘廩貢　顧長偉已下府學
秦惟霖　秦易然　秦爲則　馬友元　全宮藻

康熙四十年辛巳科案

宗師張榕端

題柳下惠少連子曰不降其志不辱其身伯夷叔齊與謂柳下惠少連

薛申錫　錢天怙復姓華　華覲光辛卯舉人壬辰進士官內閣中書○壬辰同年張鏞乙酉順天舉人官嘉善知縣　黃葆光　華墀　周寶　華紹祖
王惠連　林琢　顧維植本姓華辛卯舉人　劉秉錠乙酉舉人已丑進士官池州教授　劉尚志　周鑄　鄒祖符　蔡起鳳
吳之桂　徐漢倬邑志文苑有傳　王起旭　張三錫
惠敷載已下府學　王慧　王是　徐以登　施嵩
劉鉽　施磊　施宗洛　補黃球　顧棟高庚子舉人辛丑進士內閣中書乾隆辛未以侍郎鄒一桂薦舉經學授國子監司業丁丑南巡晉祭酒銜賜扁額邑志儒林有傳

錫山遊庠錄　𦉪

按今世所見舊刊本顧棟高試草題爲抽矢扣輪上注張大宗師科入無錫縣學第三名又見直省考卷遵路刊本有江南張宗師科入無錫一名黃球文題爲抽矢扣輪又刊本顧震滄制義有抽矢扣輪下注辛已二字據此三本則棟高爲此案入學無疑然考舊鈔本遊庠錄則此案題爲柳下惠少連至少連抽矢扣輪必係矢題案中亦無棟高名第一名亦非黃球惟順治四年有黃球或者其同名歟但昔人刊本制義行之百五十年必無謬誤或因閱世既久傳鈔舛錯故補黃顧二公於案中

康熙四十二年癸未歲案

宗師張廷樞字景峯陝西韓城人康熙壬戌翰林刑部侍耶官至刑部尚書 國史有傳
題得侍同朝甚喜
徐王錫 唐希且 華錫韓 錢道生 孫 綸廩貢
張玉相 方源煥 楊仁浩 倪宏道廩貢 華肇貞
鮑 圻 過人麟 顧 邠 汪 烈 陳葉福
蕭 韶 華 達丁卯舉人○同年方孝基本姓侯官江都教諭○王殿本姓馮皆順天籍
張欽聖 周 挺 陳 沆已下府學 秦廣居 施宏高
樂宸鑑 劉在晉 顧維鎬 張 雲 劉瞻榕父學洙己卯舉人庚辰進士官城固知縣瞻榕深於詩十執玉亦工詩皆載邑志文苑傳

康熙四十三年甲申科案

錫山遊庠錄 晃

宗師張廷樞
題萬室之國一人陶
溫一本 王逃曾 顧惟鈞 蔣士傑 徐 鎮
鄒士隨庚子舉人癸卯進士歷官肇慶知府父顯吉邑志文苑有傳士隨與兄士夔士荀並知名載邑志文苑附傳孫銓乾隆壬午順天舉人 劉在豐 祝文模 周錫璐 倪之烶
惠世謙 鄒慶曾 張養浩 徐經孫 范安章
秦尚烈兄鄒洛榜名鄒洛甲午順天舉人 曹輯五甲辰舉人歷官施南知府子元俊乾隆庚午舉人同年順天舉人錢基官巫山知縣祀巫山名宦祠宦績載四川通志及邑志宦望傳 浦起麟 龔 鈞
湯玉孫已下府學 劉德修 邵年富 薛公憲 錢朝宗
周宜穀辛卯順天舉人 秦壽然欽賜翰林銜

康熙四十五年丙戌歲案自是年起鈔本又載次題
宗師魏學誠字禮齋山西蔚州人康熙壬戌進士論德
題古之愚也直 觀遠臣以其所主
舒 銓 林 琦 秦秉丰 鄒士駉廩 廉 善
顧邦彥 華立坤 華音垂壬子舉人 倪宏文 朱書紳
張景齡 周鴻翔 顧起倫庚子舉人○同年張應元殷夢高唐洙皆順天舉人應元官舒城教諭邑志文苑有傳 孫朝珍 顧惟鑄仔姪甲辰舉人連捷進士官至歙江知府○鄉會同年金銘本姓盧官茂名知縣 薛曰孜 胡亮沆 秦文銑 蔡德晉丙午舉人由祭酒楊名時薦舉經學授國子監學正改工部司務入 國史儒林傳及邑志儒林傳 秦星田已下府學
平 世 顧吉人 浦德基 楊玉山 林 珊

錫山遊庠錄 華

戴元音 顧希揚

康熙四十六年丁亥科案

宗師魏學誠
題其為父子兄弟足法 至於聲天下期於師曠
沈觀濤 楊孝元邑志附子潮觀傳 沈 燦 周師淳歲貢
胡宏義 俞玉局壬寅拔貢邑志文苑有傳 周德鑑 司馬毅
馬 傳 秦雲龍 錢拱辰 華之椿 張炳徵
談宜大 惠 袞 龔錫純辛酉解元邑志附黃卯傳 同年楊德文順天榜薛廷楝榜姓方順天籍官淄川知縣 杜 瑛歲貢 華祖光 胡 在邑志耆碩有傳
馮拱斗已下府學 孫龍藻 丁 佩 秦 忠 侯三惠

黃日煥　茹鳴金　華　湘丁卯舉人

康熙四十八年己丑歲案

宗師楊中訥字尚木浙江海鹽人康熙辛未翰林中允

題於止知其所止　緇衣羔裘至狐貉之厚以居

秦秉勤更名仁雍正丙午副貢丁未由編修陶正中薦舉材能授蒙自知縣擢福寧知府邑志宦望有傳

薛隆元乙卯副貢　秦伯龍庚子舉人雍正甲辰進士官維縣知縣父源寬己卯舉人癸未進士授內閣中書邑志孝友有傳弟龍光吳縣籍諸生性至孝邑志附父源寬傳　周　熺雍正癸卯舉人同年潘果順天舉人聯捷進士授宜章知縣擢永順同知邑志宦望有傳

倪枝芳乾隆十六年南巡迎鑾進畫冊蒙賜貂皮歿後特頒孝友傳家額兼令配享雙孝祠邑志孝友有傳子捐職知府兆雷附傳　秦瑞熙貢生工書

鄒鳳城丁酉舉人官來陽知縣父士夔同科順天舉人官泗州學正士夔同榜朱永祺本姓薛官臨朐知縣

錫山遊庠録　垂

顧元生　顧文熺　秦爾行　徐叔海

秦修然　徐學源　陳　旭　倪乾振　高景錫

全士俊廩　范一夔　楊文林丙午舉人庚戌進士官池州教授　堵列延已下府學

秦榮緒　徐際朝　錢元錫甲午舉人　楊希曾康熙中獻詩行在蒙録用供奉武英殿邑志附嗣子潮觀傳　施鉅高　楊　瀛　馮拱垣

康熙四十九年庚寅科案

宗師張元臣字懋齋貴州銅仁人康熙丁丑翰林諭德入祀名宦祠

題辨之弗明弗措也　古公亶父至聿來胥宇

賈　霖雍正甲辰舉人乾隆丙辰進士授靈壽知縣終寧國教授邑志宦望有傳丙辰同榜華恒泰雍正癸卯順天舉人授新城知縣改教職歸邑志宦望有傳恒泰從弟西植乾隆戊午舉人官貴溪知縣告歸後歿年九十有二

鄒士愷更名一桂庚子舉人雍正丁未傳臚歷官內閣學士歸田後屢入都祝釐與九老會卒贈禮部尚書纂入國史大臣傳邑志宦望有傳子志伊乾隆甲子順天舉人　張泰開雍正乙卯舉人乾隆壬戌進士選庶吉士入直上書房授職編修不數年洊陟卿貳晉禮部尚書兼都御史以病乞歸加太子少傅卒謚文恪纂入國史大臣傳邑志宦望有傳

華　渭壬戌歲貢　江　昶　秦　淵　范安瓚

顧　景岱孫甲午舉人官內閣中書子瓚乾隆癸酉順天舉人榜名王贊官鹽大使　華鳳翔

華純曾乙卯拔貢乾隆戊午順天舉人官常熟教諭邑志文苑有傳　秦　何雍正丙午舉人丁未進士授維縣知縣擢刑部主事邑志宦望有傳

王家瓚　吳源舒廩　華炳高

唐　淮　王惟豫　華太質　錢高生　高拱乾

杜　灝乾隆甲子順天舉人沙河知縣以子玉林贈侍郎　已下府學　孫　迪訓導　華書升

孫　東　葉騰海　周　豐　顧欽契　陳　堅

錫山遊庠録　垂

康熙五十一年壬辰歲案

宗師胡潤字河九湖北武昌人康熙辛未翰林中允官至庶子

題苟子之不欲雖賞之不竊　若仲子者蚓而後充其操者也

李時乘戊午順天舉人官東平知州　鄭人瑞壬申歲貢　潘象辰　顧　贄景弟丁酉舉人雍正甲辰進士授編修官至四川鹽驛副使邑志宦望有傳　施廷璐　倪垂綸廩貢

王聯曾　吳濬發　薛堯天雍正丁未由學舉孝友端方授主事　薛祿天榜姓鄭壬午舉人癸未進士授長壽知縣官至簡州知州邑志宦望有傳　陳　鋐　吳天馥丙午舉人

官海州學正　華龍光　華　璉　錢兆龍廩　侯元琳

陳　振廩　王　麟　楊　綸雍正中累舉方正材能皆不應邑志孝友有傳

秦莘田雍正丙午舉人癸丑進士官武平知縣邑志附杜詔傳○癸丑同年鄒承垣壬子順天舉人官南臺同知徐梁棟已

西鄉人順天籍由庶吉士改外歷辰州同知祭榧父𤨏康熙癸未以布衣獻詩賦選爲蕉園教習校勘秘書以勞授光祿寺署正改授德清知縣邑志文苑有傳

丁清度　王桂　王起龍　劉雅　張馥生庠

凌雲志巳下府學　過雲龍　楊敷求

康熙五十二年癸巳科案

宗師胡潤

題朋而後集　助之長者揠苗者也

華雯　嵇炎雍正丁未由知縣王喬林薦舉材能授儀封知縣載邑志宦望附傳○邵建徵壻子監生

雍正丁未由巡撫尹繼善薦舉材能授灌縣知縣載邑志宦望傳○彭適雍正丁未由大學士嵇曾筠薦舉材能授平和知縣

曹之炎劾力書館議敘登州經歷　許𡂖載邑志方技附傳　祝炳麟

華有江　楊中　王琔　吳子位　程德芳

楊鼐復姓吳幼而嗜學嘗與仲弟鼎及蔡德晉秦蕙田龔燦爲經會山庠以祭酒江陰楊名時薦舉經學未授官中雍正乙卯舉人聯捷成進士授虞衡司主事邑志儒林有傳　秦振標　秦之煥

朱㯫　高文長　王會瀛癸未歲貢官涇縣教諭　趙瑞龍

侯錫範　曾繼善　鄒稷巳下府學　楊如珪　史漢文

華毓嘉　鮑鵬飛　王興裕乾隆丙辰舉人射興汾乾隆辛酉順天舉人

邵允錦　侯謙

康熙五十四年乙未歲案

宗師余正健字揚齋福建古田人康熙丁丑翰林侍讀學士官至左副都御史入祀名宦祠

題猶以爲遠故君子以人治人改而止忠恕違道不遠　工師得大木

倪體恒　吳培源雍正壬子舉人乾隆丁巳進士官遂安知縣改上元教諭邑志附杜詔傳○舅范章宋

諸生邑志行義有傳　温兆甲　王任　華琦　張家昌

鄒有磐乾隆戊午舉人己未進士官隆德知縣載邑志文苑附傳　侯嗣達雍正癸卯舉人庚戌進士授刑部主

事官至浙江寧紹台道邑志宦望有傳從子侯羅齡名羅齡順天籍雍正壬子舉人癸丑進士官交城知縣

秦知至　過秉鈞甲辰舉人　華燕　張聯登　高焜

楊浩　顧宏更名鴻　龐錫嘏　侯嶽庠　邊聯川

陳漢震　趙會中巳下府學　胡昂歲貢　秦東田　余奎

丁龍起庠　張際飛　丁起元紹美子邑志孝友有傳　陸鑣乙卯舉人

徐山是案舊鈔本一本但有陸鑣一本但有徐山今並載之

康熙五十五年丙申科案

宗師林之濬字象湖福建惠安人康熙丙戌翰林中允

題之其所畏敬而辟焉　兆足以行矣而不行而後去

金文禹　楊宗倪　錢大生庠　鮑鑣歲貢　趙貞勵

錢鴻猷　浦德熙　施廷璽　王文錦庚午舉人官江浦教諭

顧湧雍正丁未由同知顧開陸薦舉材能授福山知縣擢濱州知州邑志宦望有傳　曹鋐

鄒祁曾　華麻翔乾隆戊午舉人江浦教諭　華文璐　華學載

湯維垣　吳潤林　華雄錫庠　吳太空壬子舉人　顧登瀛巳下府學

錢孫振　顧欽修　邵允鈞　施禹言乾隆丁卯歲貢生充教習授安化知

縣邑志耆碩有傳　秦棐彝　樂鑑

康熙五十七年戊戌歲案

宗師謝履厚字坤侯雲南昆明人康熙己丑翰林檢討

題故君子不出家而成教於國自反而縮雖千萬人吾往矣
張　勉　方一鑑　華遵孝廩　顧起寅　錢兆鳳丙辰舉人
侯黃登　陳　禮　諸日苞　吳祿永　周大本
顧惟鑑雍正壬子舉人父仔侍讀學上　高邦直　鄭　電　鄒持雅壬申恩貢
曹　中　顧汝軾　胡惟楨　錢汝棨　華樹嶽
高　禮已下府學　尤　霖丙辰舉人　錢棨生　張應奎一作應基　秦蕙疇
邵炯徵廩　黃世耀一作世輝　錢鼎上一作上鼎

康熙五十八年己亥科案　宗師謝履厚

題則又曰然且至
唐　熙廩　姚夢熊夏月隨父球遊惠山舟過蓉湖風起舟覆夢熊得出不見父仍躍入水抱父尸死邑志孝

錫山遊庠錄　五十五

友有傳　邵　熉與華龍翔陸慶元吳培元爲詩友稱四子龍翔國子生慶元癸卯舉人官戶部主事載邑
志文苑傳案熉更名之鷺　趙汝瑚　華　紘乙卯舉人○同榜陸鑣鄒烈　過一夔
史　曾戊午順天舉人官保康知縣　秦瑤田　周　璋　杜　玢
嵇　瑛雍正己酉副貢以蔭授奉天府治中官至普洱知府邑志宦望有傳弟璡乾隆戊午舉人歷官武漢黃德道載邑志
附傳　錢孫宜　陶大中乾隆辛巳恩貢生弟正中癸巳舉人雍正癸卯進士授編修累　陶　泳本姓黃
官山西布政使護巡撫降直隸清河道邑志宦望有傳正中子景留乾隆癸酉順天舉人
張煥文　顧　乾辛酉舉人壬戌進士官池州教授○壬戌同榜楊廷榕施鼎皆丙辰順天舉人廷榕官鎌
縣知縣鼎陵縣知縣王文標本姓繆乙卯舉人順天籍　張兆雷一作姓曹　沈在田廩
黃光祖　曹　榛已下府學　王　縉　陸　庚丁卯歲貢　邵之鵬邑志文苑
附父曾訓傳　倪世縉歲貢官雷州府經歷　華載嶽　華日新

華亦夔

康熙六十年辛丑歲案

宗師鄭任鑰字惟啓福建侯官人康熙丙戌翰林官至湖北巡撫

題布雖若邱陵
秦躍龍庚午歲貢　鮑文選　華　愈　顧　維高才生載邑志附傳
王志琦　程龍起一作起龍　安　疇　鄭　林　錢廣仁壬子歲貢
朱際泰　薛光奎　吳逵鴻庚午恩貢　陳　義　陸士俊廩
周克寬戊午副貢　朱章漢　朱　健本姓莫　錢斗光　鄭夢明
華襄英本姓錢已下府學　華　栻丙午舉人丙辰進士官至登州知府父宏憲與栻同科順天舉
人官內閣中書○丙午同年羅圻本姓華順天籍官山西布庫大使　劉伊志　張仲喆

錫山遊庠錄　五十六

吳篔峰　宣紹美廩　錢　熹　黃延和

康熙六十一年壬寅科案

宗師鄭任鑰

題黿鼉蛟龍魚鼈生焉尚文王之聲
王　佐　王福地　張惟霖　華在冏　榮　潔乙卯副貢
鄒雲城乾隆戊午舉人授元城知縣再擢河間知府邑志宦望有傳子儀庚辰順天舉人官雩都知縣載邑志附傳孫學曾
甲午順天舉人官尤溪知縣改懷遠訓導學曾同榜舉人周冏鉉揀發陝西知縣　秦勇均雍正甲辰
舉人乾隆己未採花官至陝西按察使邑志宦望有傳　楊度汪雍正戊申拔貢乾隆丙辰由尚書任
蘭枝薦舉博學鴻詞授庶吉士改德清知縣邑志文苑有傳○杜詔康熙乙酉獻迎鑾詞試列高等命入內廷纂歷代詩餘方
輿考略及詞譜辛卯舉順天鄉試明年欽賜進士授庶吉士尋乞假歸雍正乙卯大學士嵇曾筠以博學鴻詞薦辭不赴邑志文

苑有傳

吳有寬（戊午舉人） 馬　雯（丙辰舉人甲戌進士鳳陽教授） 滕　進（歲貢）

陶履中（邑志附從兄正中傳） 秦　宏（更名鴻） 吳欽允　華水芹

施鸞高　黃嘉慶（更名家慶） 馮震孟　俞鳳祥　顧體灃（已下府學）

尤馨生　倪　沅　范徵定　趙宏德　周奕清

薛克明　徐會凱　華世濟

邑志載康熙六十一年大縣廣額五名是案縣學額應取二十五名然各舊本但載王佐等二十八人府學尤馨生等八人係考試在先奉文在後故縣額仍止二十名

雍正二年甲辰歲案（是年縣學始進二十五名府學五名恩廣七名鄉試前考本年歲案鄉試後考）

宗師法海（佟佳氏字淵若滿洲鑲黃旗人康熙甲戌翰林兵部侍郎官至兵部尚書　國史有傳）

題顏淵問爲邦一章　觀水有術一節

王　綱　尤世紳　繆　璆　周　茲　尤　椿

劉曰鳳　虞　佐（壬子舉人） 王景曾　孫　選　錢俊秀（歲貢）

王從典　秦紹龕　張　棨　馮鍾元　邵守勤（廩）

朱大亨　楊　鎬（一作浩） 陸于飛　華芳毓　顧汝礪（已下府學）

沈人傑　張　樸　虞觀光　蕭　文　徐經年

秦果行（本姓華） 薛　煌　侯亦奇　華思兼（廩） 全來松

（元年奉恩詔大縣廣額七名以元年癸卯正科改作恩科二年甲辰補行癸卯正科凡廣額新生俱於雍正二年到江寧考取即應本科鄉試）

本年先取廣額七名（鄉試前在南京考試有繆璆因兄瑞疾革回家不及覆試降爲佾生本年塲後歲案仍進）

廣額題（富潤屋德潤身是亦不屑就已）

楊　鼎　王會汾（戊申拔貢乾隆丙辰由巡撫高其倬薦舉博學鴻詞報罷舉順天鄉試丁巳成進士授編修大考第一擢侍讀學士歷官吏部侍郎終大理寺卿邑志文苑有傳叔止敬中乾隆壬申舉人時年七十有四）

華（舊本闕名） 顧　蓴　邵守仁　孫元鼎　繆　璆

雍正三年乙巳科案

宗師俞兆晟（字叔音浙江海鹽人康熙丙戌傳臚閣學官至戶部侍郎　按自俞兆晟以下始別爲江蘇學院）

題身中清　公都子曰告子曰

顧　遷（岱孫壬子舉人乙丑明通進士官臨淮訓導） 華　嶽　侯　晊（廩生）

程鳳起　華　苻　馮貞吉（廩） 杜錫會（廩） 吳近思（廩貢）

華紫詔　楊雲龍（廩） 馬　岐　朱嗣宗　顧龍光（壬子舉人

己未進士官寧安知縣） 華宗元　浦敬敷　鄒乾樞（乾隆辛酉拔貢載邑志文苑附傳）

高有懷（乙卯拔貢是年順天副榜南溪知縣） 秦雲翼（乾隆庚辰歲貢官高淳訓導同祖弟鳳翼乾隆戊午舉人）

袁　維　陸組煥　徐觀海　張任成　吳　鼎（乾隆甲子舉人由侍郎秦蕙田薦舉經學授司業歷官侍讀學士其治經博而能約與同時唐誠往復辨論誠精於小學人　國史儒林傳及邑志儒林傳）

唐　睦（本姓華） 錢淩雲（庚辰歲貢高淳訓導　已下府學） 華葆光（辛未歲貢）

王　持　顧鍾珦　杜　崑（廩） 王畹九　丁　績（廩）

華錦堂　諸煇烈（乾隆丙辰舉人）

錫金游庠録

（清）邵涵初 輯

錫金游庠錄

錫金遊庠錄

雍正丁未析縣以後歲科全錄

錫金遊庠錄

雍正四年始析無錫境添設金匱縣向例學額二十五名兩縣平分無錫十二名金匱十三名廩增生兩縣各分十名歲貢每縣四年一輪

雍正五年丁未歲案

宗師鄧鍾岳字東長山東東昌人康熙辛丑狀元以侍讀督學江蘇官至禮部侍郎

無錫題如在其左右　舜發於畎畝之中　兩節

胡紹文　秦應龍　丁維　秦萱　湯維城萬炘子

胡棟臣　吳汾　顧書升　秦思慶　施禹謙

吳雲龍　鄧愷戊午副貢旌德教諭曾孫墀道光戊子舉人霑益知州　已下府學

鄒本豫　鄒士起　華有庚　華振聲　秦樹穀

金匱題夫微之顯　堯以不得舜爲已憂　兩節

侯亦偉　秦雲會壬子舉人　范琢　王登　林滙

華淞工書小篆邑志方伎有傳　華日新廩　龔錫嘏　蓋厚

華文璋　葛士林　宋煥辛酉順天舉人乙丑進士竹溪知縣○乙丑同年楊永謨戊午

河南榜舉人吏部主事永謨弟永譽丁卯河南榜舉人　王雲城已下府學　蕭漢清

倪宏更名大培　顧元顯　馬景成歲貢天長訓導　鄒宗周

雍正六年戊申科案

宗師鄧鍾岳

無錫題如惡惡臭　行者必以贐

高瑤　葉·潢　王一峰邑志耆碩有傳　薛一鳴
陳宗泗　李曜　徐汝瓚乙卯舉人丁巳進士官獲鹿知縣　唐安仁
張元義一作姓孫　朱詔壬辰歲貢　鮑起鳳一作起龍　楊名已下府學　吳士傑廩
朱必仁廩貢更名錦江　顧極高棟高弟　華有恒本年考取優貢歙縣訓導
金匱題有所恐懼而齊右善歌
祝本仁本姓吳　鄒越丙辰舉人官雲南通判　顧守義　華時升
周大鶴　秦中立廩　周偉集　浦體芳　周日萬壬子與父
永禧同舉鄉試乾隆辛未與季弟日贊同登進士補景寧知縣改
安慶教授邑志文苑有傳日贊乾隆辛酉舉人由庶吉士改戶部
主事遷員外郎視學雲南河南　過文煇　諸晉源
典試山西邑志與日萬同傳
杜漢階　祝果已下府學　華管音　顧浩

雍正八年庚戌歲案
宗師張廷璐字寶臣安徽桐城人康熙戊戌榜眼禮部侍郎國史有傳
無錫題皆自明也湯之盤銘曰苟日新五畝之宅樹牆下以桑匹婦蠶之則老者足以衣帛矣
唐公模廩　張遇春　張燊廩　潘光陛　錢見龍
薛熉　華起鵬　華麟　馮昶　華在升
徐際虞　華時旭已下府學　黃印乾隆庚午歲貢邑志文苑有傳　虞國高壬辰歲貢
金匱題十手所指其嚴乎富潤屋德潤身五母雞二母彘無失其時老者足以無失肉矣
楊潮觀乾隆丙辰舉人除林縣知縣陞瀘州知州邑志文苑有傳子掄乾隆甲午順天舉人戊戌進士官天台知縣
胡至道丙子順天舉人　葛之棟　王玉堂　雷本植
朱燮　王麟瀏　錢震雷　朱珩　龔維熊

黃維武　高玉行乙卯副貢　顧暹已下府學　華武金　呂豐廩
雍正九年辛亥科案
宗師張廷璐
無錫題其在宗廟朝廷便便言惟謹爾則知求之
侯元龍　劉大宜　薛敬憲壬子舉人五河教諭　陳于玉
鄧文源丁卯舉人　秦鉌　秦秉信廩　秦龍旗　顧龍見
劉鼎　樂溥　虞祖欽已下府學　諸洛乾隆辛亥重游泮宮邑志文苑有傳
全宮苞　吳振翥一作振翼
金匱題必正立執綏車中則不遠秦楚之路
華交時　趙振丙辰舉人丁巳進士　孫信　過文燦

張瑚廩　過養浩　王猷　范安珪　劉炳宗
鄒嶧　華濬　華應炎　蔡鳳梧已下府學　嚴文偉
蔡斗耀貢
雍正十一年癸丑歲案
宗師張廷璐
無錫題子貢曰我不欲人吾聞之喜而不寐　兩章
秦攀龍　滕如玉太平知縣　孫灝丙辰副貢　黃世錫乾隆辛巳恩貢邑志附趙音傳
楊掄　胡殿邦　徐岡　顧奎光乾隆甲子舉人乙丑進士官瀘溪知
縣官績載入湖南通志名宦傳邑志入文
苑傳　鄒會同年楊棟順天籍政和知縣　鄒肇文
鄒秉鈞更名本立辛酉順天舉人壬戌進士隆德知縣　秦龍章　胡采菁已下府學

陳志復　劉　詠　華封祝癸酉舉人
金匱題子曰述而不作則不及人至有爲者　三章
秦　銖辛酉舉人　王廷範乾隆丙子歲貢官東臺訓導邑志文苑有傳　華　紳
鄒方鍔乾隆壬午舉人載邑志文苑附傳弟應元乾隆丁卯順天籍舉人榜姓王復姓鄒中辛未進士累官至臺灣知府邑志宦望有傳
秦　鑅乾隆丁卯舉人官湘潭知縣累遷至湖北按察使降長蘆鹽運使終刑部郎中邑志宦望有傳
華玉淳邑志文苑有傳弟育濂從弟嶽蓮附傳　劉鴻謨壬申順天舉人　同榜舉人龔汝鄒侯錫
顧泰生　李　式　王錫綸
袁夢龍更名鈺丙子舉人　王千仞乾隆癸丑偕新進孫應嶽汪士侃等重遊泮宮邑志耆碩與兄一峰同傳一峰工書法
顧龍振更名掄元庚午舉人　巳下府學王　琳廩　唐應華一作應皐

雍正十二年甲寅科案

宗師張廷璐
無錫題足躩如也揖所與立所敬在此
侯乾泰　范步青　戚宏道　杜錫嘉戊子歲貢　胡汝楫
秦元釗　王績燦　楊　泰戊午副貢　薛重光廩　龔　劍
林　巘　鄒龍昇巳下府學　麋　豫　黃華嶽　顧維銳
金匱題必表而出之緇衣羔裘所長在彼
孫　洙甲子舉人辛未進士鄒平知縣改江寧教授　楊守禮甲子順天舉人○同榜金鼎宿州學正
嚴文思　吳　熙乙卯舉人乾隆丁巳進士禰弟邑志附禰傳
尤鍾麟　侯錦雲乾隆甲子舉人河津知縣邑志宦望有傳　華賓王
諸　炳　蓋　嶽　薛　炎更名堤　杜錫燕　侯瑞錦

華鳳甲巳下府學　王雲萬乙卯舉人丙辰進士福安知縣○丙辰同榜侯蘇齡己酉順天舉人授檢討
胡震龍

乾隆元年丙辰歲案是年恩廣學額大縣七名

宗師張廷璐
無錫題郁郁乎文哉至知禮乎人能無以飢渴之害爲心害
侯亦鸞　秦雲衢　薛堯天　華　紱　黃世綸壬辰恩貢
楊逢春　張望衡辛酉舉人　曹于道甲申歲貢　強青員一作青勇　陸　瑚
秦雄褒丙辰舉人丁巳進士禮部郎中　蔡　焯巳下廣額　戈　梅　陸　雋甲子舉人
高炳元　施鵬飛巳下府學　顧　軾廩　華在豐一作在中　秦鈞儀癸酉拔貢
金匱題未有府庫財至百乘之家掘井九仞

張士用　葉元龍　王錫曾　秦鈞義癸酉拔貢邑志文苑有傳
蔡　煌　孫見龍　秦龍鼎更名上衡庚午順天舉人上元教諭按庚午邑人中順天舉人者十三人侯洵吳寶洛侯龍濱楊鳴遠鹽城教諭陶國果榜姓馬解元上元教諭嵇承謙曾筠孫蘋子辛巳進士授編修官至侍讀邑志宦望有傳秦泰鈞甲戌進士授編修杜玉林榜名王林甲戌進士官至刑部侍郎後以事遣戍載邑志宦望附傳周際清甲戌進士歷官永昌知府邑志宦望有傳侯若曾榜姓朱桃源教諭丁亭榜姓常官高州知府邑志宦望有傳華雲鵠榜姓王壬申進士歷官嚴州知府邑志宦望有傳副榜一人王龍見官天長教諭皆由監生中式　劉大經
孫大齡　范扶九　吳龍田　施光祖　孫錫蒲巳下廣額
范鎬鼎　顧　彬癸酉順天舉人丁丑進士○癸酉同年朱永烈鄒清皆順天舉人清松陽知縣
侯璽書巳下府學　祝　曜　華廷鑑　胡履亨邑志耆碩　楊　淵

乾隆二年丁巳科案廣額五名錫三金二

宗師張廷璐
無錫題淵泉如淵至日月所照夫物之不齊
潘望齡乙酉拔貢泉山官學教習邑志文苑有傳　吳有聲　施成文
楊繼光　楊鳴遠庚午順天舉人鹽城教諭　王瑛曾甲子舉人授鳳山知縣擢黃平知州
祀鳳山名宦祠邑志宦望有傳　鄒逑　吳魁　王雯樞
施宗潞　顧修汲廩　黃智源已下廣額　秦暭廩　嵇瓚
侯信已下府學　華湘　秦斌廩　吳敬修　薛綜憲
金匱題霜露所隊至淵淵其淵仲子所居之室
陳凱載邑志文苑附傳　鄒夢臯壬申舉人庚辰進士累官至戶科給事中邑志宦望有傳
倪元標　鄒起鳳丙子舉人丁丑進士松江教授　談彬　黃中載邑志文

錫金遊庠錄　六

苑附傳　顧尊德　華鴻猷　朱大椿　倪龍鏡
錢曜壬申舉人官象山知縣邑志宦望有傳　徐灝　華藍已下廣額
朱雲駿丙子舉人官隆昌知縣邑志文苑有傳　薛奇賞廩已下府學
秦鎮鑅弟辛酉拔貢是科順天舉人乙丑進士授編修官至廣東鹽運使鄉會同榜侯鈞順天籍官清澗知縣邑志宦
望有傳　祝頌　范金銘　楊滙
乾隆四年己未歲案
宗師劉吳龍字紹周江西南昌人雍正癸卯翰林未散館揀補吏部主事遷刑部以刑部侍郎任江蘇學政官至刑部尚書謚清恪　國史有傳
無錫題序爵非無萌櫱之生焉牛羊又從而牧之
朱宗洛癸酉舉人庚辰進士官天鎮知縣邑志宦望有傳　丁緒光　陸進

顧湘　許雯　朱濤　徐曾堅　劉牧
余應乾　邵守誠　呂謩　陸熙已下府學　華雲會
吳滋生
金匱題序事出入無時莫知其鄉
邵富春　華世臣　華飛　華景崧乙卯舉人　楊克彥
華起旭廩　楊鴻志　錢俊譽　程洛起　秦銘思
堵象欽　朱瓚　華錫嘉已下府學　趙楷曾　顧華棨
乾隆五年庚申科案
宗師劉吳龍
無錫題言中倫今為所識窮乏者得我而為之是亦不可以已乎

錫金遊庠錄　七

舒洛　薛騶舞　吳孝　蔡斯煌　吳惠
李契　王日杏癸酉舉人以刑部主事殉節木果木贈光祿寺少卿入祀昭忠祠蔭子戊子舉人光顯為
銅仁知縣孫鳳坦世襲恩騎尉　同時殉難者楊夢槎寄浙江籍丙子舉人榜名張樾後復姓改今名酆都知縣會有金川之役隨
定邊將軍營管礮局兵潰木果木被執不屈賊環跪請點礮法乃紿令裝藥過度礮裂斃賊甚衆夢槎死之卹贈兵備道入祀昭忠
祠蔭弟乘槎濟陽知縣孫星燦世襲恩騎尉〇日杏夢槎皆載邑志忠節傳　秦鴻鈞　施汝濤
楊玉　華震　謝栻已下府學　陳燦　朱蘭枝廩
金匱題行中慮苟非其人
華乾泰　倪焜　華鳴球　薛仁憲更名科驊癸酉舉人庚辰進士南安
知縣　周照丁卯舉人戊辰進士授戶部主事再擢監察御史邑志宦望有傳
張熺更名貴恒廩　方汝學庚午副貢　侯連城廩　華岡

許廷謨　薛錦天　吳宗洙廩　王榮桂已下府學　陶源留歲貢
鄧啓宗廩　王夔理
乾隆七年壬戌歲案
宗師劉藻字玉存山東荷澤人乾隆丙辰鴻博以閣學任江蘇學政官至雲貴總督加太子少保　國史有傳
一無錫題觚哉存其心
徐用儀　秦中瑛　沈文振　徐宸楝　竇其泰
沈岵瞻　沈金鼇邑志文苑　王　櫓　秦文錦邑志孝友有傳
黃　統　殷躍龍　周　斌已下府學　秦復泰　馮　禾
金匱題未之思也養其性
許重光　華作肅廩　孫　湘　顧　熙邑志耆碩有傳

錫金游庠錄　八

周象乾　龔瞻洛　朱允元　秦祥鑾廩　金起鳳本姓楊癸酉舉人
高　龍　朱秉銓　楊守訥　楊　潯已下府學
顧鼎台　高　飛
乾隆八年癸亥科案
宗師開泰烏雅氏字兆新滿洲正黃旗人雍正甲辰翰林以閣學任江蘇學政官至四川總督　國史有傳
無錫題子曰知之者存乎人者　兩章
華龍藻更名文藻　尤　峻廩　朱上林庚辰舉人　李映奎　施振雅
張大升廩　華　藻　錢一元　高玉堂丁卯副貢　董起鵬廩貢訓導
鄒　吉　侯錫朋已下府學　張利見廩貢　徐象乾
金匱題子夏曰雖小道胥中正　兩章

顧希曾　安經傳邑志附瓚傳　朱　震　范　瑭
范　淦　吳承烈　陳湘珩廩貢　秦雄飛癸酉舉人甲戌進士累官江西布政使邑志附華鍾傳孫錫疇庚子舉人宜恩知縣
華鳳藻　華履仁　孫佐乾廩
錢　浩　鄒凌雲已下府學　錢驪珠　徐天池
乾隆十年乙丑歲案
宗師崔紀字君玉山西蒲州人康熙戊戌翰林以祭酒任江蘇學政官至湖北巡撫　國史有傳
無錫題曾子曰唯子出門人問曰何謂也以遏徂莒
李　璋　周龍光更名純仁　華雲凌　顧斗光邑志附奎光傳
張龍正更名鴻正　張希韓丙申歲貢　薛夢亥　徐鳴謙　江　棻
華　曦　嵇　璋　顧道溥已下府學　吳　觀

錫金游庠錄　九

金匱題　同錫
華奎光　華純清　周幹枚廩　錢麟翔廩　吳　棨
秦朝釪丁卯舉人戊辰進士由禮部郎中出爲楚雄知府邑志文苑有傳　顧麟振廩
楊克修邑志文苑有傳　吳家鳳戊子舉人　曹時杲　李文淵丙申歲貢　吳　峻丁卯副貢
唐萬鎰已下府學　黃星燦工書　華庚曜　顧　起本姓倪
成廷棟
乾隆十一年丙寅科案
宗師尹會一字元孚直隸博野人雍正甲辰進士以工部侍郎任江蘇學政
無錫題志士仁人舜爲法於天下至憂之如何
曹廷模　吳西竹　秦金聲　吳天生　吳　堅

華應文　陶瀚　黃中理　張燦廩　秦鍔

周振載邑志孝友附傳　華應乾已下府學　秦士錦　朱湘丙子舉人

金匱題君子求諸己與民由之至富貴不能淫

倪芬蘭歲貢　朱龍光　曹涵　倪雲龍　高來泰貢訓導

鄒倬　季銘功廩貢　秦方琦　周浩乙酉舉人　周師洪

孫鼎　秦景壽伯龍子壬申舉人　薛翔仮更名田玉壬申以太興籍中順天解

元甲戌進士選庶吉士改棗陽知縣遷保定同知邑志文苑有傳　已下府學　吳步青　殷廷楨

乾隆十三年戊辰歲案

宗師尹會一

無錫題學之不講聞義不能徙若夫豪傑之士

劉一元　朱紱　施龍淵更名文淵己卯舉人鳳陽教諭　秦鼇

顧銓　沈友士　朱煌　顧朝泰己卯順天舉人懷慶同知

張煥　强電飛甲申歲貢　葉琫　陸廷元已下府學　吳定遠

王雲燦邑志耆碩有傳

金匱題爲下不倍國有道其言足以興此之謂大丈夫

楊樂閔廩貢　周體乾庚子歲貢　錢鳳超　秦調鈞　李璞

華文緯載邑志文苑附傳　華奎進　楊毓乾　秦一鯤

高王中　張煜　龔應龍更名躍雲　費淩雲已下府學　薛翔雲

王宮庚午舉人建德教諭遷達州同知邑志文苑有傳弟寰戊申舉人庚戌進士武寧知縣邑志附宮傳○按庚午年錫

金捷北闈者自解元馬國果以下十三人五副貢

南闈三人宮與馮家祚曹元俊也副貢方如學　高躍龍廩更名竣

乾隆十四年己巳科案

宗師莊有恭字容可廣東番禺人己未狀元以兵部侍郎任江蘇學政官至刑部尚書協辦大學士加太子少保國史有傳

無錫題君子有九思視思明無若宋人然至不助苗長者寡矣

朱璋　薛鵬程丙子順天舉人官至九江同知同榜朱德培過鐸太湖教諭升知縣祝運三臺知縣

陳蘭如　蔡如砥　嚴鎬　黃楠　胡斗耀

胡皆吉　楊珣　薛汝梅　祝世善　顧一桂已下府學

鮑文蔚　范夢熊廩

金匱題力不足也子曰力不足者求之有道得之有命

鄒麟書辛卯舉人故城知縣改淮安教授同年華申伯華永言戴日榮皆順天舉人申伯更名翊吉水知縣邑志附父雲

鵠傳

華迪愉　秦夏聲　楊廷棻　金從龍更名雲

浦淮音　顧汝衡丙子順天舉人靈臺知縣　華郁文　高豫

朱馭　黃天衢鼎孫壬午舉人同年長洲籍江筠順天籍陶王采官和州學正

朱霞珊　秦銚善畫邑志方技有傳　已下府學　尤澄　王炳奎子寅癸卯

順天舉人

乾隆十六年辛未歲案是年南巡大縣廣額五名

宗師莊有恭

無錫題季文子曰有人於此至則予食之乎

虞儀鳳　顧榮觀　鄒鏞考選吏目　鄒克寬　高來張

高炳　朱文楫　司馬康廩　陸純　華殿光

周爲章 夏斗炳已下廣額 周若金 曹思訓 華廷林已下府學
項韻清 華馥 黃卜元
金匱題甯武子故說詩者 三句
顧孫廩 高其位 華雲瞻辛亥歲貢 包彙 顧光旭壬申春榜
舉人秋榜進士授戶部主事再擢監察御史出爲寧夏知府調守
平涼時金川用兵陝甘總督文綬移任四川奏請隨往署四川按
察使尋歸優游林下幾二十年卒邑志宦
望有傳長子亦之丁酉舉人保昌知縣 華元澄乙酉舉人
顧炳藜 錢俊選甲辰歲貢 華秉國庚辰舉人泰興訓導同年孫滿陳心皆順天舉人潢太平知
縣 錢鏡心 王會清 鄒歆然 尤照已下廣額
陳錦雲 華克進已下府學 周應蓮 顧儁 莫鏞廩貢

乾隆十七年壬申科案

錫金遊庠錄 十二

宗師雷鋐字貫一福建寧化人雍正癸丑翰林以左副都御史
任江蘇學政
無錫題享禮有容色
人能無以飢渴之害爲心害
吳珠耀 張耀奎癸酉舉人庚辰進士阜平知縣改蘇州教授 錢向龍更名向高
曹章漢庚子恩貢 楊鴻逵 范顯德 顧林 黃巖
吳心榮 華浩 錢元度 施岐已下府學 秦度鈞廩貢
李煜
金匱題齋必有明衣次題同錫
顧文河 張熿或作煐 張景煐 華棨袞 王國棟
史垂青 尤佩蓮庚辰舉人 龔濬庚子舉人與千叟宴 顧衡湘
朱錢庚子恩貢 朱淩雲壬辰恩貢 周燊 秦鑾聲已下府學 吳履泰

龔黃

乾隆十九年甲戌歲案

宗師夢麟西魯特氏字瑞占蒙古正白旗人乾隆乙丑翰林以
閣學任江蘇學政官至戶部侍郎 國史有傳
無錫題曰詩三百章
葛伯放而不祀至葛伯奪之
俞模王局孫邑志文苑附王局傳 朱寶光廩 丁鏞 顧映奎
張煌 吳熠燿 吳曜 秦黃鐘 蔡湘
朱宗汾 高樂志高才生邑志附華紹濂傳 鄒寅亮已下府學 宋性然
黃日文庚子歲貢
金匱題不可之三子告節次題同錫
華蕚聯 顧梁壬辰歲貢 蔡汝楫 華晉康 陶守謙廩

錫金遊庠錄 十三

季厚田更名兆柯 顧我復 吳乘工書 秦鈞儼 楊炳斗
秦象熊 王瓚 朱琳已下府學 朱景松 蔡瑛

乾隆二十年乙亥科案

宗師李因培字其材雲南晉寧人乙丑翰林以閣學任江蘇學
政官至湖北巡撫降四川按察使 國史有傳
無錫題至道不疑焉故君子尊德性而道問學
無非取於人者取諸人以爲善
曹萬仞 孫芬蘭 華紹濂廩邑志孝友有傳 邊式金
孫步瀛 馮堉戊子舉人辛卯進士由工部員外郎出爲青州知府再任雷州邑志宦望有傳弟培元和
籍庚寅舉人戊戌進士官歷給事中載邑志附傳 吳傳緒 錢龍炳更名世錫 秦鶴
孫賓王 張光啓 陳立已下府學 杜錫泰 劉泳辛亥歲貢
金匱題子在川上曰逝者天子之卿一節

高其壽　王寬 壬午舉人丙戌進士授職方司主事擢監察御史左遷狄道知州調秦州邑志宦望有傳

孫永清 戊子舉人授內閣中書再遷監察御史特擢左副都御史官至廣西巡撫纂入國史大臣傳及邑志宦望傳子爾準乾隆乙卯舉人乙丑進士授編修官至閩浙總督卒贈太子太師諡文靖纂入國史大臣傳續志宦望傳孫慧惇道光乙酉舉人乙未欽賜進士官利津知縣　程鼎綱　司馬莊　朱文錦

嚴步蟾　秦景惠　趙正衡　周思謙　楊承模

華斗光　曹鳴 丁未歲貢已下府學　吳偉烈

乾隆二十二年丁丑歲案 廣額五名錫三金二

宗師李因培

無錫題 所以成物也成己其所以異至善行

顧藻　孫開泰 更名鴻　張復　張慶陞　殷紹濂

錫金遊庠錄　十四

張傳　顧鳳舉　顧一道　薛一鳴　馮杰 更名奕光

汪在田　吳駉 丙午舉人邑志文苑有傳　秦文　顧朝棵

尤鼎 甲辰歲貢已下府學　華廷琳 廩　華雲標　蔣斗炳

金匱題 仁也成物次題同錫

張東美　華濬源　周南榮　顧光煜 工醫　沈鑠

鮑汀 邑志文苑　秦之鴻　鄒鑛　王冠　陸義鈞

王灝 乙酉拔貢廬江教諭工書善畫　祝雲從 辛巳恩貢　楊鍔　華衡

華洪 已下府學　顧鼎　鄒營纏　秦廷釪 廩　趙乾復

乾隆二十三年戊寅科案

宗師李因培

無錫題 貴而隱夫婦之愚可以與知焉無若宋人然

范光斗　強琇　高奎炳　華源　曹鳳起

秦沛 更名瀛甲午舉人丙申東巡召試一等欽賜內閣中書累官至刑部右侍郎纂入國史大臣傳及邑志宦望傳嘉慶戊寅重遊泮宮弟濂庚子順天舉人　蔣勳　朱桓　張躍淵

華掄　高鼎　華繼善 已下府學　秦鼎雲 丁酉拔貢如臯教諭

胡德馨

金匱題 雖聖人亦有所不能焉天地之大也人猶有所憾次題同錫

黃楝　王泰　華世俊　滕鵬飛　侯時

蔡有臣　柯起濬 更名華田　許文徹　蔣模　侯奕鳳

高雲會　秦藩　華景嶽 已下府學　秦鋐鼎　周掞 乙酉舉人辛卯進士鄞縣知縣

錫金遊庠錄　十五

虞繼昌　孫開濟 癸卯歲貢建德訓導載邑志儒林附傳

乾隆二十五年庚辰歲案 是年始有詩題

宗師劉墉 字崇如山東諸城人辛未翰林以編修任江蘇學政官至體仁閣大學士加太子少保諡文清入祀賢良祠國史有傳

無錫題 如有博施於民而能濟衆何如五羊之皮食牛 賦得正直朱絲繩得橫字

華恃思　顧聲 癸卯順天舉人鄒縣縣丞○同榜舉人允均　秦泉 乙酉順天舉人己丑進士授編修尋改吏部主事邑志宦望有傳○同榜薛橫倪鼎銓皆順天舉人鼎銓官渠縣知縣特擢雅州知府邑志宦望有傳

秦潮 乙酉南巡召試一等欽賜舉人授內閣中書中丙戌進士授編修歷官國子監司業邑志宦望有傳弟湘原名淦乾隆癸卯舉人官合江知縣　華奎基　潘大禮 辛卯舉人壬辰進士濱州知州

楊相　華炳奎　胡朱采　黃玉音 廩

司馬桂　邵龍光更名春和已下府學　雷　升乙酉拔貢江寧教授
黃鳳飛　俞　英歲貢　許景龍更名景丁未歲貢建德訓導
金匱題察言而觀色　四句次題同錫　詩題同錫
浦鳴岡　薛雲鳳庚寅順天副榜同榜舉人嵇承志歷官東河河道總督入爲順天府府尹載邑志宦望
附傳　顧錦雲　費　岡　華從龍更名聲雷高才生邑志附華紹濂傳
劉南和乙酉舉人穎上訓導　司馬錫朋　秦鴻升庚子舉人滑縣知縣
秦　灝　周　崧　過庭訓　王肇音　華　階已下府學
王琪芳　秦　錦
乾隆二十六年辛巳科案是年起次藝改用經題
宗師劉墉

無錫題王政可得聞與　對曰昔者文王之治岐也　賦得鸜鵒啄金桃得豪字
唐　棟　華夢芝　許叶熊　吳　球　張麗元
鄒日新　江雲逵　鄒炳泰夢泉子辛卯舉人壬辰進士授編修累官至太子少保協辦大學士纂入國史大臣傳及邑志宦望傳　按邑中大學士嵇曾筠康熙壬午舉人丙戌進士授編修累官至文華殿大學士贈少保諡文敏子璜雍正己酉欽賜舉人庚戌進士授編修累官至文淵閣大學士太子太保乾隆庚戌重與恩榮宴諡文恭皆入國史大臣傳及邑志宦望傳二公長洲籍今按翰林院所刊國朝館選爵里諡法考皆注無錫人　樊鳴謙
高　振　施　溥　徐應雷已下府學　胡　照廩　雷　晉廩貢
金匱題不可以爲滕薛大夫至若臧武仲之知　詩題同錫
華　彩　王鷺飛　周　拱　趙　鴻　吳聖基更名堃
朱樹本　華奎藻　周遇清　王雅宜　姚鼎陞

華　璣　顧錦章　黃　汾已下府學　秦　鈺廩　華　榕廩
蔣烈光辛亥恩貢　鄒廷疇廩　孫承治己亥副貢五寨知縣子爾修乙卯順天副榜青陽知縣
乾隆二十八年癸未歲案廣額五名錫三金二
宗師李因培復任
無錫題君子之道淡而不厭　賦得清川帶長薄
高雅壎丙午舉人靈壁教諭　黃周瑾廩　顧鳳樓　顧杏章乙酉舉人
永定知縣　杜文瀾　陳來復　徐文錦　邵　采
胡光烈　薛世基戊申恩貢　薛燦明　浦　濆　施亮采廣額
朱宇春　胡　炳已下府學　郁　敬　朱　果宗洛子庚子副貢癸卯順天舉人
金匱題其不爲事一節　詩題同錫

秦鳴雷邑志附孝友傳續志列文苑傳鳴雷內行肫摯經術湛深應入儒林傳　蔡　昺
過　中　辛梓敬　吳　鴻　吳文瀚　吳　焜
鮑　燊廩邑志文苑附蔣起元傳　侯　錕　滕耀璧　侯鳳苞癸卯舉人寶應教諭邑志文苑有傳　華作霖　朱　枋　秦　燾廣額　錢　熙已下府學
馮龍篆　曹文俊戊申歲貢　錢兆熊　陳　謙　何　昶邑志耆碩與兄旭同傳
乾隆二十九年甲申科案廣額五名錫三金二
宗師梁國治字階平浙江會稽人戊辰狀元官至東閣大學士贈太子太保諡文定　國史有傳
無錫題殷因於夏禮　賦得三十六雨
蔣　錡　吳翼經　華映嶽　黃　儀　顧　濤

王樾　李本　浦琮　華廷懋　秦鴻霆
薛鳳楸　周嗣濂　秦鴻甲鑛子庚子順天舉人○同榜舉人顧桂森五寨知縣
謝奎章甲午副貢　虞賓旭已下府學　顧錦春廩　黃炳　秦濬
董佩蓮　張曰升更名葉華辛酉歲貢
金匱題周因於殷禮詩題同錫
華蕙清乙酉舉人　雷咸　華烈廩　蔣同元　錢岱
華光楣四庫館議敘福建鹽大使　孫應筒　華守謨癸卯副貢　華紹言戊申歲貢
張振廩　邵辰煥邑志文苑附祖會詔傳　過玉瓚　顧濂
過鵬飛工書　過埜已下府學　華桓戊子舉人溧水訓導兄杲丙午副榜　顧玉章
李鎬　嵇承閑廣西知府

錫金遊庠錄　六

乾隆三十一年丙戌歲案

宗師曹秀先字芝田江西新建人丙辰翰林以工部侍郎任江蘇學政官至禮部尚書贈太子太傅謚文恪國史有傳
無錫題惟酒無量不及亂沽酒賦得多文以爲富得藏字
顧作梅　高祖德邑志耆碩有傳　顧霖　朱杲辛卯舉人
庚子進士諸城知縣　蔡惟銘　褚世康　胡士達　華廷彬
孫載錫　汪觀光　華榕端丙午舉人己酉進士范縣知縣邑志文苑有傳弟鳳林庚子舉人赤城知縣○鄉試同年華渭烘順天舉人○鄉會同年倪鑅掖縣知縣　陳龍光更名熊光已下府學
徐曾桂　楊廷秀　王龍光更名錫光
金匱題魯君之宋呼於垤澤之門守者曰賦得江清月近人得人字

王濟清　倪蕃昌　華秉泰　吳從龍更名一曙庚寅副貢
華夢松　浦道宗　孫樹楷　祝雲翔　徐雲錦
楊文彪　邵辰耀嘉慶丁卯以年老欽賜副貢　蔣起元邑志文苑有傳弟和工大小篆八分書充四庫館篆隸總校乾隆丙午欽賜舉人辦理御刻蔣衡書石經事補國子監學正邑志文苑有傳和子錫孫壬子順天舉人慈溪知縣　陳鎮已下府學　周元文　何旭邑志耆碩有傳
王雋廩

乾隆三十二年丁亥科案

宗師曹秀先
無錫題天下期於易牙賦得海鱗變成龍得雲字
尹宗道　秦震清　吳崍　孫鈞廩貢　董棲桐

錫金遊庠錄　十九

丁震巡撿　吳藻丙午副貢　蔡玉堂　丁升　丁駿聲
薛廷瓚廩貢　許仲堪已下府學　華楫　薛翀
金匱題天下期於師曠詩題同錫
張鳳書　高麟　王應澍　謝咸章　許地典
蔡簪侍　鄒震暘　華榮春　顧應奎　華金甡
錢春芳　華景奎　李贇已下府學　周億廩　鄒步瀛乙未恩貢
張奕泰　華崧生

乾隆三十四年己丑歲案

宗師景福瓜勒佳氏字介之滿洲鑲白旗人壬申翰林以副都御史任江蘇學政官至兵部侍郎國史有傳
無錫題君子於其言無所苟而已矣樊遲請學稼賦得螢光照字得光字

楊大用已酉舉人錫山教諭　顧應斗　鄒容成　鄒鳳池
潘本郊戊申舉人邑志附望齡傳　杜文瀚　徐希亮　顧廷楷
周肇音　安吉已亥舉人邑志文苑有傳　黃廷寶　趙守智已下府學
袁宮桂工篆書尤究心兵事邑志方技有傳　楊殿英　周蕚壬申歲貢
金匱題兄弟也子謂衛公子荆　詩題同錫
華光熊　王曜　陳龍曜更名曜　王士鋐　楊大滋
孫震縣丞　華廷樑　顧英　陳廷梅　尤鳳池廩
孫枝椿廩貢　朱煥　王廷藻已下府學　華棠　韓雲俊

乾隆三十五年庚寅科案

宗師景福

無錫題諸侯耕助四句　賦得卓犖觀羣書得書字
顧敏恒丙午舉人丁未進士蘇州教授仲弟敎愉國子生邑志附父奎光傳　秦大光辛亥恩貢
戊午舉人陽武知縣　朱樹芳　曹鑠　陸應梅　吳天衢
全照　朱文焯　尤芳洲　華旭　陶步鼇廩鹽大使
趙光斗府學已下　朱藻　雷鼎熙　薛雲錦
金匱題丈夫生而願為之有室女子生而願為之有家　詩題同錫
楊芳燦丁酉拔貢廷試第一授伏羌知縣擢知靈州入為戶部員外郎邑志宦望有傳仲弟揆庚子召試欽賜舉人
授內閣中書累官至四川布政使以軍事勞瘁卒於官贈太常寺卿入邑志宦望傳揆孫應桓道光己酉舉人
王瑩照　周鎬已亥舉人官鄞縣知縣再擢漳州知府邑志宦望有傳子汝寬道光丙午順天舉人汝立
道光己酉順天舉人　華家藩　王爾瓚　鄒夢熊　施春坊

華曙　鄒春熙　馬地騏　華輯瑞　吳嘉會老成樸實
家貧好善壽享期頤應補入邑志耆碩傳以表潛德　華覲光已下府學　陳新　鄒瓚

乾隆三十七年壬辰歲案

宗師彭元瑞字掌仍江西南昌人康熙丁丑翰林以少詹任江蘇學政官至吏部尚書協辦大學士加太子太保諡文勤入祀賢良祠　國史有傳

無錫題其父攘羊　賦得書名玉杯得醇字
胡虎臣　黃志祖　虞衡　張耀　鄒秉義
秦受均　吳煌乙卯副貢　朱旭已酉舉人大挑知縣改太平訓導　蔣寬
袁奇瑜　顧蕃　倪榮桂邑志方技有傳已下府學　孫澐
華鳳郊　顧光顯安定典史

金匱題有衆逐虎　詩題同錫
陸步瀛　秦大霖甲子歲貢　邵樹金　鄭基　宣沛
華坤剛已未恩貢　秦智鈇廩貢通州訓導　陶宏達　孫枝榮
華根心　華馥　侯曙　吳兆麟癸卯副貢主官鳳山知縣會海盜蔡
牽作亂內地之盜亦乘機攻掠兆麟斬其首追捕至淡水溪賊伏火藥地中突發兆麟死之予祭葬世襲雲騎尉入祀昭忠祠邑志
忠節有傳已下府學　顧謙　許庭堅嘉慶己未恩貢邑志文苑有傳

乾隆三十八年癸巳科案

宗師彭元瑞

無錫題張朕　賦得得其環中得樞字
安惠　鄒思成　朱亭廩貢　杜文原貢生邑志耆碩有傳

秦宗海 戊申歲貢盱眙訓導　華惟康　周夢蟾 廩貢　湯泉 丙午舉人

費葆光　曹瞻鯉　張曰升　過承鵠 嘉慶丁卯欽賜副榜已下府學

華廷楧　沈晉康　竇廷楧 己酉舉人江浦教諭保舉知縣祀江浦名宦祠邑志宦望有傳

金匱題 矢人 詩題同錫

錢世燦 丁酉副貢丙午舉人通州學正子兆棨嘉慶戊辰順天舉人國子監典簿〇丁酉同榜舉人楊保薛聯元皆順天籍

保桃源教諭　高文錦　秦潢　嚴文安　顧雲馥 丙辰歲貢

金山訓導　華樂生　王對　許松年　楊大勳 丙辰恩貢

蔡蘧 戊申順天舉人　龔球 甲子歲貢　吳景曾　竇廷棟 四庫館議

敘兗州通判載邑志孝友附傳 已下府學　華謙　錢蕚清

乾隆四十年乙未歲案

錫金遊庠錄　圭

宗師謝墉 字昆城浙江嘉善人壬申翰林以閣學任江蘇學政官至吏部侍郎降編修賜三品卿銜國史有傳

無錫題 險阻既遠 賦得非種鋤去得鋤字

徐去疾　秦雷　王始達　華惟新　李樹屏

朱熉　黃堂　秦金門　施晉 邑志文苑有傳

朱夢麟 廩　周文鍾 廩蘇州訓導　徐應元 已下府學　丁桂洲 戊申副貢

陝西直隸州州判世父亭榜姓常庚午舉人歷官高州知府父尹志丙子舉人歷官廣州知府皆順天籍俱入邑志宦望傳兄芳洲

癸卯順天舉人番禺知縣　薛鳳梧　侯將亭　鄧宏鑑　王樾 已酉拔貢

金匱題 謂虞仲 詩題同錫

嵇承烈 黃巖知縣　華枋 希閔孫丙午舉人宜賓知縣同祖弟樽戊申順天舉人　欽淮

孫應虞　侯鳳芝 邑志附鳳苞傳　楊廷棐 癸卯順天舉人元和教諭

鍾玉　吳文木　唐英　秦大受　顧亮 瓚子己亥

舉人山陽教諭　華辰輝 庚申歲貢　曹啓昌 已下府學　秦鍾鼎　宋元理 廩

吳桂林 更名雲　華鶴南

乾隆四十一年丙申科案

宗師謝墉

無錫題 指不若人 賦得琢玉成器得成字

馬鏡涵　薛玉堂 壬子舉人乙卯進士授內閣中書出為廬州同知擢慶陽知府邑志文苑有傳

秦鴻　華岑松　孫淦　薛一飛 廩貢　秦宗濂 辛亥恩貢

吳文炳　鄒德載　馬燦 已酉優貢吳江訓導邑志文苑附傳　秦大雯 甲子舉人

顧鈺 已亥舉人丁未會元由庶常改部曹轉監察御史邑志宦望有傳 已下府學　秦雄濤 已酉舉人

錫金遊庠錄　圭

太湖訓導　葉馥蘭　鄒驥

金匱題 拱把之桐梓 詩題同錫

龔梅　唐瑞光　李曜 戊午舉人　華玟　莫清芬 廩貢工醫

過錦　吳拱辰　楊夔　張鳳翼　華煥奎

錢昂 戊申舉人棠陰知縣邑志耆碩有傳　華麗旭　錢文炳 癸卯舉人 已下府學

華景高 廩貢訓導　薛載

乾隆四十三年戊戌歲案 廣額五名錫三金二

宗師劉墉 復任

無錫題 回也不改其樂至非不說子之道 賦得百穀仰膏雨得膏字

楊拱　蔡鏞　薛汾　季黃中　蔡維鑛 廩貢

倪　駿　華　甲　顧承恒浙江典史　華章煥　全　曜

薛雲倬　華麗貞已下廣額　諸旭初　孫　汸　滕　鏞戊辰以年老未中式特賜舉人會試欽賜進士授檢討

金匱題山徑之蹊間介然用之而成路詩題同錫　陳　淦已下府學

吳炳台　賈廷芳　唐麟書　秦景范　鮑日升

楊文駿　周　達　鄒天澤　李鳳池　陸　騏

楊文鼎己巳進士授編修改御史授南汝光道子鏷庚申順天舉人湖南知州　孫　瀛　高雲錦已下廣額　俞　坊更名肯堂己酉拔貢甲寅順天舉人

鄒金堂廩　華辰耀廩貢　鄒　鑛　顧樹本廩滁州訓導已下府學

乾隆四十四年己亥科案

錫金遊庠錄　卌四

宗師劉墉

無錫題非謂有喬木之謂也　賦得山逼畫屏新得新字

黃道亨　王鳳觀　華　泰　薛　升　張大烈廩青浦訓導

華治鈞　顧應春鈺父邑志附應春父熙傳　周　對

吳萬里　華鳳書　華　鍾　安鼎台已下府學　侯實穎

黃瑞錦　黃　進廩

金匱題陽貨欲見孔子　詩題同錫

徐　嵩更名鏷慶丙午舉人以知縣投効川楚軍營事竣補蘄州知州邑志文苑有傳子寶善出繼爲歙縣族人後嘉慶戊寅舉人庚辰進士授編修改監察御史上疏言事仍授編修邑志附鏷慶傳　吳邦基戊申舉人　楊　雷

鄒　復　楊秉鈞　鄭友松　張翰清　嚴升曜道光己亥

[illegible]遊泮宮庚子[illegible]賜副榜　陶　鏡更名元鏡　鄒蘭谷壬子副貢　華御年更名沂

錢日照　秦雄翔已下府學　錢惟金一作惟謹　楊九烈一本有此名

乾隆四十六年辛丑歲案廣額五名錫三金二

宗師彭元瑞復任

無錫題大夫受地視伯　賦得奉席如橋衡

瞿宏道邑志附父奎光傳　顧汝霖丙午副貢潛山教諭　華蓉川　顧敬恂己酉拔貢

朱　楠　胡夔臣　徐江瑤　范與參

徐　照　楊　偉　全元達　華　濂壬子副貢　程　玉己酉舉人

周　翀　季　璇壬午舉人已下府學　秦樂鈞　張　致

楊　傑

錫金遊庠錄　卌五

金匱題庶人不傳質爲臣　詩題同錫

顧敫憲邑志附父奎光傳　王　煦廩貢　杜士桂　蔡　瑋

楊　鼇　徐玉純　周元燮子杰更名昕嘉慶己卯順天舉人官懷安知縣

顧　鎬　王日炳　王爾穀　周榮賓　李　柄

周　鼎　袁瑩伯　華金生已下府學　竇宏聲　秦　璋廩訓導

鄒羽滿

乾隆四十七年壬寅科案

宗師彭元瑞

無錫題從而祭　賦得四時和爲玉燭

吳芳烈　楊　喈　薛　湘更名定源傍姓章順天籍戊午舉人山東知縣

施大栄　王景高廩　劉汝烜廩貢　楊玉相　項　遂
朱　棨　范用賓　劉汝桂　劉雲藻已下府學　鄒景清
華　浩實錄館議敘浮縣縣丞陞舒城知縣　秦　渙
金匱題其文　詩題同錫
華奎炳　顧　照　鄒時藻　華　恒　楊　黼
錢大喻　吳慶成　鄒振元　杜三鳳　張方曙
周承豫　侯鳳蘭廩邑志附鳳苞傳　華　林已下府學　華桂芳
侯雲濤丙午舉人全椒訓導族弟昉甲寅順天舉人五河教諭祀五河名宦祠邑志宦望與雲濤同傳
乾隆四十九年甲辰歲案廣額五名錫三金三
宗師謝墉復任

錫金遊庠錄　一　秉

無錫題守先王之道　賦得雲漢爲章得章字
秦玉海廩貢邑志文苑附傳　鄒誦芬　顧　瑩　丁　鑒
孫際春　華希直　殷　堃　孫斗象附貢　華　焯廩
薛泰階辛酉舉人　顧葆之嘉慶丙辰歲貢沛縣訓導載邑志附傳　王　煥已下廣額
吳　照　徐　煥丙午舉人嘉慶辛酉進士除庶吉士改內閣中書歷禮部主事邑志文苑有傳子中衡道
光癸卯順天舉人　朱　棐丙辰恩貢教諭已下府學　陳　栻　陳　灝廩貢
高尚錦　顧紹棠乙亥歲貢
金匱題非先王之道　詩題同錫
侯大鏞廩　王　焜丁卯順天舉人選通州學正　楊　抃戊午優貢　秦　鶴辛酉優貢
高臣鼎戊申順天舉人　錢文瀾　秦崑源　秦　鑒

秦　泳附貢　秦汝霖戊午副貢　顧光昕　許南枝廩　趙　燦已下廣額
王維荀　王培基已下府學　王　鼎廩　秦豐林　鄧炳綸廩貢井陘
知縣　姚　泉
乾隆五十一年丙午科案
宗師謝墉
無錫題稷　賦得下莞上簟得安字
薛凝度田壬子乙卯順天舉人辛酉進士授內閣中書外補雲南同知　華樹滋廩貢　顧　瑛廩貢
孫元照　賈　鉞　楊　坪更名均辛酉歲貢　范光祖
周　暻邑志文苑有傳　王炎耀已未恩貢　顧錫棨　鄒　豐
侯　暕已下府學　秦大中廩　楊　位　黃鳳翥　鄒際和

錫金遊庠錄　一　毛

金匱題給　詩題同錫
顧　皋乙卯舉人嘉慶辛酉狀元授修撰官至戶部左侍郎入國史大臣傳邑志文苑有傳　王　珙乙卯舉人
乙丑進士授庶常改兵部主事　秦　樑壬申恩貢　陶步鎣　顧應泰善書畫人物
有名　嵇文川　華　封　錢文炳　吳錫桂廩貢工書
周森泉　劉昌穀　陳　渭　華文標貴州同知已下府學
何景堂甲子舉人穎榆教諭　許三慶　秦鴻儀廩　龔際昌
乾隆五十二年丁未歲案
宗師沈初字景初浙江平湖人癸未榜眼以兵部左侍郎任江蘇學政官至戶部尚書謚文恪
國史有傳
無錫題與其弟辛負耒耜　賦得清風似雨餘得清字

華　𣝗　楊德塤佛山同知　尤穎達廪　周　琦壬子舉人當塗知縣再任光澤邑志
孝友有傳　華羽葆廪貢　何書田　韓雲章　周綸照自明末諸
生周徹而後爲周懷義周嗣周允益周學周師淳周掞至綸照八世遊庠　陳光祖　許南瑛
方遂源廪貢　朱兆熊庚午恩貢六安訓導巳下府學　周之掞改名承甲廪兄慶長丁卯副貢
王麗蒸
金匱題不稅冕而行不知者　詩題同錫
王鳳岐工辭章　侯　鈴辛酉舉人戊辰進士安仁知縣　秦文炳　王　煒廪
侯　鍔廪貢　秦恒林廪更名用韜清河教諭　嵇文炳　蔡維鈺壬子舉人
嘉慶丙辰進士授編修擢御史邑志宦望有傳　鄒鼎泰　錢邵霖附貢　錢　普
黃揚鑣辛酉舉人辛未進士授庶常改永康知縣終甯國教授　張觀海巳下府學　華炳垒

錫金遊庠錄一　卅六

華　燾廪更名勳辛巳副貢　華會春
乾隆五十三年戊申科案是年起首次兩藝俱用四書文
宗師沈初
無錫題懷諸侯也修身寡人之圍　賦得德車樂御得和字
周繼皋廪　楊廷集一　陳炳垒　胡鴻飛　陶　錕正中孫巳
西舉人雒山知縣　陸省吾　黃　馨　趙　咸　華用臧
鄭　烈　薛禮本辛酉拔貢　秦巨源巳下府學　竇廷樸壬午歲貢　鄺清華本姓盧
華文琥福州同知　侯价藩
金匱題不仕無義長幼之節視天下悅而歸己　詩題同錫
華夢蘭　周　泰　范　桁　侯　鈺廪貢　蔡維鎔

顧恒達　朱清泰山東鹽大使　顧汝丹　錢　霖
施叙蕙　王　道　康志勳癸酉拔貢戊寅順天舉人兵部車駕司郎中祀惠山尊賢祠邑
志宦望　華順萱巳下府學　陳　浩辛巳恩貢　秦　琦更名琳甲子順天舉人范縣知縣
有傳
乾隆五十五年庚戌歲案
宗師胡高望字希呂浙江仁和人辛巳傍眼以兵部侍郎任江蘇學政官至左都御史謚文恪　國史有傳
無錫題仲叔圉治賓客　賦得十千維耦得耕字
朱　培廪貢丹陽訓導　鄒印綬壬子舉人六合訓導　竇宏柏廪貢
華江涵　袁　謙　尤　堃壬申恩貢　朱　檠　強　立
浦　琳廪　吳蘭田　華象賢工醫　許煥中巳下府學　劉寶光
薛迪城廪訓導　惠　炯　孫啟光

錫金遊庠錄一　卅七

金匱題祝鮀治宗廟度　賦得薄采其芹得池字
王　林　宣鼎台　華起熯　吳　搢　王循度
蔡　彬　孫玉林　徐　瓚　滕　震　季　艮
華　暐廪　龔炳辰壬申恩貢　浦玉堂巳下府學　華省愆　華汾瀾廪
乾隆五十六年辛亥科案
宗師胡高望
無錫題褻裘長短右袂雖有天下易生之物也　賦得履道坦坦得貞字
周　監更名光遠　高　濬附貢工醫　李春時戊辰歲貢　吳鴻逵　蔣　潚
楊德墉廪歙縣訓導　顧　籌　楊　鍾　華廷瓚
鄒綸錫廪儀徵訓導歷宿州學正　錢香魁廪貢　侯　烈巳下府學　何詠堂

龔大夏廩貢工書　華大鏞　張美

金匱題必有褻衣長一身有半惟弈秋之爲聽二句　詩題同錫

華長齡德更名顧雷一　侯文煒　高陶　錢香芹更名香湖

丙子歲貢吳江教諭　薛申圻　王保訓寬子庚申順天舉人孫言鑄道光丁酉順天舉人內閣中書

鄒鎮　章元錦　蔣光藻　華淞　王鵬運工書山水

秦霆即四十一年科案秦鴻是年更名再進　已下府學　楊揆庚辰歲貢　王翰典史

乾隆五十八年癸丑歲案

宗師胡高望

無錫題賤貨而貴德爰整其旅至以對於天下　賦得道遠知驥得知字

張幹　周懷新　華雲鴻廩　張雲錦　周淮

錫金遊庠錄　三十

秦汾　施五朶　王維嶽廩　侯用錫　周偉然

秦湧　汪士佩甲子舉人己巳進士官工部屯田司員外郎咸豐癸丑重遊泮官子望求道光癸卯順天舉人

已下府學　顧喆　張志　秦達泉廩白河知縣

高英

金匱題儉吾從衆拜下吾何修至無非事者　賦得道遠知驥得知字

孫應穀乙卯順天舉人河西知縣咸豐癸丑重遊泮官乙卯重預鹿鳴　朱芾更名黻　倪承泰

楊韶鈞更名芳　吳倬雲　王循琦　侯程萬　江鴻

顧策　秦鳳楹　高淦廩　林玉鼎工書善書　吳企曾已下府學

吳慶增　楊天馥更名大復

乾隆五十九年甲寅科案

宗師胡高望

無錫題如在其左右有孺子歌曰至小子聽之　賦得約六經之旨得文字

鄒允恭　周丹桂　朱豐玉　蔡經邦　錢青

呂珠　王保書　朱燮　朱煥庚午副貢安西州判

稽文煒　朱煥文　吳春霖已下府學　施慶雲　周紳照

侯叔度廩

金匱題朋友之交也五者天下之達道也禹之行水也至則智亦大矣　詩題同錫

虞瑞　秦椁　何紹堂　王鵠進　黃師謙

楊炳奎　宣光遠　顧家珠工書　陳廷芝　馮蕙林

楊撙　曹邦哲　王沅瀾已下府學　吳日瑞　侯止敬

錫山遊庠錄　三十一

嘉慶元年丙辰歲案恩廣五名錫三金二　是年

宗師劉權之字德輿湖南長沙人乾隆庚辰翰林以禮部侍郎任江蘇學政官至體仁閣大學士加太子少保謚文恪　國史有傳

無錫題時使薄斂所以勸百姓也日省月試必有事焉　賦得風簾燕引五六子得簾字

鄒植義兄植行乙卯舉人乙丑進士授編修山西學政歷官左庶子邑志文苑有傳　何紀堂

高堉　胡光煥　虞承恩　許麟鍾　楊炳文

吳鼎文廩　楊紹基廩貢教諭　汪炳廩更名湛恩以書畫名　顧鑅

馬瀛已下廣額　華犀照廩　楊晥　華翰已下府學　蘇步東

楊培　周邦彥　施曾培

金匱題既廩稱事所以勸百工也送往迎來心勿忘　賦得露井榴開三四花得開字

吳殿颺　華香海　馮鎬庚辰恩貢　蔡培戊辰順天舉人已巳進士授庶常改
寧晉知縣　張夢瑛　楊瞻魯　鄒景瑞更名榮錫　吳世琛
顧光照　蔣景韓　張翊清　徐韶　蔡翼堂已下廣額
朱兆霖　朱啟鏞辛酉副貢已下府學　孫春煦　徐璇

嘉慶二年丁巳科案　廣額七名錫四金三

宗師劉權之

無錫題子之武城至君子學道則愛人晉人以垂棘之璧　賦得繁雲猶暗嶺得雲字

朱燿庚辰恩貢　朱昌期　楊熙之甲子舉人元和訓導　王際熙
范光宗　王昌巖辛巳恩貢　沈榮桂戊寅副貢辛巳順天舉人閿鄉知縣　許錕
朱衣點　秦鳳樑甲子舉人滬穹知縣　趙堉　王煇以下廣額

薛肯堂　蘇穎　裘汝弼吏目　朱際泰已下府學　朱光遠
朱照廩　顧翰庚午舉人涇縣知縣　侯斌

金匱題小子何莫學夫詩至周南召南與屈產之乘　賦得濕氣晚生寒得寒字

盛鏞　蔡錫蕃廩　楊藜照　孫燾　朱焜
陳守謙　王樹勳更名元芬甲申歲貢　華觀海廩　鄒崐廩
侯昂千　王夢翬　華煥緇雲典史　季山已下廣額　楊金鼇
杜解　華宸錫已下府學　王芝林癸酉拔貢以親老不赴廷試工詩古文詞著有紅棠閣集十三卷尤工小篆八分楷艸　張鳴西　王光瑛

嘉慶四年己未歲案

宗師平恕字寬夫浙江山陰人乾隆壬辰傳臚以閣學任江蘇學政官至戶部侍郎　國史有傳

無錫題夫子不答南宮适出子曰君子哉若人晉之乘　三句　賦得朱華冒綠池得華字

吳灝　陸廷夔　許鏞　鮑熙　錢楷
陸鼎臣　侯桐癸酉舉人庚辰進士授編修累官至吏部左侍郎咸豐己未重遊泮水
秦淵泉　程應庚陽穀知縣族孫恩培咸豐壬子順天舉人　楊琫己卯恩貢
華堃　趙藩戊寅舉人池州訓導已下府學　張文照　吳泉
劉秉淵歲貢訓導庚申在城殉難祠忠節祠　鄒應台

金匱題毋乃為佞乎孔子曰非敢為佞也請野　四句　賦得瑾瑜發奇光得奇字

華士俊邑志孝友有傳　孫純熙　秦廷標廩貢　王文泳己卯恩貢
龔桐路南州吏目　鄭際昌庚午舉人潛山訓導　華大鈞更名嘉植廩貢訓導
顧杞　鄒三近　史範邦廩　尤墉　秦敏鉷

侯煦已下府學　華景孝庚申舉人潁州教授　薛錦堂邑志文苑　馮金相歲貢

嘉慶五年庚申科案　廣額七名錫四金三

宗師錢樾字黼棠浙江嘉善人乾隆壬辰翰林以閣學任江蘇學政官至吏部侍郎　國史有傳

無錫題是知其不可而為之者與夏日則飲水　賦得含章可貞得三字

顧寶光　周宗洛　葉霑霖　華斗炳　王瑞林
顧琛　朱玉堂庚辰恩貢　華翼更名端翼戊辰舉人道光癸未進士官靈壽知縣
徐對揚廩貢訓導　秦潤丙子舉人　薛振　丁杞廣額　侯煜廩貢
朱錦堂廩　孫洽附貢與弟沭開基濤其捐田設立義塾并捐資設立芙溪書院　顧簡已下府學
朱春煦　孫承恩　司馬柱　秦霖　蔡琦捐職中書

金匱題於人何所不容雖袒裼裸裎於我側　賦得工以納言得工字

孫元烺　任寶樹　過泰階　顧錫晉　顧保恕
華大銓　顧寶光更名芝巳卯舉人江浦教諭　王　瑩廩　侯亮采
侯叔倫　顧　振　侯用中　楊萬藻　廣額王文潮
錢宮桂　楊步雲已下府學余爾泰　顧　山　高鴻飛
華廷燮

嘉慶七年壬辰歲案

宗師平恕復任

無錫題子聞之日是禮也　且君之欲見之也至爲其賢也　賦得水涵明鏡淨得明字

吳　瀚　丁　榕戊辰順天南元祖如琦榜姓王乾隆癸酉順天舉人常山知縣徐萬齡
馮　燦　孫鳳郊　戴　燿　顧其相　徐燮堂

錫金遊庠錄　卌四

秦大治丁卯舉人癸未進士武强知縣　朱　燾　程　耀　鄒植方已下府學
華　林　劉　丙　吳道基　尤大鏞　徐應川

金匱題以季孟之間待之　若夫爲不善至而無算者　賦得山逼畫屏新得新字

吳念萱　鄒　筠戊寅舉人華天池　侯　普　華廷儀
金大璋　過金殿　程雲會　陳　鏞　華維城
錢景魁　秦玉楹　張奎照已下府學奚　鏞廩訓導

嘉慶八年癸亥科案

宗師平恕

無錫題末之也已至如有用我者　王之好樂甚至臣請爲王言樂　賦得萬籟酣笙鐘得風字

顧　箴廩貢咸豐庚申寇陷邑城闔門殉節吳　炘　秦泰鈞　劉承本壬午舉人
癸未進士金鄉知縣鄭世環　王志道　季　鈺　曹文枏
李汝燮　王企曾　孫　濤　秦　燮壬午舉人已下府學
丁　榮　董春雷　華錫奎更名福奎甲申歲貢　鄒嗣璟

金匱題夫如是至既來之　天下固畏齊之强也至置君而後去之　賦得四更山吐月得更字

王象桂　周鴻漸　華賛孝　鄒廷琥辛巳恩貢錢世昌廩
華錦坤　秦　栻　鮑　爕　陶鴻基貢更名瑩袁守謨
馮金鏚　周汝穀　徐紹基已下府學張培因

嘉慶十年乙丑歲案

錫金遊庠錄　卌五

宗師莫晉字錫三號寶齋浙江會稽人乾隆乙卯榜眼官至倉塲侍郎降閣學　國史有傳

無錫題夫人不言　闗市譏而不征　二句　賦得日落含山氣得含字

朱光燦　秦　和　丁　禾　王鳳培　嚴　澐
潘宜遠更名定遠施人驥　孫廷燦　賈　綸　秦文楷歲貢
顧　翃戊子歲貢官昭文訓導　李光瓚巳卯舉人已下府學　黄承祖癸酉副貢
戊寅舉人高郵學正楊　益　吳春濤廣東典史陶　沅丁卯舉人壬午進士餘慶知縣

金匱題及階子曰階也及席子曰席也皆坐　季任爲任處守　賦得雲歸帶雨餘得餘字

王義山壬辰歲貢顧　蘷　錢　杲　吳錫蘭　高　琪
華元梅廩揚州教授姪振衡道光丙午順天舉人改名爾壽　詹　梅　余思霈
王　炳　侯用敷　王攀桂　朱紹堂　顧　爽殉難

已下府學吳文煜廪

嘉慶十一年丙寅科案

宗師莫晉

無錫題曾謂泰山遷於喬木者未聞下喬木　賦得松茂柏悅得情字

華以甯　朱德顯更名廉巳卯舉人建德教諭保舉知縣　周吉更名奕壽

杜吉巡檢　吳克昌廪　朱韶更名昌第　高爾梅有孝行　陳錫元

陶源　孫旭壬辰歲貢　周若鋆　丁杰已下府學　錢琦

王光弼　周福均明季周淑為邑諸生父周役邑志孝友有傳目淑而下為周懷忠周公讓周宏周金聲周永禧周日萬周承甲至福均九世遊庠　楊曦照工詩古文辭

金匱題好行小慧如此則動心否乎　賦得修竹彈蕉得文字

朱焯捐陞教諭改指兵馬司指揮　張召棠廪貢　高錫禧戊辰舉人　錢又起　華湛恩廪貢訓導

周灝廪　沈雲逵辛巳副貢　華雲墀

高炳麟　顧墀　嚴蓁丙子舉人甯國訓導　秦文葵

王鼎標工畫人物已下府學　華燾照丙申歲貢

嘉慶十三年戊辰歲案

宗師萬承風字卜東江西義甯人乾隆辛丑翰林以禮部左侍郎任江蘇學政

無錫題雖疏食菜羹顧鴻雁麋鹿　賦得梅苔積雨深得苔字

錢兆蘭殉難　杜紹祁丙子副貢巳卯舉人庚辰進士淡水同知　倪康海

鄒福鴻縣丞　尢大鈞殉難　李廷瓚廪　華芳洲　王安瀾

潘建勳乙未恩貢　孫興奎　王煥星更名煥庚　葉景高已下府學　劉繼廸廪

侯起岱　華文杏癸酉舉人改名文榕內閣典籍子承阜道光甲辰順天舉人　邵儒珍

金匱題君命召朝秦楚　詩題同錫

華魁廪貢　章程辛巳舉人　張丹海　華謙吉　王奎燿

王鑑　馬錫雯　張灝更名煜丁酉順天舉人　張承勳

朱炳南　楊芳　朱廷燿　汪季筠已下府學　高杓

嘉慶十四年己巳科案

宗師玉麟字振之號硯農滿州正黃旗人乾隆己卯翰林以兵部右侍郎任江蘇學政官至兵部尚書伊犁將軍贈太保諡文恭入祀賢良祠　國史有傳

無錫題五世矣子噲不得與人燕二句　賦得天船橫漢得橫字

强燮友廪　李志昉甲申歲貢　華以敬　朱爾鏗　吳應春廪

嵇邦達本姓汪　秦大樸　華麗皐　杜紹庠　杜紹凱

薛省度　陶敏已下府學　孫介福工篆刻　侯廷槐　黄湘

吳培蓀壬午舉人績志文苑有傳

金匱題四世矣段干木踰垣而辟之二句　詩題同錫

顧詒綬以父戶部侍郎皐蔭中書補浙江同知　華培昌　華廷玢恩貢

華鼎奎癸酉舉人安慶訓導　吳潤林　安詩乙酉舉人癸巳進士授兵部主事官至戶科給事中　王尹壽　侯靖丙子舉人海門訓導　鄒宗魯

惠增泰　王湘蘭　嵇文錦丁酉舉人　楊因培已下府學　過太和歲貢

嘉慶十六年辛未歲案

宗師劉鐶之字珮循號信芳山東諸城人乾隆己酉翰林官至兵部尚書加太子少保諡文恭　國史有傳

無錫題大哉 堯之爲君章一節 充仲子之操則蚓 賦得竹爐煎茶得煎字
華長熙 孫元預 耆壽 華毓珍 廩 范雲開 過偉
鄒導源 工右文 浦變堂 蔣文治 華鼎均 王步雲 戊寅舉人
桃源教諭咸豐庚申在任殉節入祠忠節祠 蔣 鍾 歲貢 陳廷玉 已下府學 華文模 貴州吏目
華熊詔
金匱題大哉 達巷章 次題同錫 詩題同錫
華奎耀 更名會鍾 陳光耀 王應奎 歲貢 秦殿楹 王惟遜
孫慧業 蘆臺場鹽大使 殷大鏞 唐汝翼 壬辰舉人 王鳳詔
吳奎光 王振基 已酉舉人 華葆之 王亮皋 已下府學 王應榴 乙酉拔貢
清河教諭堂兄朝幹庚午副榜湖南通判 寶承焯 乙未恩貢就職直隸州州判咸豐庚申寇陷邑城殉節

嘉慶十七年壬申科案
宗師文寧 改名幹搭他拉氏字芝崖滿州正紅旗人乾隆甲辰翰林官工部尚書降西藏辦事大臣 國史有傳
無錫題十手所指其嚴乎富潤屋 毋必毋固 賦得音若壎箎得詩字
朱兆蘭 胡榮贍 戊子舉人 邵涵初 乙酉拔貢阜寧訓導歷直隸南和知縣工大小古篆
葉蔭高 鄒福蔭 利津縣丞 呂寶 劉清華 尤世錫
蔡文浩 馬昂青 過儀吉 華錩 已下府學 錢枚 廩
干寶登 更名鏊 廩 馬錫初
金匱題管仲之器小哉至管氏有三歸 明也慍也 賦得吳門匹練得莊字
秦蔭同 肇昌經歷 劉金商 戊子舉人 王禮甲 乙未恩貢 陶溥 鄒鏡湖 丙申歲貢
蔡珫 高鑛 陳瀚 陶拱印 楊培

倪志清 華致 姚燕賓 已下府學 侯璜 吳錫章
嘉慶十九年甲戌歲案
宗師陳希曾 字雪香江西新城人乾隆癸丑探花以刑部右侍郎任江蘇學政 國史有傳
無錫題鄉人飲酒至朝服而立於阼階 孟子曰大人者兩章 賦得明日鶯聲不是春得二字
竇奕采 林瑩 秦雲梯 陳梁 陳漢 更名建蕃
王樹滋 施棨 吳世珍 己卯舉人滁州學正 蔣綸詔 殉難
夏鼎勳 楊澐 黃慶清 已下府學 秦國楠 辛巳舉人子蓀咸豐戊午順天舉人
欽蔭椿 廩監 俞甸之 鄒晉蕃
金匱題子曰片言可以折獄者 兩章 孟子曰言人之不善 兩章 詩題同錫
戴爾梅 廩 陶亮 華雲門 秦殿棟 陳文鎬

龔步鼇 鄧炳麟 錢文模 朱鈞 華雲陛 壬午舉人長泰知縣
華邦燮 汪樹標 徐秉元 已下府學 錢有穀
嘉慶二十年乙亥科案
宗師王以銜 字署冰浙江歸安人乾隆乙卯狀元以工部侍郎任江蘇學政 國史有傳
無錫題子曰魯衛之政兄弟也 子謂衛公子荊 與木石居與鹿豕遊 賦得皎鏡無冬春得清字
華昇平 鄒鳴鶴 丙子舉人庚辰進士壬午科補行殿試分發河南知縣洊歷至廣西巡撫粵寇作難力守省城忤經略意罷歸旋 詔起協守金陵咸豐三年二月城陷死之同治八年奉 旨照巡撫例從優議卹予謚壯節賜騎都尉兼一雲騎尉世職 國史立傳 錢芸臺 蔡文泗 華中和
楊燦 許文燾 林德培 華寶梯 張淦
朱贊元 鄒培森 已下府學 陶丙吉 張鎬 丙申歲貢 潘中行 廩貢

金匱題邇之事父至女爲周南召南矣乎　膾炙所同也　二句　詩題同錫
楊福銓　朱題鳳　孫元焯更名慧焯已卯順天舉人清江知縣　鄒寬廣東縣丞
黃鍾　華秉鈞　浦錫歲貢　顧寅清　王雲嶽
鄒以誠兵馬司副指揮　華起鵬　安昶　秦渭已下府學
楊奎斗辛巳舉人　鄒宗楷廩

嘉慶二十二年丁丑歲案

宗師湯金釗字最茲浙江蕭山人已未翰林以閣學任江蘇學政官至吏部尚書協辦大學士降三品京堂致仕尋復一品銜咸豐甲寅重赴鹿鳴賞太子太保
無錫題逃墨　願學焉宗廟之事　賦得如金如錫得精字
華詵枝　鄒光鑑歲貢　袁西庚殉難　竇繼勳廩　秦文彪壬午舉人

清河教諭陞鎮江府教授　朱兆然　張星燦歲貢鄉飲賓光緒丁丑重遊泮宮
華象奎　朱培德　侯廷梅　許燦更名祥華廩貢
竇廷械已下府學　高鼎汾　胡榮書　陸雲程廩工小楷
金匱題逃楊　次詩同錫
聞韶廩訓導　丁雄文　過錫爵　侯東泉　胡謏
湯承顯　瞿福清　秦炳衡　顧昉　許元贊
黨端　過宮桂恩貢　朱燮元已下府學　稽驤　過補之

嘉慶二十三年戊寅科案

宗師湯金釗
無錫題好學不遷怒　禮之質　二句　賦得不知秋思落誰家得誰字

趙韞玉改名廷彥殉難入祀忠節祠　秦際初　陳仲坡　吳銘更名爾輔
華岳　華廷標已卯舉人癸巳進士平武知縣　朱琴　稽芳更名碁癸卯舉人
華國蕃　鄒寶廉　稽載颺　侯學潞胞弟晟乙酉順天舉人以浙江知縣改教現任山陽縣教諭晟戊子順天副榜現官湖南寶慶府知府已下府學　匡廷梁
何錫章丙午舉人
金匱題不知爲不知是知也　次詩同錫
顧雲鏕　薛金輅　虞詠殉難　顧慶廷廩　華幾
任相　孫鳳城　顧書紳　顧嶸殉難　張應房
陳昌燮　孫建勳議叙府經　蔣慶恩已下府學　秦昌煜廩訓導　何保鏞
蔣百春廩訓導

嘉慶二十五年庚辰歲案

宗師姚文田字秋農浙江歸安人已未狀元官至禮部尚書予諡文僖國史有傳
無錫題人而不仁如禮何　自生民以來　二句　賦得接天蓮葉無窮碧得窮字
嚴琳歲貢　何錫晉　薛汪度更名沆歲貢　安念祖
張應綬廩貢　余湛華　錢鼎　龔恩培恩貢　錢多聲
張博約　秦樹棠　趙步雲已下府學　王恩湛　張定殉難
劉紹屏
金匱題人而不仁如樂何　比方之學者　二句　詩題同錫
鄒安邑歲貢　龔煜歲貢　吳珍　王朝爵　華吉
秦格　蔡文瀛廩　顧湄廩　陳淯本姓龔　陶榮泉

陶承佩戊子副貢山東黃縣知縣　秦殿模　陶　愼更名屏東已下府學
姚　楷　龔鳴夏歲貢工書
道光二年壬午科案　廣額七名錫四金三
宗師姚文田
無錫題和無寡是豈水之性哉　賦得雲出如水波得陰字
張振培　王恩綬己酉順天舉人湖北揀發知縣與次子夔同殉武昌　特恩以知府銜賜䘏予謚武愍夔
贈主簿三子庭楨咸豐乙卯順天副榜現任沔陽州知州　龔芝培　錢大鏞
許禮和　朱春華殉難　陶　霖　劉寬海　秦蘭枝更名榮梓
胡金鰲廩　鄭雲嶽更名士微　浦映楠已下廣額　楊邦基　秦樹楷
李福培壬午舉人廣東從化縣知縣咸豐甲寅與弟性培同殉難予謚剛烈賜建專祠　楊春榮已下府學

錢朝勳　全　福自崇禎年副貢全其天子錫柜孫宫藻宫芑藻後全來松全照全元達至福七代遊庠
陸鴻飛
金匱題安無傾此豈山之性也哉　詩題同錫
秦文蔚　張　鑣　馮汝霖　龔文蔚　龔錫熊殉難
蔡文濬　張玉成　吳汝渤藍翎五品銜署金山縣訓導　顧志熙廩監殉難
朱錫泉　孫慧元　許步雲　錢慶曾已下廣額　賈豐綬工楷書
袁文炳　高鶴田已下府學　曹　鏞　畢繼周　錢春臺廩
道光三年癸未歲案　廣額七名錫四金三
宗師周系英字孟木湖南湘潭人癸丑翰林以工部侍郎任江蘇學政　國史有傳
無錫題二人行必有我師焉　賦得緣木求魚得求字

楊　鉞工古學　秦承烈　高斗柄　許有基　浦　晉
華　軾　馮士奎　秦道梁　強以敬　季沛倉
孫元超自明萬歷時狀元孫繼臯而下為孫源文孫秉禾孫維孫裘仁孫錫信孫開濟孫應虞孫燕至元超九世遊庠一脉相
述　元超工畫山水　潘汝翼已下廣額　沈昌錫廩邑志孝友有傳　高　鎮
王以銓歲貢　龔廷培已下府學孫浩然更名繼濂戊子舉人崑山教諭
於學署　虞　陛更名延阜乙未副貢復還崑邑貧生田諸生德之祀
堵公祠　張繩祖
金匱題二三子以我為隱乎予盍為我言之　詩題同錫
錢廷梅　華介福廩　李　社　曹寶梓　朱培年
瞿炳華　蔡維亭　錢　堃　嚴　愷戊子舉人　許叶泰
蔡　杓　顧　鈞　蔡文泳已下廣額　賓元炳　陶光柱

徐景奎已下府學　華　逵　楊惠之　季　斌
道光五年乙酉科案
宗師辛從益字謙受江西萬載人乾隆庚戌傳臚以工部左侍郎任江蘇學政　國史有傳
無錫題季氏富於周公悅周公仲尼之道　賦得高林鶯囀日正長得琴字
邵　濂工古學　曹　昺丁酉舉人　蔣熊詔　鍾　毓更名良佐　華　鎔
余　東　薛　湖辛卯舉人乙巳進士廣西潯州府知府〇辛卯同年華端揆順天舉人
周聯奎更名奠埠癸卯舉人又更名佐堯同祖弟倬奎甲午順天舉人更名彥增安徽東流縣知縣
秦陛揚　嚴步瀛　陸聲綬　鄒繼燮已下府學　季兆芬
朱錦綬廩　張源泰廩
金匱題子貢賢於仲尼　次詩同錫

華廷燮 過志皋 楊雲璈加監 林霽姪孫祖述同治丁卯順天經魁戊辰進士工部主事現官浙江候補知府 楊儁廩訓導 徐耀金 過照
宣力 王者香 張步瀛丁酉拔貢以教職用甲辰副貢 楊奎耀
沈世濱 唐汝霖已下府學 祝對揚 秦勳更名麗昌道光癸卯舉人又更名賡彤咸豐丙辰翰林散館主事廣西司員外郎記名御史 胞叔湘業丙午順天副榜浙江補用道

道光六年丙戌歲案

宗師辛從益

無錫題不遷怒 雖有鎡基 賦得茱萸節候新得新字

楊賡琪 戴光照 秦本仁加監 宋瀛先 任紹琦
李廷楷 王柱廩 唐懋修 季應芬 許中孚

侯玉麟殉難 顧樹型已下府學 過立誠 過復

金匱題不逆詐 不如荑稗 詩題同錫

陳鉞己亥舉人 丁培壬辰舉人 朱庚陞 張蘭階更名應蘭癸卯舉人考取官學教習咸豐四年隨欽差大臣勝保督剿賊帶兵偵探遇賊被執不屈死奉旨照知府陣亡例議卹入祀昭忠祠世襲騎都尉
王藎臣 劉起 楊敦培 虞文雄工古學 司馬照
王文灼翰林院待詔 黃潤 孫慧良 徐鳳銜是年有童生王道宗招覆第八名覆試不到遂以新取佾生鳳銜補之 已下府學 許學淦 周雲桂

道光七年丁亥科案

宗師辛從益是年辛宗師卒於任接任宗師朱方增字虹舫浙江海鹽人辛酉翰林內閣學士戊子年錄科送考

無錫題其竊位者與 樂天者保天下 賦得非花湜味得秋字

華堯衢 秦皐 吳塤 胡均之入祀忠節祠 周文炳殉難
吳燮鍾庚申闔門殉節 惠棠 范韓 虞濬
劉晃 溫榮培廩咸豐庚申帶團防堵禦賊於榮巷死之 鄒律已下府學
孫家修 黃紱 張受益入祀忠節祠

金匱題其身過矣乎 畏天者保其國 詩題同錫

丁泰入祀忠節祠 侯鼎雲入祀忠節祠 戴爾奎 顧炳 蔡文漸
王元標廩訓導 顧曾植 吳敔復 吳殿珍入祀忠節祠 曹文漪
孫元杰四川東興典史 倪廷楨 秦英彙已下府學 程萬達 陸崐

道光九年己丑歲案

宗師申啟賢字子敬號鏡汀河南延津人嘉慶壬戌翰林以工部右侍郎任江蘇學政官至山西巡撫諡文恪

無錫題攻其惡 若火之始然 兩段 賦得五月榴花照眼明得明字

尤耿揚 孫應春 薛翽廷 朱昌基 安魁殉難
黃燮 秦蘭芝 高步昌 魏穎鋒 龔榮培
秦汝燮廣東同知 蔣大鏞辛卯舉人甲辰進士官順天府治中調奉天府治中 已下府學
章法 沈保錫 王楚堂

金匱題君子無眾寡 猶水之就下 兩段 詩題同錫

顧勳更名亮弼安徽州判殉難 華景儀甲辰舉人 馬晉臣 俞汝言 顧震己亥副貢
鄭繼善河南府經歷 王應芳 鄒希曾歲貢
秦學楷 秦鎮工小楷 楊文奎 秦樹附貢 王海瀾已下府學
鄒夢曾更名毓彪壬子恩貢 顧棐廩

道光十一年辛卯科案
宗師白鎔字治源順天通州人嘉慶己未翰林以吏部右侍郎任江蘇學政官至工部尚書降大理寺卿
無錫題沽酒宋人有閔其苗之不長而揠之者　賦得鬭鷄得坊字
趙彭淵己酉舉人現官海門訓導　葛　瑗　華國琛廩　劉翼之
薛振聲　俞嘉言　楊庚吉壬子謄錄浙江候補鹽大使　李昌期廩
胡肇基　嚴載恩　侯慶章入祀忠節祠　吳又新己下府學　秦堯曦丁酉拔貢
累官至河南開歸陳許兵備道署布政使　秦大椿入祀忠節祠
金匱題市脯今有人日攘其鄰之雞者　賦得放鴻得鈴字
吳鼎奎　顧鳳儀甲午舉人壬子進士刑部主事　顧曾祺浙江巡檢　張蘭言廩工古文
楊國治　李光烈　馮　潤　朱　佶歲貢　丁用光

錫金遊庠錄　四六

華日煦　錢光黼　華星燦附貢訓導　華學熹己下府學　吳　奇
劉道倫廩浙江典史
道光十二年壬辰歲案
宗師廖鴻荃字斯和福建侯官人嘉慶己巳榜眼以閣學任江蘇學政官至工部尚書
無錫題可謂大臣與王立於沼上　賦得膏澤多豐年得年字
孫應崧　曹迺眞　周　楨　潘　江壬子恩貢　嵇文輿瑞孫同祖
兄文駿壬辰順天舉人姪廷衡甲午河南舉人　薛　燦　楊錫純　單文瀾廩
楊士昌　侯起峴改名慶鴻廩監　朱光照附貢　王鼎香己下府學
沈　鍌廩　過雲倬
金匱題願爲小相焉王坐於堂上　賦得惠澤成豐歲得豐字

秦文藻　華恩培　楊雲瓚　王元相　顧佩穀廩
鄒遂楷　楊延俊甲辰順天舉人丁未會魁肥城知縣　錢　鈞
竇繼照　王國棠　吳步瀛　吳　江　華國泰己下府學
秦金鑑廩　徐耀文恩貢
道光十三年癸巳科案
宗師廖鴻荃
無錫題苟合矣少有　則農有餘粟女有餘布
賦得花發遊蜂喧院落得喧字
陳　綸　鄒德焜縣丞　許麟書　秦炳辰　董星燦
薛青香　周　起　王龍驤　徐承恩　錢維楨改金匱廩
貢　馬樹春　錢維樾改金匱己下府學　秦炳文庚子舉人

錫金遊庠錄　四七

吳江教諭捐擢主事工山水族兄炳章壬辰順天舉人鶴慶知州　鄒維梅
金匱題苟完矣富有　猶弓人而恥爲弓　兩句　賦得笋長馴鹿入薔蘼得蘼字
徐　英　王逢辰　張　沅殉難　秦鴻逵湖北巡檢　林開基
鄒　藝更名鑒融殉難　華延藻更名延瀲　吳昌言　吳繼高
范　基　華輪光殉難　朱壽清　華翼綸癸卯副貢甲辰順天舉人永新知縣
己下府學　高步蟾殉難　吳聲吉殉難
道光十五年乙未歲案
宗師龔守正字象曾浙江仁和人嘉慶壬戌翰林以吏部左侍郎任江蘇學政官至禮部尚書諡文敏
無錫題將入門策其馬守者曰　三句　賦得香羅疊雪輕
丁昌言　華雲逵　俞　果工書殉難　嚴　翼河南典史　高　堉

侯建藩　薛鳳藻甲辰副貢　徐　灝　胡　鈞　朱　輪廩
陸　泰　糜培元已下府學　秦邦釆　侯廷弼　王上熙
金匱題行不由徑非公事　賦得細葛含風軟
浦廷鑑　過達辰　湯蓉鏡　華國榮　薛洪度更名昌名
王元照更名望曾己酉舉人殉難　施國培　顧　湘龔殉難　朱錫琛殉難
楊因泰　汪　發更名海平　王賡陞　余　治附貢訓導
已下府學　楊殿英廩貢金壇訓導國子監典簿銜　吳錫銜
道光十六年丙申科案
宗師龔守正
無錫題有託其妻子於其友而之楚遊者　六句　賦得留得殘荷聽雨聲得聲字

賓元勳候選按照　陳　洛　馮　濟殉難　秦炳奎　華蘭成
吳光昌　俞　墉　楊芳杜　張肇甲　鄒廷瑛
秦汝明　糜桂士已下府學　惠應奎　蔣　鴻　朱聲一殉難
金匱題五旬而學之　賦得秋雨梧桐葉落時得黃字
楊述曾廩監軍功訓導　侯緝熙　華　封　薛元熙廩訓導
華　國　朱鳳埔　王樹基更名國華　錢渾然　顧曾煦廩
姚元熙　秦大文　華國選　薛熊光廩貢訓導已下府學
華鏡宇附貢訓導　鄒鼎祺廩貢蘇州府訓導
道光十八年戊戌歲案
宗師祁寯藻字叔穎山西壽陽人嘉慶甲戌翰林以戶部左侍郎任江蘇學政官至大學士謚文端

無錫題夏禮吾能言之杞不以文害辭　賦得疏籬帶晚花得花字
秦　熙廩貢更名煥句容訓導　何學鴻癸卯舉人更名桂颺浙江榜商籍舉人今移歸金本科錢
賓　楷　竇因培　王進年　嵇　茂　侯殿颺
華杏春　嵇　樸　陳蕢之己未舉人殉難　滕廷鍾
秦能飛直隸典史　胡文湘已下府學　朱蔭培　顧　淵丙午副貢己酉舉人睢寧縣教諭
同榜舉人李廷業清河訓導　蔣文燦
金匱題殷禮吾能言之宋不以辭害志　詩題同錫
周　祜廩　鄒廷桂丙午舉人　華樂均己酉拔貢　侯燕貽　華熙鴻
趙希濂更名濂訓導　薛本仁訓導加按察司經歷子承平份生旋取縣首丁艱殉庚申難
吳文楷　倪廷極　朱乙鑒　龔渭春殉難　趙宏燮

徐拱辰已下府學　陸士楨廩移無錫歲貢　宣顯達
道光十九年己亥科案
宗師祁寯藻
無錫題近於義決諸西方則西流　賦得茅齋閒讀書得閒字
秦元標　陳昌期　張兆鼎　侯　棠從弟楨丙午順天舉人工古文有集
王士斌步雲子殉父節　項照瀛　竇庶熙　高　林
楊宴鏡　楊清泰　蔣錫年　黃奎映已下府學　侯　熺丁卯舉人
工隸書　華以培　王其相
金匱題近於禮次題同錫　詩題同錫
賓　晟　龔元焯更名灼乙卯恩貢　王元極廩　徐宗海

張迺逵　袁錦標　華絜均附貢　許承岳　史應蘭廩
過鳳池　秦　琪考取教習直隸候補府　華學烈廩浙江知縣
浦兆洛已下府學　薛用汲　姚　枋

道光二十一年辛丑歲案

宗師毛式郇字伯雨山東歷城人嘉慶己未翰林以吏部右侍郎任江蘇學政
無錫題亦可以爲成人矣曰今之成人者　孟子曰尚志　賦得士依於德得依字
杜鳴球　秦暉吉附貢訓導　張蘭佩　華春培　孫元楷溧水縣教
諭子勳烈壬子舉人內閣中書　王文煒　秦瑞源　黃起鳳
嚴壽登殉難　成　立　黃汝相　胡文權已下府學　張煜杓廩
張鴻猷庚申恩貢就職直隸州州判　張　焜

錫金遊庠錄　芊

金匱題伯夷叔齊與謂柳下惠少連　次詩俱同錫
錢　蓴　吳師澄　華鈞年　過寧梯　顧文炳
吳　竑歲貢就職訓導世襲雲騎尉　薛鳴和　馮　浦殉難　錢欽榮丁卯補行
辛酉科舉人　錢　勛乙卯順天舉人內閣中書以軍功保舉浙江知府加道銜以軍營病故賞光祿寺卿銜廕
一子知縣叔幹壬辰浙江副榜　顧　昭廩　薛　皋更名元福附貢
華家駒已下府學　薛元宇歲貢　吳宗洛附貢訓導

道光二十二年壬寅科案

宗師毛式郇
無錫題少之時血氣未定　雖疏食菜羹未嘗不飽　賦得山木工度得工字
康　瑩　王廷烈　楊𤇍鏡　侯炳麟　高鳳鳴訓導

華士鶴　任清士　華宗均　華鳳榮　華震亨
孫成烈附貢訓導　孫　勛已下府學　趙邦培　王寶善殉難　張祥煥殉難
金匱題及其壯也血氣方剛　次詩俱同錫
章濟川　王丞基　周叔辰　鮑星垣　秦祖敬
宣廷杓　王其極　江文煒　華之江　鄭葆琦附貢訓導
施建烈己酉優貢就職教諭五品銜賞花翎　沈昌煜　華榮桂已下府學　施建熙甲辰舉人
華元超己酉拔貢署廣西向武直隸州州判在任殉難

道光二十四年甲辰歲案

宗師張芾字黼侯號小浦陝西涇陽人乙未傳臚以少詹任江蘇學政陞江西巡撫殉回匪難予謚文毅
無錫題以其所愛　是故以堯爲君　賦得日長如小年得長字

錫金遊庠錄　奎

顧炳文　姜兆吉　王廣鈞　華龍椿　鄒邦勳
鄒邦杰　陳源培　孫翼陞　王鳳鳴　秦文熊殉難
華楷寶　華鳳梧已下府學　强時熙　楊錫麒廩詹事府主簿銜庚申偕妻女殉節
世襲雲騎尉　孫慧恒　尤文瀾恩貢
金匱題以其小者　次詩同錫
秦光圻河南典史　嚴玉璋　董　師　鄒䟸曾廩　陸承宣
徐之綱　張　煜　曹以方改名廷玉　馮　治入忠節祠　顧賡陞訓導
鄧元鏡己未鄉魁銅山縣訓導　蔡廷梁殉難　楊麗春已下府學　顧　濟廩以軍功
保安徽同知　華學默

道光二十五年乙巳科案

宗師張芾
無錫題與其潔也是猶弟子　賦得山川出雲得先字
張煥文　胡孝治　蘇攀桂　黃亮禾　錢棨鑾
胡値淸　張步高廩貢工書　華鎭　朱炳奎壬子舉人　朱錫綬
潘文植廩　華大奎已下府學　朱驥孚　華樂基　賀升吉殉難
金匱題與其進也率其子弟　詩題同錫
錢鏡淸　錢步阜　滕應銓訓導　王厚坤　高承烈
滕汝金訓導　馮鼎廩　華季遵廩　嚴雲梯　華鴻鈞本姓徐子
廉鍔甲子舉人丙子進士庶吉士　徐琦　華龍文　鄒祖齡已下府學
趙棨甲子副貢內閣中書　周繼濂

道光二十七年丁未歲案
宗師李煌本姓袁字仲輝號楯堂雲南昆明人原籍江南上元人嘉慶丁丑翰林以閣學任江蘇學政卒於官
無錫題蓋人心之靈至惟於理有未窮管仲晏子　賦得新蟬第一聲得蟬字
薛希范附貢　周永錫更名錫廣優廩庚申殉難　趙丹成殉難　蔡棻
嵇文輔附貢訓導　朱彥標　張慶辰　華燮鈞　殷文梅
張倬杓　杜友李戊午順天謄錄族弟友韋辛亥順天舉人　華黼臣殉難鄒雲
騎尉世職已下府學　朱錫煃　杜友房歲貢　許宗愼工書
金匱題以求至乎其極至精粗武王周公　詩題同錫
姚元昉　裘文光附貢河南林縣知縣　朱右文　華鼎銘
吳紫纏　錢家駿　楊昌祜庚午舉人　朱福增　華蓉裳

浦良燿廩貢　楊鑑附貢戊午順天謄錄現官浙江鹽大使　華學炯
周翼陛已下府學　李希沆　錢鳳銜

道光二十八年戊申科案
宗師青麐字龍荇號墨卿滿洲正白旗人辛丑翰林以太常寺少卿任江蘇學政官至湖北巡撫
無錫題說之不以道至說也則枉尋直尺而利　二句　賦得忠信為寶得儒字
楊錦標　竇培壬戌恩貢　王鳳翔　楊向榮　朱厚基壬子鄉魁
庚申會魁主事銜湖北候補道堂弟福基戊午順天舉人乙丑會魁編修乙亥典試湖北現官山西學政　王和鈞廩
沈步雲　薛福楏廩殉難　王繂壬戌南元癸亥會魁庶吉士改官戶部雲南司主事丙子福建
鄉試副考官　張芹秀　秦士燕　秦國楨壬子副貢工書殉難已下府學
華慶成胞兄慶成乙卯四川亞元現官浙江候補知縣　陶廷桂更名廷瑞廩貢

金匱題可謂仁矣至知者動次詩同錫
龔寶琪　過鴻模　華仁裕　王育芬乙卯順天舉人戶部主事
錢嶸駿　華允中　丁焯　高鶴年　陶汝衡加貢
秦學熙殉難　華大堃　顧榮江　秦炷廩戊午謄錄已下府學
秦炳斗廩貢現官元和訓導　楊金鑑廩　姚廷燦

道光三十年庚戌歲案廣額七名錫四金三
宗師青麐
無錫題朋友信之晏子對曰　二句　二句　賦得仁者壽得安字
錢詡淸廣東知縣　薛樹棠　周慧滔　王用錫　鄒夢珏
尤德華殉難　顧珣候選縣丞　薛韶成　秦鴻彥廩以軍功保訓導貢監[illegible]

蔣文淵　許晉階廩殉難　陳　謨歲貢已下廣額　楊煥章廩貢
余乃熙　薛福辰乙卯舉人現官濟東泰武臨道　馬應房已下府學　周士錦歲貢沭陽
訓導國子監學正銜　周　鎮　秦福球訓導
金匱題觀其所由　二句
程景洛　華　瑋　華祖燿已未舉人現官安徽候補直隸州州同
竇金陛殉難　丁彥超　丁元照著有碧霞閣時文行世　鄒超曾廩
錢鍾英　裴蔭梧廩河南候補知縣　龔金柏保舉主簿　高　第更名景星
現官山東博板閘河政廳　嚴　棨附貢訓導　楊鳴盛已下廣額　高光照附貢訓導　顧　愔附貢訓導
竇心培已下府學　秦恩延廩貢江西試用知縣　孫紹洙　加監　華汝楫
秦祖永現官廣東鹺使補鹽大使

錫金游庠錄　卅二

咸豐元年辛亥科案
宗師青麐
無錫題為之難言之得無訒乎　二句　賦得山虛水深得虛字
竇貞培殉難　汪牧求附貢　王夢巖　蔣元燮本姓朱　殷殿楹
張宗沂已未舉人候選知縣　沈登瀛　侯慎餘　秦炳台
宋　琛　杜錫三戊午謄錄　張鳳藻已下府學　周翊陛戊午謄錄　趙光第
金匱題其為人也發憤忘食樂以忘憂次詩同錫
錢世昌　過人逵附貢訓導　秦芝清附貢訓導　姚熙敬更名熙載戊午順天舉人復更名熙
績　張　埈　周士瀛廩貢　華晉芳乙卯順天舉人丙辰進士庶吉士
姜臣璀現官福建通判　趙日新已未舉人　王　讚鈞現官浙江候補同知

胡松齡殉難　朱　椮　施邦懷已下府學　孫晉第　包　理乙丑歲貢
姚廷煥癸亥歲貢
咸豐三年癸丑歲案廣額七名錫四金三
宗師何桂清號耕雲雲南昆明人乙未翰林以戶部侍郎任江蘇學政是年粵匪竄江南奉　命防堵江陰其調
任浙江巡撫以奎章代五年三月補行癸丑甲寅歲科兩
試
宗師奎章號雲臺滿洲正白旗人乙巳翰林以詹事府詹事任江蘇學政
無錫題損者三友　四句　賦得花柳更無私得無字
故士窮不失義　二句
錢元楨　蔣文溥襲雲騎尉　秦紹培　蔣汝佶甲子舉人襲雲騎尉
李星琪戊辰歲貢　曹錫朋辛酉歲貢　尤文淵上元訓導　王晉錫　華春溶
張鼎臣　陳寰清增貢　秦書勳已下廣額　唐植基增貢　秦祖孚

錫金游庠錄　卅三

龔愛祉恩貢　周殿奎戊午順天副貢甲子本省舉人　已下府學　鄒鳳藻
龔兆甲　榮汝楫辛酉拔貢就職教諭　王元錫丁卯副貢乙丑恩貢就職教諭
王朝佐
金匱題損者三樂　四句次詩同錫
孫昌運　陶黼昇恩貢　顧　潤　周承蔭廩貢　沈錫光廩貢
安鴻勳附貢藍翎五品銜訓導　朱暉吉　顧　釗廩貢　蔡廷桂
孫錦雲　錢震棨　陸士械　陳曜湘已下廣額　須　治
朱　照附貢　陶文煜已下府學　計秉銓殉難　孫　顯工書畫　陳　驥更名熙運
麇

咸豐四年甲寅科案

宗師奎章

無錫題（子曰脩己以敬至脩己以安人　無以小害大二句）　賦得圓荷浮小葉得圓字

虞汝翼　趙元音（殉庚申難）　龔人鏡（甲子歲貢）　施國墉　華冕臣（工部候補主事）

楊福增（更名福宇，廩貢）　周　摯　孫以沛

陸熊祥　蔣文沛　欽炳蔚　朱龍勳（已下府學）　潘錦標

馮　鑑（廩貢）　吳治安

金匱題（子曰修己以）安人至修己以安百姓（次詩同錫）

錢　璨　楊鍾俊　朱文釗　朱兆楷　周鼎培

周應昇　姚星燦（辛酉拔貢戶部七品小京官）　强福濟（附貢五品銜訓導）

華兆鰲（丙子歲貢）　沈錫疇　楊壽鏡（附貢）　敖　坤　曹福申（復姓薛更名福同以監生中丁卯舉人）

錫金游庠錄　六　耒

（已下府學）　王家福　錢鴻鼎（庚午舉人）

咸豐六年丙辰歲案　軍餉廣額錫六金六

宗師李聯琇字小湖江西臨川人乙巳翰林以大理寺卿任江蘇學政

無錫題（太甲曰至康誥曰　居必遷坐）　賦得楚王渡江得萍實得諸字

徐慶襄（殉難）　華其灼（殉難）　魏雲章　華保鑑（丙子經魁）　張啟秀

馬錫晉　薛福保（浙江候補同知）　孫　顯（更名顯烈）　丁翔清

薛福成（丁卯副貢直隸候補同知直隸州）　李　熿　孫丙吉（已下廣額）　韓　植（殉難）

蕭汝金　薛　敬（統帶禮社鄉團陣亡）　糜其相（附貢訓導）　薛　鑑

任清卓（已下府學）　孫應辰　華錫光（丁卯舉人）　秦　璇

金匱題舅犯曰至有容焉（次詩同錫）

顧　栻　楊賡石　許紹鴻　余振藻　秦承巖

楊寶鏡　趙起鵬（甲子副貢丁卯舉人內閣中書）　鄒汝昌　錢福煒（丁卯舉人）

鄒安福（附貢訓導）　華國治　朱培基　華以熀（已下廣額）　鄒繩烈

錢家駒（甲子副貢）　秦　炳　龔錦堂　朱　綸　錢寶青（已下府學）

錢雲標　華景韓（殉難）

咸豐七年丁巳科案

宗師李聯琇

無錫題（柔遠人也至尊賢則不惑親親則諸父昆弟不怨　雖然今日之事君事也）　賦得萬斛之舟行若風得盈字

鄒炳彪（殉難）　侯映奎（癸酉拔貢就職直隸州州判）　楊治安（廩貢）　陸士樸（廩）

胡榮庭　沈泰初　浦履泰　王福咸　孫維嶽（廩）

錫金游庠錄　耆

竇景儀　楊　鈞　莊　敏（已下府學）　秦　瑩（己未副貢）　杜友韓

金匱題來百工至賤貨（次詩同錫）

王錫祚　錢士炳　侯　蔚　張鴻漸　錢　愔

侯朝楨（浙江縣丞）　姚元煨　戴　仁　蔡廷槐（附貢）　鄒翼鳳

裘文鑑（殉難）　吳曰傑（殉難）　施邦慶（附貢）　（已下府學）　祝敏達（廩）

裘際堯　周學濂

咸豐九年己未歲案

宗師孫葆元字蓮塘直隸鹽山縣人己丑翰林以吏部侍郎任江蘇學政

無錫題（及階子曰階也　堯舜之道孝弟而已矣）　賦得階前樹拂雲得階字

蔡　濬（河南縣丞）　薛天榮　何雲鵬　吳虎觀　侯琫森（丁卯優貢）

本科經魁　沈泰來　吳用賓　周元吉　張汝霖
朱襄垣　鄭爾端　龔兆鏡已下府學　秦　璐　嚴載熙廩更名廷
變　高　準乙亥舉人本科廣西榜舉人孫增
金匱題及席子日席也次詩同錫
錢　燿　王育芳　王復旦　加貢吳鳳儀　秦煥堯丁卯舉人
華曆堯候選訓導　程　鈴殉難　王錫福庚午舉人　楊元鏡廩貢　陳安瀾殉難
楊聚奎　過學易　楊人鏡已下府學　程濟川　楊殿奎
咸豐十年粵逆下竄城陷至同治三年克復庚申科案於同治
四年補行壬戌歲案癸亥科案乙丑歲案於同治五年總補按
孫宗師任蒞不娛宗師瀚蒞宗師如僅均在江北按臨備載於
此
同治四年補行庚申科案
錫金游庠錄　奚
宗師宜　振號春宇滿州鑲黃旗人乙巳翰林以禮部右侍郎任江蘇學政
無錫題子曰隱者也使子路反見之詩既烹而食之　賦得獵犬隨人還得還字
李汝相　王蔭槐　竇士鏞癸酉經魁　華　顯　嚴紹修
鄒錫純襲雲騎尉　華國榮　薛　均更名福郁乙丑恩貢候補內閣中書　胡麗榮恩貢
唐錫晉　恩貢　吳家鼇更名廷瑞　楊宗濟廩貢訓導已下府學　黃謙吉歲貢
榮光世庚午舉人丙子進士工部主事　嚴庠培　華又祥廩　周福淵廩
金匱題坐而言不應隱几而臥次詩同錫
許　玨壬午舉人　須應標　錢福煐更名熙元廩貢　錢鴻雋
范鏡堂廩　龔士銘　顧　彬更名森書癸酉拔貢　華開驥
孫恩敬　蔡應龍　蔣在鎔　秦寶璣庚午副優廩貢

滕學濂已下府學　范　鈞廩貢　錢厚基　華鴻模癸酉拔貢本科舉人同榜舉人過鑄
同治五年併行四案
宗師鮑源深號花潭安徽和州人丁未翰林以都察院左副都御史任江蘇學政
無錫題而文夫人豈以不勝爲患哉　賦得亂山徐吐日得山字
元年壬戌歲案廣額七名錫四金三
李　鉞　薛　淇　華型芳乙亥舉人　王　緘附貢考取教習京制教諭
吳保鑑　張　駿　孫鼎烈歲貢　丁文烈廩　孫錫勳
朱鑑章丙午舉人辛未進士甲戌補殿試以知縣用分發浙江　顧文蔚　顧　荃廩貢已下
廣額　陳　烈更名家書　周德奎廩　匡佐時　侯光頤已下府學
黃金鑑廩貢　薛丙元歲貢　竇　奎　許渭熊
錫金游庠錄　尭
二年癸亥科案
許紹周　華兆奎　唐時亮　吳　錦　楊錫福
朱宗昂　秦星燦　鄭蔭培　陳　讃　龔奎耀
胡再福壬午舉人　秦晒泰已下府學　吳鳳標　楊藜照　强雲倬
四年乙丑歲案
周士諤　張　溥　孫惠吉　吳廷楨　丁恩陞
華錫年　孫其吉　龔寶璜　倪　鈞　華雲駿
范震逵　薛翰磚已下府學　何開甲廩　華葆元　沈春江
本年丙寅科案廣額十一名錫五金六以軍餉錫學額十七名金學額十九名　特恩永廣自後
孫　溥　孫應寅　唐贊堯　任　式　曹錫晉

張　俊更名文燾　侯貢珍　周福興　周福奎庠　席　彬
孫學烈庠　鄒覲阜刑部候補郎中道銜花翎　孫慶榮　薛　彬
孫　檝庠　顧紹成庚辰進士　吳濟瀛已下府學　沈煥章　顧　鈞
金匱題而理次詩同錫

元年壬戌歲案

宣敬熙乙亥舉人　錢炳奎　楊振鏕　錢鴻藻庠　陳景瀚
顧　復　浦同瑞庚午舉人　劉希照　陶書勳庚午舉人　高榮桂辛酉恩貢
侯　倬庠　陸士椿庠貢　張蓁鏡增貢已下廣額　陳錫昌
錢鴻綸　華昌際已下府學　陳家昌　陳士鎬庠　顧　焱庚午優貢

二年癸亥科案

周愛棠　陳賡梅　寶　哲　楊昌祺庠　高錫奎
徐文鏡　楊宗瀛已卯舉人　周光暉　華履坤　徐文彬
周光莛　錢文湧　楊振鈞已下府學　周鼎吉　華志勳庠

四年乙丑歲案

陳蔭梧　陳康海　華鍾駒　錢文煥　華欽典庠貢
薛謙培庠　華廷楷　楊昌宇　浦廉珠　章光宇
周鼎元　華　謙　戴敬熙庠府學　周祖岐庠　楊　溶庠

本年丙寅科案

周福魁　過　雋歲貢　周肇基　朱肇基　朱壽初
顧　棣已卯舉人　鄒汝藻　華乃斌　錢　珏　賀晉陞

楊映奎　徐文槐　錢福申　楊晉奎　龔　鈐
鄧提書　陳復昌　鄒觀辰　華福藻已下府學　華鴻烈
施德淵更名鑑淵

同治七年戊辰歲案

宗師童　華字徵研浙江鄞縣人道光戊戌翰林以大理寺卿任江蘇學政
無錫題所求乎臣天之尊爵也　二句　賦得苔田綠後蛙爭聚得田字
孫振烈　莊　濠　高鳳諾　朱　琳　孫　俊
顧光熙　王錫極　朱旭旦　孫秉均　[illegible]　鎮襲雲騎尉
顧雲麟　穆寶成　許仰山庠　蔣錫祺　陳金南
趙其鏞　汪　度已下府學　杜學謙丙子舉人　嵇爾霖族兄有慶壬戌順天舉人

金匱題所求乎弟次詩同錫
寶維鑑庠貢訓導　顧　寬　過　炳丙子舉人　錢福炯　胡　霖
華　昌　華錫元　華國馨　侯國均　姚重光
姚慶增　孫亮祖庠貢　華鏡清　吳殿鏞　陶亮采附貢
秦殿颺　周承敬　王忠蔭刑部候補主事　鄧　濤已下府學
徐之幹庠　陶世榮庠

同治八年己巳科案

宗師童　華
無錫題夫子欲之二句　賦得風起釣絲斜得斜字
孫贊堯乙亥舉人　范鳳岡　朱鳳衔丙子舉人　陸　海　周祖岐更名午炎

孫 鎮 吳繼勳 殷 燦廩 闞 堃 王鏡熙
俞超宗 王錫驥 于升吉 薛福庚乙亥順天舉人同科副榜楊公復
王家賓 周壽彭廩 朱 瀚已下府學 吳錫晉 王鏡瑩廩
金匱題吾二臣者皆不欲也次詩同錫
秦穀豐廩貢 錢鴻炳 顧汝翼 孫其業 華光孝
安鼎奎 顧汝弼 包 琅 華國棨 姚李藻更名坤壽
王際治 許紹淵 章 鈞廩 秦 溱 趙建勳廩
楊 蓉 華葆晉 陳殿欒 施 濟已下府學 侯 榕增貢
華以謙

同治十年辛未歲案

錫金遊庠錄 奎

宗師彭久餘字咏之湖北江夏人丙申進士以吏部右侍郎任江蘇學政
無錫題吾與女古之人得志澤加於民 賦得樹含清露曉得清字
薛鳳飛 王承烈 楊志瀌乙亥舉人兼襲雲騎尉 薛乃飛廩
鄧元燮 吳祥霖廩貢 胡德培 秦鳳墀 胡承烈
俞鼎銘 侯經掄 榮汝棻 林志學 侯家鳳廩
朱丙緣 陸紹雲廩 時葆中已下府學 顧慶祥 榮 彬
金匱題我欲仁次詩同錫
薛世蕃 安升階 浦淵然 蕭奎耀 姚慶堦
高緗祖 安繩祖 華世芳廩 過錫綸 華鍾材
華鍾芳 顧夔孫 華晉蕃 趙元鼎增貢國子監典簿著有琴鶴軒文稿

孫亮弼 章 鎔 陳梅森 華錫章 鄧 溱已下府學
龔志艮廩 錢福綖

同治十三年壬申科案

宗師彭久餘是年冬彭宗師任滿接任宗師馬恩溥雲南太和人壬戌翰林內閣學士接臨松江卒林宗師接任
無錫題人云則入夫子欲寡其過而未能也 賦得風前逕竹斜得斜字
楊 楷 陳雲章 鄒常訓附貢 龔鼎先廩 詹輔德
孫福疇 楊 栻廩 秦復培 趙祖蔭廩 蔡鳳滔
楊 模 孫應申 張世康 馬中驥 姚 灝
于慶吉 吳 濤已下府學 錢廣濤廩 楊 楫癸酉舉人磨勘被議原名應試
金匱題坐云則坐次詩同錫

錫金遊庠錄 奎

姚 雲 華文滙癸酉舉人 王鏡煜廩貢 華秉鈞廩 華備衍
陶震瀛 程世勳 陸 晉 曹家棟 錢景起
王宗渭 楊鏡清 陶世鳳廩 華洪文 吳家麐
顧典書 錢 瓚 章 鑄已卯舉人本科四川榜舉人 龔開晉
汪本雲已下府學 呂佐之 周廉鍔

同治十三年甲戌歲案

宗師林天齡字錫三福建長樂縣人庚申翰林以翰林院侍講學士任江蘇學政
無錫題選於眾舉皐陶民皆見之至仰之 賦得脩竹成陰手自栽得陰字
錢名振 蔡文杰 顧敬輿 王 繽 杜學恆廩
王炳彪 顧 詩 孫啟甲 王數正 王蘊時乙亥順天

副榜　顧蕙芳　周尚文　孫景康廩　秦謙培丙子舉人
徐善寶　曹振　沙　明已下府學　楊　椿已卯優貢　杜學頤
許慈德
金匱題選於眾舉伊尹次詩同錫
喬炳華　朱學澄　錢承煦廩　華昌期　孫念祖
裘崧齡　余純熙廩貢　錢基森廩　秦光萱廩貢　朱星垣
鄒鍾泰廩　鄧　湛　李光岳　楊　煒　王傳釗
吳廷藩　吳　炳　杜國光　秦　塈已下府學　鄧　濂廩貢
呂　煜

光緒元年乙亥科案廣額七名錫四金三

宗師林天齡
無錫題若文王至若太公望冬日則飲湯　賦得紅泥小火爐得紅字
陸鍾奇　榮葆緒　楊延熙　趙　棫　宋爾鎬
季春旭　董炳奎　楊　楨　唐　夔　秦世鏢
周　渭　蕭煥梁　蕭煥唐　華慶雲　惠　奎
殷繼志　莊達璋已下廣額　胡　驥　侯　煥　嚴爾熙
蔣敬孝已下府學　蔡　梅　張祖煇　周紹榮廩
金匱題若太公望至若孔子次詩同錫
王宗仁廩　裘廷梁襲雲騎尉　滕學鴻　王宗楷　華保祺襲雲騎尉
錢永成　徐　愼　鄒　陟　程　杰　周炳奎

蔡登瀚　顧汝鸚　陸士霖　蔣寶光　朱福田
王　墉　秦鳳璪　吳永治　王傳熙已下廣額　謝鼎炎
孫達均　徐葆樹已下府學　龔士皋廩　錢福熉　王傳錫廩

光緒三年丁丑歲案

宗師林天齡
無錫題上焉者雖善子歸而求之有餘師　賦得留得芸籤伴日長得留字
侯　炳　陳奎章　戴慈恩　戴堯天　余其德
朱昌阜　顧慶祁　强汝錫　王世忠　葉　芬
許宗衡　孫琪芬　周家駿　楊　相　王華詰
薛成照　陳　誥　華保鈞已下府學　秦昌鎬　秦廷璧

金匱題下焉者雖善次詩同錫
秦寶瓚　須敏來　楊達源　王宗鑑　顧應杓廩
侯秉鈞　史濟良　楊　晉　徐福庚廩　華國材
陶文彬　華鴻吉　王宗祐　楊際泰　蔡瑞勳
陶壽采　蘇俊章　畢葵照　過中立已下府學　楊宗浚
陳啓源

光緒四年戊寅科案

宗師林天齡
無錫題則以學文至雖日未學知所先後　賦得石上泉聲帶雨秋得聲字
唐熙鎮　薛星耀　鮑　釗　薛祖詒　陸紹宣

張浩椿　薛佩琮　華文渭　顧祖辰　秦煥昭
王紹蘭　莊　敩　吳覲周　王炳麟　榮光鼒
范鴻逵　劉　杓已下府學沈林一　賈鍾望　侯士珏廩
高國標
金匱題學而不厭至學之不講次詩同錫
孫希堯　丁鴻奎　白玉衡　姚起鳳　秦　琳
畢秉璋　陶光濟　錢寶璜　周緝熙　鄒厚培
季拱辰　過兆煥　袁贊綸　徐　彬　陳錫周
安泰來　華贊成　朱　綬　安鑑塏已下府學程鴻文
光緒六年庚辰歲案
錫金游庠錄　卆六
宗師夏同善字子松浙江仁和人丙辰翰林以吏部右侍郎任江蘇學政卒於官
無錫題公劉以及人之幼　賦得樹蔭下以桑得蠶字
榮守緒　糜本一　顧鴻儀　顧　鳳　楊春灝
丁際春　薛錫麒　周誦棻　薛蓮　薛董孫
張嘉楨　孫祖烈　吳中傑　王祐基　潘　錦
竇　鑑　沈傳詩已下府學高　華　榮培學　楊晉昌
金匱題武丁次詩同錫
錢麟書　錢基鋆　張　均壬午舉人華升吉　楊培源
華備誠　吳敏之　虞文光　張受機　過文蔚
范廷銓　談士錦　秦簡清　范　淇　蔣寶豐

華　鼎　陳雲標　須　煥　華　袞已下府學過錫禾
司馬錫
光緒七年辛巳科案
宗師黃體芳字漱蘭浙江瑞安人癸亥翰林以詹事府少詹任江蘇學政
無錫題巨室之所慕一國不以兵車　賦得燕雁代飛得飛字
秦寶鐘　秦樹鍠　孫泰圻　凌　霄　潘繼烈
崔煜昭　陳國章　唐浩鎮　胡　萃　薛國選
薛重煦　張彥昭　郁棣鄂　孫鎮圻　吳紹鼎
杜友高　侯　鎮已下府學華　封　孫道均　孫光祖
王方圻
錫金游庠錄　卆七
金匱題耕者之所獲一夫次詩同錫
顧　溥　徐葆楨　姚起麟　趙振鏞　程鵬九
張殿楹　曹　標　王傳鏴　蕭　燮　徐文柏
朱希曾　王宗泗　張　選　趙人鏡　錢兆鏡
滕　鶴　薛國楨　强世康　陳瑾懷已下府學須應楷
光緒九年癸未歲案
宗師黃體芳升兵部左侍郎
無錫題媒妁之言思與鄉人立其冠不正　賦得餘霞散成綺得霞字
孫時勲　蔣士梁　吳　培　秦寶琨　蔣福奎
顧大龢　顧慶祺　孫福淦　俞修業　孫　鉞

侯家駒　許其灼　朱孔揚　王鏡藻　王尊瑩
許鳴鳳　唐際運已下府學王鏡蓉　龔柏　顧沐潤
金匱題朋友之饋次詩同錫
姚鏡第　王溢中　楊壽萱　尤廷楨　張國威
許汝枚　程鴻儀　蘇瀛　秦國璋　周潔
過錫嘉　陳宗瀛　尤爾梅　顧賡杜　朱恩沐
程文煒　王傳吉　過秉鏞　倪文煒已下府學楊肇源
華詔齡

光緒十年甲申科案

宗師黃體芳

無錫題孔子曰知禮孔子退小人間居　賦得一雨處齋三日涼得涼字
楊壽棫　胡猶龍　江宗海　華文川　陸士奎
朱寶治　過廷鈞　蔣士崧　吳源　華樽
孫福畇　周甲魁　朱椐　顧棣華　蔡樾
榮守廉　徐紹達已下府學胡之捷　鄒常保　顧祖懋
金匱題孔子曰有命孔子進次詩同錫
顧懋熙　過正　楊宗海　朱英　浦汝舟
嚴毓麒　潘雲顯　孫光斗　嚴若霖　錢基翰
安榮光　陳應標　王宗鎣　朱霖　吳觀瀾
倪建烈　鄧繩祖　華綷　華鳳苞已下府學錢承駒

薛鳳鈞

光緒十二年丙戌歲案

宗師王先謙字益吾湖南長沙縣人同治乙丑翰林以國子監祭酒任江蘇學政
無錫題兄弟怡怡至以不教民戰嬖人臧倉者　賦得風月自清夜得清字
李潔　林志熙　孫覲墀　顧蔭孫　王撰
薛聰彝　程丙南　楊慶臣　汪鴻藻　孫鳴圻
秦銘直　胡鳳藻　丁福基　張道　孫鈵
王蘊亨　華佐治已下府學趙洞　陶楨　顧祖誥
金匱題必有言至羿善射次詩同錫
過桐　浦鏡清　孫揆均　俞復　張繪辰

王鋆　王湘　周文溶　王衡　過秉彝
王宗祥　陶樹錦　殷玉田　華彥鈺　宣增秀
辛文達　張曾疇　嚴毓麟　楊壽樸已下府學顧璨
秦光磊

光緒十三年丁亥科案

宗師王先謙
無錫題有社稷焉至以吾一日長乎爾寡人之囿方四十里　賦得夕陽明處見漁舟得明字
錢國樑　秦廷鈺　侯壽珪　張大綱　龔錫圭
孫時雍　華文澂　杜鴻漸　高翔　榮汝栻
許乃來　朱錫圭　朱榮棫　吳鍾浚　曹贊勳

劉乃煥　薛邦憲已下府學　鄒兆麟　沙起辰　顧棟臣

金匱題勿欺也至蘧伯玉使人於孔子次詩同錫

陳霖溥　張湘楠　過兆豐　顧宗煌　許棫

姚瑜　許同范　裘泰齡　朱世基　顧宗煒

華棠　程述　滕國楨　吳賡颺　趙寅恭

施恩　姚鍾衡　鄒登瀛　李士佶已下府學　華宜振

光緒十五年己丑歲案

宗師楊頤字蓉圃廣東茂名縣人同治乙丑翰林以大理寺少卿任江蘇學政

無錫題管仲相桓公至微管仲子曰何傷乎二句　賦得古木沈沈夏亦寒得寒字

李瀚　何榮國　匡濟　范鼐　孫宗唐

錫金游庠錄　廿

薛重光　楊昌源　胡爾霖　程笠勳　欽寶鋆

錢文煜　吳佐璜　王鏡寰　祝椿年　龔錫蕃

丁寶書　陸壽祺已下府學　張文藻　丁祖培　吳國楨

金匱題天下國家可均也爵祿其本亂而末治者否矣　賦得蟋蟀居壁得居字

朱允元　趙壽椿　姚國英　徐福基　王允奎

過錫蕃　唐濟鎮　姚錫珍　龔、璜　張嵩毓

楊泰階　錢鳳書　周道　許士熊　楊祖蔭

沈士衡　顧敬瑩　談鳴盛　曹銓已下府學　高汝琳

過士杰

光緒十六年庚寅科案

宗師楊頤

無錫題宰我問曰至何爲其然也今拜乎上泰也　賦得山城早到寒得城字

王應運　秦瑞玠　孫廷贊　許樾　王蘊登

莫如爵　楊時昌　楊本立　徐承治　葉英

張國治　王汝宏　方興　季、沛　孫協圻

徐家保　薛剛中已下府學　沈祖約　吳溶　杜嗣程

金匱題葉公問孔子於子路至其爲人也次詩同錫

秦鑄　李元炳　華巖　須敬時　張頌鈞

錢承志　楊文淵　蔣兆勳　孫起元　許繼愼

楊鍾琳　王國治　楊鍾鈺　吳廷槐　姚鳳陛

錫金遊庠錄　廿一

張國楨　華鼇瓚　秦文錦　秦寅杓已下府學　裘昌齡

錫金游庠續録

（清）高鑅泉 輯

《錫金游庠續録》，（清）高鑅泉輯，清光緒乙巳（一九〇五）天爵堂刻本，民國二十年（一九三一）大文齋鉛印本。

高鑅泉（一八三三—一九一四），字松濤，號拙叟，無錫人，米商。高攀龍後人。著作有《高氏餘芬集》、《錫金歷朝書目》等。

邵涵初所編無錫一地游庠録至清咸豐四年（一八五四）而止。不久邵去世。『咸豐年間粤匪肆擾，自己未歲案試畢，庚申吾邑即淪没於匪，儒生輟讀，有司不舉考者數年，至同治四年補行庚申科案，同治五年以壬戌、癸亥、乙丑、丙寅科歲併案，並增廣額十一名，至今日而科舉已停，恐數十年之後，幾不知庠序之中有何人也』。基於這個想法，高氏即决定續修游庠録，把從咸豐四年及以後全無錫考中秀才的人，悉數編入。書仿邵氏游庠録體例，每科秀才除名外，下列字，前列宗師姓名及宗師之小傳。八股文試題分無錫、金匱。兩縣試題，有時同，有時不同。高氏編是書時已是廢除科舉的光緒三十一年（一九〇五）。該書與邵氏之游庠録可看作明初至清末無錫秀才的全記録。

本書據民國二十年大文齋鉛印本影印。

（徐志鈞）

錫金游庠續錄

天爵堂稾

錫金續游庠錄

民國辛未
大文齋印

序

庚午孟夏余與楊子翰西黄子卓儒出資重印錫山游庠錄既竟余並序其事於簡首公暇無事青燈夜坐竊嘗瀏覽邵南和吟泉先輩原叙以士子螢窗雪案辛苦畢生僅青一衿而懷才不遇者遂并其姓名而湮沒無徵爲慨余亦因此而生無窮之感也今文德任子以侯子戢盦翻印高子松濤舊錄變更體例删除寄籍故又有錫金游庠續錄之重刊是其有功於名教以邵先輩之心爲心俾千載而下學籍之名不致失傳錄成任子囑余叙首余曷敢以譾陋辭乎夷考錄中昔文華殿大學士少保嵇曾筠文淵閣大學士太保嵇璜父子皆入國史大臣傳謹按二公學籍長洲惟所刊國朝館選爵里謚法考則均註無錫縣人執此以衡任子之重刊其即不愆不忘率由舊章也夫嗟乎世變日亟道德淪亡一般愛國熱心之士急急焉不遑終日置倫常綱紀於不顧倡廢中國文化可以力致富强是錄之續成恐將糊窗覆瓶著糞燒薪均不可知吾輩亦徒勞多此一舉耳雖然人類不澌滅則文教亦不澌滅余與任子且拭目以俟之耳是爲序

民國二十年辛未秋十月

邑人趙夔子新氏序於蓉湖之弢廬

錫金游庠續錄 一

原序

士之所重者學學之所重者賢吾邑自泰伯端委開基以來名賢輩出如唐之李文肅宋之尤文簡明之邵文莊顧端文及先祖忠憲公等莫不芳流百世勳炳千秋而要皆以庠序微名爲進身之始吾高氏游庠者代不乏人六世祖映棻公諱祖德邑志列耆碩傳臨歿時曾將兩邑游庠暨祖遺並自著各稿授門人王人月先生珍藏咸豐紀元文莊裔孫吟泉先生諱涵初由南和令引疾歸手續文莊惠山記後向王先生取游庠稿於乙卯鋟梓庚申兵燹板燬光緒辛巳趙君伯仁等採取未入稿者二十餘案將修志餘貲補刻此游庠錄之淵

源也余讀訓語常念先人未竟之志洎古稀後向平願畢因於館課之暇將吾邑自漢以下諸名人著述編其書目爲十二卷另雜錄一卷歷八年而成得楊君叔庚顧君綸卿序之孫君叔方顏曰錫金歷朝書目攷嗣念游庠一書亟宜增輯遂自同治乙丑至光緒乙巳停科舉止計三十餘案編爲續錄並於姓名下添註字號科第官職亦蒐訪登載此書之成所以承先志表庠彥敭文化一舉而三善備焉是爲序

光緒乙巳孟秋

錫麓拙史高鏻泉松濤氏時年七十有三

序

國家德威暢浙文軌大同含養咻噢數百年蔚爲棫樸菁莪之盛其間登賢書捷南宮釋褐登朝入贊綸扉出膺民社者指不勝屈而皆始基於一衿然欲求如范文正以天下爲已任者蓋渺乎亦不可多得至若青年力學皓首窮經坐破寒氈畢生矻矻至沒世而名不稱者此又寒士之常情斯文之厄境也頃者西力東漸相形見絀彼皆實驗我獨憑虛豈才智之不若哉夫亦爲功令所垂驅之於不覺耳吾友高君松濤習知鄉邑典章而又耄而好學既裒刊歷朝書目攷茲復繼其先志輯游庠續錄於已停科舉之後凡寄籍蘇郡及有一技

之長者皆附見焉旁搜遠紹不憚勤劬藁已再易而校核不倦一字之訛一告之微如骨在喉去而後已後之君子閱是編者得以緬懷先哲謂某也受知於何人某也採芹於何年其景慕觀感之情有不覺油然而生者則其興滅繼絕之功爲何如耶今既欽其老而彌篤故樂得而爲之序

光緒三十有四年歲次戊申重九節

顧金聲振卿氏識於壽補軒

序

蓋聞莫爲之前雖美勿彰莫爲之後雖盛勿傳二者不可偏廢吾邑游庠錄一書創於邵吟泉大令涵初謂吾儒螢窗雪案辛苦畢生僅靑一衿而懷才不遇者並其姓名而湮沒無聞是可慨矣於是取萬歷壬寅至咸豐乙卯共計二百五十四年之中列名學籍者著爲一書分上編錫山游庠錄下編錫金游庠錄咸豐年間粵匪肆擾自己未歲案試畢庚申吾邑即淪沒於匪儒生輟讀有司不舉考者數年至同治四年補行庚申科案同治五年以壬戌癸亥乙丑丙寅科歲併案並增廣額十一名至今日而科舉已停恐數十年之後幾不知庠

序之中有何人也我友高君松濤系出明名臣高宗憲公諱攀龍之長兄鳴陽公後好學不倦精於掌故於癸卯刻錫金書目攷茲更繼邵吟泉大令之志續修錫金游庠錄始於同治四年補行庚申科案起至本年乙巳科案止列名學籍者著爲一卷名曰錫金游庠續錄雖科舉已停俾後之覽者得有所考焉

光緒乙巳孟冬之吉邑人王元鑄桂芬氏謹識

重刊錫金游庠續錄跋

吾邑游庠續錄爲鄉先輩高松濤先生六世族祖映葵先生初稿清咸豐乙卯邵吟泉先生纂輯鐫版經庚申兵燹被燬光緒辛巳趙伯仁先生以修志餘款補刊其後松濤先生復繼承先志編游庠續錄自同治乙丑至光緒乙巳停科之年止計三十一案於乙巳初刻戊申二刻民國十九年侯君戡奮以續錄已散佚殆盡重付手民以廣流傳趙君子新黃君卓儒楊君翰西因并將光緒辛巳舊錄原版重印俾成全璧法至良意至美也際此科舉既廢新學勃興舊事本無庸重提況既有侯刻斯錄不再如前之渺不可得更無須付之梨棗惟

侯刻在重加訂正處固有可取而於書面襲用高氏天爵堂稿內容則多爲變更殊屬不無遺憾按高氏遵舊錄順治康熙時例於案下附刻寄籍蘇郡諸生標明以下蘇州四字藉資識別揣其用意以爲學籍雖異而同隸於一黌宮則一故存其姓氏俾後之人便於考徵侯刻一律刪除已沒高氏劬心摭采之功且於王君桂芬顧君振卿兩原序又拋棄不載亦失高氏本眞遂偕華君叔琴陸君松笙錢君炳文朱君雲亭諸同志集資重刊恢復原狀保存眞跡邑人士能曲諒予心不以爲陳腐可厭則幸甚幸甚爰跋其後以誌顚末

中華民國二十年十月　任文德謹跋

重刊錫金游庠續錄義例

一是錄將籍隸吾邑而名列蘇庠諸生經疾刻刪去者概照原稿載入並考補高氏刊行時未訪到諸生以副高氏善與人同之志而使纖芥微名不至湮沒無徵惟但即耳所聞者增補未及遐搜博採殊滋愧焉

一高氏原稿首列王顧兩序疾刻亦刪除未載者是錄悉仍其舊庶不負作者苦心俾文傳而人與俱傳也

一游庠徵名現已卑無足道然既有錄矣當一無疏漏舛誤便以後有可稽考疾刻於光緒甲申科案嚴毓麒誤刻嚴驥壬寅科案漏列錫邑府學楊應時乙巳科案徐福澍誤刻嚴福澍是錄特爲更正補入庶名在學籍者不致遺佚訛錯

一游庠爲士子進身之始以後官階職銜自當附註故是錄於民國官職茍有聞知亦一律補登不以是錄爲科舉掌故因國體變更官制改革而排擯不載

一諸生散處城鄉類有確定地址茲由在庠諸生各舉所知按名添註俾易檢閱其有遷移無定及傳疑未證實者或註其游庠時寓所或竟付闕如

一是錄以熱心文獻同志集合刊資排印奉送公諸同好以廣傳播不效疾刻出售牟利惟自慚學識淺陋見聞狹隘疏誤不週處在所不免尙祈閱者諒之

中華民國二十年十月後學任文德蓉沼氏謹識

錫金游庠續錄 同治四年乙丑起光緒三十一年乙巳止

無錫高鑅泉松濤原本
任文德蓉沼重刊
錢　普炳文校訂

同治四年乙丑補行咸豐庚申科案

宗師宜振 字春宇滿洲鑲黃旗人道光乙巳翰林以禮部右侍郎任江蘇學政

無錫題 子曰隱者也使子路反見之予既烹而食之 賦得獵犬隨人還得還字

李汝相 騁之 三下塘　王蔭槐 聿修 東亭　竇士鏞 曉湘癸酉經魁同知銜揀選知縣 鳳光橋

華　顯 懋功附貢候選訓導　嚴紹修 懋齋 東大街

鄒錫純 梅溪世襲雲騎尉 新廟前　華國榮 顯廷 前洲　薛　均 成伯更名福祁乙丑恩貢內閣中書歷任湖北漢陽蒲圻等縣知縣沔陽州知州在任候選道 下西溪

胡麗榮 和梅乙丑恩貢桃源訓導 村前

唐錫晉 桐卿壬申歲貢國子監典簿銜四品封典安東教諭改選長洲教諭 大婁巷　吳家鼇 文泉更名廷瑞 南門吳蔣巷

楊宗濟 用舟廩貢花翎四品銜溧陽訓導補用知縣 大成巷　府學 黃謙吉 笙初壬申歲貢世襲雲騎尉

榮光世 詠叔庚午舉人丙子恩科進士工部候補主事 榮巷　嚴庠培 懋卿 東大街

華又祥 緝甫廩　周福淵 子陶廩 華大房莊

金匱題 坐而言不應隱几而臥 次詩同錫

許　鈺 靜山壬午舉人二品頂戴三品卿銜廣東特用道出使義國大臣 東河頭巷　須應標 少山 王莊

錢福瑛 頌眉更名熙元戊子副貢就職直隸州州判 東亭　錢鴻雋 梅脩

范鏡堂 功甫戊子歲貢 竹場巷　龔士銘 紀常 北黃泥橋　顧　彬 綸卿更名森書癸酉拔貢花翎四品銜分省補用知州 百歲坊巷

華開驥 駿凡 蕩口　孫思敬 伯霈廩 小河上

蔡應龍蔭堂　蔣在鎔可亭　東河頭巷　秦寶璣姚臣廩庚午副優貢中市橋巷
滕學濂省二坎上　蕩口大　府學　范鈞孟和廩貢　北塘　錢厚基敦叔增　長安橋
華鴻模子隨癸酉拔貢本科舉人內閣中書知府銜宣統登極舉孝廉方正　蕩口
同治五年丙辰併行四案
宗師鮑源深字花潭安徽和州人道光丁未翰林以都察院左副都御史任江蘇學政
元年壬戌歲案廣額七名錫四金三
無錫題而文夫人豈以不勝爲患哉　賦得亂山徐吐日得山字
李鉞豫巖更名鎮華附貢　三卜塘　薛淇子儀更名恩燦裏黃泥橋　華型芳梅閣乙亥恩科舉人華大房莊
王緘旭旦更名綜附貢考取敎習經制敎諭浙江候補同知　神仙橋　吳寶鑑保三　仙蠡墩
張駿少泉　孫鼎烈叔和戊子順天舉人己丑聯捷進士翰林院庶吉士浙江新昌知縣花翎候補道按察使銜石塘灣

丁文烈雲章廩　中市橋　孫錫勳夢仙　石塘灣　朱鑑章達夫庚午舉人辛未聯捷進士浙江歸安
蘭溪知縣歷署錢塘餘姚金華等知縣花翎道銜在任候補知府　錫山頭　顧文蔚子範
顧雲荃春巖廩貢光錄寺署正銜候選訓導　張涇橋　廣額　陳烈孟禹更名家書　竹場巷
周德奎仲熙丙子歲貢華大房莊　匡佐時鑑可　楊墅園　侯光頤耀南　府學
黃金鑑勗初甲申恩貢南市橋巷　薛炳元覲方乙亥歲貢沐陽敎諭　禮社　竇奎聯之　中市橋
許渭熊夢飛
金匱題而理次詩同錫
宣敬熙琴山乙亥恩科舉人上海敎諭保卓異同知銜候選知縣　長安橋　錢炳奎新之　大西園
楊振鑣叔平附貢同知銜浙江候補知縣出使英法義比隨員　留芳聲巷　錢鴻藻少薇廩　鴻聲裏
陳景瀚樂三附貢　顧復默卿附貢前　新廟　浦同瑞祝春庚午舉人揀選知縣　厚橋

劉希照乙青　嚴埭　陶世勳功枚庚午舉人福建候補知縣改省河南署羅山縣知縣　北塘
高榮桂小山補辛酉恩貢就職直隸州州同　笆斗街　侯倬厚堂辛未恩貢就職州同　熙春街
陸士椿蔭千廩貢候選訓導　寺巷　張秦鏡文采增貢　廣額　陳錫昌仲倫
錢鴻綸鈺甫　鴻聲裏　華昌際英菊　府學　陳家昌岜巖
陳士鎬志初廩貢城頭街　東門　顧炎俊甫庚午優貢柳浪橋
二年癸亥科案
無錫
許紹周仲孚　縣前洲　華兆奎翰仙南橋　東亭　唐時亮已千五品銜湖北候補府經歷署建始知
吳錦小山　楊錫福仲康
朱宗昂協和板橋　開化鄉南　秦星燦檢齋　水渠裏　鄭蔭培劍山

陳讚獻廷　縣村前　玉祁　龔奎耀蘭坪　日暉巷　胡再福捷三癸酉副貢壬午舉人五品銜揀選知
秦炳泰渭暘　府學　吳鳳標介甫　錢安墩
楊藜照懋齋　裏黃泥橋　强雲倬志齋
金匱
周愛棠榮堂　張涇橋　陳賡梅綸閣　宣哲叔明　長安橋
楊昌祺子登甲申歲貢留芳聲巷　高錫奎旭如　岸橋街　徐文鏡笑初
楊宗瀛望洲已卯順天舉人貴州安南知縣署丹江通判在任候選知府　大成巷　周光墀笏山
華履坤鼎卿　徐文彬懋卿廩貢　周光達嘯帆
錢文湧若泉　楊振鈞仲衡芳聲巷　留　府學　周鼎吉竹樓廩貢
華志勳仲建廩　蕩口

四年乙丑歲案
無錫
周士鍔昂青 曹墓塘 張溥達泉 北黃泥橋 孫惠吉西溪 石塘灣
吳廷楨楚才 丁恩陛伯賡 魚腥巷 華錫年祝三
孫其吉藹人增貢 石塘灣 龔寶璜少愚 跨塘橋 倪鈞竹英附貢 新縣前
華雲駿子良附貢 范震逵少愚附貢 堰橋 蔣翰磚鑑湖 府學
何開甲叔瞻廩貢五品銜訓導 金城灣 華葆元子潤 石家浜 沈春江蘭亭
金匱
陳蔭梧鳳池 陳康海安瀾 華鍾駒龍泉 安鎮
錢文煥耀庭 長安橋 華欽典棣華廩貢 前洲 薛謙培仲吉乙丑恩貢候選訓導 禮社

華廷楷端甫 楊昌宇蓮汀附貢 江陂橋 浦廉珠怙齋 厚橋
章光宇凌洲 八士橋 周鼎元卓清增 華謙吉人
戴敬熙咸九乙亥恩貢候選訓導 陳墅 周祖岐曾賢廩 楊濬簡庭壬辰歲貢候選教諭 長安橋
本年丙寅科案廣額十一名錫五金六以軍餉特恩永廣以後錫學額十七名金學額十九名
無錫
孫溥菊泉 孫應寅秋漁附貢 唐贊堯步洲
任式鈺如附貢 大渲 曹錫晉粟如 南市橋 張俊俊甫更名之烝春街 熙
侯貢珍聘之 四郎君廟巷 周福興子衡附貢 華大房莊 周福奎少英廩 華大房莊
席彬藹堂 蕩口 孫學烈懋修廩 石塘灣 鄒觀皋和之刑部郎中花翎道銜廣東補用知府
署洋江同知 中市橋巷 廣額 孫慶榮子安 石塘灣 薛彬伯華

孫槐志伊廩 顧紹成仲蘇乙亥恩科舉人庚辰會魁山東堂邑知縣花翎同知銜補用直隸州 鳳光橋
吳濟瀛受之 府學 沈煥章雲陛增 南橋 周鈞子康
金匱
周福魁吟山 華大房莊 過雋逸翰壬申歲貢候選訓導 八士橋 周肇基西垣
朱肇基竹君 朱壽初萃香 下甸橋 顧棣吟常丙子副貢己卯舉人揀選知縣 槐
樹巷 鄒汝藻魯琛 華乃斌少卿
錢珏夢樓 賀晉陛黼廷 三皇街 楊映奎恒齋 江陂橋
徐文槐樹三 錢福申午橋 馬橋 廣額 楊晉奎梅初附貢五品銜 江陂橋
龔鈐葆賢附貢 斜橋下 鄧捷書吟香 裏黃泥橋 陳寖昌補宗
鄒觀辰拱之 中市橋巷 華福藻麗齋 府學 華鴻烈子登附貢訓導 蕩口

施德淵楨甫更名鑑淵 江陰巷
同治七年戊辰歲案
宗師童華字薇研浙江鄞縣人道光戊戌翰林以大理寺卿任江蘇學政
無錫題所求乎臣大之尊爵也二句 賦德苔田疇後蛙黽聚得田字
孫振烈季芳附貢光祿寺署正銜 石塘灣 莊濠少游 高鳳諾蔭庭附貢訓導
朱琳墨稼 孫俊軼千更名峻均附貢同知銜 石塘灣
顧光熙岱雲 王錫極少坪 朱旭旦廸周
孫秉鈞孟平 石塘灣 竇鎮叔英增貢世襲雲騎尉署江浦教諭戊辰重游泮水工書畫 新街巷
顧雲麟達夫 虹橋灣 穆寶成履中 胡橋下 許仰山理庭戊子歲貢 洛社
蔣錫祺楚卿 高車渡 陳金南貢夫 趙其鏄子賓 虹橋下

汪　度星垣　新清橋
府學杜學謙子撝丙子舉人大挑二等上海教諭保卓異在任候選知縣　駁岸上
嵇爾霖雨人增貢　虹橋下
金匱題所求乎弟次詩同錫
竇維鑑仲英廪貢候選訓導　鳳光橋
顧　寬碩夫
過　炳釆章丙子舉人　八士橋
錢福炯祖耆　七尺場
胡　霖俞廷自雍正甲寅胡震龍後胡虎臣胡光熿胡均之至霖五代游庠
華　昌耕香
華錫光雲溪
華國馨曉蘭
侯國均企堂　北黃泥橋
姚重光子暉附貢　柳浪橋
姚慶增翰章
孫亮祖遜先廪貢　小河上
華鏡清瑞芝
吳殿鐘景堂　泰定橋
陶亮釆心疇山東濮州州判　北塘
秦殿颺吟香　水渠裏
周承敬侶漁　稅務前
王忠蔭藎臣刑部奉天司主事直隸正定同知歷署大興宛平清苑知縣　泰定橋
鄧　濤少箏湖北漢陽縣丞代理知縣　昇平巷

錫金遊庠續錄　六

府學徐之幹念椿廪
陶世榮子綬更名湘廪　江陰巷

同治八年己巳科案

宗師童　華

無錫題夫子欲之象喜
賦得風起釣絲斜得斜字
孫贊堯友卿乙亥恩科舉人國子監典簿銜沭陽教諭　迎溪橋
范鳳岡子珊附貢　新安
朱鳳銜念椿丙子舉人揀選知縣　水獺橋
陸　海希堯
周祖岐峨初更名午炎附貢五品銜金山訓導　南長街
孫　鎮亦平　石塘灣
吳繼勳楚卿
殷　璨春喬甲申歲貢　蕩口
闞　堃子厚增　華大房莊
王鏡熙緝甫四品銜　泰定橋
俞超宗子然　南市橋
王錫驥伯厚附貢鄉飲大賓工書　楊家圩
于升吉雲階　南橋
薛福庚通夫乙亥恩科順天舉人揀選知縣　西溪下
王家賓魯占　南虹橋

周壽彭梅峯己卯恩貢　華大房莊
朱　瀚懋卿
府學吳錫晉叶初
王鏡瑩顯屏廪貢選元和訓導未赴任卒　泰定橋
金匱題吾二臣者皆不欲也次詩同錫
秦穀豐健庭廪貢訓導　大河上
錢鴻炳芹芬　鴻聲裏
顧汝翼景高　沈瀆
孫其業梅菴五品銜浙江補用巡檢工書　小河上
華光孝珍泉
安鼎奎星甫　安鎮
顧汝礪靜齋　沈瀆
包　琨召堂　東湖塘
華國棨伯英
姚奎藻筱湘更名坤壽廪貢工畫　陳墅
王際治頌平五品銜　魚腥巷
許紹淵伯謙　東河頭巷
章　鈞定安乙酉舉人四品銜直隸安州晉州等知州　進士坊巷
秦　溱宗海五品銜　黃泥橋裏
趙建勳和笙己卯恩貢提舉銜就職直隸州州判　大婁巷
楊　蓉蓉照更名蓉鏡附貢五品銜選用訓導鄉飲大賓　留芳聲巷
華葆晉芝九

錫金游庠續錄　七

陳殿標蕙廷
施　濟惠齋　駁岸上
府學侯　榕子庚增貢國子監典簿銜自明侯祖德後侯應昌侯先春侯世英侯之源侯杲侯文燈侯可儀侯大鏞侯鼓至榕十一代游庠　映山河
華以謙勉甫

同治十年辛未歲案

宗師彭久餘字味之湖北江夏人道光丙申翰林以吏部右侍郎任江蘇學政

無錫題吾與女古之人得志澤加於民
賦得樹含清露曉得清字
薛鳳飛靄吉廪貢　禮社
王承烈柏筠　北塘
楊志濂筱荔世襲雲騎尉乙亥恩科舉人浙江定海同知署湖州嚴州知府補寗波知府花翎鹽運使銜在任候選道民國辛未重游泮水　留芳聲巷
薛乃飛鵬九丁亥恩貢就職直隸州州判　禮社
鄧元燮子明　前洲
吳祥霖雨三廪貢　泰定橋
胡德培子嘉　村前
秦鳳墀子治歷署廣東小淡水盤查廳雙恩淡水茂暉等場鹽大使五品銜補用知縣　大婁巷
胡承烈潄芳　村前
俞鼎銘西齋　北塘
侯經蓀子卿　蔴餅沿河
榮汝棻椿年增貢　榮巷

林志學心一　營橋巷　俟家鳳翔千壬辰歲貢工書　駁岸上　朱丙炎毫染工書　南方泉
陸紹雲靄如己丑恩科舉人揀選知縣山東候補鹽大使百歲坊巷　時葆中博泉　府學
顧慶祥逸初藍翎五品銜廣東補用知縣　虹橋灣　榮彬文山　榮巷
金匱題我欲仁次詩同錫
薛世鑫子漁　安升階晉華　安鎮　浦淵然逸山　厚橋
蕭奎耀梅溪　姚慶階翰西　陳墅　高繩祖耀南附貢世襲雲騎尉　稅務前
安繩祖擷香附貢訓導安鎮　華世芳若溪乙酉拔貢候選訓導考取經濟特科工算學　蕩口
過錫綸亦厚乙酉舉人揀選知縣　八士橋　華鍾材屺亭　華鍾芳杏農
顧夔孫球尹附貢世襲雲騎尉　張涇橋　華晉蕃季萱附貢訓導熙春街　趙元鼎梅生增貢國子監典簿銜　大婁巷
孫亮弼錫周　章鎔恭靜附貢候選訓導　進士坊巷　陳梅森蔭庭

錫金游庠續錄　八

華錫章梅汀更名清泰　鄧溱億僑　駁岸上　府學　龔志艮賡臣辛卯歲貢光祿寺署正銜贛榆教諭
中市橋巷口　錢福綖曙丹

同治十一年壬申科案

宗師彭久餘是年彭任滿接任宗師馬恩溥雲南大和縣人癸丑翰林內閣學士按臨松江卒林宗師接任
無錫題入云則入夫子欲寡其過　賦得風前竹徑斜得斜字
楊楷仁山更名道霖辛卯順天舉人壬辰聯捷進士戶部主事考取經濟特科農商部保惠司員外郎京察一等廣西柳州知府民國委任熱河實業廳長辛未重游泮水　塔坊橋
陳雲章春泉　玉祁　鄒常訓道平附貢　東河頭巷　龔鼎先爾羹己丑恩貢　歡喜巷
詹輔德亮卿　崇安寺前　孫福疇仲賡附貢吉林候補知縣　石塘灣　楊栻雲甫庚寅恩貢江西補用直隸州州判
塔坊橋　秦福培來卿廩貢　小婁巷　趙祖蔭翼孫庚子歲貢就職州判　大成巷
蔡鳳沼儀庭浙江候補鹽運同　北塘　楊模範甫乙酉拔貢甲午舉人考取經濟特科五品銜內閣中書創辦竢入學堂　塔坊橋

孫應申顯甫附貢候選訓導鄉飲大賓　石塘灣　張世康子良
馬中驥駿彥　鄉堰橋　姚霽月度己丑恩科舉人　小河上　吳濤松雲增貢候選訓導民國辛未重游泮水
仙蠡墩　于慶吉雲齋　南橋　府學　錢廣濤翰生三品廕生分省補用知縣出使美日
比隨員卒於海洋舟次照道員例賜卹　新瀆橋　楊楫石漁癸酉舉人磨勘被議原名應試註後　塔坊橋
金匱題坐云則坐次詩同錫
姚雲省卿　小河上　華文滙海初癸酉舉人四品銜江西瑞金吉水等知縣置煤浜
王鏡煜耀卿廩貢　泰定橋　華秉鈞魯堂己丑恩科舉人五品銜揀選知縣　蕩口
華備銜應榴　蕩口　陶震瀛葦敷　斜橋下　程世勳叔英　跨塘橋
陸晉錫蕃增貢　東望橋　曹家棟曉雲　湖村頭　錢景起怡生
王宗渭翼周附貢　連元街　楊鏡淸恂如附貢　江陂橋　陶世鳳丹翼己丑恩科舉人甲午恩科會元四品

錫金游庠續錄　九

銜兵部車馬司主事改吏部考功主事民國辛未重游泮水　大河上　華鴻文柳門　蕩口
俟家麐庭芝湖北候補直隸州州判　駁岸上　顧典書叔嘉增貢候選訓導百歲坊巷
錢瓚伯陶　章鑄桂山己卯舉人同知銜浙江候補知縣　進士坊巷
汪本雲葆素　三下塘　府學　呂佐之琴心　周廉鍔銘三附貢藍翎五品銜鄉飲大賓　蠡江

同治十三年甲戌歲案

宗師林天齡字錫三福建長樂人咸豐庚申翰林以翰林院侍講學士任江蘇學政
無錫題選於衆舉皋陶民皆見之至仰之　賦得修竹成陰手自栽得陰字
錢名振均伯　新瀆橋　蔡文杰心培運同銜浙江補用知縣署嚴州府同知　北塘
顧敬輿彥和　王繽殤堂廩貢候選訓導　神仙橋　杜學恒子久廩貢　駁岸上
王炳彪心培廩貢　開化土村莊　顧詩子閑　張涇橋　孫啓甲厚齋　石塘灣

王斆正 瑞廷 黍定橋　王藴時 肅徵乙亥恩科順天副貢同知銜山東朝城知縣升濮州知州 神仙橋
顧蕙芳 蘭谷附貢鄉飲大賓 石塘灣　周尚文 衡藻　孫景康 小槎辛巳歲貢浙江補用知縣工算學
秦謙培 牧卿丙子舉人截取知縣 小婁巷　徐善寶 子敬辛卯舉人四品銜浙江嘉善知縣
書院衙南　曹振 篤夫 南市橋　沙明 文卓
府學 楊楫 己卯優貢兵部主事湖北候補知府民國辛未重游泮水 塔坊橋　杜學頤 子貞附貢 駁岸上
許慈德 少齋

金匱題 選於衆舉伊尹 次詩同錫

喬炳華 子馨 觀前街　朱學澄 逸千附貢 樊七橋 朱巷　錢承煦 叔懋乙酉舉人碭山教諭改選山陽教諭
東河頭巷　華昌期 岵瞻　孫念祖 仲延更名守銘增貢選用訓導鄉飲大賓
南市橋　裘松齡 峻霄直隸候選州同 沙巷　余純熙 時卿廩貢 鼠應道巷

錫金游庠續録 十

錢基森 子立辛巳恩貢世襲雲騎尉　秦光宣 蔚輝廩貢 駁岸上　朱星慈 逸齋附貢訓導
鄒鍾泰 魯瞻庚辰歲貢候選訓導 后宅　鄧湛 斐卿 昇平巷　李光岳 律笙更名華鴻臚寺序班 駁岸上
楊燇 仲寅　王傳釗 康庭附貢候選訓導民國丁巳河南財政廳第三科科長 寺後門
吳廷藩 漢章附貢　吳炳 竹汀 芙蓉圩　杜國光 仲賓 水缺巷
秦堅 叔固戊子舉人揀選知縣 裏黃泥橋　府學 鄧濂 似周廩貢訓導工駢文 駁岸上
呂煌 冶亭　以下蘇州 華鴻本 景賢附貢候選訓導 蕩口　薛鴻昌 昂卿

光緒元年乙亥科案 廣額七名錫四金三

宗師林天齡

無錫題 若文王至若太公望 冬日則飲湯

賦得紅泥小火爐得紅字

陸鍾奇 雅堂甲午順天舉人山東候補知縣 西大街　榮褋緒 達夫 榮巷

楊延熙 殿卿 開化橫山橋　趙棫 寶卿增貢 丁巷　宋爾鎬 子建附貢
季春旭 硯華 鄉長安橋　董炳奎 尚玉 燒香浜 大董巷　楊植 培甫附貢浙江候補巡檢 塔坊橋
唐燮 東垣附貢訓導 前洲　秦世鑅 慰齋吉林候補知縣 陸門裏　周渭 逸泉 開化塔上
蕭煥梁 少瞻附貢藍翎五品銜著有橫山草堂雜鈔 燒香浜　蕭煥唐 少華 燒香浜
華慶雲 曉嵐 張涇橋　惠奎 秀坪 新安嘉巷　殷繼志 竹坪 石塘殷浜
莊達璋 敬甫五品銜分省候選知縣 石塘灣　廣額 胡驥 良卿附貢 胡家渡
侯煥 策三 留芳聲巷　嚴爾熙 績卿 龍潭岸　蔣敬孝 警曉
府學　蔡梅 亦曾 東河頭巷　張祖輝 耀熙
周紹榮 季梅丙申歲貢 東大街　以下蘇州　秦維荃 葆蓀 水渠裏

金匱題 若太公望至若孔子 次詩同錫

錫金游庠續録 十一

王宗仁 明卿廩 布行街　裘廷梁 葆良更名可桴世襲雲騎尉乙酉舉人揀選知縣民國乙卯由政府委任無錫縣民政長工書 沙巷
滕學鴻 吟風附貢 大坟上 蕩口　王宗藩 晉三 東大街　華保祺 子勤世襲雲騎尉 留芳聲巷
錢永成 紹庭 長安橋　徐慎 伯芳世襲雲騎尉　鄒璲 翰飛工詩 后宅
程杰 紹南更名廷杰五品銜署廣東海甲場鹽大使　周炳奎 觀泉 [illegible]山裏
蔡登瀛 士香 西倉　顧汝鶚 雲翔 沈瀆　陸士霖 引南附貢工書 寺巷
蔣寶光 雲臣乾隆丙戌蔣起元後蔣錫孫蔣百春蔣在鎔至寶光五代游庠 東河頭巷　朱福田 硯香 北塘
王壎 伯吹 開化王村莊　秦鳳璪 子儀廣東候補知縣 小婁巷　吳永治 魯卿更名宗曾增 觀前街
王傳熙 頌梅 灣巷　廣額 孫達均 景壽附貢 小河上　徐寶樹 譽宣附貢 板橋
謝鼎炎 伯靜附貢 斜橋下　府學 龔士皋 子達廩 小婁巷　錢福焆 星一
王傳錫 荔亭廩甲午恩貢花翎四品銜河南候選同知 寺後門　以下蘇州 過肇熙 仲吹 八士橋

嚴炳章望皋 塞門　吳廷植建庭 東湖塘
光緒三年丁丑歲案
宗師林天齡
無錫題上焉者雖善子歸而求之有餘師　賦得留得芸籤伴日長得留字
侯　炳星若廩貢 留芳聲巷　陳奎章清泉 玉祁　戴慈恩梓晉丙申歲貢候選訓導 玉祁
戴堯天厚錫附貢 張舍襄　余其德敬銘 眞應道巷　朱昌阜晉蕃 福田巷選大河上
顧慶祁少白 虹橋灣　强汝錫觀三 南雙廟　王世忠驥程甲午舉人同知銜截取知縣 黃泥
塝　葉　芬誦淸 鄉堰橋　許宗衡幹臣
孫琪芬孟英　周家駿軼千　楊　相浙生 塔坊橋
王華誥幹丞 張涇橋　薛成照伯遠廩 虹橋下　陳　誥獻文 玉祁　府學

錫金游庠續錄　十二

華保鈞叔芹增貢 三下塘　秦昌鎬京伯 亮墩上　秦廷璧皖卿浙江候選鹽大使 縣下塘
以下蘇州　楊應培厚甫 小婁巷
金匱題下焉者雖善 次詩同錫
秦寶瓚岐農附貢訓導工詩書畫 中市橋巷　須敏來孟修 王莊
楊達源硯耘更名祖源廩貢訓導通政司知事銜 留芳聲巷　王宗鑑保三附貢 連元街
顧應枃紫東辛卯歲貢廣東候補直隸州州判署瓊州府經歷康熙庚寅顧景以後顧瓚顧亮顧保恕顧淵至應枃六代游庠 茅梓橋
侯秉鈞菊潭旌表孝子從祀學宮孝悌祠 駁岸上　史濟艮問耕 留芳聲巷
楊　晉敬齋 江陂橋　徐福庚頌遐丙申歲貢訓導 書院街　華國材季宜
陶文彬質卿 斜橋下　華鴻吉翊翰 蕩口　王宗祐鼎彝同知銜分省候選縣丞 西河里
楊際泰小安提舉銜分省候選鹽大使 百歲坊巷　蔡瑞勳銘竹乙酉舉人五品銜揀選知縣 西倉

陶壽采小雲五品銜直隸候補府經歷殉庚子匪難以道員例邺 北塘　蘇俊章渭川 堠暘坊前
畢藜照映樓 大墻門口　過中立葆起附貢 八士橋　府學　楊宗浚沅蓀廩貢訓導 興隆橋
陳啓源肇卿廩貢候選訓導 東門城頭街　以下蘇州　過升階鑑三附貢 八士橋
光緒四年戊寅科案
宗師林天齡
無錫題則以學文至雖曰未學知所先後　賦得石上泉聲帶雨秋得聲字
唐熙鎮敬臣 北門通滙橋　薛星輝章甫　鮑　釗朗周增貢五品銜候選訓導署蘇州府學
教授 茅梓橋　薛祖詒伯謀 禮社　陸紹宣益如附貢 百歲坊巷
張浩春馥初廩貢 稅務前　薛佩琮以和附貢候選訓導　華文渭竹安 二下塘
顧祖辰寅谷廩貢 槐樹巷　秦煥昭子忠 陡門裏　王紹蘭海山

錫金游庠續錄　十三

莊　斅省齋 南方泉　吳觀周建棟　王炳麟子英 王村莊
榮光鼐季英 榮巷　范鴻逵雲閣附貢 高士橋　劉　枃若千 伯瀆港　府學
沈林一侶崑乙酉舉人山西候補道署冀甯兵備道 營橋巷　賈鍾望南安
侯士珏裳孫廩貢 四郎君廟巷　高國標季芳
金匱題學而不厭至學之不講 次詩同錫
孫希堯少卿 石塘灣　丁鴻奎厚卿 淸名橋　白玉衡子平
姚起鳳侶笙廩貢 陳墅　秦　琳月軒乾隆丁丑秦之鴻後秦汝霖秦道梁秦士杰至琳五代游庠 七尺場
畢秉章斐雲附貢 大牆門口　陶光濟若舟丁酉舉人揀選知縣 斜橋下　錢寶璜述三 南錢
周緝熙杏初 大河上　鄒厚培植卿 江尖上　季拱辰景暉附貢 鄉長安橋
過兆煥伯塤 八士橋　袁贊綸心莪附貢 東亭　徐　彬幹廷附貢 墻門頭

陳錫周 芙初
安泰來 仰祁已丑恩貢候選訓導 安鎮
龔寶成 景召 中市橋巷
朱綬 春帆
安鑑愷 鈺生 安鎮 府學
程鴻文 瀛溪 甘露

光緒六年庚辰歲案

宗師夏同善 字子松浙江仁和縣人咸豐丙辰翰林以吏部右侍郎任江蘇學政按臨江陰卒黃宗師接任

無錫題 公劉 以及人之幼

賦得樹牆下以桑得蠶字

榮守緒 嗣賡附貢候選訓導 榮巷
糜本一 養人 南門貨街
顧鴻儀 望山 許舍裏
顧鳳 鳴山吏名鳳起浙江候補縣丞
楊春灝 幼梅花翎三品銜郵傳部郎中 塔坊橋
丁際春 修梅增 丁巷興堂
薛錫祺 晉齋 禮社
周誦棻 象涵 石塘灣
薛翼運 南溟戊子舉人花翎二品頂戴直隸候補道民國癸丑由軍政府委任本邑司法部長 西溪下
薛董孫 子督 禮社
張嘉植 仲梅
孫祖烈 虎峰戊子舉人內閣中書鹽運使銜江西卽補知府 石塘灣
吳中傑 子成南鄉 吳蔣巷
王佑基 厚齋 太湖邊黃石渚
潘錦 耆堂工詩書 寺巷
寶鑑 保三 中市橋
沈傳詩 麗仙 新塘橋 府學
高華 揚之 河埒裡
榮培學 子貞 榮巷
楊晉昌 子蔚廩 揚名楊鐵巷

金匱題 武丁 次詩同錫

錢麟書 史才已丑恩科舉人同知銜安徽績溪知縣康熙丁丑錢良佐後錢凌雲錢世燦錢香芹錢枚錢元楨至麟書六代游庠 鎮巷
錢基鋆 子銚 江陰
張均 黼廷壬午舉人 七尺場
華升吉 翰臣 東亭
楊培源 心栽更名恩霈庚子歲貢四品銜法部候補主事審錄司行走 留芳聲巷
華備誠 幼湄廩貢 蕩口
吳敏之 硯農 大婁巷
虞文光 仲良更名文元甲辰歲貢湖北候補州同 安鎮
張受機 梅卿 安鎮
過文蔚 勤思增貢 八士橋
范廷銓 衡伯廩貢工詩著有萬樹梨花館詩稿

竹場巷
范洪 蓀卿庚寅恩貢 陳墅
談士錦 竹山
秦簡清 雲伯 水渠裏
華鼎 鶴樓附貢
蔣寶豐 壽承更名寶誠甲午舉人湖北巴東知縣五代游庠見兄寶光 東河頭巷
華袠 子才花翎四品銜江西補用知縣 鳳光橋
陳雲標 伯埍附貢
須煥 頌堯增 王莊
司馬錫 聲揚附貢訓導 安鎮
府學
過錫禾 幼清廩 八士橋

光緒七年辛巳科案

宗師黃體芳 字漱蘭浙江瑞安縣人同治癸亥翰林以詹事府少詹任江蘇學政

無錫題 巨室之所慕一國 不以兵車

賦得雁燕代飛得飛字

秦寶鐘 鼎臣廩貢 縣下塘
秦樹鍠 樂庭丁酉拔貢安徽直隸州州判工算學 小河上
孫泰圻 詢芻乙酉舉人花翎鹽運使銜湖北候補道 石塘灣
凌霄 伯昇更名學斂附貢中書科中書銜候選訓導 西門柵下
潘繼烈 兆平乾隆丁巳潘望齡後潘本郊潘定遠潘江潘錦至繼烈六代游庠 寺巷
崔煜昭 景仰 洛社
陳國章 錫泉已丑河道總督吳奏保鄭工出力賞加五品銜 玉祁
唐浩鎮 郛鄭癸已恩科舉人三品銜工部都水司郎中商部章京會計司行走 石皮巷
胡萃 在茲
薛國選 龍吉 禮社
薛重煦 叔豪更名秉成 裏黃泥橋
張彥昭 笠臣乙酉舉人如皋敎諭候選知縣 中市橋巷
郁棣蕚 賡堂增 下甸橋
孫鎮圻 子靜 石塘灣
吳紹鼎 少泉 壩下
杜友高 耀山 駁岸上
侯鎮 泰初自明侯祖德後侯應昌侯先春侯世英侯巨源侯愈侯文熹侯亦奇侯錕侯汪侯叔倫侯炳麟侯映奎至鎮十四代游庠 熙春街 府學
華封 晉康工書 北七房
孫道均 味腴更名道昌附貢候選訓導 石塘灣
王方圻 心田
孫光祖 雲卿 石塘灣

金匱題 耕者之所獲一夫 次詩同錫

顧　溥淵若更名潛分部員外郎四品封典　百歲坊巷　徐葆楨幹卿　板橋

姚起麟瑞生　陳墅　趙振鏞樂園廩貢　寺後門　程鵬九述庭　東亭

張殿楹覺齋　通滙橋　曹　熲械卿附貢工醫　查家橋　王傳鏘芙亭花翎同知銜分省補用知縣工書

寺後門　蕭　爕理甫　中市橋　徐文柏茂之　安鎮

朱希曾景遐　跨塘橋　王宗泗小雲　舯仙橋　張　選乙青　張涇上

趙八鏡藝經附貢工書　新廟前　錢光鏡秀瑩　石埭橋　滕　鶴道南更名穀川附貢　蕩口大坟上

薛國楨席珍工書　禮社　強世康瑤芝附貢五品銜　強家橋　陳瑾懷蘊山　府學

須應楷應範　王莊　以下蘇州　華尚樹虞欽更名榮光五品銜浙江補用典史　蕩口

光緒九年癸未歲案

宗師黃體芳升兵部左侍郎

錫金游庠續錄　十六

無錫題媒妁之言　忠與鄉人立其冠不正　賦得餘霞散成綺得霞字

孫時勳敏齋廩貢　石塘灣　蔣士梁蔚文　河埒口　吳　培培根　芙蓉圩

秦寶坻湘臣更名敦世乙酉舉人吏部郎中浙江候補知府　中市橋巷　蔣福奎星槎

顧大龢彥懷　虹橋灣　顧慶祺鳴皋　虹橋灣　孫福淦少侯　石塘灣

俞脩業永清　南市橋巷　孫　鉞坦人　石塘灣　侯家駒漱六更名人鏡　北　黃泥橋

許其灼杏初　朱孔揚菊溪　下甸橋　王鏡藻鑑如分省候選縣丞　泰定橋

王尊瑩夢章　許鳴鳳頌岐　南門小婁塲　唐際運蓉初　書院衖　府學

王鏡蓉芙伯世襲雲騎尉四品銜分部主事　泰定橋　龔　柏硯三　北塘

顧沐潤振新丁酉拔貢　虹橋灣

金匱題朋友之饋　次詩同錫

姚鏡第君芙廩貢　陳墅　王溢中博泉廩貢　王家灣　楊壽萱蔭北更名壽樞入宛平籍己丑恩科順天

舉人改歸原籍花翎三品京堂軍機章京漢領班制誥局長　尤廷楨幹臣更名桐戊子正科己丑恩科副貢法

外務部行走署光祿寺少卿　柳浪橋

部主事　道長巷　張國威禮臣　營橋巷　許汝枚翼周更名維楨候選鹽大使　東河頭巷

程鴻儀俊卿　甘露　蘇　瀛子範　堠暘坊前　秦國璋特臣廩貢五品銜浙江候補縣丞　大河

上　周　潔雲倬一字進之更名同愈　白塊橋　過錫嘉瑞九　八士橋

陳宗瀛士洲　東河頭巷　尤爾梅雪香附貢　新安　張家橋　顧賡杜蓴甫中書科中書銜　蘇家衖

朱恩沐悉孚庚子恩貢就職州同　前旺　程文煒心如　中市橋巷　王傳吉藹士　含秀橋

過秉鏞荻洲　妙市頭　倪文煒保滋附貢　長大厦　府學　楊肇源心泉增貢訓導留芳聲巷

華詔齡棣香　以下蘇州　楊鏡仁叔英附貢　江陂橋　楊錦如樂如附貢　江陂橋

須　鈞鼇夏附貢　蕩口

錫金遊庠續錄　十七

光緒十年甲申科案

宗師黃體芳

無錫題孔子曰知禮孔子退　小人閒居　賦得一雨盧齋三日涼得涼字

楊壽棫味雲辛卯順天舉人更名壽枬四品京堂農商部章京保惠司主事度支部左參議　柳浪橋　胡猶龍嘯九增貢　村前

江宗海頌清增貢　沙巷　華文川藝垌布政司理問銜分省候選縣丞工畫　置煤浜

陸士奎耀星又號滌如己丑恩科舉人甲午恩科進士選庶吉士改知縣安徽英山知縣歷署桐城宣城懷寧鳳陽蒙城等縣花翎三品銜湖北候補道　留芳聲巷

朱寶治杏生工醫　南市橋　過廷鈞子香　八士橋　蔣士松遇春附貢五品銜候選訓導　河埒口

吳　源少泉　仙蠡墩　華　樽酌亭　石埭橋　孫福昀嘯秋附貢吉林候補縣丞　石塘灣

周甲魁靜山　華大房莊　朱　楣柏庭　蕭河頭　顧棣華瑞堂　張涇橋

蔡　樾蔭階附貢　東河頭巷　榮守廉星庚增　榮巷　徐紹達葭湄附貢　張村　府學

胡之捷介三　村前　鄒常保壽平　東河頭巷　顧祖懋若泉　槐樹巷

金匱題孔子曰有命孔子進　次詩同錫

顧懋熙敬修辛卯舉人五品銜溧陽教諭　戴店　過正協中更名寶親　八士橋

楊宗海經笙甲午舉人更名建綸內閣中書花翎三品銜浙江候補知府工書　道場巷　朱英遜甫工書　南門清明橋

浦汝舟雪帆　厚橋　嚴毓麒道生　寨門　潘雲顯蔭萱

孫光斗伯勳附貢　安鎮　嚴若霖石生　寨門　錢基瀚涵芬　大婁巷

安榮光雨春　澤上　陳應標葵芬　王宗鎣念椿辛卯副貢更名宗猛福建建安知縣署二都同知　西大街

朱霖伯塤　蕩口　吳觀瀾秀濤　東湖塘

倪建烈衡甫　學前街　鄧繩祖式武附貢　寺後門　華綷鹿賓　蕩口

華鳳苞競芬　府學錢承駒季常廩貢　東河頭巷　薛鳳鈞晉孫　禮社

以下蘇州

錫金遊庠續錄　十八

薛贊清襄臣附貢　甘露

光緒十二年丙戌歲案

宗師王先謙字益吾湖南長沙人同治乙丑翰林以國子監祭酒任江蘇學政

無錫題兄弟怡怡至以不教民戰　變人藏倉者

賦得風月自清夜得清字

李潔皜修戊子舉人揀選知縣　三下塘　林志熙虎侯癸巳恩科副貢河南候補道　營橋巷

孫觀墀季瞻廩貢　石塘灣　顧蔭孫子成更名大年　鳳光橋　王撰濟臣　大河上

薛聰彝幼端己丑恩科舉人廣東澄海知縣　西溪下　程炳南少塤　二下塘

楊賡臣縉閣　東河頭巷　汪鴻藻仲華　新瀆橋　孫鳴圻鶴卿庚子恩貢三品銜江西候補道　石塘灣

秦銘直穀辰五品銜廣東候補鹽大使　中市橋巷

胡鳳藻簡齋附貢　村前　丁福基子泉　長安橋　張道味初　新安張住宅

孫鈵孟千　石塘灣　王蘊亭步衢分省候補府經歷　神仙橋　華佐治掌文　三下塘　府學

趙洞春泉　三墈橋　陶楨幹臣　孤老院巷　顧祖誥芹生安徽候補縣丞　倉橋下

金匱題必有言至羿善射　次詩同錫

過桐海琴　茅竹橋　浦鏡清毓卿廩　厚橋　孫揆均叔方更名道毅甲午優貢本科舉人內閣中書工書民國己巳由省令特任江陰縣知事　小河上

俞復仲還甲午舉人民國甲寅由省令特任無錫縣民政長乙丑重由省令簡任無錫縣知事現任教育部會計科長工書　神仙橋

張繪辰應岐　大河上　王鍪仲範

王湘九如附貢考取謄錄　小河上　周文溶夙寅附貢訓導　東周巷　王衡鑑士辛卯舉人花翎三品銜兵部車駕司郎中　小河上

過秉彝晉庭附貢　八士橋　王宗祥子厚分省補用同知　大婁巷

陶樹錦雲程附貢　斜橋下　殷玉田硯瑜五品銜　伯瀆港　華彥鈺相卿丁酉拔貢就職州判　蕩口

宣增秀君美花翎五品銜候選布政使理問分省試用訓導　長安橋　辛文達厚甫　天下市後辛巷

錫金遊庠續錄　十九

張曾疇望屺湖北候補知縣花翎三品銜知府用即選道　江尖上　嚴毓麟厚甫　寨門

楊壽樸蘭樵甲午舉人山東即補知縣　大成巷　府學顧璨賁箴更名金銘附貢　柳浪橋

秦光磊少巖浙江試用典史　駁岸上　以下蘇州薛贊堯蔚生附貢　甘露

光緒十三年丁亥科案

宗師王先謙

無錫題有社稷焉至以吾一日長乎爾　寡人之囿

賦得夕陽明處見漁舟得明字

錢國樑正卿　陳墅　秦廷鈺守緘附貢五品銜訓導　小河上　侯壽珪乙笙五品銜浙江江山典史代理知縣　駁岸上

張大綱慎齋　榮張巷　龔錫圭成卿　積餘街

孫時雍少溪　石塘灣　華文澂蓉舫　孤老院巷　杜鴻漸菊如　前洲

高翔伯安一字集安癸巳恩科舉人直隸試用知縣奏調吉林敦化知縣綏芬撫民同知新城知府三品銜吉林候選道民國己巳民政廳第一科科長　虹霓橋

榮汝栻柳溪　榮巷　許乃來翙霄五品銜洛社　朱錫圭理卿附貢五品銜署長洲教諭　江陂橋
朱榮棫少翰　下甸橋　吳鍾浚曉庭　洛社　曹贇勳翼臣廩貢　跨塘橋
劉乃煥雲倉附貢　洛社　薛邦憲敦伯泥橋　裏黃　府學鄒兆麟孟祥　新廟前
沙起辰頌虞　顧棟臣眉良丁酉副貢奏保經濟特科學部普通司員外郎　大河上

金匱題勿欺也而犯之　蘧伯玉使人於孔子　次詩同錫

陳霖溥亦屏附貢　北栅口　張湘楠望曾　洛社　過兆豐頌年　八士橋
顧宗煌頌儀廩　清明橋　許　棫少宣優行增貢候選訓導　石皮巷　姚　瑜蔭嘉附貢山　黃梅夾
許同范文伯甲午副貢直隸州州判出使俄國奏派隨員　東河頭巷　裘泰齡沁川更名灝　沙巷
朱世基圃雲附貢　孤老院巷　顧宗煒貽孫　槐樹巷　華　棠棣蕚　南七房
程　述日增附貢　東亭　滕國楨維周　蕩口大坟上　吳賡颺子言增貢　虹霓橋

錫金遊庠續錄　二十

趙寅恭協卿廩貢　北塘　施　恩峻德五品銜湖北候補縣丞　姚鍾衡楚生　陳墅
鄒登瀛黼卿廩貢浙江候補縣丞　后宅　李士佶歡珊增候選巡檢　八士橋　府學
華宜振銑卿布政使理問銜　蕩口

光緒十五年己丑歲案

宗師楊　頤字蓉圃廣東茂名縣人同治乙丑翰林以大理寺少卿任江蘇學政

無錫題管仲相桓公至微管仲　何傷乎亦各言其志也　賦得古木沉沉夏亦寒得寒字

李　瀚企中乙未歲貢　三下塘　何榮國子初　金城灣　匡　濟映谷　北楊墅園
范　纛素行甲午經魁　北塘　孫宗唐堯章花翎同知銜浙江卽補知縣　石塘灣
薛重光仲雄更名雄萬　裏黃泥橋　楊昌源映潭戊申歲貢考職鹽大使花翎運同銜署浙江浦東場大使調金山場大使在任候補知縣　留芳聲巷
胡爾霖雨人民國由縣政府委任水利委員會會長　村前

程笠勳星蔚　耕讀橋　欽寶鋆獻琛附貢　欽巷上　錢文煜耀卿　南市橋
吳佐璜叔渭附貢訓導　神仙橋　王鏡寰次青分省候選通判　秦定橋　祝椿年懋卿　南門
龔錫蕃晉卿　積餘街　丁寶書雲軒癸巳恩科副貢工書　書院衖口
陸壽祺竹友　吳塘門　府學張文藻子惠丁酉副貢就職州判工書　皂莢衖
丁祖培植甫增　中市橋　吳國楨楚卿附貢　西棉花巷

金匱題天下國家可均也爵祿　其本亂而末治者否矣　賦得蟋蟀居壁得居字

朱允元伯英　趙壽椿鶴年　江陰巷　姚國英志雲　東亭
徐福基禮耕　王允奎文樓　北門殺猪浜　過錫蕃晝侯更名錫昌廩　八士橋
唐濟鎮若川甲午經魁戶部候補主事　石皮巷　姚錫珍寶華　陳墅
龔　璜光甫　跨塘橋　張嵩皫雲階　楊泰階少牧考職二等花翎五品銜山東泰安縣典史　留芳聲巷

錫金遊庠續錄　二一

錢鳳書子德七代游庠見兄麟書　鎮巷　周　道吟香工書　西門興隆橋
許士熊侶樵甲午舉人　鳳光橋　楊祖蔭念先　寺頭　沈士衡鑑之　下甸橋
顧敬瑩欽明又號淸民附貢五品銜候選州同　百歲坊巷　談鳴盛季卿
曹　銓衡之廩工書　觀前街　府學高汝琳映川甲午副貢乾隆己巳高豫以後高雲錦高琪高鶴田高光照至汝琳六代游庠　歡喜巷
過士杰皫先廩　八士橋

光緒十六年庚寅科案

宗師楊　頤

無錫題宰我問曰仁者雖告之曰至何爲其然也　今拜乎上泰也　賦得山城早得寒得寒字

王應運叔頤附貢　眞應道巷　秦瑞玠晉華丁酉優貢河南卽補知縣　縣下塘
孫廷贇幹甫增　石塘灣　許　樾伯蔭廩貢　玉祁　王蘊登步瀛廩貢　小婁巷

莫如爵顯之 西門棉花巷 楊時昌叔英 楊鐵巷 楊本立道生 留芳聲巷

徐承治子儀廩貢中書科中書銜 徐巷 葉 英涵盧 石幢 張國治揆卿 長安橋

王汝宏少屏 泰定橋 方 興仲容 大方巷 季 沛雲軒 鄉長安橋

孫協圻魯齋 石塘灣 徐家保獻廷二品頂戴四川候補道工算學 社壇裏

薛剛中朔生 西溪下 府學 沈祖約葆三丁酉舉人 新塘橋 吳 溶吟山 仙蠡墩

杜嗣程香如癸巳恩科舉人 長安橋

金匱題葉公問孔子於子路至其爲人也 次詩同錫

秦 鑄貢九復姓何 大河上 李元炳亮釆附貢訓導 駁岸上 華 巖林甫

須敬如濟堂 王莊 張頌鈞仲甫 新安張住宅 錢承志成心

楊文淵少平壬寅補行庚子辛丑恩正併科舉人內閣中書四品銜法部審判司行走 留芳聲巷 蔣兆勳旭山 河埒口

孫起元仲秀 小河上 許繼慎佩三附貢浙江試用巡檢 東河頭巷

楊鍾琳珍甫增乾隆乙卯楊滙川後楊萬藻楊雋楊昌祺至鍾琳暨弟鍾鈺五代游庠 留芳聲巷 王國治撫平附貢 安鎮

楊鍾鈺章甫已酉拔貢 留芳聲巷 吳廷槐蔭階廩 觀前街 姚鳳陛秋霞 陳墅

張國楨念耕附貢更名宗藝 通滙橋 華鶩瓚伯宣廩 秦文錦斐孫廩同知銜歷署福建石碼莆江浦下

關等鹽大使乾隆甲辰秦玉海後秦殿棟秦祖永秦鳳墀至文錦五代游庠 大婁巷 秦寅杓毓山 水渠裡 府學

裘昌齡岐伯更名昌年工書 沙巷 以下蘇州 陳國楨屺瞻廩貢候選訓導

光緒十八年壬辰歲案

宗師溥 良字玉岑宗室正紅旗人光緒庚辰翰林以內閣學士兼禮部侍郎任江蘇學政

無錫題奚其爲爲政至大車無輗 君子深造之以道二句 賦得文字覷天巧得文字

劉贊南頌薰附貢五品銜署吳江縣教諭 伯瀆港 楊 浩子然增 駁岸上

劉贊寅叔誠 伯瀆港 袁祖烈子偉附貢五品銜候選訓導 北禪寺巷

秦寶瑾哲卿 張涇橋 華榮光夢玉同知銜浙江補用府經歷 北七房

汪士瀛達洲 鄉堰橋 王嘉樂季玉附貢 眞應道巷 袁宏訓昂之浙江候補巡檢 江尖上

蔡養默持志 北塘 楊學仁靜伯 東河頭巷 蔡治鈞和卿 南尖

蔡文森松如增 北塘 陳含章可貞 玉祁 錢志中子厚 北楊墅園

侯家度亦裴附貢湖北候補縣丞 大河上 顧大奎仰蘇灣 虹橋 府學 張 鑒杏村廩軍功保舉即選訓導 張涇橋

湯有光子佩 熊家浚清卿 跨塘橋

金匱題人以爲諂也至君使臣以禮 次詩同錫

嚴毓芬堯欽壬寅補行庚子辛丑恩正併科經魁花翎提舉銜山東候補鹽大使保知縣 寨門 廉 泉惠卿甲午舉人戶部郎中候選道著夢還集 水獺橋

孫思贊仲襄 小河上 宣增儒通史分省候選縣丞 長安橋

華福保海如 白兆鏡容初 望亭白家村 虞 書望椿 青旗巷

顧宗煥頌蕘 槐樹巷 顧大淦綿初更名嘉淦附貢候選訓導 駁岸上

華承謨秉暉癸巳恩科舉人花翎同知銜廣東遂溪知縣 駁岸上 姚錫綬印若 陳墅

滕 鈞薇閣 蕩口大坟上 過保藜乙青 八士橋 周景濂愛溪

鄒履龕芝山廩貢 后宅 王謨釗寅伯廩貢花翎提舉銜安徽即補府經歷 小河上 華鳳標藜青廩 府學

馮光烈君輝工書 倉下 蔣文壽子蘭

鄒 鵬鼎甫 東河頭巷 華鴻勳佩銘 蕩口

光緒十九年癸巳科案

宗師溥 良

無錫題子曰臧文仲其竊位者與五章 將爲君子焉將爲野人焉 賦得在宥天下理得天字

鄒　驤仲芸　中市橋巷　王夢鯤奇徵　前洲　顧允升爾嘉藍翎五品銜直隸候補縣丞虹橋灣
龔敬釗伯威　西大街　蔡昌熊飛卿湖北候補縣丞　北塘　范　湘寶仁　高士橋
顧廷植培卿　百歲坊巷　孫蓉鏡蔭梧己酉拔貢石塘灣　鄧以模範欽己酉恩貢考取宗室覺羅八旗官學
教習分省試用直隸州知州民國由政府委任吉林墾牧公司總監及農業廳長　南門灣頭上　高　卓簣山
尤元同聿補　玉祁東港　韓宗楊蔭堂　茅梓橋　過　庭鯉甫　中市橋
秦寶鈇葆生增　縣下塘　朱望曾少荃　楊墅園　薛　桐芝生　駁岸上
杜鴻鈞芸谷工醫　前洲　府學　孫蔭培景蘇　石塘灣　徐朝階聘三　塔坊橋
張嘉樂伯言　西城腳

金匱題子曰當仁不讓於師六章　次詩同錫

顧恩瀚涵雨五品銜安徽候補縣丞　百歲坊巷　嚴際承叔平更名壽民湖北候補縣丞　寨門

錫金游庠續錄　二四

侯士綸伯文原名學愈附貢中書銜分蘇試用訓導　駁岸上　陳　謨晴江
楊壽棠頌甘浙江候補縣丞　大成巷　蔡　錦光甫乾隆丁未蔡維鈺後蔡文濬蔡廷槐蔡瑞勳至錦五代游庠　西倉
鄒毓淞稚芸　承賢橋　萬青選緯卿　黃泥橋萬巷上　楊壽彬森千花翎三品銜分部郎中直隸候補道
大成巷　華鳳藻仲樵　楊壽標果臣癸卯經魁花翎三品銜河南候補道
大成巷　方福臻若愚　方家橋　過宗唐子華歲貢花翎同知銜候選知縣八士橋
朱　桐建侯　前旺　姚承福晉峰　陳墅　顧裕昆逑之增更名倬鳳光橋
許同蔭仲威候補中書科中書　東河頭巷　丁　鑄紹先　留芳聲巷　華彥英雅卿　蕩口　府學
華　章敬之附貢五品藍翎　榮趣鳳翔九　壇頭街

光緒二十一年乙未歲案廣額七名錫四金三

宗師龍湛霖字芝生湖南攸縣人同治壬戌翰林以刑部右侍郎任江蘇學政

無錫題請益子華使齊章　苟以是心至　賦得爵香眠處落花多得眠字

孫守圻梅青湖北候補縣丞　石塘灣　孫保圻審懿　石塘灣　王　瓚盤卿　玉祁齊家社
孫以濤武卿　石塘灣　華文祺純甫　留芳聲巷　林志章貞甫浙江補用知縣候選鹽大使營橋巷
許鳳翽翰臣清明橋　日暉巷遷　胡光煒少齋　西大街　顧　型紹儀　虹橋灣
孫光圻曜青廩　石塘灣　孫靖圻子遠增分部主事民國選舉省議會議員　石塘灣
周道章文甫　小婁巷　薛福榮永甫附貢署山陽訓導　禮社　楊駿臣適聲　東河頭巷
張元朗德馨　楊墅園　孫毓脩恂如廩　大孫巷　沈福孫念恩　日暉橋　廣額
吳繩泰伯陰　中橋　蔡瑞爔頌明附貢　北塘　王佐才子慕　蕭河頭
周　璜燮和　小郭街　府學　陶　鑄念鈞吏名廷枋日本明治大學法學士民國乙丑內務部銓敘局註冊任用縣知事黑龍江審計處
一等科員民國丁巳丁卯司法部先後給證全國執行律師職務　北塘　周翰森毓濤　尋大房莊

錫金游庠續錄　二五

穆緝熙心田　許舍裡　袁宗沂黼臣民國選舉縣議會議員　楊墅園

金匱題請益子路問政章　次詩同錫

龔廷贊孜日　跨塘橋　劉國棠葆卿　青城市劉莊　楊壽棣經儒五品銜　大成巷
陳　濬菊軒湖南候補知縣民國由政府委任湖南湘陰縣知事　東河頭巷　華如璋子達浙江候補縣丞　北七房
周　炘振基　陳墅　李經懋子佩更名同芳　張元燦朗庭　楊墅園
楊鼎復子詵　駁岸上　章鴻逵伯和　進士坊巷　秦肇煌雨農附貢浙江試用縣丞　中市橋巷
葛　覃仲昇　顧山　滕　章詠梅　蕩口大坟上　高樂業雍鳴更名鼎榮　稅務前
姚錫旒鳳笙　陳墅　祝　儁漢青　小婁巷　華緝熙芝舫　張繆舍
王永鈺醉亭　大河上　楊壽梁擎宇　大成巷　廣額　鄒觀海啓雲
周　瀟慕范廩　大成巷　余熊翔仲淸　貞應道巷　府學　許國鳳彝定丁酉舉人五品銜內閣中書學部主

事　中市橋
出使朝鮮隨員浙江江山縣知縣小河上
錢大澄清溪　七房橋　姚應泰寅生壬寅補行庚子辛丑恩正併科舉人

光緒二十二年丙申科案

宗師龍湛霖

無錫題賜也賢乎哉　曾子居武城至曾子反　賦得山隨平野盡得山字

秦同培于卿　小婁巷　朱笏雲搢卿工醫　東大街　江堅子栽　周巷
林志偉淵甫浙江候選同知　埜橋巷　劉贊元季初附貢五品銜伯瀆港　溫其玉筱菴一字潔如　小婁巷口
楊印源潭千五品銜浙江麗水縣丞代理知縣　留芳聲巷　范熙維清　鄉堰橋
蔣標留春著算學餘譚一卷工算學　河埒口　顧贊清子儀　開化顧巷
黃元杰卓儒附貢代理丹徒訓導　南塘　孫毅振初　八士橋孫巷　榮善昌吉人增　榮巷

莊積慶績卿　小婁巷　丁福保梅軒工醫　書院衖　薛夢非伯漸　禮舍
鄧起雲雲鶴　嶸崵功府前學　顧復舉然原名曾望四品銜江西候補通判　虹橋灣
趙夔子新　秦棧街　過建勳湘揆　八士橋　以下蘇州蔣士棻叔卿　河埒口

金匱題抑亦先覺者　次詩同錫

曹允文夢漁　查家橋　張時艮景亭　洛社　宣葆章俊侯浙江候補知縣歷保同知直隸州補
缺後以知府用民國辛巳由廳令委任安徽鳳台縣烟酒印花稅局長又調任鳳陽縣煙酒印花稅局長　長安橋　鄧志霖時若四品銜署理湖北通山縣知縣民國
由政府委任通山縣知事棉花巷　華國銓叔衡日本弘文師範畢業　曹均叔平　盛巷
薛夢吉仲垣　禮社　鄒登泰文卿增　后宅　王含章子平　城內胡橋下
楊壽楣翰西壬寅補行庚子辛丑恩正併科舉人花翎三品銜山西候補道民國癸亥由邑紳公舉商團公會會長　柳浪橋
顧祖璣子重　鳳光橋　錢基成子蘭　七尺場　薛葆維惠良更名葆煌壬寅補行庚子辛丑恩正

併科舉人浙江候補鹽大使禮社　陳綱協卿　梅村　汪廷襄贊卿　書院衖
曹密潄藝直隸候補巡檢　清明橋　虞宗鑑慕周更名起龍八士橋　孫譔鴻祖羲附貢花翎五品銜分蘇試用訓導
南市橋　過祖述永伯更名丙烈浙江候補巡檢　八士橋　府學
徐用錫渭綸一字渭臣歷充江蘇省吳縣武進嘉定靖江河北省天津保定浙江省杭縣嘉興永嘉義烏各地方廳地方法院推事庭長廳長院長監督檢察官等職復由
浙江高等法院推事調署江西高等法院檢察官　青果巷　以下蘇州鄧坤元幹青　南長街
楊葆全孟修　寺頭　鄒[illegible]門　后宅

光緒二十四年戊戌歲案

宗師瞿鴻禨字子玖湖南善化縣人同治辛未翰林以禮部右侍郎任江蘇學政

無錫題因民之所利而利之　多助之至　賦得美芹欲獻野人心得心字

陸壽英寄湖增　伯瀆港　孫藩圻屏東壬寅補行庚子辛丑恩正併科舉人內閣中書　石塘灣

嵇長康紹周　東大街　侯鴻鑑保三廩貢前清留學日本弘文師範畢業歷任蘇贛省視學民國戊辰曾任福建教育廳秘書主任
庚午代理福建教育廳長現任江蘇教育廳祕書　四郎君巷　薛葆彝望暹更名葆元增禮社　蔡文淼禹門工醫　北塘
吳廷枚錦如民國丙寅本邑縣政府委任總務科科長觀前街　袁日省佩三　七尺場
孫錫皋鳴仙　石塘灣　蔣寶章輔臣宣統登極舉孝廉方正五代游庠見兄寶光寶豐　東河頭巷
江耀衢季貞　賴團堵　顧鳴鳳儀臣浙江候補巡檢代理南潯通判　大婁巷
汪炳晉華　大河上　薛光鍔劍峰　禮社　俞霖雨三廩　東北塘　府學
孫壽鏡如山　石塘灣　胡錫根晉階民國丙辰由縣委西區警察分局局長西山楊四壩
朱炳麟麟卿一字鑑涵分省候選布理問工醫　水獺橋　顧寶珏永生　張涇橋
汪鴻襄雲湘　新瀆橋

金匱題此謂國不以利爲利　次詩同錫

范宣汾晉臣　北塘　嚴承志肖蘭更名懋功增寨門　錢以振琳叔四品銜山東鄒平縣知縣　遷常州
秦汝欽堯工更名仁存工書　裡黃泥橋　陶學璟小洲　斜橋下　華秉衡虞臣
蔡嘉勳竹君　西倉　陶成奎績夫　竹場巷　秦毓鈞平甫增　小婁巷
朱瑩鎏詠九更名葆煜　樊七橋朱巷　秦金鎰湘舲　中市橋　王傳習積卿　竹場巷
華儀冕翼庭　須蘭階保深廩貢　王莊　尤　煥映柏　小章家橋
楊壽柱石臣附貢咨送日本仕官學校肄業　大成巷　錢　珍席儒　鳳光橋
滕　鵬意耕上　蕩口大坟　汪一鶚績堂附貢直隸知州浙江候補鹽大使　營橋橋　府學
姚國俊志山　東亭　華曰曾子唯乾隆戊辰華文瑛後華沛恩華翼綸華世芳至曰曾五代游庠　蕩口
光緒二十五年已亥科案
宗師瞿鴻禨

無錫題如此然後可以爲民父母　是以君子有絜矩之道也　賦得行則鳴佩玉得鳴字
吳騰蛟仲範　觀前街　薛錦明亦愚　禮社　鄒呈桂頌丹　東河頭巷
唐宗愈慕湖四品銜戶部主事奉天即補道仕學館卒業賞給副貢以員外郎儘先補用民國充奉天都督府參事黑龍江財政廳長及東三省官銀號督辦　大婁巷
孫廣業念祖　東大街　糜浚宣琢齋　胡介昌子壽　北城脚
尤秉彝惜陰　陸門秦巷　華　藻望屺　華李巷　施昌第瑞庭附貢五品銜分蘇試用訓導改知縣
同知銜　江陰巷　薛錦銓福培　禮社　薛詠秋和之　禮社
唐體仁葵孫　南西漳　顧大治實清　孤老院巷　秦煥曜子英　秦家莊
吳承圭叔衡　芙蓉圩　錢寶成秋農　金鈎橋　丁鵬振志清　陸典橋
畢祖光棟臣　大牆門口　榮本一守誠　榮巷　以下蘇州府學　顧　奎建伯　鳳光橋
陸佐運松笙　西漳遷城內西河里

金匱題如此則無敵於天下　次詩同錫
施　綸杏初廩　北塘　錢基康晉三　東亭　章鴻遇丙嘉　進士坊巷
楊壽桐高伯　南市橋　錢基鴻西林更名澍章　日暉巷　浦樹青鈞千世襲雲騎尉乾隆庚戌浦琳後浦錫
浦兆洛浦汝舟至樹青五代游庠　厚橋　許同莘溯伊壬寅補行庚子辛丑恩正併科舉人四品銜民國外交部主事　東河頭巷
秦振鎬作孚　東河頭巷　鄒　駿季高　化成巷　曹　桐逸倉　新安
錢同劉曖初　石埭橋　薛學頤叔圃　裏黃泥橋　吳　揆伯葵　映山河
鄒家驎同一　江尖上　顧祖瑛子靜　鳳光橋　方　矩絜卿　後方巷
秦銘光頌碩　中市橋巷　王世原孟淵　灣巷　華南圭子範　蕩修
丁元錫子修橋　長安　以下蘇州　楊　勳炳卿工醫橋　江陂　華　堂叔琴附貢丙午考職二等籤分浙江補用　府學
縣丞民國省議會第三屆選舉省議員工商部會計師　亭子橋　朱正元雲亭民國選舉縣議會議員工醫　前旺

光二十七年辛丑歲案
宗師李殿林字蔭墀山西大同人同治辛未翰林以吏部左侍郎任江蘇學政
無錫題出反手也至今言王若易然　掘井九仞而不及泉　賦得江風透葛衣得衣字
華復旦伯中　北七房　程宏遠頌嘉　承賢橋　張光照有容　榮張巷
薛憲清訒厚廩　禮社　蔡昌燕翼孫　北塘　陸澄宙松琴法部主事西漳遷城內西河里
潘福祥潔甫更名鍾泉清北洋法政學堂監學兼醫官民國外交部主事國民政府外交部科員　施嘉績憲成　稅務前
楊壽杓少雲　北裏城脚　陳麟章芳泉廩　玉祁　吳起鳳伯壎　玉祁
江　淮菊人生橋　南鄉江尖　張照南潮象　北長街　陸祖寅仲賓　吳塘門
殷曰同伯觀　玉祁　周　翰崧英　白挽橋　徐光照耀卿　洛社　府學
胡顯魁映樓　胡家渡　吳至剛養正　中市橋　周錫縉冕臣　華大房莊　以下蘇州

王可均 錫卿 錢橋　錢　普 炳文 醫 查家橋工　蔡啓豐 西倉
吳家謀 燕孫 東湖塘
金匱題 孝弟而已矣至夫道若大路然 次詩同錫
陳作霖 滮如優行廩生奏獎優貢就職州判 小婁巷　薛冕羣 伯瑾 工醫 裏黃泥橋
華　宗 蓉舫 北七房　孫詰鴻 錫承優行增生光祿寺典簿銜東河効用奏保縣丞 南市橋
姚錫綸 文若 陳墅　過養基 莘耕廩 八士橋　楊承溥 袞臣更名承涑一字詠賓 八士橋
姚辰緯 運韜 陳墅　過書田 經鋤 八士橋　王應剛 修之更名鼎鉦 大河上
潘宗傑 鳴皋 宜興　黃以仁 子彥復姓顧 倉橋下　孫國璜 渭伯 小河上
司馬國治 齊先 西倉　雷啓中 素安 斜橋下　華承綍 秋崖增 東亭
須毓珍 紀常 王莊　諸汝賢 僉吉 楊亭　府學 張慶塗 瑞初 清寧巷

嚴樹聲 新周 寨門　以下蘇州 吳國昌 子才 新塘裏　顧光照 雨亭 石塘灣

光緒二十八年壬寅科案 是年奉詔改用四書經義試士

宗師李殿林

無錫題 左右皆曰賢未可也義 班朝治軍涖官行法非禮威嚴不行義

陸炳緯 仲芴 承賢橋　浦應龍 子敬 清明橋　高　瑩 秀巖分省候選同知民國乙卯選舉省議
會議員 北西漳　劉翼墀 錫和 玉祁　黃龍驤 澹如 工書 南市橋巷
孫觀圻 譜笙 石塘灣　俞家振 杏栽 東北塘　殷獻臣 質卿 玉祁
林錫榮 叔顯 稅務前　任文楷 槐芳五品銜候選縣丞 西城脚　施秉鈞 蓮汀 江陰巷
孫鍾偉 子襄分部主事 石塘灣　王蘊章 蒓農壬寅補行庚子辛丑恩正併科副貢工書 神仙橋
錢應運 綠葭工算學 藕蕩橋　郁贊廷 莞卿 前洲　朱肇基 晉卿

王蘊曾 卓民 神仙橋　府學 楊應時 子奇 開化橫山　孫肇圻 北萱己酉拔貢 石塘灣
阮宗咸 魯卿 薛家街
金匱題 諸大夫皆曰賢未可也義 次同錫
王紹曾 寶書 江陰巷　倪中軫 莘臣 學前街　秦寶鑑 懋昭 大河上
諸一圻 仲先 楊亭　章鴻賓 履平附貢 進士坊巷　顧廣熙 純吾 百歲坊巷
華鳳孫 君穀　陸錫琳 志祥 寺後門　陳　善 獻可更名然 東亭
顧鳴岡 藹人 張涇橋　黃以智 子英復姓顧 倉橋下　過秉圭 復三 八士橋
華人英 英臺　錢秉義 江晴　雷啟元 石安 斜橋下
楊鴻基 益三 江陂橋　顧光瑞 琪香 石塘灣　過肇基 伯蔭 東亭
邵光榮 蒸圃 大橋街　府學 丁元釗 瑞初 長安橋　以下蘇州 陳時敏 修梅 南盛

華　封 炳文 蕩口

光緒三十年甲辰歲案 廣額七名錫四金三

宗師唐景崇 字春卿廣西灌陽縣人同治辛未翰林以工部左侍郎任江蘇學政

無錫題 孟公綽一章義 唐虞稽古二句義

李　彬 公毓 三下塘　劉藜曜 然青 伯瀆港　沈壽桐 西苑 孤老院巷
陸鳳藻 翰飛 三下塘　華重協 西洲工書 中市橋　張士傑 僧如廩 通滙橋
盧銘勳 九成 安鎮　顧雄飛 頌翼 浮舟村　顧鴻聲 旭泉 青果巷
孫宗燿 鼇峰 小河上　王　勍 克循嘉慶丁巳王際熙後王以銓王辮王蘊時至勍五代游庠 大成巷
顧　彝 孟然　錢鑑瑩 鏡生 竹場巷　沈福鍾 覺初
張　杰 賦濤 東大街　顧贊璜 子彬 開化顧巷　吳　灝 浩清 閶江
廣額

端木鳳鳴竹橋 城西小木 稽穀復景修 虹橋下 黃豹光蔚如 南市橋巷
顧鴻臯視初 府學華巖夢如 甘露 朱培麟鹿卿獅橋 一字鏡澄 水
胡啓廸伯能甫 富安鄉修 薛復光道甫 禮社
金匱題始有曰苟合矣三句義次同錫
計光昌子明 梅涇上 顧鴻猷徑生 虹橋下 過文晃冠生雍正辛亥過養浩後過佶過錫爵過
學易過中立至文晃六代游庠八十橋 周岱安嶽青 陸鴻儀彥威 熙春街
華昌壽少純優行廩生民國己巳任本縣總務科長亭 東 諸祖德念修 黃梅夾山
華廷贊眉良 東亭 徐冠羣鳴臯村 懷上市顧 須寶楨頌周 蕩口
陸志成曉樓 東望橋 周駿渠清浙東義賑出力保花翎五品銜民國庚午奉高等法院委任江都法院書記官 東大街
王世鎬京伯 江陰巷 錢鍾棠召貽 遷江陰 顧德薰滋千 百歲坊巷

錫金遊庠續錄 三二二

張志勳佩臣 通滙橋 華廷珣亮臣 東亭 陸鎮瀛景宣 書院街南
倪文奎硯菴前 墩暘坊 廣額 姚大由用和 陳墅 鄒炳虎南薰 蕩口大坟上
蔡培子平民國庚午由政府簡任交通部航政司司長兼揚子江水利委員會會長 西倉 府學虞同書爾玉 安鎮
楊壽柯伯庚分部員外郎大成巷

光緒三十一年乙巳科案

宗師唐景崇

無錫題膺德之行膺言之謹義宮爲君商爲臣義

章遵養和 進士坊巷 陳學漢伯雲 跨塘橋 陳玉章桂泉 玉祁
華之傑仰千 北七房 錢光鑑鏡清 跨塘橋 張國瑞少瑜 南方泉
胡超羣軼堂民國選舉縣議會議員 胡家渡 糜杓戴南 玉祁

張光霽亮如 水獺橋 黃克謙受之 洛社 陸鳳詔閣臣 華大房莊
胡保祥兆禎 胡家渡 華豹文蔚如 前洲 華襄治鄉萍 三下塘
朱佐基鑑文 楊墅園 惠建勳亮卿 華大房莊 周祖濂鳳山 府學
陸瑋伯庚 吳塘門 錢廷駒丞來章安徽候補縣 華大房莊 戴宗德翼先 玉祁 以下蘇州
華晃贊卿 北七房 宋乃賓尹夏 錢橋 沈定表子達 南橋
朱燦硯耘 映山河 任德樞蓉沼更名文德 觀莊遷西門棉花巷
范培植侯 鄉堰橋
金匱題貌思恭言思忠事思敬義次同錫
唐宗儀慕汾更名宗郭大婁巷 孫國璋莆仲 小河上 嚴爲霖慰蒼 寨門
朱樹敏子速 前旺 徐成烈承甫 板橋 周原蔭範 張繆舍

錫金遊庠續錄 三二三

徐福澍利生 蕩口 許成普葆仁 張涇橋 章光第文昭
姚鍾毓中伯 陳墅 華鳳岡藹人 蕩口 吳廷樞幹卿 觀前街
楊光榮心梅 江陂橋 季鴻縉伯紳 鄉長安橋 張人鑑醉樵 榮張巷
過祖蔭述之 八士橋 陳端陛伯葵 張涇橋 程榮業煥章 南市橋
侯汝濟作霖 映山河 府學過景韓伯琦士橋 八 以下蘇州 周文駿葆書 白兎橋
華祖鑣慶堂 楊健霄景蘇 寺頭 顧泰森步巖 浮舟村

錫金科第考

（清）高鑅泉 輯

《錫金科第考》六卷，（清）高鑅泉輯，清宣統二年（一九一〇）刻本。

高鑅泉，字松濤，號錫麓拙叟。高氏在編成《錫金游庠續録》之後，因游庠録所記僅爲歷年科舉考試所録取的秀才名録，他决定再編一本歷年的進士名録。其實在縣志中都有進士名録。高氏所編《錫金科第考》一書不同之處在於：時間從清初開始，記録每一次會試和殿試的資料。内容有狀元、榜眼、探花、會元四人之姓名、籍貫；考官姓名、官銜及籍貫、試題。在這些内容之後即是這次科考所録取的無錫籍進士。在每位無錫籍進士的名字下注明官銜、哪一科，並盡其所能注明生卒年。據高氏自稱，生卒年由尋訪其族人瞭解所得。縣志上的名録衹到光緒七年（一八八一）爲止，而《錫金科第考》一直記録到清末科舉考試廢除爲止。其中包括了八股文廢考後的考試題目等内容。高氏在記録每科考試内容時，即使那一科没有無錫籍人士考中進士，科第考官、考題，三鼎甲及會元的名録仍然記録。高氏本來還要把科第考的内容擴大到明朝和更早的朝代，限於資料，没有編成。從這部《錫金科第考》中可以看到無錫一地在清代的科舉考試中由盛轉衰，清末無錫社會的變化，人們對科舉考試觀念的轉變，以及無錫在近代與時俱進的軌迹。

本書據清宣統二年刻本影印。

（徐志鈞）

唐制舉之名多至八十有六進士一科始於隋大業閒唐人編紀登科名氏之書凡十餘家大中時鄭顥纂進諸家科目記十有三卷然見於新書藝文志者崔氏顯慶登科記姚康科第錄李奕唐登科記三家而已宋初樂史考獻徵文輯爲唐登科記三十卷其五代一卷宋二十一卷則南宋洪景伯氏纂焉有元一代書缺有閒國子學刻石題名始自仁宗至明永樂閒內官阮安督工修學悉遭磨滅僅存三碑而碑錄未鋟其板錄迺始於洪武都會郡邑之志科名者均即是爲憑依然如李氏調元璅記永樂甲申

廬陵周孟簡與弟述同登上第孟簡名在述後成祖以弟不先兄之義拔置述前今碑錄仍弟先兄後又如洪武乙丑錄載一甲三人丁顯練子寧黃子澄據沈氏一貫闈考是科試官所擬首爲花綸子寧子澄次之高祖感日下雙絲之夢兆而以顯易綸以綸易子澄抑子澄於三甲此與清河張朝瑞貢舉考新都楊慎科第題名考同也而吾鄉先達俞是堂廉訪登科考仍以子澄爲第三人何居至豐碑立於成均四方觀聽詎容調停兩可於顯則從大廷臚唱之名於子澄則從擬而未定之次巍然大科莫衷一是則其餘之沿譌而襲謬者豈少也哉是堂之考不限於吾鄉也厥後勵庵施氏錫山科甲考以邑人纂邑事則耳濡目染當可信而有徵惜其書未見毘陵趙氏有毘陵科第考謂遵勵庵之例而附以宦官崇秩虞山王氏有虞陽科名錄又益以主司姓名科場題目與其人字號燦然備矣高君松濤既編續游庠錄至光緒乙巳年止今復遠念勵庵之有作旁規王趙之所編參考諸家譜牒嚴寒酷暑不憚劬勞博採遐搜於書名書字之外舉凡一人之更名復姓一家之敬後承先以至歷官始末年齡修短靡不一一

詳求雖由後溯前代遠年湮不無文獻闕如之憾然追維五六年來家咨戶訪其人或風流雲散已難今事問琳且物換星移閒復故人宿草苟不以咫聞寸見筆之所記付之手民以待後來之補正於情固恝而理亦未安第今科舉已停後又誰能計此則是編也直以爲是堂勵庵諸書之殿而視之如廣陵散可也獨月山人朱鑑章海琴甫謹序時宣統庚戌秋日

高叟松濤有志徵求兩邑文獻有年矣既與余同刊梁溪詩鈔告成又纂錫金科第考十二卷先刊六卷餘以待剞劂序於余余曰叟之力亦勤矣吾邑自端委開基人文之盛甲於吳會昔賢著述其有關於文獻湮沒而不彰者甚夥如梁溪文鈔八十卷周佩安先生輯書成於道光之季旋遭粵匪之亂未及刊行他若勾吳閒見錄梁溪雜事梁溪詩話西神叢語錫金志外當時均有雕本行世洊經兵燹板燬無存余欲網羅放失付之剞劂庶於吾邑遺聞佚說信而有徵足備他日續修邑乘之采擇若夫科第不過

爲士子進身之階人之賢否初不系此而何亟亟爲且自政變以來久奉明詔停止則是書之作非所謂急其所緩乎叟曰不然余之刊是書治亂興亡之龜鑑也溯自隋唐以來一代興王御宇必先有以維繫天下之人心而柔其氣使之可靜而不可動可由而不可知科舉者維繫人心之一端也余曰有說乎曰有昔宋蘇子瞻作志林戰國任俠以知勇辯力四者皆天民之秀傑先王分天下之富貴與此四者共之四者不失職則民靖矣三代以上出於學戰國至秦出於客漢以後出於郡縣吏魏晉以來出於九品中正隋唐至今出於科舉雖不盡然取其多者論之子瞻以爲秦之亡雖由於二世然使始皇不任商鞅變法有以養士不失其職則秦之亡不若是之速宋元祐間科目猶盛子瞻此論若逆知後世必有用夷變夏襲商鞅之故智以亂天下者故不憚大其聲而疾呼余之刊是書亦此意也余曰科舉以維繫人心既聞命矣然謂足以得士而致治則未之敢信叟曰何不可信也吾邑如唐之李文肅錢安道宋之李忠定尤文簡莫不勳業爛然照耀史册降及有明人才尤盛邵文莊顧洞陽侯元甫顧端文高忠憲

馬文肅或以文學顯名或以忠節流芳迄今讀其遺著挹其高風雖百世下猶堪興起我朝取士沿明舊制名儒名臣循吏接踵而興不勝枚舉凡此皆俯首場屋之士一旦立朝建樹若此而猶謂不足得士致治眞一孔之見也余復難之曰物必以當王爲貴今學堂林立科舉已如廣陵之散是書刊就誰復過而問者叟又作而言曰吾爲此非欲風行以貿利也存累朝之制度寄滄桑之遐感俾後之閱者知秦以不養士而亂且亡隋唐以來之哲后賢君以能養士而治且與科舉之盛衰可卜世運之否泰蘇子之

言固不我欺也其爲吾邑文獻不尤大乎余心韙其言既退因即問答之語書之以爲序若夫攷證源流詳定體例則有鄉先輩朱先生之序在茲不復贅云

宣統二年歲次庚戌仲秋之吉後學兪戩龕氏謹序於還讀草廬

凡例十則

一是編爲表彰諸先達起見謹遵邑志挨次註錄庶免年久湮沒如在前明已登科榜至　國朝列甲榜者亦詳註

一悉纂蘇常兩郡兼虞陽等科第錄從中採取如吾邑缺標即補入凡寄籍他縣改歸本籍者亦詳入以便查考

一南北兩榜分別北爲順天南爲江南中有複姓亦照錄

一首列科榜後登甲榜書明干支以別年分登甲榜書明擬科年分亦詳干支循環分別

一試官並題目悉從選舉誌錄入既無遺漏亦不敢更易

一祖父登科第已知者於原名下書明惟子孫封贈不註

一功名以顯爲至宦階以終爲至其中遷擢升轉均不細詳凡重遊泮水重宴鹿鳴瓊林爲儒林之瑞者分別詳註

一原人名下始註字欵後注官職以後再註生年干支並卒年若干逾六十者爲壽考有不知生卒年分及該後裔不來告知者祇付之闕如更有在年榮庚亦不註

一逢本邑脫科之年專將鼎甲及解會元註明以窺全豹

一是編輾轉抄錄其稿經謄寫數次始定予見聞未廣校勘稍疏不無魯魚亥豕之病倘乞見原並祈　鑒政是幸

錫金科第攷目錄

錫金科第攷附年表卷一 庚戌年刻

錫欐拙叟高鑅泉　松濤甫輯 時年七十有八
梁溪顧銘書　季欽甫參
錫山張慶淦　瑞初甫校

進士 凡無錫是科未試會元鼎甲亦註

順治三年丙戌 狀元傅以漸聊城人　榜眼呂纘祖滄州人
探花李奭棠大興人　會元李奭棠大興人

順治四年丁亥科會試 無錫是科始

考官
內閣大學士范文程字憲斗奉天人
內閣大學士剛林字公茂滿洲人
內閣大學士祁充格字　滿洲人
內閣大學士馮銓字伯衡順天涿州人癸丑進士
內閣大學士甯完我字公甫奉天人
內閣大學士宋權字雨恭河南商邱人乙丑進士

題　堯舜帥天　二句　知者不惑　一節
行天下之至　山之

狀元呂宮字長音江南武進人

榜眼程芳朝字其相江南桐城人

探花蔣超字綏安江南金壇人

會元李人龍字光宸直隸滄州人

鄭應皐 乙酉科榜姓萬 戶部主事　陸朝瑛 乙酉科榜姓范 山東濟南道

劉德炎 赤符號上立明壬午榜忻州知州　堵廷棻 乙酉 歷城知縣

蔡瓊枝 丙戌甲午典試 四川浙江僉事　劉果遠 乙酉科榜姓孫 湖廣提學僉事

許襄 乙酉 中部知縣　劉惠恒 丙戌 閩縣知縣

張墀 明己卯舉人 未殿試　鮑鳳[illegible] 丙戌樂安知縣 生庚戌壽七十五

顧鏞 乙酉科榜姓楊廣東提學僉事生壬子壽六十四

李瑛 本姓鄒 丙戌 漳縣知縣

順治六年己丑科會試

考官

內閣大學士剛林 見上

內閣大學士祁充格 見上

內閣大學士范文程 見上

內閣大學士洪承疇字亨九福建同安人丙辰進士

內閣大學士甯完我 見上

內閣大學士宋權 見上

內閣學士王文燈字清遠浙江山陰人舉人

題 湯之盤銘 全章 天下歸仁 一句

存其心養 一節

狀元劉子壯字克猷湖廣黃岡人

榜眼熊伯龍字次侯湖廣漢陽人

探花張天植字次先浙江秀水人

會元左敬祖字虞孫直隸河間人

諸豫 戊子侍讀 生癸亥卒年四十四　諸保宥 丙戌南昌知府 生壬戌壽六十三

范龍 丙戌解元復姓王 歷城知縣　沈在湄 乙酉 永定知縣

薛信辰 丙戌 浙江右布政使　朱瑛 戊子 寶慶同知

顧熂 丙戌 象山知縣　侯杲 戊子刑部郎中 生甲子卒年五十二

費國瑄 戊子 餘姚知縣擢主事　張迎禊 丙戌 未殿試

鄒忠倚 于度號海岳明壬午舉人 未殿試

順治九年壬辰科會試

考官

禮部尚書陳泰字 奉天人

國史院學士劉清泰字 奉天人

宏文院學士成克鞏字 直隸大名人癸未進士

秘書院學士胡統虞字此菴湖廣武陵人癸未進士

題　君子有大　二句　參乎吾道　全章

經正則庶　一句

狀元鄒忠倚字于度江南無錫人

榜眼張永祺字爾成順天大興人

探花沈　荃字貞蕤江南青浦人

會元程可則字周量廣東南海人

鄒忠倚　己丑會榜一甲第一　翰林院修撰生癸亥卒年三十二

賈　曾　辛卯會魁秀水　知縣生壬子壽六十七

史　渶　辛卯科榜姓吳　汝甯推官　　張迎禊　己丑會榜　武昌推官

志唐傳補　孫仁濬　辛卯　南安推官　　唐德亮　采臣　則壬午科榜

張允欽　辛卯科榜姓周　翰林院侍讀　　張　輔　辛卯　常昌推官

楊兆魯　丙戌　福建參議　　秦　鐄　馭豐明丙子科榜　未殿試

順治十二年乙未科會試

考官

內閣大學士額色黑字　滿洲人

內閣大學士金之俊字豈凡江南吳江人己未進士

內閣學士胡兆龍字子袞浙江山陰人丙戌進士

禮部侍郎恩國泰字　滿洲人

題　詩可以興　七句　考諸三王　二句

仁言不如　全章

狀元史大成字及超浙江鄞縣人

榜眼戴王綸字經碧直隸滄州人

探花秦鉽字克繩江南無錫人　一作長洲

會元秦　鉽　見上

秦　鉽　戊子會元　廷試一甲第三　湖廣根儲參政江西按察使司生辛酉壽六十七

秦松齡　甲午　左諭德己未舉鴻博辛酉典試　江西　甲子典試順天　生丁丑壽七十八

朱　謨　戊子科榜姓陳　江甯教授　　黃　鼎　甲午　廣西提學僉事

施佩鳴　甲午科榜姓吳　高州推官　生丙寅卒年三十六

陳　常　乙酉　教諭　　過松齡　己酉　鎮江教授

嵇永福　甲午　嚴州推官　　屠　倚　甲午　靖安知縣

秦　鐄　壬辰會榜　溫州推官

順治十五年戊戌科會試　頭場四書題三道　由是科始

考官

內閣大學士傅以漸字于磐山東聊城人丙戌狀元

秘書院學士李　霨字景霱直隸高陽人丙戌進士

題 無爲而治 全章 天命之謂 全章

君子所性 二節

狀元孫承恩字扶桑江南常熟人

榜眼孫一致字惟一江南鹽城人

探花吳國對字玉隨江南全椒人

會元張貞生字幹臣江西廬陵人

顧 岱 甲午 杭州知府　陳禋祉 甲午 臨安推官

侯 曦 朝寅號衣濟禹鉉子明己卯科榜 刑部主事生庚申卒年五十六

王 松 丙戌 大理推官　曹鼎臣 甲午 明通榜中書

順治十六年己亥 恩科 時雲貴蕩平再行會試

考官

內閣大學士劉正宗字可宗山東安邱人戊辰進士

內閣大學士衛周祚字文錫山西曲沃人丁丑進士

題 欲脩其身 七句 道之以德 二句

爲人臣者 至 接也

狀元徐元文字公肅江南崑山人

榜眼華亦祥字纘長江南無錫人

探花葉方藹字子吉江南崑山人

會元朱 錦字皓思江南上海人

華亦祥 丁酉科榜姓鮑 宏文院侍讀
一甲第二榜眼 生甲子卒年四十二

華章志 甲午 貴州提學僉事　華振鷺 甲午 推官

鄒象雍 丁酉 行人司行人生甲
二甲第一傳臚 卒年五十一

順治十八年辛丑科會試

考官

內閣大學士成克鞏字子固 見上

內閣大學士衛周祚 見上

題 知止而后 一節 夫子之文 全章

易其田疇 二節

狀元馬世俊字甸臣江南溧陽人

榜眼李仙根字子盤四川遂寧人

探花吳 光字長庚浙江歸安人

會元陳常夏字鐵山福建南靖人

劉宗熹 辛卯 寶鷄知縣 丁酉

秦廣之 未殿試

康熙三年甲辰科會試

考官

內閣大學士李　蔚字坦園　見上

戶部尚書杜立德字純一直隸寶坻人癸未進士

吏部侍郎郝惟訥字敏公順天霸州人丁亥進士

內閣學士王　清字思齋山東海豐人己丑進士

題　修己以敬論　一句

狀元嚴我斯字存菴浙江歸安人

榜眼李元振字貞孟河南柘城人

探花周　宏字子重江南無錫人一作姓秦

會元沈　珩字昭子浙江海盐人

周　宏　癸卯舉人姓秦一甲第三己酉典試山西翰林院侍講學士生丁丑壽六十九

諸定遠　癸卯陝西參議生己卯壽六十八　秦鉅倫　癸卯宜君知縣

康熙六年丁未科會試

考官

吏部侍郎馮　溥字孔博山東臨朐人丁亥進士

戶部尚書王宏祚字玉銘雲南永昌人庚午舉人

兵部尚書梁清標字玉立直隸正定人癸未進士

內閣學士劉芳躅字鍾山順天宛平人乙未進士

題　惟天下至　化論

狀元繆　彤字歌起江南吳縣人

榜眼張玉裁字禮存江南丹徒人

探花董　訥字子重山東平原人

會元黃礽緒字成伯江南崇明人

張光第　癸卯

康熙九年庚戌科會試

考官

內閣大學士魏裔介字石生直隸栢鄉人丙戌進士

禮部尚書龔鼎孳字孝升江南合肥人甲戌進士

刑部侍郎王　清字氷壺　見上

國史院學士田逢吉字凝只山西高平人乙未進士

題　巍巍乎惟　三句　凡爲天下　一節

有天爵者　二節

狀元蔡啟傳字碩公浙江德清人

榜眼孫在豐字屺瞻浙江德清人

探花徐乾學字原一江南崑山人

會元宮夢仁字宗袞江南泰州人

林　鍾　己酉

康熙十二年癸丑 狀元韓　菼長洲人　榜眼王鴻緒華亭人

探花徐秉義崑山人　會元韓　菼　見上

康熙十五年丙辰科會試

考官

禮部尚書吳正治字賡菴湖廣漢陽人己丑進士

內閣大學士李　霨　見上

吏部侍郎宋德宜字右之江南長洲人乙未進士

副都御史田六善字兼山山西陽城人丙戌進士

題　君子義以　一節　誠者天之　一節

人有恒言　至　在身

狀元彭定求字勤止江南長洲人

榜眼胡會恩字孟輪浙江德清人

探花翁叔元字寶林江南常熟人

會元彭定求　見上

季麒光　庚子　諸羅知縣

康熙十八年己未科會試

考官

內閣大學士馮　溥字易齋山東臨朐人丁亥進士

兵部尚書宋德宜　見上

翰林院學士葉方藹字子吉江南崑山人己亥探花

副都御史楊雍建字自西浙江海寧人乙未進士

題　視其所以　全章　或生而知　一節

無爲其所　一節

狀元歸允肅字孝儀江南常熟人

榜眼孫　卓字子立江南宣城人

探花茆薦馨字楚畹浙江長興人

會元馬教思字臨公江南桐城人

王　澄　乙卯　麗水知縣　　郁世焜　戊午　澄邁知縣調武邑

唐　泓　丁巳　行人司行走　　華　黄　乙卯　永平知府　生甲戌壽七十六

侯麟勲　癸卯吏部主事　生壬午卒年四十一

秦廣之　辛丑進士未殿試今科　廷試未受職生壬戌壽七十二

己未博學鴻儒

秦松齡　乙未編修　右中允　　嵇永福　乙未進士　未受職

嚴繩孫　秋水號蓀友編修右中允辛酉典試山西

康熙二十一年壬戌科會試

考官

吏部尚書黃　機字次辰浙江錢塘人丁亥進士

工部尚書朱之弼字右君順天大興人丙戌進士

戶部侍郎李天馥字湘北江南合肥人戊戌進士

禮部侍郎陳廷敬字子端山西澤州人戊戌進士

題　瞻彼淇澳　一節　子張問仁　一節

聖人治天　四句

狀元蔡升元字徵元浙江德清人

榜眼吳　涵字容大浙江石門人

探花彭寧求字文治江南長洲人

會元金德嘉字會公湖廣廣濟人

周宜振　丁巳　錢塘知縣

康熙二十四年乙丑科會試

考官

刑部尚書張士甄字繡紫順天通州人己丑進士

戶部侍郎王鴻緒字季友江南華亭人癸丑榜眼

禮部侍郎董　訥字茲重山東平原人丁未探花

翰林院學士孫在豐字屺瞻浙江歸安人庚戌榜眼

題　顔淵問仁　一節　仲尼祖述　全章

聖人百世　一節

狀元陸肯堂字邃升江南長洲人

榜眼陳元龍字廣陵浙江海寧人

探花黃夢麟字硯芝江南溧陽人

會元陸肯堂　見上

王允持　壬子　知縣未赴任生丁丑卒年五十七

康熙二十七年戊辰狀元沈廷文秀水人　榜眼查嗣韓海寧人

探花張豫章青浦人　會元范光陽鄞縣人

康熙三十年辛未科會試

考官

文華殿大學士張玉書字素存江南丹徒人辛丑進士

工部尚書陳廷敬　見上

兵部侍郎李光地字晉卿福建安溪人庚戌傳臚

兵部侍郎王士正字阮亭山東新城人乙未進士

題　顔淵季路　全章　博厚所以　一節

非其義也　一節

狀元戴有祺字丙章江南金山人
榜眼吳　昺字永年江南全椒人
探花黃叔琳字宏獻順天大興人
會元張　瑗字蘧若江南祁門人
李廷樞 庚午 揀選知縣
康熙三十三年甲戌 狀元胡任輿上元人　榜眼顧圖河江都人
探花顧悅履海寧人　會元裴之仙丹徒人
康熙三十六年丁丑 狀元李　蟠徐州人　榜眼嚴虞惇華亭人
探花姜宸英慈谿人　會元汪士鋐吳縣人

康熙三十九年庚辰科會試
考官
內閣大學士熊賜履 見上
內閣大學士吳　琠 見上
戶部侍郎李　柟字木菴江南興化人癸丑進士
副都御史王九齡字子武江南婁縣人壬戌進士
題　知者不惑　一章　君子之道 至 天地
聖人之於 至 子也
狀元汪　繹字玉輪號東山江南常熟人

榜眼季　愈字退如江南寶應人
探花王　露字戒三河南柘城人
會元王　露 見上
秦學洙 己卯 城固知縣 生壬辰卒年五十五
王　翼 丙子 內黃知縣 生甲午壽七十
康熙四十二年癸未科會試
考官
內閣大學士熊賜履 見上
吏部尚書陳廷敬 見上

吏部侍郎吳　涵字容大浙江石門人壬戌榜眼
禮部侍郎許汝霖字時菴浙江海寧人壬戌進士
題　大學之道　一節　禹吾無間　一句
原泉混混　一節
狀元王式丹字方若年滿六旬江南寶應人
榜眼趙　晉字晝三福建閩縣人
探花錢名世字亮工江南武進人
會元王式丹 見上
秦源寬 己卯 內閣中書　朱　琬 壬午 鄞縣臨安等知縣

鄭祿天 簡州知州 壬午　吳一元 靈臺知縣 庚午

康熙四十五年丙戌科會試

考官

吏部侍郎李錄予字山公順天大興人庚戌進士

工部侍郎彭會淇字四如江南溧陽人丙辰進士

題　不知命無　全章　唯天下至參矣

設爲庠序　一節

狀元王雲錦字海文江南無錫人

榜眼呂葆中字無黨浙江石門人

探花賈國維字奠坤江南高郵人

會元尚居易字坦然陝西臨潼人

王雲錦 科榜姓施一甲第一狀元　庚午 陝西學政生丁酉壽七十一

嵇曾筠 壬午　癸卯典試河南文華殿 大學士　諡文敏生庚戌壽六十九

鄒奕鳳 乙酉　編修廣西學政甲午 典試廣東　生己亥壽六十二

施燾 壬午 刑部郎中　曹思義 壬午 伏羌知縣

顧趙炳 壬午科榜趙柄 生乙酉卒年三十八　顧開陸 癸酉譜載河南 副主考澤州同知

王澍 翰林號虛舟金壇籍 戶科給事中　劉洽 壬午 徽州教授

康熙四十八年己丑科會試

考官

內閣大學士李光地　見上

吏部侍郎張廷樞字息園陝西韓城人壬戌進士

題　知者樂水　二節　今夫天斯　一段

孔子之謂　二節

狀元趙熊詔字侯赤江南武進人

榜眼戴名世字田有江南桐城人

探花繆沅字湘芷江南泰州人

會元戴名世　見上

黃趙音 乙酉科榜趙音 檢討卒四十一　劉秉鉉 乙酉 池州教授

秦道然 乙酉　丁酉典試江西 禮科給事中生戊戌壽九十

康熙五十一年壬辰科會試

考官

左都御史趙申喬字松五江南武進人庚戌進士

刑部侍郎胡會恩字孟綸浙江德清人丙辰進士

侍讀學士徐元夢字善長滿州人癸丑進士

題　事父母能　二句　溥博淵泉　二節

由堯舜至　三節

狀元王世琛字寶傳江南長洲人
榜眼沈樹本字厚餘浙江歸安人
探花徐葆光字亮直江南吳縣人
會元卜俊民字方嘉江南武進人
華覲光辛卯内閣中書　張鏞乙酉嘉善知縣
周金簡壬午，編修生丙辰卒年五十七　秦靖然辛卯編修生癸卯壽六十四
杜詔辛卯舉人乙卯舉鴻博賜庶吉士生丙午壽七十一
黃天球辛卯科榜姓徐禮部主事生卒缺
康熙五十二年癸巳恩科會試春鄉秋會

考官
内閣大學士王掞字藻儒江南太倉人庚戌進士
工部尚書王頊齡字顓士江南華亭人丙辰進士
兵部侍郎李先復字子來四川南部人壬子舉人
内閣學士沈涵字度汪浙江歸安人丙辰進士
題　敬事而信　二句　博厚所以　二節
我善養吾至與道
狀元王敬銘字丹思江南嘉定人
榜眼任蘭枝字香谷江南溧陽人

探花魏廷珍字君璧直隸景州人
會元孫見龍字叶飛浙江烏程人
王賚春科榜内閣中書生辛丑壽六十一
閣外任蘭枝香谷號隨齋溧陽籍廷試第二庚戌會試大總裁禮部尚書生卒缺
康熙五十四年乙未科會試
考官
工部尚書王頊齡見上
左都御史劉謙字益侯直隸武強人戊辰進士
刑部侍郎蔡升元字方麓浙江德清人壬戌狀元

工部侍郎王之樞字雲麓直隸定州人乙丑進士
題　仁者先難　二句　知斯三者　二節
口之於味至我口
狀元徐陶璋字達夫江南崑山人
榜眼繆曰藻字文子江南吳縣人
探花傅王露字閬林浙江會稽人
會元李　鍇字絅文江南長洲人
湯萬炳甲午未殿試
康熙五十七年戊戌科會試

考官
吏部尚書張鵬翮字寬宇四川遂寧人庚戌進士
戶部尚書趙申喬字慎旃　見上
刑部侍郎李華之字秀實山東諸城人丙辰進士
工部侍郎王懿字匡峯山東膠州人戊辰進士
題　君子無衆　二段　必得其位　四句
昔者子貢至聖矣
狀元汪應銓字杜林江南常熟人
榜眼張廷璐字寶臣江南桐城人

探花沈錫輅字南指浙江仁和人
會元楊爾德字升聞浙江嘉善人
顧　仔　癸巳編修丙午雲南副考官遷浙江學政官至侍講學士生戊申壽八十一
鄒升恒　丁酉丙辰典試山西視學河南侍講學士生乙卯壽六十八

康熙六十年辛丑科會試
考官
戶部侍郎張伯行字孝先河南儀封人丁丑進士
內閣學士張鵬翮　見上
戶部尚書田從典字克五山西陽城人戊辰進士

副都御史李紱字巨來江西臨川人己丑進士
題　據於德依　二句　郊社之禮　四句
自生民以　二句
狀元鄧鍾岳字東長山東東昌人
榜眼吳文煥字觀候福建長樂人
探花程元章字冠文河南上蔡人
會元儲大文字六雅江南宜興人
顧棟高　庚子庚午舉經學國子監祭酒生己未壽八十一
湯萬炳　未仕補廷試

雍正元年癸卯 恩科會試 四月鄉試九月會試

考官

吏部尚書朱 軾字可亭江西高安人甲戌進士

禮部尚書張廷玉字硯齋江南桐城人庚辰進士

題 道之以德 一節 齊莊中正 二句

若禹皋陶 一句

狀元于 振字鶴泉江南金壇人

榜眼戴 瀚字逢源江南上元人

探花楊 炳字蔚文湖廣鍾祥人

會元楊 炳 見上

潘 果 春科榜永順同知生丙辰 陶正中 癸巳山西布政使護巡撫生戊辰壽六十二

鄒士隨 庚子未殿試 黃施鍔 甲子科榜施鍔國子監博士

雍正二年甲辰補行正科會試

考官

吏部尚書朱 軾字若瞻 見上

戶部尚書張廷玉字衡臣 見上

內閣學士福 敏字湘鄰滿洲人丁丑進士

吏部侍郎史貽直字儆弦江南溧陽人庚辰進士

題 能行五者至敏惠 誠者自成 二句

菽粟如水 二句

狀元陳惪華字雲倬直隸安州人

榜眼王安國字書臣江南高郵人

探花汪德容字雲大浙江錢塘人

會元王安國 見上

虞金銘 春科榜金銘茂名知縣 顧 贊 丁酉四川監驛道調山東督糧道

顧維鑄 春科榜澂江知府 秦伯龍 庚子雒縣知縣生乙丑壽七十九

雍正五年丁未科會試 特旨改三月會試此後析金匱兩縣通考故不分注

考官

刑部尚書勵廷儀字令式直隸靜海人庚辰進士

左都御史沈近思字伍三浙江錢塘人庚辰進士

工部侍郎史貽直 見上

題 人能宏道 二句 仲尼祖述 一節

孔子聖之 一句

狀元彭啟豐字翰文江南長洲人

榜眼鄧啟元字幼季福建德化人

探花馬宏琦字景韓江南通州人

會元彭啓豐　見上

鄒一桂　庚子舉人　二甲第一傳臚　壬子典試廣西　貴州學政　壬申會試總裁　官至禮部侍郎　予告歸生丙寅壽八十七卒贈尚書

秦　甸　丙午刑部主事　生辛未壽六十九　陳人龍　丁酉舉人　欽賜進士未殿試

鄒士隨　是科殿試肇慶知府　生癸卯壽六十一　鄒士夔　癸卯　明通榜泗州學正

雍正八年庚戌科會試

考官

大學士蔣廷錫字揚孫江南常熟人癸未進士

戶部尚書鄂爾奇字復庵滿洲人壬辰進士

錫金科第攷　卷一　雍正　三

工部侍郎孫嘉淦字錫公山西興縣人癸巳進士

內閣學士任蘭枝字香如江南溧陽人癸巳榜眼

題　志於道據　三句　自誠明謂　全章

見其禮而　一節

狀元周　澍字雨甘浙江錢塘人

榜眼沈昌宇字泰叔浙江秀水人

探花梁詩正字養仲浙江錢塘人

會元沈昌宇　見上

嵇　璜　己酉　欽賜舉人　乙卯典試山西　丙辰典試陝西乙未會試正總裁重與　瓊林宴

官至太子太師文淵閣大學士　生辛卯壽八十四卒諡文恭

浦起龍　己酉　蘇州教授　楊文林　丙午　池州教授

王繩曾　癸卯江寧教授　生丁丑壽八十歲　孫　濂　甲辰科榜姓唐　靖安知縣

季趙璟　己酉科榜趙璟鞏縣知縣　生戊寅卒年五十九

侯嗣達　癸卯　寧紹台道

雍正十一年癸丑科會試

考官

吏部侍郎楊汝穀字石湖江南懷寧人庚辰進士

戶部尚書鄂爾奇　見上

錫金科第攷　卷一　雍正　四

禮部侍郎任蘭枝字隨齋　見上

題　爲君難爲　二句　中也者天　一句

禹惡旨酒　二節

狀元陳　倓字定先江南儀徵人

榜眼田志勤字崇廣順天大興人

探花沈文高字紹岐江南崇明人

會元陳　倓　見上

徐梁棟　己酉　辰州同知　鄒承垣　壬子　南臺同知

秦莘田　丙午武平知縣　生甲戌壽六十六　侯羅齡　壬子科榜羅齡　交城知縣

錫金科第攷附年表卷二

錫釐拙叟高鑅泉 松濤甫輯 時年七十有八

梁溪顧銘書 季欽甫參

錫山顧敬瑩 新民甫校

乾隆元年丙辰科會試

考官

內閣大學士鄂爾泰字毅菴滿洲人己卯進士

內閣大學士朱 軾 見上

吏部侍郎邵 基字學址浙江鄞縣人辛丑進士

工部侍郎張廷瑑字桓臣江南桐城人

題 君子篤於 一節 五者天下至一也

欲爲君盡至已矣

狀元金德瑛字汝白浙江仁和人

榜眼黃孫懋字訓昭山東曲阜人

探花秦蕙田字樹豐號味經江南金匱人

會元趙青黎字然乙江南涇縣人

秦蕙田 乙卯舉人一甲第三庚辰癸未會試正總裁刑部尚書卒謚文恭生壬午壽六十三

賈 霖 甲辰舉 知縣 改教授壽八十一 華恒泰 癸卯 新城知縣

吳 鼐 乙卯營繕司主事生丙子年五十二 侯陳齡 己酉翰林院檢討生甲寅壽六十六

顧維鈁 甲辰刑部廣西司主事 華 栻 丙午登州知州

王雲萬 乙卯鳳凰廳同知生丙辰壽七十六 鄒永綏 乙卯工部郎中

博學鴻詞 又作宏

楊度汪 勗齋拔貢廷試第一庶吉士改德興知縣 杜 詔 賜庶吉士

王會汾 拔貢丙辰進士 顧棟高 辛丑進士未仕

顧奎光 乙丑進士 華希閔 庚子舉人

乾隆二年丁巳 恩科會試

考官

內閣大學士張廷玉 見上

左都御史福敏 見上

副都御史索 柱字海峯滿洲人乙未進士

吏部侍郎姚三辰字舜揚浙江仁和人癸巳進士

題 既庶矣又 二節 君子之所至見乎

人皆有不至政矣

狀元于敏中字重常江南金壇人

榜眼林枝春字繼仁福建福清人

探花任端書字念齋號進思江南溧陽人

會元何其睿字克思江南贛州人

附外 任端書 念齋蘭枝子溧陽籍一甲第三編修　趙振 丙辰

秦雄褒 丙辰鴻臚寺少卿生己酉壽七十六　吳培源 壬子遂安知縣改教諭生供壽八十一

王會汾 丙辰舉鴻博甲子丁卯兩次典試浙江庚午典試湖北吏兵兩部侍郎生甲申卒年六十一

徐汝瓚 乙卯獲鹿知縣生丁亥壽七十逾　吳熙 乙卯武義知縣生庚寅卒缺

副 顧維鎰 壬子舉人壬戌又副

乾隆四年己未科會試

考官

內閣大學士趙國麟字仁圃山東泰安人己丑進士

錫金科第攷《卷二 乾隆 三

兵部侍郎留保字松心滿洲人辛丑進士

吏部尚書甘汝來字遜齋江西奉新人癸巳進士

兵部侍郎凌如煥字琢成江南上海人乙未進士

題　生而知之　一句　用其中於　二句

君子所性　二句

狀元莊有恭字容可廣東番禺人

榜眼涂逢震字京可江西南昌人

探花秦勇均字倓賓江南金匱人

會元軒轅詰字謀野山東汶上人

秦勇均 甲辰一甲第三典西按察使生辛巳壽七十二

鄒有譽 戊午隆德知縣　顧龍光 壬子樂安知縣

周金紳 乙卯新甯知縣生壬午卒年五十二

乾隆七年壬戌科會試

考官

內閣大學士鄂爾泰　見上

刑部尚書劉吳龍字紹聞江西南昌人癸卯進士

兵部侍郎汪由敦字謹堂江南休寧人甲辰傳臚

副都御史仲永檀字樂園山東濟寧人丙辰進士

錫金科第攷《卷二 乾隆 四

題　如保赤子至遠矣　子擊磬於　一節

所過者化　二句

狀元金甡字雨甘浙江仁和人

榜眼楊述曾字二思江南陽湖人

探花湯大紳字孫書江南陽湖人

會元金甡　見上

張泰開 乙卯庚辰會試副總裁紫禁城騎馬五世同堂禮部尚書卒謚文恪生己巳壽八十六

秦大呂 丙午江甯教授生戊寅卒年五十七　施鼎 丙辰陵縣知縣生癸巳壽七十三

楊廷榕 丙辰滕縣知縣　顧乾 辛酉池州教授

副顧維鑑 壬子舉人丁巳副榜今又副寗州學正

副侯鈞 辛酉乙丑正榜　補王文標 乙卯本姓繆

上諭明年二月會試天未和暖改期於三月舉行永爲定例

乾隆十年乙丑科會試

考官

內閣大學士史貽直

吏部侍郎阿克敦字立軒滿洲人己丑進士

兵部尚書許維新字石源湖南茶陵人丙戌進士

刑部侍郎錢陳羣字柘南浙江嘉善人辛丑進士

題 孰爲夫子 至而立　人皆曰予 四句

於季桓子 三段

狀元錢維城字幼安江南武進人

榜眼莊存與字方耕江南武進人

探花王際華字秋瑞浙江錢塘人

會元蔣元益字希元江南長洲人

秦鐄 辛酉編修壬申典試浙江廣東鹽運使生丁酉壽六十八

朱煥 辛酉竹溪知縣　侯鈞 壬戌副榜清澗知縣生辛卯卒年五十六

顧奎光 甲子舉鴻博未赴桑植知縣生己亥卒年四十六

楊永謨 戊午刑部雲南司主事　楊楝 甲子政和知縣

副顧遷 壬子臨淮教諭　副孫洙 甲子辛未正榜

乾隆十三年戊辰科會試

考官

戶部侍郎蔣溥字恒軒江南常熟人庚戌進士

吏部尚書陳大受字可亭湖廣祁陽人癸丑進士

兵部尚書鄂容安字虛亭滿洲人癸丑進士

禮部侍郎沈德潛字歸愚江南長洲人己未進士

題 好人之所 一節　子曰嗚呼 二句

魯君之宋 二句

狀元梁國治字階平浙江會稽人

榜眼陳桝字東樊浙江仁和人

探花汪廷璵字衡玉江南鎮洋人

會元鄒梓字羲民江南靖江人

秦朝釪 丁卯楚雄知府生辛丑壽七十四　周照 丁卯廣東道御史生己亥卒年四十二

乾隆十六年辛未科會試

考官

內閣大學士劉統勳字爾純山東諸城人甲辰進士

工部尙書孫嘉淦字懿齋　見上
禮部侍郎介　福字受滋滿洲人癸丑進士
內閣學士董邦達字東山浙江富陽人癸丑進士
題　賢者辟世　全章　上焉者雖　一段
舜之居深　全章
狀元吳　鴻字雲巖號頡雲浙江仁和人
榜眼饒學曙字霽南江西廣信人
探花周　澧字芑東浙江嘉善人
會元周　澧　見上

孫　洙　甲子　乙丑明通榜直隸大城盧龍等知縣江寧府教授生辛卯壽六十八
鄒應元　丁卯科榜姓王臺灣府知府　周日萬　壬子緡雲知縣改安慶府教授
周日贊　辛酉　戶部員外郎己卯典試山西生丙申年五十四
乾隆十七年壬申　恩科會試　二月鄉試　八月會試
考官
禮部侍郎嵩　壽字雲依滿洲人癸丑進士
內閣大學士陳世倌字蓮宇浙江海寧人癸未進士
內閣學士鄒一桂字原褒江南無錫人丁未傳臚
題　君子有三至之言　果能此道　一節

孟子之滕至庚也
狀元秦大士字魯一江南江寧人
榜眼范棫士字祖年江南華亭人
探花盧文弨字紹弓浙江餘姚人
會元邵嗣宗字鴻箴江南太倉人
顧光旭　春鄉秋會甘肅莊涼道署四川按察使生辛亥壽六十七
華雲鵬　庚午科榜姓王嚴州知府
乾隆十九年甲戌科會試
考官

內閣大學士陳世倌字秉之　見上
禮部侍郎介　福字受之　見上
內閣學士錢維城字稼軒江南武進人乙丑進士
題　唐棣之華至思也　博厚配地　三節
且夫枉尺至以利
狀元莊因培字木清江南武進人
榜眼王鳴盛字鳳喈江南嘉定人
探花倪承寬字敬堂浙江仁和人
會元胡紹鼎字雨芳湖北孝感人

杜玉林庚午科榜王休庚子典試順天官至刑部侍郎生壬子壽六十

秦雄飛癸酉戊子典試山西官至江西布政使生庚戌壽六十八

秦泰鈞庚午庚辰典試浙江生甲辰壽六十九　周際清庚午晉迤西道生戊申壽六十六

薛田玉壬申科榜田玉會魁保定府同知生辛未卒年五十五

副馬雯丙辰　副楊鳴遠庚午鹽城教諭生丙申年四十九

副秦景燾壬申揀選知縣生己亥年五十一

乾隆二十二年丁丑科會試

考官

刑部尚書劉統勛　見上

禮部侍郎介福　見上

禮部侍郎金德瑛字蕙齋浙江仁和人丙戌狀元

題　臧文仲其　一句　在上位不　二句

一簞食一　至　加焉　賦得循名責實　得川字

狀元蔡以臺字季實浙江嘉善人

榜眼梅立本字秋塍江南宣城人

探花鄒奕孝字念喬江南無錫人

會元蔡以臺　見上

鄒奕孝癸酉一甲第三戊子典試陝西戊申典試順天己酉又典試順天福建學政庚戌會試總裁

官至工部侍郎生戊申壽六十六　顧彬癸酉選用知縣生丁酉年四十八

鄒起鳳丙子松江教授生卒缺

乾隆二十五年庚辰科會試

考官

內閣大學士蔣溥字質甫江南常熟人庚戌傳臚

刑部尚書秦蕙田字味經江南金匱人丙戌探花

禮部侍郎介福　見上

副都御史張泰開字履安江南金匱人壬戌進士

題　旣而曰鄙　至　已矣　愚而好自　三句

詩云憂心　至　王也　賦得王道蕩蕩　得同字

狀元畢沅字秋帆號湘蘅江南鎮洋人

榜眼諸重光字申之浙江餘姚人

探花王文治字禹卿江南丹徒人

會元王中孚字沇洲山東諸城人

鄒夢皐壬申乙酉典試雲南戶科給事中壽八十　朱宗洛癸酉天鎮知縣生辛卯壽六十一

張耀全癸酉阜平知縣改鎮江教授壽七十六　薛科聯癸酉未殿試

乾隆二十六年辛巳恩科會試

考官

戶部侍郎于敏中字仲常江南金壇人丁巳狀元

內閣學士劉統勛 見上

兵部侍郎觀 保字伯容滿洲人丁巳進士

題 紅紫不以 一句 旅酬下爲 四句

大夫曰何 一句 賦得賢不家食 得同字

狀元王 杰字偉人陝西韓城人

榜眼胡高望字希昌浙江仁和人

探花趙 翼字歐北江南陽湖人

會元陳步瀛字凌洲江南江寧人

嵇承謙 庚午 三代詞林 庚寅典試山西甲午典試陝西 官至翰林院侍讀生壬子卒年五十三

薛科聯 庚辰 未殿試 授南安知縣 生甲午壽六十三

乾隆二十八年癸未科會試

考官

刑部尚書秦蕙田字樹峯 見上

禮部侍郎德 保字仲容滿洲人丁巳進士

兵部侍郎王際華字秋瑞浙江錢塘人乙丑進士

題 甯武子邦 二句 無憂者其 一句

涫于髡曰 至 去之 賦得從善如登 得難字

狀元秦大成字澄敘江南嘉定人

榜眼沈 初字雲椒浙江仁和人 平湖

探花韋謙恒字約軒號慎占江南蕪湖人

會元孫效曾字恂士浙江仁和人

華允蘷 壬午 湖廣知縣

乾隆三十一年丙戌科會試

考官

內閣大學士尹繼善字元長滿洲人癸卯進士

吏部侍郎裘日修字叔度江西新建人己未進士

兵部侍郎陸宗楷字建先浙江仁和人癸卯進士

題 君子周急 至 九百 詩云相在 至 而敬

詖辭知其 四句 賦得三復白圭 得寒字

狀元張書勛字在常江南吳縣人

榜眼姚 頤字震初江西泰和人

探花劉躍雲字青垣江南武進人

會元胡 珊字含川江南歙縣人

秦 潮 乙酉 欽賜舉人 辛卯典試河南丙任安徽學政癸卯典試陝西丙午典試雲南官至國子監司業生癸亥卒年五十六

王　寬　壬午主事己亥典試廣西秦州知州生壬子壽六十九

乾隆三十四年己丑科會試

考官

吏部尚書劉　綸字繩翰江南武進人丙辰鴻博

吏部侍郎德　保　見上

題　子在陳曰至狂簡　天地之道至盡也

人之有德　二句　賦得河海不擇流得虛字

狀元陳初哲字永齋江南元和人

榜眼徐天柱字擎士浙江德清人

探花陳嗣龍字紹元浙江平湖人

會元徐　烺字崑衡浙江錢塘人

泰　泉　乙酉編修癸卯典試河南吏部考功司主事生辛酉卒年五十四

乾隆三十六年辛卯　恩科會試

考官

左都御史觀　保　見上

內閣大學士劉統勳　見上

內閣學士莊存與字芳耕江南武進人乙丑進士

題　若臧武仲　四句　明乎郊社　二句

今日性善　二句　賦得下車泣罪得懇字

狀元黃　軒字小華安徽休寧人

榜眼王　增字方川浙江會稽人

探花范　衷字士恒浙江上虞人

會元邵晉涵字二雲浙江餘姚人

馮　堉　戊子雷瓊道　　周　揆　乙酉鄞縣知縣

乾隆三十七年壬辰科會試

考官

兵部侍郎奉　寬字彰民滿洲人壬戌進士

內閣大學士劉　綸　見上

內閣學士汪廷璵字衡玉江南鎮洋人戊辰探花

題　君子求諸　一章　吾說夏禮　四句

人能充無至不言　賦得匠成翹秀得多字

狀元金　榜字輔元安徽歙縣人

榜眼孫辰東字楓培浙江歸安人

探花俞大猷字鶴雲浙江山陰人

會元孫辰東　見上

鄒炳泰　辛卯戊申典試浙江乙卯典試順天江南學政戊辰會試正總裁癸酉典試順天官至吏部

尚書協辦大學士紫禁城騎馬
致仕 生辛酉壽八十五
潘大禮 辛卯 滇州知州
乾隆四十年乙未 狀元吳錫齡休寧人 榜眼汪墉歷城人
探花沈清藻仁和人 會元嚴福吳縣人
乾隆四十三年戊戌科會試
考官
內閣大學士于敏中字耐圃 見上
吏部侍郎王杰字惺園陝西韓城人辛巳進士
內閣學士嵩貴字甫堂蒙古人辛巳進士

錫金科第攷《卷二 乾隆 十五

題 其言之不 一節 反古之道 一句
且子食志 至 食志 賦得春服既成 得鮮字
狀元戴衢亨字荷之江西大庾人
榜眼蔡廷衡字咸一浙江仁和人
探花孫希旦字紹周浙江瑞安人
會元繆祖培字敦川江南泰州人
馮培 玉圃 戊子 戶科給事中 楊掄 甲午天台知縣 生壬戌壽六十五
乾隆四十五年庚子 恩科會試
考官

禮部尚書德保 見上
禮部尚書曹秀先字芝田江西新建人丙辰進士
工部尚書周煌字海山四川涪州人丁巳進士
工部侍郎胡高望字豫堂浙江仁和人辛巳榜眼
題 則眾物之 一句 盡信書則 一句
罔之生也 一句 賦得春日載陽 得風字
狀元汪如洋字潤民浙江秀水人
榜眼江德量字成嘉江南儀徵人
探花程昌期字階平江南歙縣人

錫金科第攷《卷二 乾隆 十六

會元汪如洋 見上
朱杲 辛卯諸城知縣 生戊辰年五十七 劉汝薹 潔士陽湖籍三通館纂修生己未年四十九
乾隆四十六年辛丑 狀元錢棨長洲人 榜眼陳萬青石門人
探花汪學金鎮洋人 會元錢棨 見上
乾隆四十九年甲辰 狀元茹棻會稽人 榜眼邵瑛餘姚人
探花邵玉清天津人 會元侯健融歸安人
乾隆五十二年丁未科會試
考官
刑部侍郎姜晟字光宇江南元和人丙戌進士

內閣學士王　杰字偉人　見上

內閣學士端　保字執桓滿洲人乙未進士

題　子路共之　二句　君子尊德　三句

道在邇而　一章　賦得四時爲柄得乾字

狀元史致光字葆甫浙江山陰人

榜眼孫星衍字淵如江南陽湖人

探花董教曾字益其江南上元人

會元顧　鈺字容莊江南無錫人

顧　鈺辛亥會元福建道御史生乙亥卒年四十四

顧敏恒丙午蘇州府教授生戊辰卒年四十五

乾隆五十四年己酉預行庚戌正科會試

考官

內閣大學士王　杰　見上

禮部侍郎鐵　保字冶亭滿洲人壬辰進士

工部侍郎管幹珍字陽復江南陽湖人丙戌進士

題　點爾何如至之撰　溥博如天　二句

苟爲不熟　二句　賦得草色遥看近卻無得夫字

狀元吳長齡字西庚江南通州人

榜眼汪廷珍字玉粲江南山陽人

探花劉鳳誥字函牧江西萍鄉人

會元錢　楷字宗範號洪辰浙江嘉善人

華椿端丙午范縣知縣生戊辰壽七十八　倪　鏻丙午昌樂知縣生甲戌卒年五十六

乾隆五十五年庚戌　恩科會試

考官

吏部侍郎朱　珪字石君順天大興人戊辰進士

內閣學士王　杰　見上

工部侍郎鄒奕孝字念喬江南無錫人丁丑探花

題　皆自明也　君命召不　二句

使數人要於路　賦得老當益壯得方字

狀元石韞玉字執如江蘇吳縣人

榜眼洪亮吉字稚存江南陽湖人

探花王宗誠字中孚江南青陽人

會元朱文翰字屏滋江南歙縣人

王　寰戊申建昌府同知生乙丑卒年五十七

乾隆五十八年癸丑　狀元潘世恩吳縣人　榜眼陳　雲宛平人

探花陳希曾新城人　會元吳貽詠桐城人

乾隆六十年乙卯　恩科 按江蘇安徽分省取中自乾隆乙卯會試始起

考官

禮部侍郎劉躍雲字青垣江南武進人丙戌進士

左都御史竇光鼐字東皋山東諸城人壬戌進士

兵部侍郎瑚圖禮字和菴滿洲人丁未進士

題　民之所好　二句　柴也愚參　一章

齊人曰所至知也　賦得閏月定四時 得和字

狀元王以銜字鳳丹浙江歸安人

榜眼莫　晉字錫山浙江會稽人

探花潘世璜字黼堂江南吳縣人

會元王以鋙字寶華浙江歸安人

薛玉堂 壬子會魁慶陽知府 生丁丑壽七十九

嘉慶元年丙辰　恩科會試

考官

左都御史金士松字亭立江南吳江人庚辰進士

禮部尚書紀　昀字曉嵐江南獻縣人甲戌進士

兵部侍郎李　潢字雲門湖北鍾祥人辛卯進士

題　雖曰未學　二句　莫見乎隱　二句

不愆不忘　二句　賦得春雨如膏 得希字

狀元趙文楷字逸青江南太湖人

榜眼汪守和字凱南江西樂平人

探花帥承瀛字士登湖北黃梅人

會元袁　樾字斗槐浙江德清人

蔡維鈺 壬子編修貴州道御史 署給事中

嘉慶四年己未　狀元姚文田歸安人　榜眼蘇兆登霑化人

探花王引之高郵人　會元史致儼江都人

嘉慶六年辛酉　恩科會試

考官

禮部尚書達　椿字香圃滿洲人庚辰進士

工部尚書彭元瑞字芸楣江西南昌人丁丑進士

兵部侍郎平　恕字寛夫浙江山陰人壬辰傳臚
工部侍郎蔣曰綸字霽園河南睢州人庚辰進士
題　堯舜帥天　二句　百姓足君　四句
民之爲道　一節　賦得天臨海鏡 得天字
狀元顧　臯字晴芬江蘇金匱人
榜眼劉彬士字筠圃湖北黃陂人
探花鄒家燮字理堂江西樂平人
會元馬有章字倬亭江蘇通州人

顧　臯 乙卯　狀元　貴州學政丙子典試陝西辛巳典試順天壬午典試浙江乙酉典試順天官至戶部侍郎　紫禁城騎馬頃告生癸未壽七十

徐　煥 丙午　宗人府主事
薛凝度 乙卯漳州知府　生丙戌壽六十五

嘉慶七年壬戌 狀元吳廷琛元和人　榜眼李宗昉山陽人
探花朱士彥寶應人　會元吳廷琛 見上

嘉慶十年乙丑科會試
考官
內閣大學士朱　珪 見上
戶部尚書戴衢亨字荷之江西大庾人戊辰狀元
吏部侍郎恩　普字夢符蒙古人庚戌進士

戶部侍郎英　和字樹琴滿洲旗人癸丑進士
題　老者安之　一節　喜怒哀樂 至 之中
夫志至焉　四句　賦得我澤如春 得春字
狀元彭　浚字寶臣湖南衡山人
榜眼徐　頲字少鶴江蘇長洲人
探花何凌漢字仙槎湖南道州人
會元胡　敬字以莊浙江仁和人

孫爾準 乙卯　太子少保官至閩浙總督卒贈太子太師　謚文靖　生庚寅壽六十三
鄒植行 乙卯　山西學政官至左春坊左庶子　生辛卯卒年五十五

王　拱 乙卯兵部車駕司主事　生癸未卒缺

嘉慶十三年戊辰科會試
考官
內閣學士秀　寧字　滿洲旗人辛酉進士
內閣大學士董　誥字柘林浙江富陽人癸未傳臚
吏部尚書鄒炳泰字曉屏江南無錫人壬辰進士
侍郎顧德慶字厚齋山西陽曲人壬辰進士
題　德者本也　二句　如有博施 至 仁乎
人倫明於　二句　賦得立中生正 得精字

狀元吳信中字藹人江蘇吳縣人
榜眼謝楷樹字向亭江西宜黃人
探花石承藻字　湖南湘潭人
會元劉嗣綰字芙初江蘇陽湖人
侯　鈐 辛酉衡山知縣 生癸未壽六十二
劉嗣綰 蘭之號酷甫陽湖籍會元編脩 國史館纂修生壬午壽六十
嘉慶十四年己巳　恩科會試
考官
侍郎英　和字煦齋滿洲人癸丑進士

錫金科第攷《卷二　嘉慶　四

內閣學士費　淳字筠甫浙江錢塘人癸未進士
尚書王懿修字春圃江西青陽人丙戌進士
內閣學士貴　慶字月山滿洲人己未進士
題　君子喻於　一章　思知人不　知天
得天下有　六句　賦得一意同樂 得同字
狀元洪　瑩字賓華安徽歙縣人
榜眼廖金城字鈺夫福建侯官人 改名鴻荃
探花張岳松字子駿廣東安定人
會元孔傳綸字言如浙江仁和人

俞肯堂 甲寅山東道御史 生壬午卒年五十八　蔡　培 戊辰 生己亥卒年四十八
汪士侃 甲子工部屯田司員外郎生甲午壽八十一　滕　鏞 戊辰年老特賜檢討
嘉慶十六年辛未科會試
考官
內閣大學士董　誥　見上
戶部尚書曹振鏞字儷笙安徽歙縣人辛丑進士
兵部侍郎胡長齡字西庚江西通州人己酉狀元
內閣學士文　寧字芝崖滿洲人甲辰進士
題　中庸之爲　矣乎　知斯三者　二句

錫金科第攷《卷二　嘉慶　五

存其心養　一節　賦得虛堂懸鏡 得情字
狀元蔣立鏞字笙陔湖北天門人
榜眼吳毓英字鞠仁江蘇吳縣人 本姓王
探花吳廷珍字叔琪江蘇吳縣人
會元朱壬林字小雲浙江平湖人
黃揚鑣 辛酉永康知縣
嘉慶十九年甲戌 狀元龍汝言桐城人　榜眼祝慶蕃固始人
探花伍長華上元人　會元瞿　溶武進人
嘉慶二十二年丁丑 狀元吳其濬固始人　榜眼淩泰封定遠人

探花吳清鵬錢塘人　會元麗大奎常熟人

嘉慶二十四年己卯恩科 狀元陳沆蘄水人　榜眼楊九畹慈溪人

探花胡達源益陽人　會元費庚吉陽湖人

嘉慶二十五年庚辰科會試

考官

戶部尚書盧蔭溥字南石山東德州人辛丑進士

禮部尚書黃鉞字左田安徽當塗人庚戌進士

刑部侍郎吳芳培字雲樵安徽涇縣人甲辰進士

工部侍郎善慶字樂齋滿洲人壬戌進士

題　仁者先難　一句　成己仁也　三句

以善服人　四句　賦得惠澤成豐歲 得成字

狀元陳繼昌字蓮史廣西臨桂人

榜眼許乃普字滇生浙江錢塘人

探花陳鑾字玉生湖北江夏人

會元陳繼昌　見上

侯桐 癸酉編修奉天學政辛卯典試陝西甲午典試湖北癸卯典試浙江官至吏部左侍郎紫禁城騎馬予告歸　生己亥壽八十二　鄒鳴鶴 丙子未殿試

杜紹祁 己卯淡水同知 生甲辰壽七十六　徐寶善 科名三貲 庚辰編修御史生卒缺

道光二年壬午　恩科會試

考官

協辦大學士英和　見上

禮部尚書汪廷珍字瑟庵江蘇山陽人己酉榜眼

戶部侍郎湯金釗字敦甫浙江蕭山人己未進士

禮部侍郎李宗昉字芝齡江蘇山陽人壬戌榜眼

題　學如不及　一節　詩云鳶飛　一節

子貢曰見　一句　賦得春風風人 得風字

狀元戴蘭芬字湘浦安徽天長人

榜眼鄭兼恬字雲堅江西上高人

探花羅文俊字蘿村廣東南海人

會元呂龍光字雲扆浙江歸善人

陶沅 丁卯安化餘慶等知縣改池州教授生辛丑壽六十一

鄒鳴鶴 庚辰未殿試順天府府尹廣西巡撫殉節江寧郵贈四品銜諡壯節　生癸丑殉年六十一

道光三年癸未科會試

考官

吏部侍郎王引之字伯升江南高郵人己未進士

大學士曹振鏞字儷笙江南歙縣人辛丑進士

禮部尚書汪廷珍　見上
戶部侍郎穆彰阿字鶴舫滿洲人乙丑進士
題　切問而近 至 中矣　知遠知近　德矣
入則孝出　之道　賦得雲隨波影動 得波字
狀元林召棠字芾南廣東吳川人
榜眼王廣蔭字薆堂江蘇通州人
探花周開騏字石生江蘇江甯人
會元杜受田字芝農山東濱州人
劉永木 壬午金鄉等知縣 生庚子卒年五十六　華端翼 戊辰榜名翼 靈壽知縣生卒缺

秦大治 丁卯武強知縣 生甲午壽七十三
道光六年丙戌　狀元朱昌頤海鹽人　榜眼賈楨黃縣人
探花帥方蔚奉新人　會元王慶元鹽山人
道光九年己丑　狀元李振鈞太湖人　榜眼錢福昌平湖人
探花朱蘭餘姚人　會元劉有慶南皮人
道光十二年壬辰恩科　狀元吳鍾駿吳縣人　榜眼朱鳳標蕭山人
探花季芝昌江陰人　會元馬學易長洲人
道光十三年癸巳補行壬辰正科會試
考官

武英殿大學士曹振鏞　見上
體仁閣大學士阮　元字芸臺江蘇儀徵人
兵部尚書那清安字竹山滿洲人乙丑進士
工部侍郎恩　銘字蘭士滿洲人戊辰進士
題　古之愚也　二句　載華嶽而　三句
權然後知 至 爲甚　賦得以禮制心 得誠字
狀元汪鳴相字朗渠江西彭澤人
榜眼曹履泰字樹珊江西都昌人
探花蔣元溥字譽侯湖北天門人

會元許　楣字辛木浙江海寧人
安　詩 乙酉會魁給事中 生戊申年六十　華廷標 己卯中武知縣 生丙辰壽六十
道光十五年乙未科會試
考官
協辦大學士穆彰阿　見上
吏部侍郎文　慶字孔脩滿洲人壬午進士
工部尚書何凌漢字星槎湖南道州人乙丑進士
兵部侍郎張　麟字小軒浙江長興人己未進士
題　大德不踰閑　夫孝者善　一節

吾身不能 至 棄也　賦得王道平平 得偏字

狀元劉　繹字詹嵒江西永豐人

榜眼曹聯桂字馨山江西新建人

探花喬晉芳字心農山西聞喜人

會元張景星字粲亭浙江嵊縣人

孫慧惇 乙酉 欽賜舉人 利津知縣 生己酉壽六十二

道光十六年丙申 狀元林鴻年侯官人　榜眼何冠英閩縣人

探花蘇敬衡霑化人　會元夏子齡江陰人

道光十八年戊戌 狀元鈕福保烏程人　榜眼金國均黃陂人

探花江國霖大竹人　會元王振綱直隸人

道光二十年庚子預行辛丑正科會試

考官

武英殿大學士潘世恩字芝軒號槐堂 見上

戶部尚書龍　文字存質滿洲人戊辰進士

禮部尚書龔守正字季思浙江仁和人壬戌進士

戶部侍郎王瑋慶字藕塘山東諸城人甲戌進士

題　如琢如磨　修也　蓋均無貧　兩句

用下敬上　四句　賦得慎修思永 得謨字

狀元李承霖字雨人江蘇丹徒人

榜眼馮桂芬字敬庭江蘇吳縣人

探花張百揆字吟芳浙江蕭山人

會元吳敬義字微客浙江錢塘人

秦金鑑 順天籍 鄉科失考　華翊亭 乙未 吳縣籍 夔虔知縣

道光二十一年辛丑 狀元龍啟瑞臨桂人　榜眼龔寶蓮大興人

探花胡家玉新建人　會元蔡念慈仁和人

道光二十四年甲辰科會試

考官

尚書陳官俊字偉堂山東濰縣人戊辰進士

侍郎徐士芬字松庵浙江平湖人己卯進士

侍郎文　慶字孔修滿洲人壬午進士

題　下學而上　二句　有所不足　二句

而以爲未　二句　賦得白駒空谷 得人字

狀元孫毓溎字梧江山東濟寧人

榜眼周學濬字縵雲浙江烏程人

探花馮培元字小亭浙江仁和人

會元焦春字字錦江安徽太平人

蔣大鏞 辛卯奉天治中 生戊辰壽六十二

道光二十五年乙巳 恩科會試

考官

文華殿大學士穆彰阿 見上

兵部尚書許乃普字滇生浙江錢塘人庚辰榜眼

戶部侍郎賈 楨字伯貞山東黃縣人丙戌榜眼

工部侍郎周祖培字芝臺河南商城人己卯進士

題 人焉廋哉 二句 詩曰妻子 一節

至於治國 玉哉 賦得百爾敬有位 得賢字

錫金科第攷 卷二 道光 六

狀元蕭錦忠字史樓湖南湘鄉人

榜眼金鶴清字稚谷浙江桐鄉人

探花吳福年字竹言浙江錢塘人

會元蔣超伯字叔起江蘇江都人

薛 湘 辛卯會魁 未殿試

道光二十七年丁未科會試

考官

太子太保武英殿大學士潘世恩 見上

工部尚書杜受田 見上

吏部侍郎福 濟字元修滿洲人癸丑進士

兵部侍郎朱鳳標字桐軒浙江蕭山人壬辰榜眼

題 君子賢其 至 其親 蓋有之矣 至 見也

孟子曰予 已也 賦得天心水面 得知字

狀元張之萬字子青直隸南皮人

榜眼袁績懋字耦安順天宛平人

探花龐鍾璐字寶生江南常熟人

會元許彭壽字仁山浙江錢塘人

楊延俊 甲辰會魁補用同知山東肥城知縣生己巳卒年五十一

錫金科第攷 卷二 道光 七

薛 湘 乙巳會魁潯州知府改鎮江教授生丙寅卒年五十三

道光三十年庚戌 狀元陸增祥太倉人 榜眼許其光番禺人

探花謝增儀徵人 會元鄒石麟鄉城人

咸豐二年壬子 恩科會試

考官

刑部尚書周祖培 見上

戶部侍郎何桂清字樹齋雲南昆明人乙未進士

兵部侍郎杜 翻字雲巢山東濱州人乙未進士

內閣學士載 齡字芷庵滿洲人辛丑進士

題　柴也愚參　二句　楚國無以　二句
詩云晝爾　至　百穀　賦得東壁圖書府　得心字
狀元章　鋆字采南浙江鄞縣人
榜眼楊泗孫字中魯江蘇常熟人
探花潘祖蔭字伯寅江蘇吳縣人
會元孫慶咸字彬麓浙江山陰人
顧鳳伋　甲午刑部主事陞員外郎生庚申壽六十三
咸豐三年癸丑　狀元孫如僅濟甯人　榜眼吳鳳藻錢塘人
探花呂朝瑞旌德人　會元吳鳳藻錢塘人

咸豐六年丙辰科會試
考官
協辦大學士彭蘊章字詠莪江蘇長洲人乙未進士
工部尚書全　慶字小汀滿洲人己丑進士
左都御史許乃普　見上
內閣學士劉　崑字韞齋雲南景東人辛丑進士
題　告諸往而　一句　洋洋乎　子天
莫如爲仁　一句　賦得遊麟萃靈沼　得靈字
狀元翁同龢字叔平江蘇常熟人
榜眼孫毓汶字萊山山東濟甯人
探花洪昌燕字張伯浙江錢塘人
會元馬元瑞字符齋山東臨清人
秦賡彤　癸卯科榜麗昌刑部員外郎記名御史掌教東林書院上丁卯壽七十八
華晉芳　乙卯庶吉士生戊戌早卒
咸豐九年己未　狀元孫家鼐壽州人　榜眼孫念祖會稽人
探花李文田順德人　會元馬傳煦會稽人
咸豐十年庚申　恩科會試
考官

協辦大學士周祖培　見上
吏部尚書全　慶　見上
禮部尚書朱　嶟字致堂雲南通海人己卯進士
吏部侍郎杜　翰字鴻舉山東濱州人甲辰進士
題　大學之道　一句　植其杖而　而立
定於一　三字　賦得聚米爲山　得波字
狀元鍾駿聲字雨辰浙江仁和人
榜眼林彭年字朝珊廣東南海人
探花歐陽保極字用甫湖北江夏人

會元徐致祥字季和江蘇嘉定人

朱厚基 壬子湖北候補道生戊子卒年四十五

同治元年壬戌 狀元徐 郙嘉定人 榜眼何金壽江夏人

探花温忠翰太谷人 會元李慶沅北通州人

同治二年癸亥 恩科會試

考官

工部尚書李棠階字文園河南河内人壬午進士

左都御史載 齡 見上

左都御史單懋謙字地山湖北襄陽人壬辰進士

户部侍郎沈桂芬字經笙順天宛平人丁未進士

題 大畏民志 二句 其養民也 二句

於是始興 三句 賦得劈海出明珠得杜字

狀元翁曾源字仲淵江蘇常熟人

榜眼龔承鈞字湘浦湖南湘潭人

探花張之洞字香濤直隸南皮人

會元黄體芳字漱蘭浙江瑞安人

王 緈 壬戌户部主事丙子典試福建生辛卯卒年四十六 八

同治四年乙丑科會試

考官

大學士賈 楨 見上

尚書寶 鋆字佩衡滿洲人戊戌進士

侍郎桑春榮字伯儕順天宛平人壬戌進士

侍郎譚廷襄字竹崖浙江山陰人癸巳進士

題 孝慈則 則勸 必得其壽

不違農時 二句 賦得蘆筍生時柳絮飛

狀元崇 綺字文山蒙古人

榜眼于建章字殿侯廣西 人

探花楊 霽字 漢軍人

會元廖鶴年字 廣東番禺人

朱福基 戊午會魁編修乙亥典試湖北山西學政生戊子卒年五十五

同治七年戊辰科會試

考官

體仁閣大學士朱鳳標 見上

吏部尚書文 祥字百川滿洲人乙巳進士

兵部尚書董 恂字醖卿江蘇江泉人庚子進士

左都御史繼 格字述堂滿洲人壬子進士

題　畏大人畏　二句　君子未有　者也

以予觀於　二句　賦得千林嫩葉始藏鶯　得藏字

狀元洪　鈞字文卿江蘇吳縣人

榜眼黃自元字董虞湖南安化人

探花王文在字念堂山西稷山人

會元蔡以瑺字瑶圃浙江蕭山人

林祖述　丁卯三品銜歷署浙江湖州杭州等知府生庚子壽六十七

同治十年辛未科會試

考官

體仁閣大學士朱鳳標　見上

工部尚書毛昶熙字旭初河南武陟人乙巳進士

左都御史皁保字芸舫滿洲人乙巳進士

內閣學士常　恩字　滿洲人庚戌進士

題　有子曰信　一章　人一能之　道矣

天下之善　二句　賦得移花便得鶯　得移字

狀元梁耀樞字斗南廣東順德人

榜眼高岳松字峻生陝西長安人

探花郁　崑字漱生浙江蕭山人

會元李聯琇字星如直隸景州人

朱鑑章　庚午未殿試

丁　墉　壬戌主事增城知縣生辛丑卒缺

同治十三年甲戌科會試

考官

侍郎魁　齡字華峯滿洲人壬子進士

尚書崇　實字樸齋滿洲人庚戌進士

尚書李鴻藻字蘭孫直隸高陽人壬子進士

尚書萬青藜字藕舫江西德化人庚子進士

題　君子坦蕩蕩　孟子曰君　二句

自誠明謂之性　賦得無逸圖　得勤字

狀元陸潤庠字鳳石江蘇元和人

榜眼譚宗浚字叔裕廣東番禺人

探花黃貽楫字濟川福建晉江人

會元秦應逵字鴻軒湖北孝感人

朱鑑章　辛未未殿試浙江蘭溪歸安等知縣

光緒二年丙子 恩科會試

考官

戸部尚書董 恂 見上

刑部尚書桑春榮 見上

吏部侍郎崇 綺字文山滿洲人乙丑狀元

禮部侍郎黄 倬字恕皆湖南善化人庚子進士

題 康誥曰克 二節 施於有政 二句

惟義所在 賦得南山曉翠若浮來得來字

狀元曹鴻勛字竹銘山東濰縣人

榜眼王賡榮字向甫山西朔州人

探花馮文蔚字蓮塘浙江烏程人

會元陸殿鵬字劍秋江蘇興化人

涂廉鍔 甲子翰林院檢討生癸卯卒年四十六

榮光世 庚午工部都水司行走主事生乙巳卒年三十六

光緒三年丁丑 狀元王仁堪閩縣人 榜眼余聯沅孝感人

探花朱賡颺華亭人 會元劉秉哲順德人

光緒六年庚辰科會試

考官

戸部尚書景 廉字秋屏滿洲人壬子進士

工部尚書翁同龢字叔平江蘇常熟人丙辰狀元

吏部侍郎麟 書字芝葊滿洲人癸丑進士

兵部侍郎許應騤字雲巷廣東番禺人庚戌進士

題 子曰吾與 一章 柔遠人則 四句

又尚論古 世也 賦得靜對琴書百慮清得清字

狀元黄思永字慎之江南江寧人

榜眼曹詒孫字亥謀湖南茶陵人

探花譚鑫振字麗生湖南衡山人

會元吴樹棻字 山東歴城人

顧紹成 乙亥會魁四品銜補用直隸州堂邑知縣生辛丑卒年五十

光緒九年癸未 狀元陳 冕宛平人 榜眼宗室壽耆滿洲人

探花管廷獻莒州人 會元甯木瑜休寧人

光緒十二年丙戌 狀元趙以炯貴陽人 榜眼鄒福保元和人

探花馮 煦金壇人 會元劉 培樂亭人

光緒十五年己丑科會試

考官

禮部尚書李鴻藻 見上

工部尙書宗室崑岡　見上

工部尙書潘祖蔭字伯寅江蘇吳縣人壬子探花

兵部侍郎廖壽恒字仲山江蘇嘉定人癸亥進士

題　子曰行夏　四句　取人以身　二句

曰子不通　至　於子　賦得馬飲春泉踏淺沙　得泉字

狀元張建勳字季端廣西臨桂人

榜眼李盛鐸字木齋江西德化人

探花劉世安字靜皆漢軍旗人

會元許葉芬字紹高直隸宛平人

孫鼎烈　戊子庶吉士散館新昌知縣二品銜浙江試用道賞戴花翎生辛丑壽七十

光緒十六年庚寅科　狀元吳　魯晉江人　榜眼文廷式萍鄉人

探花吳蔭培吳縣人　會元夏曾佑浙江人

光緒十八年壬辰科會試

考官

戶部尙書翁同龢　見上

工部尙書祁世長字子禾山西壽州人庚申進士

內閣學士霍穆歡字紹先滿洲人丙辰進士

內閣學士李端芬字苾園貴州貴筑人癸亥進士

題　子曰君子矜　二章　斯禮也達乎　至　庶人

井九百畝其　四句　賦得柳拂旌旗露未乾　得春字

狀元劉福姚字伯棠廣西桂林人

榜眼吳士鑑字絅齋浙江錢塘人

探花陳伯陶字子礪廣東東莞人

會元劉可毅字寶珍江蘇武進人

楊　楷　辛卯　商部保惠司員外郎歷充各國隨員廣西柳州知府

光緒二十年甲午科會試

考官

禮部尙書李鴻藻　見上

左都御史徐　郙字頌閣江蘇嘉定人壬戌狀元

工部侍郎汪鳴鑾字柳門浙江錢塘人乙丑進士

副都御史楊　頤字蓉圃廣東茂名人乙丑進士

題　達巷黨人曰大哉孔子　子曰道不遠人　至　不遠

慶以地　賦得雨洗亭皋千畝綠

狀元張　謇字季直江蘇通州人

榜眼尹銘綬字佩芝湖南茶陵人

探花鄭沅字叔進湖南長沙人

會元陶世鳳字丹翼江蘇金匱人

陶世鳳 己丑會元 五品銜陸軍部考功司主事

陸士奎 己丑庶吉士散館知縣 同知銜安徽英山鳳陽舒城等知縣 湖北候補道

光緒二十一年乙未 狀元駱成驤資州人 榜眼喻長霖黃巖人

探花王龍文湘鄉人 會元陳厚梅閩縣人

光緒二十四年戊戌 狀元夏同龢麻哈人 榜眼夏壽田桂陽人 又見鎮洋

探花俞陛雲德清人 會元陸增煒新建人

光緒二十九年癸卯補行辛丑壬寅兩科 狀元王壽彭濰縣人 榜眼左霈漢軍人

探花楊兆麟遵義人 會元周蘊良會稽人

光緒三十年甲辰 狀元劉春霖肅寧人 榜眼朱汝珍清遠人

探花商衍鎏廣東人 會元譚延闓茶陵人

錫金科第攷附年表卷三

錫釐拙叟高鑅泉 崧濤甫輯 時年七十有八

梁溪顧銘書 季欽甫叅

錫山孫誥鴻 錫承甫校

鄉科舉人 北榜外籍副榜附

舊例順治十七年題准江南中六十三名康熙三十五
年議准江南增二十名共八十三名康熙四十七年議
定江南額中八十三名今又增十六名共九十九名駐
防另考

順治二年乙酉科鄉試 是年江南等六省十月舉行鄉試

江南考官

檢討劉肇國字阮仙湖廣潛江人癸未進士

檢討成克鞏字子固直隸大名人癸未進士

題 其養民也 二句 君子而時 一節

則天下之至朝矣

江南解元張九徵字公選丹徒人丁亥進士

許襄 丁亥進士 徐果遠 行邇號帖陟 復姓劉 丁亥

堵廷棻 外木 丁亥 萬應臯 丁亥 復姓鄭

鮑鳳翔 槃菴 亞魁 梧州推官 乙未　楊　鏞 孟常號勉齋復姓顧 吳縣籍 丁亥
陳　常 乙未　沈在湄 己丑
范朝瑛 石齋復姓陸吳縣籍 丁亥　過松齡 佺期號石公 乙未
孫隸禾

順治三年丙戌科鄉試 是年行九省 九月鄉試

江南考官
檢討張　端字若正山東掖縣人癸未進士
員外郎呂崇烈字伯承山西安邑人癸未進士
題　禮以行之　三句　知天地之　一句

其自任以 至 如此
江南解元范　龍字雲生長洲人己丑進士
范　龍 雲生復姓王 己丑進士 解元考籍長洲
顧　煜 雙九 己丑　蔡瓊珠 聞培號皖森吳縣人 丁亥
劉惠恒 子迪號養孺吳縣籍 丁亥　鮑鳳伋 鐵巖 丁亥
薛信宸 國符號侯執 己丑　諸保宥 芯先號六在士蘭子 崑山籍 己丑
張迎禊 肖巷 己丑　王　松 戊戌
李　瑛 本姓鄒 崑山籍 丁亥　楊兆魯 壬辰

順治五年戊子科鄉試

順天考官
編修李呈祥字　霑化人
編修黃志遴字　晉江人
題　修己以敬 至 百姓　忠信重祿　二句
又尚論古　三句
順天解元李培初晉甯人
俞　爇

江南考官
編修梁清寛字敷五直隸正定人丙戌傳臚
編修傅維鱗字掌靁直隸靈壽人丙戌進士

題　夫子循循　一節　及其廣厚 至 載焉
定四海之 至 樂之
江南解元袁大受字亦文金壇人己丑進士
諸　豫 黃先號震坤士蘭子 崑山籍 己丑　秦　鉽 克繩號補念長洲籍 乙未探花
費國瑄 子復號松崖 己丑　朱　瑛 晉自號野巖吳縣籍 己丑
侯　杲 仙蓓號覺峯 己丑　陳　謨 蓋銘復姓朱吳縣籍 乙未
鄭龍祥 更名匯 臨邑知縣　姚見龍 笠江知縣
周士林　湯　樂 伯樂長洲籍 碁陽知縣

副　朱國華　　副　倪金馬　侍仙號松屺順慶府經歷生癸亥年五十四

順治八年辛卯科鄉試

順天考官

檢討李中白字繪先山西長治人丁亥進士

檢討孫自式字王度江南武進人丁亥進士

題　君子不可至受也　　肫肫其仁　一句

天下之本　三句

順天解元郭藩鎮大興人

副　張子寅　曉人琦子志缺今補

錫金科第攷　卷三　順治　四

江南考官

侍講學士高珩字葱佩山東淄川人癸未進士

編修黃機字次辰浙江錢塘人丁亥進士

題　君子學道　一句　　敬大臣也　三句

思天下之至溝中

江南解元袁孟義字長宜丹徒人

吳　浤　椒嶼更姓史壬辰　　賈　曾　子唯號湛渠吳縣籍壬辰

孫仁滐　曉湘號梅疇壬辰　　張　輔　壬辰　嘉定籍

周允欽　大申號侯若復姓張長洲籍壬辰丙午順天主考生丙寅年五十八

劉宗熹　二朱　辛丑

副　徐履吉　容菴復姓張御史生丙寅壽七十五　　副　顧　鋌　袁民廷樞子生辛酉壽七十九

副　沈之鴻

順治十一年甲午鄉試

江南考官

贊善姜元衡字玉瑭山東即墨人己丑進士

編修馬華曾字覲揚浙江平湖人己丑進士

題　士不可以　二句　　大哉聖人　一句

人人親其至下平

錫金科第攷　卷三　順治　五

江南解元朱朝幹字亮工句容人

黃　鼎　滄詩吳縣籍乙未　　嵇永福　爾遐號漪園乙未

秦松齡　留仙號對嚴乙未　　華振鷺　扶勳號西雝己亥

吳佩鳴　來友號虞修庠姓施武進籍乙未

顧　岱　商若號止菴嘉定籍戊戌　　陳禮祉　洪瞻正卿子戊戌

華章志　惟貞己亥　　曹鼎臣　掄生戊戌明通榜

黃鍾全　聞是號彥昌吳縣人　　周炳文

華元慶　子開號湘九中書舍人　　屠　倘　乙未

副　鄒　治　際五號靜嶽兌金子內閣中書生戊午年五十九

順治十四年丁酉科鄉試

江南考官

侍講方　猶字壯其浙江遂安人壬辰進士

檢討錢開宗字元子浙江仁和人丙戌進士

題　子貢曰貧　全章　忠信重祿　四句

以不忍人　二句

江南解元蔣欽宸字甫公丹徒人

秦廣之公廣號蒼華辛丑　王湻中

陸燦訓鑾復姓錢常熟人通判　鄒象雍泮宮號抑菴長洲人己亥傳臚

鮑亦祥繼長號暘中復姓華己亥辛年四十二　華廷樾

吳長庚柏裳　呂鍠震乾巢縣教諭

副鄭麒光聖昭號蓉洲庚子中式　副顧欽

副顧元齡子期吳縣籍見蘇州三縣譜

順治十七年庚子科鄉試

順天考官

侍講莊朝生字　江南武進人

檢討熊賜履字　湖北孝感人

題　志於道據　一章　大哉聖人　三節

禹聞善言至八同

順天解元楊士炌字　通州人

孫繹武　鄭麒光副榜復姓季丙辰

江南考官

檢討譚篆字灌村湖北天門人戊戌進士

給事中湛名臣字實菴江西南昌人丙戌舉人

題　仲弓問仁　一節　思修身不　六句

居天下之　三句

江南解元申　穟字叔長長洲人辛丑進士

江錫士本姓薛　周繼高元培號亦眷中書

施熙進揚號棐山元徵孫考取知縣生甲戌年四十八

康熙二年癸卯科鄉試

江南考官

編修王　鼎字亥重順天大興人己亥進士

給事中王曰高字北山山東茌平人戊戌進士

題　子謂子貢　全章　仲尼祖述　一節

取諸人以　二句

江南解元馬晉錫字于蕃六安人

諸定遠 西侯號自州士翹孫 崑山籍 甲辰　秦　宏 子重號紉齋復姓周 甲辰探花

丁　熙　張其翰 新平知縣

錫金科第攷《卷三　康熙　一

秦鉅倫 敷五號臙賓 甲辰　鮑允隆 武廬

侯麟勳 漢儀號慎來 己未　張光第 丁未　江陰籍

康熙五年丙午科鄉試

順天考官

侍讀張允欽字宗堯江南長洲人壬辰進士

禮部郎中沈令式字雲中浙江德清人己丑進士

題　君子欲訥於言而敏於行論

德不孤必　一章

順天解元李聞泰大興人　南元顧貞觀江南無錫人

顧貞觀 梁汾號華封樞子 南元秘書院典籍　施朝曾 維邇戶刑兩部 郎中壽八十餘

江南解元儲方慶宜興人 此試無錫未登一人

康熙八年己酉科鄉試

順天考官

編修李元振字貞孟河南柘城人甲辰榜眼

戶部郎中岳　貞字石齋四川涪州人甲午舉人

題　博學而篤　一節　見而民莫　三句

萬物皆備　一句

順天解元劉元福字慧生大名人庚戌進士

錫金科第攷《卷三　康熙　二

鮑鼎銓 讓侯 揀選知縣

江南考官

光祿寺少卿蘇　銓字次公直隸安河人丁丑進士

工部主事祁文友字珊洲廣東東莞人戊戌進士

題　君子之於至與比　庸德之行　五句

自生民以　二句

江南解元牛奎渚字滄洲高郵人

薛渭英　朱世英 本姓華

吳文鎔 棐架號省吾 鳳陽教諭改鎮江教授

林　鍾　庚戌　外附　陳　謨　四川籍

康熙十一年壬子科鄉試

順天考官

修撰蔡啓僔字崑暘浙江德淸人庚戌狀元

編修徐乾學字原一江南崑山人庚戌探花

題　衛公孫朝　一章　修道之謂　一句

后稷教民　至　人育

順天解元楊　雍字西涇寶坻人乙未進士

倪金書　京武號聽泉寧遠知縣　生癸未卒年五十七志缺今補

江南考官

刑部員外郎詹惟聖字乃庸浙江建德人壬辰進士

內閣中書沈允范字康臣浙江山陰人丁未進士

題　我非生而　一節　成己仁也　五句

夫君子所　至　同流

江南解元陸　輿字亦右宜興人己未進士

華　勤　惟思　無爲州學正　顧　鉉　渭若　寧鄉知縣

馬　翀　雲翎號蝶園文肅公孫中書生己丑早卒　王允持　簡在號鹿砦　乙丑

康熙十四年乙卯科鄉試

江南考官

戶部郎中孫昌期字大受河南葉縣人壬辰進士

禮部郎中勞之辨字書升浙江石門人甲辰進士

題　樂其可知　一節　忠恕違道　一句

言舉斯心　二句

江南解元施震銓字長六吳縣人戊辰進士

華　黃　備大號中涓　己未　王　澄　何思復姓華　吳縣籍己未

康熙十六年丁巳　恩科鄉試

江南考官

檢討沈上墉字宗之浙江歸安人癸丑進士

吏部員外郎趙士麟字伯雲雲南河陽人甲辰進士

題　子路問政　一章　能盡其性　四句

親親而仁　二句

江南解元潘麒生字一韓溧陽人壬戌進士

唐　泓　復姓楊太倉籍己未　周宜振　子訦　壬戌

秦　淵　敍三本姓楊長洲籍　貴池教諭生壬午卒年五十六

湯　粱　宥宏長洲籍教諭

康熙十七年戊午科鄉試

江南考官
太僕寺卿熊一瀟字漢若江西南昌人甲辰進士
刑科給事中李　廻字奉倩山東壽光人甲辰進士
題　抑爲之不至已矣　　誠者非自至物也
民之爲道至恒心
江南解元宋　衡字伊平廬江人乙丑進士
郁世焜 朝若號鶴章 復姓吳吉未
康熙二十年辛酉科鄉試
江南考官
編修馮雲驌字懿生山西代州人丙辰進士
檢討朱彝尊字錫鬯浙江秀水人己未鴻博
題　點爾何如　一節　　人道敏政　一節
獨樂樂與　一節
江南解元胡任輿字孟行上元人甲戌狀元
薛景瑄　　華宗源 月如 吳縣籍 光澤知縣
高　洪 仙令 遵義知縣
康熙二十三年甲子科鄉試
順天考官

諭德秦松齡字留仙江南無錫人己未鴻博
編修王沛恩字汝敬山東諸城人己未進士
題　性相近也　一節　　舟車所至　八句
天子適諸　一段
順天解元王　顥趙州人
朱　旂 西安 內閣中書 經魁　　吳一德 時雍
副 施晉卿 大復 生戊戌卒年五十三 黃巖知縣
江南考官
贊善徐　潮字青來浙江錢塘人癸丑進士
給事中楊周憲字覺山浙江仁和人丙辰進士
題　述而不作　一節　　舟車所至至配天
我知言我　二句
江南解元潘宗洛字書原宜興人戊辰進士
侯文熺 浴日號衡臯 生丙申卒年五十六 中翰　　張龍瑞 本姓王
徐勿休 丕揚 本姓吳 內閣中書　　邊　修 宏撰 刑部主事
康熙二十六年丁卯科鄉試
江南考官
侍讀米漢雯字秀巖湖南安化人己未鴻博

檢討龔　章字含五廣東歸善人癸丑進士

題　子路曾皙　三節　有弗學學　五段

成覸謂齊　一節

江南解元張兆鵬字翼雲華亭人

嚴　煜 光昶本姓秦吳江籍 靖江教諭　安　嘉 肇錫

康熙二十九年庚午科鄉試

順天考官

侍講學士王　掞字藻儒江南太倉人庚戌進士

編修魏希徵字子椒山東鄆城人丙辰傳臚

題　君子喻於　一章　宜民宜人　四句

大人者不　二句

順天解元張　伉完縣人

吳一元 曉仙本姓王 吳縣籍癸未　副吳　澄 幼清號麗三 北城指揮

江南考官

侍讀學士王尹方字鶴汀山西安邑人癸丑進士

兵部主事裴　袠字蘆阮河南新安人甲辰進士

題　先進於禮　一章　文理密察　二句

欲貴者人　一章

江南解元劉輝祖字北固桐城人

王世濟 貽京號豐亭 雩都知縣壽七十愈　施雲錦 宏駿號游文復姓王 丙戌狀元

李廷樞 辛未　副敖　汾 清江知縣

副鄒子貞　副王楷裴

康熙三十二年癸酉科鄉試

江南考官

少詹李鎧字山公順天大興人庚戌進士

戶部郎中强兆統字　陝西寶雞人庚戌進士

題　畏天命畏　三句　洋洋乎發　二節

禹惡旨酒　四節

江南解元戚　度字惟貞靖江人庚辰進士

秦巽權 行之號默齋滁州學正 生癸巳壽七十八

顧開陸 元臣號復齋經魁 長洲籍丙戌　施謙吉 抑隅號季吉寓都 知縣生戊戌卒缺

諸　枚 卜臣號恕齋定遠姪內閣中書 改嘉定教諭生癸巳壽七十二

康熙三十五年丙子科鄉試

順天考官

學士曹鑑倫字彝士浙江嘉善人

左春坊張希良字右虹湖北黃安人

題　詩云樂只　一節　人能宏道　一章
惻隱之心至耳矣
順天解元郝　濬字　正定人丙戌進士
邵元龍 巽成 醴陵知縣
江南考官
檢討張明光字雲書湖南安鄉人乙丑進士
給事中呂　振字仞千河南永城人甲辰進士
題　鄉也吾見至言乎　發而皆中　一句
人性之善　四句

錫金科第攷　卷三　康熙　九

江南解元朱士履字禮也上元人
王　翼 以燕號芭洲 庚辰　鄭廷標
附外 薛景珏 玉佩號沂蒙四川脊溪人 鄉試第一光山知縣生癸丑壽八十三
康熙三十八年己卯科鄉試
江南考官
侍講張廷樞字景峯陝西韓城人壬戌進士
給事中姜　櫹字仲銘山西保德人乙丑進士
題　吾未見剛　一節　唯天下至臨也
道則高矣　一章

江南解元方　苞字靈臯桐城人丙戌進士
秦學洙 遜五號素川本姓劉元珍曾孫 長洲籍 庚辰
顧　陞　秦源寬 未能號帖雲 癸未
秦樹績 峻雲宿州學正 生丁未壽七十　施宏仁 萬金知縣
周永禧 長源弘孫 邳州學正
康熙四十一年壬午科鄉試
順天考官
詹事卿徐秉義字彥和江南崑山人癸丑探花
侍講徐元夢字善長滿洲人癸丑進士

錫金科第攷　卷三　康熙　十

題　見賢思齊　一章　誠者非自　一節
勞之來之　如此
順天解元李　堂字仲升大興人癸未進士
施　燾 對揚 丙戌　劉　治 武卿號劬武 武進籍丙戌
嵇曾筠 松友號禮齋 長洲籍丙戌
江南考官
吏部郎中陳汝弼字蹈庵山東福山人己未進士
給事中黃梅枏字巨公直隸宣化人乙丑進士
題　知者動仁　四句　天下莫能　一句

爲巨室則至任也

江南解元吳楚奇字南英亳州人

周金簡大猷號燕巖壬辰　李射斗上海教諭

鄭蘇天二宜本姓薛癸未　曹思義子贊號荷村丙戌

附外

趙炳粹躬號訒菴本姓顧浙江籍丙戌

朱琬癸未　副吳遵鉷蓉裳內江知縣生乙未壽八十一

康熙四十四年乙酉科鄉試

順天考官

戸部侍郎汪霦字東州浙江錢塘人己未進士

贊善姚士藟字江南桐城人戊辰進士

題　吾嘗終日　一章　君子之道至自卑

禹惡旨酒　一節

順天解元張南齡字蠡縣人

秦道然雒生號南沙松齡子己丑生戊戌壽九十　張鏞壬辰

江南考官

侍講學士王之樞字雪石直隸定州人乙丑進士

四譯館卿廖騰煃字占五福建將樂人己酉舉人

題　子謂子夏　一節　言前定則　四句

有爲者辟　一節

江南解元趙音字翰思無錫人己丑進士

趙音翰思號扶齋解元本姓黃己丑年四十一　劉秉鉉己丑

鄒奕鳳舜威號寰西丙戌　華謙履光號愼岡鉅鹿知縣生辛亥壽七十二

秦芝田耕青號寄園道然子無極知縣生丙辰壽八十三

康熙四十七年戊子科鄉試

順天考官

學士潘宗洛字江南宜興人

御史李永紹字寍海人

題　詩云穆穆　二節　赦小過舉　二句

公事畢然　二句

順天解元朱綸字通州人

副張徐軒涇縣教諭

江南考官

吏科給事中屠沂字文山湖廣孝感人甲戌進士

檢討王景曾字枚孫順天宛平人庚辰進士

題　子貢問曰　全章　嘉樂君子　一節

七十者衣　三句

江南解元惠士奇字仲儒吳縣人己丑進士

朱玉紘　副孫　棟

副顧　森日秀號亦凡 長洲籍

康熙五十年辛卯科鄉試

順天考官

左都御史趙申喬字慎旃江南武進人庚戌進士

宗人府丞江　球字宜荀江西金谿人辛未進士

題　安而后能　二句　君子無眾　三句

見其禮而　二節

順天解元查爲仁字心穀宛平人

季騶光桐江上元教諭 生庚子壽七十七　周宜穀子似 內閣中書

杜　詔紫綸號雲川壬辰欽賜 進士生丙午壽七十七

秦靖然樂師號閑然 壬辰

江南考官

副都御史左必蕃字界周廣東順德人辛酉舉人

編修趙　晉字晝山福建閩縣人癸未榜眼

題　能行五者　一句　不息則久　四節

孔子登東　一節

江南解元劉　捷字月三桐城人

徐天球璋五號璞齋本姓黃 長洲籍　壬辰　華覲光用光號敬亭 壬辰

秦之鴻樂三號蘧和內閣中書 生壬寅壽六十五

華　湘衡南號梅里宏憲弟吳江籍 巢縣知縣

張長弼靜培　顧維楨本姓華

錢　鋐延弈號鹿崖 開縣知縣　副華希閔芋園　庚子中式

康熙五十二年癸巳恩科鄉試春鄉秋會

順天考官

戶部尚書張鵬翮字運青四川遂寧人庚戌進士

侍讀文志鯨字沅蘭湖廣桃源人辛未進士

題　子曰克己至仁焉　肫肫其仁　一章

君子之言　四句

順天解元崔九錫東光人　南元高躍龍無錫人

高躍龍若黎庠名起韓南元 黃巖知縣生丁未壽七十八

顧　仔子肩號蟻盧 安東籍戊戌　王　賚傳巖號稽村 連捷

江南考官

僉都御史呂履恒字元素河南新安人甲戌進士

戶部郎中喬雲名字紀黃山西猗氏人丁丑進士

題　富而可求　一節　　其爲物不　一節

宰我曰以　二句

江南解元許迺中江都人

楊守約 以博號南村經魁 內閣中書生、辛年四十九

秦朱千 樂燕吳縣籍候選同知 生庚子壽七十一

陶正中 未堂天壁子 癸卯　　副 湯萬炳 孔偉 甲午中式

副 顧價培 吳縣籍

康熙五十三年甲午科鄉試

順天考官

錫金科第攷 卷三 康熙　　廿五

祭酒徐日暄字敬齋江西高要人戊辰進士

御史田軒來字東軒浙江山陰人辛未進士

題　仰之彌高　一節　　遠之則有　二句

集大成也　二句

順天解元陸文煥宛平人

湯萬炳 長洲籍癸巳副榜 乙未

鄒洛 大來號癸軒本姓秦吳縣籍更名鄒洛 志載秦鄒洛生己亥壽七十三

江南考官

少詹事梅之珩字左白江西南城人乙丑進士

編修湯之旭字孟升河南睢州人丙戌進士

題　吾黨之小　三句　　溫故而知　一句

恥之於人　全章

江南解元方文炳豐縣人

顧景 士行號畬皐內閣 中書壽七十三　　施鍔 虞封本姓黃 癸卯

虞道澄 月仙 刑部郎中　　錢元錫 大成號息園

副 鄒士夔 聖俞號曙峯 丁酉中式

康熙五十六年丁酉科鄉試

順天考官

錫金科第攷 卷三 康熙　　廿六

戶部侍郎張伯行字孝先儀封人乙丑進士

編修鄂爾奇字季正滿洲人壬辰進士

題　舉賢才曰　所知　　大哉聖人　一句

其爲氣也　生者

順天解元李　蘭字汀情樂亭人　南元鄒升恒無錫人

鄒士夔 甲午副榜 泗州學正　　鄒升恒 泰和號慎齋南元 原名登恒戊戌

朱永祺 本姓薛 臨朐知縣　　陳人龍 袞先號體乾丁未 歙賜進士

江南考官

御史連肖先字武似漢軍旗人癸酉舉人

編修戚麟祥字聖來浙江德清人己丑進士
題 巧言令色 一節 及其廣厚 四句
樂正子強 四句
江南解元嚴文在字聚東建平人戊戌進士
顧 贄 敬輿號稼軒岱孫 鄒鳳城 慶瞻士夔子 耒陽知縣
副 吳于濟
康熙五十九年庚子科鄉試
順天考官
副都御史屠 沂 見上

侍讀陳世倌字秉之浙江海寧人癸未進士
題 孟武伯問 全章 能盡人之 四句
禹思天下 一節
順天解元王嘉賓字穆門宛平人
殷夢高 新又原名裕昌一名善友 唐 洙
鄒一桂 元褒號小山忠倚孫 丁未傳臚
江南考官
侍讀魏廷珍字君弼直隸景州人癸巳探花
檢討陳 會字遠齋四川營山人己丑進士

題 歲寒然後 一節 百世以俟 二句
飢者甘食 全章
江南解元施陛錦字祖誠長洲人
華希閔 芋園 雍正乙卯舉鴻博不赴涇縣訓導 欽賜知縣生壬子壽八十逾
顧起倫 顧棟高 震滄號復初 辛丑
秦伯龍 春山號蛟門源寬子 甲辰
陸兆獅 鄒士隨 晴川 癸卯
張應元 醒齋 舒城教諭

雍正元年癸卯　恩科鄉試四月鄉試九月會試

順天考官

左都御史朱　軾字若瞻江西高要人甲戌進士

禮部尚書張廷玉字衡臣江南桐城人庚辰進士

題　言思忠事　二句　惟天下至至大經

詩云晝爾至百穀

順天解元王　峻字次山江南常熟人

華恒泰興生　丙辰　陸慶元卷阿　戶部郎中

潘　杲師仲號讓村　聯捷生丙辰　副華西植煙麓　戊午中式

江南考官

吏部侍郎黃叔琳字崑圃順天大興人辛未探花

修撰鄧鍾岳字東長山東聊城人辛丑狀元

題　或問禘之　全章　知天地之　二句

無爲其所　一句

江南解元王晉源字子任泰州人

王繩曾武沂號蓼原庠姓秦　庚戌生丙辰壽八十

周　燏業傳　繼高孫　過炳蚪巽齋　志載懷安縣　廣西東蘭州知州

陸　海鴻漸號東瀛本姓侯　閱清　知縣　生丙子壽七十四

侯嗣達若木號爾端　庚戌　副鄒　稷漢儀號藝圃　生丁亥早卒

秦研田耕仁號端然子　生丁丑早卒

雍正二年甲辰補行癸卯正科鄉試二月鄉試八月會試

順天考官

吏部尚書田從典字曉山山西陽城人戊辰進士

內閣學士福　敏字龍翰滿洲人丁丑進士

題　舉善而教　一句　誠者不勉至人也

君子之守至下平

順天解元謝宜相文安人

錢　基又巖　經魁　巫山知縣　顧維鈁孝謀號梧軒　仔予　丙辰

江南考官

侍讀學士吳隆元字炳儀浙江歸安人甲戌進士

檢討李　蘭字汀倩直隸樂亭人戊戌進士

題　事君敬其　二句　致廣大而　二句

未同而言至已矣

江南解元吳　紱字方來宜興人丁巳進士

唐　濂山傳本姓孫　庚戌　過炳鈞巽齋譜載秉鈞　內閣中書

顧　預坦園號志鶴倍孫　大理鶴慶等知府　賈　霖沛然號誠齋　丙辰

金　銘 行若號鳥思 本姓虞聯捷　　秦勇均 健脩號桂川 己未探花

顧維鑄 小范號棄舟 聯捷　　曹輯五 竹屋 瀧南知府

以後雍正三年自錫境分金匱爲兩邑

雍正四年丙午科鄉試

順天考官

戸部尚書蔣廷錫字揚孫江南常熟人癸未進士

左副都御史劉師恕字艾堂江南寶應人庚辰進士

題　君子義以　四句　　用其中於　一句

夏日椶殷　七句

錫金科第攷　卷三　雍正　　三

順天解元金　相字琢章天津人丁未進士

華宏憲 紀常 金 戸部主事 本姓華順天籍　　陳士雋 錫 崇寧知縣

羅　圻 錫 山西庫大使

江南考官

吏部侍郎沈近思字位三浙江仁和人庚辰進士

編修曾元邁字衎逸湖北天門人戊戌進士

題　賜也女以　全章　　序爵所以　二句

雨我公田　一節

江南解元黄　淮字若韓銅陵人

蔡德音 宸錫號敬齋 金 工部司務 乙卯舉經學

吳天馥 穀仁號香谷 錫 生戊寅壽六十九 海州學正

秦　何 中牧號穀巷 金 丁未　　華　栻 敬然 金 丙辰

秦莘田 耕樂號待軒 錫 癸丑　　楊又林 錫 庚戌

秦大呂 人俊號咸齋 金

副　秦　仁 體國號薪岩原名秉勳 錫 雲南蒙自知縣調福寍生庚戌壽六十八 鉞姪孫丁未舉材能

雍正七年己酉科鄉試

順天考官

禮部侍郎鄂爾奇　見上

兵部侍郎楊汝穀字令貽江南懷寧人庚辰進士

錫金科第攷　卷三　雍正　　四

題　參乎吾道　一節　　天地位焉　一句

如七十子　至不服

順天解元楊　李字掄升固安人庚戌進士

侯陳齡 師華號環田 金 丙辰　　徐梁棟 宗海號念齋順天籍 錫 癸丑

秦　琦 韓實號雲溪原名琪 金 壬 乙亥卒缺

江南考官

大理寺卿黎致遠字寧先福建長汀人己丑進士

編修李清植字立侯福建安溪人甲辰進士

題　生而知之　二句　　徵則悠遠　二節
湯執中立　二句
江南解元沈成開字　金山人
華希閎　文友號賁圃內閣中書　金　生丙子壽七十九
稽璜　尙佐號黼庭文敏公子長洲籍　錫　庚戌　欽賜進士
浦起龍　二田號孩禪　金　庚戌　　華鍾和　金
趙璟　廣平本姓季　庚戌　金　順天籍
副　稽璞　輸秀號曉亭文敏公子　錫　普洱知府生丙戌壽七十二
副　鄒承垣　羲章號漱泉　邑志未載　錫　壬子中式

雍正十年壬子科鄉試
順天考官
吏部侍郎任蘭枝字香谷江南溧陽人癸巳榜眼
侍讀楊　炳字慰友湖北鍾祥人癸卯會元探花
題　一日克己　四句　　誠之不可　一句
取諸人以　二句
順天解元邵大業字厚菴大興人癸丑進士
鄒秉綱　在西號蓉軒本姓華順天籍　金　南元　常熟教諭
鄒承垣　錫　己酉副榜　癸丑進士　　羅　齡　松本姓侯順天籍　金　癸丑

顧維鑑　孝武號侍蓼原名維鈜　金　丁巳壬戌會試兩次副榜
江南考官
內閣學士王蘭生字振聲直隸交河人辛丑傳臚
檢討吳大受字子登浙江歸安人癸卯進士
題　鄉也吾見　三節　　愼思之明　三句
使自得之　二句
江南解元郭長源字時若江都人
顧　遷　攬圃　乙丑副榜　錫　　周日萬　鵬九宏孫　經魁　金　辛未
吳培源　岵瞻號蒙泉　丁巳　錫　　諸　堂　錫

周永禧　弘源宏孫　金　　吳太空　式端　金
薛敬憲　五河教諭　錫　　華音垂　金
顧龍光　雲會號海門　金　己未　　秦雲爵　元臣號超淵　金　生辛己早卒
處　佐　宗黃號景陽揀選知縣　錫　生甲戌壽六十一
雍正十三年乙卯科鄉試
順天考官
工部侍郎顧祖鎭字景范江南吳縣人戊戌進士
侍讀學士戴　瀚字巨川江南上元人癸卯榜眼
題　我欲仁斯　一句　　性之德也　二句

有諸己之

順天解元許秉智大興人

周金紳 大階號掘齋 己未 金壬午卒年五十二　張泰開 履安號有堂 金壬戌

鄒永綏 紹庭號陟齋 錫丙辰　王文標 順天籍本姓繆 壬戌

副 高有懷 玉亭號補齋 南溪宜賓等知縣 金生癸未 卒年五十八

江南考官

吏部侍郎邵基字學址浙江鄞縣人辛丑進士

修撰周澍字雨甘浙江錢塘人庚戌狀元

題 據於德依　二句　誠者天之　二句

天之生此　三句

江南解元吳鎮堯字濟平休寧人己丑進士

陸鏞 高千號復齋 金揀選知縣　王雲萬 驤程號洲澄經魁 金丙辰

徐汝瓚 南廬 錫丁巳　華紘 度昭號珠庭希閔子 金截取知縣

吳鼐 容齋丙辰 金生丙子年五十二　鄒烈 冰揚 金

吳熙 炳齋 金丁巳　秦蕙田 樹豐號味經松齡孫 金丙辰探花

副 榮潔 象坤 錫　副 薛隆元 錫

副 高玉行 字周號易隅靈璧教諭 金生癸未壽七十九

錫金科第攷附年表卷四 庚戌年刻

錫麓拙叟高鐈泉松濤甫輯 時年七十有八

梁溪顧銘書季欽甫叅

錫山楊承溥堯臣甫校

乾隆元年丙辰　恩科鄉試

順天考官

左都御史福敏 見上

吏部侍郎邵基 見上

題 務民之義　一句　愛其所親　一句

君子存之至義也

順天解元古之琮字梅琴宛平人

王會汾 蓀服號晉川 金丁巳　楊廷榕 巽南號蓼園 錫壬戌

楊潮觀 宏度號笠湖瀘州知州 錫生庚寅壽七十九

施鼎 龍文號立亭 金壬戌

江南考官

左都御史孫嘉淦字懿齋山西興縣人癸巳進士

御史單德謨字克符山東高密人丁未進士

題 不忮不求　二句　取人以身　二句

禮之實節　三段

江南解元梅理字生谷宣城人

馬　雯蔚起錫　甲戌　趙　振金　丁巳

鄒　樾日乾號惕菴平彝知縣錫生壬子壽七十二

錢兆鳳任郊號砚耘金　尤　霖閎傳金

王與洛景純號勿齋雲錦錫次子選知縣　秦雄褒南熙湘雲號甘泉金丁巳

諸暉烈新用士翹元孫金生癸酉卒缺副　孫　灝簡在錫生己丑卒缺

乾隆三年戊午科鄉試

順天考官

吏部尚書孫嘉淦　見上

禮部侍郎吳家騏字晉綺江南吳江人戊戌進士

題　居敬而行　一句　八道敏政至在人

規矩方員　一節

順天解元馬錦昌無錫人

馬錦昌解元志缺見常昭科第表　鄒有譽振於更名龍德金乙未

鄒雲城擁書號亦僊河間知府錫生缺壽七十二　李時乘毓奇號海門錫東平知州

華純曾敬思號紺亭常熟教諭金生缺壽六十八　秦鳳翼虞梧號綦亭金生戊子早卒

史　曾錫　保康知縣　附外楊永模嘉之號定齋　乙丑錫河南籍

江南考官

刑部侍郎陳悳華字雲倬直隸安州人甲辰狀元

少詹事許王猷字賓穆浙江嘉善人癸巳進士

題　行之以忠　一句　詩云相在　一節

五畝之宅　四段

江南解元陶紹景字京山上元人

嵇　璡韞輝號儆堂武漢黃德道錫生乙未卒年五十

華歷翔但美號醋齋金江浦教諭　吳有寬錫

華西植燕庭號煙麓南康貴溪等知縣錫生缺壽九十二

副楊　泰虞尊號來齋廬江教諭錫生庚寅壽七十九

副鄧　愷濟嵋號秕園旌德教諭錫生己丑壽七十三

副周克寬錫　方廷棟錫　辛酉中式

乾隆六年辛酉科鄉試

順天考官

內閣學士劉　藻字素存山東荷澤人丙辰鴻博

工部侍郎許希孔字瞻魯雲南昆明人庚戌進士

題　一日克己　二句　夫微之顯　一節

必有事焉至長也

順天解元毛師灝大興人壬申進士

方廷棟 本姓薛 錫淄川知縣　秦鑌 依遠號果庭惠田姬 金乙丑

宋焕 香谿乙丑 錫　周日贊 上襄號酯齋 金辛未

王與汾 惺亭襄錦子 錫咸安宮教習　侯鈞 嗣沂號靜軒順天籍 錫壬戌副榜

楊德文 鶴冲號健齋撫甯教諭 錫生壬辰卒年四十八

鄒本立 順天籍壬戌 錫

江南考官

光祿寺卿李紱字巨來江西臨川人己丑進士

修撰金德瑛字汝白浙江仁和人丙辰狀元

題 飯疏食飲 二句 朝聘以時 一句

雞鳴而起 全章

江南解元龔錫純無錫人

龔錫純 侯復號問渠解元 金未仕　張望衡 錫

秦銖 與權號季重教諭 金生丙戌壽六十一　顧乾 用尊號惕齋 金壬戌

乾隆九年甲子科鄉試

順天考官

工部尚書汪由敦字師茗江南休甯人甲戌傳臚

祭酒崔紀字南有山西蒲州人戊戌進士

題 此謂一言 二句 紂之不善至下流

士之不託 四節

順天解元馮秉忠字春田金壇人辛巳進士

楊守禮 敬修號簡齋 金鹽大使壽六十四　金鼎 錫 宿州學正

侯錦雲 升巖號虬川河津知縣 錫生己酉年七十八

杜灝 敏艮號茂鄉沙河知縣 金生癸卯壽七十四

鄒志伊 學川號鏡陽知縣 金生辛卯卒缺　孫洙 臨西號蘅塘 金乙丑副榜

楊棟 太初順天籍 錫乙丑

江南考官

禮部侍郎鄧鍾岳 見上

內閣學士葉一棟字庭幹江西新建人丙辰進士

題 樂則韶舞 一句 果能此道 三句

人知之亦 四節

江南解元薛觀光字上賓長洲人

顧奎光 星五號雙溪 錫乙丑　陸雋 錫

吳鼎 尊彝號易堂庚午舉經學官至 金侍讀學士生庚辰壽六十九

王琪曾 玉裁號雲門黃平知州 金生戊戌卒年五十

乾隆十二年丁卯科鄉試

順天考官

刑部尚書阿克敦字恒巖滿洲人己丑進士

左都御史劉統勛 見上

題 言未及之 六句 如此者不 一節

禹稷顏子至教之

順天解元紀 昀字曉嵐江南欽縣人甲戌進士

方孝基 學曾號立亭本姓倸順天籍 金 江都教諭生癸卯年五十一

王應元 清源號賓松本姓鄒 金 順天籍辛未 王 殿 本姓馮 金 順天籍

副吳 峻 一峯號澥仙鄉子 錫生癸卯年五十六 楊承譽 河南籍 金

錫金科第攷 卷四 乾隆 六

江南考官

禮部侍郎鄧鍾岳 見上

侍讀學士周長發字石帆浙江會稽人甲辰進士

題 巧笑倩兮 全章 春秋脩其至所親

乃所願則 一句

江南解元徐步蟾字同三興化人辛未進士

秦朝釪 大樽號岵齋 金 戊辰 周 照 南愷 金 戊辰

秦 鏷 廣和號禮堂蕙田姪長蘆鹽運使陞 金 湖北按察使生乙未壽六十六

華 達 汝昂號埈畝 金 鄧文源 臨川 錫

副胡志道 錫 丙子中式 副高玉堂 維新 錫 生丁酉 辛年五十九

乾隆十五年庚午科鄉試

順天考官

兵部侍郎汪由敦 見上

禮部侍郎嵩壽字永茂滿洲人癸丑進士

題 揜其不善至肝然 發憤忘食 三句

生之謂性 一節

順天解元陶國果無錫人 榜姓馬

馬國果 碩君號芥園本姓陶炳中子順天籍 金 解元上元教諭生甲辰壽七十一

錫金科第攷 卷四 乾隆 七

秦龍鼎 玉調號復堂上元教 金 諭生戊子壽七十 王 林 寶樹號凝吉本姓杜 錫 順天榜甲戌

侯 恂 思泉 經魁 金 生甲辰早卒 嵇承謙 受之號晴軒文恭子 錫 辛巳三代詞林

楊鳴遠 靜涵號雲村 錫 甲戌副榜 吳寶洛 禹範 錫

秦泰鈞 汝夏號靜軒文恭子 金 甲戌 常 亨 更名亨本姓丁 金 [illegible]

侯龍濱 宗望號湘嫏順天籍 金 毘羅教習生辛丑卒年四十七

朱若曾 學洙號浴川本姓侯順天籍 錫 桃源教諭生己亥壽七十

王雲鵬 湘洲號古愚本姓華 金 順天籍 周際清 思順號抑亭大興籍 錫 甲戌

副王龍見 默齋 天長教諭 金 生戊申早卒 副侯可儀 字逵號雲峯五河知縣 生辛丑壽六十九

江南考官

戶部侍郎莊有恭字滋圃廣東番禺人己未狀元
編修鈕汝麒字駕仙浙江桐鄉人己未進士
題 致遠恐泥 二句 淡而不厭 一句
拱把之桐 一節
江南解元梅 戩字愷明元和人
曹元俊 倬君號柳溪輔五子 錫 中書 早卒 馮家祚 錫
王 宮 燮公號妙聞達州州同 錫 生甲辰壽七十八
副 秦 瑊 汝器號竹齋文敏公子豐縣教諭 錫 生壬寅卒年五十一
副 方汝學 錫 副 朱永烈 錫

顧掄元 炳奎號顛庭 錫 生甲辰早卒 教諭
乾隆十七年壬申 恩科 春鄉秋會
順天考官
工部尚書孫嘉淦字懿齋 見上
禮部侍郎介 福字景菴滿洲人癸丑進士
題 夫子莞爾 二句 故天之生 二句
交聞文王 至 以長
順天解元田 玉字鳳翊無錫人本姓薛 甲戌進士
田 玉 蔚田號鳳翊本姓薛順天籍 錫 解元 甲戌

鄒夢皐 贊元號兩洲 金 庚辰 龔汝弼 廷贊號思補 錫 早卒
侯 錫 範九號東川知縣 錫 生壬辰壽七十六 劉鴻模 說號學圃 錫
江南考官
吏部侍郎裘曰修字叔度江西新建人己未進士
編修邵樹本字薈村浙江錢塘人戊辰進士
題 可與言而 全章 地道敏樹 一句
大匠誨人 二句
江南解元仲鶴慶字品崇泰州人甲戌進士
王止敬 虞陽號穆齋 金 生己未壽八十逾 顧光旭 華陽號響泉 金 聯捷

錢 曜 震陽號復齋 金 生丁酉壽七十五 署甯波府同知
秦景壽 振千號勉菴 金 甲戌副榜
乾隆十八年癸酉科鄉試
順天考官
吏部尚書孫嘉淦 見上
禮部侍郎嵩 壽 見上
題 歲寒然後 一節 詩云潛雖 至 不疚
惡似而非 二節
順天解元余纘坤字雪荃溧陽人

王日杏（丹宸號澂田雲錦孫　戶部福建司郎中補銅仁 錫　知府　殉金川難　卹贈光祿寺少卿）

丁如琦（器湝號菊圃榜姓常常山知縣 錫　生壬寅壽七十九）

秦雄飛（旦初號曉林 金　甲戌）　朱承烈（錫）

薛科聯（定山號岸清 錫　庚辰）　鄒奕孝（錫龍號念喬升恒孫 金　丁丑）

顧　瓚（鳴岡號晴江景子 錫鹽大使壽六十一）　顧　彬（南華號訥齋 錫　丁丑）

陶景留（員阿號赤丹正中子 錫生戊戌年四十二）　鄒　清（品三號醒泉 錫松陽知縣壽六十二）

江南考官

內閣學士夢　麟字文子蒙古人乙丑進士

編修王太岳字介子直隸定興人壬戌進士

錫金科第考　卷四　乾隆　十

題　子路宿於至孔氏　夫政也者　一句

春秋無義　一節

江南解元胡　潞字炎公鎮洋人

朱宗洛（紹川號遐齋 錫　庚辰）　湯超鳳（金）

張耀奎（星五號補山 錫）　華封祝（心芋號漢黻　知縣 錫生丁亥壽六十八）

乾隆二十一年丙子科鄉試

順天考官

刑部尚書劉統勛字延清　見上

刑部侍郎蔡　新字葛山福建漳浦人丙辰傳臚

題　閔子侍側　一節　君子之道　四句

曰若是則　一節

順天解元李　駿字冀超長垣人

顧汝衡（裒若號臨洲 金　靈臺知縣）　過　鐸（曉窗 金　安化知縣）

朱德培（錫）　丁尹志（淡齋 錫　廣州知州）

祝　頲（亦山 金　三臺知縣）　薛鵬程（錫　九江同知）

王　士（長儒號蓼渚本姓丁順天籍 錫漳州同知生丁酉壽七十六）

胡志道（錫　丁卯副榜）

附外　楊夔楏（載鶱榜姓張浙江籍鄞縣知縣 湯　死金川難　卹贈兵備道）

錫金科第考　卷四　乾隆　十一

江南考官

禮部侍郎介　福　見上

御史馮　浩字孟亭浙江桐鄉人戊辰進士

題　攝齊升堂　一節　上祀先公　一句

麒麟之於　二句

江南解元柳　蓁字春亭丹徒人己丑進士

朱　湘（暘谷號鶴皋　經魁 錫　知縣　生辛丑）　鄒起鳳（儀九號桐淮 金　丁丑）

朱雲駿（晝莊號邃湄　隆昌知縣 金　生戊戌壽六十四）

袁　鈺（際雲號錦堂庠名夢龍 金　生庚寅壽七十五）

乾隆二十四年己卯科鄉試 是年起增用五言八韻律詩一首

順天考官

兵部尚書梁詩正字薌林浙江錢塘人庚戌探花

兵部侍郎觀保字補亭滿洲人丁丑進士

題 君子亦有 一節 射有似乎 一節

今有場師 一節 賦得秋日懸清光 得清字

順天解元邊方晉任邱人

顧裕涇 稻衣號蘅皋 金 生癸未壽七十 吉水南康等知縣

顧朝泰 升階號喆園 錫 懷慶同知

錫金科第攷 卷四 乾隆 十二

江南考官

戶部侍郎裘曰修 見上

御史錢琦字相人浙江錢塘人丁巳進士

題 君子之於 三句 車同軌書 三句

孔子不得 一節 賦得月印萬川 得川字

江南解元孫全儆字大尹高郵人

華景松 峻宇號石亭 金 施龍淵 錫 鳳陽教諭

乾隆二十五年庚辰 恩科

順天考官

左都御史劉綸字繩菴江南武進人丙辰鴻博

禮部侍郎介福 見上

題 琴兮僩兮 至 君子 侍食於君 一節

屋廬子喜 至 問矣 賦得平秩西成 得成字

順天解元崔鳳集字象三寧河人

孫潢 東會號雪厓 金 生丙午壽七十一 太平知縣

鄒儀 補山號曉庭雲城子 錫 生壬辰壽八十二 雩都知縣

陳心 金 周永保 志元金紳子經魁 金 彰化知縣

附外 薛稻蓀 漢澳號顛樓景珏子四川籍 生癸卯卒年四十四未仕

錫金科第攷 卷四 乾隆 十三

江南考官

刑部侍郎錢汝誠字立之浙江嘉興人戊辰進士

御史朱丕烈字振嚴浙江海鹽人戊辰進士

題 湯之盤銘 一句 黃衣狐裘 一句

夏諺曰吾 至 以助 賦得秋露如珠 得如字

江南解元仲嘉德字咸一常熟人

尤佩蓮 希周 金 桐廬知縣 華秉國 士英 金 泰興知縣

朱上林 慶門號荻江 錫

乾隆二十七年壬午鄉試

順天考官

吏部尚書梁詩正 見上

兵部侍郎觀保字伯容 見上

題 始吾於人 四句 使天下之 三句

燔肉不至 三句 賦得月中桂樹 得香字

順天解元李步青任邱人

陶玉禾 昆穀號葦渡鴻中子和州學正 金 生庚戌壽七十

鄒 銓 握衡 金

江南考官

錫金科第考 卷四 乾隆 十四

戶部侍郎錢汝誠 見上

編修戴第元字正宇江西大庾人丁丑進士

題 鄉人儺朝 一節 禘嘗之義 一句

遠方之人至爲食 賦得桐葉知閏 得桐字

江南解元吳珏字并山號釋玉歙縣人癸未進士

華允懿 金 癸未 王 寬 笠人號西園千仞子 金 丙戌

黄天衢 文江號晴江候選知縣 金 鄒方鍔 豫章號半谷揀選知縣 金

江 筠 震滄長洲籍教諭 生缺壽六十二副 秦 泉 季賢號漪園 錫 乙酉中式

乾隆三十年乙酉科鄉試

順天考官

工部尚書彭啓豐字翰文江南長洲人丁未狀元

兵部侍郎鍾音字聞軒滿洲人丙辰進士

題 孰謂微生 二句 君子居易 一節

如虞公之 三段 賦得八月剝棗 得成字

順天解元祝堃字簡田大興人

秦 泉 壬午副榜己丑進士 薛 璜 錫

倪鼎銓 晉階號壽峯雅州知府 錫 生辛酉壽七十二

江南考官

錫金科第考 卷四 乾隆 十五

工部侍郎李宗文字竹人福建安溪人戊辰進士

侍講學士錢載字坤一浙江秀水人壬申傳臚

題 弟子入則 全章 子路問強 三句

於答是也 三段 賦得羣言辨渭涇 得賢字

江南解元孫登標字在周號朗庭崑山人丙戌進士

劉南和 金 隸上訓導 周 浩 金

顧杏章 起霞號春江松溪永定等知縣 錫 生癸亥壽六十四

華王澄 何思號凝修 金 周 揆 舒仲 錫 己丑

華蕙清 金 華錫瑞

秦　潮 步皐號端崖原名溱鍱子 欽賜舉人 丙戌進士

乾隆三十三年戊子科鄉試

順天考官

兵部尚書陸宗楷字建先浙江仁和人癸卯進士

副都御史景　福字介之滿洲人壬申進士

題　言悖而出　四句　吾見其居　二句

觀水有術　四句　賦得白駒空谷 得心字

順天解元辛開一字敬亭宛平人辛卯進士

孫永清 宏圖號存臺 廣西巡撫 金 生甲寅卒年五十七

錫金科第攷《卷四　乾隆　十六

王光顯 耀廷號曉輪曰杏子 雲錦曾孫 錫 署大定思州等知府生癸卯壽六十六

馮　埥 禮中 辛卯 錫

江南考官

戶部侍郎王際華字秋瑞浙江錢塘人乙丑探花

侍講學士國　柱字力民滿洲人乙丑進士

題　憲問恥子　二句　詩曰衣錦　一句

晉之乘楚　三句　賦得曲江觀濤 得潮字

江南解元張曾剔字舉常桐城人

吳家鳳 鳴高號梧岡 金 生缺年四十七　華　植 松泉 金 溧水訓導

乾隆三十五年庚寅　恩科鄉試

順天考官

吏部尚書劉　綸 見上

左都御史觀　保 見上

題　孟公綽爲　一章　是故居上　二句

他日由鄒　二句　賦得野無伐檀 得揚字

順天解元趙槐符字子蔭灤州人

嵇承志 紹先號篛 河東道長蘆鹽運使侍耶銜 錫 順天府府尹河東總督生庚申壽六十七

馮　培 仁寓號玉圃元和籍 錫 戊戌　副 莊雲鳳 金

錫金科第攷《卷四　乾隆　十七

副 周原溥 大階 金紳子 錫 蠡塋教諭

江南考官

吏部侍郎曹秀先字地山江西新建人丙辰進士

戶科給事中汪　新字又新浙江仁和人丁丑進士

題　六十而耳　二句　及其廣大　四句

召大師曰至之樂　賦得桂林一枝 得馨字

江南解元張潮普字庶瞻丹徒人壬辰進士

副 吳從龍 凌雲號思恬更名一燿 金

乾隆三十六年辛卯科鄉試

順天考官

左都御史張若溎字樹穀江南桐城人庚戌進士

內閣學士全　魁字穆齋滿洲人辛未進士

題　君子先慎至有人　問子西曰　一節

仁義禮智　四句　賦得百川灌河得方字

順天解元高思敬字慎功順義人

華永言金　戴日榮錫

華中伯子昭號藎齋雲鶴子更名翊 錫 吉水知縣

江南考官

錫金科第攷卷四　乾隆　十八

少詹事彭元瑞字掌仍江西南昌人丁丑進士

吏部員外郎陳　燮字和軒福建閩縣人癸未進士

題　子所雅言　二句　言前定則　一句

上農夫食　三句　賦得月湧大江流得源字

江南解元李景新字賡陶昭文人

鄒炳泰仲文號曉屏 錫 壬辰　潘大禮簡齋 錫 壬辰

鄒麟書晉疇號北山故城知縣改淮安教授 金 生戊申壽八十五

朱　杲寅賓號曉滄 錫 庚子

乾隆三十九年甲午科鄉試

順天考官

吏部侍郎曹秀先　見上

內閣學士嵩　貴字補堂蒙古人辛巳進士

題　子謂伯魚　二句　小德川流　二句

由君子觀　一節　賦得九方歅相馬得黃字

順天解元戴聯奎字紫垣如皐人乙未進士

秦　瀛凌滄號小硯庠名沛惠田孫　重游泮宮丙申 錫 召試欽賜中書官至刑部侍郎會場

總督　生癸亥 壽七十九　楊　掄蓮浦澗觀子 金 戊申

鄒學曾起宗號懷卿福建龍溪知縣 錫 生甲子壽七十六

周鼎鉉玉堂號春巖署陝西 金 保安縣知縣

錫金科第攷卷四　乾隆　十九

江南考官

侍讀學士董　誥字雅倫浙江富陽人癸未傳臚

洗馬劉權之字雲房湖南長沙人庚辰進士

題　享禮有容　一句　其次致曲　二句

井九百畝至事畢　賦得爽氣澄蘭沼得秋字

江南解元章道鴻字鵠卿青陽人壬戌進士

湖　謝奎章錫

乾隆四十二年丁酉科鄉試

順天考官
戶部侍郎梁國治字階平浙江會稽人戊辰狀元
禮部侍郎阿　肅字雨齋滿洲人甲戌進士
題　何哉爾所　一句　回之爲人　一句
其進銳者　二句　賦得秋風動桂林 得林字
順天解元王有年天津人
顧永之 穎伯號紉菴光旭子河南商城縣 金 知縣生壬申壽七十二
薛聯元 純仁號崇村順天籍 金　楊　保 吉乾號健齋 金 桃源教諭
江南考官

內閣學士劉　墉字石菴山東諸城人辛未進士
刑部主事顧　震字鳴夏浙江錢塘人辛巳進士
題　譬如爲山　全章　恐懼乎其　一句
時舉於秦　二段　賦得黃花晚節香 得黃字
江南解元吳　檟字偉其歙縣人
副錢世燦 靜山 金 丙午中式
乾隆四十四年己亥　恩科鄉試
順天考官
兵部尚書蔡　新字次明　見上

禮部侍郎達　椿字香圃滿洲人庚辰進士
題　子曰毋　三字　仁者人也　一句
心之所同　一句　賦得鴻雁來 得時字
順天解元井大源字汲沽滄洲人己酉進士
副孫永治 雨滄號秋漁 錫 太平知縣
江南考官
禮部侍郎謝　墉字崑城浙江嘉善人壬申進士
編修翁方綱字正三大興人壬申進士
題　巍巍乎唯 至名焉　日省月試 至工也
后稷教民　二句　賦得宜穀宜稻 得耕字

江南解元錢　棨字振威長洲人辛丑會元
顧　珏 式虔號容莊經魁 錫 丁未會元　安　吉 韋占號古琴 錫生丁卯壽六十七
周　鎬 懷西號蘋山漳州知府署汀漳龍道 金 生甲戌壽七十
顧　亮 蔓亭 金 山陽教諭
乾隆四十五年庚子科鄉試
順天考官
兵部尚書蔡　新　見上
刑部侍郎杜玉林字凝臺江南金匱人甲戌進士

內閣學士嵩　貴　見上
題　問管仲　一句　天之道也　一句
馮婦攘臂　一句　賦得栽者培之得和字
順天解元李　茂字根蟠臨榆人
秦　濂士蓮號易齋瀛弟錫生壬申早卒　顧桂森金　五寨知縣
華應春金　秦鴻甲省齋鑛子議敘知縣錫生甲子壽七十四
江南考官
禮部侍郎錢　載　見上
編修戴均元字可亭江西大庾人乙未進士

錫金科第攷　卷四　乾隆　三十二

題　譬諸草木　二句　宜民宜人至申之
有如時雨　賦得東壁圖書府得東字
江南解元顧　問字桐陰高郵人
龔　濬龍川　千叟宴金揀選知縣　華鳳林嚴揚金　赤城知縣
秦鴻升映軒號壽峯伯龍子滑縣知縣金生戊午壽七十五
秦錫疇敘九號存泉宜思知縣金生缺壽七十二
劉汝器重夔號莪原陽湖籍生己未年五十七副　朱　果庭春號補菴宗洛子錫　癸卯中式
乾隆四十八年癸卯鄉試
順天考官

吏部尚書劉　墉　見上
內閣學士尹壯圖字萬起雲南蒙自人丙戌進士
洗馬翁方綱字覃溪　見上
題　在人　二字　雖愚必明　一句
舜禹益相　一句　賦得仙露明珠得秋字
順天解元裴顯相字宿塘清苑人己酉進士
尤　均士莪　經魁金候選知縣　楊廷棐翰　文金　元和訓導
王　寅鈴初號秋均金生辛酉壽七十一　顧　聲研賓號鳴和錫
丁芳洲仲漁號步青　番禺知縣陞連平知州錫生壬申壽六十二

錫金科第攷　卷四　乾隆　三十三

朱　果庚子副榜生甲寅壽六十
江南考官
吏部侍郎謝　墉　見上
修撰戴衢亨字荷之江西大庾人戊戌狀元
題　周監於二　二句　宗廟之禮至先也
天子適諸至守也　賦得鯤化為鵬得鷹字
江南解元沈清瑞字吉人長洲人丁未進士
秦　湘慶升號酉山鏶子金合江知縣生癸酉卒缺
錢文炳虎侯號星槎　揀選知縣金　生庚午壽六十八

侯鳳苞 舜威號心齋錦雲子寶應教諭 / 金 生丁卯壽七十

華守模 皐颺號直亭建德教諭 / 金 生戊辰壽七十五

吳兆麟 德洲 錫 鳳山知縣

乾隆五十一年丙午鄉試

順天考官

刑部尚書彭元瑞字芸楣 見上

內閣學士阿肅 見上

內閣學士胡高望字希呂浙江仁和人辛巳榜眼

題 夫子之文 全章 而道自道 一句

季孫曰巽 二句 賦得蓬瀛不可望 得秋字

順天解元孫鵬越豐潤人己未進士

華渭煥 金 倪鏼 鷫堂 己酉 / 金

蔣和 醉峯號小拙 欽賜舉人 / 金 國子監學正 生卒缺

江南考官

禮部侍郎朱珪字南厓大興人戊辰進士

編修戴心亨字習之江西大庾人乙未進士

題 過位色勃 二節 威儀三千 二句

詩 野九一 二節 賦得氣與三山壯 得鐘字

江南解元張肇煐字景華無爲州人

華枋 因培號藕莊 什邡宜賓等知縣 / 金 生癸酉卒年五十九

徐嵩 朗齋 更名鏼慶 / 蘄州知州 顧敏恒 立方號笠舫奎光子 / 錫 丁未

吳駧 與驂號修圃熙子 / 錫 生癸丑壽六十 華榕端 傍萱號蔭楠 / 錫 己酉

錢世燦 景隆號靜山通州學正 / 金 生庚申壽七十八

高雅壎 敷春號殿英世泰元孫靈璧教諭 / 錫 生癸亥壽七十一

侯雲濤 漢翔號曉峯孝基子全椒教諭 / 金 截取知縣生戊寅壽七十五

湯泉 澗南 / 錫 徐煥 舫亭 辛酉 / 金

副 吳藻 麗川號一峯 / 錫 副 顧汝霖 荃山 / 錫

副 華果 釣望 / 錫 直隸州同知

乾隆五十三年戊申恩科預行己酉正科

順天考官

禮部尚書德保字仲容滿洲人丁巳進士

內閣學士鄒奕孝字念喬江南無錫人丁丑探花

工部侍郎管幹珍字陽復江南陽湖人丙戌進士

題 子曰不曰 全章 小德川流 二句

堯舜之知 二句 賦得六藝道德本 得行字

順天解元趙令家字力圍深州人

潘木郊 輿伯 望齡子 錫 經魁　高臣鼎 立宸 金 生庚辰年四十四 經魁

蔡　鼇 宦濤號海峯 金 生己巳年四十五　華　栫 著孟 金 揀選知縣

江南考官

兵部侍郎胡高望 見上

編修謝振定字一齋湖南湘鄉人庚子進士

題　巍巍乎其　二句　日月星辰　一句

孔子登東　四句　賦得圭璋特達 得眞字

江南解元李惇大字嚴期泰興人

吳邦基 謣庭 金　王　寶 甸方號恕齋 金 庚戌

錢　昂 若干 金 蒙城知縣　程　玉 錫

乾隆五十四年己酉　恩科鄉試

江南考官

內閣學士胡高望 見上

吏部主事賀賢智字虛齋直隸遷安人甲辰進士

題　務民之義　二句　書同文　一句

夫義路也 至 所視　賦得重與細論文 得和字

江南解元張祖勲字翊庭吳縣人

竇廷模 立範號蕉窗江浦教諭卸川知縣 錫　楊大用 亦克更名見深 錫 碭山教諭

秦雄濤 聲雷號春帆太湖教諭 錫 生甲戌壽七十七

陶　錕 颺生號夢樓羅山知縣 錫 生癸未卒年四十四

朱　旭 晴谷號漱軒 錫 太平教諭 副　丁桂洲 步蟾號秋溪華洲宿 錫 生癸酉壽八十二

乾隆五十七年壬子科鄉試

順天考官

刑部侍郎王　昶字琴德江南青浦人甲戌進士

吏部尚書劉　墉 見上

內閣學士瑚圖禮字景南滿洲人丁未進士

題　大學之道　一句　邢君之妻　一章

公都子不　一句　賦得爽氣澄蘭沼 得心字

順天解元聶亮采行唐人

蔣錫蓀 望庭 金 順天籍 慈溪知縣

江南考官

禮部侍郎鐵　保字模庵滿洲人壬辰進士

內閣學士李　潢字又璜湖北鍾祥人辛卯進士

題　舜有臣五　二節　父母其順　一句

無曲防無　三句　賦得天影落江虛 得虛字

江南解元陳淇緒字爾安六合人

蔡維鈺 其相 金 經魁 丙辰　薛玉堂 又洲 錫 歆鈺孫 乙卯

鄒印綬 嵝瞻 錫 號錫桓六合教諭 生壬辰卒年五十七

周　琦 企幹 錫 光澤知縣　副 鄒蘭谷 金

副 華　濂 金

乾隆五十九年甲寅　恩科鄉試

順天考官

左都御史竇光鼐字元調山東諸城人壬戌進士

兵部侍郎玉　保字德符滿洲人辛丑進士

副都御史方維甸字南耦江南桐城人庚子進士

題　周有八士　一節　詩云相在　一句

以不忍人　一句　賦得清露滴荷珠 得宜字

順天解元黄崑望字耀寰大興人丙辰進士

俞　坊 人表 號東纓更名肯堂 己巳

侯　昉 旭輪 號補勤錦雲子五河教諭 金 生己卯壽六十四

江南解元陸仁虎常熟人 是科錫金缺 未得一人

乾隆六十年乙卯科鄉試

順天考官

工部尚書彭元瑞　見上

兵部侍郎玉　保　見上

内閣學士鄒炳泰字曉屏江南無錫人壬辰進士

題　巧言令色　一節　子庶民則　一句

不仁者可　一句　賦得形端表正 得心字

順天解元王廷濬通州人 又作大 興人

孫爾準 平叔 金 號萊清子 乙丑　鄒植行 雅度 錫 號蘊畊 乙丑

顧　皋 晴芳 金 號緘石 辛酉狀元　薛凝度 蛣亭 錫 號履中 辛酉

孫應穀 蔡慶 錫 號敬宜賓州知州 重宴鹿鳴 重游泮宮 生己丑壽九十二

孫爾修 憲歐 錫 號菊才元謀知縣 生壬午壽七十八

江南考官

禮部侍郎劉權之　見上

編修錢福祚字錫嘉浙江嘉善人庚戌進士

題　從之純如　四句　旅酬下爲　一句

周人百畝 至 徹也　賦得嶺銜宵月桂 得秋字

江南解元李　賓建平人

王　拱 玉章 金 乙丑

副 吳　煌 明遣 金 號星齋

錫金科第攷附年表卷五 庚戌年刻

錫麓拙叟高鑅泉 松濤甫輯 時年七十有八

梁溪顧銘書 季欽甫參

錫山王濬泉 洪卿甫校

嘉慶三年戊午科鄉試

順天考官

戶部尚書沈 初字雲椒浙江平湖人癸未榜眼

吏部侍郎趙 祐字鹿泉浙江仁和人壬申進士

禮部侍郎鐵 保 見上

題 曾子曰吾 至 吾身 是故君子 至 下平

然則飲食 至 外也 賦得八月剝棗 得時字

順天解元丁 煦大興人

薛定源 錫 經魁榜姓章 萊蕪知縣 順天籍

江南考官

內閣學士平 恕字寬夫浙江山陰人壬辰傳臚

檢討萬承風字卜東江西寧州人辛丑進士

題 如斯而已 五句 上律天時 二句

無以 二字 賦得曉策六鼇 得詩字

江南解元黃承吉江都人乙丑進士

秦大光 錫 麗中號榜香 生甲戌壽六十八 睢州知州

秦汝霖 錫 一誠號雨滄 生癸未卒年四十五 候選訓導

李 曜 金

嘉慶五年庚申科鄉試

順天考官

左都御史劉權之字德輿 見上

禮部侍郎吳英 和字樹琴滿洲人癸丑進士

左副都御史陳嗣龍字紹先浙江平湖人己丑探花

題 大哉堯之 一節 天命之謂 一節

大舜有大 一節 賦得師克在和 得哦字

順天解元張 葆大興人

俞 鍊 金 秋圃 湖南知州 順天籍 華會昌 金 慶霄號和庭

王保訓 金 釋庭號秋厓 寬子 揀選知縣 生甲午早卒

江南考官

工部侍郎陳萬全字梅垞浙江石門人甲辰進士

編修何學林字昌森貴州開州人癸丑進士

題 述而不作 一節 序爵所以 四句

景公說大至之樂　賦得江南江北青山多得秋字

江南解元崔　瑄荆溪人

華景孝金　潁州教授

嘉慶六年辛酉科鄉試

江南考官

禮部侍郎英　和見上

戶部員外湯　藩字價人江西南豐人丁未進士

題　卑宮室而　一句　鮮能知味　一句

放勳曰勞　如此　賦得亦在車下得施字

錫金科第攷　卷五　嘉慶　卅九

江南解元崔錫華宜興人己巳進士

黃揚鑣金　辛未　侯　鈐金鍵六號補齋可儀子

薛泰階錫　副朱敔鏞金

嘉慶九年甲子科鄉試

順天考官

內閣學士董　誥字柘林　見上

禮部侍郎玉　麟字振之滿洲人乙卯進士

太僕侍卿莫　晉字錫三浙江會稽人乙卯進士

題　其在宗廟　一節　故君子之至庶民

知者無不　四句　賦得鴻漸于逵得時字

順天解元譚仲璐昌黎人

秦　琳金希韓號漆漁更名琳范縣知縣生丙戌卒年五十六

江南考官

戶部侍郎戴均元　見上

戶部員外涂以輈字淪莊江西新城人己未進士

題　權量審　一節　振河海而至載焉

天之高也　一節　賦得春華秋實得成字

江南解元李兆洛武進人乙丑進士

錫金科第攷　卷五　嘉慶　四十

汪士侃錫晉之號寫園雙流知縣　己巳　重游泮水

何景堂金南樓贛榆教諭生辛巳壽六十五

秦大雯錫蓮章號雲樵生癸酉壽六十四　鑅子　秦鳳梁琴山號峙齋寧州知錫州生丁酉壽六十

楊熙之錫錫山庠汪孫金壇教諭生丁酉壽七十

嘉慶十二年丁卯科鄉試

順天考官

戶部尚書戴衢亨　見上

禮部侍郎桂　芳字香東滿洲人己未進士

工部侍郎蔣予蒲字沅庭河南睢州人辛丑進士

題　我未見好　一節　致中和天　一節

我知言我　二句　賦得河出榮光 得光字

順天解元潘　林大興人己巳進士 一作潘標

王　焜 耀華號錦屏通州學正未赴任 金生乙酉卒年五十

江南考官

吏部侍郎劉鳳誥字金門江西萍鄉人己酉探花

給事中趙愼畛字笛樓湖南武陵人丙辰進士

題　爲君難爲　二句　郊社之禮　二句

湯以七十　二句　賦得白露橫江 得秋字

江南解元程應佐泰州人

秦大治 緯辰號竝齋原名永昌 錫癸未

陶　沅 佩芳號蘭皐 錫壬午　副　周慶長 念勤日萬子 金生己卯壽六十二

副　邵辰耀 年老 金特賜　副　過承鶴 震孚年老 錫特賜

嘉慶十三年戊辰科鄉試

順天考官

尚書曹振鏞字儷笙江南歙縣人辛丑進士

侍郎潘世恩字芝軒江南吳縣人癸丑狀元

題　致知在格　二句　唯仁者能　一章

我學不厭　二句　賦得清如玉壺冰 得冰字

順天解元諸葛光泰武清人　南元丁　榕江南無錫人

丁　榕 鳳干號仲鵠南元候選知縣 錫生壬寅卒年二十八

錢兆棠 步湘號春圃世燦子國子監典簿 金霍邱教諭生缺壽七十二

蔡　培 岵瞻號蓉塘 金己巳

江南考官

工部侍郎陳希曾字鍾溪江西新城人癸丑探花

侍讀學士周系英字石芳湖南湘潭人癸丑進士

題　可與言而　一節　詩云奏假　一節

唐虞禪夏　一節　賦得雲水光中洗眼來 得秋字

江南解元顧元熙長洲人己巳進士

華　翼 鳳威更名端翼 錫癸未　高錫禧 葆[illegible]號藝香 金生癸卯早卒

滕　鏞 樂平年老特賜 錫己巳

嘉慶十五年庚午科鄉試

江南考官

戶部侍郎桂　芳 見上

編脩饒絅春字曉升江西新建人戊辰進士

題　才難不其 至爲盛　射有似乎　一節

我亦欲正至聖者　賦得八月萑葦得蘆字

江南解元張　深丹徒人

顧　翰蒹塘敏恒子含山涇縣等知縣錫生壬寅壽七十九

鄭際昌屏山號仲博金潛山知縣　副朱　煥雲塘錫安州州判

副王朝幹金永州通判

嘉慶十八年癸酉科鄉試

江南考官

工部侍郎茹　棻字古香浙江山陰人甲辰狀元

編脩黃中模字範亭江西南昌人己巳進士

錫金科第攷〈卷五　嘉慶　七

題　子路問政　全章　肫肫其仁　三句

春省耕而　二句　冷露無聲濕桂花得香字

江南解元沈巍皆六安人丁丑進士

侯　桐葉唐號玉山錫庚辰　華文杏錫更名文椿內閣典籍

華鼎年麗春號焯堂金安慶教諭　副黃承祖蕙庭錫戊寅中式

嘉慶二十一年丙子科鄉試

江南考官

禮部侍郎湯金釗字敦甫浙江蕭山人己未進士

刑部員外陸　言字心蘭浙江錢塘人己未進士

題　殷因於夏　三段　惟天下至　六句

夫明堂者　二句　賦得其穀宜稻得宜字

江南解元林　端字章甫上元人

鄒鳴鶴鍾泉麟書子錫庚辰　秦　潤湘葵號濟莊錫生戊戌早卒

侯　靖位恭號立甫海門教諭金生甲辰年四十八

嚴　蓁子谷寧國訓導金生丙午年五十九

副杜紹祁少京號退翁錫己卯中式

嘉慶二十三年戊寅科鄉試

順天考官

錫金科第攷〈卷五　嘉慶　八

禮部尚書汪廷珍字瑟菴江蘇山陽人己酉榜眼

吏部侍郎周系英見上

兵部侍郎劉鐶之字信芳山東諸城人己酉進士

題　君子和而　一句　好學近乎　三句

仁言不如　二節　賦得飛雲臨紫極得臨字

順天解元邊濟賢任邱人

黃承祖癸酉副榜高郵學正生壬寅壽八十

廉志勳寔階號立三兵部車駕司職方司郎中金寶源局監督生己丑壽六十五

江南考官

刑部侍郎帥承瀛字仙舟湖北黃梅人丙辰探花
湖廣道御史盧炳濤字秋槎浙江東陽人壬戌進士
題　君子和而　二句　追王太王至之禮
孟子居鄒　一節　賦得一樹百穫得人字
江南解元馮雲路東流人庚辰進士
趙　藩价人號屏市池州訓導錫生乙未壽七十四
王步雲月莊桃源訓導生己酉壽七十二錫庚申遇捻匪死贈國子監學錄
鄒　錡崇園
副沈榮桂秋苑錫辛巳中式

錫金科第攷卷五　嘉慶　九

附外徐三寶壺園更名寶善錄子金敘縣籍庚辰
嘉慶二十四年己卯科鄉試
順天考官
工部尚書茹棻見上
吏部侍郎恩寍更名銘字蘭士滿洲人戊辰進士
工部侍郎王以銜字勿菴浙江歸安人乙卯狀元
題　君君臣臣至子子　君子素其　二句
是故誠者　一節　賦得心清聞妙香得心字
順天解元董瀛山青縣人庚辰進士

孫元焯小平金更名慧焯清江知縣
周　述偉堂號晴溪更名斯肥鄉知縣調權安金生乙巳壽六十五
江南考官
工部侍郎陸以莊字平泉浙江蕭山人
編脩廖鴻藻字儀卿福建閩縣人己巳進士
題　行夏之時　三句　文理密察　二句
夫義路也至所視　賦得桂馨一山得馨字
江南解元嚴保康字伯常丹徒人己丑進士
華廷標瘦谷錫癸巳　李光瓚錫

錫金科第攷卷五　嘉慶　十

吳世珍廣儒號琢舟滁州學正錫生丙午卒年五十八
朱　廉藕鄉號介宇庠名德進德教諭錫保舉知縣生庚子壽七十六
杜紹祁丙子副榜庚辰
副顧　芝綠野江浦教諭金

道光元年辛巳科鄉試 時疫盛行順天九月舉行

順天考官

文淵閣大學士戴均元 見上

刑部尚書那彥成 見上

內閣學士兼侍郎顧皋字晴芬江蘇金匱人辛酉狀元

題 上長長而民興弟 不可與言至失言

夫仁天之 二句 賦得謙受益 得謙字

順天解元查咸勤字貞復宛平人

沈榮桂 戊寅副榜閣鄉知縣 錫生戊戌壽七十一

錫金科第攷 卷五 道光 一

副 沈雲逵 儀吉 金生己亥卒年五十五

江南考官

侍郎湯金釗 見上

編修熊遹泰字東甾江西新建人戊辰進士

題 君子之於 全節 郊社之禮 一節

無爲其所 二句 賦得所寶惟賢 得賢字

江南解元張海珊吳江人

秦國楠 丙南號笋漁 金生癸丑早卒 楊奎斗 香圃生甲寅 金壽六十八

章程 芝楣更名簡議叙知縣改選教諭 金生丁巳壽六十一

副 華勳 金

道光二年壬午科鄉試

江南考官

戶部尚書穆彰阿字鶴舫滿洲人乙丑進士

編修徐士芬字松巷浙江平湖人己卯進士

題 先有司赦 三句 德爲聖人 二句

是集義所 四句 賦得清露被皋蘭 得蘭字

江南解元胡國樑涇縣人

秦燮 湄村經魁國子監學正 錫生己亥壽六十九

錫金科第攷 卷五 道光 二

季璇 裴野號寬夫 錫生壬午卒缺 劉永本 仰儒號著園 錫癸未

李福培 仲謙號心畬從化加縣在任殉粵寇難 錫郵贈知府諡剛烈生癸亥得年五十二

華雲陛 味根長泰知縣 金調洞安 吳培蓀 竹坪 金生缺卒年四十

秦文彪 丙吉號樸齋清河教諭 錫生丙辰壽七十一

道光五年乙酉科鄉試

順天考官

左都御史姚文田字秋農浙江歸安人己未進士

尚書玉麟字研農滿洲人乙卯進士

戶部侍郎顧皋 見上

題　君子易事　四句　萬物並育　一句

必使仰足　二句　賦得讀書有三餘　得餘字

順天解元鄭　閬直隸人

侯　晟　紀之　安吉知縣改山陽教諭　金　生丁巳　壽八十一

孫慧惇　伯厚　號小平　文恭公子　金　乙未　欽賜進士

江南考官

侍郎劉彬士字樸石湖北黃陂人辛酉榜眼

侍讀學士陳用光字碩士江西新城人辛酉進士

題　賢者識其　至　道焉　宗廟之禮　四句

壯者以暇　至　長上　賦得海不揚波　得平字

江南解元張培壽丹徒人

安　詩　仲依　號芝慶　金　癸巳

道光八年戊子科鄉試

順天考官

協辦大學士盧蔭溥字南石山東德州人辛丑進士

戶部尚書王　鼎字省崖陝西蒲城人丙辰進士

戶部侍郎李宗昉字芝齡江蘇山陽人壬戌榜眼

題　言思忠事　二句　苟不固聰　一節

日周公弟　至　宜乎　賦得檐際雨餘逢月色　得檐字

順天解元王松陵撫寧人

副　侯　晟　霽舫　鹽運使銜寶慶知府署雲南迤南道　金　生癸亥　壽八十四

副　陶承侃　勛甫　黃縣知縣　金　生丙辰　卒年五十四

江南考官

侍郎鍾　昌字仰山滿洲人己巳進士

編修黃爵滋江西宜黃人癸未進士

題　視其所以　二句　故天之生　至　培之

有友五人　至　者也　賦得雨洗秋山淨　得山字

江南解元潘德輿山陽人

孫浩然　養齋　更名鑾濂　昆山教諭　錫　鄧　墀　麗屏　霑益知州　錫　生庚申　壽六十九

胡榮曦　竹溪　錫　劉金簡　雪鴻　青浦教諭　金　生壬子　壽六十七

道光十一年辛卯　恩科鄉試

順天考官

體仁閣大學士盧蔭溥　見上

吏部侍郎寶　興字獻山滿洲人乙丑進士

戶部侍郎李宗昉　見上

題　此謂誠於　至　獨也　躬自厚而　一句

今之君子 三句 賦得圓出於方 得規字
順天解元董似穀字粹甫宛平人戊戌進士
華端揆 金
江南考官
侍郎申啓賢字鏡汀河南延津人壬戌進士
御史鄭塤玉 改名體椿 字朗如四川廣州人己卯進士
題 君子不重 一章 凡事豫則 一句
所以謂人至之心 賦得采菊東籬下 得東字
江南解元汪立權歙縣人

薛 湘 衡瞻號曉颿經颿 錫 乙巳 蔣大鏞 和叔號九山 錫 甲辰
道光十二年壬辰補行辛卯正科鄉試
順天考官
戶部尚書王 鼎 見上
兵部尚書那清安字竹汀滿洲人乙丑進士
左都御史白 鎔字小山順天通州人己未進士
刑部侍郎史致儼字望之江蘇江都人己未會元
題 不義而富 二句 故君子和 二段
仁義忠信 二句 賦得萬物靜觀皆自得 得觀字

順天解元鄭輝堂天津人癸巳進士
嵇文駿 步雲號春源璜孫 議敘知縣 金 生壬戌卒年五十九
秦炳章 正瑄宛平籍 鶴慶知州調龍陵廳 錫 生丁巳卒年五十八
附外 錢 幹 芳皮 錫 浙江商籍
江南考官
侍郎湯金釗 見上
檢討龔文煥字霞城福建光澤人丁丑進士
題 興於詩立 三句 旅酬下爲 一句
食之以時 二句 賦得三峽江聲流筆底 得流字

江南解元潘 鍾字恕齋崑山人
丁 培 植卿號芸石 截取知縣 重遊 金 泮水 生丁卯 壽八十一
唐汝夔 純甫號鷲廷 揀選知縣 金 生丙午 壽七十六 被粵寇難 殉庚申
道光十四年甲午科鄉試
順天考官
禮部尚書汪守和字選泉樂平人丙辰進士
協辦大學士穆彰阿 見上
禮部侍郎史致儼 見上
刑部侍郎姚元之字薦青安徽桐城人乙丑進士

題　君子之仕　二句　中也者天　四句
徒善不足　一句　賦得吉人辭寡 得言字
順天解元李有棠三河人
周彥增 慧存號筱香 錫生戊辰卒年五十三 同知銜東流知縣
附外 嵇廷衡 果亭 金 河南籍 生卒缺
江南考官
兵部侍郎龔守正字季思浙江仁和人壬戌進士
給事中趙　光字蓉舫雲南昆明人庚辰進士
題　執圭鞠躬　一節　上律天時　二句

召太師曰至是也　賦得江南江北青山多 得秋字
江南解元徐元達昭文人
顧鳳仭 翊周號曉亭 金壬子
道光十五年乙未　恩科鄉試
江南考官
內閣學士卓秉恬字海帆四川華陽人壬戌進士
編修單懋謙字地山湖北襄陽人壬辰進士
題　君子不以言舉人　柔遠人則　畏之
有安社稷　一節　賦得江面山樓月照時 得樓字

江南解元吳家楣字硯塘江浦人
華翊亭 竹屏原名寶仁 金吳縣籍庚子副　虞廷皋 賡揚 錫 生缺 殉庚申難
副 薛交泰 金 年老特賜　附外 王光文 金 河南籍
道光十七年丁酉科鄉試
順天考官
協辦大學士王　鼎 見上
吏部侍郎陳官俊字偉堂山東濰縣人戊辰進士
戶部侍郎文　慶字孔脩滿洲人壬午進士
題　夫子之牆　一節　不顯惟德　二句

從許子之　二句　賦得牕中海月早知秋 得清字
順天解元程守光宛平人
張　煜 仲羲號曉亭順天籍 錫知縣生癸卯壽六十
嵇文錦 雲裳 金 揀選知縣 生卒缺　王言鑄 治臣號伯陶內閣中書 金生壬申卒年五十五
江南考官
禮部侍郎王　植字曉林直隸清苑人丁丑進士
內閣學士栢　俊字靜濤蒙古人丙戌進士
題　博學而篤　二句　禮儀三百　二句
昔者有饋　十句　賦得人在鏡心 得人字

江南解元鄒　經江陰人

曹　昺陰軒金，揀選加縣

道光十九年己亥庚子正科鄉試

順天考官

武英殿大學士潘世恩　見上

戶部尚書何凌漢字仙槎湖南道州人乙丑探花

吏部侍郎恩　桂字小山滿洲人壬午進士

工部侍郎徐士芬　見上

題　貨悖而入　二句　好仁不好　四句

出入無時　三句　賦得學古有獲得修字

順天解元沈際清宛平人原籍烏程

副顧　震乾初金

江南考官

禮部侍郎黃爵滋　見上

脩撰鈕福保字松泉浙江烏程人戊戌狀元

題　子曰吾之　一章　動則變變　三句

再命曰尊　二段　賦得重與細論文得時字

江南解元趙世暹字蕉餘號疏樵宿松人

陳　鉞川和金生缺庚申補雖

道光二十年庚子　恩科鄉試是歲因水患於九月舉行

江南考官

戶部侍郎文　慶　見上

編修胡林翼字詠芝號小雲湖南益陽人丙申進士

題　論篤是與　一節　必得其名　一句

無非事者　三句　賦得恭儉惟德得心字

江南解元朱榮實字秋圃涇縣人

秦炳文誼亭經魁戶部廣東司主事錫生癸亥卒年七十四

副嚴升曜寅賓年老未中特賜重遊泮水金生乙卯壽八十二

道光二十三年癸卯科鄉試

順天考官

禮部尚書麟　魁字梅谷滿洲人丙戌傳臚

兵部尚書許乃普字滇生浙江錢塘人庚辰榜眼

副都御史花沙納字松岑蒙古人壬辰進士

題　足食足兵　之矣　曰思無邪　一句

助之長者　四句　賦得庭中竹撼一窗秋得聲字

順天解元余蕚銜宛平人原籍武進

汪望求 憲仲士侃子順天籍 錫生丙子年四十五 徐中衡 金 順天籍

副 華國成 贊卿號鑳秋更名附 金翼綸甲辰中式外 錢穀 洲雲浙江商籍 金 生辛未年五十

江南考官

工部侍郎賈楨字筠堂山東黃縣人丙戌榜眼

編修徐士穀字稼生江西豐城人丙申進士

題 顏淵問仁 至 爲仁 上律天時 至 覆幬

詩云雨我公田 賦得政如農功 得農字

江南解元陳時升高郵人

何學鴻 慶仙更名桂 錫生甲戌卒年四十九 瀛經魁揀選知縣

錫金科第考 卷五 道光 十一

蔣蓉 杏驛庠名方 金生癸丑壽七十一 元和教諭

周翼墀 席山更名佐堯鎬子揀選知縣 錫生丁卯卒年五十八

秦麗昌 霖士更名賡彤丙辰 金湘武子

張蘭階 佩之更名應蘭 揀選知縣 生甲子 金年五十一在山東殉寇難 邮贈知府

道光二十四年甲辰恩科鄉試 覆試是科始

順天考官

左都御史杜受田字芝農山東濱州人癸未 會元 傳臚

刑部侍郎張澧中字蘭莊陝西潼關人丁丑進士

內閣學士羅文俊字蘿村廣東南海人壬午探花

題 文獻不足 二句 悠久所以 一句

王說曰詩 戚焉 賦得言去其辯 得誠字

順天解元劉國彥永清人

華翼綸 金 癸卯副榜知府銜同知用江西永新知縣 生壬申壽七十八

楊延俊 金 顯尊號菊仙 丁未 華承皐 金 順天籍

副 薛鳳藻 紫庭號翊閣 錫 生壬申卒缺

江南考官

工部侍郎徐士芬 見上

編脩江國霖字曉帆四川大竹人戊戌探花

錫金科第考 卷五 道光 十二

題 對曰有政 事也 詩曰在彼 如此

庠者養也 三句 賦得楓葉蘆花秋興長 得秋字

江南解元林之望字小隸號遠村懷遠人

華景儀 仲芬號廉舟 金 施建熙 仲魯號普賢揀選知縣 金 生己卯卒年三十六

副 張步瀛 蓮洲號心如 候選教諭 金 生癸卯壽七十七

道光二十六年丙午科鄉試

順天考官

戶部尚書祁寯藻字春圃山西壽陽人甲戌進士

兵部尚書文慶 見上

吏部侍郎福　濟字元修滿洲人癸未進士

題　不曰堅乎　四句　文武之政至政舉

如知其非　來年　賦得一行斜字早雁來得來字

順天解元王宗海宛平人

周汝萱季孚號蓮舫鎬子揀選知縣錫生乙亥卒年五十七

侯楨二梅號子勤揀選知縣金生丙子卒年四十八

華振衡芷軒更名爾壽金戶部主事

副秦緗業應華號澹如二品頂戴浙江候補道錫署鹽運使司生癸酉壽七十一

江南考官

錫金科第攷　卷五　道光　圭

戶部侍郎栢　俊見上

通政副使黃贊湯字徵之江西廬陵人癸巳進士

題　子貢問師　兩節　蓋曰天之　一句

王在靈囿　六句　賦得半帆斜日一江風得風字

江南解元汪應森字幹臣旌德人

鄒廷桂秋谷揀選知縣金生甲戌壽六十　何錫章勤山生丙辰錫壽六十五

副顧淵仲懿更名恩霈亮孫錫己酉中式

道光二十九年己酉科鄉試

順天考官

戶部尚書孫瑞珍字奇巷山東濟寧人癸丑進士

工部尚書王廣蔭字爰堂江蘇通州人癸巳進士

侍郎宗室靈桂字小山滿洲人

題　爲君難爲　二句　小人反中庸　一節

苟能充之　二句　賦得

順天解元王汝訥永平人

周汝立季卓號稚山錦子議敘同知錫生壬午卒年三十三

王恩綬佩綸號樂三揀發湖北知縣在省殉粵寇難錫郵贈知府謚武愍生甲子年五十二

江南考官

錫金科第攷　卷五　道光　卣

戶部侍郎福　濟字元脩滿洲人癸巳進士

詹事府杜　翻字雲巢山東濟寧人乙未進士

題　曾子曰唯至已矣　執其兩端　兩句

無若宋人至寡矣　賦得老木清霜鴻雁秋得亭字

江南解元祝椿年川沙人

顧淵丙午副榜錫睢陽教諭　王振基峻嘗生壬子金壽六十一

趙彭淵養恬號菊泉海門訓導錫生戊辰壽七十七

李廷業仲芳清河教諭生丁丑歲庚申得金年四十四在任殉節

楊應垣小雲當陽知縣金生卒缺　王望曾縣三生己未卒庚申金七月被粵匪害

錫金科第考附年表卷六

錫麓抽叟高鍈泉　松濤甫輯時年七十有八

梁溪顧銘書　季欽甫參

錫山任德樞　蓉沼甫校

咸豐元年辛亥　恩科鄉試

順天考官

大學士杜受田　見上

吏部尚書栢　俊　見上

侍郎舒興阿字旺山滿洲人戊戌進士

侍郎翁心存字遂盦江蘇常熟人壬午進士

題　已矣乎至者也　故君子不　二句

我亦欲正至已也　賦得

順天解元王題雁直隸人

杜友韋仙容錫　陽江知縣　生己丑卒三十三

江南解元汪達元江寧人是科錫金未得一人

咸豐二年壬子科鄉試

順天考官

工部尚書麟　魁　見上

左都御史朱鳳標字桐軒浙江蕭山人壬辰榜眼

工部侍郎呂賢基字鶴田安徽旌德人乙未進士

題　子曰中庸至久矣　誠者物之　二句

敢問何爲　言者　賦得業廣惟勤得脩字

順天解元張之洞南皮人

程恩培厚之錫　內閣中書　附許紹汾星槎金　湖北籍江西知府外用

江南考官

吏部侍郎沈兆霖字朗亭浙江錢塘人乙未進士

編修葛景萊字蓬山浙江仁和人甲辰進士

題　道之以政　全章　布在方策　一句

其實皆什至藉也　賦得半潭秋水一房山得房字

江南解元薛春藜全椒人

朱厚基敦之錫　號紫珊庚申經魁　朱炳奎悟齋錫　經魁生戊寅卒年四十六

孫勳烈伯綸錫　內閣中書四品銜選用知府軍功賞戴花翎二品封典生甲午年五十九

副泰國楨春圃錫　原名又新候選訓導生癸亥卒難庚申年五十八

咸豐五年乙卯科鄉試江南以匪亂停

順天考官

大學士賈　楨　見上

吏部尚書花沙納 見上

戶部侍郎何彤雲字子厚雲南晉寧人甲辰進士

題 我對曰無違 一句 知人也 一句

雖存乎人 一節 賦得秋闈戲藝初 得初字

順天解元方汝翼清苑人 南元薛福辰無錫人

薛福辰 撫屏 錫 湘子 南元 左副都御史 生壬辰 卒五十八

華晉芳 孟萱 金 丙辰 王育芬 泉韓 金 戶部主事 生癸未年四十二

錢勗 探初 錫 浙江候補知府 遇寇卒 贈太僕寺卿 生丙戌年四十二

副 王廷楨 于泉 錫 恩貢子 三品銜湖北武昌知府 生丙申卒得年五十一

附外 華慶成 嘯雲號雲虬 建德知縣 生戊寅壽六十五

咸豐八年戊午科鄉試 江南仍停

順天考官

協辦大學士栢俊 見上

兵部尚書朱鳳標 見上

左副都御史程庭桂字楞香江蘇吳縣人壬午進士

題 吾未見剛 一句 敬其所尊 一句

日敢問夫 其氣 賦得萬竿烟雨綠相招 得字

順天解元戈 徵景州人

朱載基 西山號笙甫更名礪基 錫 乙丑

秦臻 蓮風號巳生原名昌熹國楨子運同銜 金 揀選知縣 生辛巳壽七十九

姚熙載 緝安更名熙賚 金 知縣 副 周殿奎 伯愚號佩蒼 錫 甲子中式

咸豐九年己未科鄉試補乙卯正科 借浙闈試於十月舉行

江南考官

禮部侍郎楊式穀字稼生河南南城人辛丑進士

國子監祭酒皂保字芸舫滿洲人辛丑進士

題 子謂子夏 爾乎 武王纘太 一句

我豈若處 六句 賦得江風吹月海初潮 得樓字

江南解元余鑑 婺源人

鄧元鏡 菱洲號蓉沼 金 經魁 同知銜 揀選知縣 生庚辰年四十九

張宗沂 雨亭 錫 生東明知縣 庚寅卒年五十六

陳慧之 春谷 錫 拒粵寇殉難 待郵 生辛卯卒年三十一

華組耀 則甫 金 大安州州同 生缺 卒於甲申年

副 秦瑩 石甫 金 生丁酉年二十四殉庚申難

咸豐十一年辛酉科 江浙兩省俱停

同治元年壬戌　恩科鄉試（南闈仍停）

順天考官

大學士賈　楨　見上

尚書羅惇衍字星齋廣東順德人

協辦大學士瑞　常字芝生蒙古人

題　吾斯之未（至）子說　及其至也　二句

保民而王　二句　賦得賡歌樂歲豐（得歌字）

順天解元陳光湞大興人　南元王　緯無錫人

王　緯（德仔號華齡　錫　癸亥進士）　南元　嵇有慶（伯潤補用府零陵知　錫縣生己丑書六十）

附外　丁　墉（倣石號枚卿　廣西籍　錫　辛未）

同治三年甲子科鄉試並補戊午科（是年金陵克復於十一月舉行）

江南考官

太僕寺卿劉　崑字蘊齋雲南景東人辛丑進士

編脩平步青字錦孫浙江山陰人壬戌進士

題　葉公問政　兩章　有餘不敢　一句

湯執中立　二句　賦得桂樹冬榮（得風字）

江南解元江　璧字南春甘泉人

周殿奎（戊午副榜揀選知縣　生戊子卒年五十六）　涂廉鍔（清士號硯卿　金　丙子）

蔣汝佶（耘叔號鶴士揀選知縣　錫　生乙未卒年五十五）

副　趙　棨（伯仁號百忍內閣中書　金　生甲申書六十八）

副　趙起鵬（翼堂號雲九　金　丁卯中式）　副　錢家駒（軼倫　金）

同治六年丁卯鄉試並補行辛酉科

順天考官

尚書單懋謙　見上

尚書瑞　常　見上

大學士賈　楨　見上

侍郎汪元方字嘯庵浙江餘姚人癸巳進士

題　慈者所以　四句　文質彬彬　二句

子產聽鄭　爲政　賦得石上泉聲帶雨秋（得秋字）

順天解元劉世駿　人

林祖進（舜臣號少筠　錫　戊辰）

江南考官

通政副使劉有銘字鑄山直隸南皮人丁未進士

編修王榮琯字玉文山東樂陵人庚申進士

題　子曰修己　六句　有弗辨辨　四句

省刑罰薄　三句　賦得江南山樓月照時（得樓字）

江南解元顏　馴字順清儀徵人

侯琫森 鐵生號蔚人　經魁　花翎三品銜補用 錫 同知浙江新昌知縣　生戊戌壽七十

錢福煒 瀛士號孌蓀　長洲教諭 金 生丙申壽七十

侯煒 景文號石琴　教諭 錫 生辛巳年五十六　錢欽榮 家嚴　候補同知 金 生壬午年五十二

趙起鵬 甲子副榜　陽江同加 金 生丙午卒年五十四

薛福同 重珍　湘子庠名曾福中揀選知縣 錫 生乙未卒年三十六

華錫光 汾榮號心左 錫 生丁酉卒缺　秦煥堃 賢南號羹堂廣平知縣 金 生庚子壽六十四

副 薛福成 叔耘號庸盦　湘子　二品頂戴甯紹台道擢湖 錫 南按察使司出使英法義比四國大臣授都察院左副都御史 生戊戌卒年五十六

錫金科第攷　卷六　同治　三

同治九年庚午補行壬戌　恩科鄉試

江南考官

內閣學士銘　安字鼎臣滿洲人丙辰進士

贊善林天齡字錫三福建長樂人庚申進士

題　周公謂魯　一章　脩道之謂　四句

而況於親　一句　賦得千古江山北固多 得多字

江南解元許時中字午樓荊溪人

錢鴻鼎 新巖 金 生癸巳卒缺　榮光世 詠叔號樾堂原名景熙 錫 丙子

陶書勳 枚臣號功美福建帅大使 金 生丁未卒缺

浦同瑞 子頎號祝春　五品銜揀選知縣 金 生丁未壽六十二

楊昌祜 子承　五品銜揀選知縣 金 生戊子壽七十五

朱鑑章 達夫號海琴 錫 辛未　王錫福 綏之號履初 金 生辛丑卒缺

附外 許紹沅 灌卿紹汾弟　湖北籍 典 得銜大挑教諭

同治十二年癸酉科鄉試

江南考官

左副都御史劉有銘　見上

編修黃自元字萱虞湖南安化人戊辰榜眼

題　非飲食而　一句　武王纘太　一句

錫金科第攷　卷六　同治　四

以天下養　至也　賦得波光搖海月 得搖字

江南解元汪昌鼐休寧人

竇士鏞 警凡號曉湘　經魁　同知銜截取知縣 錫 生甲辰壽六十六

過鑄 玉書　德清知縣　二品封典浙江補用道 金 生己亥壽六十九

華鴻模 範三號子才　知府銜內閣中書 金 生庚子壽七十一

華文滙 長巖號海初　四品銜江西瑞淦吉水等知縣 金 生庚子壽七十

楊楫 石漁　兵部主事湖北候補知府 錫

副 胡再福 揵三號席三　壬午中式 錫

光緒元年乙亥　恩科鄉試以後現存　榮庚不註

順天考官

尚書毛昶熙字旭初河南武陟人庚戌進士

侍郎殷兆鏞字譜經江蘇吳江人庚子進士

侍郎徐　桐字蔭軒漢軍旗人庚戌進士

侍郎崇　綺字文山蒙古人乙丑狀元

題　子曰有德至有言　陳其宗器　時食

老吾老以　於掌　賦得

順天解元張彭齡直隸人

薛福庚通夫湘子　揀選知縣　錫生庚戌卒年四十四

副楊公復培錕號槐卿候選　錫訓導生卒缺　副王蘊時肅徵緯子朝城知縣　錫生庚辰年四十六

江南考官

太常少卿周瑞清字　廣西臨桂人己未進士

編脩王　炳字　陝西南鄭人癸未進士

題　子謂子夏至子儒　官盛任使　二句

王子墊問　四句　賦得重與細論文得論字

江南解元萬人傑鹽城人

楊志濂評蓮號筱荔　花翎二品頂戴　錫　浙江補用道甯波府知府

孫贊堯有卿號賡虞　國子監典簿銜　錫　沭陽教諭生己亥壽七十

宣敬熙琴山　同知銜知縣用上海縣教諭　金　生癸卯卒年五十六

華型芳知風號梅閣　錫生己酉早卒

顧紹成仲蘇號頌素原名　錫　景魏　庚辰　高　準叔平號苣亭　錫　生丙申年五七

光緒二年丙子科鄉試

江南考官

內閣中書龔自閎字叔宇浙江仁和人甲辰進士

給事中邊寶泉字潤民漢軍人癸亥進士

題　子貢曰有　一章　旅酬下爲　四句

秋省斂而　一句　賦得依舊青山綠樹多得舟字

江南解元楊𪍿榮懷遠人

華保鑑守三號紹唐　經魁　錫　生辛丑早卒　過　炳采章　揀選知縣　金　生己亥壽六十九

秦謙培牧卿　截取知縣　錫生壬子卒年五十八

朱鳳銜儀丹號念椿　揀選知縣　錫　生辛亥卒年五十一

杜學謙子撝號琴史　五品銜在任　金　候選知縣　上海教諭

副顧　棣鄂韞號吟常　附　金　己卯中式　外孫　增樹臣　廣西籍　金　清江知縣

光緒五年己卯科鄉試

順天考官

禮部尚書徐 桐 見上
吏部侍郎志 和字春圃滿洲人壬子進士
禮部侍郎殷兆鏞 見上
刑部侍郎錢寶廉字湘吟浙江嘉善人庚戌進士
題 如有博施至聖乎 德爲聖人 三句
孔子聖之 一句 賦得郊原遠帶新晴色得晴字
順天解元張正堉南皮人
楊宗瀛 金 號星洲 凌洲 生丙午壽六十一 知府銜 安南知縣 延俊子
附外 龔開晉 金 秀瀋 四川籍

江南考官
刑部侍郎馮舉驥字展雲廣東高要人甲辰進士
編修許有麟字 浙江仁和人戊辰傳臚
題 樊遲請學 一章 誠者自成 無物
猶益之於 周繼 賦得江南江北青山多得遊字
江南解元翟洪銓東臺人
顧 棣 金 吟常 生乙巳卒年四十九 丙子副榜 揀選知縣
章 鑄 金 貴三 生癸丑卒年四十七 五品銜浙江候補知縣
光緒八年壬午科鄉試

江南考官
禮部侍郎許庚身字星叔浙江仁和人壬戌進士
編修譚宗浚字叔裕廣東南海人甲戌榜眼
題 子曰小子 二章 尊賢之等 二句
命也有性 命也 賦得袖中吳郡新詩本得新字
江南解元林介弼懷遠人
許 珏 金 靜山 二品頂戴四品卿銜 出使義國大臣侍用道
胡再福 癸酉副榜五品銜揀選知縣 生癸丑卒年五十六
張 均 金 穉平 號[illegible]廷 揀選知縣

光緒十一年乙酉科鄉試
江南考官
太常少卿馮爾昌字 山東安邱人癸亥進士
編修戴彬元字 順天寧河人庚辰傳臚
題 子夏曰可者至不能 子曰舜其大知也與
使天下仕者至之塗 賦得山向吾曹分外青得山字
江南解元張庭瑞海州人
錢承煦 金 叔懋 碭山教諭調山陽
沈林一 錫 侶嵐 生壬戌卒年五十一 四品京堂廣西梧州關道

秦寶琛詔臣更名敦世孫子工部 錫 營膳司郎中調吏部

章鈞伯陶號定安四品銜直隸安州知州 金 生癸卯壽六十五

蔡瑞勳銘竹號筱庭五品銜揀選知縣 金 生癸丑卒年五十八

孫泰圻莘甫 二品頂戴賞戴花翎 錫 鹽運使銜湖北候補道

裘廷梁葆良 揀選知縣 錫 張彥昭笠臣號枕梅 錫 如皋教諭

過錫綸寶侯號亦厚 安徽州同 金

副外 談長康李侯號堅雲 宛平籍

光緒十四年戊子科鄉試

順天考官

協辦大學士福錕字箴庭滿洲人己未進士

戶部尚書翁同龢 見上

兵部尚書許庚身 見上

刑部侍郎薛允升字雲階陝西長安人丙辰進士

題 是以大學至其極 齊一變至 一章

始調理者 四句 賦得楊柳讀書堂得書字

順天解元張 評直隸人

孫鼎烈未 錫 盃 己丑

江南考官

錫金科第攷 卷六 光緒 五

翰林院侍讀學士李文田字芍農廣東順德人己未探花

修撰王仁堪字可莊福建閩縣人丁丑狀元

題 子曰可與共 二章 及其廣厚載 三句

堂高數仞至不爲也 賦得金壘浮菊催開宴得鳴字

江南解元姚永概桐城人

薛翼運南溟 福成子 二品頂戴候選道 花翎

孫祖烈虎峯 錫 內閣中書鹽運使銜江西候補知府 生甲寅卒年四十六

李潔皜修號古齋 錫 生戊辰早卒 秦堅叔同號畏磷 金 生己未年三十九

孫宗華漢槎 吳縣籍 副 尤桐幹臣 金 己丑又副貢 法部主事

副 錢熙元頌美原名福熯 金 就職州判

光緒十五年己丑恩科鄉試

順天考官

協辦大學士徐桐 見上

尚書嵩申滿洲人戊辰進士

吏部侍郎許應騤廣東番禺人庚戌進士

戶部侍郎孫詒經浙江錢塘人庚申進士

題 有若對曰盍 二句 言前定則不 不窮

人皆有所不 義也 賦得自強不息得乾字

錫金科第攷 卷六 光緒 六

順天解元安文瀾定州人

楊壽樞 蔭北 金 花翎二品銜內閣制誥局長 軍機處領班光祿寺少卿 延俊孫

楊庚 鏡石號夢符更名錫珍 山東安邱縣知縣

江南考官

鴻臚寺卿李端遇山東安邱人癸亥進士

修撰曹鴻勛字竹銘山東濰縣人丙子狀元

題 君子有三畏 一節 明乎郊社之 二句

天子適諸侯 三段 賦得江涵秋影雁初飛 得秋字

江南解元方爾咸江都人 年十五齡

錫金科第攷 卷六 光緒 七

薛聰彝 幼端 錫 遼海知縣　陸紹雲 靄士 錫 山東鹽大使

陸士奎 耀星號滌如 錫 甲午　華秉鈞 書萱號魯堂 金 浙江知縣

陶世鳳 丹翼 金 甲午　姚霽 月度號夢餘 錫

錢麟書 子瑞號立剛 金 同知銜 安徽績溪知縣

副 尤桐 金 戊子副榜 法部主事

光緒十七年辛卯科鄉試

順天考官

兵部尚書許庚身 見上

戶部侍郎廖壽恒字仲山江蘇嘉定人癸亥進士

工部侍郎徐樹銘字壽衡湖南長沙人丁未進士

內閣學士霍穆歡字紹先滿洲人丙辰進士

題 言忠信行篤敬 二句 君子之道淡而 四句

詩曰天生蒸民 四句 賦得遠望樹多圓 得淮字

順天解元張玉畬直隸蠡縣人

楊楷 錫 端書號仁山更名道霖 壬辰

副施 楊壽棫 錫 味雲更名壽枏 度支部參議 解庚 閣部保惠司員外 陝西候補出仕 出使各國參贊 延俊孫

江南考官

內閣侍讀學士金保泰字忠甫浙江錢塘人辛未進士

錫金科第攷 卷六 光緒 八

編修李盛鐸字木齋江西德化人己丑榜眼

題 子曰桓公九 一節 考諸三王而 四句

經界既正 三句 賦得鶯背參差日影紅 得紅字

江南解元孫多提壽州人

徐壽賓 楚之號子敬 錫 四品銜署嘉善知縣調鄞縣

王衡 鑑士 金 三品銜兵部車駕司郎中 生癸亥卒年四十六

顧懋熙 敬修 金 五品銜 溧陽教諭　副 王宗鑾 念椿更名宗猛化銘 金 四品銜三部同加

光緒十九年癸巳 恩科

江南考官

工部侍郎徐會澧字東浦山東諸城人戊辰進士
編脩文廷式字芸閣江西萍鄉人庚寅榜眼
題 子曰巍巍乎舜 兩章 上律天時 一節
何獨至於人 兩句 賦得江上飛雲來北固 得雲字
江南解元王嘉賓高淳人
杜嗣程 孟乘號鄒如 錫 生辛未早卒 高 翔 伯芳 錫 署浙[illegible]知府
唐浩鎮 鄭號養吾 錫 三品銜郵傳部主事 華承謨 秉輝號舒齊 金 同知銜遂安知縣
副 林志熙 輯甫號虎侯 錫 河南候補道 副 徐鳳震 衡山更名振清 內閣中書經濟特科
副 丁寶書 雲軒 錫 都水司郎中商部章京 會計司行走

錫金科第攷 卷六 光緒 九

光緒二十年甲午科鄉試
順天考官
刑部尚書薛允升 見上
左都御史徐郙字頌閣江蘇嘉定人壬戌狀元
內閣學士長萃字允升滿洲人丙子進士
副都御史楊頤字蓉圃廣東茂名人乙丑進士
題 子貢曰百工 二章 詩曰衣錦尚絅 一節
征者上伐下也 賦得五色詔初成 得成字
順天解元王毓蘭肅寧人

陸鍾奇 菣堂 錫 山東直隸州州同
江南考官
侍讀學士馮文蔚字聯棠浙江烏程人丙子探花
編脩黃紹第字叔庸浙江瑞安人庚寅進士
題 夫子之牆 至 或寡矣 故君子語大 載焉
有布縷之 至 緩其二 賦得大將龍旗掣海雲 得雲字
江南解元何其純建平人
范 鑫 素行 錫 生丙寅早卒 經魁 廉 泉 惠清 金 經魁 二品銜候選道郎中
楊 模 範甫號蟄盦 錫 內閣中書 五品銜經濟特科 學部主事
蔣寶豐 壽丞號鐵厂更名寶誠 金 經濟特科 同知銜湖北應山巴東等知縣

錫金科第攷 卷六 光緒 十

俞 復 仲還 金 揀選知縣 王世忠 驥程 錫 同知銜揀選知縣
許士熊 呂肖 金 日本參贊 分省試用道 朱 栢 維新 錫 廣東州同 生辛未早卒
楊壽樸 蘭樵 金 補用直隸州山東候補知縣生戊辰年三十一
楊宗海 經笙更名建綸 錫 花翎三品銜浙江候補知府
唐濟鎮 惠人號若川 金 戶部主事 生己巳卒年三十六
孫撰均 叔方號叔舫更名道毅 金 甘肅知縣 華申祺 實夫 錫 揀選知縣
副 許同范 文伯 金 出使俄國隨員 副 高汝琳 映川 金 直隸州州同
光緒二十三年丁酉科鄉試

江南考官

太僕寺卿劉恩溥字博泉直隸吳橋人乙丑進士

編修朱錫恩字湛卿浙江海寧人甲午進士

題　文學子游　二句　爲能聰明　二句

食之以時　三句　賦得多少樓臺烟雨中 得中字

江南解元楊炎昌江寧人

胡殿均 菊坡 經魁 金 岳池知縣　陶光濟 若舟號考洲同知銜 金 揀選知縣

沈祖約 葆三 錫 揀選知縣　許國鳳 仁盦號儀亭 金 銜學部主事

副 顧棟臣 枚良 經濟特科 錫 學部普通司郎中

錫金科第攷　卷六　光緒　十一

副 張文藻 子惠 就職州判 錫　副 俞墉 葆之 年老特賜 金 生丙子壽八十三

光緒廿八年壬寅鄉試補庚子辛丑　恩正兩科 是年改試 論策義

順天考官 借闈河南

兵部尚書裕　德　見上

左都御史陸潤庠字鳳石江蘇元和人甲戌狀元

戶部侍郎陳邦瑞字瑶圃浙江慈溪人丙子進士

題　漢高祖命叔孫通定朝儀論

漢景帝詔議可以佐百姓者論

唐太宗命王珪品藻羣臣論

宋仁宗除越職言事之禁論

宋仁宗詔天下州縣立學行科舉新法論

順天解元萬毓彤靜海人癸卯進士

尤 穉子嵩 河南盧 金 氏加縣　鄒廷鑾 少和 河南試 金 用知州

江南考官

戶部侍郎戴鴻慈字少懷廣東南海人丙子進士

鴻臚寺卿黃均隆字策安湖南湘潭人丙子進士

題　漢文帝減租除稅而物力充羨武帝算舟車榷

鹽鐵置均輸而財用不足論

錫金科第攷　卷六　光緒　十二

唐楊綰疏停明經進士請令州縣舉孝廉論

宋仁宗置太學三舍厥後陳東率諸生伏闕上書

請起李綱即出自太學論

元遣速不台拔都等西征兵力之盛直至斡羅

思以西論

明以尚寶少卿徐貞明領墾田使督治京畿水田論

江南解元曹清泉績溪人

嚴毓芬 華卿 經魁 挑舉銜 金 山東鹽大使　許同莘 溯伊 揀選知縣 金 外務部秘書員

孫蕃圻 屏東 內閣中書考取會議 錫 政務處行走

楊壽枏 翰西 金 花翎三品銜山西候補道 延俊孫

薛葆煌 惠良 金 候補鹽大使

姚應泰 寅生 金 朝鮮隨員同知銜浙江江山知縣

楊文淵 少坪 金 四品銜內閣中書法部審判司行走京城內外檢察廳

副 王蘊章 蒓農 錫

光緒二十九年癸卯 恩科鄉試

江南考官

內閣學士楊佩璋字筱村河南長葛人丁丑進士

外務部左丞紹昌字玉庭滿洲人己丑進士

題 漢武帝時徵吏民有明當世之務習先聖之術者

縣次續食令與計偕論

識時務者在乎俊傑論

謝安登冶城悠然遐想有高世之志論

張九齡上千秋金鑑錄論

明太祖詔商稅毋定額論

江南解元陳康祺靖江人

楊壽標 果臣 金 經魁 三品銜河南候補道 延俊孫

副 鄒福元 嵩生 金 江西候補知縣

跋

吾邑自泰伯端委以來肇啟文明厥後名儒碩彥代不乏人題名碑記自唐始吾錫則宋洪适有登科記二十卷明俞憲有進士登科考若干卷前輩採輯之功不可沒矣鑅幼年失怙無力從師長習會計以謀衣食卻於邑中文獻性喜搜討卽遇殘編斷簡罔不流覽前已刻錫金歷朝書目攷暨游庠續錄今知科第一書尙在缺如因仿蘇常兩郡並虞陽科第錄悉心採取自順治乙酉至光緒甲辰停科之年止博訪周咨一無掛漏計時閱五六年稿易七八

次始成書六卷名爲錫金科第考凡遺年失序而志缺標者卽更定焉又以洪範書居福首故原名下註明其有祖父登科卽者亦註餘如考籍他邑亦並附焉此書宗旨表人材彰學校感衆心故亟以付之剞劂至自唐迄明則以資乏一時不克刊是所望後之君子興焉宣統庚戌季秋之月拙叟高鑅泉松濤氏謹跋時年七十有八

錫金游庠同人自述彙刊

（民國）蔣士棟 丁福保 編

《錫金游庠同人自述彙刊》不分卷，（民國）蔣士棟、丁福保編，民國二十一年（一九三二）鉛印本。

蔣士棟（一八六五—一九四三），原名標，號留春，無錫人。清末秀才，歷任榮氏女學校長等職，著有《算學餘談》等。丁福保（一八七四—一九五二），字仲祜，號疇隱居士，無錫人。清末秀才，多年在上海行醫，曾辦醫學書局，創中國錢幣學社。平生著作等身，《説文詁林》、《佛學大辭典》及《古錢大辭典》最爲有名。

民國二十年（一九三一），距清末廢除科舉考試已二十餘年。舊時考中秀才即稱入泮。庠指縣學，游庠亦即爲考中秀才的别稱。當時無錫在世的秀才最年長者楊志濂已八十歲。這一年夏天，蔣士棟、丁福保發起編一本新的游庠録。無錫早有完整的明清時期游庠録，然而這些游庠録很簡單，衹記録姓名、宗師名及試題等少量信息。在科舉考試已廢除二十多年後，在世的前清秀才大都已進入暮年。但他們中的不少人已成爲社會名流，事業有成。他們懷念先朝的選拔制度。本書一改以往游庠録的形式，改爲入録者自撰生平事業、學問經歷等。每位入録者文前皆配有照片。從清同治十年（一八七一）至光緒三十一年（一九〇五）三十五年間，二十四科考中的尚健在的七十九位老秀才的自傳，爲後人留下了一份寶貴的地方人物史料。其中不少人在無錫歷史上有影響，爲研究近代無錫地方史所必讀。

本書據民國鉛印本影印。

（徐志鈞）

錫金游庠同人自述彙刊

辛未年十二月校栞

辛未雙十節游庠同人雅集圖左半幅
辛未雙十節游庠同人雅集圖右半幅
錫金游庠同人自述彙刊
辛未年雅集圖
一

次序題名自中而左楊筱蓀蔣渭春楊心栽吳叔渭楊經笙折而下之自左至中趙子新楊翰西薛道敷楊映潭袁黼臣侯伯文許蘇庭立於柱之中間者薛緯亮秦平甫薛望暹蔡松如俞爾三莊績卿張森如過冠生折而上之自左至中施瑞庭鄒頤丹薛和之丁仲祜立於柱之左間者孫錫丞孫振初施顯臣潘潔甫黃蔚如薛伯瑾楢景修孫蔭午

自中而右楊石漁周雪禾楊月升王念椿范維清顧琴生折而下之自右至中楊少穆華蓉舫楊袞臣尤幹丞徐渭臣孫祖羨立於柱之中間者陳芳泉寶俊侯俞杏栽周冕臣折而上之自右至中溫筱庵張子惠方仲容殷賓卿立於柱之右間前面者黃卓儒孫審懿張潮象陶念鈞榮吉人陳湛如其在後面者孫北萱孫子遠孫屏東蔣留春

江蘇學政龍宗師像

芝生夫子大人像贊

卓哉大匠處世取材弘謀
碩畫朝野宗推師生笑貌
卅載暌違師生遺照如天
賜來我瞻儀容我思夫當
年文采丰哉

門生蔣標敬題

龍芝生先生傳

先生湖南攸縣龍氏諱湛霖字芝生曾祖思見祖彬父友夔竝以文學幹略顯聞於世先生舉咸豐丁巳鄉試壬戌成進士改庶吉士授編修光緒元年乙亥充順天鄉試同考官丙子雲南鄉試正考官除左右春坊中允以憂歸九年補原官兼日講起居注以侍讀學士任江西學政累遷正少詹事入爲內閣學士兼禮部侍郎福建鄉試正考官尋擢刑部右侍郎督學江蘇先生爲講官時曾上疏請擇親貴近臣績學篤行有節概者給事殿陛如漢侍中之制必能裨益聖德識者推爲知本又當法越用兵屢上言力持戰議揣摩形勢規畫防守甚備其他論圜法輕重鄭州河防皆中機要先生雖氣貌仁厚粥粥若無能者而中饒智略通達治體忠謇發攄無所阿避至若爲國家育賢才端學術俱引爲己任在江西剏設經訓書院延通儒皮錫瑞主講席一時成就甚衆迄今人猶思之在江蘇當世變益亟爲輸格致新法購致譯籍表器分科立規程首推行號最得才士曰南菁書院日有效聲績聞朝廷方召用任滿遽引疾歸遂不出先生性孝友端謹兩兄歿後事寡嫂如母撫孤姪輩逾所生親友有貧乏餽卹無吝色於鄉里興學義舉竭力提倡時斥金贊助之遇人無畦町寡嗜欲悃愊豁達痌瘝耿耿不忘君國以故朝野咸欽其忠藎惜其遺澤未被天下也卒年六十有九配熊夫人繼雷夫人子三紱瑞紱年紱慈皆仕學有聲於時云

民國辛未冬月　　後學 無錫侯學愈謹撰

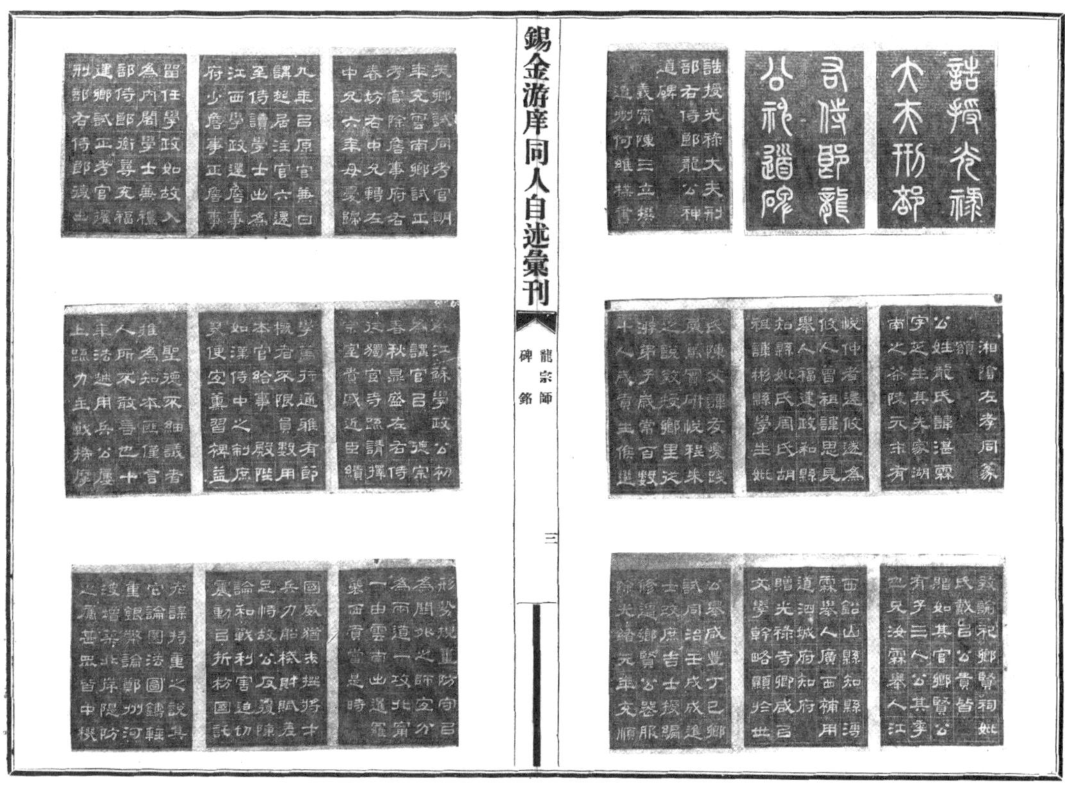

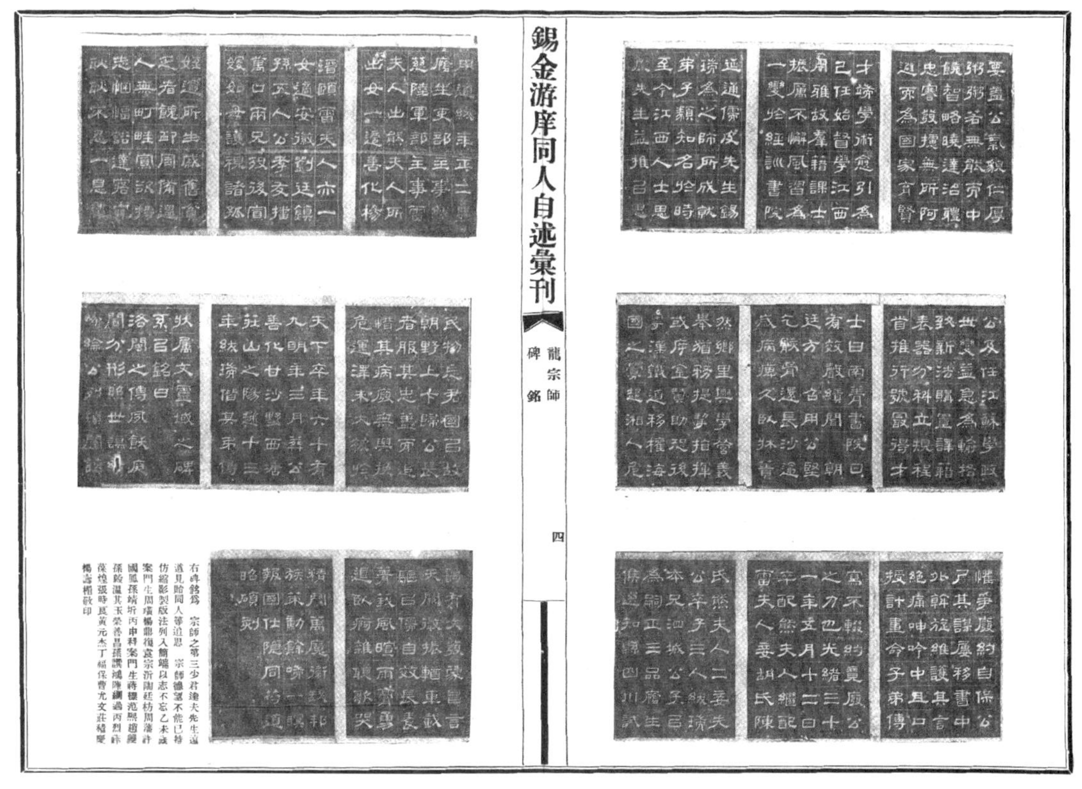

右碑銘爲　宗師之第三少君逵夫先生遠道見貽同人等追思　宗師儀望不能已特仿縮影製版法列入簡端以志不忘乙未歲案門生周瓚楊鼎復袁宗沂陶廷枋周藩許國鳳孫靖圻丙申科案門生蔣樑范熙趙鏡蓀殷溫其玉榮善昌孫讓鴻陳綱過丙烈許葆煌張時夏黃元杰丁福保曹允文莊稽慶楊壽楣敬印

序

科舉之有紀載肇自李唐唐書藝文志著錄崔氏唐顯慶登科記五卷姚康科第錄十六卷李弈唐登科記二卷實爲登科記錄之始厥後洪适有宋登科記二十一卷無名氏有大遼登科記一卷五代登科記一卷俞憲有皇明登科考十二卷皆嗣響姚李者也而樂史所編重定科第錄十卷所錄起貞元訖中和又編重修登科記三十卷起唐訖五代又編宋朝登科記三十卷起建隆訖景祐可謂洋洋大觀矣顧所記錄者皆通國之進士也自陳汝元編皇明浙士登科考十卷於是乎有一省之紀載自張朝瑞編南國賢書四卷於是乎有舉人之紀載若夫等而下之至於庠生則微乎末矣庠生而

僅限於一邑更渺乎小矣然而庠序者士子進身之始也溯自炎宋置學無論達而在上窮而在下或澤加於民或獨行其道無一不出於庠序則庠生亦至足重矣至足重則其應與登科者之同有記錄也亦宜吾錫游庠錄編之者邵吟泉先生續之者高松濤先生亦既燦然大備矣顧僅存其姓名讀其書者仍不能無不知其人之憾蔣君留春丁君仲祜乃共商榷倣樂史登科錄後另附諱行錄之例敘述游庠諸君之行誼又恐他人載筆往往不得其詳且不盡翔實可信於是甄采同人自述彙爲一編備吾邑歷史之一夫自述昉於史遷實即魯論十五志學一章遺意裒而集之可各言爾志可各存其眞可供異日知人論世之參考固非若五柳先

生六一居士無名公諸傳雖自傳而仍寓名於詭者可比也昔宋紹興十八年同年小錄以有朱子與於其列而傳寶祐四年登科錄以有文天祥謝枋得陸秀夫與於其列而傳是刊人數近百安知其中不亦有晦菴文山其人足以搘拄綱常振興風敎者因重其人而倂重其書乎然則是刊且將爲神物所呵護而流傳不朽矣抑更有進者人於同年小錄等書輒視爲無關重要然嘗据以校吾尤氏宗譜吾五世祖文簡公譜不言有昆季而小錄則云兄弟四人公居其季而字季長譜不載公生日而小錄則云二月十四日生譜不注公里籍而小錄則云貫許舍之白石里今者余修宗譜且將本之以修正舊譜之文矣尤姓如此他姓之類此者豈少也

哉是此類著述造端雖起於科名結果實足資考證況今之自述其文既出諸親筆其詳斷復什倍於昔之登科錄諸書則後世讀之者根據手稿考訂羣言或正傳訛或補軼事邑乘家乘及擧凡掌故家之取材胥在乎是其功用實超出乎登科記錄以上也質之蔣丁二君以爲何如壬申暮春梁溪病夫尤桐

本刊序言

是書造意於己巳冬日決計於辛未夏間聚十餘人之心力設法集稿經八九月之工夫校對排印而僅成此區區兩册深願今人重視之後人保存之民國二十一年壬申春季發起人蔣士棟丁福保孫讚鴻贊助人孫詒鴻榮善昌黃元杰施嘉績張文藻楊泰階侯學愈胡介昌俞霖鄒呈桂同識

目次

同治十年辛未歲案 宗師彭久餘
楊志濂
同治十一年壬申科案
陶世鳳 楊楫
同治十三年甲戌歲案 宗師林天齡
光緒元年乙亥科案
蕭煥梁
光緒三年丁丑歲案 宗師林天齡
陳啟源
先緒四年戊寅科案
光緒六年庚辰歲案 宗師夏同善
虞文元 楊恩霈
光緒七年辛巳科案 宗師黃體芳
顧潛
光緒九年癸未歲案 宗師黃體芳
尤桐
光緒十年甲申科案
蔣士松 孫光斗 王宗猛
光緒十二年丙戌歲案 宗師王先謙
顧祖詒 薛聰彝
光緒十三年丁亥科案
吳慶颺
光緒十五年己丑歲案 宗師楊頤
吳佐璜 楊昌源 楊泰階 張文藻
光緒十六年庚寅科案

王國治　方　輿
光緒十八年壬辰歲案　宗師溥　良
張　鑑　蔡文森
光緒十九年癸巳科案
侯學愈
光緒二十一年乙未歲案　宗師龍湛霖
周　璜　楊鼎復　袁宗沂　陶廷枋　周　藩　許國鳳　孫靖圻
光緒二十二年丙申科案
蔣　標　范　熙　趙　夔　陳　綱　孫　穀　溫其玉　孫謨鴻　過丙烈　榮善昌
薛葆煌　張時良　黃元杰　丁福保　曹允文　莊積慶　楊壽楣
光緒二十四年戊戌歲案　宗師瞿鴻禨
孫藩圻　侯鴻鑑　錢　珍　俞　霖
光緒二十五年己亥科案
方　矩　胡介昌　施昌第　鄒呈桂　丁鵬振

光緒二十七年辛丑歲案　宗師李殿林
楊承實　陳麟章　殷日同　施嘉績　程宏遠　潘鍾泉　孫誥鴻　周錫縉　張照南
陳作霖
光緒二十八年壬寅科案
殷獻臣　劉翼墀　孫肇圻　俞家振　林錫榮　孫觀圻
光緒三十年甲辰歲案　宗師唐景崇
黃豹光　嵇𣪁復　過文冕　顧猷鴻　沈壽桐
光緒三十一年乙巳科案
侯汝濟　陳學漢　吳廷樞

楊志濂自述

楊志濂字評蓮號筱荔晚號希逸系出漢太尉關西夫子伯起公至宋忠襄公諱邦乂以建康通判殉金人難後嗣留溧陽分徙無錫遂貫錫籍至清初由寺頭鄉遷城高祖荻浦公始分居北門外長安橋曾祖

筱荔八十齡攝影

春樵公贈通議大夫妣氏顧贈淑人著有綠梅影樓詩詞集祖心農公先考荔仙公廩膳生詹事府主簿銜殉咸豐庚申之難卹賜祭葬給雲騎尉世職襲次完時以恩騎尉世襲罔替皆以濂官贈資政大夫祖妣氏朱氏吳先妣氏吳氏顧並贈夫人濂以咸豐二年九月二十五日生於長安橋舊宅先妣吳太夫人生二男一女濂居長妻竇氏外舅雲栽公次女年至七十九卒無出以弟子彬瑜爲嗣妾江氏生男不育亡王氏謝氏女二王出彬瑜畢業江南法政大學歷在財政部任事現執業於上海之鹽業等四銀行公

庫今將濂生平涉歷分三時期述下

一爲幼學應試時期　濂生而病弱七歲入塾猶不勝讀是年先妣吳太夫人卒九歲先考資政公辦團殉寇難先繼妣顧太夫人暨一弟一妹隨殉濂以先出爲伯父後伯繼妣嵇太夫人挈以避免時先伯父貤贈資政大夫曜西公幕遊海州以先考遺言令濂歸本房仍教養如己出既又避亂鹽城不常得師嵇太夫人教之讀年十三始畢四子書而嵇太夫人又卒寇平先伯父移家館揚州始延師仍以病不時輟讀十五歲從同邑陳鏡秋師寰淸方畢五經講授書史大義敎以敎行立品稍知領受師以親老辭歸繼延揚州唐蔚伯師棣習制藝師善誘進境頗速二十歲歸應童試以縣第一入邑庠先伯父命之曰吾人讀書爲第一事治生爲第二事盍隨我治金穀家言爲將來繼業計乎濂謹受命時先伯父館山陽濂隨入幕自定課程日間治文書晚理舊業山邑侯孫漢章先生雲關中名進士以濂爲可敎暇輒招與論文並借書誦覽示以門徑二十四歲乙亥恩科應本省鄉試倖獲中式丙子會試報罷留京俟丁丑再試房薦堂備逭南歸而伯父已先兩月卒未得家報抵門始悉驚痛幾絕制服期以恩義仍執喪三年弟志瀛尚幼家計重不得不以佐幕爲業次年亟就句容縣館是爲入幕之始然猶兼應會試歷庚辰癸未丙戌庚寅又四上春官惟庚辰庚寅再膺房薦嗣以入藩幕乃輟試人謂科名有命然文章得失寸心自知濂自庚辰後每入場文思即不如前經策尤苦腹儉其不能爭勝宜也昔汪龍莊先生就刑幕卒成進士讀其遺集不但長於治行其文章道德亦粹然儒者乃知古人勤學爲不可及自念少不努力能無愧恨

一爲幕宦時期　濂自二十七歲就幕由句容而高淳江浦鹽城興化清河再至句容又江甯斷續共十年至三十八歲受江甯藩司瑞方伯璋之聘由是而桂署方伯嵩慶松方伯壽及三次署理之胡方伯家楨接連共十年於四十歲時由部銓授碭山縣教諭甫赴任卽奉調回駐司稽覈局務敘籌賑勞保知縣請開缺赴選又承維繫仍處賓席居停忽被彈章辭連同幕某君濂雖未波及心懍懍决求去爲後任堅留延至胡方伯未次卸任得擺脫以保用同知晉覲分發浙江時年四十八次年庚子之變濂先奉委海防文案嗣辦清江浦轉運車駕西巡移局漢口運輸行在次年回浙委辦撫院營務文案兼全省營務處事歷余任誠三中丞補授定海直隸廳同知以轉運勞敘知府光緒二十九年到定海任前辦江南賑捐敘勞以道員用在任三年地方漸熟士民相安頗樂居之値南皮張中丞來撫浙調辦本院財政文案兼署杭州中塘海防同知次年湖屬水災冬末中丞諭往辦賑濒行委署府事濂以本缺同知未過府班堅辭中丞曰印官辦賑較爲得濟汝雖在幕府非余私人何避嫌爲不之允是年中丞甄別屬官以濂列保賢能奉旨嘉奬任湖州一年有半當賑務旁午之際發覺各屬侵徵漕糧交府查辦濂主追款還民抵新賦官不先自陳鐫職奏結未成大獄大計案內薦列卓異調署嚴州府事嚴州山水清嘉民風樸厚雖不敢云臥治一以安靜不擾爲主民亦安之宣統紀元清理財政省設專局濂奉調回省充審覈及編輯科長又充藩署總務科長兼撫院憲政籌辦處會議廳諮議局代理出席委員諸務以前任湖州敘勞加二品頂戴三年補授甯波府知府未赴任變革事起遂離浙綜計前後在幕二十年在官在差十二年佐理大府則有籌餉籌兵與夫籌備憲政諸要務忝居牧守則有興養興教以及奉行新政各要任自維才識庸下卒無絲毫裨補至於邦國殄瘁律以天下存亡匹夫有責之義如濂者數十年不離政界雖自爲政之日無多又烏得云無罪乎此則追溯前事而時呼負負者也

一爲歸老待盡時期　辛亥秋既去浙暫棲海上濂於是年六十矣有句云年當耳順多逆聞蓋自悼也次年夏歸里長安橋舊宅燹後無存乃賃廡以居料量幕宦囊餘難以自給尙有男婚女嫁不能不藉筆耕濟助會有故人招致一遊鄂豫津閩贛再至白門荏苒十數年行將及耄難再客食適梅園主人榮德生先生延佐講席濂久抱巖棲之願得此大慰特教授素所未嫺深慮素餐貽誚不知能長領此湖山清福否辛未行年八十値重遊泮水之期承邑中同庠諸君翼贊於三月望日同行謁　聖禮並諸戚友聚讌公園錫以聯軸詩章實爲非常榮幸惟是喪亂餘生早膺人事浮沈簿領幾將終身經史之學未涉藩籬案牘之文并付散失老而存稿僅有小詩昨經味雲從姪代刻寒翠居吟草一卷今承德生居停索取餘稿又將頻年所爲雜文鈔出一册已承付印尙有甲子後詩稿正在裒集續鈔或將并付剞氏覆瓿之物止此而已亦可愧也再濂竊有未竟之事則爲先外大父匊青吳公晚年所著韻典釋要一書取材宏富洵爲詞林珍祕以卷帙繁多鈔刻工資過鉅至今未得刊行濂自顧頹齡抱此遺稿誠恐千秋之業自我失墜此則日夕懸心而深自負疚者敢附述及之

陶世鳳節略

丹翼八十齡攝影

丹翼陶先生爲吾邑名宿睿初學博之哲嗣少受庭訓聰穎異人弱冠補博士弟子員爲文章喬皇典麗氣韻醇深光緒己丑登賢書甲午中會元籤分兵部主事改官吏部丁內外艱守制里門邑人士推爲東林學堂總董崇尚新學作育人才辛亥政變杜門謝客一卷自怡不聞理亂近以氣體衰弱時患痲木徵得先生八秩壽文一篇并玉照一幀列入本刊用志景慕

文曰士君子立身處世泯一己之私作千秋之想者由於信道篤學養深凡富貴利達窮通得失不足以奪其志而暴其氣得時儼然有霖雨蒼生之望不得時由然有安貧樂道之思是宜享大年膺多福以潤身者澤其子若孫如丹翼陶先生是已先生幼而聰穎服習庭訓不就外傅年九齡太平軍起隨祖母袁太夫人父雲組公母秦太夫人及周氏楊氏戚避亂於江陰之龍闕頭遇穿黃馬褂者詢年幾何以實告又詢讀何書以畢讀四書五經對遂釋之左右莫測意旨遽以白刃加於肩黃馬褂者厲聲叱曰我愛其才縱之去汝胡爲者於是左右擲之田間痛極悶去比醒飢甚至一村坐大樹下月明如晝犬見人影相率狂吠村中有某氏童養媳亦避亂者聞犬吠循聲來視見先生詢狀知已忍餓兩日回村偸菜飯一盂食之先生始慶生還厥後倩畫工爲龍闕授飯圖裝潢手卷詔示不忘草澤豪雄亦解憐才荒村少女救人於厄識者謂先生道德文章異日有所表見臨難得免其中蓋有天焉清同治壬申補博士弟子員光緒己丑舉於鄉甲午恩科以進士第一人欽點主事籤分兵部以文學之科習軍旅之事時論惜之維時滿漢水乳不分派別國是猶可爲也自改陸軍部慶邸管理部務乃不可一日居某日校摺二一呈太后一呈光緒帝呈光緒帝者遺漏都司游擊字樣致無從圈出慶邸叩頭奏請回部辦理太后謂讀書人一時失檢天下大事很多汝爲此細微事叩頭欲重辦何不知輕重若此慶邸面赤回署後怒猶未解幾釀巨獄幸左侍郞李殿林力予周旋事始寢遂奏調吏部旋調度支部兼任蒙養院國文教員壹意講學孜孜不倦置身京華冠蓋中猶是書生本色宦情之淡於此可見先生爲京曹時丁內外艱回籍守制任東林學堂總理清季改書院爲學堂雲組公晚年曾主東林書院講席分齋課士比安定之於湖州不才如肇圻亦嘗親炙迨先生總理學堂事務雖學制今昔不同其作育人才光昌禮教猶是雲組公之志也先生之供職兵部也曾派往寶坻縣春撫并辦薊運河隄工勤於所事款不虛糜薊運河二十里隄工既畢地方紳士固請栽柳隄岸資點綴先生力主栽楡因楡皮性甘可療飢放

賑時目擊二十里榆皮盡爲災氏果腹若栽柳十年後縱風景不殊再遇饑荒知必有太息痛恨於栽柳不栽榆者士紳悅服迄於今時移世易事隔數十年陶公隄畔河水不波榆陰滿地其去思當不讓召公之甘棠先生一念之間流澤廣遠豈彼風塵俗吏視放賑修隄爲利藪者所可同日語耶先生服膺高忠憲公平生最致力於高子遺書通籍後謁座師李高陽詢年歲以實對高陽謂年歲何以不符先生則曰年歲實在不敢說謊高陽謂年歲履歷無甚關係不肯說謊足見不欺之學不欺二字一時播爲美談先生嘗從周質筠許靜山兩先生遊於靜山先生承教尤多在官時凡有所建白必就商靜山先生逮永訣時猶以毋再切實如我今悔莫及兩語勗先生師生之際相印乃如此曰不欺曰切實先生之學問可以概見其仕途蹭蹬不以功名顯者在此其一言一行足爲後世法者亦在此歲辛亥先生年六十政體改革浩然有歸志歸後杜門讀書不聞理亂有時偕二三老友徜徉於二泉九峯之間蕭然世外人矣陶氏始祖爲錢武肅王先生之十二世祖友湖公出爲外氏後子孫遂從陶姓先生於是建議築陶中丞公祠而以友湖公爲世祖並主改建江陰巷循聽堂倉廳爲族人會集之所又主修陶氏宗譜敬宗收族在先生爲細節而在世道衰微家法陵替之時未嘗不可以媿父不父子不子扶其枝而鋤其本者今歲辛未先生年八十援蘇州江霄緯太史近例連閏計算於三月望日舉行重遊泮水典禮五月一日爲先生懸弧之辰德配龔夫人少於先生四歲相夫教子族黨奉爲女宗先生之親戚故舊思所以壽之而屬肇圻

爲序肇圻不文何足以知先生惟三十年來素承期許誼不可辭竊思世俗之稱慶者例有撰述富貴壽考貢厥諛詞日月升恒譽爲善頌無他學問道德不足以信今傳後縱飾以班馬之文詞費而已若先生者抱用世之志而不遇時心地坦白出處光明純然儒者氣象序其大凡洵足壽世先生自有眞於肇圻之文無與也令子守崧侍先生隱居不與政事文孫齊憲肄業交通大學能繩祖武來日方長齊眉偕老先生之福壽正未可量猶憶春暮先生寄示送春詩結句云骨幹未堅多疾病百年鼎鼎竟何成肇圻以爲惟多疾病彌形骨幹之堅瞬息百年自有名山之業先生之吐屬則詩人先生之學則以性道爲歸而立身處世則依仁據德所謂泯一己之私作千秋之想者非耶然則壽先生者亦奚必循頌禱之虛文極揄揚之能事乎謹序中華民國二十年夏季世晚孫肇圻拜撰　附錄先生手復於後

留春仁兄世大人閣下昨日接到游庠自述彙刊格式體例均備此庠序之大著作也斯文將喪之秋自有萬歲千秋之想弟不出門已六年因手足近痲木頸俯不能仰幾不克移步久病之軀凡事俱廢儻得稍健可寫作當有以報命近擬禪房詩云花木清香亦自春老僧入定已忘身苦心消盡封侯夢安靜工夫最覺眞寫呈有道即頌吟安弟陶世鳳頓首辛未六月初九日　病廢不能相見歉甚茲有壽序一篇奉贈以當晤談專此敬頌留春吾兄先生萬福弟陶世鳳頓首壬申三月初五日　弟別無照片只有書房內挂鏡影片以此奉贈弟陶世鳳又泐

楊楫自述

楊楫字石漁別署榆盦咸豐四年甲寅生幼時爲　先祖母顧太宜人所鍾愛眠食必與偕凡廚下視饔園中摘蔬恆挈以自隨外曾王父蒹塘先生自涇令罷歸清貧如平素祖母留承賢橋新宅奉其起居每至必面南立繭袍朱履頎然而長坐談娓娓不輟余隅侍不甚了解而心知欽其丰采屏息靜聽無倦容行時送至廳事歷階盡乃微笑頷阻其出以爲常稍長得所箸拜石山房詩詞愛讀不忍釋有時得句乃神似其情性之流瀣有如是

石漁七十八齡攝影

一日叔兄衣綠余衣緋相與戲於庭附檻而立二亘窗樞久朽砰然墮出其間距不盈尺僕嫗趨集見無毫髮傷各屹峙不少動羣相驚異稱爲神助

庚申年七歲因粵匪警耗日亟避地依外家於張涇橋僦居某村相距里許夜出瞭望見星火閃爍數點疑爲賊至有告以村人夜績痲者始漸甯帖一夕隨母返涇檢行篋月色微茫行田野間岸多缺步促屢

陷中一僕挈之起且掖且趨時有悍徒數輩持械掠余過知鄉間方練團謀自衛了無恐怖既至登樓一燈黯然意甚淒愴黎明循故道歸見露珠時滴草巔一望青葱綴小球散布路人或謂棉已結鈴亦莫能辨也

既輾轉入常熟界中出福山至通州呂四場以達泰州皆小憩最後至興化之高家莊得武氏屋居焉時輟學久性好弄課餘喜與羣兒戲各爲雄長旋以計誘致之卒乃馴伏示南人不復返　先母顧恭人督之嚴日將晡出一硯置案頭以水漬敗墨令潤縱横列殘紙數十恣其塗寫字大小錯落不呵問習以爲常久乃不復出三遷之訓殆不是過始避亂時甫讀至論語貧而無諂章迨甲子亂平南返五經乃讀畢旁及國語國策得之母教爲多

歸舟渡京口驟覩江南山色喜躍登岸朝暾初上平疇彌望犂後雨潤土脈皆墳起山際有洋樓十數高聳林表時外人居此未久徵念不出十年江畔將成商市此其朕兆矣

余作文喜排偶務爲馳騁求多而不能精邑中書院月有課十四歲遇課期偶有事將他適援筆立就不暇計工拙主講東林虞山楊濱石先生泗孫得其卷甚激賞拔置前茅由是爲文知所趨向守軌範盡洗堆垛鋪張之病文體爲之一變

年十九入郡庠學使爲漢陽彭味之先生久餘其古學題爲張融牽小舟岸上住獲冠一軍賦首有天地一鷗風塵孤鷲如此扁舟居然小築之句頗能籠蓋一切爲一時所獎許

明年癸酉舉於鄉座師爲南皮劉緘三先生有銘安化黃觀虞先生自元房師爲海鹽朱鏡香先生奉儁北上道出泰安遇定遠何小山同年維楷爲言磨勘被議事幸能不以爲意曾作游泰山詩百韻以見志仍兼程進至京邸同人齊集相慰問知以經藝襲用成語爲議者所持訾爲不成句讀益用坦然朱酉山編修福基王莘鉏農部緯兩先生咸以大器目之竊自愧恧以余方及冠卽未青一衿亦尋常稚子縱不能文意不如議者之所稱也旋以原名應試是年秋再入郡庠學使爲將樂林錫三先生天齡有靜氣迎人之譽會 德宗登極起用廢員單列千餘人圈出者僅十有一而黃先生以檢討用朱先生以知縣原官送部引見皆得與其列亦可見當時公論之所在矣

丁丑年二十四歲 先海甯公卽眞莅任余隨侍衙齋得日夜縱觀江湖之上下起伏聞萬馬之奔放睹一綫之破空澎湃皆足以拓其眼界豁我胸襟縱橫跌宕興之所至卽筆之所至十年前之課東林則由肆而醇至是乃由醇而復肆而文體又爲之一變得失寸心知斯之謂矣

越二年己卯以優行貢入成均時學使林先生巳歸道山繼其任者爲仁和夏子松先生同善進謁時獎勵備至會考爲侯官制軍沈幼丹先生謚文肅固始中丞吳子健先生元炳次年入都應朝考取列以教職用

甲申法人啓衅犯甯波同縣薛叔耘先生方備兵海上余居幕中慨念中國積弱基於患貧因按查關册詳究十年以來關稅之盈絀進出口貨之衰旺增減鉤稽審核著爲光緒通商列表十二爲之判別其種

類高下其等第刊以行世由是世人趨重商務羣知結合爭勝不復拘守一隅矣

丁亥訪居停合肥劉省三中丞謚壯肅於臺北先後佐通商機器局事案無留牘不半載洪文卿星使鈞出使俄德續調隨駐柏林既至見弱國無外交遇事非畏縮卽敷衍以塞責微有獻議不見納旋之巴黎觀法之繁華勝於德而嚴整乃遠不如益歎強國之道在彼不在此留數月道馬賽東歸薛叔耘先生奉使英法方駐滬未發爲言南洋華僑多內嚮宜擇要增設領事以示招徠倫敦禁煙會日盛宜多著論說詳述煙害播之報章俾其勢大張得以聯合華人以期普禁先生頷之卒亦未有意也豈中國孱弱久事果不足爲歟

壬辰之秋常郡盛杏生觀察宣懷移篆津海設書局於天津余實董其成以合肥李相國莅北洋久其所規畫皆犖犖大者擬著書以紀其事爰就督署所儲積牘分類調集首尾檢閱擇其要者用朱籤標誌次第繕錄隨校隨編鈔胥數輩歷寒暑無間丹鉛三載積有成帙會中日事起稿遂中輟所錄副本庋於家乃隨毀學之舉燬焉惜哉

丙申年四十三歲始以主事分兵部隸武選司行走所司皆武職銓補事無足紀者泗州胡雲楣京尹燏棻方督造津盧鐵路余兼佐其事迨全路告成又兼辦山海關內外鐵路時出關尚未遠初擬直趨陪都爲俄人所持乃議先築至新民屯旁通營口以吸收百貨徐圖東展有謀取而代之者指用款百六十萬誣爲虧項朝命慶邸查辦會嚴寒大雨雪余爲之分晰用項逐節反覆申剖治稿往往達旦慶邸得覆爲

動容奏上事得白此戊戌冬事也

次年鐵路報銷事竣余遂於初冬兼佐北洋支應局事往來京津間越半年而拳匪之禍作局故居運署東偏時長蘆都轉爲從叔藝芳先生方事之殷僚友已星散而主局事者爲汪君牧瑞高楊蓮府士驤兩觀察皆以衅起倉猝匪阻不得前余隱以一身兩主之逆知津城不可保而運局兩庫共存銀三百數十萬兩慮爲敵有力請從叔屢言於制軍先是津關某觀察已攜銀十萬退駐青縣乃艴然曰君等欲得一檄文爲逃罪地耳銀以濟軍用有前進無後退之理請勿復言後遂無敢進議者一夕天將曙東南礮聲隆隆然不絕一窗震而墮余驚起出視偏局中乃無一人直向西偏趨從叔寢室見戶皆洞闢簾寸裂如敗箏室內几案淩亂塵坌涌二衛士爲言運臺足受彈傷已舁往矮屋中亟趨視見叔臥不能起足心創痕裂長二寸許血溢不能止悽然慰問卽草函告制軍以傷狀求速決募急足懸賞二十金始有應者謂中途恐受彈患不達須二人俱立予四十金久之又續發函賞如前日將晡始齎傷藥至且謂庫屋頹損暫脩葺可掘大坑徐爲藏銀計余微哂知制軍意已轉乃命人備舟車夫役置繩索加扃鐍令固纔得數十箱夜未半制軍馳書至錄奉寄諭派運使楊宗濂酌帶款項馳赴保定辦理後路糧臺讀未竟而南城譟聲大作外兵已乘陴入不及部署短衣出北門甫登舟槍彈著灘沙如驟雨操舟者皆傴僂亟離岸始得免抵保定叔以制軍書示某方伯見無印文疑爲僞拒不發餉居數月去之德州就蘆鹽引地未幾而保定城陷某方伯及於難

辛丑二月道運河至京仍佐鹺務余以離家三載所攜書籍衣履遭亂盡失秋後南歸整治次年三月重復入都胡雲楣侍郎方辦京畿善後營務處復邀余佐理其事兼辦鐵路文牘先時聯軍在都環城外百數十里久無人治理剽掠仇殺之案日有所聞近乃彙集於營務處事尤劇有趙二喪母殯無資乞貸於他縣某某允之邀與俱狙伏道中夥刼德商貨朋分各散事發逮案論死余憫其因親商緩其獄主者謂新章在近畿持槍行刼罪加等彼自承難從減卒如所擬就刑時大呼我死誰復有孝母者余爲惻然以格於例當時無以難也宛三爲京南巨猾歷犯多案結夥至有馬百數十曾隸馬提督玉崐部下已通行營縣免其緝治矣而控者纍纍余審核案情見一家被戕十一人已殊矣復加刃斷其頸歎其殘忍無人道意必欲得之隱令二弁伺其蹤一夕見其從一騎馳入固安城中逕投旅舍浼縣捕設盛饌款之酒半酣突自後力持其肘而其手已挾兩槍自腰間出羣起亟奪之卒就縛漏夜馳數十里至落垡以電告隨乘火車遞京余撥衛兵迎護之既至覩其狀臞而羸一野老耳乃屢訊堅不承寬嚴互用皆無濟刑部孫君幾窮於鉤距矣余謂彼之狡展畏死耳不如反覆曉喻之先杜其求生之念彼知理與法皆無可倖免宜就範果如所言一一吐實不稍隱獄乃定此二事今尙能言之其餘則不及憶矣時同縣許靜山先生出使義大利奏派參贊使事余以憚於遠涉辭不果行

癸卯年五十歲始以知府分發湖北補用南皮張文襄公時督兩湖委辦節署洋務文牘未幾而吾鄉毀學之事驟發猶憶成年後每好談時務究心經世之學凡中外交涉之得失地理險要之沿革以及商貨

之衰盛新學之發明偶有所得隨手摘錄不論紙幅大小散置簏中而性尤疏嬾從未加以整理暇輒檢讀一過如覩異書行篋恆攜以自隨津城之陷已盡散佚矣其存於家者平日課試贈答之作口吟手錄之篇積數十年之心力物力至是隨先人廬舍以俱燼無一存者其爲禍乃與拳匪等可勝歎哉

丁未三月張文襄以鄂生留學日本者多無人管理命余馳赴東京主其事至則清查名額有人久離東而費仍照領共清出百數十名額乃大減會文襄入掌軍機而主學務者藉節省爲名遽請裁學員津貼費已允行矣各員聞者皆惶急走相告有乞歸者余念一歲所省不過數千金以次學成且遞減一旦令數十員不能終其學隳前功殊非計爲之申請趙次山制軍爾巽鑒其情卒復之貴陽陳小山制軍夔龍莅任後有齮齕之者謂其不應關及學生領款嚴電詰責余以前提學曾電商駐日星使有遇有要款飭由具領轉發明文錄稿具復事始解而忌者終未慊會某制軍繼來鄂余以期滿亦內渡莅東三載而鄂督三易人卒能終其任無顚躓匪偶然也

庚戌九月差竣始回鄂余以久役海外幸免過何敢言勞次年三月奉檄榷稅金口繼又調河口其地當豫陝水陸衝要商貨瓌積既至擬清釐積弊裕稅收差有端緒八月二十日忽奉制軍漢口急電命籌一月餉撥駐鎮師船赴漢協防則大駴愕意制軍無出省例武昌必不保不數日而省垣不守之耗徧傳全鎮矣由是貨滯不行稅乃日絀越二月而光化某令驟發難一日至鎮城亟圍馳二騎繞市呼商民紛然四應俄頃幟皆白統領馬隊江右周君翔千色不懼猝爲所戕越宿其家人至始得斂傷哉逮夜某令以衆百人順流下襄陽皆烏合耳至則縋城而上無敢抗者豈天時之果失而人事之不可知歟余既收束局事而道梗不得通十二月始間關東下壬子正月返里門是時余年已五十有九矣

自玆以往杜門息影不復問津塵世事遂無可述者年復一年時事益見蜩螗民生日罹塗炭惟有委心任運盡其餘年而已兒孫滿前敢云自慰親朋話舊亦復誰歡撫玆身世七十老翁何所求乎壬戌七月望日檢盦老人自述於無錫舊宅愼閒堂之西軒

歲辛未爲余重游泮水之年定期三月望日謁聖後聚宴公園會蔣君留春丁君仲祜議徵集同人生平所歷幷附小影彙刊成帙而余以邁年性嬾意興索然時事既不可爲近狀尤無足紀自夏涉秋久之未有以應偶檢殘簏得壬戌舊稿敢云傳世藉以塞責而已歲闌日暮瞀耗頻傳印既成爰綴數行於後立春前三日楊楫漫識時年七十有八

蕭煥梁自述

煥梁字少瞻別號橫陽居士系出元處士安字如山其先爲南朝思話之後自毘陵奔牛鎮萬歲街遷無錫開化鄉今爲第十四區之橫山十世祖諱涵字容卿號和所苦志力學數奇不遇著有綱目纂要性理纂要山居別集神鬼實錄等書載開化鄉志及錫金歷朝書目攷九世祖諱際舜字子升明萬曆戊午科案庠生與弟諱光緒字子治號楓庵崇禎癸酉舉人同由橫山遷至燒香濱故梁遂世爲燒香濱人六世祖諱鍾海字漢斯服務鄉里凡本宗建祠及本鄉建廟建橋一切公益等事莫不首倡力行任勞不倦祖諱玉田字寶光鄉飲介賓父諱汝金字吉甫附貢生母浦孺人爲石塘邑增生映南公字鳳樓三女邑庠生履泰公字恬齋之胞姊生梁於咸豐六年丙辰正月三十日申時時粵寇據金陵已建號太平天國無錫猶苟安至十年庚申四月初十日城亦陷吾鄉於二十一日被寇擄掠祖母趙孺人罵賊殉難旌卹如例入祀惠山忠節祠家君以痛母死於非命抑鬱成疾遂於十月二十二日逝世年僅三十與

少瞻七十六齡攝影

母氏同庚梁甫五齡既無姊妹亦鮮兄弟煢煢母子形影凋零而又遭時多故風鶴頻驚一歲之中避地者再三同治元年壬戌祖父以避難蟄居卒於太湖之馬蹟山母挈梁東奔西竄屢瀕於危倖出萬死一生轉輾迄於三年甲子重覩中興梁年已九歲矣伯父益齋公延故舊何企岳庠生沈竹淇朱心香迭在家教授梁與從兄煥唐字少華同塾讀書閱六年講解經史舉作文粗知門徑至十年辛未初次應童子試常寄宿於舅氏浦恬齋夫子家受業館在太湖濱之黃埧田十一年壬申就館於學前戚誼嵇尙書舊第因從名宿丁子和恩貢生王仰之夫子游光緒元年乙亥科案與從兄煥唐同受知於林宗師天齡字錫三聯名入泮補爲縣學生員年二十歲於是掉鞅文壇名場角逐一時開化同人相與觀摩頗不寂寞四年戊寅娶王氏來歸爲麋巷橋月泉公女七年辛巳館於道場巷口陳敬之之家九年癸未吾鄉許舍開設鮮繭行其主係英商所用之稱自十八兩至二十兩不等與無錫向用十六兩四錢四碼之收絲稱不合鄉人賣繭每每爭論而該行動輒報縣彈壓提究時知縣爲霍邱裴大中字浩亭到行彈壓鄉人愈聚愈衆勢將激成事端梁與從兄煥唐偕廩貢生王炳彪字晃陛諸生莊濠字少游楊延熙字殿卿王壎字伯吹王炳麟字紫珩等七人赴行調解乃該行不分皁白遽以七人之名遞於裴邑侯之手意欲面求戒飭裴公峻拒不允該行復函達駐滬領事移咨省吏飭縣着學有查問二蕭三王之札時學師爲如皐張雲生字以亭均爲七人之受知師且深知事係公益遂以爲民請命等詞詳於南洋大臣曾沅圃宮保批迴該生等仗義執言深堪嘉尙查問應無庸議後裴公以繭稱呈牙釐總局較正凡錫金繭行稱均給印花一律較準十六兩四錢四碼稱

應用以符錫市收絲之慣例幷曉諭各繭行不貼縣中印花及大於十六兩四錢均以私論同案友裘君葆良評謂此舉差强人意可與晉之竹林七子後先媲美事詳開化鄉志文社緣起中薛君南溟亦曰辦洋務之能手見自治之精神至今地方咸賴其利益未始非由此舉啓之也十年甲申父執薛叔耘夫子分巡浙江寧紹台道梁以鄉居無狀家貧不甘糞脫於村塾生涯擬游於大人之門或以成名遂於十三年丁亥背離慈母襆被游甬既至留於署中之叢碧軒朝夕與其長君南溟同居共飲食繼蒙薛師言曰汝之面嫩欲任以監視海關等事與書辦交涉恐非擅長不若在署校書譬猶在家從師學問日進較爲有益况少年總須以利字看淡如余在曾文正幕府事事不讓人先惟此層每居人後聆先正之一番清訓不可謂非以遠大期後進也因是乃將前漢書及水經注次第校竣浙東籌防錄庸庵文編亦於是時出版吾邑同鄉之在署者有楊叔平先生司賬房李豫岩先生居西席侯君翔千書院閱卷楊君石漁西席教課楊君仁山散體書啓偲偲切切每逢節壽宴會一堂賓主酬酢洵極歡娛梁以草茅下士得聞諸君子篤論雅言獲益非尠薛師之言誠不虛也十四年戊子正科與南溟同試南闈南溟獲捷而梁則出於嘉定知縣龍景曾字錦帆之房雖薦未售是年冬薛師有出使英法義比之命遂於十五年正月交卸回錫後又聞是年己丑恩科梁與南溟之弟朔生慈明再赴南闈二君以官卷照章呈薦梁亦出於補用知縣梅埰字石香之房堂備不中是科正主試爲李端遇回憶少時閱神峯通攷有庚申時逢戊日名食神干旺之方歲月犯甲丙卯寅此乃遇而不遇梁之生辰既爲丙年寅月而又適當戊日申時且主試之名竟發現遇字宜其不中矣此昔賢所云雖小道必有可觀者其斯之謂歟十八年壬辰浦宗師良字玉岑歲試正取一等二十二年丙申男馨治生二十四年戊戌館於浙江蕭山江蘇候補道陳光淞字根儒之家二十六年庚子移硯於學前薛觀察第二十九年癸卯在山東勸捐工賑滬局報捐五成貢生三十年甲辰唐宗師景崇字春卿給單驗訖三十四年戊申續修第五次家譜成宣統三年辛亥任開化鄉籌備自治事務所副長民國元年壬子任無錫臨時縣議事會議員是年冬節母浦太孺人棄養享年八十有二明年春祭循例入祀惠山白石隝貞節總祠三年甲寅自訂横山草堂雜鈔出版娶新安鄉茂才張頌鈞女爲兒媳四年乙卯適爲六十周甲光陰虛度一事無成清夜捫心悚慚奚極八年己未長孫茂桐生九年庚申任開化鄉學董成立小學共十七校十年辛酉次孫茂溥生十四年乙丑正值七十歲五月中被地方不良之徒竊去乾繭百餘斤雖明知其人亦不追究十九年庚午又被市肆倒賬損失幾及千元是直將寒儒饘粥之資攫取其大半矣述至此可見梁一生不遇畢世迍邅而猶留衰朽之身經此荒涼歲月與惡劣環境相奮鬬以後所歷之狀況更不知爲如何也

陳啓源節略

肇卿陳先生名啓源光緒丁丑林宗師歲案補入上庠屢試秋闈兩薦未捷父士鎬游庠於同治五年四案併行長子作霖游庠於光緒辛丑父子祖孫均以廩貢食餼弟濬亦於光緒乙未游庠先生侍親至孝

肇卿七十二齡攝影

母温太君壽延九秩猶終日依依膝下妻陶氏生子三徵得先生讀禮近照一幀憂戚之容望之益景附錄先生復函於後

留春仲祜兩先生鈞鑒接奉大函徵求自述編輯彙刊結同人文字因緣垂示後昆俾他日流傳永久法至美意至善也惟啓源行能無似襲取膚浮徼逐科場雖弋獲微名而學無根柢受徒卅載自誤誤人回想前塵有愧爲知己告者而又何述焉但重違雅命益滋吾疚辱承不棄惶悚莫名惟有謹攝小影聊附諸公之後云爾專此佈復諸維諒察敬頌公安世小弟陳啓源頓首

虞文元自述

仲良七十二齡攝影

虞文元原名文光字仲良無錫安鎮人咸豐庚申年生適値粵匪下竄流離顚沛無一日甯居同治甲子蘇常以次克復得覩昇平光緒六年二十一歲應庚辰歲試蒙江蘇學政夏宗師同善拔取第八名入泮年三十六歲補爲廪生四十四歲以歲貢授職按察使經歷民國十六年委任爲懷下市行政局長時共產作亂鄉里之間逃避一空文元以一身奔走其間日夜防禦而安鎭一隅始得無殃謀劃勤勞精神困憊衝寒侵溼遂成偏風今年且七十二矣手足殘廢仰臥床褥抑鬱無聊爲可慨也子三長同書入郡庠早卒次典書保定軍官學校畢業歷佐馮公玉祥戎幕任軍政部總務廳長現任張公之江江蘇綏靖督辦參謀長三森書東林高級優等畢業獎給增生張公之江曾委任察哈爾督辦三等祕書現任隴海鐵路管理局祕書長有孫三虎生肄業天津南開中學龍生肄業鄭州扶輪中學駿生肄業江蘇省立中學孫女三華生肄業上海人和醫院美生肄業無錫女子師範中學鳳生年尚幼

民國二十年辛未冬日文元述略

楊恩霈自述

心栽七十齡攝影

楊恩霈原名培源字心栽別號拙盦江蘇無錫縣人漢太尉伯起公之後八世祖文叔公自寺頭鎮遷城傳至曾祖悅山公祖曉堂公父撰之公累代遊庠書香不絕並守清白之訓非義之財一介不取咸豐庚申之變先父撰之公挈眷避難於北鄉長安橋後輾轉遷徙至南方開化鄉之王村莊依外祖父母之至戚居焉越二年而恩霈生故余小字曰寄生以明寓居在外之意時同治元年壬戌四月二十日也

先父撰之公生丈夫子三女子二長硯耘名達源後改祖源優廪貢生通政司知事銜次即恩霈三守愚名泗源國學生候選州同幼年多病未曾應試兩妹長適同知銜薛肇基次適世襲雲騎尉王鏡澄余與兄硯耘自入塾後出入必偕每晚放學歸家共伴一燈或讀書或寫字或作文必至十二時方寢十餘年如一日未嘗相離及長相繼入泮始各設帳授徒然有疑必相析有事必相商兄弟之間怡怡如也不幸守愚遽於民國四年病歿兩妹亦先後逝世硯耘又於民國十三年作古同胞五人惟余獨存每一念及不禁泫然

余幼承庭訓讀學庸論語八歲時先父患病久成本原醫謂非靜養不可九歲始出就外傳初從鶴秋族太叔祖讀孟子及詩書易禮諸經繼從寶叔英先生讀春秋左傳古文觀止十五歲後始執筆學作八股文先受業於陶雲初先生繼受業於顧吟常先生初時文思枯澀一題到手輒苦無生發處敷衍完篇先生爲之殷殷講解示以門徑並多改作以開發其心思於是漸有進境三年以後斐然成章師謂去入學不遠矣果於十九歲庚辰歲案獲雋嗣又從武進名進士王頌平姑丈遊學爲制舉文譾承過譽謂其文輕圓流利清氣往來必利場屋不意潦倒終身一無成就有負師之期望多矣

余年十六初應童子試至十九歲光緒六年庚辰受知於仁和夏子松宗師以第五名入邑庠金匱首題爲武丁案元係同學錢史才麟書其文爲宗師所歎賞傳誦一時余自愧不如遠甚入學後歲科二試雖常列一等而食餼則遲至光緒十九年癸巳溥玉岑宗師科案余年已三十二因廪缺不易出無力謀補也鄉試自壬午迄丁酉凡八戰秋闈戊子科以三場策空被擯辛卯科首場出闈後因兄硯耘病臥寓中勢甚危險南京人地生踈醫藥頗感不便爰特僱舟陪伴回錫以致未能完場及後領出試卷首場已經滿薦擬中奈二三場未到何癸巳恩科又以額滿見遺命途多舛夫復何言甲午丁酉兩科雖仍循例入場不過隨俗浮沉已無得失之念存於胸中自後遂不復應試矣而歲科試則以廪保關係直至科舉停辦而後已場屋風味合大小試幾嘗至三十年一領青衿依然故我能無愧死耶

光緒三十二年丙午余考取庚子正貢入都謁選就職直隸州州判三十三年丁未赴舉貢考試卽由州判改獎主事籤分法部派在審錄司學習行走是時法部方開辦律學館造就司法人材余卽於秋間入館肄業課程係憲法現行律秋審條款法院編制法唐律刑法民法商法國際法等每一星期作擬稿一篇秋審判詞一篇卽由教習評定甲乙教習係法律專家陝西韓城吉石笙先生同鈞凡考列前五名者必將文貼堂示衆以示鼓勵余亦蒙先生嘉許常獲貼堂時尚書爲長白紹公昌侍郎爲萊陽王公垿每派鳥布必於律學館中擇尤酌補余卽派充制勘司調查員旋調入統計處襄辦司法報告事宜充詳校員尋升補纂脩宣統元年己酉加五品京銜並給四品封典二年庚戌主事學習期滿驗放後留部任用律學館亦適於是年畢業列優等第四名蒙奏獎以主事儘先酌補並充法部編纂法規員三年辛亥春又蒙派充京師高等檢察廳幫辦檢察官兼京師第五初級檢察廳檢察官不料是年八月湖北革命軍起各省響應京師一夕數驚各部員司均暫避天津租界是時先父亦全家避居滬上函電交馳促余南旋余不得已挈眷乘輪赴滬匆促之間所有行李及書籍一切多所遺棄及後大局稍定遣人赴京攜取已多散失尋覓無著余之損失不貲矣

壬子民國建元無錫平安無事余與先父先後回里先父因風塵奔走頻受驚恐舊病復發晝夜灼熱侍奉需人余頃刻不離側遂絕意功名不作出山之想時許君蘇庭任灤州榷運局局長急電邀余余以父病未痊覆電謝絕三年甲寅八月先母顧太淑人患痢疾棄養先父悲傷不已病益加劇雖多方勸慰盡

力調治不過帶病延年終至不起至六年丁巳十二月亦見背余連遭大故料理喪葬畢萬念俱灰不問世事時余已有孫男三人孫女一人日與諸孫男女團聚一室有時教之讀書寫字以作娛老之計如是者數年稍長卽令入校以求所謂新學者亦時勢使然也十五年丙寅十二月荊室王淑人無病而逝殆世俗所謂善終者內助無人益復無聊百感交集有時至茶肆啜茗以遣興有時偕二三老友徜徉於山水泉石間藉以消磨歲月蓋忽忽至今余年已七十矣自維生平無德無能有何足述惟感諸君之雅意姑就自少至老之經過撮敘如左不足言文聊以塞責云爾

民國二十年辛未十月楊恩霈心栽氏自述時年七十歲

顧潛節略

顧潛學名溥字沅芍晚號慧佛爲鄉先輩望之先生之子傳家孝友出於天性自持廉潔至老彌誠少負文名年十六以第一名入縣學屢困秋闈遂以國子監典簿捐升分部員外加二級得獎四品銜現充紅卍字會責任院監弟恩瀚亦以第一名入泮近徵得佛裝攝影一幀幷六秩初度年記一册撮載大略用志景仰

沅芍六十六齡攝影

其文曰同治五年丙寅六月三日午時生於外祖王春帆公望江縣任所兩日閉父嗆茶舐之匝月乃啓庚午五歲夏間母挈兄弟返錫辛未六歲始入塾讀書丙寅十三歲初學爲文辛巳十六歲以第一人游庠題爲耕者之所獲一夫通篇以周禮詁題宗師黃漱蘭頗加賞識癸未甲申歲科試俱一等七度鄉試同伴年最少羣相推許自視取功名如拾芥孰知以一衿老耶乙酉二十歲夏間至潁郡省母一別八載

三弟兩妹皆初晤極家庭之樂秋間至宿松縣丞任所省父晨昏奉侍每自作點以饗父卽不適口父亦曰佳夜宿榻旁父每呼曰兒被蓋好否至今思之涕不可仰丙戌二十一歲夏初父解任返潁未隨往以將遣余就姻也先是十二齡時外舅華海初公每來校訪吳松雲師亟見賞以次女字余是年外舅任瑞金縣宰余附舟到瑞臘月八日成婚外姑喜吟詩有紫藤蘿館集行世庚寅二十五歲夏間至臨川緝私局頻年離親久客甥館輒作歸思外舅雖俸薄累重猶留不聽行外姑又戀女是冬三叔岳來乃決計歸遹二弟就婚劉氏舟過皖城遂偕行沿長江溯運河至袁浦則洪湖已冰雇車陸行至泗州謁父卽挈余等易舟至潁郡抵寓己屆祀竈父母兄弟妯娌姊妹團圓度歲爲第一年辛卯二十六歲元宵後父挈眷回泗州雙溝土藥局余習舉業外爲父辦文牘秋應鄉試首題爲桓公九合諸侯一節有至戚某君在闈病痢因爲草草完卷歸誦於父父曰汝以舉人贈人矣榜發果然二弟好學覺所爲文不能出人頭地弗肯應童試余視其文曰可矣癸巳果以縣府院三案元游庠甲午二十九歲中東事起兄弟慷慨論時事以不得禦外侮爲憾乙未三十歲父舊疾又作病勢益危兄弟妯娌姊妹不相謀而割股亦罔效竟以五月十八日棄養莫名一錢兄弟與婦質衣飾殮旋商父執中素有往來者得資扶櫬回籍住懷福堂故居徐圖生計二弟先爲穀舅延至楊墅園管理典務丙申三十一歲楊藝芳藕芳兩丈在邑之東門外設業勤紗廠度地鳩工卽令余從事爲內地機紡之始亦卽余經商花紗界之始味雲又奉父命與余在石幢設增益繭行我兄弟又在黃泥夅設福昌絲行秋初藕丈囑偕友至常熟收花吾母見我兄弟皆有職業

子婦及女皆勤操作亦安然弄孫爲樂矣丁酉三十二歲先是吾父爲納國子監典簿便應北闈是年秋辭業勤擬到署適藝丈任山西河東道兼運使督辦絳州紡織廠招余往翰西夫婦攜兒女省親送之行由滬至漢溯襄河達樊城逕河南全省渡河抵運城此行本專送翰西不欲久留翰西堅執不可謂君義盡余義何安戊戌藝丈攝臬篆翰西請於父約余偕已隨行至省謁胡中丞頗稱賞時紡織機已定盛公荔生坐滬總辦安定檄余攜匯票二十萬金交盛公另二萬辦打棉子油機火柴物料從余請也余隻身南旋款交盛公至各油廠火柴廠實地調查其時吾弟絲行不戒於火內地無保險損失甚巨或函晉省謂某以機款付之一炬時味雲在安定幕力保無此事翰西言於藝丈亦然及電詢盛公果無其事中丞及商務局曹督辦大歎悅請款無弗應訂定打油機共運紡織機大小四千箱火柴物料及武備學堂儀器印刷各機初識王君正卿得其襄助八月初事畢偕武備學堂教員印字工火柴工裝紡織機工數十人擬附輪赴晉時二弟將奉母至皖服官亦來與余相別抵省後爲商務局幫辦火柴廠經理己亥三十四歲至絳州紡織廠正在建築盤桓旬日商務局原兼路礦路礦爲正太一綫借款於道勝銀行礦則福公司主之曹督辦物故賈子詠君坐升甚相得以余兼路礦幫辦庚子春安定去職毓賢繼任一反新政夏間義和拳肇禍凡新人物皆目爲二毛子將不利於子詠託眷與余而避六月毓賢大殺洋人及教民余幾不免南方諸友皆返惟余以受託獨留中秋節後兩宮到晉余始挈子詠眷間關度太行至汴梁其時子詠爲議和隨員遣人迎眷入都半年不通家信至是乃告平安辛丑三十六歲附輪回南抵蕪湖謁母

慶生還乃留鬚適胡中丞之三子紱卿君在滬辦秦晉順直振捐招余往助主賓二人收捐十餘萬紱卿因是以道員引見到蘇七月三弟歿於蕪湖聞信痛暈而病三弟亦松雲師弟子且爲其壻習新學最早聰穎異常爲可惜也是年偕紱卿至徐州辦土藥膏捐事係創局甲辰秋初至下關掣驗自朝至暮督掣鹽艘期於毋徇毋縱以積勞患痔自此始乙巳四十歲紱卿得淮北督銷兼正陽鹽釐局以余爲正收支兼督銷公所告友曰諸君以我爲優於顧某乎四年辛苦且廉潔不足酬也閱歲丙午考績比較盈一成以上是冬調江西督銷余以清報銷未往丁未四十二歲正陽收解事竣乃伴安定中丞游匡廬訪黃鶴并送之天門甯家途出新洲晤王珍如表弟出繆禹臣妹丈之子珊桐文示余目爲有成以次女許之大女于歸華氏壻綿夫外舅之長孫也前在正陽辦淮徐海捐以額屬鹽票捐升員外加二級請得祖父母父母四品封誥二道辛亥四十六歲五月翰西得廣東造幣廠長招余往任庶務長職時正備鑄新幣日事討論乃革命事起粵人排外甚力知不可爲遂清結款目留存賬册攜印出廠從翰西至滬卽入都繳印所餘款均清解取有印收批迴時味雲爲度支部丞部中人云各關局大都無交代來清去白祇此一處耳民國元年壬子四十七歲四月聞母病趕回頻年在外往往驚傳病信及門心怦怦見無恙方安是冬議接辦業勤味雲得長蘆運使委余爲官運局督辦留檄匝月義弗能行丙辰五十一歲去年納姬胡氏正月生子維書以綬書承祧日久情義攸關卽以維書爲二弟後八月廣勤開機延余爲營業總管丁巳夏高集安君任吉林財政廳長以永衡官銀號賬目混亂向翰西借余前往清釐至八月始回是年期

紗暢銷廠漸獲利長孫吉衍生戊午五十三歲母病百餘日竟於四月八日棄養爲余最痛心之事扶柩回里至臘月治喪營葬己未九月周公緝之創設興華棉業總公司於津魯鄭鄂蘇皆有分號招余經理遂離廣勤至年底各分號皆成立是年臘月子繩書生庚申五十五歲二月辭興華適王叔魯君設裕大紗廠陳淮生君棄農商司長而總理之聘余爲副經理兼營業長是年皆在籌劃建築中辛酉正月先裝錠一萬試車以奉直戰起致全機未能開紡新花上場僅開錠子二萬癸亥五十八歲榮宗敬德生昆仲延余經理申新二廠是廠著名難辦六月到廠姑試之十月紱卿介紹余至天津裕元紗廠爲經理勢不能離而其意甚切遂至津一行爲之籌劃藉此甯家旬日卽返九月子紀書生乙丑余年六十弟與兒輩均能從余言一無舉動祇家中吃麵而已甚欣慰親友多情爭來詢問或有餽貽皆婉謝之附錄顧先生復函於後

留春先生道鑒前承閣下及諸公示約諸同學自述生平彙印一編傾倒之至而弟遲未作答蓋有數因自問栗碌一生足跡半天下然所業務不足貢獻於社會此一因也弟六十歲時刊有自述係涵雨亡弟所敦促且於丙寅年爲愚夫婦合慶百二誀知月滿則虧德薄災生涵弟卽亡弟心從此半死今重理舊史如刺創瘢痛不能筆此一因也近年有出世之想初入紅卍字會學道院靜坐法又皈依南屏濟公爲佛學會及溥仁社員每日晨起先作課誦再出外治事暇卽默誦佛號覺吾人步步是實法法皆空於文字之宣揚事蹟之流傳似若多一痕跡此一因也惟傳公語辛巳科案祇弟一人未便缺如乃以多一痕

跡之痕跡僧裝攝影奉上並呈六十年記一册請大筆代爲簡削節取錄之并勸吾同學諸公靜坐復根念佛攝心勿以我爲膠庠秀土孔子之徒而排斥爲異端斯幸矣敬頌撰安弟顧潛謹上

尤桐自述

余名桐姓尤氏原名廷楨小名慧蓮亦曰匯字幹臣別號日新居士籍隸江蘇省常州府之無錫縣系出於周文王第十子聃季食采於沈後遂以國爲氏在唐爲固始人廣德中有遷泉州者避閩王王審知嫌名去水爲尤故唐以前尤氏無聞焉五傳至宋天禧二年始遷祖贈少保公諱叔保避難入吳使長子贈少師有終公諱大成居無錫許舍之白石里次子贈少保無已公諱大公居長洲之西禧里無已公之後爲鵝津公諱輝官觀文殿大學士兵部尚書少保贈少師謚文獻有終公之後爲遂初公諱袤官禮部尚書贈太師謚文簡文簡之子爲與忱公諱棨官兵部侍郎與忱之子爲伯晦公諱焴官工部尚書禮部尚書端明殿大學士封毘陵郡侯謚莊定度宗嘗幸其第題柱間云五世三登宰輔奕朝累掌絲綸蓋實錄也自宋訖明簪纓不絕莊定五傳爲元泰定戊辰解元明太常寺少卿休齋公諱良爲我流芳聲巷支祖休齋五傳爲琴泉公諱鏊工書畫善彈琴邑志藝術有傳琴泉之子爲贈宛平縣知縣刑部主事思琴公諱泮自明以來采芹食苹代有其人思琴八傳爲候選州佐鄉飲大賓祥軒公諱維熊實爲余之高祖曾祖處士樊川公諱堅嗣曾祖處士季川公諱增先祖贈上元縣訓導平階公諱大銓皆飽學通經潛德弗曜先考贈朝議大夫法部主事覃恩加三級鄉飲大賓旭齋公諱文濬先妣張氏趙氏俱贈恭人先君有五子長廷桂次廷棟次卽余也又次廷棨又次廷檏

幹臣六十五齡攝影

余六齡始就傅時尚住流芳聲巷祖宅因得從比鄰楊子延先生昌祁游時同治壬申孟春也癸酉冬移居北門內之道長巷先君爲聘陶心疇姻兄亮采爲之師繼之者爲華子勤先生保祺華叔琴先生保鈞許靜山先生珏而陶小雲表兄靄采裘朗庚先生籛齡華紫垂先生袞陸引南先生士霖王仰之表兄元錫陸靄如同年紹雲侯豹華先生蔚殷還甫先生如珠劉石香先生繼增廣仁家伯文瀾亦先後游其門而請業焉癸酉之冬曾從一胡姓之師則因年稚期短不復能舉其名矣自華叔琴先生授余以御纂七經知讀經之不可爲程朱蔡陳傳註所域遂得循之以進窺經學之門徑自許靜山先生授余以經世文編謂儒者爲學當求明體達用遂得循之以進窺經世之學之門徑殷還甫先生授余以性理大全及宋元學案謂先文簡公爲理學名臣宜有以繩其武遂得循之以進窺宋學之門徑劉石香先生授余以駢體文及詩詞之作法併督余校印芙蓉山館詩文鈔遂得循之以進窺詞章之門徑雖當時初開茅塞僅等於大輅椎輪然爲學方鍼已由茲確定余之所以處八股時代能昂頭天外不囿於飣餖之學不暖暖姝姝學一先生之言而自以爲足者實此諸先生循循善誘有以導其源而端其本也

余之爲學自經學入手癸未之秋先君爲購學海堂經解一部輔之以經義小學二考及漢學師承記授余俾讀之是爲治樸學之始甲申法越事起徧購陳倫烱艾儒略南懷仁徐繼畬魏源等編輯各書及上海製造局譯印各書而閱之遂究心於時務顧既於漢學時務兩者研幾探賾則凡屬於經學中之天文輿地之類及其他一切有關訓詁之文字不能不旁徵之史子而時務中之外交內政更不能不沿流溯源上考之史子以知其因革損益之故而當時南菁書院月課亦往往以史學及諸子命題上海求志書院甯波辨志文會更設有史學兼掌故專齋乃更及史學及諸子百家於是四部之中遂兼治甲丙乙三部而聚書亦益多厥後談時務者蠭起雲湧出版新書恍如春筍之怒發余輒擇尤擷取之旁搜博採充棟插架疊牕安置幾不見天日翻閱參考亂堆滿牀非手倦入夢則不拋也精神既有專注其他卽難徧及余之於考据及議論差具專長而石香先生教余之駢體詩詞引南先生教余之書法竟皆爲之而不能工則騖廣而荒之故也

余以光緒癸未受知於督學使者瑞安黃漱蘭侍郎體芳補金匱縣學博士弟子員時廩保爲徐頌遐表姊丈福庚送册結時先生飭禮書塡余之年齡爲十四院試進場余接卷視卷面所印之坐號爲西堂既坐定見比肩及前後坐者皆幼童乃知是年幼童皆提堂也越日提覆牌出列第三下午榜發改列第四其第一之姚君芙君鏡第第二之王博泉君溢中亦皆幼童也余既入泮遂婞心於樸學乙酉長沙王益吾先生先謙以國子監祭酒來任江蘇學政下車伊始命題觀風余作全卷凡六萬餘言請學官備文彙

呈焉未幾奉學院檄特調赴江陰南菁書院住院肄業月給膏火遂以丙戌正月襆被入院住章字齋時同住院者皆績學宿儒而余以新進少年抗衡其間每作課卷輒爲山長定海黃元同先生以周所激賞往往拔冠其軍同時復以暇晷應上海求志書院甯波辨志文會之季課時膺求志辨志講席者爲德清俞蔭甫先生樾慈溪馮𦨭月先生可鏞馮夢香先生一梅孫渠田先生鏘鳴得余課卷輒稱善評定甲乙必列前三或裒然居首求志辨志之命題揭榜向登申報及字林滬報故此兩報恆見余之姓名而文譽益因之鵲起丙戌丁亥歲科兩試俱列一等戊子鄉試中式副榜第十四名是科之同考官爲安徽祁門縣知縣長沙金舒潭先生士翹副考官爲翰林院修撰閩縣王可莊先生仁堪正考官爲翰林院侍讀學士順德李芍農先生文田己丑恩科鄉試復中副榜第十五名時同考官爲安徽另補知縣海康符摶九先生兆鵬副考官爲翰林院修撰濰縣曹竹銘先生鴻勛正考官爲鴻臚寺卿安邱李筱巖先生端遇戊子之僅得副榜不詳其原因以意度之頭場可與共學二章題制藝之拈住一權字作骨而併兩章作一章實與朱注不合載華嶽而不重二句題制藝之以地球旋轉地心吸力詮發二場爲電題經文之鋪排電學在彼時實太新奇不得列於正榜或以此故至己丑之已中定正榜二十一名後復易以曹寶書而抑置副車則緣詩中樊字誤作𠬛用於寫榜時臨時抽出此曹竹銘先生曾爲陸靄如同年紹雲陸耀星同年士奎言之後復面爲余言之者也余既以學有根柢薄負時譽戊戌年詔徵經濟特科東河總督宜興任筱沅先生道鎔乃以余及無錫同鄉顧眉良副貢棟臣同膺此選余方領咨入都而政變突起六君

子朝衣赴東市新政悉推翻余亦嗒然沮喪從此鉗口結舌不敢復談天下事矣

余弱冠以前卽喜弄柔翰沈思有得輒寄意於篇籍然不自珍惜往往隨手棄去未能藏之於名山併未及傳之於同好也計截至壬辰孟冬凡十年僅得日新居經說四卷日新居史學四卷日新居古文辭四卷政論一卷籌洋管見一卷日新居隨筆六卷南菁課卷求志課卷辨志課卷各一綑尤氏宗譜三十卷尤氏著述考一卷餘皆無迹可尋矣其尚未脫稿者有先文簡公梁溪文稿注梁溪詩稿注遂初堂書目考證先莊定公全唐詩話箋四種以壬辰十月遭先君大故肝腸寸裂不復能握管遂中輟終七後飢來驅我以癸巳正月就館於陽湖庥巷劉叔裴先生度來家敎其子姪所授功課制藝之外悉爲經史及時務於是余之心得多發揮於課徒草之中甲午中東事起余每逢三六九日必作時務論說之擬作一篇示諸生令倣爲之綜計近一百篇皆懲前毖後富國強兵興利除弊之大計名之曰救國芻議是冬攸縣龍芝生侍郎湛霖視學江蘇命題觀風余爲劉生篤卿明祜及其同堂弟靜齋煌述文穀各作全卷一份每份多者至二十萬言少亦數萬言乙未榜發取列正取第一至第三是三人者遂均以是案一取經學第一一取史論第一一取時務第一而入泮述文旋中式舉人焉此三卷中可析出爲著述之單行本者凡五六種原卷均藏劉氏丙申武進李穀宜君寶章聘余敎其子弟余辭未往始著手爲四書今義七經今義期以溝通中外古今之學術因經營絲繭失敗幾傾其家心緒不寧積稿厚寸許訖未卒業丁酉冬曾代朱生硯耕應學使者善化瞿子玖侍郎鴻禨觀風之試所作觀風卷亦十餘萬言取列闔郡第一原

卷今藏朱氏戊戌政變庚子拳亂各紀其事爲小史一編更爲文以寫其傷時憂國之思審其病源之所在痛下以鍼砭名曰藥言後入仕途或言僟中庋此稿招時忌一夕焚之遂無副本辛丑至甲辰辦理學堂選輯諸生課藝得務實學堂四書義五經義中國政治史事論各國政治藝學策等九種每種二冊亦頗蔚然成帙顧皆生徒所爲余特爲點定排比而已乙巳任商部上海高等實業學堂教員選輯漢文讀本講貫評隲而外無所表見是年游日本長崎大阪東京等處代人作日記一冊開辦銀行條陳章程細則叠次報部覆部呈稿及其他公牘稿併訂一厚冊丙午入都歷丁未至辛亥皆供職秋曹習法家言有讀律偶記一冊奉派簽注新刑律簽呈稿一冊刑事統計表表式附說明民事統計表表式附說明各一冊條陳及說帖稿三冊余生平所爲條陳說帖以此數年爲最多蓋其時爲長官者尚能虛衷採納故亦樂於貢獻芻蕘也迨入民國則因所任職務極繁劇簿書鞅掌之外無復著書立說之餘晷歷十有七年僅得京華聞見錄十七冊交通咫聞十六冊交通敎育史三冊聞見錄除目覩耳聞外大都采自報紙未可盡據爲信史咫聞皆摘錄交通案牘自部辦之交通史付印余此作遂成贅旒矣此外得文若干篇皆酬應之作尤以代人捉刀之壽文爲多不殖將落文筆亦因之澀滯迥非昔時之一瀉千里矣嵇叔夜謂一行作吏此事便廢余竟實踐斯言以彼易此殊不値也

余自就職敎諭改主事光緒三十二年籤分法部在宥恤司行走奏准以五六品推事候補旋復奏留本部宣統三年四月奉旨補授典獄司主事歷充統計處分纂纂修總纂幫總辦編置司西蒙科主稿上行走山東科幫主稿秋審處初勘官查辦欽案承審官派辦法部預算奏派京師高等審判廳行走刑科第一庭及民科第二庭幫辦推事宣統二年及三年均充資政院政府特派員民國元年南京政府成立余充交通部祕書政府北遷充交通部主事五年八月薦任爲僉事六年五月派充總務廳文書科科長八年十二月奉大總統指令以簡任職存記升用十年五月派在參事上辦事簡任財政整理會專門委員歷充承政廳編制科科員總務廳文書科科員機要科科員育才科科員航政司工程科科員總務廳機要科副科長鐵路文書會議會員債款審核處編輯員籌還內外債委員會委員兼總務股主任賑災委員會委員交通史編纂委員會參訂員纂修員日災濟助會會計股幹事拼音電報研究會專任委員特派勸辦實業專使總公所諮議歷授五等文虎章六等五等四等三等二等嘉禾章晉至二等大綬嘉禾章大總統傳令嘉獎四次給年功加俸每年三百元計此廿餘年中余最深知己之感者長官爲戴少懷尚書鴻慈紹仁庭尚書昌葉玉虎總長恭綽許靜仁總長世英寅僚爲劉璞生廉訪鍾琳程伯葭參事湝民國十七年秋曾入國民政府交通部任財務委員會總務股主任數月迨鐵道部成立送鐵道部錄用則余已回錫矣

余之服官以清愼勤爲主京曹夙稱清苦俸給以外大都一錢莫名然每逢生日亦間有張樂設宴而收禮者余則在部廿餘年無一人知余生日爲何日雖六十整壽而柴扉虛掩未嘗有一客焉扣余之扃至部外之人探詢及催辦公事偶有攜土宜將敬者余悉謝絕之不受一絲一粟也職務以內應辦之事無

論鉅細必躬必親不假手於人歷年經辦文電關係機密者至多余法孔光之不談温室樹從未稍洩於外夙夜在公無間雨雪而入衙必在人先休衙必在人後通例辦公鐘點日八小時余輒延長至十小時凡須經日方能辦竣之件余皆以當日了之每居散値案上不留一牘以爲常光緒季年余初到部充學習主事方是時各部未得烏佈之候補人員多不常到部余則雖無烏佈大月必到三十日小月必到廿九日戴少懷尚書鴻慈查閱考勤簿心焉異之每月必加圈於余名之上適寶應劉璞生廉訪鍾琳任統計處總辦力保余任纂修漸升總纂遂一躍而與各司之主稿並行洊升幫總辦則與各司之幫掌印並行由是每派辦新政輒令余參預其間時京師新設高等審判廳派余兼任刑事第一庭幫辦推事旋改民事第二庭幫辦推事欲卽爲余補實奏稿已具矣余不願瑣瑣司讞獄事具呈力辭之尙書曰余之所以爲君補推事缺者一則因君之主事在部尙未學習期滿二則因高廳推事階列五品較之主事可晉一品也君既堅不肯就可俟學習期滿仍爲君奏補主事閱一載餘廷尙書以擬陪帶領引見又閱一載紹尙書以擬正帶領引見得旨補典獄司主事仍兼充統計處幫總辦及編置司山東科幫主稿部中預算例由會計司承辦因一再駁回特派余另辦之以一人而代辦他司一司之要件同官咸側目焉而審結貽藹人穀參案及釋放汪精衛君兆銘兩事亦爲余成績之較特別者墾務大臣綏遠將軍貽穀經文都統哲琿奏參鹿相國傳霖查辦奉德宗景皇帝特旨革職拿問交法部治罪後審問多年訖未定讞監國攝政王每召見廷尙書輒面催速結尙書特派余會同原承審之丞參訊辦而以款目之澈查專責之

余余竭兩月之力調集高如山積之簿籍悉心鉤稽列成總分各表摘其情節可疑者逐款研詰每一提訊輒會鞫至深夜迨退堂則饑腸轆轆矣然積久未決之欽案竟由是而奏結汪精衛君兆銘與黃君復生以圖刺攝政王而獲案由民政部奏交法部監禁會清廷明詔立憲余適以政府特派員出席資政院經資政院諸議員商余設法復其自由余回部力請之紹尚書暨王沈兩侍郎具稿轉奏得旨俞允而汪黃兩君遂以出獄貽爲開闢蒙荒俾成今特別區之人汪爲革命鉅子現代聞人當其在縲紲之中轟動一時之兩大獄皆經余手而終了亦頗有紀念之價値矣方是時各部院派往資政院之政府特派員皆妙選通才如憲政編查館之寶瑞臣同年熙李柳溪同年家駒吳襄之同年廷燮劉仲魯君若曾楊晳子君度許季湘君寶蘅軍機處之華璧臣君世奎楊蔭北同年壽樞外務部之高子益君而謙饒簡香同年寶書施植之君肇基陳任先君籙民政部之呂綬生君鑄度支部之傅夢巖君蘭泰曾剛甫同年習經陳瀾生君錦濤李石芝君景銘學部之林朗溪同年灝深范靜生君源濂海軍處之譚亦張君學衡陸軍部之蘇慕東君錫第郵傳部之梁燕生同年士詒阮斗瞻同年忠樞龍伯颺君建章陳詒重君毅農工商部之周緝之君學熙及與余同衙門之曾奐如同年鑑羅石帆同年維垣劉璞生君鍾琳吉石生君同鈞並一時人望而余於庚辛兩屆皆追隨其間負同一之使命壬子一月中華民國成立交通部祕書長程伯葭君濟力纙余於湯蟄仙總長壽潛及于次長右任屢以電報促余南下乃以共和宣布之後十日首途赴甯自是改入交通界余官交通部先後凡十七年鞠躬盡瘁自問爲他人所不及飛翰走筆日試萬言不敢告勞受僉事最高級俸後復受最高級年功加俸在參事上辦事者七年平昔故等夷或曾隸余指揮者多已著我先鞭絕塵而馳官至本部總長者亦三四焉而余訖未一補參事之實缺蓋余自改革以後專以韜光匿彩不露鋒鋩爲宗旨浮沉人海囂囂若無能不干謁不酬應雖深受知遇之長官除循例賀年外平日亦絕迹不往私宅通一刺白樂天詩所謂不如作中隱隱在留司官余亦中隱之一耳孔子之爲委吏曰會計當而已矣其爲乘田曰牛羊茁壯長而已矣余竊比於我夫子焉清社既屋闢壇爲園名曰中央公園余愛其古柏參天空氣潔淨每晨必往徘徊一小時或半小時息焉遊焉然後入値不啻余之待漏院也自簡任財政整理會專門委員會址適在西苑太液池中之瀛臺卽德宗景皇帝賓天處也以涵元殿側之長春書屋爲余等辦公處所歷年餘又移至金鰲玉蝀橋東團城之承光殿此二處奇石異卉森列芬鬱波光瀲灩境絕幽靜憶余族祖西堂公侗以康熙二十年七月賜宴瀛臺引爲至榮曾有恭紀詩三十首余等乃安坐治事於其中儻在遜清人必疑爲洞天福地之仙官矣

余居鄉黨恂恂似不能言歸隱以還杜門却掃日惟以繼志述事竟先人未竟之業爲職志(一)余家惠山文簡公祠舊有錫麓書堂蓋原在秦皇塢而明清之交移建於二泉亭右者卽顧響泉先生光旭楹聯所謂依然錫麓書堂是也歲月綿邈鄰右蠶食寖失所在舊祠僅餘兩進湫隘已甚光緒庚寅余隨先君向牧雲菴寺僧名眞傳者購得地一分二釐癸卯築室四楹作爲舊祠之第三進顏其東屋曰錫麓書堂併將沿泉亭街一帶之破屋修理一新添裝窗槅而改東廂爲樓房然地小仍不足以迴旋也適西鄰之劉

長生有屋四進共十四楹將出售余曰此難得之機會也失之交臂吾祠將無發展之日乃竭力籌墊以購之請裘葆良先生可桴揭錫麓書堂扁額於其間自是錫麓書堂乃有確定之處所(二)宗祠祭祀向以磁製盃碗庚寅孟春先君依會典所載製銅敦二銅鉶二籩六豆六銅樽銅勺各一銅爵三俎二帛篚祝版各一都人士於是乎觀禮焉顧後殿之三神龕前猶未之逮也辛未春余赴蘇閶各置籩豆如制始有合於曲禮大夫祭器不假之義此皆繼志述事之已告厥成功者也(三)方辛卯季春余侍先君修大統宗譜告竣先君曾詔余宗譜須勤修修譜若能不收丁捐則貧乏者不致趦趄不前可普及免遺漏余謹誌之不敢忘此次續修一概不收丁捐遵遺訓也惟世亂方亟工料踊貴而合計印譜及添購祠屋共需款近三萬金族中未嘗無豪富顧屢呼將伯請其於祠譜兩項分任其一久未得覆萬一竟無肯援手者惟有典質稱貸以成之他日遇有機會募得捐款尙擬將新置之祠屋悉易以新樓(四)宗祠祭田在光緒庚寅以前原僅廿六畝九分有零開支祭掃及祠墓之銀漕修理時虞支絀先君經管三十載無歲不虧無祭不賠庚寅夏添置致露兩字田六畝八分九厘仍僅三十三畝有零而物價踊貴開支彌增余接管四十載虧賠如故近廿年來每年由余個人津貼之款常在二百金左右此非所以持久也擬卽邀族議捐添祭產或規定輪祭方法(五)余昔爲先文簡公梁溪文鈔註梁溪詩鈔註遂初堂書目考證全唐詩話箋以奔走四方而中輟現擬努力足成之文簡著作而外其他尤氏詩文零縑殘編散見他處者往往而有擬一併蒐采匯爲尤氏詩文鈔付之剞劂(六)先君居恆喜閱勸善之書任商之暇輒手一編百讀不厭余體親意常印太上感應篇文昌帝君陰隲文關聖覺世經呂祖心經以送人丙寅花甲一週禁諸兒毋稱觴第印送上述諸經典併輯印延年益壽錄一書凡所以承先志也繼自今當更量力增益歲送之部數並編輯類於延年益壽錄之書以公之同好(七)歷代祖墓先君擇要修整而未遑徧及馬鞍塢爾欽公諱承獻墓前之石牌樓傾圮已久先君屢欲重植之而未果辛未秋余鳩工扶起而修補之併築其兩旁之短垣此外馬鞍塢迷鴨隴橫龍上五枝頭身子大黃蕩西南山脚高大坟上節矮牌樓口公蕃公墓龍山梢鯉魚形身子尤大坟(辦體字山糧二十一畝)軍嶂山北赤石嶺軍嶂山南裏山廟後諸祖墓擬分年以次修整之(八)堯灣先君之墓原僅垂字山地五畝先母每往祭掃時以不敷展布爲言余於己巳庚午兩年陸續添置山地近三十畝擬俟經濟稍裕相度地勢略加點綴俾成園寢(九)光緒甲辰滬甯鐵路將施工督辦盛杏蓀宮保宣懷委長沙李平泉大令濚來錫辦購地事宜平泉故常問業於余至友也示余以路線圖則車站在叢塚之中其餘兩端應遷之坟亦至繁賾先母聞而惻然託李君轉商英工程師葛羅富請易設站地點則以線已確定爲辭余念錫地如是他邑類此者當復不少乃草一呈稿邀張少和君錦釗上之盛督辦請於沿線各縣各設鐵路掩埋局給地以葬應移之無主棺木唐郛鄭君浩鎭楊翰西君壽楣聞而韙之因聯銜會呈奉准檄令各屬遵辦唐楊二君幷偕余同擔任掩埋局之錫金一部分聘雷鑑堂君司其事計自金陵至滬瀆全路移塚以萬計而射聲垂仁廣漢流渥改卜安厝絕無枯骸不收毀櫬莫掩之事則余之倡議爲之也馬路激增市場日闢久坟毀發事所難免義塚有限暴露堪虞余

擬推先母不忍之心倣魏肅宗撥乾脯以西爲九原遺意購覓板荒之距市較遠而高燥者若干畝另設漏澤園以爲瘞枯掩骼之需（十）余先考妣皆好行其德家境非裕而任卹不吝且不欲人知余內人久侍萱闈薰其德而善良亦恆斥私貲以捐賑不告余而發除夕米已十載於茲貧而無以殮者輙贈之以櫬病者贈以北京著名之良藥曰此先姑之教也余聞而嘉之南旋後囑仍賡續辨理擬俟財力稍裕漸擴而充之以廣先母之仁施（十一）先君弱冠後時以懋遷所得供先叔達泉公文淵膏火先叔之得於咸豐三年入邑庠選任上元縣訓導實賴先君之佽助以有成余自入仕俸給所入除以之教育子女外伯兄及季弟之後亦加以培植時伯兄諸子多已成年則教其長房之諸孫厥後季弟之子一在大學畢業薦任國民政府主計處科長一在中學得業委任財政部會計司科員伯兄之孫改入商界則繼續培植其幼者（十二）先母素奉佛修淨土宗先君則以廣行三教爲宗旨余家家規朔望茹素余自齠齔嚴守是戒至今未敢或渝甘露事呂之歲先君授余以感應陰隲覺世醒心諸經每晨必口誦而心維之宦遊中輟丙寅復故是歲從喀喇沁旗白普仁尊者光法受灌頂禮並授以金光明咒又從廣濟寺之退院方丈受千手眼大悲心咒行法全文由是究心內典顯密並進庚午華藝三君文川引入道院奉　神訓賜名感誠派充錫院院監兼紅卍字會副會長先君冀余廣行三教之宏願蓋至此而始償雖聞道已晚竊願以秉燭之明兼程赴之以上皆繼志述事之正在進行者（十三）先祖平階公諱大銓嘗手輯廿四史感應錄六卷諸子說部果報彙摘八卷唐詩正風集四卷髮匪之亂什軼其九先君曾諄諄詔余爲補完之以方

馳騖於名場而不果今已賦潘岳之閒居擬亟完成斯舉惟其體例擬略事變通以諸子爲一編另析說部爲一編而酌易其篇題其廿四史感應錄邇已有衡山聶雲臺君彭澤許止淨君之歷史感應統紀命意取材大致相同擬不復爲之而唐詩正風集則一仍先祖之略例選輯之（十四）先文簡公墓在西孔山原兇糧六十餘畝清初爲朱姓盜葬康熙十二年族祖西堂公侗訟之邑侯吳伯成先生與祚而復之繼又被人盜葬康熙三十六年復經西堂公控巡撫丈定陞科三十六畝嘉慶後又有張燦者勾坟丁張以範串通戶書史惠倫及史二郎陳震聲拔界盜賣道光十六年復由曾叔祖睿川公埏控由楊郡守檄縣押遷得復其舊且修理焉歷年綦久日即頹圮先君屢議修理以地廣款絀未見實行余擬籌款繕治並多植樹木俾成蔥鬱之觀另以冬青種甬道兩旁編以爲籬而籬之左右雜植花木即以所結果實售供常年修理之費（十五）遷錫第四世祖雲耕公諱時亨墓在吳塘門之射山即文簡公廬墓處也清初爲土人所侵並築僧菴於墓前光緒二年先君與先伯廣仁公文瀾請於邑侯廖養泉先生綸立碑表之復其地稅三分之一明年菴火邑侯裴浩亭先生大中斷以菴基歸余家丈得山糧一畝七分草草修繕未臻完備先君時引爲遺憾余擬鳩工庀材重加修整以復舊觀（十六）余家名墓屬於本支者第六世祖宋兵部侍郎五湖公諱棐之墓在許舍山第七世祖宋工部尚書伯晦公諱焴之墓在東孔山第十二世祖秦定戊辰解元明太常寺少卿御賜祭葬休齋公諱良之墓在章山均載省志府志縣志自入清代祭掃廢弛漸無人識光緒庚寅先君屢訪求之訖無端倪有尋墓記刻譜中余擬竭盡心力多方探索以必得爲

期以上皆繼志述事之尚未施工而誓必成之者又余先考妣不吸煙不飲酒不賭錢余生平亦絕無此嗜好或亦無忝所生之一端自此以外則閉戶讀書晴窻閱報公園品茗出郭看山亦爲余清課之一而於所謂地方公事則概擯之不聞不問之列尤厭見要人舉錫地所謂部云府云會云皆裹足不一履其闔昔澹臺滅明非公不至余則不論是公非公蓋較澹臺更進一層焉

先君常舉林退齋學吃虧一語授余作處世之準繩而於温厚和平寬宏坦蕩八字尤加之意余之接物一以庭訓爲鵠嘗有某甲爲余弟經理鋪務要余立一莊摺俾通緩急閱兩載盡耗其鋪之資而余代移之莊款千數百元亦歸無着乃由余賠償焉丙申歲同人約余合股開繭行某也若干股某也若干股一一認定而其股本則託余代向各錢莊暫移應用嚮令此局而贏則若而人者固將一一按股分紅矣顧結賬乃大折閱若輩遂各置之不問於是所虧七千餘金由余一人獨任之而債臺遂高築焉余家公私田畝暨族人寄倉之田合雇一族人充催徵之役余宦遊燕京此族人者歷年侵蝕租款竟達千金詢其原因則由經商之失敗余乃悉數豁免之光緒季年余在京師有任洋行買辦者託余紹介於某鉅公攬生意謂事成當分佣金百分之一以酬余余初不識某鉅公倩人轉輾設法經無數周折始達目的詎事有端倪而所謂某買辦者遽絕迹於余之門且魚沉雁杳併音信亦寂然所謂過橋拔橋也聞彼貿易多次獲利不貲若照約分佣余應得之數亦不貲然竟一文不名悉其事者深爲余不平余則謂此本莊子所謂儻來也且若人不恤因此而舉其信用人格毀壞之則其損失亦不菲矣奚必校上海信成銀行之

設余實以一手一足之烈爲周舜卿君廷弼創成之李友三君經楚之辦交通銀行余實爲篳路藍縷以啓山林之人今所存總管理處文書科之案卷其第一年至第三年者皆余手筆也交通銀行日益恢廓贏利滋厚當日與余同事之人厥後皆任行長爲富翁信成銀行雖不幸而夭札然在事之人不乏因利乘便以致富者而余皆功成身退適可而止謂自我成之不必自我享之也余在京時錫宅不時之需恆與某錢莊通往來訂明如飭人來莊取款須以莊摺及蓋章之支條爲憑二者缺一認爲無效時余重要圖章皆在都中其留錫者僅一匾聯蓋用之陽文章錢莊有某夥者見章大而字少易仿刻乃私刻之而僞造一三百元之支條盜款入橐歲暮結賬余核總數覺不符囑另開細單則此三百元固未列摺向驗所蓋之章筆劃部位均不脗合詰以既未帶摺何遽付款且於印鑑何不一加審察錢莊理屈辭窮則厚詡余之女僕堅謂彼實往取女僕無以自明則仰藥自盡是役驗屍喪葬合所盜款耗及千金迨余歸錫告密者紛至方知實莊夥之監守自盜證據確鑿悉其原委者以堂堂錢莊而袒夥作此害人事咸馳函請法究余以案結多年不欲重興波浪則曰事既大白女僕之沉冤雪矣彼一靈不昧九原之下必不恕之余惟靜觀其果報可耳余在工運惠農兩橋之畔略置田產四週地鄰欺余旅外爭侵蝕之有周某者所佔尤多家人函報謂宜訟之余錄明舒芬詩千里家書只爲牆讓他幾尺又何妨長城萬里今猶在不見當年秦始皇以示之至今仍彼住屋而余納賦焉余自癸未以還聚書甚多兼金不惜余北征凡留錫書籍皆藏於南宅之西屋加扃鐍焉迨倦遊思返則書之不翼而飛者已泰半精刻舊本全歸烏有而家

傳孤本多種亦因此散佚或曰胠篋也或曰臧獲也或曰房客也或曰某也某也而余運京之書壬癸之間寄存邑館居易齋之倒座者亦有類此之事與余同好者咸惋惜欲代懸重賞訪緝之余曰此歐陽文忠所謂聚多而必散也業已散矣等之破甑不顧可矣從而追求不重增煩惱耶且令此書而果能移歸好學者什襲珍藏晨夕披覽余方爲之慶得所也余涉世數十年零星宿逋所在多有然於債務人之家境不甚寬裕者縱常覿面絕不啓口向索蓋余亦寒素出身深知寒素之苦雖無馮驩焚券之量而迫人已甚之事所不爲也如是者亦千餘金余流芳聲巷老宅辦尤景義戶持字無號平田糧一畝三分七釐然除余先兄占地七間辛未余造屋一間以贈余姪外餘皆爲族人分踞余姪欲清釐之余曰皆先人一脈也姑忍之光緒三十二年五月余向萬根寶卽德興購置玄字六十四號地早已按址建築矣而余亡弟杜臣不知也但習聞余處曾置有此號地而已宣統二年伊造治興里屋仍影射余糧指鹿爲馬余歸而知之乃謂之曰一糧不可兩用也惟爾地亦不可無糧乃爲之請於官產處而領之所費總凡二百四十金余亡第姘識一有夫之婦曰孫王氏亡弟病重婦日向余泣求生路余乃言於亡弟追畀以妾媵名義令隨余幼姪度日詎弟亡尚未終七遽欲賣幼姪之產而以賄還余怒痛斥之則咆哮大肆詐擾蓋婦素不安分錫地向多掛名律師專以遇事生風爲業之訟棍而婦悉與稔若輩垂涎姪產欲瓜分之多方慫恿於其間故遂無惡不作也戚族之公正者咸憤然謂宜依据刑法提起訴訟余曰此馬先生中錫所傳之中山狼也彼東郭先生以惻隱之心救狼之一命狼乃不旋踵而欲咥東郭先生然卒飲杖藜丈人

之匕首則天之道也婦之負恩反噬猶狼也既狼矣安知不與狼同其結果世寧無杖藜丈人其人乎姑含忍之此余平日學吃虧之大概也

余元配范夫人同邑國學生朗齋公明鑑長女生子一乙照女三亞第亞英一未名殤繼配錢夫人同邑丁卯補行辛酉科舉人象巖公欽榮孫女廩膳生少薇公鴻藻幼女生子三寅照巽照箕照女五亞豪亞傑亞偉亞賢亞哲側室帛什哈啦氏簡稱常氏廂藍旗蒙古記名知府內閣中書常興之女生子一艮照殤女一亞彥范夫人錢夫人俱有賢德事親盡孝克勤克儉烹飪縫紝必躬親之主持家政內外整肅范夫人事余十載適値余發憤讀書之時焚膏繼晷往往達旦夫人輒攜針黹以伴讀挑燈瀹茗余不寐亦不就寢也而其晨起又不肯稍後於姑嫜體質本弱精神不繼卒以是得瘵疾殞其生錢夫人通書史精明幹練勝余倍蓰余旅食京華錢夫人往來於京錫之間錫宅各事悉委由夫人主之二十年來辦兒女婚嫁七先妣喪儀及葬事各一建築住房及市房多所教育兒女鉤稽出納以逮家庭一切瑣事皆夫人任其勞余特享其成而已故余學業之成實賴范夫人有以助之家業之興實賴錢夫人有以助之

余最惡政客謂國家之亂皆政客所釀成故教余諸子限於專門技術務超然於政治漩渦之外長子乙照字芸閣係交通部上海高等實業學校土木工程科畢業生美國畢次堡大學鐵路機械工程科學士鮑爾温機車製造廠修習實務員交通部技士技術廳辦事兼路政司考工科科員鐵路技術委員會會員兼機械股專任員審訂鐵路名詞會會員派赴京奉吉長四洮京漢道清正太湘鄂株萍京綏津浦滬甯滬杭甬等國有鐵路調查材料保管事宜京綏平綏鐵路局機械正工程司機務處文牘科科長代理南口機廠廠長代理機務處處長歷充特派勸辦實業專使總公所編譯處編譯員交通博物館陳列股股長交通部總務廳育才科科員魯案善後委員會機械股專門委員鐵路同人慈善救濟委員會委員清算欠薪委員會委員鐵路詞典研究專員實業部工業標準委員會通訊委員中華工程師學會正委員中國工程學會會員中美工程師會會員中國科學社社員國民黨平綏鐵路特別黨部第二區黨部五區分部執行委員北京鐵路管理學校交通大學北京學校教員北京工業專門學校工業大學北平大學工學院畿輔大學鐵路大學等校講師配王氏本邑庠生華誥君長女得孫一炳圻孫女一淑芬次子寅照字敬清係交通大學上海學校土木工程科學士美國康耐爾大學土木工程科碩士現任北甯鐵路工務處副工程師派赴山海關北甯鐵工廠計劃全路橋梁加固及實施方案事宜歷充美國芝加高橋梁鐵工廠詳繪員計核員計劃員總繪員京漢鐵路局工務處課員京綏鐵路局記升幫工程司派赴門齋鐵路實習山洞橋梁等項建築工程升充京綏幫工程司副工程司專司全路橋梁事宜鐵路詞典編修專員美國西美工程師學會仲會員中國科學社正社員中國工程學會正會員東北大學土木工程科主任教授北京工業大學土木工程科主任教授鐵路學大學講師北洋大學土木工程科教授配劉氏吳縣清湖君女得孫三泰圻定圻綏圻孫女二采圻淑圻三子巽照字振華係上海交通大學機械科學士美國康耐爾大學機械科碩士現任南京市自來水工程處工程師歷充交通部技術廳機

械科科員路政司考工科科員鐵道部薦任技士建設司辦事中國工程師會會員暨南大學副教務長兼中學部主任配吳氏太倉頌春君女得孫二鎭圻銘圻孫女一蓮芬四子箕照現在上海交通大學電機科肄業聘滄州張氏金匱縣知縣玉泉君寶璟孫女拱辰君曾樞次女余長女亞第孝事重闈博通經典以劬學致疾年十七而卒次女亞英係無錫縣立女子師範學校畢業生國立北京美術專門學校畢業生適同邑河南候補知府汪君同越之子陸軍少將現任威海衛管理公署財政科科長歷充陸軍第九鎭兵站副司令陸軍第三師輜重營營長陸軍訓練總監監員陸軍部副官參戰軍第二師輜重營營長兵站司令航空署僉事科長隴海鐵路警務總段長國民革命軍第四軍團教導團教官平漢鐵路局工務處工務員迭受二等文虎章三等嘉禾章保定陸軍學校畢業生邁字克予四女亞豪自在北京女子高等師範學校理化系畢業後復入國立師範大學化學研究科畢業得理學士學位歷充香山慈幼院中學部數學教員國立女子師範大學化學系助教及附屬中學理化教員國立女子大學化學系助教民國大學附屬中學理化教員國立暨南大學附屬中學數理化兼家事教員南洋模範中學校生物理化教員適美國蜜歇根大學化學科碩士杭州余張鼐字燮陽五女亞傑係北京女子師範大學文學系得業生適鄱陽進士歷任廣東韶州雲南昭通等府知府張君賡颺之孫壬寅舉人戶部主事佑賢之子美國康耐爾大學土木工程科碩士美國波士頓鐵路公司實習生現任北平清華大學土木工系教授歷充京綏鐵路局工程司北京工業大學瀋陽東北大學土木工系主任教授澤熙

字豫生六女亞偉係國立北平大學校女子學院外國語文學系畢業得文學士學位現任國立北平大學女子文理學院助教兼圖書館管理員又兼會計員歷充北平大學附屬女子中學英語教員中國大學附屬中學英文教員七女亞賢現在東吳大學文學院肄業八女亞哲現在蘇州振華女學校高等中學肄業九女亞彥現在北平中國大學附屬中學肄業長孫炳圻現在北平清華大學文學院外國語文系肄業兼習經濟學次孫定圻現在北平四存中學肄業三孫鎭圻現在南京市立夫子廟小學肄業長孫女淑芬現在北平清華大學法學院經濟學系肄業字山西安邑李君鳴鳳之子留法學生健吾餘尚幼

余自調任南菁後漸來問字之車最早者爲長沙李平泉瀠時方隨宦江陰特執贄來請業余以其年相若不欲抗顏爲之師因約爲兄弟日相過從其次爲曹孟吹壎好學猛晉不幸短命戊子後擔簦負笈來者益多自行束修以上未嘗無誨焉後辦學堂旋就上海南洋公學國文講席著錄弟子籍者彌衆若歸安徐榮光恩元錢塘徐振飛新陸桐鄉徐君緯維綸山陰馮心華其禮平湖沈肖荷雲章定海胡椿年壽頤長沙周慶舫善同桐城姚直之羮姚遂生東彥石埭陳正有汝湜上元李竹書祥麟江甯潘禹言善聞長洲周善先承裕徐石定鼎江浦張劍心鑄丹徒羅雁峯鴻年吳眉孫清庠高貞一恆儒嘉定胡春臺士熙南通顧燕嘉光賓武進惲鐵樵樹珏蔡君簡彬懿陽湖劉靜齋煌劉述文毅劉篤卿明祜江陰趙介懷士廉同邑秦仲寬銘博胡徵若鴻猷楊紀覃蔭樾楊建時邦藩蔡子平培周朋西厚坤程雲逵鵬展程侯度文熙過孟謙科先華重威應宣顧伯超邦杰過冠生文冕賴仰之繼光過堯羹耀根倪易時灝森過紹侯錫彤等總計不下二百人類皆聲華籍甚卓然有以自見然余子乙照寅照巽照歷任各大學教授余女亞豪亞偉歷任各中學教員合計五人所得之門下士其總數乃什倍於余

余自丙申齒虧一貧如洗其所以尚能由困而亨者以曾於甲辰年在天三圖稍置有地畝故耳壬子以還以歷年俸餘及貰貸所得次第建築市房而余妻亦出其私蓄及變售奩田所入與余通力合作計工運橋畔有地十四畝有零內除中心有朝東鋪面四間三進爲余妻所有外其餘概屬之余惠農橋畔有地五畝有零除東端有朝南鋪面五間二進爲余所有外其餘概屬之余妻將來除特留分外余之產悉傳給乙照寅照巽照箕照四子余妻之產悉傳給亞英亞豪亞傑亞偉亞賢亞哲亞彥七女惟附有停止條件一曰清債務之未清者一曰了嫁娶之未了者一曰學費之繼續一曰住宅之添建須條件成就方繼承開始繼承開始之後限於收益其孳息不得爲變賣之處分而各產歲入所得須每年酌提十分之一或百分之五常常辦余所欲辦之善舉及祠墓之修理其特留分使用終了時亦準此分配之大橋下及東大街各有市房一所係先君分授余者悉撥作余之祭產由余男性之後人世世永保之北京太僕寺街住宅原係余及余長子合資所置由余長子及其他有職業在京津之後人各半居住之此余以自述代親筆預書遺囑之概略也

綜余六十有五年之歷史戊戌以前人多詫余太新壬子以後人又厭余太舊抑若截然兩人也者不知壬子以後之余固猶是戊戌以前之余也科舉時代制藝試帖以外懵無所知其弊悉成廢物自經改革數典忘祖矯枉過正專唱高調其弊淪於禽獸一不及一太過皆余所極端反對者也故執兩而用其中禮記大傳有可得與民變革者有不可得變革者余不肯變革其不可得變革者或遂以爲舊矣然而余固百變而不離其宗者也所謂中也故余之生平及余之家法皆可以六字括之曰新學問舊德道

右自述一篇係承平時蔣君留春敦促余成之厥後蠻夷猾夏滬北邱墟羣蜚滿天地方殆將糜爛余憂國憂民刺激成病右手右足悉麻木不仁而余遂爲廢人矣顧念余所辦之事有正在進行者有尙未施工者幸余妻暨子乙照寅照巽照箕照及諸女等皆善繼人之志善述人之事必能曲體余心竟余未竟之功惟冀次第克觀厥成了余心願跂予望之余一介寒儒本無遺產偶邀天幸置得田地夫婦共同不盈廿畝處分情形詳載遺囑查民法第一千一百六十五條內載被繼承人之遺囑定有分割遺產之方法者從其所定遺囑等語今余既手定遺囑子女可以遵守矣余子女皆能自立且同胞之間雍穆和洽羣以讓爲美德即不定亦決不因區區遺產計較錙銖有所爭論而余必經此手續者亦聊以盡爲父者之心云爾至濫暱溷婦若余亡弟杜丞之姘識孫王氏乃最足害於而家者自後余子孫當嚴守一夫一妻之制即萬不得已而納妾亦當愼選良家端莊閨秀永以亡弟之姘孫王氏爲龜鑑切囑切囑梁溪病夫幹丞氏識時正患偏右類中風中

蔣士松自述

蔣士松字遇春無錫縣開原鄉人清同治壬戌十一月十九日生於舊京都祖和叔公甲辰進士歷官順天府奉天府兩治中祖妣顧氏父穀甫公行二候選京府經歷未出仕母氏三顧瞿張外祖均大父同寅

遇春七十齡攝影

同年士松瞿氏出同母姊一適海甯查仲嘉妹一適同邑秦蓁生張氏母生一弟士柏早卒妹三長適侯保三次適顧仞千三適孫補笙均本籍聘室常郡劉氏未婚捐珮娶豐潤張氏即繼母之姪女生子三長曾煥字文卿娶華氏甫完婚與三子曾煾同月病亡次曾煥字哲卿娶華氏女一適興國王孟迪孫男三長紹基嫡出畢業愛丁堡大學孫媳楊氏次憲基在校肄業三祥基尚幼孫女三均庶出曾孫一元鏷生於英國新隨父母歸來余五十歲後賦悼亡納妾談氏已近廿年此家庭歷史之大略也余生世七十年矣回溯前塵無足陳述髫齡隨宦祖訓僅得親承弱冠出門父書未能多讀一衿倖博愧說科名五品虛榮來從奬敍長安走馬冠蓋枉逐京華皖國征鴻歲月誰懷幕府因緣時會濫竽議席

三年辜負光陰主政鄉區十載其間闢廣路建公所雖任勞怨分所應爲至若修家乘營宗祠極費周章義不容緩敝廬五畝先人餘蔭常留別墅數椽老朽吟身暫寄一車已舊浪漫城市山村兩眼早花經過白雲蒼狗無事公園啜茗歲月於此消磨有時斗室焚香罪過略思補救天公厚待四代幸見同堂世局難猜萬種聽諸定數勉塗俚語聊附同人莫笑不文還求大雅

孫光斗自述

光斗字伯文一字伯勛別署知足知不足子系出唐金吾上將軍明追贈新安伯謚忠勇諱萬登後世居休甯清初六世祖廣遠公諱必顯由皖遷錫家於懷仁鄉安鎭遂占籍焉高祖立三公諱興詩經營第宅

伯勛六十七齡攝影

曾祖錦千公諱元吉創立祭田皆有遺澤流於後世逮吾祖靜山公諱鴻禧中年後迭遭水旱兵災咸豐庚申洪楊之變兩宅燬於兵燹轗轉流離家產蕩然靜山公生五子一女向平願畢即令各爨分居吾父令儀公諱鳳聲棄儒業賈力圖恢復不十年家境漸裕爲人剛方正直尤篤於倫理一鄉推重稱爲長者舉鄉飲正賓吾母安太君同里世進士第安氏詩禮傳家夙嫻姆教生余兄弟姊妹六人皆自哺乳兼主中饋戚黨稱賢白首齊眉並享大壽行年七十時適世父鳳竹公八十雙壽昆季妯娌合慶三百歲一時傳爲盛事光斗生於同治乙丑九月二十九日年七歲始入塾從黃小帆師讀方字越三年甫畢四子書黃師病歿從張梅卿師讀經五年嗣又從

安晉華徐硯春兩師學作八股文諸師循循善誘稍有心得至二十歲光緒甲申受知於瑞安黃漱蘭宗師補博士弟子三應童試獲靑一衿雖讀書十餘年卒以體羸多病作輟靡常未能研求實學爲憾自是歷赴省試四戰棘闈薦而不售後遂無復功名之想矣計自二十一歲家居課徒教育弟妹間亦出外就館後以子姪輩漸長歸里致力家庭教育者又數年逮科舉廢學校興諸子姪先後入校余於斯時奉委爲本邑勸學員與虞君仲良父子王君黼平創辦膠南小學校並任學董校長至宣統己酉應蕩口華公子隨聘課其孫輩兼任果育學校校務辛亥華公病危易簀時特以教務付託至今言猶在耳鼎革以後余遂不問時事隱跡濠湖與二三知己徜徉山水之間以樂其志惟遇地方公益輒盡力爲之如甲子齊盧之役有嘉定安亭黃渡等處難民三百餘人麕集於常邑洞港涇遠近鄉民紛紛來告余與同人親往調查按大小口造册歸即集捐購米散放並給衣被病者施醫藥亡者措棺木事平遣還每名斗米千錢以善其後又本邑新塘西於戊辰二月共匪仇視富室刼掠縱火殃及無辜有農民十二家盡遭焚如一片焦土情殊堪憐余商諸同志先賑米十餘石既又倡捐並募鉅欵爲造瓦屋二十七間以所餘資代置農具竈具一鄉頌再造之恩實諸君子相助之力爲多他如籌辦平糶賑濟以及修橋梁治道路施醫給藥無不勉爲其難妻同邑曹墓塘周氏子三長泰壽更名雛飛上海震旦學院畢業生肄業蘇省高等學堂光復後該校停辦歷任私立鴻模高等小學學監縣立第六高等小學學監江蘇第一代用女子中學

教員福建泉州明新師範管理兼教員啟明女子師範主任教員蘇州桃塢中學級任教員出嗣大宗次同壽業商三豫壽省立第二工業學校畢業生現在商務書館編譯所任事女二長志英私立振英女學肄業生適曹成章次志清縣立女子師範畢業生適顧笠夫孫男四長振乾肄業桃塢中學次振民肄業省立無錫中學三振洪肄業蕩口小學四振奇年尚幼孫女二長振坤肄業縣立女子中學次振南年亦幼光斗今年六十有七學殖荒落又不善治生生平所可自信者惟良心問題耳無論對內對外一本天眞不喜矯揉造作無機械變詐之行爲近來人心不古竊欲以自勉者勉人嘗訓諸子曰孟子不云乎無恒產而有恒心者惟士爲能吾人既身列士林宜如何尊重人格以自別於社會中且余素無恒產硯田之外只心田而已故曩作述懷詩云傳家淸白無長物惟有心田與硯田蓋紀實也歲丙寅秋嘗偕同案華君藝珊江君頌淸蔣君遇春華君酌亭王君念椿錢君季常蔡君蔭階楊君經笙味雲等十人小集於邑城公園銜觴賦詩以敦舊誼藝珊擅丹靑寫松厓雅集圖而味雲爲之序今歲三月楊筱荔先生重游泮水闔邑同人參加謁聖全體攝影於公園之多壽樓前洵爲一時韻事既蔣君留春丁君仲祜等徵集同人自述彙刊成册以聯學誼以示來茲爰拉雜書之如右

民國二十年辛未九月孫光斗述於濠西寄廬

王宗猛自述

宗猛原名宗鎣字念椿號鶴年先世係出明耐軒公後當時號稱江南五才子曾祖雲章公諱錦祖衡三公諱潄芳父蓮溪公諱榮果生子二長宗曾字紹先係先母鄧太夫人出次卽宗猛係生母秦太夫人出

念椿六十七齡攝影

余生於同治乙丑年十一月初七日而先父已於本年八月去世呱呱墮地卽爲無父之人矣哀哉嗣後以養以敎皆賴母氏一人主持年七歲與長兄分析遂賃廡於沈果巷至十歲適外祖臨士公掌敎東林書院遂依居焉年十六由薛撫屏先生介紹置得西大街孫姓舊宅一所稍事修葺卽於是年遷居年十九由秦太夫人爲余授室娶西門凌氏係外舅雲軒公三女癸未歲案應童子試僅取一佾生翊年甲申科案始蒙黃太宗師體芳取入邑庠年二十七應辛卯科本省鄉試獲中副榜光緒辛丑年三十七委身仕途以知縣到部候選明年得籤掣福建建安縣知縣三十九歲由部帶領引見領憑到省卽於是年牌示赴任四十歲到任供職四十三歲調署三都海防同知明年仍回本任四十五歲家慈年高患病遽聞訃音丁憂回籍服闋後擬再出山而春間忽患足疾偃蹇數月適値辛亥政變自此息影田園杜門不出者殆二十年矣蒿目時艱飽經世變餘生無幾來日大難正不知何時得重覩昇平之日也余生六子今所存者三傳奎傳康傳彥孫二世常世勤曾孫一志淸辛未冬月宗猛述略

顧祖誥自述

顧祖誥號琴生晚號眇翁漢驍義侯顧氏遷吳始祖諱賁吳丞相封醴陵侯諱雍梁建安令贈侯爵諱烜之後裔也自陳黃門侍郎希馮公諱野王崛起於銅坑子五盛南鴻南周南夏南允南俱封侯迨宋將仕郎百七公諱其言始居上舍明贈吏部右侍郎南野公諱學又由上舍遷居涇里三子涇陽諱憲成諡端文卽予之十世祖也九世祖四川夔州府知府木之公諱與沐八世祖天啓辛酉經魁庸庵公諱樞七世祖康熙丙午南元粱汾公諱貞觀又由涇里遷居城內連元街名所居爲內史第六世祖康熙丙戌進士復齋公諱開陸五世祖候選訓導考授州佐仲温公諱鍾珣高祖太學生會區公諱宗海曾祖邑增生惺泉公諱蕃祖太學生雲清公諱景槃又由連元街分居槐樹巷父太學生舉鄉飲大賓靜山公諱厚培暨母陳太夫人遭洪楊之亂避居常熟縣之梅里鄉卽予同治乙丑年閏五月廿三日酉時誕生之地當未生之前一夕予父夢一使者持言氏名片來賀育麟之喜醒而異之莫非子游夫子靈

琴生六十七齡攝影

爽式憑乎故以誥字命名云

祖誥五歲父教請蔣孝先先生爲教師識字讀書是年始六歲讀畢論語七歲教師爲章恭靜先生授孟子詩經八歲授書經禮記九歲教師爲章定安先生授易經春秋十歲春秋讀畢十一歲教師爲吳松筠先生授古文觀止十二歲出就外傳從龔賡臣先生教以詩古文詞明文必自集學作散體詩十三歲從王仲之先生教以小題正鵠學作八股文字十四歲學有進步始告完篇十五歲應童子試是年長兄祖望卒存年二十七歲予困於場屋凡五年二十歲應北里王氏聘授徒之餘篝燈自課每逢三八作時文一篇五律詩一首請唐桐卿先生命題校閱而受業焉二十一歲邑尊裴大中縣試考取案元府尊桐澤府試兩取第一名是年爲丙戌歲試蒙宗師王先謙撥常州府學入泮二十二歲父母爲予授室娶五品職銜蕭茂卿公女生員名燮之胞妹也二十三歲長男千仞生二十四歲患癰疾病半年幾至不起二十五歲次男傑生二十六歲仲兄祖辰食餼旋以自汗盜汗虛損症逝世存年三十六歲是年予應辛卯科鄉試房薦同考官爲孔慶晃二十七歲父親靜山公因抱喪明之痛突患腫脹病臥床數月奉父命以家無恆產長房寡嫂華氏姪男忠瀚懷玉雖已學習錢莊典業年均幼稺次房寡嫂榮氏姪男忠深忠潞一在就學一在襁褓家累極重不得已邀請保大保和各典東面商善後結果允將父親遺缺由予接代親心藉以稍慰卒因病入膏肓延至九月十五日申時壽終享壽六十九歲嗚呼痛哉一家重任予父彌留而不肯忘者予當以全力副其責矣二十八歲三男忠榦生予於保大保和兩典接代先父賬缺兼錢飾職務姪男忠深隨予讀書二十九歲予在北門大街開張源通達記紙號三十歲予爲父親尋得體字號金蟹墩旁葬地地形爲兩水夾出由惠山保墓局註册係向秦春喬購買是年送姪男忠深赴安徽考入武備學堂肄業三十一歲葬父親靜山公於金蟹墩旁主穴以安窀穸用坤艮申寅向是向係蔣友蘭堪輿家所審定三十二歲長女五姐生是年予應丁酉科鄉試房薦同考官爲林毓菁三十三歲予因身體多病由槐樹巷遷居連元街薛宅予夫婦偕同老母陳太夫人居焉諸姪男忠瀚等均能自立遂各自支持門戶三十四歲六月三男忠榦殤三十五歲予自置倉橋下塘周姓舊房屋一所三十六歲次女六姐生三十七歲由連元街遷居於自置倉橋下塘周姓房屋內是年拋售乾繭二百担租開南門外平和繭行因春蠶歉收損失達一萬餘元三十八歲奉母命辭去保大保和兩典職務結束源通達記紙號存欠各賬以指分安徽儘先卽補縣丞到省候補時皖撫誠勳藩司聯魁臬司濮子潼也旋以官班考入安徽法政學堂兼入審判研究所肄業三十九歲奉給法政學堂暨審判研究所畢業文憑四十歲考入安徽高等巡警學堂奉給畢業文憑後卽應福建藩司周蓮之聘辦理文牘機要事宜督催建安建陽兩縣征收四十一歲母氏陳太夫人突患托盤疔症幸鄧星伯先生治愈卒以年高血衰病象危險予在閩省差次奉電星夜遄歸延至八月廿七日戌時壽終享壽八十歲哀毁之餘勉力治喪是年姪男忠深於安徽武備學堂畢業後幫統武備練軍卓著成效奉江南陸軍第九鎭統制徐紹楨委任爲三十三標教練官旋又奉委爲該標第二營管帶官任予爲該營書記長四十二歲安徽徐錫麟革命案發蘇藩司馮煦拜

皖撫之命改編軍制調予姪忠深爲安徽督練公所敎練處總辦予亦奉常備軍第一營管帶官陳元愷委任爲該營軍需長四十三歲奉六十二標統帶官鄭祖年調升該標副軍需官是年四男忠沐生四十四歲予姪忠深奉皖撫馮煦之命洊升爲安徽混成協統領官尋卽卸職適値太湖秋操予與姪忠深隨營露宿在途聞騎兵隊官熊成基率兵攻城警耗迅赴操場偕操畢折回省垣予姪忠深因所保非人獲罪充軍次兒傑當騎兵排長挐案下獄予亦僅以身免經本標統帶胡永奎之擔保恢復副軍需官原職次兒傑由皖垣遞解回籍四十五歲以副軍需官兼淮海募賑委員四十六歲湖北革命事起予姪忠深由張家口歸謀蘇反正旋奉江蘇都督程德全委任爲參謀部長予亦奉安徽都督孫毓筠委任爲本府參謀部祕書清帝遜位竟成事實四十七歲共和成立紀元爲民國元年予奉江蘇第九師長冷遹委任爲軍需處長旋改爲第三師軍需處長是年爲長兒千仞完姻娶同學殷玉田長女爲長媳又爲次兒傑成婚娶同邑五品銜龔文藻次女爲次媳是年予母陳太夫人靈柩與予父靜山公合葬焉四十八歲討袁軍興第三師所屬步隊由馮軍長國璋改編奉委爲第三師部軍需處顧問官清釐本師欠餉事竣辭職歸是年將自置倉橋下塘周姓房屋改建新屋長孫伯根生次孫伯椿生四十九歲奉兼警察楊知事夢齡委任爲無錫市警察第四區長是年在大洋橋下開設通達轉運公司長孫女牛保生五十歲奉兼警察楊知事夢齡調任爲無錫市警察第一區長三孫男仲慶生五十一歲開辦民國日報提倡市警察之改良並將通達轉運公司招人接辦五十二歲奉廣東財政廳長嚴家熾委任爲本廳調查委員長五

十三歲奉廣東護法軍統領王得慶調任爲行營書記兼軍需官開駐湖南醴陵郵務管理局内辦事五十四歲奉粵贛湘邊防督辦兼滇軍總司令李根源委任爲本部署軍需處長是年長女五姐出嫁於西醫楊品三次孫女瑞英生蒙廣東軍政府岑總裁春煊給予六等嘉禾章五十五歲奉調任海疆督辦兼瓊崖鎮守使滇軍總司令李根源委任爲本部署軍需處長兼南運鹽務局主任是年次女六姐出嫁於黄埔軍官學生徐亮五十六歲陳炯明率部回粵勾結李部趙師長德裕率其留守瓊州部隊倒戈歡迎就討李總司令之職委予爲收支局長予固辭不就棄職返滬是年三孫男仲慶殤五十七歲族議以顧氏大統宗譜亟待續修公推予爲續修主任三孫女振英生五十八歲奉北京農商總長李根源委任爲本部僉事上任事指分會計課辦事是年姪男忠瀚卒五十九歲蒙北京黎大總統令給予四等嘉禾章並奉農商部令分發江蘇實業廳任用六十歲奉江蘇省長韓國鈞委任爲省公署參議是年長媳殷氏病故六十一歲設續修統譜總局於張涇橋顧氏宗祠六十二歲分赴顧氏各支派所在地調查丁口並催送譜稿六十三歲辦理鹽城縣税務征收事宜是年長嫂華氏卒六十四歲辦理常海税務分所征收事宜六十五歲整理顧氏各支派宗譜來稿六十六歲二月顧氏續修大統宗譜開盤是年秋予右目流臏因而失明自號爲眇翁予爲四兒忠沐娶農家毛氏女爲小媳六十七歲予以眇目不勝修譜之任敦囑族弟韞生茂才到局校閲各支派印就譜稿並限期截止各支派未來譜稿約定明年完成大統譜事

民國二十年辛未冬月眇翁顧祖詰搴生氏自述時年六十有七

薛聽彝自述

幼端六十六齡攝影

聽彝字幼端世居無錫西溪下生於同治丙寅年曾祖鄰圃公諱錦堂嘉慶己未歲案羣庠生邑志文苑有傳祖曉颿公諱湘少擅文才蜚聲黌序道光辛卯經魁乙巳恩科會魁簡任湖南安福縣知縣升授廣西潯州府知府父季懷公諱福保邑庠生四川候補知府以道員記名簡放英年逝世時論惜之母楊太夫人爲外祖譽周公三女名門淑媛嫻於禮教以早年遭府君之喪悲痛抑鬱終歲不出戶庭惟以撫育教誨爲己任故余當齠齡入塾授讀弱冠握筆爲文先母常晨昏督課規誡綦嚴雖幼年失怙每恨趨庭之益絶少然清夜書聲得力慈訓之功殊深業師章公靜錢仲梅皆一時名士出則受師傅之誘掖入則經母氏之薰陶勉事栽培俾至於成人光緒丙戌受知於王益吾宗師補入縣學戊子鄉試房薦未售己丑秋闈始登賢書先母見報錄衷懷欣慰顧余而言曰今而後可謝汝父於地下矣娶室人華氏爲同邑福建候補知縣外舅仲厚公次女幼嫻詩禮善操家政侍奉堂上深得先母歡長男念詒生於戊子年次男作霖生於壬辰年從此承歡繞膝正幸含飴弄孫甘回蔗境余方委身仕宦冀博升斗之禄頤養慈親詎意事與願違先母忽於丙申年偶攖微疾溘然長逝哀毁之餘百念俱灰戊戌服闋適逢會典書成由勞績班保奬知縣分發廣東己亥入都引見領憑出京需次粵省庚子三男東鳳生余恐内人產後操勞請假歸覲返粵後奉委韶西釐差甲辰得補文昌縣實缺乙巳調署澄海縣篆秋間赴任丙午粵西餉糈支絀余捐廉助餉頗爲上峯嘉許得邀請奬以道員在任候選時内子見余頻年從政勤勞勸早過班稍紓繁重丁未稟請接替交卸回南是年忽患瘵疾幸經百方調治才得轉危爲安然氣血已虧兩足浮腫醫云非常時靜養恐難復原於是憩息家園與老妻童孫逍遙碁局共話桑麻不更作出山想矣辛亥政變杜門謝客倏忽廿年垂老衰頽無復可述今歲且神傷破鏡益覺凄涼尚有三女待字祇求擇壻遺嫁願了向平藉慰亡妻囑託如斯而已子三念詒作霖東鳳孫男八寶炎寶圻寶潤寶成寶善寶基其彪其蔚長次均令習商餘皆在校肄業冀其克自成立云

吳賡颺自述

子言六十六齡攝影

吳賡颺字子言晚號茲延於同治五年丙寅十一月二十五日生世居大虹霓橋南首民國六年始得恢復舊有祖宅題其額曰古吾廬余自幼失怙全恃母氏馬太孺人以養以教俾至成人少好讀書身弱多病每致輟課年十七始習爲文唐師桐卿頗獎勵之卽令子女從余學年十九出應縣府試均拔置前茅光緒丁亥縣試得冠童子軍遂受知於王益吾宗師入邑庠三次科歲考均列一等因補增生幷捐貢生七度鄉試薦而未售兩經患病勞卽吐紅精力怠而心志灰矣嗣後科舉亦停乃專事教讀栽培兒輩由小學以至高等暨師範學校畢業現長子邦傑次子邦偉均有職務已能自立此則私衷差堪欣慰者餘無足述樂吾澹泊聊以苟延歲月云爾附錄自撰聯句於後考試經六十三場列膠庠貢辟廱小小銜頭都從心血博來也算一生成績品教讀歷四旬五載由鄉閭達滬海區區餬口大好光陰既去姑延幾日等閒身

辛未冬日茲延述於古吾廬時年六十有六

吳佐璜自述

叔渭六十九齡攝影

吳佐璜字子銘號叔渭別署宿慧居士世居無錫城中大成巷口龍門首躍進士第內龍門首躍者余十世祖諱汝倫字文叔號震華應隆慶四年鄉試以第一人舉於鄉題其門之匾額也明年連捷成進士除河南彰德府推官擢禮科給事中九世伯祖諱桂森字叔美號觀華萬歷乙卯歲貢學者稱素衣先生精於易作像象述四庫館收其書繼高攀龍居東林講席建麗澤堂講易其中從祀道南祠九世祖諱桂蓴字季輝號揚華邑增生亦主東林講席八世祖諱其馴字永調號芝庭邑庠生崇禎庚午舉人辛未進士由兵部職方司員外郎出任山東布政使參議分巡濟南道七世祖諱廣培字武揚郡增生六世祖諱文鎔號省吾府庠生康熙己酉舉人累官鎭江府教授五世祖諱漢官上海縣學增生高祖諱天馥號香谷邑庠生雍正丙午舉人授海州學正七上公車不第家業耗其半曾祖諱元燈字承基國學生祖諱玉振字麟書國學生先父諱殿鏞字景堂邑庠生與祖麟書公俱從祀惠山尊賢報功祠先

父敦篤孝友祖麟書公暨繼祖母侯太夫人先後卒時先五叔父俊夫公生甫周歲先父與先母秦太夫人撫育之以成立先二叔父秉之公及三姑四姑又相繼歿先父頻遭大故家爲之落教讀脩金不敷家用先母佐以針黹幾不能生活先五叔父與先長兄子顯出就外傳中飯歸來無米爲炊俱枵腹去或晚餐不備以制錢六文購蠶豆半升炒熟浸水中分食而寢嗣先五叔父與先長兄從表叔汪速帆學錢業成就家稍舒而太平軍興咸豐十年四月初十日無錫陷先父先母挈先仲兄子宣及先姊東奔西逃艱苦備嘗幸常熟先克復乃挈眷口避難至虞同治二年癸亥六月二十六日生佐璜於虞城書院逮無錫平靖挈眷返里與表伯侯績卿家眷同寓北鄉長安橋季宅先長兄因與季姓聯姻先五叔父亦娶於八士橋過氏同治四年回城修葺舊房添建新屋先父與先五叔父同宅分居各度同治六年丁卯正月過氏嬸母因子殤病故同治七年先長兄娶於季未幾先五叔父續娶舅氏侯楨幼女爲繼室而先仲兄亦娶於侯同治十三年甲戌余年十二歲四弟子勤八歲五弟子範五歲先父在楊珍珊家教其子經笙棻笙讀余亦隨侍讀書於楊宅二月先父爲余兄弟分產將承分房屋悉數撥付兩兄居住另以制錢四十八千典族中平屋兩間爲余與四弟五弟棲身之所光緒三年丁丑十五歲先父教余學作應試文越一年成篇六年庚辰十八歲初次觀場應童子試初覆與蔡知之俞仲還丁康平等坐堂號別出童子六七人題以試之主試者金匱知縣倪咸生也七年辛巳十九歲先父命余自立應外黃泥橋龔姓聘爲蒙師是年八月初三日先父一病不起嗚呼痛哉從此長爲無父之人矣八年壬午二十歲蒙菊青族伯薦至

梅村㝡悌義塾爲塾師十月聘定中村橋周湘帆公長女爲室十年甲申二十二歲四弟子勤於八月十五日一病而亡十一年乙酉二十三歲十月周夫人來歸勤儉治家甘居寒素克盡婦職頗慰余懷十二年丙戌二十四歲移硯城中西河里朱宅十二月十七日長兒敬人生十四年戊子二十六歲七月初八日長女蘊璇生十五年己丑二十七歲六月應澄江院試受知於楊蓉圃宗師入邑庠而先母卽於是月二十六日仙逝嗚呼痛哉從此幷爲無母之人矣先是余於先父見背後惟恐失學因從孫伯龎先生游與吳稚暉俞仲還丁芸軒同學後又與丁芸軒陳仲英游於竇曉湘先生之門朝夕過從爲文字交惟稚暉芸軒仲英爲莫逆而余最貧無立錐地舂韭三錢供餐兩日稚暉勸余游東三省以謀衣食余以兩子未獲對兩子者兒子項子也至是兩子雖得怙恃俱失家無長物遂有四方之志十六年庚寅二十八歲次女蘊璨在妊八月初五日生余先於五月離家作山左之游擬投兗州族姪飛卿喬梓由錫趁布船至清江雇二把手車向兗州進發過王家營塵沙迷目別有一天至官橋孟嘗君禮賢下士處黃河水泛穿運奪濟而來加以大雨如注山洪暴發道路陸沈覓舟載車渡至韓莊上岸登車至滕界過小河無渡船裸體涉水三十餘處水過於臍身欲浮車夫扶持始能舉步泥淖沒輪下車赤足入泥淖中步行砂子鋒利皮爲之破如是者十餘處過鄒界入兗界始履平陽行道之難苦不勝言五弟子範於余離家後亦赴吉林之琿春投姊丈孫仲耕謀事余抵兗晤飛卿知其子少卿已晉省別圖枝棲十一月少卿就莒州錢席爲余介紹入莒州刺史項城袁保純之幕襄辦書啓兼閱卷並從少卿習錢穀佐治學同習者爲毘陵

張壽齡小松刺史之長君名世謨字顯庭者與余暨小松訂金蘭誼互以文字相切磋十八年壬辰三十歲隨袁公調赴青州益都縣職務如在莒十九年癸巳三十一歲袁公薦余至朝鮮釜山爲其姪名世凱字蔚庭者辦文案余因是年必須歸應癸巳恩科鄉試未就詎意事與願違試而不售徒自傷嗟二十年甲午三十二歲因姊丈孫仲耕介紹改游東三省入吉林將軍長鶴汀幕從秋青士先生習刑名佐治學秋八月中日開衅平壤失守自秋徂冬金復海蓋相繼陷長將軍督兵往防遼陽十二月出發秋青士隨往行營辦事薦余入吉林道幕爲陸葆夫先生幫友二十二年丙申三十四歲八月應杜伯雄司馬之聘佐治農安秋水爲災鴻嗷待哺爲杜君辦牘請賑將軍延茂惡聞災駁不許牘再上雖邀准而不滿上峯意二十三年丁酉春杜司馬調省察看余亦解館歸應丁酉正科鄉試依然鎩羽九月重游吉林承陸葆夫先生邀留襄辦道幕不以尋常幫友相待月遺甚豐訂明不應外聘歲以爲期二十四年戊戌三十六歲三月初四日次兒卓人生冬十月王古愚太守邀余佐治伯都訥廳時姊丈孫仲耕解拉林巡檢任回省過訥在途病故先姊在訥租房暫寓余爲經理其喪送柩寄存營口殯舍二十五年己亥三十七歲正月解館偕先姊返省爲覓租寓余仍居陸葆夫先生處三月外甥孫鳴仙來吉將其母及其父柩接回鄉里分別葬養八月朱植三司馬聘余佐治伊通公餘之暇吟詠唱和甚樂也二十六年庚子三十八歲七月拳匪禍作八國聯軍入京兩宮出狩西安俄軍連陷吉黑省垣閏八月下旬省城避難官寮紛紛至伊通余與同事京口陳午樓商决避兵辭館回南結伴同行沿途驚恐言之不盡一日清晨至遼陽東門外

見城上插紅旗城內難民雲擁而出維時車馬飢疲車夫停車購麩料喂牲口余與午樓亦購食充飢聞砲聲隆隆西門外已與俄軍開火矣不敢向西折而向東下午三時遼陽陷敗兵紛紛東下日暮天黑行經石門嶺爲敗兵阻劫逾嶺抵趙家店難民麕集無容足地傍車露立敗兵先後至一夜連劫四五次行李財物蕩然無存駕車牲畜亦被掠去天明余與午樓隨同難民步行向摩天嶺進下午至山嘴子岳家莊飢不能步相與入莊乞食蒙老嫗慈悲留入堂屋餉以高粱米飯生葱生菜蘸鹹醬而食午樓不能下咽對食而泣余勸以飢不擇食勉强充腸各以隨身衣服向老嫗易破舊布衣穿之以免前途危險正在改裝而敗兵又到莊搶掠老嫗急開後窗使余等跳出上山隱豐草間敗兵見余等逸開槍射擊彈從頂上過幸老嫗勸阻謊言家中工人畏懼躲避懇勿開槍故未續發余等慌不擇路遇茂草卽入而隱焉夜半露水滿身聞老嫗上山相喚出而隨至其家夜餐住宿詢知家主名岳敬占內務府旗人家道小康有四子長次已完姻余知旗人最重乾親度此家可依以暫避午樓認岳敬占爲義兄余認老嫗爲義姊於是殺雞宰羊竭誠相待在岳家避難一星期探悉遼陽俄軍已安民敬占使其長子與戚某駕車送余等入遼陽城幷爲覓趁俄商紀鳳臺營口便車由其戚伴送至營口設法措資航海南下抵滬已重陽後矣午樓與余共筆硯同患難彼此相知以其幼女應春許與長兒敬人爲偶到家正式文定焉二十七年辛丑三十九歲六月十八日三女蘊琳生是年中外和議成聯軍退去兩宮回鑾東三省亦平十月返吉依陸君而居十八年壬寅四十歲正月應陳介臣太守聘佐治延吉接奉通行山東巡撫袁世凱辦學新章

爲設延吉中學以開風氣延吉接壤朝鮮僅隔一圖門江朝鮮視察使李範允越境侵擾陳太守會同吉强軍統領胡殿甲拒却之辦理地方事宜言聽計從相處甚得八月解館晉省接舊居停杜伯雄司馬函邀佐治賓州二十九年癸卯四十一歲正月解館回省道出阿城承阿城副都統達馨山招飲爲作癸卯新年聯語相得甚歡秋九月應阮公槐太守聘佐治雙城接京友寄到張南皮所擬學堂章程爲設雙城中學徵求教員廣招學生並興復啓秀書院增加月課余爲閱卷整飭士風講求經世之學人材奮興極一時之盛爲吉林全省冠日俄戰事起雙城爲東清鐵路中堅哈爾濱俄租界猶爲雙城轄境辦理交涉頗爲忙碌三十一年乙巳四十三歲日俄之戰正酣南北音信不通家書阻絕者經年是年達馨山簡放黑龍江墾務大臣程雪樓任黑龍江將軍秋青士爲黑龍江分巡道俱雅意羅致邀余前往襄辦斯時也當道爭迎倘或情殷名利不難致身青雲祇以素甘淡泊不慕榮華何去何從各方面皆有爲難遂一一婉謝不赴三十二年丙午四十四歲三月辭館回家四月二十七日爲長兒敬人與陳應春女士結婚事畢返吉廉仲英明府聘余佐治賓州是年冬家中購東門田雞浜基地七畝餘以備營造三十三年丁未四十五歲阮公槐調任延吉函邀往襄歡聯舊雨舊地重游洵足樂也三十四年戊申四十六歲六月辭阮館回家小住九月舊居停陳介臣太守到新城府任電邀往襄遂由家逕赴新城佐治宣統元年己酉四十七歲四月解新城館回省五月應譚勵剛大令聘佐治樺甸是年家中卜築新宅於東門田雞浜由龍門首躍舊宅徙居焉十月譚勵剛解職同余回省民政司使謝敬之委余爲警政科一等科員辦理全

省警務十二月譚勵剛奉委爲阿城縣設治委員稟調余爲阿城佐治宣統二年庚戌四十八歲自春至夏在阿辦事頗順手秋冬之間吉林全省鼠疫盛行哈埠尤盛省令各屬設所防疫以療治隔離火埋消毒四事相督責火埋法掘土坑深八尺方一丈或二丈於坑内填一層木柴一層死屍層層相間高出坑外灌以洋油夜深人靜燃火焚燒木燼屍燬陷入坑中掩以厚土堅築結實以防獸搰而殺疫氣死亡人數按日電報省署省署派員赴各處視察阿城地接哈埠疫死人數將及二千下流社會不講衛生死者約百之九八中上社會能自衛生不過百之一二天寒地凍掘坑未深燒過屍體掩埋不密被犬啣出未燬屍腿爲視察員瞥見報告上峯省令譚勵剛防疫不力因撤懲之是年長兒敬人在郵傳部高等實業學堂畢業宣統三年辛亥四十九歲四月解阿城館挈次壻秋政良囘家與次女蘊璨結婚遂館甥焉八月十九日武昌起義全國響應不三月而宣統遜位孫中山先生就臨時大總統職於南京約法三章讓與袁世凱爲第一任大總統以安北方民國元年壬子五十歲應高集安太守聘佐治新城府新城與蒙古一江之隔是時蒙王獨立新城戒嚴軍書旁午公事紛繁七月次女蘊璨產後病熱身故遺一女名念慈周夫人雇乳媪撫育之民國二年癸丑五十一歲秋解新城館應吴椒甫函聘佐治阿城十一月長女蘊璇與吴興茂才章乃梅結婚民國三年甲寅五十二歲正月解阿城館歸又被高集安太守函邀赴吉爲之佐治吉林縣是年秋由吉林縣解館囘家被族中邀留在惠山至德祠續修第十四次大統宗譜親赴各鄉各支及蘇州常州宜興江陰常熟等處採訪不遺餘力主任編輯校對以一身任其責夙夜匪懈

錫金游庠同人自述彙刊

民國六年丁巳五十五歲續修統譜告成五月散譜以修譜餘款四千餘金先期修葺祠堂各舊屋添建過庭橋屋迴廊曲榭濾泉亭繩河舊館懷德閣均加以髹飾煥然一新至散譜日殿亭樓閣金碧輝煌燈彩高張族衆雲集爲二百年來所未有誠盛事也八月返吉林應毛竹銘大令聘佐治額穆縣爲總務科長民國七年戊午五十六歲次兒卓人畢業江蘇省立醫學專門學校二月二十六日與江蘇第二女師範畢業生陳女士洽結婚八月余在額穆縣病接周夫人與三女蘊琳至額穆護視十一月隨調佐治和龍縣十二月十八日長孫福恆生卽以和龍爲其乳名以示紀念民國八年己未五十七歲七月解館送眷囘南因吉林督軍孟恩遠獨立兵阻繞道朝鮮行萬里而歸適逢五叔父俊夫公之喪遵禮成服祭奠送殯事畢卽返吉爲吉林省長公署第四科第二課課長長兒敬人亦於是年挈眷赴上海爲青年會中學校國文主任民國九年庚申五十八歲正月莊振聲大令任雙城縣知事稟調余爲雙城行政科長二月初八日次孫福濟生卽以雙城爲其乳名以示紀念八月家中爲次壻秋政良續絃十月余病半身不遂函知家中使長兒敬人次兒卓人至雙城接余囘家就醫冬十一月次兒卓人挈眷赴蘇租寓試設眼科醫院懸壺行醫民國十年辛酉五十九歲余因行動不能自由發願念佛修淨業以養病越數月卽能起行民國十一年壬戌六十歲輯印淨土日課分送親友以期兩利九月爲三女蘊琳與江蘇省立醫學專門學校畢業生蔣紹宋結婚民國十二年癸亥六十一歲著心經集解印行於世意在自度度人也冬月因積逋過多無款抵償將宅後餘地三畝七分割讓出售得價還債餘以養老十一月十八日孫女福同生因與余生年癸亥相同乳名祖年民國十三年甲子六十二歲長兒敬人挈眷返錫任社橋實業中學校校長民國十五年丙寅六十四歲次壻秋政良在滬教讀二月因病身故周夫人聞之不歡五月十五日下午五時忽患劇烈頭痛左半身頓失知覺長兒敬人與長媳陳氏長孫和龍外孫女念慈由社橋實業學堂囘家省視延中西醫診治斷爲中風無術挽救是時周夫人口雖不語神識猶清聽覺未失遂率全家宣誦佛號助其西行至戌時低眉垂目面含笑容歸真西去逮次兒卓人在蘇得電歸省按其頂心猶未冷享壽六十有一停靈家中三越月中秋節後始爲治喪出殯暫厝錫麓山莊民國十六年丁卯六十五歲長兒敬人應慶豐紗廠聘爲該廠職員將眷遷囘家中居住以便侍養余著金剛經解說與心經集解合印一册以行於世爲周夫人懺悔囘向莊嚴淨土是年十一月初六日安葬周夫人於東大池新阡並自預開生壙以備埋骨民國十七年戊辰六十六歲余將身後所需壽器預先合就髹之以漆附身之具如衣冠鞋襪被褥逐件製成備而待用爲終老計也民國十八年己巳六十七歲正月十二日三孫福臨生乳名蘇元記其在蘇州元月生也聞東大池余父母墳門前被他姓侵越開路出入因爲特別建築鋼骨水門汀虎皮石牆祭臺拜墊及墓門前長座俱用水門汀澆成以杜侵損東邊周夫人新墳亦同樣建築各植松柏石楠以壯觀瞻民國十九年庚午六十八歲次兒卓人在蘇行醫發達得業於書院巷建築高大廳堂樓房正式開設眼科醫院而長兒敬人在慶豐紗廠信譽亦漸著余因年來世風不古人心日壞品行道德墮落殆盡輯有青年德育金鑑錄十二卷分訂四册印行於世以勸善民國二十年

錫金游庠同人自述彙刊

辛未六十九歲惠山廟巷内先祖麟書公墓壙牆坍陷將就湮沒亟於清明前修築土牆厚三尺高五尺墩亦堆高五尺周圍寬廣相稱並添築外牆以附麗之將秉之公幷四姑墓一律修理加高以垂永久是年編輯錫山先哲言行錄八卷印裝一厚册以爲後學津梁挽囘世道人心於萬一又印淨居詩錄一册分送親友以爲七十紀念綜余生平得力處全在勤儉二字所最深惡而痛疾者莫如雅片麻雀少時好酒壯歲不改是其所短老來持戒念佛是其所樂年屆古稀兒孫繞膝兩兒能自樹立有聲於時天之待余不可謂薄與時推移隨遇而安是則余之樂天知命也爰書其大略如上述

楊昌源自述

楊昌源字映潭同治丁卯生江蘇無錫縣人自八世祖文叔公由寺頭鎮遷城卜居流芳聲巷相傳至先祖曉堂公先父蓉照公均以遊庠蟬聯書香科名官階已詳搢紳錄可無贅述予秉性愚魯自溯平生毫無建樹惟求整躬潔己不墜清白家風而已少年讀經史習詩文自愧平庸己丑入邑庠壬辰補廩考優是後就教席者凡七年食廩餼者踰十年門牆雖盛故我依然繼在江蘇法政學校法科畢業歷經鄉試兩薦秋闈皆以額滿見遺鎩羽歸來遂絕意舉業於是舍儒而改入商場矣丁酉年廣泰米行聘爲商業顧問兩年後卽推爲總理勉力經營幸獲盈餘漸又兼理晉昌米行復泰米行及復昌米廠等職務尙能不致隕越並與張君鳴球襄辦江蘇全省漕政歷年悉能依限告竣各縣靡不同聲欽佩蓋張君具幹練才予故不敢居功也至總理慶餘錢莊暨董事米錢兩業佐立商會機關皆爲商業上應盡之義務嗣緣浙省歷委例差迺卽一一辭職此又由商而轉入仕途矣乙巳年由歲貢考職以鹽大使分發浙江補用歷任撫署法科參事運署征榷科科長及核獎局會辦等差保用知縣暨升補同知後以知府用己酉年委署浦東場大使並調補金山場大使辛亥政變予卽解職居滬未幾浙江軍政府委爲武康縣民政長壬子年江蘇司法籌備處委爲泰興縣檢察官予當以親老不便遠離却之浮沉宦海屢易星霜事與願違徒呼負負至此卽有歸田之想矣乙卯年曾赴贛省幫辦吳口釐差丙辰三月澄江兵變得先君急電卽束裝歸是後以雙親年老決意奉養居家世變日深人心日薄予擬稍爲梓桑效力藉以保障民權卽於是年向司法部領律師證書在江甯吳縣等區域執行律師職務兼任無錫市議會議員惟先父以律師一業難免無心之過囑令從速休業予以庭訓不可違卽於丁巳年起凡有寃抑者僅盡義務不受公費辦案者有五六年己未年仲冬先慈李太夫人棄養時年八十有二壬戌三月先君蓉照公又無疾見背時年八十有七哀毁之餘頗覺年老力衰遂亦不問時事矣惟於無錫籌立法院之事予尙不辭勞瘁爲謀補助茲縣法院業已成立卽依法組織律師公會猥承票選爲無錫律師公會會長自慚德薄能鮮祇得於任滿時決意告退以讓賢者噫世風日下萬事皆空人生有限佛學無邊惟道德爲立身之本金錢實禍人之媒自今以後祇知懺悔前愆閒參禪悅庶可於彌陀堆裏尋得無窮樂趣也當夫夕陽西下啜茗茶座與兩三舊雨作閒談兼聽齊東野語偶有談及國事則皺眉掩耳去之惟恐不速矣閒居無俚述此自嘲

映潭六十五齡攝影

民國二十年八月　　楊昌源略言

楊泰階自述

泰階號少穆一字拙菴生於同治七年戊辰世居無錫城中流芳聲巷係出漢太尉伯起公後嗣祖蘭溪公諱文圭父墨卿府君諱元釗山東候補知縣性恬淡不喜顯宦故筦東海常關稅務垂二十年歿於光緒二十五年壽六十五母丁氏外祖父植卿公之女余生五月先君卽遊山左每隔三五年一歸歸不數月卽出家事悉由先慈主持而秉承於外祖父勤儉撙節家賴以裕歿於民國五年壽七十五時余供差熱河聞電星夜馳歸抵家已不及一視含殮傷哉弟一號紹卿妹一適王君懷妻顧氏嫻婦道佐余成家遽於民國九年逝世年五十五歲無出檪以紹卿三子樹信爲嗣江蘇醫科大學畢業現服務首都特別市政府衛生局媳馬氏習產科女一適常州劉玉縉繼室李氏生二子長應辰已四歲次應午纔二齡秀而岐嶷已能牙牙學語矣余天姿駑鈍五歲入塾蒙師爲明叔家叔長從王翊雲竇聯芝兩先生讀書逮學作制藝則由叔平伯父指示文法會伯父遊浙遂與少平弟仝受業於王季臣姊丈年十九始出觀場二十一歲納監應戊子本省鄉試翌年己丑以古學受知於宗師楊頤取入縣學余少時體弱多病入場應試每至夜深時候往往精神疲倦草率了事自省非科第中人屢思捐納官職學習吏治然先君以科名爲重謂非一第毋許出山因此沉溺於科舉者二十年卒經六度槐黃薦而不售雖文字之未工亦數奇之不偶迨至科舉停止清廷爲舉貢生員籌進身之階始於丙午科應蘇屬生員攷職由巡撫陳夔龍提學使周樹模會攷取列二等部議以典史試用分發山東是爲出仕之始

少穆六十四齡攝影

爲貧而仕不卑小官宣統初年捧檄赴省由青島轉濟南同行者陸藹如表兄亦以鹽大使分發報到循例稟見撫藩臬三院暨首道首府時先兄鍾石孝廉方以知縣需次省垣協修山東通志請於該局總纂王貢南太守委爲局中校對公餘之暇常與二三同鄉寮友泛舟太明湖中品茗趵突泉上頗極一時宦遊之樂三年余以聽鼓年餘供差期滿詳請甄別幸本班人員尙少補缺較易未幾補得泰安縣典史方冀常依泰岱訪五夫之松尋沒字之碑詎意武漢起義各省響應余知不可久留重以先慈之電促遂悵然而返計自攷得一官以來整理行裝部署到省加捐職銜耗費已在兩千餘金一朝光復功名付諸東流能毋耿耿於懷也歸後一籌莫展爲餬口計勉求速成插入南京監獄專門學校博得一紙文憑其效果轉勝於十年讀書矣民國二年一月蔡處長寅委以鹽城典獄官是時各縣設地方廳監獄獨立獄官與推檢平等今則階級懸殊矣三年四月蔡廳長元康委以儀徵管獄員任事未久與縣知事齟齬而去

冬間作津沽之行熱河財政廳長劉公鳳標先君舊交也招之至署逾格垂青四年二月委以承德征收局長辦理一年比較盈餘例得聯任不幸天降之災萱慈見背遂於五年五月奔喪旋里六年五月再上熱河道出古北口循長城蜿蜒而行山路崎嶇備極征人之苦至則劉公又委以圍場征收局長局面既不如承德而地近蒙邊塞外早寒朔風一起九月即下厚雪南人不勝其寒因稟辭劉公於臘鼓聲中再遊津沽樂其繁華遂留鴻爪承良朋之介紹充地方廳書記官者兩年九年四月因內子患病回里爲之醫治不料投藥無效旋抱鼓盆之悲十年三月王廳長樹榮委任爲高淳管獄員縣知事劉公春堂肅寧名進士也一見如故遂委兼第一科長十一年九月調任句容管獄員劉公稟留未准余亦以句容獄務難辦辭之十三年五月周廳長貽柯委任武進看守分所長十四年十月調任溧陽管獄員成績優良上峯稱善十六年三月革命軍東下收復南京白崇禧由長興而至委胡𥲤爲溧陽縣政府以余非黨人多方爲難損失數百金始得交卸從此歸里心志益灰息影田園自甘貧賤長日無事啜茗之外或讀經史或參佛典有時與兩小兒戲嬉教之識字藉以消遣此則稍堪自慰者也

張文藻自述

無錫張氏族派最蕃衍宗祠義莊惠山有六七家而吾族始祖誠裕公則於明嘉靖間由浙江處州遷錫至予僅九世向未與各家通譜牒一族凡五六戶男女老幼不過數十人先世未聞有貴顯者惟先祖耀楚公諱焜於道光辛丑歲案入郡庠先伯心梅公諱鼎臣於咸豐癸丑歲案入邑庠及予已三世業儒里鄰老輩無不目爲寒素之家也述家世之單薄第一

子惠六十三齡攝影

予以同治八年己巳五月七日生於金匱山左秦氏洪緒堂時先考達泉公設錢肆於北市先母任太夫人系出宜興望族外家自洪楊刼後蕩無一人方予五歲時遭奇險幸而獲免蓋金匱山旁有古井無石闌是歲六月天旱某日傍晚同居某姓婦汲水而桶墜乃取竹竿繫一燈令予執而照之予忽趨前俯視竟失足落井某氏婦情急智生口呼救即解履緣井而下抱予坐於懷鄰人聞聲趨至設法縋之而上從井救人某氏婦有焉予既出險凡親串故舊皆謂此子大難不死將來必有好處由今思之意者天使予飽閱變幻滄桑之歲月即爲莫大之好處乎某氏婦當予弱冠時曾一度來我家猶述前事以相笑樂今則其子孫之有無亦無從問訊矣予有井底餘生圖章一方所以志也述童時之涉險第二

先君設錢肆於北市號曰信通意在信義通商也計歷四十餘年所出錢票有三百文者有四百五百文者至多者爲一千文其票皆由先君親手自書筆畫之粗細千百紙不差累黍當時城鄉頗通行之發行最多時計有五六千緡及先君年屆古稀以店事讓他人辦理又恐此票之爲害大衆即以現錢一一收歸銷燬之其後在家頤養見有手書之票發現亦必易之以錢不稍推諉此事四鄉父老及朋輩中年事稍高者類能道之予八歲喪母先君享年八十有一棄養時予年三十七歲矣述先德之概略第三

予七歲時始從洪緒堂同居女師竇太君讀千家詩論語繼又先後從王幹丞華子琴叔芹諸夫子讀孟子六經年十三由叔芹師教爲制舉文嗣後歷從高揚之唐桐卿竇曉湘諸夫子游唐師督課綦嚴並教以試帖律賦予早歲文理之得以粗通皆承唐師一手之培植也述師長之教誨第四

予年十六始應小試至二十一歲爲光緒十五年己丑以拔取古學受知於廣東楊蓉圃宗師入郡庠即應本歲鄉試辛卯秋試由主考金保泰批堂備甲午科試一等遂食餼充廩生丁酉爲第五次鄉試由廩生中式乙榜第三名主試爲劉恩溥朱錫恩房師爲楊錦江此昔賢所謂說甚功名只免得三年一考有何體面倒少了四兩八錢也予自己丑游庠後凡有考試無役不從直至科舉停辦而後已計鄉試七次每次三場每場平均二日矮房中風味嘗至四十餘日之多亦可謂興復不淺矣當光緒季年曾以直隸

州州判向吏部註册領有執照一紙朱印爛然今猶藏篋衍中大將告身可易一醉未始非食老於場屋之報也述科舉之浮沈第五

予自弱冠後卽以教讀爲職業凡在家開門授徒先後約五六年此外則在城在鄉少則一年多則數年絕少賦閒之日間或飢驅外出近而蘇州漣水遠而天津北京亦無非教讀生涯耳惟四十歲後浪游吉林作客磐石銅鑛脫離教育事業者首尾凡五年冰天雪地況瘁備嘗落日停雲羈孤興感日處萬山之中無可消遣每見四時之景物朝暮烟雲之狀態則隨意以小詩寫之因成塞外浪吟一卷及夫倦游返里攜歸礦石一方其重可二十觔予詩有云石藏五色歸裝富莫笑寶山空手回殆謂此也述汗漫之游蹤第六

予原配秦孺人長我三歲爲洪緒堂竹泉先生冢孫女年二十三來歸安貧茹苦善相家政使我無內顧之憂相處十三年以家事積勞患瘵歷一年而卒予曾書事略一篇於其遺像之上生有子女各一人繼妻陳氏爲嘉福堂俊若公女來歸未及四年以產後瘀血不行遽逝遺子一人墮地纔半月耳予哭之甚哀雖別來二十五年尙有伊人縈於夢寐也續妻亦陳氏爲東亭履初公長女先後生子三人明春亦已六旬可以偕老矣今諸子中其長者粗能自立並有孫男女各二人餘則或習商或出外其最少者亦畢業高級中學年已長成均未授室將來能否成家立業聽其自爲主持耳慨念予家本淸貧素無恆產區區館穀每憂入不敷出何堪十年之中老父見背兩賦悼亡孤掌難鳴一籌莫展此情此境不亦極有生之難堪耶述中歲之迍邅第七

予生平無得意事亦不喜依附得意之人才質庸下本於天然而詞令又不足以諧俗半生潦倒固其宜也其秉性之因循守舊尤有可笑者有時作客他鄉於道里之方向恆苦不能識別偶一出門卽不免迷途忘返對於米鹽纖悉之數微特不能稽覈一見輒心慮煩亂無所適從憶先君垂暮之年嘗以算盤之運用相指點而予則徒熟九九歸除之數於運用之方法茫然也卽此一端其拘泥鮮通可知矣述性情之迂疏第八

予於世俗所謂功名富貴及一切聲色貨利似乎所性不存尤不樂與朋輩酒食游戲相徵逐故交游中絕少知己惟與唐師處同學吳君梓賢論交已逾四十年彼此有事則共相告語互相商搉家居無旬日不謀面出外無旬日不通函凡場屋考試及里巷酬應兩人必相約作伴髫齔如膠漆之相投蛩駏之相依也猶記丙辰歲六月初爲連朝梅雨之後兩人同至垂露齋奚吉甫處閒話君以天熱强余早歸乃行未百步忽聞倒屋聲奚君竟立時壓斃予兩人乃相慶如更生焉記曾作挽奚君一聯曰卅餘年老友翰墨聯緣垂露齋舊夢重尋今日祇留憑吊處一剎那奇災雨風肆虐巖牆下忘機共立我輩原非知命人蓋紀實也述知交之寥落第九

予於衣食服用諸物不甚講求而篤好購書苦於無力計四十年來亦曾陸續購得線裝書四千餘卷然類皆偏於詞章說部之屬昕夕有暇卽手一編藉令心有所寄其略能成誦在心者亦以各家詩文爲多卽如隨園駢文能背誦至三十首每一倚枕就寢猶時時默誦之以感召睡魔焉惟平時落筆爲詩文竟與古人無萬一之形似所謂眼高手低也述學殖之弇陋第十

予於戊午五十時曾撰自壽一聯云自呱呱墮地以來爲俗子爲陋儒逐浪隨波枉教萬八千日過作蕩蕩樂天之想不騖名不馳利酣眠飽食那知四十九年非當時由竇叔英先生爲書懸之并錄入所著聯話中及戊辰年六十思作述懷數首而未果乃取向所作塞外浪吟覆瓿吟及歷年所作之楹聯刊成庸隱廬詩存聯存兩册由淮安季鳳書先生爲之序印三百部遍贈同人以作酬酢之品此後倘屆七十當再裒集所作循例以續刻之今且姑妄言之可耳因憶宋人有句云老牛粗了耕耘債嚙草坡頭臥夕陽其閒適之情可想今予舌耕未了筆債待償且對老牛而滋媿也述近年之情狀第十一

予生平既無奇才異能可表見又乏片善寸長可節取誠卑卑不足道矣今因庠友蔣子留春丁子仲祜函約同人各爲自述一首并以所作程文寄示感其雅意乃卽有生已往之陳迹拉雜而追錄之事必求其翔實文不嫌其質直語不厭其瑣屑蓋不敢自欺而欺人也偶憶閱微草堂筆記有言曰某爲三十年老副榜八比以外無寸長惟一生不能作妄語斯言正可爲我解嘲特未識果能取信於閱者否耳敍自述之原因第十二

民國二十年辛未七月張文藻子惠氏自述於庸隱廬時年六十有三

王國治自述

王國治字黼平同治甲子生隸金匱籍系出宋王文正公後傳至清雍正年間天叙公自膠山之北七房橋遷居東北鄉安鎮爲安鎮始遷祖數傳至先祖逸颿公輕財好義樂善不倦先父孟康公年近八旬舉鄉飲大賓工書畫尤以蟹菊見長得者寶之生子四余居三奉父命出嗣胞叔父叔遠公後七歲請邑庠生華龍泉夫子授四子書十二歲庭訓研究四聲督責甚嚴寒暑不輟命作試帖詩頗有可觀略能成誦後受業司馬聲揚徐硯春錢頌眉諸夫子習制藝師皆稱善光緒十五年楊宗師歲試提覆頟滿見遺十六年科試以縣第一人入邑庠四赴鄉闈未售循例入成均列爲國子監典籍民國初年與孫光斗虞同書等創辦膠南小學爲第一任校長兼任懷仁市董事凡遇地方公益無不首先倡辦娶室陳氏係同邑羊尖殿華陳公長女於民國十七年三月含笑誦佛而逝人皆稱爲善終焉生子二女三有孫六孫女五十八年娶蘇州潘氏爲副室吾家累代施醫給藥先父精研藥

黼平六十八齡攝影

理祕製各種藥品在鄉施治遠近之受惠者口碑載道而以眼科藥品尤爲奇效光緒初年余追隨先父手製眼科祕藥若干種深埋泥土中命余須數十年後取用庶功成九轉爐火純青配合珍品有瞽目重明之效余謹誌不忘及今取用計埋藏殆五六十年矣吁先父之音容已渺而手澤猶存覩物思人不禁興蓼莪之感次子棟任生而好學星相家謂其有天醫坐命故自幼即將家藏眼科祕本敎之勤讀余默察世情覺我中醫之太覺故步自封爲適應潮流計再囑其負笈滬漢投名眼科汪師門下學習歐西治眼術畢業後以中西醫法各有短長參酌情形見病而治現設診所於錫城斜橋頗受病者信仰余則不聞時事多年每當春秋佳日與一二知好怡情觴詠藉娛暮年樂趣云

民國二十年冬日王國治黼平氏自述時年六十有八

方興自述

拙叟方興字仲容系出周之方叔厥後支派蕃衍代有聞人明季遷錫始祖璠公由安徽歙縣來錫至北鄉斗山之陽居焉是爲方村數傳至曾祖彙豐公輕財好義樂善不倦時清代有擇富戶輪派甲主之役以是而破家者比比皆是吾家亦因是中落先祖永昌公生子三人女六人長爲伯父性初公次卽先考復初公三爲從父聽初公伯父殉庚申難聽初公本業儒後見時局日非大亂將作遂託故隱於空門先祖中年後得廢疾境益困先考遭遇亂離奔走衣食仰事俯育日不暇給幸先妣馮太孺人勤苦操作夜以繼日手不停織以贍養飧生予兄弟四人女兄二人長兄早亡予行季年八齡入族叔濬川公私塾讀論語未一年公移硯城南清明橋鎮塘禪院偕往就學翌年公卒幾輟學叔父聽初公以吾家累代書香不忍中斷力爲資助俾仍從師予之略識之無得有今日者皆叔父之賜也年十六先考見背家事由兄主持予仍在外就學歷遊王仰之侯翔千過翠章王季程諸夫子門學業稍進年二十

仲容六十六齡攝影

三娶室吳氏勤儉耐勞有先妣風故雖愚拙如予可無內顧之憂焉生子女各三人今所存者子女各一子勤生服賈女適楊餘俱夭逝予自光緒庚寅入泮屢與省試逮三十八歲先妣棄養遂棄舉子業而習岐黃冀稍有裨於世繼見世之業醫者大都濟世其名貿利其實心竊鄙之以是雖有心得終未出而問世自茲以往或設私塾於家鄉或執教鞭於學校碌碌營生無非虛延歲月耳民國十五年孫傳芳爲五省總司令予曾上書一言撤除釐卡一言就場徵稅未幾政變孫氏去職明年國府成立開國民大會此二者竟議決實行而鹽政之格未實行者則以鹽商從中阻撓之故回憶民國元年有同盟會國民黨友人招予入黨者予戲撰一聯云盟曰同盟同利同權同歸于盡國號民國民膏民脂民不聊生以今時勢觀之亦可謂不幸而言中矣嗚呼壯志消沉來日苦短清夜捫心不堪自問近擬自輓一聯云無補於世無益於人忽忽浮生回首前塵無限恨有志未酬有業未創茫茫後顧傷心往事有何言屈指韶光徒悲老大蓋已六十有六矣辛未暮春楊筱荔先生重遊泮水邑人士咸往道賀既已題詩唱和復約各述生平藉通款曲爰濡筆而述其崖略焉

張鑑自述

張鑑字杏邨晚號牧叟系出宋橫渠先生世居無錫清初十六世祖諱方正分居金匱縣之張涇橋曾祖諱龍文祖諱大鏞考諱行周本生考諱德清妣氏賈本生妣氏華以鑑由軍功忝邀保舉封贈如例　鑑

杏邨六十四齡攝影

生於同治七年戊辰二月初一日丑時以獨子兼祧長房至甲戌七歲始就外傳記憶力甚強每易一書開卷數頁不待教而已習熟惟悟心遠不如焉　光緒二年丙子九月十八日丁先妣賈太宜人憂己卯七月十四日丁本生妣華太宜人憂三年之中兩遭大故痛哉　癸未負笈邑城楊沅蓀學博之門脩脯不繼本生府君斥居屋以納之　甲申年十七以讀書無力開始授徒但館穀所入不足養親爰於辛卯春隨前陝西按察使嚴紫卿表兄擬赴新疆抵鄂後以事中途折回　壬辰二十五歲鄰友許君葆辰延課其子歲脩四十餘金已有成約後白石山吳厚卿表兄亦來致聘脩金倍於許氏余因已諾於前遂婉辭之後讀吳南屏先生所作程日新家傳敍其就館胡氏一節以爲難能可貴余深幸此事適與之相類後遂永守此庸行焉是歲考試取入上庠家君聞報喜

逐顏開惜母氏已不及見矣後議婚於同里華佩綸先生之女時有以余赤貧爲譏者外舅姑不爲惑次年正月入贅婚費不過百金可謂簡省者矣　甲午四月初十日男公威生余以前年考取一等補廩食餼冬間有中日之役　乙未二十八歲紫卿表兄治軍榆關五月江陰送考畢由八圩江乘輪至滬易船赴津乘津榆車抵山海關達錦州道里另載漫游紀程七月中日和議成甘肅回變又起紫卿表兄總理援甘湘軍前敵營務余隨同西征由錦州拔隊至津從運河取道河南衛輝府之道口鎮舍舟陸行十一月抵陝西省城道里見漫游紀任湘軍駐陝軍裝局收發並支應差　戊戌三十一歲奉陝撫院魏行知以湘軍攻克甘肅西寧西北兩川等各逆巢肅清案內出力由廩生奏保不論雙單月遇缺前先卽選訓導旋得家報本生考棄養由晉入京就海道奔喪回里　己亥二月卜葬於前山蛟溝之東十八世祖永良公墓旁并扶本生妣華太宜人之柩合兆焉余幼時聞華太宜人言前山祖塋旁有一穴餘地將來須葬於此後太宜人歿權厝於塔濟河心當耿耿延堪輿家蔣君相之擬遷移焉蔣謂盍俟秋試後再定奪而不知余絕無應試意故決計與本生考同時合葬完成母志六月復隨紫卿表兄入都引見奉命以道員赴新疆補用十月出京道經陝西道里見漫游紀陝撫端中丞奏留紫公辦理全陝營務余任文案西域之行又復中止嗣奉端撫院行知以修濬陝西二華河渠工程案內出力獎給五品銜　庚子五月直隸一帶義和拳肇亂六月紫公佐陝軍總統升允公率師入衛余以營務文案與焉行抵保定道里見漫游紀留駐保轉運局製辦營帳七月回陝　辛丑以後佐理紫公任陝西鹽法道延榆綏道按察使等署日治文書頗加信任或聯床以決策或並轡而談兵實爲生平第一知遇至甲辰冬回籍值外舅華佩綸公逝世余爲立嗣料簡一切　戊申四十一歲楊仁山太守電邀赴廣西柳州辦理府署會計及防軍文牘旋兼柳州統稅局辦事官一切留難諸弊悉行革除後以水土不服辭職旋里道里見漫游紀宣統元年己酉十一月紫卿廉使疾終里第十年教養知己情深易簀時竟不及一與永訣徒呼負負而已　辛亥八月湖北革命軍起吾邑於九月十六日光復將金匱裁併無錫設軍政分府民國元年壬子二月改軍政分府爲民政署組織各課余任學務課課員　癸丑改組縣知事公署將學務課改爲第三科余照常供職四月爲威兒完姻娶同里顧君瑞卿長女　甲寅六月九日長孫可大生十二月余就省立醫學專門學校教務課職檢拾昔年從征日記編刊漫游紀程一卷　丁巳四月十五日次孫可久生七月威兒畢業省立第二工業紡織科入上海申新第一紡織廠見習八月余改就省立第三師範舍監校訂卹贈知府同里張南湖先生應蘭詩詞存一卷代付梨棗並修葺其邱墓以妥忠靈　己未十月任本縣縣視學職每一學年視察全縣三百四五十校優良者獎勵之腐敗者糾正之語載縣視學服務概況中　庚申冬外姑張太君壽終計自甲辰外舅逝世迎養余家者十六七年母女相依老懷頗慰身後一切由內子先期籌備幸能無忝焉　辛酉一月三十日三孫可立生八月踐工商中學蔣校長仲懷之約任該校舍監兼教員時惠山宗祠續修大統宗譜咸推翼後與余爲局董呈縣備案始行開盤十月校刊張南湖先生旅懷小草一卷　壬戌修葺廳事顏其額曰辛廬取韓昌黎辛勤三十年乃有此屋廬句也課餘編訂辛廬古文鈔三卷又與嚴子肖蘭堯欽集貲刊行嚴廉訪遺稿十卷　癸亥二月爲兩孫同日訂婚長孫可大訂同里丁君佩紳次女次孫可久訂天下市蔣君甌蓀長女兩家聯

姻均有淵源也八月工商中學校改組延余爲校務主任　甲子五月威兒任申新三廠布廠職務是冬蘇奉戰爭　乙丑一月十七日蘇軍抵錫大肆焚掠水旱各城門概行杜塞時余任職教育局蟄處圍城至二十日由控江門縋城而下時蘇兵雲集北郭乃改道南河東行返里二十六日江陰潰軍忽又到涇自夜達旦不下數千倉卒間率眷口踰垣而避天明始歸　丙寅五十九歲以翌年適周花甲鑒於時局多故因不稱觴爰節省其費移刊辛廬拾存兩冊聊贈親友　丁卯六十歲三月二十一日國民革命軍入江蘇定南京爲都城改革政治縣公署更名縣政府分設六局以治之余隨蔣局長交卸回家八月威兒赴鄂就震寰紗廠布廠主任職十月十六日夜半膠山以南共產黨大肆暴動殺人放火一夕之間蹂躪十三村鎮吾鎮適值水巡隊巡哨駐泊得信後全體出防以商團爲領導幸免危險　戊辰四月任縣政府民治科科員十月以重修明公宗祠擴充饗堂行落成禮將三代神位恭奉入祠十二月辭民治科職　己巳內子亦周花甲與余深表同情亦不舉觴將威兒賚回筵資分贈寒苦親鄰四月復入縣政府爲第一科科員任職至今忽忽又三年矣　綜上所述除髫齔時期不計外其間可得而數者誦讀十年訓蒙十年游幕十年委身學校教育以及教育行政先後都二十餘年衣奔食走無一歲家居今老矣猶復勞形案牘遂初之願其何日償乎茲承丙辛兩案同人徵集已往事蹟忘其譾陋爰述概況以附驥尾

蔡文森自述

松如六十齡攝影

蔡文森字松如一字處默世爲無錫人曾祖蓮塘府君諱琦附貢生薄宦京師旋即棄去祖晉康府君諱藥邑庠生劬學早世祖妣氏丁翰芳公女父儀庭府君諱鳳沼兩浙候補鹽運副使妣氏楊蘇州府學教授香谷公四女生子女各三人長文鑫字兼三創辦里中諸實業諸社團饒有聞譽次即文森次文淼字禹門畢業於日本京都醫學專門學校前江蘇省立醫學專門學校校長今任全國醫師公會常務委員自設診所於滬上

予以遜清同治十一年壬申七月十二日生於城中田雞濱寓廬生十二歲而孤祖母及母撫育督教責望殷切受經書於塾師蔣可亭華曉嵐王幹臣范功甫諸先生習制義於楊硯雲先生光緒壬辰歲案宗師溥良取入縣學時年二十有一是歲予婦孫氏來歸翰香先生五女也丙申女鏡存生戊戌肄業南菁書院山長丹徒丁叔衡先生立鈞深契之拔武進趙君閎及文森爲正副學長獎掖倍至是時同學多發憤自好之士予與君閎及青

浦張雄伯徐企商金劍花李夢華婁縣張蘊和武進蔣竹莊同邑秦于卿平甫尤交稔切劘之益友朋之樂以此時爲最雖歷數十年之久寤寐不能忘也

予不嗜舉業光緒壬寅併行恩正兩科鄉試時初改經義策論治文學者均伸眉色喜予灝試束裝不赴金陵而東遊日本是時出國留學者猶極寥寥重闈高年非所習聞自度不能得請抵日後始馳稟幷請罪焉留東兩年屢習日語入普通預備學校選補科學會日俄事起以我領土互競其狼吞主義留東學生激昂甚組織義勇隊棄學歸國予亦隨衆歸格於家庭阻力不能復往癸卯與弟禹門及楊補塘華裳吉組織理化學會於里中延日人藤田友彥爲講師予與裳吉任口譯侯保三所組理化學會繼起嗣是兩學會畢業生分任旁近數省小學校理科教科沾溉學子不少禹門畢業後遂遊日本研習醫學凡留七年學成歸國蓋予自傷不能竟學故力楮之得不至半途輟廢也乙巳長子劼存生丙午任縣立師範校長匝歲辭去丁未胡雨人介予入上海商務書館爲編譯員是年次子省存生戊申五月祖母患胃癌先以痢疾飲食不進六月中辭以後神識昏糊日漸綿惙美醫士李克樂等均束手以七月初四日棄養享壽八十有八祖母年二十九而寡時先君生甫九月旁無昆季旋遘洪楊之亂流離播越予宗不絕如縷先君姚聲庠序所交皆知名士逮需次浙中一爲綱鹽局會辦不阿意干時仕不得志稟賦素羸生平旅食時多營養不當年三十六遽見背覆巢累卵愈益亟亟祖母撫兩世孤兒於奇艱極窘之中冒萬難以與逆境奮鬭者凡六十年艱劬之境殆非人履母氏惕惕奉侍隨事勖勸卒能重奠蔡宗建復北塘舊宅悉返先疇絕者復續危者復安然祖母雖慘痛一生氣稟之强實兼人數倍人人以爲當享期頤之壽猝焉病歿予大震慟由是得胃痛疾

予既迭攖家難頗知自奮讀書每至夜分顧以資性椎魯碌碌無所進展初入商務書館以半日肄業江蘇省教育會法政講習所期年忽病咯血嗣是埋頭傭書不復旁騖曩在日本時曾偕留東同學入體操學校練習陸軍操法及射擊數月後同學寖怠予不缺席杭州董恂士亟嘉之民國初建恂士任教部次長介邑人勸予入都服務予不樂膴仕辭不往恂士於舉世奔競之中獨遠注不求聞達之予雖辜良友之意頗有知己之感矣已未予母病肺炎胃臟宿疾併發不能進食國歷五月上旬起祇用滋養品灌腸予弟及吳君谷宜等百方診治無效時尙小住歸唐氏四妹石皮巷宅六月十二日始歸家神識清朗寖衰寖徹十九日竟棄養享壽七十有四距先君之卒三十有五年重念祖母母氏一生關係予家之重且大曾無一日仰首伸眉比境稍紓歘焉大暮臯魚之痛沒世無極追念慈恩益以環境之刺激胃病迭發遂無寧歲辛酉春予婦咳久疑係肺病而自諱不欲服藥入秋益甚始延醫已不及延至國歷九月十五日溘逝年四十有九予不復續娶

予傭書商務書館及十六年壬戌予兄與其親家唐保謙復設慶豐紡織公司於里中原九豐麵粉公司廠長唐紀雲兼任慶豐廠事九豐職務不克專注保謙屬予妹倩唐申伯一再勸予改習商業以節腦力予感其意是年夏遂辭商務書館事囘里入九豐廠服務

丙寅八月劼存與顧述之長女靜英結婚越年畢業於交通大學電機科成績頗佳留本校爲助教是歲女鏡存適師範舊生前雲陽鹽務收稅官今任職鹽務稽核總所强化誠丁卯劼存入杭州閘口滬杭甬鐵路機車廠爲練習工程師戊辰省存與秦聲潔女秉昭結婚是年畢業於中央大學商學院商科服務於上海交通銀行改入浙江興業銀行予向平之願粗畢有孫男女各一孫女浣霞殤

予既棄儒服賈寸長尺短各有所施商人機詐雅非所習鑿圓枘方深苦扞格南郭之譏無所於逭昔陶淵明自謂性剛才拙與物多忤予雖不能希蹤往哲然耿直無諂世俗媕阿脂韋之狀覩之膚纇老不能改故生世寡諧居恆落落身處今之社會既不能爲有用之用如栝柏松杉之有資於世復不能爲無用之用如樗櫟杞柳之詭覆其短除素心三五沆瀣一氣莫逆於心外其爲人所屏棄黯黮沒世也蓋非無因而致然矣

侯學愈自述

環溪詩隱姓侯氏名學愈原名士綸字伯文別署戢盦先世元至正間由直隸保定遷錫居邑城之東里雍正四年析縣東北境分置金匱遂爲金匱人世祖諱德宗希道永常世稱三高士力學不仕以隱德遺

戢盦六十五齡攝影

子孫八傳至給諫公諱先春明萬歷庚辰進士兵科都給事中謇諤敢言直聲震朝野歿贈太僕寺卿明史有傳又七傳至曾祖諱咸字受恆以納粟助賑恩賞八品職銜祖諱之佶字子固分省試用縣丞父諱寶慶字芙卿敕封修職郎候選訓導例授奉直大夫五品銜鄉飲大賓母封宜人顧太宜人道光己酉舉人睢甯教諭仲懿公長女生丈夫子二序居長以同治丁卯十二月二十二日誕於同里杜氏時匪亂初平故廬全毀辛未春始由祖慈華太孺人就恭靖堂舊基恢復草舍數楹舉家移入詎母氏即於是秋以微疾棄養哀哉余纔五歲弟學元二歲煢煢稚昧幸賴華太孺人暨秦姑母提攜鞠育得至成立幼以失乳故體羸弱多病七歲猶艱步履八歲始入塾性憨跳好弄三年讀而未能通一經華太孺人又多姑息每假病輟學以爲常一時親族有謂是兒嬌惰性成他日恐隳其家聲者先府君與華太孺人微聞之略不加責交相謂曰是兒知識未開不足慮應不至如若人言其溺愛有如此年十七操管學爲文不中繩尺屢爲塾師所呵一夕篝燈讀左氏傳忽覺心胸開朗即取文稿改竄之翌日以呈師師大稱賞疑勦襲後面試他題乃信以語堂上皆喜曰固知是兒可造今若此足以間執人口顧文雖成篇而善病猶昔更喜讀稗官野乘奪其日力以故四應童試未獲青一衿癸巳科試以第三人補博士弟子員年已二十有五矣宗師宗室溥公玉岑題爲當仁不讓於師六章評語華美反出首次二卷上游庠後乃縱讀史漢騷選唐宋八家文漢魏六朝詩間有作妄思學步古人然苦乏師承未克深造也吾家道咸間貲財雄一鄉曾祖受恆府君急公好義清理侯氏義莊續捐緡田手定規則族人至今利賴之又剏建書塾延師督課寒畯子弟優有獎劣有責一時義聲滿桑梓祖子固府君善承先志守而勿失咸豐庚申遭粵逆之亂現金俱蕩盡僅存瘠田數百畝市房一區食指繁出入不相抵家境漸中落余乃出而傭書教授鄉里所主多故家巨室弟子著籍率常數十百人先後凡三十有二年其間五赴秋闈兩膺房薦未克獵取微名稍遂顯揚之願撫衷自省媿恧交縈光緒壬寅詔取士改章策論逆料衰機已伏決計不再應試入貲爲訓導分蘇試用并加中書科中書銜未幾科舉果停罷自謝有先見焉余名心素澹至是得專攻詩古文辭所作遂多仲弟學元字仲柳少余三歲天資敦厚與余友愛無間甲辰春嬰瘵疾就醫吳下歿於醫院余往省遲半日未得握手一訣鴒原之痛終身猶有餘恨宣統辛亥秋慘遭國變杜門課讀不與世相聞離黍之悲滄桑之痛一寄之於詩歌誓不截髮束於項作道家裝昔明季鄉賢華鳳超先生以不薙髮正命金陵市孤忠大節照耀簡編縱未能早自引決追蹤先生地下詎肯虧體辱親從夷制以得罪名教乎辛酉八月元配華孺人猝患中風綿延七日而殞追溯同辛共苦三十有五年一朝永別痛入心脾又含淚成悼亡百絕神經因之大傷陡於十月朔夕厥仆於地歷五分鐘始甦從此病日加劇屢延中西醫士診治迄無大效默念得與孺人作泉臺伉儷亦復大佳積年餘漸輕減至今偶一操勞即便舉發擬鐫一印章曰腦病餘生藉留紀念半生無他嗜好惟酷喜羅致圖書遨遊山水卅年來收藏插架經史子集四部得三萬二千四百卷每當風雨晦明開編縱讀不啻饑之於食寒之於衣解寂之友朋消愁之花鳥也古人有云擁書萬卷何殊南面百城余竊有此觀念遊蹤所及除九峯二泉五瀉萬頃外如毘陵澄江金閶白門陽羨京江虞山申浦遇風景佳絕處支笻着屐鼓勇先登買醉徵歌及時行樂洎乎興闌歸去輒以詩文模寫之若夫巖壑幽邃屢遊忘倦者厥惟武林之明聖湖六橋三竺南北高峯探奇選勝曾經三度流連得詩百首刊入吟稿中似此放情詩酒肆志烟霞可謂不虛此生也矣至於考獻徵文存亡繼絕冀留身後之名不負死友之託頻年蒐集絡繹校訂付梓者有梁溪文正續鈔梁溪詩正續鈔開化鄉志西神叢語錫金識小錄錫金考乘錫金正續游庠錄柄香閣詞古杼秋館全集瀛泉樓遺稿逸雲詩草陳氏哀思錄等多者數十卷少亦數卷斯文苟或未喪吾道定不終孤頗足自豪難求同志是可歎也居平研求氏族之學歐修蘇修探討不厭吾侯氏家譜光緒庚辰七次續修後已逾卅載無人提議丙辰春獨力倡捐五百金設局重輯宗人謬舉主稿補遺訂誤博采遠訪計十閱月即告竣節省經費收功神速似有合於尊祖敬宗收族之義其他姓禮羅編纂者若蓮溪華氏北塘陶氏安鎮安氏許舍許氏書成體例極爲時論所推許自著書環溪草堂詩稿八卷吟鷗水榭詩稿四卷戢盦隨筆二卷錫麓叢譚四卷綺歲紀聞一卷懷清樓文稿四卷尊賢祠攷略六卷別有手錄隨園詩選四卷勾吳風土詩增註二卷他時或將覆瓿此日聊以自娛云爾丁卯而還算周花甲自揣精力就頹誓欲焚棄筆硯而四方之謬采虛聲徵求翰墨者郵筒箋簡紛至沓來有應不勝應之勢猶復西抹東塗仍爲馮婦自憐亦自笑也余於學問深愧全無根柢詩文取法唐宋韓歐白陸外有明喜讀震川歸氏國朝喜讀姬傳姚氏簡齋袁氏推而青門堯峯湛園雪苑近代之吳南屏張廉卿並資流覽邑中諸老獨心折小峴山人秦氏淩滄以爲醇雅簡潔得桐城的派非他家矜使才氣漁獵詞華者所及尤服膺曾文正陰柔之說孫子瀟性靈之論如是而已余啓蒙師族兄念儀精研四聲每訓讀必調平仄偶一乖舛立加嚴斥余於韻學早窺塗徑者以此弱冠習舉子業從母舅顧師紫東姊丈竇師曉湘遊循循善誘期望至遠大終不克副愧甚往還道義交轞爲他山攻錯之助者前有嵇丈雨人高翁松濤凌君伯申王君逸雲多聞直諒頗得切磋之益惜皆化去已久近交陽湖錢子名山氣節文章允符儒林山斗惟睽違百里不克時從請益爲可恨耳余稟賦疏頑不趨時好賴先人遺有薄產無虞凍餒俾得始終抱道抗節不汙濁世腥羶傷廉之取喪恥之求自誓有所不爲倘聖門所謂狷者非耶漆湖濱寶界湖山草堂爲有明王僉事仲山先生偕子冏卿

繼山別墅其地背山面湖頗饒幽趣余偕同志數輩發起脩葺募集得二千餘金規復數楹中爲草堂舊址左爲四先生祠後有軒顏曰綠淨擬於此間釀旨酒讀奇書酌通惠之泉續湖山之歌庶幾上企錢仲仲陳朝用暨先生喬梓之高風徜徉吟嘯邉此餘年彼世俗齷齪榮利烏足滓我天君哉晚歲觀空一切每晨起盥漱畢虔誦金剛經三卷嚴寒溽暑不輟已六年於茲欲以懺悔文字魔孽非敢佞佛求福田利益也荊妻武陵君善相黔婁賢明慈惠淑行已見余悼亡百咏中前十年先我蛻去無子以猶子洪均爲後女子子三其二適楊鮑其一效北宮嬰兒守貞養親不字昔元亮有云慰情聊勝無正此之謂童孫祖翼生甫再週呀呀學語每於煩苦時含飴弄之亦是衰齡樂事自抱騎省之戚老病頹唐需人調護不得已納姬周氏隨園老人詩身依燕玉堪娛老不啻爲我而咏處此倫紀絕滅文化消沈之會內訌外侮相逼而來神州既慘睹陸沈種族將淪於夷狄百憂交集一息尚存恨不學謝皋羽向西臺慟哭一洩塡胸孤憤耳和淚濡墨扯雜書之作陶靖節自傳司空圖生輓觀可也

辛未冬長至節前十日戢盦氏自述於東里之懷淸樓時年六十有五

周璜自述

周璜字燮和晚號雪禾係出宋先賢從祀孔子廟庭濂溪先生後先生六世玄孫諱應辰字四一號溪園宋甯宗朝解元登進士歷知建康府事制置安撫使多善政載行略由湖廣道州遷居無錫張塘里是爲遷錫始祖又十九傳至高祖考秉仁府君諱培麟業布行樂善好施里黨頗尊重之生有三子長即曾祖考玉堂府君諱鼎鉉乾隆甲午科順天舉人辛未大挑一等分發陝西試用旋補授保安縣知縣曾叔祖鏡堂公諱鑕本生曾祖啓堂府君諱鈁祖考藝初府君諱岷源先考曉山府君諱彬璜於咸豐七年丁巳閏五月初三日戌時生咸豐十年庚申四歲是年四月初十日錫城陷於太平軍先府

雪禾七十五齡攝影

君於城陷之三日前挈眷暫避於東北鄉張涇橋等處後由虞山渡江住居泰州之姜堰者數年辛酉六月十七日泰和弟生甲子八歲是年六月金陵克復十月先府君挈眷由北回南北門舊宅片瓦無存暫居南鄉南橋東朱家橋徐姓家是年在鄉度歲乙丑九歲四月由鄉遷城住居希道院巷朱姓家二三月

間先府君起造北大街祖基市房門面兩間兩造八月就學朱姓私塾從丁伯賡先生恩陛讀中庸論語丙寅十歲從朱丕揚先生讀論孟丁卯十一歲從王翼雲先生讀孟子戊辰十二歲二月先府君起造祖基第三造書房三間四月由南門搬至新宅居住經庚申大亂之後至此亦頗非易易是年未入塾讀書先母於七八月之間始患瘧疾後變痢疾病勢漸重氣息奄奄危在旦夕當時諸名醫亦均束手無策視爲轉機頗難諸親戚如宜興路姓姨母兵燹後常在余家者及姑母舅母表嫂等均來家侍疾一夕姨母對余等兄弟姊妹而言曰爾父此時任地方公益事百廢待舉不能以家人米鹽瑣屑累其心爾母此時若有不測則此一家大小數口料理家務亦殊不易余聞是言不覺怦然有動於中泫然涕泣姨母又謂姑母舅母曰今事急矣諸醫既束手惟有求神仙或有轉機亦未可知邑故有同仁堂堂中供設漢華陀祖師歷來頗著靈驗香火亦極繁盛此堂本係華秦兩姓創建庚申前祖父父親亦嘗到堂藉乩盤示諭家人璜係華姓外孫誠心求之或者得邀神佑亦未可知但向例求方必先請城隍申詳緣由余擇日先禱於邑廟并願減璜年齡二紀以益母壽等語再到祖師前祈禱亦如之得方爲濃茶葉與酸醋同煎服持歸以示諸醫諸醫猶豫不敢決姨母曰今醫術已窮盡人事待天命可耳此神賜之方或者能有奇效於是毅然照方煎服一劑而愈諸醫莫不咋舌驚歎此非凡人所能及己巳十三歲從宗叔禮與先生讀孟子後三本及詩經庚午仍讀書經辛未十五歲在竹場巷馬復盛從王聿修先生蔭槐讀易經壬申十六歲從黃潤滋先生讀禮記癸酉十七歲在布行街王葆素堂從宣琴山先生敬熙讀禮記甲戌十八歲

仍從宣師讀禮記左傳十一月試學作制舉文及試帖詩光緒元年乙亥十九歲仍從宣師讀左傳及選篇時文九月宣師中式舉人丙子二十歲正月宣師北上會試轉薦余於范功甫先生閱文丁丑二十一歲仍從范師始觀場應童子試已卯二十三歲庚辰二十四歲從龔叔度先生閱文辛巳二十五歲十月十一日竇夫人來歸爲同邑鳳光橋恂衷公女與余爲中表親也幼喪母時恂衷公游幕河南自幼常隨外祖母馮太恭人保抱提攜以至及笄無一不有賴於太恭人咸豐庚申夫人時年五歲卽隨外祖母避難鄉間夫人自幼安詳謹愼舉止有方外祖母視若掌珠夫人視外祖母亦若慈母撫育成人飲食敎誨無一不博外祖母歡心馮太恭人亦大家女時以經史女誡唐宋詩古文敎夫人夫人亦自能心領神會嗣後太恭人漸老夫人視膳問安無片刻之疏慵來歸之後一舉一動亦得舅姑歡暇則與姑姊妹料理家政井井有條時或共事鍼黹且耽吟詠壬午二十六歲余始出外就王氏私塾敎讀學生三四人癸未二十七歲六月十四日長男繼培生甲申二十八歲正月二十一日先府君棄養二月下旬出殯夫人襄理喪事頗能盡禮事姑又能盡孝與姑姊妹相處絕無間言戚族有來見夫人態度者亦嘖嘖稱羨謂得婦如此誠家庭中幸福也三四月間有族兄介甫者以伊之堂兄龍寶於光緒四年歸併先府君之一分八釐有奇之產邀多數親族來向先母饒舌先母於是時本係積弱之軀常在牀褥且旣失所天又增氣惱因此病勢加劇危在須臾余念外患方興內憂又起先母一人關係匪細是夕待夜深人靜時卽在竈前焚香點燭默禱竈神願我姊弟妹三人合再借壽一紀以延母親之壽萬一母親大數已盡不能挽回

必須至少再借三年併割臂肉一縷煎湯以進母飲母親於朦朧之間似覺呼甘由是病亦日有起色一夕夫人又勸先母曰丈夫苟能立志奮發有爲昌大門閭亦易易耳區區祖產割讓數分以饜其欲亦屬何妨先母韙其言又經親族敦勸先母讓步允作三七分析書立議據雙方畫押其事遂告一結束先是府君出殯時余本欲隨柩廬墓而居當時姑母舅母姨母又謂余曰死者今已矣生者正需人服侍調護家中又當有人主持一切萬不可再使母親增一憂愁也余以格於親議竟未實行然此意終不能忘乙酉二十九歲丙戌三十歲兩年之中仍舊就館丁亥三十一歲改就孫氏凝祉堂敎讀正月二十四日先母華太夫人棄養哀毀之下決計停柩家中方先母病革時執夫人手而詔之曰汝氣量遠大任事周詳幫助吾兒主持內政勉爲其難以完成吾未竟之志至於喪事則寧儉毋奢夫人一一敬諾之不敢忘是年冬余姊出閣適邑庠生唐用初際運明年冬余妹出閣適巡檢華瑞周祥生夫人先後備奩具余姊妹于歸應有盡有無少欠缺戚族中多稱道不置先母停柩之室本爲余從前讀書之所余於壬午歲始就館於外晨出暮歸卽在其中讀書先母與姨母亦常在其中或紡織焉屋雖斗室一方而甃牖竹椽頗覺淸靜幽雅柩之前端設一小桌爲余朝夕讀書之處其後端更設一榻夜則寢處其中粉牆之上粘有座右銘數則用以自警自勵其一曰不怨不尤患所以立勿忘勿助敏則有功其二曰立志有恆爲學略師曾相國先憂後樂景行竊慕范希文其三曰孳子孤臣慮患操心故達於事簞瓢陋巷自樂其天至聖稱善又有抄錄格言聯璧中如風雨三更黑猶未算雪霜遍地寒也休云居處一室賢聖爲隣周流四海善

悪攸分世事讓三分天空地闊心田留一點子種孫收想自己身心到後日置之何處顧本來面目從古來像箇甚人孝莫辭勞轉眼便爲人父母善毋望報回頭但看爾兒孫融得性情上偏私便是大學問消得家庭中嫌隙便是大經綸等語亦吾所喜而常記於心不敢或忘者余自甲申丁亥椿萱並謝姊妹于歸債臺高築自不待言蓋先府君於同治三年十月由泰州挈眷歸來同治四年起造北大街祖基市房門面同治七年起造第三造書房兵燹之後百計羅牟實已萬分爲難迨至棄養一無積蓄留遺然余衷懷則淡焉處之絕不介意曩應童子試常考金匱三四次皆不利自庚寅服闋後親友勸余改考無錫府試初覆蒙桐郡尊拔取第三正案在五六之間不意泮水之芹尚難期必采而閱牆之釁又突如其來族兄介甫於六月間在錫邑尊吳觀樂子備案下三次誣控蒙申斥批銷余以是年心緒不甯至秋間澄江院試又遭鎩羽拾芥功名得失聽之不意於十月間族兄又到金邑尊某公案下誣控逮遭申斥更唆使伊婦來家居住一面又請親族來勸余讓步緣江陰巷內本房叔祖名下之產於庚申前抵與單姓叔祖無後兵燹後由先府君出價向單姓贖回雖無房屋基地有十四五間之多又有大三兩房訓字號護坟田八畝有零後余均割而與之親族又書立契約呈請銷案訟事又告一結束是歲十二月初六日次男復培生至乙未歲復由表兄竇曉湘先生及至友趙子新范衡伯陳仲英唐用初姊丈等敎勸再出應童子試於是動心忍性再接再勵勉強逐隊一行縣府試僅應頭場至院試遂由散號受知於龍宗師湛霖歲案取入無錫縣學補博士弟子員然時年已三十九歲矣戊戌四十二歲秋間吳稚暉俞仲還丁芸軒

昆仲及曹衡之先生等十餘人創辦無錫三等公學於崇安寺時風氣未開招集同人子弟二十四人以爲倡敎習十二人一星期內每人到堂授課半日各盡義務四年余亦濫竽充數爲十二人中之一乙巳四十九歲舜卿宗兄開辦廷弼學堂延余爲敎習自開始至停頓在鄉幾及十年四方學子畢業後轉入各大學或爲大商大賈者指不勝屈是年冬爲長男繼培授室娶西鄉榮椿年先生汝棻次女補楡爲婦戊申五十二歲長女晉字孟羣由天津北洋女師範學堂畢業卽充北京女子師範學堂敎員暑假旋里出閣適南洋公學畢業生湖南各府中學及師範等校敎員陶仲實樹榮宣統二年庚戌五十四歲秋次男復培東渡日本留學在東京學習日語日文翌年夏考入名古屋愛知醫學專門學校旋補江蘇官費生辛亥九月民國起義留日醫藥界同人組織紅十字會回國擔任救護之責民國元年壬子五十六歲國事大局粗定紅十字會解散復培於秋初仍赴日本歸校就學以期學業成就民國二年癸丑五十七歲任積餘學校敎員兼管理職六月爲次男復培授室娶同里前清內務部土木司張少和先生錦釗長女天津北洋女師範學堂畢業任北京女師範及山東競進女學校敎員穀芬爲婦甲寅五十八歲自暑假後就王氏私塾敎讀乙卯五十九歲仍在王氏敎讀是歲大房長孫女引南生次房長孫女齊賢生丙辰六十歲暑假前仍在王氏敎讀暑假後就松江第三中學校任會計兼庶務之職在校無事時因作聯語聊以解嘲聯曰天眞不昧雖形貌劣語言訥情性拙更兼道德文章絕無建白想當年境遇多艱畢竟行善讀書到底平生靡遺憾花甲重新幸內助賢外患息舊債清且喜兒孫子女均已裁成從今後家風

克樹趁此知足願慰飄然長謝有餘歡丁巳六十一歲仍在松江第三中學校任職戊午六十二歲次男復培八月在日本愛知醫學專門學校畢業回國即受江蘇省立醫學專門學校之聘任眼科教授之職兼附屬醫院眼科醫長十月寓居蘇州富郎中巷迎養余夫婦同居時或出遊山水流覽名園藉以娛歡已未六十三歲就孫氏私塾教讀余自二十六歲起至本年止或就館在外或開門授徒均在教育界中覓生活除在松江三中學校任事外垂三十餘年以舌耕餬口亦云苦矣然造就四方子弟至今卓然自立者亦實繁有徒教育英才亦三樂之一雖苦猶甘回首思之差足自慰耳是歲孫女欣華生辛酉六十五歲四月大房長孫男鑑清生次房孫女涵如生九月復培由蘇回錫自設專門眼科診所於城中之鳳光橋壬戌六十六歲十一月十九日溥仁慈善會開菩提法會皈依靜波法師蒙賜法名慈行癸亥六十七歲八月二十九日竇夫人逝世享年六十有八以四十餘年患難相共之人一旦分離不禁悽然若難忘情者久之乃已九月次房長孫男秉鉞生明年三月殤十月長房孫女學新生乙丑六十九歲二月次房孫男瑤璽生六月十九日在慈善會公孫三代均皈依濟公祖師爲南屏弟子蒙賜璜法名慧照賜復培法名慧昭賜瑤璽法名慧孝丙寅七十歲余自維德薄能鮮深滋愧怍光陰荏苒已屆古稀因復作聯語以明心志聯曰七十年齡東土浮生溯往事於前伴柩三載借壽二紀割臂一臠惟此至尠愚忱聊報恩勤於罔極大千世界西方歸去從這番而後闡揚佛乘普濟羣倫覺悟妙理還抱些微宿願希綿澤蔭於將來丁卯七十一歲次房孫女淵若生辛未七十五歲六月初九日在縣佛學會皈依諦閑法師蒙賜法名聖湛綜計余之生平忽忽已七十五歲矣以二十五年爲一節大約可分爲三節蓋前二十五年之日月半浮沈於游戲之青春中二十五年之光陰正艱苦極難堪之環境自經五十以後至辛亥見清廷遜位民國肇興五族共和方冀四海可以永清人民常得安樂乃不意歷觀比年以來內訌外患相逼而來人禍天災迭興不已於是一變其初衷蓋既不能兼善天下措置衆庶俾循大同猶不妨獨善其身崇仰玄妙以登極樂故於壬戌年後皈依三寶茹素念佛習以爲常盡我本分教子課孫以爲樂事時或登山臨水借景物以嘯歌訪友尋師參菩提而悟禪浮雲富貴本不屑縈懷逝水年華覺已多辜負况年來四方多故無或已時璜與同人等久處梁溪情關梓里惟冀家庭雍睦社會安甯有此勝因永宜深感佛緣願與大衆同發超凡入聖之思結成證果從此雨暘時若百穀豐登永享物阜民康之幸運此又璜所馨香頂祝者也茲承丙辛兩案同人徵集各撰自述以垂久遠璜才疏學淺一無所能自愧不文勉隨大雅略書數語以伸鄙懷俾附驥尾實深榮幸焉民國二十年辛未臘月周璜雪禾氏自述於求放心齋時年七十五歲

楊鼎復自述

楊鼎復字子侁別號還莽系出漢太尉關西夫子楊震後自宋楊邦乂公諡忠襄築別墅於鴻山遂世居無錫九世祖海暘公卜宅北塘先考諱文煥鄉飲介賓割股事親以孝聞先妣俞氏生復等兄弟三人女

子侁六十四齡攝影

弟一人復最長生同治七年九月六日辰時七歲始就外傅年十四學習制藝業師季景暉先生甚愛之每作一文必傳觀他生目爲佳徒嗣因家貧幾輟學年十八設鄉塾藉供菽水乙未年二十八受知於龍湛霖先生補博士弟子員是年婚娶周氏三試秋闈不售旋清廷變法戊戌秋偕吳稚暉俞仲還丁雲軒曹衡之先生等十餘人創辦無錫三等公學於崇安寺時風氣未開招集同人子弟二十四人以爲倡捐認常年經費外并爲義務教員另設私立北塘小學邑人士之守舊者聚訟紛紜以科舉尚未廢目爲異黨復等不顧也光緒三十一年游日本研求教育翌年夏歸國任上海錫金旅學校長嗣長無錫竢實學堂及常熟塔前公學有年民國二年江蘇省長應季中委爲江蘇省立第三中學校長歷九年省署列舉各校長之辦有成績者呈請政府獎給七等嘉禾章民國十一年應北京中國大學王正廷先生之聘辭去三中校長任中國大學事務處主任兼附屬中學主任越二年又由熊希齡先生聘爲香山慈幼院男女中學主任女師範教務長甲子秋齊盧戰爭蘇滬蹂躪時繼妻俞氏在上海廣仁醫院剖腹生男迭電南歸遂由海道回滬無錫正在圍城中火車已斷大媳及孫女困守無錫急命昌第入無錫旅滬同鄉會救護隊乘輪至錫懸城出入廢歷元旦偕蔡君劼存首救難民五百人搭兵車到滬後數日秩序稍復昌第奉司法部令供職京師地方檢察廳復以家事未能遠離教育同人因戰事影響協謀教育經費獨立黃任之先生電邀組織教育經費管理處舉方唯一先生爲處長復爲主任雪夜赴甯與教育廳長蔣竹莊先生洽商辦法於三月一日宣告成立嗣與財政廳交涉接收稅款往返月餘始將案卷移轉管理處遂正式辦公民國十六年國軍到甯處務停頓管理處爲特務營佔據處長盧紹劉及各職員星散祇留數人借姚家巷吳宅保管案卷而已國府財政委員會迭派人接收復到甯走訪吳稚暉先生於丁家花園籌商維持之方斯時隔江炮聲隆隆炸彈擲貢院前不避艱險商同稚暉先生錄呈管理處組織章程及立案文牘提出中央政治會議根據　先總理建國大綱保障教育經費獨立條例通過議會管理處乃得穩固是時廉南湖先生適南歸遂議定舉南湖先生爲處長復爲總務科長召集舊時各職員照常辦公閱數月南湖先生北上推鈕惕生先生爲處長復仍任前職以迄於今溯自成立以來服務已屆七年蓋以教育爲立國之本經費爲教育命脈任怨任勞均所不辭素性恬淡不苟取與

曾憶光宣年間游燕都而豫而鄂考察教育遇河南六河溝煤礦總辦顧君亞蘧挽爲襄理勉留半月藉查礦務會次子昌運抱病電促南歸瀕行顧君面訂假期親送贐儀堅辭不受時適道往還旅囊已空甯向彰德府中學華君告貸以歸礦局雖有定例余則潔已自奉也猶憶民國乙丑調查各縣稅收南匯青浦等縣長餽以程儀復急止之并曉以大義彼等面紅耳赤曰吾輩未能免俗其他如辦理常熟塔前公學棘手欲辭丁芝孫先生增薪挽留復以輕視人格却之卒留四年而未增一金又長第三中學九年每週授課五六時照章每小時一元總計九年可得薪資三千元以上復未取分文鍾叔進先生曰汝太戇矣余以爲校長兼課認識學生周知學生個性俾便訓練亦分內事也且服膺先祖遺訓清白二字耿耿自守正所以自勵耳洪楊之亂室廬盡燬先考妣避徙他鄉基地儹佔殆盡先考以有產爲累悉付達觀復不敢故違其旨但以三百年來之祖產片土無存似有遺憾遂漸清理破瓦頹垣出重資購回登記冊籍仍還舊戶以留先人遺澤近則另築新居三楹於城中熙春街藉蔽風雨然已債臺高築矣總計一生毫無建樹言之滋媿有子三女一長次二子均周氏出三子昌燕及女亞辰俞氏出昌第現任鎮江地方法院刑庭庭長昌運服務江蘇教育廳昌燕幼讀亞辰纔四齡復年已六十有四矣茲承丙辛兩案同人徵集已往事蹟忘其譾陋爰述概況如右並附絕詩四首於後

科舉停行屆卅春　黌宮儀制歎沈淪　魯侯已去鸞聲寂　韻事當年有幾人

言行一篇躬自編　奔馳南北憶年年　平生雖有凌雲志　媿乏材能媲衆賢

不求聞達作公侯　教育投身甘自休　還我寒儒真本色　家風清白子孫留

亦曾附驥獲青衿　逝水年華白髮侵　風雨名山渾似夢　敗行聊寫答知音

袁宗沂自述

袁宗沂字黼臣一字曾撰無錫前萬安市楊墅園人先世原籍浙江慈谿之和山五世祖高立公經商來錫始居洛社高祖諱齊樑以商起家卜築於鎮之下塘設大和堂藥鋪曾祖諱聖培祖諱慎德俱世其業

黼臣六十三齡攝影

慎德公生子五人其三子步雲公諱光照即宗沂父也逮遭咸豐庚申之亂流離靡定兵燹後仍設大和堂藥鋪於楊墅園遂定家焉大宗留居洛社分遷新瀆橋先父舉鄉飲正賓授五品銜國子監典簿晚年董理圖政十餘載公正廉明鄉里推重光緒三十四年戊申五月十九日卒壽六十三歲祀惠山尊賢報功祠母氏錢爲楊墅園望族外祖國學生候選縣丞孟起公女誥封宜人晉封恭人相夫治家教子成立艱苦備嘗與先君同年九月十六日卒壽六十五歲生子女各三人長卽宗沂次宗煥字顯臣季宗燮字理臣不幸於民國五年十一年均先我而亡長妹適尹城西漕尹桐生次妹適霞皋劉叔慶三妹適廟塘橋强望周妻戈氏民國八年閏七月初一日卒年五十一歲生子三長士魁字星五晏

成中學畢業北京法政學校及內務部統計講習所畢業以弟三名獎給褒狀歷任江蘇教育廳統計專員省長公署統計科員第十五區區長去秋在任病故次士龍字春霖治商業民國己巳冬身故三士鳳字梧庭卒業滬海商業專門學校前服務天津華新紗廠現在振新紗廠任事孫寶忠寶恕俱殤寶恆寶謙尙幼均士魁出繼配蕭氏此宗沂家世之概略也

溯自科舉停廢以來彈指光陰忽忽將三十年在庠諸生久矣有離羣之感蔣君留春丁君仲祜等始集議每歲雙十節聚會一次以聯友誼俾離者得合散者復聚意甚善也旋思建亭以留紀念又以築亭不如刻書與少不若與衆於是有徵集闔邑同仁自述之舉彙刊印影自後手各一編如聞其語如見其人宣聖所謂以文會友以友輔仁意在斯乎意在斯乎沂也不才忝列宮牆而浮生若夢今六十有三歲矣德業未進老大徒悲回憶少壯時事如在目前自七歲就傳受業於楊先生懋齋之門讀四子書漸涉六經初執筆爲對偶及當時所稱八股文繼學於胡先生念茲先君子常舉格言爲善最樂讀書便佳二語爲勗至今耿耿於心不敢忘後從許鯉庭孫詢芻兩師攻制舉業年十三觀場先後應童試凡十案縣府列十名者五而終不售先君子期望甚殷則益自刻勵乙未歲案始受知龍宗師湛霖補入上庠生逾年李公殿林督學歲考一等補增生三試棘闈兩薦而皆報罷先是癸巳鄉試納監赴場舟過燕子磯遇颶覆同伴舅氏錢紫侯茂才輩五人皆無恙若陰有相之者余曾有詩云三場鄉榜愧無我兩字功名驅煞人蓋紀實也停科後從孫師詢芻辦學湖北以捐賑授通判充國史實錄館謄錄性不耐官乞假歸里創

立楊墅園輔仁小學藉培地方子弟惟時風氣未開籌費爲難汲長綆短頗感拮据嗣設亨吉利織造公司組無錫墾牧公司冀興實業以利農工無如事與願違均遭失敗清政不綱教育迂腐所學非所用所用非所學憂國之士咸思興學以植人材吾邑初設勸學所委沂爲勸學員勸辦洛社高明兩小學民國肇造改歸公立迨自治制頒被選爲萬安市議會議長旋任董事會董事無錫縣議會議員補江蘇第一屆省議會議員充全國實業專使調查員在議會時爭留小學基金案以維教育爭蠲加徵銀漕案以恤民艱爭設本邑農事育蠶試驗場諸案以期改良於地方利弊應興應革行之而力有未逮言之惟恐不盡也丁卯夏奉無錫縣政府委爲萬安市行政籌備員主任改委市行政局長任事兩年餘幸境無訟案雖不憚煩勞力持息事甯人之旨亦謬承諸父老愛戴諒解有以致之也顧自念德薄能鮮言不合於世名不達於時未能爲蒼生造福每讀安得廣廈之句良用慨然生平於蠶桑絲繭研究有素積數十年之經驗略有心得蓋欲以提倡改良挽利權而裕民生也近年主修家乘以聯族誼籌辦商團以衛桑梓此則義所當爲無足述者嗟乎頭童齒豁已非故我老而無聞自憐身世學殖既歎荒落事業又無建樹有負先人愧對同文迺坎坷迭逢邇來四年之中長媳先亡兩孫繼殤次子士龍中年夭折長子士魁從政十年去歲又復病故老年逆境情何以堪豈天之杌我耶抑無德而享虛名固宜折福耶今而後仍守定窮不失義修身以俟命撫少子與諸孫待其長如此而已

民國二十年辛未初冬袁宗沂黼臣述

陶廷枋自述

廷枋字念鈞前清光緒二十一年乙未二十四歲龍湛霖宗師歲試江蘇學院取列無錫縣學籍撥入常州府學今游庠同人徵集自述彙刊不棄固陋使之充數在昔劉峻汪中諸氏固有自序先例自顧生平碌碌無所表見既未能比迹前人又乏才藻即有譔箸何能信今而傳後況人生蓋棺論定是非毀譽自必付之耆道德能文章之人無已請舉入泮前後與有關係之瑣事藉留紀念可耳憶自三歲喪父五歲喪兄慈愛之母親雖期望之甚殷而又不忍嚴加督責延師課讀荒嬉如故吾父留遺資產在當時可稱爲小康環而伺者無異乎毒蛇猛獸吾母煢煢在疚艱苦備嘗不憚散其財以飼強有力者而去但百計以保其孤仲姊淑惠幼即寢饋圖史適顧氏沐潤好學深思爲一代師表乃始稍稍有所觀感然已年逾弱冠矣輒即讀古人書效沈博閎肆之作不屑爲時俗科舉應試之文方自以爲有超人之識姊壻沐潤先生亦褒許過當評吾文曰殆佛家所謂頓悟者耶吾邑碩儒孫鼎烈秦臻兩先生相繼爲東林書院山長月課多數第一乙未縣試第一院試第二而不知吾華大勢已爲日本侵地之後廣東革命之始猶日從事於空疏無用之學而沾沾自喜吾母且以勤學爲憂夜讀稍遲即呼入睡丁酉省試歸來吾母已一病幾殆蓋恐聞信驚惶坐誤試期故祕不使知也及見而相與感泣不已日夕聚處遂復漠然不以衰親疾疢在念蹇跋塵壒蹉跎歲年昔范仲淹爲秀才時即以天下爲己任我亦未嘗無此思想老大徒傷修名不立回思吾母教養之勞仲姊誘導之力則有無窮之悲焉中華民國二十年十二月陶廷枋述

念鈞六十齡攝影

周藩自述

余幼名日昌小名順生年十三讀左傳知名之外有字復悟先父名某晉階其字也曾問父曰我有字乎父曰汝幼何得有字年十六應童子試父命名藩復託友爲余寫扇題款慕藩父性剛余畏之甚不敢問名字之意義也偶聞父言藩係曾文正余頗不懌私念我何爲慕曾文正乎值是年冬父挈余謁先師竇曉湘先生請受業師出弟子錄錄余名畢問何字余曰慕藩藩范音近師書慕范示父曰是慕范文正甚佳父頷之余遂字慕范

慕范五十八齡攝影

先父晉階府君元配秦太宜人生余姊一姊適秦以節孝聞繼配朱太宜人生余及余妹二妹一適丁一適顧余生於同治甲戌時父年四十七歲矣余家自先高祖是齋公始築宅於大成巷薄有田產先曾祖鎬庭公諱守先業生子六先王父遂蘇公其長也分產後每人得租田卅餘畝不足以自給然皆讀書應試又皆累試不售兄弟相戒勿令後人讀書應試故先父兄弟輩十一人皆年十三四即習賈無讀書應試者余兄弟輩亦十一人除

余一人外亦皆習賈無讀書應試者先父獨受先姑丈顧仲蘇之慫恿令余讀書從名師遊習舉子業而余應試十餘年僅得遊庠食餼四赴秋闈三薦未售今雖倖得廁於在庠同人之列然回首當年馳逐名場蹉跎自誤猶有無窮之感慨焉清代以制藝試帖取士士所習者爲八股文五言詩余致力於此者十年文摹倣明代天崇及清初諸家名作詩摹倣簡學齋師友嘖嘖稱譽余亦頗自喜然試輒不售八股五言之外當時所兼習者曰律賦曰史論學使試士先考古學一場律賦史論皆試焉余喜作史論以才氣識力自負然試輒不售偶作律賦則必售縣府試列前茅及遊庠食餼皆藉律賦受激賞所致然余絕不喜作律賦以上所述八股文也五言詩也律賦也史論也積稿二尺餘於光緒甲辰年盡付之一炬今無隻字存矣

余年十七娶於龔小芳公女也逾兩年生女女兩週歲而殤又逾一年生男男一週歲而殤余既有室家之累又方從師攻舉子業累年應試所費極鉅家無藏書余性嗜書每試必購書歸父設布肆年逾花甲僅有一子盡量供給余用而余需過於供居恆鬱鬱憂貧用不足乃願爲教讀師藉修脯自給甲午余年二十一受楊望洲明府之聘教其二子一孫女課餘攻讀不輟又感年華易逝一事無成誤人將以自誤也一年聘約期滿力辭不再受聘明年應試獲青一衿是案爲乙未歲案余年二十二矣從丙申起迄甲辰止余在家設帳授徒者凡九年及門受業者近百人戊戌歲試第一旋得食餼父生余晚祇望余爲秀才既爲秀才父願已足祇許余在家授徒非應試不得他往余三十以前僅赴上海一次係踐友約父以違命痛責之余一意授徒頗收教學相長之效初肆力於史地兩門學生無不讀綱鑑研輿圖者其後余習算學則強迫學生亦習算學余習日文則強迫學生亦習日文學生有怨余者謂奉父母命從師學作詩文爲應試耳何爲學此余不聞不問也然此皆以余所習者教授學生耳最後余習英文則又強迫學生偕余從師受業學生苦之余不以爲苦也此爲癸卯年事是年五月先父見背享年七十有六余年三十明年甲辰余自歎蹉跎又爲家境所迫亟謀外遊端方撫蘇選送留日師範生余應試不售投考三江師範學堂始獲取焉乃勸諭諸門人勉其分途求學咸唯唯辭余去余擁皋比抗顏爲人師者十年至是復爲學生矣

己亥余於舊書攤購得數理精蘊一書閱而嗜之昕夕鑽研寢饋俱廢復搜求算學書籍或借或購得數十種於諸書學理無不迎刃而解然於所謂代數幾何（即解析幾何）者未及精研讀微積溯源竟難索解一年後購得代微積拾級一書循序研究豁然貫通余於此書研究至熟所著詳草丁仲祜爲余刊之余習算學無師友當時所習皆舊式算學在今日爲廢物後仲祜歸與余談大稱讚之時余已習日文仲祜購有日文算學書籍六七十種余又自購多種恣意閱習隨習隨譯此時所習所譯已爲新式算學風氣初開新書尚少一書脫稿書賈爭購故其時中國圖書公司商務印書館南洋官書局科學書局等購印余之譯稿蓋有二三十種然至今日則書已陳舊亦爲廢物矣

余聞人學英文羨之恨未得學也聞人學日文又羨之辛丑九月聞竢實學堂聘有日人教授日文乃亟

往訪秦鼎臣鼎臣言昨日已上課教五十音言畢將五十音轉教余余即日繳費上課時余年二十八同班秦鼎臣王簡如周雲倬錢季常年長於余十歲或十數歲其餘則三五少年也所讀爲正實讀本第一課畫一人讀曰喜篤第二課畫一貓讀曰奈酷畫一犬讀曰伊奴是書爲尋常小學讀本余等讀一月畢兩册此一月中余又搜求日文書籍或借或購得十數種如落合直文文典言之泉字典等皆在此一月內購得余又昕夕鑽研寢饋俱廢將及匝月余告年長諸君曰以君等之年能學日語乎今習日文祇求能讀其書彼書上畫人吾輩讀人可也畫貓讀貓可也畫犬讀犬可也彼自名曰日本國以日出處天子自誇吾輩苦讀曰尼霍呃酷苦果何爲者此書吾不再讀自是余不再上課然所得日文書籍余悉能讀於諸書文法無不迎刃而解見他人譯日書余能正其誤余隨習隨譯各書局出重貲購余譯稿多經通曉日文之人詳加審查而後購未聞有人詬余所譯非佳也癸卯余年三十始學英文然英文非日文比學年餘無所成遂中輟

三江師範學堂後改名兩江師範學堂即今中央大學舊址也余於甲辰九月入堂十月上課然其後計算學年以乙巳正月爲開始堂設三科最速成科一年畢業速成科二年畢業本科三年畢業余入本科後忽分本科爲兩科其一曰高等專修豫科二年畢業畢業後入高等專修科亦二年畢業余遂入豫科丙午冬畢業列最優等丁未春入理化專修科是堂爲張文襄所創設規模閎大經費亦甚充裕設備完全爲全國諸學堂冠所招第一期學生以舉貢生員爲限然諸生於算學英文日文等課均非素習算學

自加減習起英文自字母習起日文由日人教授每星期兩堂歷三星期始教畢五十音余奉諭免上算學堂於英日文亦少所用心得專力研究物理化學生理博物在專修科一年獲益尤多是年冬忽議停辦專修科歸併他科改爲分類科余持不可數請於監督卒不獲命頗悻悻明年分類科成立余遂輟學然所以改專修科爲分類科者乃因專修科畢業無獎勵分類科畢業則可得獎勵也余未入分類科故未得舉人頭銜且不得官職親族有爲余惋惜者此無足述再述余之學業余入學堂又習英文三年僅能閱譯代數幾何三角諸書不能閱他書也日文則會話讀本繙譯作文三年中罔弗習日人教尤嚴上課時尼霍啞酷苦等詞不絕於口耳余厭苦甚無如何也一旦輟學則盡棄之

戊申余在中國圖書公司任編譯所擔任者爲算學歷史地理彼時該公司規模大於商務印書館然竟不能支持余在公司僅十月編譯所卽停己酉春商約大臣盛宣懷在滬設譯書局譯日本財政史請丁仲祜主其事仲祜邀余往卷帙繁重八人分譯余所譯爲銀行貨幣僅七月卽停譯余又在商務印書館任編譯所擔任者爲算學理科該館編譯所至今尙存然余入該館後半年而余妻病嚴爲不治之症庚戌余年三十七妻年三十九在滬病甚編譯所定章每日上下午皆簽到不到者扣薪妻病瀕危余仍日日赴館藉免扣薪是年六月妻自知不起堅欲返錫不得已送之歸余仍返滬星期六返家省視見已垂危然星期日仍返滬妻卽於星期一氣絕余得信馳歸一慟而已輓詞有貧賤夫妻年年患病之語蓋妻固多病余亦善病至是憂傷憔悴不欲再有室家且將盡棄所學年終與商務印書館脫離余不欲再爲編譯事矣

辛亥余改習醫學先是丁仲祜精研醫理盡購日本醫學新書譯之一人精力不給則託知友數人代譯而仲祜校正其稿稿多仲祜不能盡校則又託知友代校余曾爲仲祜校正譯稿一二種因是引起研究新醫之念蓋余自娶妻後伉儷甚篤而一年數病信醫藥甚瀏覽舊醫書籍極多應試不得意屢思改業醫既讀新醫書則以爲舊醫可廢至是專習新醫仲祜憫余之困阨也邀余至其醫寓供食宿贈月錢而不強以事恣余所欲習書籍藥物器具任余取攜如己有又敬禮有加寓中同人視余如上賓在仲祜寓一年余不勝窮途知己之感焉是年革命軍起改建中華民國遜清科名仕宦悉歸泡影余之牢騷滿腹至是已消時余年三十八也

余喪妻後先母促余再娶革命後促尤急余思此事終不獲已乃又娶於顧謙谷公女也時爲民國元年二月在舊曆猶爲辛亥余既返錫念世亂無可進取且不願再任書局編譯乃業醫以餬其口爲人治病輒效亦頗負時譽又與俞伯銘共辦醫學講習所余講授生理衞生病理診斷藥物看護等學每屆聽講者十數人半年畢業壬子癸丑兩年畢業者有兩屆焉而縣立女子師範學校又聘余教授國文在縣立工業學校女子職業學校翼中女學校亦曾執教鞭以業醫故授課鐘點不能多也方余辦醫學講習所時舊門人胡志崙在陸軍部致余書請北上云軍學司編譯科成立倪石虛爲科長招余入編譯科石虛昔與余同受業於竇曉湘先生廿年闊別音問未通今忽憶及余將提挈余任部職意至可感然余以無軍事學識恐不能任編譯且方辦醫學講習所不肯中輟覆書辭謝未就此元年十月事也

余久思一至北京三年四月始偕舊門人汪克予北上余豫定往顧養吾寓而偕克予先訪胡志崙志崙偕余等往陸軍部余晤石虛申謝悃石虛言今既來京必令君仍入編譯科然此時已非成立時比石虛言於司長司長非能立予保薦司長保薦後總次長亦非立予批准故遲遲未發表余往養吾寓後養吾首與余談算學余喟然曰吾不能與君談吾以爲凡人之學問亦與命運有關十餘年來君以算學負盛名爲各大學教授月俸常數百金吾昔知君之學算一日千里今不知已幾萬萬里矣吾何如者窮愁潦倒已盡棄所學而學醫醫固非高明然何能再談算而養吾尙以其所譯幾何一書囑余校正復致書江叔海薦余爲算學教習其弟魯瞻爲尙志醫院院長謂醫院正議擴充當增聘醫員將邀余襄助然余聞京師警察廳取締醫生極嚴非醫學專門以上學校畢業者當赴廳報考非考取後不准行醫未考取而行醫者爲私醫受重罰余曰吾不爲私醫乃報考焉初試取列第三覆試取列第一遂領得行醫執照然榜發之日陸軍部委任令已至余遂赴部以軍學司編輯員名義在編譯科辦事

余於三年七月到部在部僅七閱月此數月中余閱讀軍學書籍不少方在強仕之年銳意攻究軍學以此爲大有用之學實足以盡包諸學也軍學司魏海樓司長屢指派余審查書籍撰擬文稿並派充考試委員藉以覘余學識大稱重之四年二月裁編譯科設軍學編輯局隸屬於統率辦事處局設兩處一曰編修處一曰譯述處魏秉局長石虛爲譯述處處長後改稱主任調余爲譯述員是局性質與其他軍事機關不同任用職員不拘資格並不問原官階級局長下設參校主任編修譯述幫同編修幫同譯述等職皆專司編輯一律平等待遇是時袁項城勢正盛特置此局爲網羅英俊之地項城敗統率辦事處裁而是局巋然尙存其初編修處主編譯述處主譯所譯有德法英俄日五國文字然各人任務又區分爲二曰譯曰校校尤重要凡德文譯稿由主任校正日文譯稿余爲之校正此事雖因石虛倚余如左右手然局長實主之故自乙卯至丁巳此三年中余在軍學編輯局之成績頗有可觀

六年魏局長爲第九師師長調石虛爲騎兵團團長初石虛校德文極精審稿呈上後局長參校有所增損石虛持不可有一字誤必抗爭局長以此重之調騎兵團團長以酬其勞繼其任者爲仉玉珊仉旋去職陳羣林繼之陳初譯德文然陳固不知德文者乃議改譯述處主譯編修處主修原修字義在修訂軍學日新月異編成之書閱時加以修訂此編修處之任務也譯稿有校正之必要無修正之必要因陳不能校德文也併他國文之譯稿亦毋庸校譯畢呈上局長批修卽送編修處編修處例不調閱原書各人依其學識經驗負責修正有僅增損若干字句者亦有增損章節者一人所譯數人分修譯述處不過問也余自是僅譯而已是年冬余發喘疾此疾多因遺傳先父年四十七生余時罹喘疾已十年余年四十四始發初發甚重有人謂余多用腦力所致然自是無須多用腦力矣

其後改譯述處爲第一股編修處爲第二股第一股主譯第二股主修余仍在第一股兩股性質不同第二股主任以中少將充任第一股主任則必爲通曉外國文者屢遇主任缺出皆以股員升任余爲股員

久亦頗有聲譽然不得爲主任曾見推薦名單余名居首下註惜非軍人因自署別號曰惜非繼思此何足惜卽不復署自戊午至丁卯在軍學編輯局又十年此十年中大約前四五年尙須按月交稿後四五年兩三月一交稿最後一年不交稿矣蓋從六年起中交鈔票停兌其後數年雖按月發薪僅得四成至五成迨中交鈔票燬銷各機關卽欠薪陸軍部欠薪尤甚局款由部轉發部中發三成則局中僅得發二成按此比例遞減至一成半成最少僅發二厘局員到局者寥寥到局亦片時卽走免衛兵茶役久候余自發喘疾後體力衰弱數年未恢復得月薪四五成以爲尙可支持藉資休養後四五成亦不可得窘困達於極點

十四年三月先母棄養享年七十有九余年五十二先是母病垂危電至余卽請假方整裝匯電又至余奔喪回籍未及親視含殮當時之哀痛今不忍再述時值政府解決金佛郎案又發行新公債各機關得發薪余得月薪六成半在北京瀕行時將寓中所有衣物盡付質庫又得數十元卽登程抵家後罄所儲得三四百元營喪葬未舉債亦未鬻其居宅然此時距父歿時逾廿載錫俗中等人家親喪無不發訃受弔者余以貧故藉詞父歿時未有此喪儀一切如舊時未發訃受弔此事余負疚甚今囑諸女余死後不得發訃受弔以此爲遺囑之一部附誌於此喪葬事畢余返北京得月薪六成半者三四次盡償其所負爲迨攝閣成立而北京無政府十五年全年共計得一個月薪除夕聞有兩成候至夜十二時未發遂回寓十六年元旦下午始由茶役送至是年余以授徒故遲遲未南返隔數日一至局而已軍政府成立大裁駢枝機關軍學編輯局亦裁撤余在局凡十三年先是余持六無三不主義六無者無電話無包車無男僕無煙無酒無牌三不者不借不當不欠也然其後亦時有當欠惟未借耳攜眷住北京十數年未請醫生未雇成衣未用乳媼未聽梅蘭芳戲所以雖極貧而未一向親知乞貸也

辛酉以後余在北京閒甚遂復有十數學生從余受業廿餘年來余嗜新學於舊學多所荒棄然他人所信重余者仍唯舊學至是復發揮其陳舊之見解命學生爲文而加以補綴焉論語題如學則不固解人而不仁疾之已甚亂也解皆從文法上推闡立論以正朱註之謬蓋余慨中國昔無文法書自馬氏文通出學者始知研究古書文法宋儒固未解古書文法者故其註有不通處也其初學生僅數日一至至十五十六兩年而有終日在余寓讀書者蓋復如昔年在家設帳時矣此數年中雖未發喘疾然老態日增鬚髮變白余之精力非能多所教授然他人重余名致脩脯極豐厚余知其中有憫余之貧又恐余不受餽而命其子來請受業者所致脩脯尤重在余寓讀書者另致膳費亦重余之一家賴此得以存活焉乙丑曾一受國立編譯館之聘任該館特約編譯未幾館務停頓余未得一文之酬也

余讀書音多訛誤語音亦不淸晰常患口內炎痛甚則不能讀併不能言年二十四右耳卽重聽習外國文時不能學會話在兩江師範學堂不能與師友詳談迨入陸軍部更不能發一言人問余姓余曰芝或曰芝聞者訝之竊聽人言似曰芰余強記之一日偶曰芰聞者曰是撇未乎余愕然曰又誤矣如是者數年又師讀若私役讀若欲事讀若嗣族俗同音玉肉同音齊徐同音諸如此類不勝枚舉聞者匿笑初住

船版胡同後住吉祥胡同雇人力車時呼船曰禪呼祥曰牆車夫無知其地者女自校歸命其讀銳若歲讀鼠若處明日卽遭師呵責余自恨不識字欲覓一識字之途數年不可得迨教育部頒布注音字母坊肆復有國音字典等書發售余購閱之乃大喜庚申余年四十七始識余姓讀曰芝余既研習注音字母復搜求音韻書籍購得十數種當時於音韻之學亦頗有研究然未久卽棄之所竊竊自喜者用康熙字典四十年至是始能識等韻解反切又以爲舍利守温將梵音字母改爲見溪羣疑等字可謂至謬於注音字母刪去濁音及尤韻母則以爲尙待商榷改良焉自是至今日凡十年案頭常置有國音字典余自有此始能教余女識字讀書也

時人喜研佛學著述頗多余閱而嗜之購讀佛學書籍亦有多種屢至方家胡同在京師圖書館借閱佛書有日本出版之續藏經二十巨册盡翻閱之既遍閱諸經乃大悟曰此非佛經乃佛經之譯本也一經有晉譯魏譯唐譯等余將各譯比較頗有異同文義隱晦不能辨其孰正孰誤音譯之字間有旁註梵字者余不能讀梵音而識其一二字形三也薩也同一梵字也藥也耶也同一梵字也梵字有二合音則一字爲二字有三合音則一字爲三字如此有何音義可言又唐以前所譯序記中尙云梵語爲何華語爲何唐以後則無之各經多爲玄奘所譯玄奘慨前代譯經之多誤謬誓遊西土訪求梵本以資參訂所得梵本六百五十七部今尙有一部存乎此事自唐以來無人問及唐人寫經註經所寫所註皆譯本耳似皆未見經本者意者譯經之人亦自慨其多誤謬已將經本盡火之乎釋慧琳著一切經音義京師圖書館中儲爲善本閱其自序慧琳固未習梵文者其音義非佛經之音義也余見近人著述於觀世音三字逐字詮釋辭義精妙然此三字實爲音譯無此義蘊淺陋之徒解心經揭諦二字爲揭示妙諦余於舊書攤購得心經異本序云由內府抄出原書係滿蒙漢藏文合璧僅抄其漢字本於揭諦二音註云當作格得其爲音譯自不待言此本與玄奘譯本亦有異同余閱後贈萬叔豪因叔豪在北京設刻經院所刻亦皆譯本也佛經有譯本無原本後人著述悉以譯本爲依據支離破碎無足觀者余因是不復研究

自軍學編輯局裁後余亟欲南返行有日矣適航空署改組汪克予挽留余言於趙延緒署長任余爲文書股股長此十六年七月事也後兼在編查科辦事余尙冀異時卸文書股職後專任編查職務然迨明年三月航空署又裁撤克予尙不忍余別去勸余緩歸余不肯再留摒擋至六月首途其時津浦路斷余率眷由海道抵滬僦居南市丁仲祜囑余譯醫書華享平又介紹余爲中華書局譯書余在滬藉譯資自給者七閱月感受暑溼罹足疾甚重秋深始漸愈值國府改組五院成立承吳稚暉推薦赴首都謁考試院戴季陶院長由祕書長接見詢問經歷囑返滬候信其時馮煥章爲軍政部部長舊門人虞君石爲馮所重任該部總務廳廳長余在滬時君石致余書言時在念中至是往訪相見於總務廳值江蘇主席鈕惕承薦許文伯爲軍政部祕書許方謁君石辭出君石惜其老有少年穿灰布軍衣裹腿者至指示余曰此軍政部祕書也余自念我亦老矣倘薦我爲祕書我能裹腿從少年後乎赴參謀本部謁李任潮總長劉竹坡次長李昔在軍學司及軍學編輯局均與余爲同列劉則曾爲同列而又升任局長者也時李已

啓程返粵劉接見甚懽但云君來已遲部中無缺可補矣今軍學研究院將成立吾必保送君入此院余唯唯而退其後以款絀此院未成立也余返滬後迨十二月而考試院聘書至

吳稚暉之薦余入考試院也余見其第一薦書極稱重余謂爲東南宿學謂爲考試院最適當之人物後在考試院文卷中又見其第二薦書亦稱譽甚至經此兩薦而考試院始發表聘余爲編譯局專任編譯十八年一月余到院時院長年四十余見油印職員錄參事祕書編撰編譯年最長者僅逾四十無留鬚者而余年五十六鬚已白院中呼余曰老先生同人相告語曰此老先生是吳老先生之友也聞者動容致敬又屢有人問余與吳老先生有如何之關係余無以答編譯局定章歐文日譯三千字日文日譯四千字月終塡表報告譯某書若干頁計若干字復調取原稿派員核算以稿紙無橫格不便計算復改印稿紙加橫格焉曩余爲書局譯書時書局計字給酬余自限只日譯一千字至是昕夕從事輒至深夜始譯足四千字計半年譯日書三種一農業倉庫論二農業政策三佃耕問題之研究六七月間聞有裁撤編譯局之議復將譯稿發回整理故下半年未譯他書十九年二月明令廢止考試院編譯局條例四月撤局委余爲總務科科員充保管股主任迨七月而有辭職之事此事顚末余另有記載茲不具述

余辭職後閒居首都三閱月一日楊建時以電話招余至訓練總監部軍學編譯處謂余曰吾不知君乃賦閒昨子平翰西言之吾始知若吾早知早招君矣此間有編輯缺可就乎余曰願就建時言於楊味蘭處長由處長呈總監請任余爲編輯經數日後發表余遂赴部時已十一月矣總監何敬之方赴贛督師

副監周普文亦昔年同列也謁見時猶握手殷勤話舊焉其時建時爲主任編輯一月後調任總編輯復引石虛爲編輯編輯任務區分爲二曰編譯曰審查審查者兼負修改之責余在軍學編譯處瞬經一載審查譯籍計十四種一步兵班戰鬥教練二步兵排戰鬥教練三步兵連戰鬥教練四步兵營戰鬥教練五航空兵偵察及戰鬥原則六機關鎗夜間教練七航空兵偵察教育八航空兵照相教育九法國步兵操典十空中國防論其餘則軍事學問答三種及第二次隨時檢閱受檢計畫也各書均非余譯但經余審查修改亦有先經他人審查修改者並有後復經總編輯審查修改者非余一人之成績也而所謂審查修改者即校正之謂絕非如嚮者軍學編輯局之修也

余年二十四時右耳生痔割治後耳鳴逾年當時屏諸書弗讀僅日閱南華經誌其兩語曰強而後起不得已而後應自少壯至今日誦之壯而外遊迫於生計乞人引薦輒以陳力就列不能者止爲言服膺斯義尤拳拳焉是以生平難起易止少所應就聞人言國家興亡匹夫有責今余所負之責僅日書數百字而視茫茫而髮蒼蒼亦將不能盡余之責矣國俗以出生之年爲一歲自甲戌至辛未計得五十八歲繼妻年四十一女四淵如年十九在大學博如年十六在中學高中部裕如年十三在中學初中部展如年八歲在小學繼妻第八產而生男時余等在滬也男名龍聲今年四歲余謂余女曰吾之學問如雜貨鋪貨已陳舊不能出售然品質固佳及其未盡腐也汝等受而改製之或尙有價值乎然異時汝等必以其所改製或所創製者授諸弟使弟能成立者汝等之責也非余所能及見矣

許國鳳自述

仁龕居士姓許氏名國鳳字彝定仁龕其別號也世爲無錫人系出唐睢陽太守遠公後傳十世至宋贈顯謨閣學士太常寺少卿希道公卜居本邑開化鄉之方湖元末復由方湖遷居城中七尺渡家譜中稱爲七尺渡細十支曾祖諱鏶祖諱湘父諱寶樹皆不仕母王太恭人爲邑庠生外祖蕙纕公三女有丈夫子六人長元勳次光燮三文熊四師豹五燮龍余序居六妻秦氏系出端敏公後陝西補用道候補知府省吾公孫女兩淮候補鹽大使香谷公長女邑庠生浙江温州地方審判廳推事改候補縣知事諱肇煌胞妹子廣圻慶圻雕圻女靜圻葆圻毓圻裕圻孫世鍠世鎏孫女世錦世鈖世鏌余以光緒二年丙子七月十五日寅時生於城中師古河秦彰慶堂時祖母張太恭人猶在堂年已九十辛巳六歲在家塾讀書天資素鈍非數十遍不能背誦至年十二三喜聽父老譚故事復竊閱說部心思乃牖發而日進先父芝庭公好讀書以諸兄困於場屋屬望尤殷摯每謂先母先姑母曰六兒悟資敏捷必能有成然予恐不及見矣庚寅十五歲先母王太恭人於五月二十五日巳時棄養辛卯十六歲先父芝庭公於二月十七日丑時病歿常州滆溪幕次嗚呼痛哉余小子迭遭大故遂爲無父無母之人矣時家貧將輟學先姑母華貞節婦鄉居來城見而泣然曰吾在鄉覩鄰童挾書入塾未嘗不念吾兄生平好讀書此子尤所鍾愛何可輟也卒與長兄元勳議俾就學壬辰十七歲負笈楊章甫夫子之門授以經史騷選古文詞等有用之書以制藝爲餘課每夜讀非至魚更三躍不止頻年學乃大進因迭丁內外艱至乙未二十歲始應童子試縣府均列前茅督學使者龍湛霖宗師視古學特重余報考史學首題馬班書不立義帝傳論次馬班書不立文苑傳論余謂義帝應有本紀不應有傳班史或可無紀馬史則斷斷不可無紀乂謂史公不傳文苑所以抑雕靡之習取列常郡闔屬史學正取第一歲試正場首題請益（子路問政章）次苟以是心至詩賦得辭香眠處落花多得眠字撥入府庠第一名丙申二十一歲應科試仍取闔屬史學正取第一試列一等丁酉二十二歲應本省鄉試中式第八十二名主試爲劉恩溥侍郎朱錫恩御史房師爲李延慶大令斯時先父母早已棄養不及目覩一經念及未嘗不愴然而雪涕也戊戌二十三歲十月初四日完婚妻秦清徽女士爲同案生肇煌胞妹蓋乙未縣試余與肇煌同前列江陰院試同伴復同獲雋遂訂爲文字交繼由高君映川作伐遂訂婚所謂文字因緣者非耶余家徒四壁始贅於岳家繼圖自立遂於庚子二月賃廡於百歲坊巷楊宅設帳授徒藉以舌耕爲餬口歷一年遷居中市橋巷鄒宅自庚子迄乙巳綜計先後列弟子籍者都一百二十八人諸生中以華昌壽錢基博錢基厚徐彥寬錢鑑瑩

仁龕五十六齡攝影

江祖岷等年最長當時學校未立私塾風行就讀者且須供餐宿督率婢僕料理饔飧余妻之助力實不少也己亥二十四歲長女靜圻生辛丑二十六歲長男廣圻生癸卯二十八歲次男慶圻生乙巳三十歲三男通圻生逾年通圻殤余以三上公車報罷會科舉制廢是年秋七月束裝北上遂以中書入直內閣館於同邑楊蔭北京卿邸舍丙午三十一歲八月挈全家入都時清廷銳意變法預備立憲特詔在京各官條陳利弊余上更定官制說帖十四條一滿漢之界限宜除二文武之升途宜合三內閣之禮數宜優四部臣之參預宜定五僚屬之選用宜公六京曹之俸糈宜厚七吏部之詮選宜停八學堂之授職宜改九直省之冗缺宜裁十牧令之任用宜審十一本省之迴避宜免十二禁煙之表裏宜分十三捐職之安置宜籌十四地方之議會宜立又條議整頓內閣辦法四端一政務處宜歸併辦理二政治館宜添設教授三定攷送以化偏私四提公費以資津貼同僚見者皆以爲切中時弊同時清廷特簡沈公家本伍公廷芳爲修訂法律大臣奏設法律學堂於京師造就推檢人材以樹司法獨立收回領判權之基礎余毅然辭館而應試入學後未嘗請一假缺一課踔厲奮發試輒冠軍舊寓在南池子嗣以東西相距遠移居校舍附近之太平湖頹屋三椽聊蔽風雨家事暨教養子女皆由余妻揹持至於爨炊掃除以及縫紉洗滌諸事亦躬自操作因此內閣月俸雖祇數金而未借一錢未質一物不至捉襟以見肘然余星期歸寓手製點饌應時毋缺間有同學來訪者留款茗點必潔必精此皆余妻撙節制用措置攸宜人皆莫測其底蘊焉丁未三十二歲次女葆圻生宣統元年己酉三十四歲夏五月在校三年畢業管學沈大臣會同

法部學部奏請特派定成于式枚李家駒爲主試扃門攷試取列優等第一名原列最優等第四因主要科一門未滿七十分遂降等此事至今猶覺耿耿庚戌三十五歲三女毓圻生八月學堂獎案核准余始脫離內閣綜計先後在閣六年派四直上行走歷充國史館校對本衙門撰文兼管中書科誥敕房事務行將補授中書實缺矣奬勵援仕學館成案照原職加級以主事分部儘先補用旋籤分學部派專門司尋調普通司司長係同邑顧枚亮同年特爲汲引派中學科鳥布本屆畢業人員凡願爲法官者以六品推檢分發各級審檢廳任用余於畢業前一載奉法部咨調京師地方審判廳民一庭學習辭未就至是亦願任行政官蓋自幼習聞先父芝庭公嚴訓法曹關係人之生命財產偶有出入影響匪輕刑名一席萬勿涉足望世世子孫識之勿忘余之不就法官實卽遵奉遺訓也先是同邑楊公壽枏隨五大臣出洋攷察歸將所得者分門編輯送憲政編查館進呈每門著提要一篇邀余贊助夙所倚重時以度支部參議兼任督辦鹽政處奉直廳參事陳諸督辦澤公咨調派充總務廳委員並由法部聘任律學館教習至是身膺三職俸薪稍豐乃由太平湖移寓東城七條胡同子女亦延師授課矣辛亥三十六歲時預備立憲積極進行澤公素爲監國所信任將總理內閣而以度支部侍郎畀楊公鹽政處成立爲鹽政院以澤公兼院長余留院奏補僉事九月武昌革命國體更易而京津時有風鶴之警余乃去職挈家南旋壬子三十七歲季男雕圻生余復孑身北上斯時學部已改組爲教育部前普通司長顧枚亮同年被裁而病下榻於無錫邑館世變滄桑相見太息教育部當局擬以主事缺畀余誓不就司法部任以地方審判廳

推事亦堅拒之旋脫政界而入學界主京師國立法政專門學校及高等籌邊學校講席是年冬楊公壽枏爲長蘆鹽運使余被辟入幕長蘆鹽課科目繁碎銀數畸零平色高下吏緣爲奸楊公諮詢整理之法乃議定改兩爲元並歸併科目改爲一條鞭每旬牌示定價令以鈔票繳納銀行派員到署會同收課卽交國庫一年以後習慣用元遂著爲例初永平七屬運銷散鹽漫無稽攷楊公乃委余爲灤州一等官運局長局轄支局凡十五多數由當地紳士充經理弊竇百出有錢家營支局經理王某係縣參事會王議長之子銷數最短絀且控案纍纍余視事之翌日親繕撤換之令迨王議長得訊來局爭持而新任已接收乃怏怏而去蓋局內自文案書記以至秤手局役皆與王議長通聲氣苟風聲稍露事必扞格難行於是其他支局皆不寒而慄迎刃以解又永平職商楊鶴松等請認銀包辦永七鹽務並指陳積弊一案財部令司轉飭查覆余呈稱永七本屬懸岸自前清光緒二十九年改辦官運計盈餘之數就上年而論已達銀三十八萬八千兩有奇而灤局盈餘尤爲永七之冠該商等所稱包辦各節窒礙殊多所有短秤攙泥重運夾載鹽價昂貴諸弊早經革除淨盡書上奉批嘉勉癸丑三十八歲楊公調長山東財政廳任余爲祕書時議辦濮陽河工捐登萊等縣甫經兵燹紳民電籲政府求免捐款余謂此爲全省通行之案一處豁免勢必全省沮格請照章征收仍全數截留撥充本縣賑款楊公韙其議入都面陳項城總統交部核准施行紳民大歡丙辰四十一歲東南革命事起濟南首當其衝靳將軍雲鵬負守城之責城圍一月餘饟給裕如城卒無恙楊公序余所著仁安堂文集謂雖艱危顚沛之中相從不舍卽指此而言是年四

女裕圻生自丁巳至乙丑此八年中余復之燕之晉之贛之皖之淮右襄榷鹽務財政其間每値內閣改組財政一席推重楊公余亦隨同進退歷任祕書參事等職辛酉四十六歲先姑母前歿於乙卯正月十二日享年八十有四至本年七月爲九旬紀念余少失怙恃賴先姑母勤勞撫育迄於成人與所生等遂乞詩文於當代賢豪長者分類詮次取李義山祭韓氏姑文惟餘彤管有美清塵之語刊行彤美集二卷以壽先姑母於千秋萬禩癸亥四十八歲孫女世錦生乙丑五十歲孫世鍠生余仍供職鹽務署至七月目覩時局日非又値五十生辰遂乞假南歸先是丙辰秋間余妻自津門歸以爲賃廡非久計七尺渡祖基亦多糾紛自丁巳至辛酉凡閱五年屢經相度始搆數楹於城內中市橋溯自解組歸田不問世事而於宗族修譜祠墓及地方公益事亦嘗勉爲主持暇輒與里中耆舊啜茗公園笑語自遣春秋佳日更偕知友數人買舟觴詠優游於湖山泉石之間楊公味雲嘗書一聯贈余曰事能知足心常泰人到無求品自高跋云此聯余終身誦之到此境地正自不易此儒者所以貴治生也推譽溢量愧不敢當丙寅五十一歲孫世鏜生未滿二年殤戊辰五十三歲孫女世鈴生己巳五十四歲孫女世鍈生辛未五十六歲孫世鑾生吾邑有司法協進會者乃律師及法學家所組織余亦入會去冬錫邑設立縣法院卽由協進會會員籌設律師公會余被推爲籌備員同人力脅向高院登錄會成當選爲無錫律師公會副會長堅辭不獲襄助楊昌源正會長整理會務而於民刑案件一概謝絕除法院成立時交涉律師休息室地址及爲客民廖永華指定義務辯護一次外足迹未履法院此猶是恪守先父芝庭公遺訓不就法曹之本旨

也是年夏歷七月二十七日爲余妻六十生辰兒輩將於是日稱觴以爲壽當以年荒世亂力止之兒輩遂徵集詩文書本以爲家讌之助琳瑯滿目蓬蓽生輝另有彙刊以貽親友余學植荒落奚足言文僅就少壯文課中年函牘應酬文字及讀律時聽講筆錄成仁安堂文集十卷仁盦雜錄六卷太平湖寄廬法學筆記八卷藏諸篋衍未敢示人由楊公壽枏嚴君毓芬錢子基博徐子彥寬爲之序文不足存不過假此乞序文數篇冀姓名得附驥以傳耳急景凋年倭氛甚惡地方人士發起組織無錫國難委員會余亦忝列其間地居要衝形勢岌岌而庠友蔣君留春丁君仲祜等函促自述一首須於年內繳卷拉雜追錄振筆疾書此篇草竟正除舊更新海上愛國鐵血同胞呼聲震天地於海陸空槍林彈雨中奮勇爲國殲敵時也中華民國二十一年夏歷辛未大除夕許國鳳彝定氏自述於仁安堂

孫靖圻自述

子遠五十五齡攝影

靖圻字子遠一字無我以光緒丙子生於無錫北鄉石塘灣生而資性鈍甚六歲就傅日課學庸七八十字誦百徧始上口十五歲讀左傳竊自驚異書中有興味至此間效左氏文體與同學作書相遊戲塾師則教以帖括詞章塞聰明習塗澤歷時四載年二十蕭師伯容來館余家翌年介山陰范師鼎卿自代切磋三載始得粗涉文字之藩范師風議感慨謂爲士之責在因文以求質神州晦塞已甚動機發則莫之能禦宜亟求經世之學師既不得當於春官遂宦遊中州余與弟曜青研求科學欲以誠意正心之學效用當世遭時不偶蹀躞塵俗滔滔坐視弟未中歲遽棄濁世國事益陵夷泯棼元氣耗喪不知胡底猶幸夙抱履霜堅冰之懷知凡百乘除出之人事人方歌舞已則憂虞迨舉世張皇反慶悲劇告終又開新幕矣如是者亘二十年時則內憂外患天災百霆迸發禍至無日如影隨形釐然不爽謹以至誠告我國人禍福無不自己求之去死求生仍在我耳返觀吾身本無才智作大奸慝流毒邦國惟委棄國民責任則百喙不容自解蓋實際之國民責任非任何力量所能阻遏也當是時丁子仲祜蔣子留春致書在庠同學徵求自述之文余方朝思夕維彙集資料爲中華民國作二十年痛史將以儆將來戒覆轍若眇眇之躬不行則藏何用述也既以重違蔣子之請略述所志歸之猶望讀吾文者知興起也

蔣標自述

蔣標一名士棟字留春錫邑西鄉河埒口人係出宋西瀫大儒荆南先生後自明成化間十三世祖諱琪始遷無錫之梁清溪祖和叔府君諱大鏞清道光甲辰進士歷官奉天府治中父振甫府君諱汝倫國子監生母任氏爲荆溪任剌史重光五女同治四年乙丑四月十六日午時生標於北平後馬家廠寓所時標父隨宦瀋陽已於四月初一日因咯血症逝世母守節撫孤教養二十年得延一脈姊探珠適同邑縣學生孫鎮圻亦早寡妻潘氏宜興潘貢生憲澄長女無出繼金匱范鳳培長女生子一名曾烜媳同邑楊韶女　以上述身世

留春六十七齡攝影

標幼年多病讀書時作時輟塾師爲吳葵陽于升吉伯父穀甫弱冠後始就貢生趙械孝廉張彥昭習制義每臨試輒生恐懼心緣文欲求工而出筆甚滯鈍故也庚寅科案試期移八月秋深日短致不能完卷衾影懷慚遂無意進取鄉居無事時與從弟士榮研求數學旁及理化適値朝政維新風氣初開主試者頗重科學標姊探珠堂兄士松勸再投考遂以算學汽學二科受知於龍宗師湛霖取入縣學時年已三十二矣先是伯父穀甫曾於山西賑捐案內爲納一監照標母知之深滋不悅謂功名須得諸科舉故標年逾三十出門應酬向不戴金頂遵母訓也所恨丙申入學母氏已見背十四年爲可痛憾　以上述學行

標家居四十年向不與聞外事亦不甘作童蒙師至光緒甲辰始一任東林高小學校算學教習繼又任張巷作新小學校校長榮巷榮氏女學校教員國變後曾在南橋開設米肆經營五六年漸有起色詎意民國七年戊午米市驟跌致不可維持卒至賣田償負而後已復孑身至宜興創製燒窰火油爐推銷不能廣因迫於生計乃覥顏出任開原鄉正董非本意也民國十二年癸亥復與內姪潘熙年集股在火車站設立福中礦煤分銷處因連年兵事不休遂致停辦甲子以後又在耀明電燈廠振元五金號服務欲如三十年前杜門不出布帛菽粟作羲皇上人不復可得矣　以上述職業

標少時喜做手工自製改良日晷多種每逢開展覽會陳列出品均得優獎年來又有改良月份牌改良掛壁日曆按普通日曆對於印刷紙張則不經濟對於構造疊起則不雅觀對於每日撕去一紙則又嫌手續粗陋欲祛此三弊而另出新製積思多年始得成就民國二十一年之樣品區區一物須思想至四五年之久聞者能無笑其愚拙乎宣統庚戌曾任續修宗譜體例務守嚴整排印特取工緻譜師乞樣本藉作招徠之用咸謂江浙間活盤印刷當推此譜爲第一民國壬戌復任主修顧年事心緒迴不如前譜牒亦因之減色矣昔年刻有算學餘談思棗室算稿南通算學家崔君朝慶寓書來云圜率釋董算式間有錯落此稿誤處從弟士榮亦曾言之第書已出版更正頗不易去年所印日曆指南續刊北平天文家姚君濟蒼號博施其先亦無錫籍來函摘出錯誤數處當時敍稿竟未知覺精神不固已見一斑回憶往年在東林學堂華若汀先生曾與標言吾用心太甚腦經已壞不能做事矣標聞言默思腦經何得會壞今則身歷其境不禁憮然　以上述工藝幷著作

標於同治庚午隨祖母顧太淑人扶櫬旋里兵燹後老宅已爲瓦礫逮辛未年始就原址營造新屋規模宏壯引起宵小偷竊未遂其所欲甲戌夏間竟被盜劫損失二千餘金光緒辛巳甫與表姊潘月珠結婚中饋有人慈懷稍慰詎料明年秋季遽遭任太宜人之喪標命運乖舛生卽失怙以養以教全賴慈親庇護思維此德圖報未能光緒丁亥潘女士又以難產謝世中年喪偶爲大不幸空房兀坐儼若參禪抑鬱無聊不得不亟謀續膠之舉幷喪未畢繼室來歸庚寅春杪得慶弄璋小家庭之組織庶幾告一段落標雖生長宦家尙無紈袴習氣居恆每飯止一葷一素清晨惟食白粥兩碗減去菜蔬一以勵志一以示家人宜守儉約也性尤好靜家門距惠山僅二里許然終歲不一至非有要事亦不入城市惟是人生世上孰無振興家業之思乃事與心違每每挫折甲子兵災適寓居漢昌路福中振元一劫一炬數年積儲悉委塵沙顧事有定數絕無介意所最難堪者兒媳五次產男無一存者於是心境大壞故遂三納小星雖爲娛老之謀還冀徵蘭有夢然十餘年來情意亦淡兩去一嫁各還自由捐除利欲嗜好諸端反入清淨絕滅一境已如退院老僧矣刻閱同案老友丁仲祜先生自訂年譜謂人生數十年中旣有眷屬物產凡疾病死亡水火盜賊得失皆不能免宜以幻夢泡影視之達哉老友之語不啻先標言之矣四顧悄然可無復語　以上述際遇幷志趣

與北平天文家姚博施先生論節氣宮恆星宮不可混合爲一之意見書

謹案嘉慶丙辰蘇州王芑孫序松江徐朝俊所著中星儀圖有云自歲差之數出而中星可辨古法以太陽宮（卽節氣）退數換宿不換宮今法以經星宮（卽恆星）退數換宿兼換宮蓋不強無疆之運以就一定之程而躔舍森列粲如棊布矣士棟所著辛未歲之星宿圖實根據此義而集成之者又按二十八宿之名稱大都出於像形假義如斗像量器牛像蝸牛婁若老人之傴僂亢如勇士之強昴翼同鳥羽之翼軫類樂器之軫以上皆像形也他如角主造化文物壁主秘府圖書井宿之下有天狼弧矢主殺掠鬬很參主弟兄不睦所謂人生不相見同如參與商商卽心宿又名火毛詩七月流火殆卽指此以上皆假義也又緣二十八宿必須分宮故以角宿爲起始軫宿爲終止角既主化生萬物物資長養而其坐宮卽名之以壽星心既稱火而其坐宮卽以大火名之箕本好風風甚則落木而其坐宮遂名之曰析木斗主人壽歷十二年爲一紀故以星紀名其宮虛危有不安之勢乃以玄枵名其宮室壁主儲藏圖書而形似方口因以娵訾名其宮婁既傴僂其坐宮卽名之曰降婁畢爲雨師雨須蓄水故其坐宮曰大梁此大梁非地名乃最大之津梁也參既不睦其坐宮卽名之曰實沈按高辛氏二子閼伯實沈不能相容日尋干戈見左氏春秋井下有鬬很之象故其坐宮名鶉首蓋鶴鶉亦好鬬耳翼既如鳥翅故其坐宮卽曰鶉尾徵以上之宮名俱由本宿而產生實無離移更動之理於此見得今法之換宿兼換宮遠勝於古法之換宿不換宮矣承蒙惠示丙寅年過宮圖說知尙是元明以前之古法故圖中之牛宿則超越玄枵按斗牽牛二宿其坐宮原係星紀而壁宿則又超越降婁按營室東壁二宿其坐宮原係娵訾更按玄枵三宿虛星在其中三宿者指女虛危也士棟所作星圖其位置正與此吻合過宮之說洵不可從而太陽十二宮又安得以恆星之宮名名之也總之恆星是恆星宮節氣是節氣宮不能混合爲一此言天算者所當辨別之若夫星命家以五行八卦配合干支地理家以分野方向揣測曆象此又技術之一派其與習天文數理者實分兩途質之先生以爲然否又曆象考成後編亦以降婁大梁實沈三宮爲春分後壽星大火析木三宮爲秋分後此乃編輯者一時誤會近人已易爲十二支矣易之誠是也然須以卯辰巳爲春分後酉戌亥爲秋分後考諸說文解字卯爲春門酉爲秋門更覺信而有據孰意藝術之士狃於月令之次舍竟倒置之是眞一誤再誤矣又按柳像鳥之喙星像鶴之頸故卽以鶉火名其宮火者赤色之意說見天官書

民國二十一年星宿宮節氣宮合圖

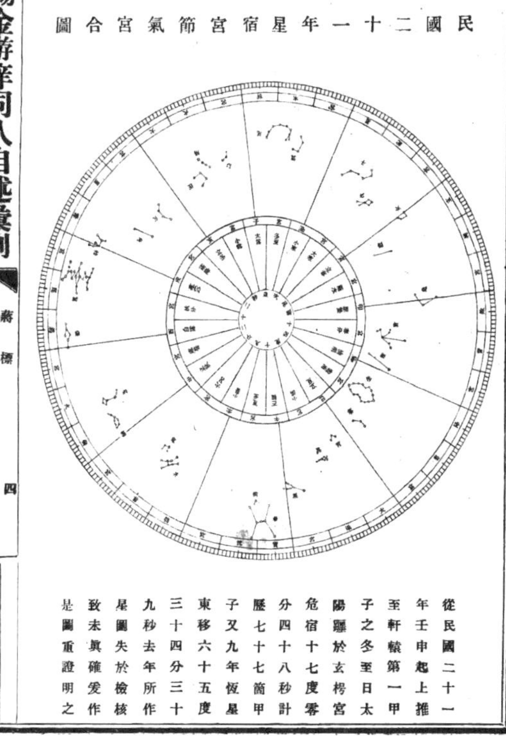

從民國二十一年壬申起上推至軒轅第一甲子之冬至日太陽躔於玄枵宮危宿十七度零分四十八秒計歷七十七箇甲子又九年恆星東移六十五度三十四分三十九秒去年所作星圖失於檢核致未眞確爰作是圖重證明之

考正民國二十一年壬申歲各宿次積度鈐

宿	積度	宿	積度	宿	積度
尾	○度二二分　一秒	箕	九度一七分五六秒	斗	三三度一二分一一秒
牛	四○度五二分二○秒	女	五二度三三分　六秒	虛	六二度三一分　○秒
危	八二度三五分二七秒	室	九八度一六分　四秒	壁	一一一度三三分二二秒
奎	一二三度　四分一三秒	婁	一三六度　二分　一秒	胃	一四八度三一分三五秒
昴	一五七度三四分二五秒	畢	一七二度四七分三二秒	參	一八三度二三分五七秒
觜	一八四度二三分二四秒	井	二一四度五○分五八秒	鬼	二一九度二五分一七秒
柳	二三六度二四分一三秒	星	二四四度四九分四七秒	張	二六二度五二分五七秒
翼	二七九度五二分一二秒	軫	二九二度五七分三五秒	角	三○三度三六分五四秒
亢	三一四度一二分五四秒	氐	三三二度　三分三九秒	房	三三六度五五分三八秒
心	三四五度一○分三八秒	尾	三六○度		

標案近見前在欽天監供職人員所刻之各宿鈐於度分秒數尚無大舛差而對於所注宿名則完全已錯因未知次宿積滿本距度數卽當更換宿名查光緒三十二年丙午歲次爲箕宿八度五十五分五十秒逮光緒三十三年丁未歲次卽易爲尾宿零度零分四十六秒積至民國二十年辛未爲零度二十一分十秒乃彼等仍以箕宿注其旁可知其於象數原理亦不甚了了茲存是稿用作後來習天算者之津梁焉

己巳初冬侯象五姻丈九秩紀念保三妹倩徵文敬賡七律一首寓意節操清高以志景仰

往昔征塵路幾千書生策馬亦翩翩十年幕况齊東水一度宦游臺北煙名士襟期圖在畫（公有自繪山水堂幅）先人遺訓戒求田（祖訓不置租田）緬懷臥病歸來日贍有龍山與惠泉

庚午雙十節雅集於榮氏新築之小蓬萊館吉人先生提議丙辛兩案同人合組僉曰善范君維清寄詠七絕六首索和爰賦律詩以報之

天然風景此湖多小築蓬萊形勢峨遠嶺迷離渾入畫輕帆來去似投梭一樽高會新盟協兩案名流情話和儘日徜徉雲水趣歸途餘興復吟哦

丙申同案薛緯亮先生與夫人孫女士六十雙壽徵詩爰賡七律一首

甲花初度壽星躔瑞氣粲呈象應天繞膝兒孫嬉舞綵齊眉梁孟迭開筵䘏鄰商施濟生惠學佛共參不老禪試識君門多福蔭椿萱並茂祝延年

孫君克明徵詩壽母薛太君清節可欽因作七律一首

卌年辛苦已全過回溯芳型當可歌鍼跡慣隨縫線密（子女衣服皆太君自製）機聲長伴讀書多（機聲書聲終宵達戶外）桂蘭培養文才著井臼親操歲月磨今日萱庭怡晚景桃觴進勸笑顏酡

辛未暮春和楊筱荔先生重游泮水

望重儒林齒德尊乍親聲欬語猶温梅園一席春風滿業繼龜山吾道存（其一） 令名美政同陳蹟留得詩書萬卷新黌序重臨循舊事公園會讌樂天眞（其二）

題自繪尺幅仕女

佳節重陽菊徧開美人情緒幾潆洄牽帷嬾向籬邊望爲怕秋容入眼來

遇哥七秩攬揆哲姪徵文爲壽爰效柏梁體作歌侑觴

南極星輝老人躔龍山之陽紫芝妍三徑林中有半仙長生修到古稀年歲當送臘迎春前鑼鼓盈耳聲喧闐桃觴椒酒齊開筵玉斝頻進咸欣然四代一堂瑞應天雲間忽聞奏管絃富兮貴兮壽綿綿矍鑠康彊福祿全文成七步邁名賢詩吟交推似青蓮清談娓娓不讓先公園茗品常流連慈悲學佛皈依虔救苦救難施金錢海屋添籌遐齡延大椿晉祝八千千

余不善吟詠間有酬和之作亦不留稿茲緣自述彙刊附刻甚少爰錄近時唱和詩數首藉爲點綴猶憶四十八年前送攬哥北上有句云作客豈嫌千里遠求名漫笑一官卑惜其前後俱忘之矣

壬申春季留春識

范熙自述

德馨居士姓范氏名熙字循理號維清晚號味青世爲無錫北鄉堰橋人係出宋范文正公三從姪孫郎中公之後第七世祖葯莊公以元世祖至元二十三年詔求宋遺士擢爲提督兩省學政江浙儒學提舉

維清六十七齡攝影

子餘學公至元二十八年任無錫州教授以生於杭州甘泉坊不欲忘其本故自名甘泉老人特愛梁溪山水築室於茅場里遂占籍焉迄於有明永樂時第十三世祖以文公始遷居高魯堰後改建爲橋遂名堰橋迨至遜清中葉高祖培元公曾祖敬言公祖文丕公父賚芳公均以耕讀工商爲業清白傳家有隱逸之風余以同治四年乙丑十月初八日巳時生於堰橋東街老宅年甫四齡母蕭太孺人即謝世年僅二十有八余以襁褓之年忽失所恃前塵影事不堪回首也慈母見背後余父旋娶繼母邵太孺人至同治十二年余方九歲始入塾就堂伯鳳樓公堂姊丈陳湘鈴及孫師笠甫家課讀以稟資魯鈍非百遍不能成誦十三歲時僅讀畢四書毛詩尙書十四歲始讀左傳十五歲先嚴命余至錫城

習紙業余性好讀書不願爲市井之人第以迫於嚴命不敢抗違祇得順從然究違素願心滋不樂以致臥病回家由是乃不再就商年十六隨從堂兄少虞公習醫讀素靈類纂及雷公藥性賦等以少虞公世事繁瑣無暇講教旋即幡然變計十七歲乃從葉誦清先生習舉子業始發筆爲文蒙師稱贊謂有造之資余因家道清貧日則訓蒙夜則自修非至三更不就寢是時祖母吳太君因足有廢疾常臥床褥余對床頭短檠讀書以破岑寂老人病中恒以此爲樂得以延年至八十歲而卒余年二十娶杜公瑞龍之女爲室幽嫻貞靜井臼躬操閭里稱賢越三載光緒十三年丁亥長子迪光生至十四歲夭逝光緒十七年辛卯次子迪康生此數年間余就館於錫城王仰之先生家遂師事先生並受業於薛席珍先生日間督課蒙童夜深自作制藝每至達旦不寐斯時學業稍進王師評余文有採芹不遠之批語後二年王師溘逝余復師事周季梅先生蒙周師屢加贊賞即薦至孫笠州先生家教授其子姪仰虞等三四人時長子迪光猶隨余附學處孫館二載余年三十二歲丙申受知於龍大宗師漑霖補入縣學逾年辭去孫館嗣後兩試秋闈不第光緒二十八年朝廷廢科舉興學校由是即與高公子鑒試辦蒙養小學二年斯時胡公雨人遊歷東洋回國組織師範傳習所招余加入研究余課徒之餘研求各科藉窺新學門徑越三年胡氏公學乏人胡公和梅招余襄辦兼教課請顧述之先生兼長校務余在校六七年得隨述之先生等講求教育雖無成績可言而亦稍見效果如張君桐過君科先胡君楨祥瑞祥鴻勳諸同學皆能青出於藍者也光緒二十九年癸卯少子豪生至三十三年丁未幼女友松生及長適西漳尤福淵民國紀元族

叔墨溪族姪信之宗姪雨人衡伯等提議修輯宗譜推舉余爲主稿余義不容辭勉盡義務課徒之餘兼司譜事者五年始蕆其事復以修譜餘款重修惠麓宗祠族再姪子禮等協力贊襄嗣因經費不足百方籌集余以阮囊羞澀僅捐三百餘金工事幸底於成厥後余辦曾益第九小學凡三年應錫城振秀女學之聘教授女弟子者二年嗣卽爲孫仰虞契棣延至其家訓迪其子女凡九年是時衞質文契棣創辦光華小學校招余兼任主講修身歷史少子豪亦在此校肄業乃寄宿孫館挑燈夜讀余爲之講授經史頗以爲樂民國七年戊辰荊室杜孺人患血症復罹風癱臥床年餘中西醫藥罔效至己未正月十七日卯時竟爾撒手西歸嗚呼荊室一生含辛茹苦未嘗一日安乃不獲與余共娛晚境胡天不假年遽促其生耶是時迪康適供職成都商務書館因辦事練達深得館主信任被委爲分館經理聞耗奔喪囘籍襄理喪葬後復挈眷至川三載後歸省余年方六十爲余稱觴並襄余爲豪授室余因著六十述懷詩七首迪康復隻身適往至今猶滯留川中人稱其樂善好施在川地頗負盛聲少子豪天資較優在吳江中學肄業每試輒前列時荊室病已劇豪亦以母病垂危常處愁城中後考入北平稅務專門學校在校時學冠儕輩爲師友所契重畢業後奉派膠海關實習年餘因奔走革命犯當道忌欲逮之繫獄當時數同志已就逮受非刑生命幾危豪幸聞風匿避易服潛歸逡巡滬上旋卽調派江海關供職迨實習期滿考核成績最優擢升幫辦斯時天上市圖書館乏人胡壹修先生招余承其乏公餘多暇輒吟詠以自遣著有德馨室詩稿一卷及北伐軍興余卽辭職以兒女婚嫁已畢且均能自立孫輩亦繞膝承歡足娛晚境迪康生子二長廣明次廣受女一川秀豪生子廣業廣明現肄業無錫中學餘或在小學受課或提抱襁褓中余向平願了既愧老邁無能無補時艱祇求家食自安優遊林泉聊以自適民國二十年辛未豪兒奉財政部關務署考選派赴德國考察關政時余避暑申寓忽接同案老友蔣留春丁仲祜兩先生來函倡議彙刊錫金游庠諸生自述余極表贊同然愧無善狀又乏異才祇述其大略如此綜余平生毫無建樹不事家人生產祇禿筆依人盡心教育授子女以無形之產粗能達其目的置薄田十數畝栽桑樹八百株得免飢寒差堪自慰勉力節衣縮食稍儲餘資願後人永存爲不動產權其子母以備補助祭掃與教育之費可耳

趙燮自述

子新六十五齡攝影

趙燮原名旭明字子新號弢盦別署峴堂無錫北里人爲宋太祖弟魏王匡美三十三世孫遷錫始祖松軒公十六世裔孫也生於同治丁卯六月二十八日曾祖諱金紳字南山妣氏宿祖諱沅字湧泉妣氏黃父諱榮椿字蘭皋妣氏張氏唐氏王累世均業米豆商界頗推尊之先父尤樂善好施見義勇爲譽聲徧通市燮係唐氏母生四歲遽遭失恃幸賴王氏母撫育成人七歲入塾從姚子暉師習蒙學八九歲從高旭時師讀四書五經十歲後從薛達夫陶志伊兩師講解左傳古文唐詩十四歲從侯翔千師習時文嗣侯師出門後從陸蔭千顧吟常兩夫子遊始才完篇應童試因墨汚見斥丁亥縣試列前茅蒙王益吾宗師取古學提覆見遺戊子翔千師歸仍受業其門己丑蒙楊春圃宗師提覆因鄰號搶卷牽涉又被擯棄庚寅七月院試嗒喪歸來適先父病亟行已停業虧短頗鉅先父詔燮曰汝一文弱書生恐難肩此重任余稍有薄產可分別抵負不足商親友協助之惟不可因此而遂廢學業必青一衿以慰余於九京也並囑兄弟四人毋遽分析須效郭宏文七世同居彌留時又諄諄詰誡辛卯六月又丁內艱服闋後納粟成均應甲午鄉試雖房薦堂備而捷音杳然乙未歲試蒙龍宗師提覆又以額滿見遺翌年丙申科案龍宗師仍以府十名取入上庠始慰先人宿願兩赴秋闈媿總不第旋以家累日增遂棄儒就商以世業米豆與弟輩創設隆茂萬有兩行經同業推舉爲總董時值清廷變法興辦學堂者欲捐米釐爲經費而普濟堂董温君明遠等適與府廟爭基地涉訟失敗以致搆成米業大獄燮身居領袖不得不暫避其鋒變易姓名隱身入粵此甲辰秋間事也乙巳夏在沈愛蒼廉訪幕中從同鄉華述之師習申韓學旋就南海縣虞和甫錢席繼就番禺縣劉慶鏜刑席丙午虞和甫調升巡警道總務科長紹介燮於王雪澄觀察爲司法科員兼預審處承審員同鄉許靜山世伯適在粵爲禁煙總局督辦又委燮兼稽查員兪仲還世兄復聘燮爲文明書局主任以一身而充數事鞅掌繁勞不遑暇處丁未春蒙王道尹保舉以州同分發廣東委用加五品頂戴宣統己酉王道尹交卸嚴孟繁以廣州府升署仍委燮原職嚴道去後劉道又委爲科長迨辛亥革命軍起燬督署晝夜防堵艱苦備嘗默揣省城無可立足適封川縣劉公崇須聘刑錢席屢來勸駕遂辭道署而館封川九月土匪蜂起因復囘省歲闌卽挈眷偕敖頌安姻兄及其眷屬同赴滬上寓海甯路南林里壬子春返錫又值隆茂營業失敗遂與三弟子初等重行改組添招新股商業漸趨發達迄今聲名事業日見振興未始非燮之策劃有方也囘思在粵八年米業團體未興學校因與同業陳君伯賢商籌公款創辦積餘學校并恢復崇正義塾分設崇實學校添建課堂俾北里

子弟可就近上學得免奔走遠方不致因貧失學今三校學生已有千餘人他日學成還當爲謀業務焉民國以來燮本無再入仕途意有粵省舊友在應季中省長幕中屢勸出山函電催促紹介燮於鎮江商埠警察廳龔玉輝廳長委爲二區分局長未及三月張勳南下實蓋山炮聲不絕局址位火線中秩序無法維持行李俱遭散佚自此而後絕意宦途不復有功名之思矣於是專務地方公益癸丑三月經無錫市民公舉爲市議員屢有建議直言無隱甲寅乙卯間與張君覲顔籌款購置蕭家灣義地十餘畝額其坊曰助葬會又在官產處價領皋橋義塚牆外基地十餘畝爲無主棺木掩埋之所並設善材局施棺以收路斃此爲死亡者謀安全計耳若夫流離顛沛饑寒交迫者到處皆是又與鄧君雲翔創設棲流所施粥廠於兵荒之際籌辦軍需米平糶米設臨時收容所救濟難民或貧助習藝以安失業游民此外如設立商團第十支會建築北六段救火會永濟龍宮創造雜糧公會房屋開闢菜場修築街道便利市民凡此諸端皆認爲分內之事也丁卯春革民軍來經各公團暨黨部推舉爲市政局長藉以維持地方當時賴世璜軍長率領部兵三千駐紮城廂內外戎馬控摠周旋其間不遺餘力旋奉委升廳長並發下土豪劣紳名單十三人封產抄家嚴拿懲辦經燮一一疏通方始倖免近居訓政時期地方自治亟待設施而北里公民又推舉爲北塘東鎮鎮長年老力衰毫無發展有負民衆希冀惟有及時退讓以俟能者燮妻王氏外舅宮桂公女生子二長啓運七歲殤次不育未命名女四長月英字蔡虎臣嫁期前一夕而卒次覺英字華少純爲繼室未及嫁已先亡三偉英四筱英均幼殤繼室吳氏外舅少石主簿陽羨望族女無出妾孔氏粵人以言語鮮通歸寧不返宋氏邑之新安鄉板橋人生四子長懋遲服務戚墅堰電廠年屆弱冠聘華氏猶未授室次志道憲邁慰蘆俱幼殤女韞玉小字雪英肄業女中師範未字同母弟旭照字子臨遷居滬上數年前卒遺孤三人均成立王氏母生弟旭旦字子初置新宅於南尖家稍裕旭時字子相碌碌無所短長仍居故宅伯姊素棣適沈子蕙張氏母出胞姊賡棣適江燮臣燮於友誼訂金蘭者有姚心翼侯乙笙江湘舲均年長其少者爲侯亦裴或病或亡值此離亂變遷徒增悲感同學中稱莫逆者有張望屺陸耀星勇師曾唐玉九陶秋程均先燮而化僅存者祇秦谷辰吳稚暉曹衡之許文伯侯疑始而已垂暮相逢唏噓太息無復少年氣概矣自念秉性剛直不免招尤甲辰之役幾遭不測幸見機獨早未罹厥禍今偶思之猶有餘痛天道好還報施不爽良心未泯是非終昭爲善不敢讓人勉承先德修行以留餘蔭論定蓋棺辛未臘月弢盦述略時年六十有五

陳綱自述

梅里居士陳綱字逸卿無錫泰伯市荊村人系出渋太邱長實公自宋學正台州守伯修公遷錫後子孫繁衍派別支分散處四方幾如星羅棋布明末白擔山澤于龔公分遷荊村已二百三十餘年曾祖諱廣

逸卿六十一齡攝影

基耕讀傳家祖諱武德字錦元急公好義勇於任事凡造橋修路關於慈善之舉無不極誠輸將嘗任幕府於蘇松常鎮間故先父松亭公一生在外遊幕皆先祖錦元公之力也母錢太孺人爲外祖振璋公第四女生子四女二長少卿國子監生遊幕皖省次三俱早殤四即逸卿伯姊夭逝二姊名賽珍適塘西呂麗生妻賈氏有神經病過門未及三年即去世余以同治十年辛未生於南延市之南莊外祖家十二年癸酉余方在襁褓時先君挈眷赴滬賃居於城內玉器街丁丑七歲入塾讀書日誦二十餘行三年後葩經已畢讀余兄不喜讀書父爲之擇業無當意者乃與人合股設一典肆於小東門外命兄助理之不意開張未二年因鄰居失愼遂遭焚如損失萬餘金余父萬分懊喪不得已挈兄至兵備道署習科房書記光緒七年辛巳余就學於浦逸山華翔谷浦潤卿華吉人諸夫子之門俱一時名士丁亥戊子間余年十七八在談氏書樓偕友三枚乘同學習作八股文己丑十九歲家居設塾爲童蒙師並從蕩口鄒鳳清夫子習制義是歲縣試觀場鄒師滿門桃李全年改作不滿三十篇余爲文好修飾而詞句未工屢試輒不利後由幹臣老友之介紹得受業於錢伯濤先生錢師謂余曰作文貴輕圓流利而一挑半剔實爲小試利器况風簷寸晷中閱文者如走馬看花若過事雕琢易起閱者之疑汝設再不回頭行入魔道矣余聞言痛戒前非遂走輕鬆一路發憤用功閱三年頓改舊觀師曰氣機順利將近爐火純青之候矣光緒丙申二十六歲縣府試並列前茅七月澄江院試果然獲雋是年赴滬與繼妻劉氏結婚戊戌二十八歲館於蕩口之華家灣七月男嘉謨生己亥二十九歲余父年六十有四久患氣喘痰飲症日重一日因急僱舟伴歸侍奉湯藥目不交睫者兩旬餘延至九月二十一日夜半氣息漸促竟棄不孝等而長逝矣號泣終宵苟延殘喘時余兄猶遊幕皖省聞電奔喪共襄大事一肩重任每恐隕越曩者余父常曰金錢已去徒呼負負家有薄田十六七畝苟節省日用汝等猶可溫飽祇緣由奢入儉斂縮甚難館穀所入時虞不濟庚子女蓮貞生辛丑三十一歲株守家園而余姊病故遺一子名渭賓現服務於上海書局是冬伯父子亭七十雙壽余回荊村祝嘏壬寅三十二歲余就館於甘露程盃泰家是秋應試庚辛恩正併科歸家內子適產後病痢未幾就痊而余又臥床大病醫治三月拼擋一空家計更形窘迫甲辰三十四歲余母回荊村小住偶攖風邪遽患噤口痢百計求治訖無效延至九月二十二日清晨棄不

孝等而長逝矣生無爲養死無盡禮傷哉悲感之下又染傷寒內子竭力調治病縱向愈而債臺又高築一層矣己巳正月就上海瞿家之聘以賓東不甚融洽遂辭去秋間在壽祥里設館訓徒聊以度日詎意運蹇時乖家中寄來寒衣盡被波臣侵沒幸賴友人臂助才得禦此寒冬丙午三十六歲與談友三設改良私塾於談氏宗祠斯時經戊戌變政朝野維新辦學堂者正如雨後春筍隨時努發六月余赴上海考入競存公學簡易師範科賴老友華子範之接濟始得畢業丁未任厚橋小學校長戊申秋家兄抱病返里旋即去世雖作幕多年毫無積儲余爲籌款料理後事宣統元年己酉女蓮貞爲瘋犬咬傷猝爲慘死年才九齡余在盛家橋任教務辛亥武昌起義鄉民恐慌秋間忽發大水釀成搶米風潮因是學薪無着時興仰屋之嗟年終後造住房突遭回祿幸在白晝前造得未延及然內子大受驚駭遂得怔忡症民國元年壬子四十二歲在堰下寶仁小學擔任教科癸丑四十三歲談友三爲縣立小學校長延余爲助教秋間余應竹橋頭鄒仲怡所辦小學校之聘甲寅四十四歲許湘濤爲泰伯市學委延余爲畢家橋小學校長是冬葬父柩於橫上新阡主穴己未四十九歲男嘉謨成婚娶沈氏辛酉五十一歲孫女錦霞生翊年孫男斌才生民國十三年甲子次孫鴻才生撫育二年岐嶷可愛秋間忽患驚風而逝乙丑五十五歲應張杜石仲瑜所辦振湖小學之聘延王志義爲助教渠頗精醫術余向之學習略得門徑秋間挈眷於塘莊義塾設館課徒兼爲人治病丁卯五十七歲往樹基上顧義莊辦理小學校戊辰五十八歲在荆村小學爲義務教員秋間在同仁典內爲周廉夫代館己巳五十九歲就館於竹場巷徐漢臣家是年冬內子又患產後痢疾兼生背疽內症外瘍同時並發不可救藥竟於十一月廿六日撒手西去鼓盆興嗟無時或已庚午六十歲就館於清名橋章治康家光陰荏苒倏已兩年教讀生涯徧嘗況味田園息影私願難償茲當同案諸君彙刊自述拉雜率塗藉留梗概云

孫毅自述

振初六十二齡攝影

毅氏孫幼字振初既冠字任遠別號刼餘生明初始遷祖龍江公由無錫懷仁鄉港下寄居天授鄉八士橋過氏母家旋卜宅於里北之河西居焉數傳至維甯公爲毅之支派始祖時公生五子幼曰見龍字友夔未弱冠補縣學生應鄉闈時詭譎誤寫諱未登賢書經房師私書招致勖以涵養時城鄉科第殊少以希爲貴友夔公多才辨喜與官紳近致請託者時有所聞維甯公心惡之謂傳家貴以耕稼爲本功名非家之福戒子孫讀書只求明理不必求功名垂爲遺訓故毅之祖若宗或工書或工畫多未顯於時而傳於世而毅先父諱鴻德字毓英值洪楊變革時奔走流離致未卒讀先母徐氏係澄江徵士徐霞客後明經孝明公長女生毅及姊毅室氏黃爲同邑國子監生士科公女生子三長名煥文先畢業於南洋陸軍衛生獸醫學校又畢業於南洋醫科大學改名奐字卓章次名鏡清畢業山東濟南醫校習業於滬上延澤等醫院三名賡清肄業山東濟南醫校女二長鳳儀適毛竹橋過學彰業商生子一女二次秀逢適楊亭諸光燮江蘇省立醫校畢業生生子二女二毅姊適橥門嚴金安生子一早卒毅六歲入家塾讀經藝十五歲執贄於貢生過翊虞夫子門下講經義學詩文十七歲冬月完婚十九歲夏初長女生九月母患咯血而卒當疾革時母含淚命毅謂汝父生平恒以未卒讀爲憾今汝體弱不能業耕可勿泥於祖訓仍宜勤學問博科名期成父志惟勿與外事而已嗣毅以守制不得應試暫兼習岐黃二十二歲冬季長子生二十四歲食館穀於他鄉父忽患腸癰重症朝夕往還省視室氏晝夜奉侍湯藥洗滌膿穢無倦容無難色閱數月父症漸痊心稍慰而毅始覺精神委靡繼乃氣體衰羸日甚一日二十六歲院試畢後見試卷評語甚優未及招取心益灰病益劇殆祖訓神靈不爽歟二十七歲春初次女生是年病無轉機無心進取經同學力促同行應試揭曉後幸列前茅嗣知縣尊於首場原定縣首因詩失拈抑置第三人自是每屆場期不得不勉强抱病而至迨龍宗師院試取入縣學生從此小試之煩苦告一段落聊克遵母言成父志仍以務稼穡不與聞外事期毋違祖訓而已是時念家道中落負擔非輕乃專心養病服獨睡丸佐以杯中物三十五歲次子生痛國勢日衰非尚武不爲功蓄志投筆者久之訪悉江甯開辦將備隱名投考人莫知者而毅臂骨曾於挽强弓時受損腕力甚弱承教官代請咨送江南陸軍第九鎮派充三十六標一營下士入下士特別講堂治軍事學經考列優等派充隊部上士辦理稟牘冊簿兼管餉糈事毅以介於不文不武之間心頗不懌上峯察知毅意先後調赴營部標部襄辦文牘旋升充是標第三營書記長是營係舊湘軍改編値總部議辦退伍統帶崇密令各營官退伍不舉辦逐次

開革可省國帑嗣營官金公招穀密議此事穀力言營兵全係湘人離家甚遠辦退伍則資遣回籍開革則令流落他鄉防肇變金公初甚韙穀言繼以統帶嚴催穀又力言請一令文爲據而金公畏威不敢言遂密令各部隊遵辦乃開革甫二三名全營譁變金與崇先後撤職及編遣事竣穀乃升署標部二等書記官甫匝月調任江南陸軍混成協總書記兼理軍需事是協公件甚繁紛兼署是協統領鍾以不勝其煩令穀對於公文獨斷辦理四十一歲三子生革命事起全軍移駐秣陵關鍾公赴滬購運軍火營中一切事務歸穀辦理而是營官兵滿漢雜處當時排滿聲浪甚激烈致穀處最困難之地旋全軍失敗穀隻身走由秣陵關經小丹陽太平府直趨蕪湖計兩晝夜步行四百餘里在蕪遇陳某挽穀居都督府襄辦軍務穀値力疲神萎託病而行乘輪至鎭江都督林命惠某招穀往襄辦軍需事穀告以須回家一行林公卽給資派護隨穀至錫居一晝夜準備啓程被駐錫步團團長秦挽穀在錫辦事當以桑梓關係一時熱於軍務者甚少遂留錫未果行旋由都督程委任二等書記官穀身在錫城被天下市議事會推舉副議長値袁氏號稱洪憲時任天下市小學校校長四十四歲爲長子成室娶貢生河南縣丞華文渭幼女名蘊貞係無錫職工刺繡學校畢業南洋勸業會給優等獎嗣續修宗譜以穀一人兼任其事未免有不愜洽處又議改建方村石橋是橋千百年來介於河道迂迴曲折之地往來大小船隻至此無不有行路難之苦是時穀適患腰疽恐附近人民惑於風水遂忍痛邀同地方人士爲之勸說卒將橋址移南十餘丈舟人無不稱便又募修芙蓉山殿宇經期年竣事四十八歲長子已生男三齡誤服木鼈而殤穀心多

懊喪遂赴燕魯歷任各師旅陸軍少校同等軍用文官所在部署計中央陸軍第九師參戰軍邊防軍第二師第三旅山東陸軍混成旅山東陸軍第一混成團山東陸軍第七混成旅輾轉任事十餘年惟穀久佐戎幕專辦公文對於訓練剿匪防守戰爭各時期內凡軍制軍規操課程序餉械糧秣官佐士兵夫役升降開補逃亡死傷騾馬稽核卹賞輕重匪案有無誣枉軍警兵民交涉有無偏徇戰防功過有無冒濫無不審愼凡主官有不及察者必婉言陳說期無過誤是以先後佐戎二十餘年幸免隕越所得成績則剿浙匪余孟亭案因臂傷保獎五品銜參戰案以同少校級獎歐戰戰勝紀念章剿濟南巨匪孫美堯濟北巨匪顧得林案先後保獎六等嘉禾章及薦任職此皆國家籠絡人心之虛榮五十七歲張某以異途出身而督魯遂南旋嗣後仍有函電招致者恐所遇不得如昔年之上下契合均未應召而穀居家以不問時事爲職志在外則爲餬口計謹守勤愼二字而已六十歲爲次子鏡清成室娶涇里顧孟渠女名競英係涇皋高小學校畢業穀之寄男名育馨字克承亡友朱沛霖子已故同案譜弟朱笏雲姪世居靑城市前洲鎭高祖芳字邦彥淸貢生歷敘縣丞曾祖舜陛字賡卿淸咸豐壬子經魁任浙江蘭溪縣知縣祖錫爵字少岵淸國子監生少岵子三長沛霖次笏雲次傳霖沛霖在錫城業商勤儉茹苦未享遐齡室王氏有賢德善理內政家道再仆再起笏雲遊庠婚配及傳霖立業婚配均係沛霖艱難締造而成沛霖子一女三子育馨始生卽寄名於穀今年及冠畢業私立無錫高中學校尙未授室而其三女已適寨門嚴安邦者序居次其長女幼女則尙未字均畢業女中學及競志女學育馨現已購置房產於銀祥橋下爲營業地建屋西溪下祖基爲住居地家道日隆皆沛霖積善之基礎也笏雲字縉卿少孤力學師友均器重之未弱冠受知於龍宗師取縣學生及瞿宗師歲試前列補增生旋畢業高等師範復畢業日本愛智醫校得醫學博士位返國後任江蘇省立醫校教員諸生無不感服其教授之誠懇而於診斷病情最精良且品學兼優一時名士莫不愛敬逾恆旋茹素嗜佛學卒以肺病不治年止五十一身後有室氏楊子一名汝懋甚聰慧女二長已嫁次待字茲緣穀與笏雲通家故附敘其事端以誌勿諼云穀長子卓章次子鏡清三子賡清均先後在魯粵甯各師團及軍校等處任上中尉中少校等醫務並醫務主任衛生隊長現仍供醫務各職

刼餘生之自號也以歷遭艱險故憶穀童年夜半家門大火倉皇向火林中趨出火樑砰然墮衣髮被焚幸未葬身火窟又食館穀於倪第返家後擬隨友人乘航前往已登舟矣遽因瑣務又登陸不果行乃舟行甫半時驚聞此舟帆折舟覆乘客溺斃者甚多救免者無幾是日穀苟無瑣事牽纏生死未可卜也又隨軍赴浙湖剿辦余孟亭匪案因公由湖州城徒步赴烏程之大錢鎭至歧途不辨路徑時將薄暮適有匪徒四五踞坐於歧途之神廟前不得已向之詢問匪人衆目炯炯將穀前後左右審視再四各露凶器詳細盤詰穀詞色如常未爲所困匪遂舉手指路徑穀敬謝之緩步徐行距數百步以外回視之匪踞坐如故也而穀驚汗不覺涔涔下矣追憶此時危害僅眉睫間耳越數日夜間適握管擬文稿探悉匪船將蜂擁而至營護誤扳鎗機子彈砉然而出當知彈着於穀之肘骨啓衣視之皮血模糊幸肘骨未大損此

時鎗口距穀不過二尺有餘如不着於肘骨卽穿胸腹而過矣穀之靦然在世眞乃餘生耳又在嶧縣時有團長吳某邀穀赴宴穀意乘第二次棗台車而往經嶧紳孫某堅邀穀乘第一次車而行及宴畢欲回嶧驚聞第二次車司機乘客被匪殺傷數人被匪綁去七八人跣足亡命而逃者盈於途穀設執意乘此車雖死傷莫卜飽受虛驚不少矣又在平原因公乘津浦車赴禹城有團長劉某約穀乘下午三時車同至平原穀以避嫌刼之卽先二時而行旋悉三時之車離禹城數十里被匪四面包圍槍彈如雨幸有援兵得出險官兵商民頗有死傷者穀幸未遭此厄歷溯往事夷險僅一念之間往往爲之心悸云

溫其玉自述

其玉姓溫氏號筱庵一字潔如系春秋時溫季受姓而後大江南北世有分支自明正德年間鳴竹公諱鳳自浙湖來徙於錫因占籍焉祖居西郭外倉街口世業商曾大父儀州府君諱鶴皋大父子綸府君諱寶經父頤庵府君諱錫年母氏虞系薇山先生二十六世孫㫤照公次女於清同治九年庚午十二月初八日生其玉於懷下市嚴家橋寓所玉下有二弟一妹弟業商妹適同邑余早世妻氏湯同邑耀文公長女無出撫猶子爲己子名懋德字吾馨號益蓀經商滬上孫一名鼎勳字定華幼讀余十二齡以前就讀村塾同流合污嬉戲無節先君愸焉憂之乃朝夕督責親自課以四子書註必全讀讀必爛熟故至今他書已全忘獨四子書猶能背誦也年十三始城居負笈於陳志初姑丈門下問業於肇卿表兄暨朱惠孚先生後又受業於陸靄如夫子門下先君因吾族自從伯祖榮培公遊庠食餼洪楊之役督團禦寇殉難嗣後書香莫繼故對於玉之期望綦殷無如生性怠惰耽情逸樂以致所學一無成就

筱庵六十二齡攝影

至年二十七始青一衿是歲適家君卜築住宅於含秀橋直街繡衣坊左側囑令主其事本無意於院試矣族弟雋生迫余同舟赴澄余以上案提覆幾得而復失早想棄讀就商不獲已仍肄業陸師家居授徒者三年又就館於外者四五年兩度秋闈非作妄想亦藉以遊玩而已後科舉廢而余亦改業年三十五就城西保仁典經理一席從此藝圃荒蕪硯田拋棄廁身闤闠二十餘年閱盡世態炎涼人心險惡滄海橫流不知幾經挫折形同槁木死灰興趣蕭然矣己未年五十是歲夏秋之交疫癘甚熾先君年七十有三耳目聰明腰脚強健遽於七月三日染時疫急延中西醫晝夜診治奔走呼號不克身代延至十四日黎明棄不孝等而長逝慣享蔭下之福一朝失怙痛苦可知乙丑年二月爲益兒完姻娶西河里孫觀海之妹玉方爲婦適值殘冬蘇軍禍錫奉軍駐城風聲鶴唳草木皆兵保仁一二兩典爲土匪乘機搶掠損失不貲正從事清理心煩慮亂草草將事差幸舉室團圝時局亦稍甯靖胸襟略爲寬暢詎意家慈年七十有八抱病經年多方醫治無法挽回遽於六月九日又遭大故風木啣悲終天抱恨從此精神日益衰志氣日益徽欲尋曩時之故友舊交再作少年行樂春夢不可復得歷數通族諸父老亦凋零殆盡所幸己巳年族兄晉賢念及我族遷錫至今已將三百年尚無譜牒堪稽迫余從事纂輯奈余素乏譜學門徑勉爲蒐集詳加探訪徵求傳贊等事因陋就簡編成四冊作爲家乘以昭示來茲刊訂甫竣而晉賢遽逝稽我先世高曾祖考多皓首龐眉逾古稀望九鮮六十下者降而至今余年纔六十有二已爲一族之長可慨也夫余性恬淡不慕榮利爲人謀無不忠與人交無不信不知塵世有機械變詐事加之耳聾口絀碌碌庸庸毫無建樹回溯平生衾影懷慚一無善狀可述重以同案老友蔣君留春丁君仲祜發起在庠同人自述彙刊并先示以所著程文爲式既承雅命無可藏拙拉雜而直率述之

民國二十年歲次辛未秋季溫其玉潔如氏自述

孫譔鴻自述

祖羲六十一齡攝影

孫譔鴻字祖羲一字祖潛無錫人唐金吾上將軍忠貞公諱萬登三十五世孫也自八世祖候選州同知慎菴公諱繼遠於清初由安徽休寧遷錫傳至高高祖蘅塘公諱洙乾隆辛未進士直隸大城盧龍山東鄒平等縣知縣庚辰壬午兩科山東鄉試同考官著有蘅塘漫稿詩入梁溪詩鈔輯唐詩三百首通行海內妣氏薛直隸州州同摺陛公振采女繼妣氏徐名蘭英工詩善書載邑志詩入梁溪詩鈔御賜江南女士印章高祖少白公諱光顧邑庠生考授州佐妣氏王爲山陽望族嫻於禮教曾祖和叔公諱燮恩貢生就職直隸州州判妣氏周庚辰經魁福建武平彰化等縣知縣永保公女祖馨塘公諱世顯道光己酉科順天鄉試挑取謄錄候選州同知咸豐庚申殉難奉旨賜卹入祀忠義祠妣氏王邑庠生尹壽公女父誦言公諱守銘增貢生鄉飲大賓選用訓導著有凝香書屋叢稿詩列續梁谿詩鈔並近代詩選從祀孔廟致齋所報功祠惠山尊賢報功祠進賢橋清節堂報功祠母許太恭人附貢生候選州判孟遠公諱宗愼季女生子女四長即譔鴻誕於同治十年辛未八月初一日卯時次諧鴻優增生光祿寺典簿銜東河効用奏保縣丞三詒鴻佾生於民國十七年病歿妹蓮如適優增生日本弘文學院師範科畢業華國銓　述家世之大略

余少時受庭訓讀經史習詩文自發蒙至倖獲微名皆先君親教之從未一就外傅先君以父道兼師道督責嚴而期望切自光緒己丑應試後每考必與余於考試多不利至乙未歲試蒙文宗龍公湛霖提覆仍未獲雋深自惶愧考名向未更改迨至丙申科案易以今名是年院試移秋間仍受知於龍宗師補博士弟子員余妹倩華叔衡國銓亦與余同歲游庠鳴鑼報捷係八月初一日適値余之生辰先君喜逐顏開而余懷亦稍慰耳自後三次赴秋試丁酉壬寅兩次出房均未獲售及後領出試卷知主試評語獎掖倍至奈文章憎命與先君乙亥滿薦己卯壬午堂備均僥得矣而累失之此情此景適相吻合噫人摘巍科以去余則一衿如舊寧不自怍乎　述考試之屢躓

余一介書生家無儋石儲身無立錐地奔馳卌載空有雄心潦倒半生聊以餬口苦極恨極洵乎知謀生之非易也然余以爲在昔科舉時代猶爲彼善於此其故何歟蓋既爲讀書人凡遇考試畢竟有希望即在居恆亦不無補助邑中故有東林書院錫金輪月課士官師並重余每屆課期一題必作三數篇往往以平淡無奇之文亦獲頻列前茅甚且忝居首選而所得膏火不在少數良有裨益比之毫無生機者似稍活潑矣而今安在哉不禁爲之慨然　述寒素之苦情

余先室趙恭人少余二歲爲庭三公槐女年二十來嬪工刺繡曾以鍼黹所入爲余添置暑衣相處五年餘遽去吾而歿生女甫八月長適單級教授練習所畢業檢定教員王國楨先繼室許恭人長余四歲爲義卿公文鎰長女長身玉立好栽桑育蠶獲利以償夙逋于歸不及五年染病至垂革時仍神識湛然云吾欲往趕爲我穿衣服穿畢即攸然而逝生女二俱殤烏乎中年喪妻大不幸事余於七年之內琴絃兩折葢復何堪況多情奉倩未免神傷即達觀莊生豈能意解天長地久有時盡此恨綿綿無絕期千古傷心之事孰有甚於斯者再繼室顧氏少余十歲爲冉欽公求藝三女精女紅主中饋躬勤操作長於治家今茲五十一齡往歲余周甲不稱慶曾自壽一聯曰念夙昔遭家不造兩度悼亡而今貧賤夫妻此倡彼隨六秩五旬成偕老憶生平厭世已深百般消極倖屆艾耆年歲懸弧設帨一堂雙慶且緩行當時寫而懸之廳堂藉以示意顧氏生多育少留子二長子昌桐中學畢業生現供職銀行界並有孫男一名熚曾次子昌枝在省錫中肄業　述門庭之概況

余當光緒季年以佐寧垣帥府劉忠誠公辦理文案出力奏保訓導試用加五品銜賞戴花翎後以雙親已屆高年決計侍養家居辭職旋里歷任教課粗能盡責無隕越虞徐州中學聘爲舍監兼教員余亦以親老不便遠離堅辭未就當是時也以爲堂上春秋正盛康健如常定可常承色笑不意丁巳年八月二十七日先母見背享壽七十有三歲至己未年九月初二日先君復棄養享壽八十有二歲於戲終天抱恨罔極生悲泣母之血未乾哭父之淚又下三載之中連遭大故可勝痛哉猶記故友朱君惠孚輓詩首

二句云陟屺兼悲陟岵篇感懷吾友大喪連誠哉是言也　述侍奉之無狀

余自游幕歸在里就教育生涯凡各紳家延課其子合則應聘皋比忝擁師弟極投契或七八年或五六年或三四年從未有一二年而即已者清末公家厲行興學廣爲儲材余亦因時制宜舍彼就此民國二年八月任無錫縣立工業學校國文歷史教科民國四年八月任麗澤中學校國文課民國五年八月任女子美術學校高等級國文民國六年一月任致用國文英算専修館國文民國七年一月任翼中女學校高等級師範科國文歷史教師民國七年八月任華英中學國文教師余於文章史學一道雖粗知一二然忝任教務多歷年所不免素餐致誚輒以未得深造後生爲憾耳此外爲公益而盡義務者如民國十年二月無錫縣知事照會董理清節堂事尋被推爲救火聯合會評議員中區九段救熄會監察委員無錫縣佛學會會員碌碌數載成績毫無良用愧恧蓋類於南郭先生之濫竽充數而已不值一笑　述職務之忝任

余年四十有九時一日正在午餐忽患劇烈腹痛扶持就榻輾轉反側寢不安席請西醫錢保華診視目爲急性胃腸痛復延王海濤覆診調養逾兩月而愈自茲以往初僅間年而作繼則每年必發後乃時發時止得食則安求治於中西醫或謂中虛胃痛或謂神經衰弱或謂神經性善飢症逢醫便問有藥必嘗然卒無能治者嗣閱滬報見有立止心肝胃痛名一笑散急往購備試服果爾即定比年以來凡症作時惟服一笑散以止之然不服則病如故幾成藥癮無任懊憹但以病既不去故不得不取之以度吾生也

迄今十三載苦楚倍嘗病根未除安得一止而痛不再來好人只怕病來磨信然哉　述病魔之久困

余生平抱志願而未達目的者如修譜一事余家譜牒自道光庚寅重修後迄未興修近數年來本房志岳叔祖纂修統譜先有同姓泰啓等在祠合修旋查得彼等上世之支蜹錯雜後系之異亂非常大背吾祖譜例知非嫡派且廣收螟蛉從中取利尤屬有乖祖訓因不得已囑彼另自修輯詎彼於叔祖所創之祠鳩佔不去余與弟不辭勞怨隨同叔祖數與交涉彼始出外編稿散譜此中艱難險阻備嘗之矣今吾孫氏嫡派統譜正在考訂關係至爲重大所望各宗族同心協力俾得早觀厥成也　述志願之待酬

余本庸才罔知文學間以興之所至卽筆之於紙成爲詞章昔陶淵明五柳先生傳云常著文章自娛頗示已志今余才德不及其萬一而願希蹤往哲焉余生平拙作如孫氏名人事略孫氏科名宦望表以及芸窗雜箸師竹居稿等類雖已載入錫山歷朝書目攷然自慚學淺不善文辭覆瓿之譏知難免矣匪惟此也間有過時之物不合於俗閡之生厭已如明日黃花但以留示後世子孫則開卷了然亦足以備參考而資佐證俾無用化爲有用如是而已　述生平之拙著

余晚境多遻衰病相迫與死爲鄰蠖屈一隅每不與通人相接唐人詩謂多病故人疏是也追念曩時丙申科案諸同學今已半歸道山殊爲悵惘因與弟發起丙申辛丑合組同案會以民國十八年雙十節召集同案諸友會於惠山公園攝影聚餐傳爲佳話當成小詩四首徵求賡和辱承不棄葺惠佳章早經排印成編遍贈同人矣是年席間議及明年今日宜有賡續且預指會所爲小蓬萊山館故十九年雙十節

舉行同案雅集地址在小蓬萊實踐前言以重息壤此後丁君仲祜蔣君留春爲徵集在庠同仁自述彙刊於二十年雙十節特邀闔邑耆英碩彥會宴於鐵路飯店亦一韻事也嗚呼黃菊朱萸年年作約暮雲秋月歲歲聯歡既有以開其先復有以繼其後垂諸久遠豈不懿歟　述讌會之倡舉

余觀今世文明國主張社會集合於家庭集合不甚注意故兄弟分居習以爲常彼以爲與其合而多乖孰若分而自得詎知國家進化同國之人猶務團結况手足之親乎余兄弟故同居平時爲一事則彼此告語共同討論凡里巷有酬應及朋儕有晤接到處必偕弟後兄前如影隨形毋紊次序不事勉强不加裝飾彷彿姜肱之遺風豈有他哉殆其天性然也余詩有曰天然良伴侶卓爾出風塵又曰家庭樂事敦庸行兄弟怡怡到白頭其謂斯歟　述手足之至好

余今年花甲已過回思一生勞碌至此始食息家園含飴弄孫敍天倫之樂事啜茗會友適晚景之餘閒詩云優哉游哉聊以卒歲余之得有此日所謂比上不足比下有餘也特愧虛生人世建樹毫無且久困病魔筆墨荒蕪於文藝一道已拋棄淨盡不得已而勉力搜索瑣瑣屑屑拉雜成篇合法與否在所不計矣　述遲暮之樂趣

附六十自述聯語於下慕父母終身奉養服勞敢矜細行承先人志向纘累代書香搔首而問彼蒼此生無忝作馬牛半世南轅北轍自愧庸材慨阮籍長貧痛維摩善病知命以安我素至死迺休

民國二十年辛未嘉平月孫讓鴻祖羲甫自述於存古齋時年六十有一

過丙烈自述

丙烈姓過氏原名祖述字永保號永伯別署芙蓉山人宋徐王郡馬孟玉公二十四世孫也高祖諱棟曾祖諱光照同列邑志孝友傳祖諱鍾偉以世父封昭武都尉詩載續梁溪詩鈔父諱兆震武庠生貤封宣

永伯六十齡攝影

武都尉母氏徐外祖崇祀忠節祠錦美公次女封恭人清同治十一年壬申正月十八日丑時生丙烈於芙蓉山麓之八士橋郡馬公扈高宗蹕來江之南賜第無錫黃藻里八世祖諱巖遷八士橋遂世家焉吾父生三女二子女兄適張適裘適浦弟祖蔭年二十卒未娶以季子守道後之吾母稟氣殊弱子女皆自哺乳丙烈生而荏染年四齡尚不能步歲首吾父以親朋賀年名刺指令辨白一日識八十餘字遂抱置膝上日授詩經謂韻語之易於成誦也五歲以往從族兄翰起先生律君先生表叔方雲九先生讀十三歲畢十三經由從祖逸虞公教以史漢文集并指授制藝試帖十五歲丙戌始應童子試無如體羸善病精神疲苶思量過多輒夜分不寐擬棄書讀律因族叔玉書之介委贄於蕭山史先生

之門十七歲隨師抵汴幕游兩載浪跡山水間於律例未加注意蓋少年時遠違庭訓斯耽於逸樂矣十九歲母病歸省十一月室人徐氏來歸徐爲吾家舊戚外舅晴洲先生足迹遍海內暮年需次兩浙時已作古而眷屬尚在杭也結褵十八日而先母見背慘遭家變憂居閭里父命受學於徐頌遐夫子仍事帖括焉甲午曾作金華之行參王子華太守之幕乙未四月足疾甚旋里療治適逢歲試而郡縣已不及與在澄補卷始入院場提覆後仍被擯棄丙申補金匱縣學生年已二十有五矣自先母喪後吾弟繼之以去吾父迭受悲感卽患怔忡之症小子終鮮兄弟身任定省不復遠游然與鄉人士以文字相劘切又無歲不病涉獵古文辭縱覽諸書掩卷卽忘歲月因循終無心得壬寅應金陵試疾作幾殆從叔書侯買棹伴歸致叔氏亦未終場十一月吾父偶染中風遽爾長逝喪葬事竣室如懸磬先君素好施與里中救荒賑饑造梁治塗諸善舉靡不倡躅爲之罄其囷篋不足則質產以繼所業釀坊主計者失其人折閱殆盡用是日益貧丙烈無謀生術更不覓一錢苦塊之際幾不舉火時史師攝兩邑刑幕王君篔湖潯權局計去交函促駕又以椿萱並謝心志灰絕且先君遺債纍纍急宜清理籌償以免遠行避負之嫌決意却之惟家無擔石室有四兒爲餬口計靦顏作童子師以館穀資米薪以先人手植陌上桑三千餘本督人耕穫度其年利分先後以償宿逋雖甑釜塵生不侵此款行之數年與債權人從未爽約服既闋科場制廢丙午授教於榮氏公塾冬間提學使者以貢職在蘇試士應之取一等職經蘇撫咨部以巡檢分發浙江部文遞至洎戊申夏季攜浙繳銷此後未去問訊在榮塾時族人發起設蓉北兩等小學以教務相屬丁

未正月將榮塾辭去於是主講睿北者十易寒暑民國初元市人又以興辦鎮村小學事相責不獲辭勉兼任之旋卸去教課專事學務至十二年七月始得罷休屢有他就輒爲市人所阻十年來釐訂教程力求養正而於童子切身地方風紀未見稍有成效無裨實益徒擾閭閻謬膺教部獎章以去負疚實多民國四年三月爲長子守常授室娶郡庠生顧寶珏長女時守常畢省立工業土木之學省委籌備江南水利局轉治江淮其明年經交通部錄取鐵路人才派津浦北段工程尋兼滄石路工交部給一等獎章歷七年調膠濟九年二月次子守正成婚娶西鄉徐啓釗長女守正於是年七月畢業北洋大學偕趙君德三創辦烟濰路三載告成交部獎一等章遷膠澳商埠工程十年二月三子守一行婚禮娶同案榮善昌長女守一於八年七月自東瀛歸國應法官攷試及格入司法講習所是冬期滿補福建閩侯推事明年晉奉天瀋陽庭長授二等嘉禾章踰五年由奉調蘇十六年十月次女守琭出閣適同案黃元杰四子東吳畢業生圻年才十七僅畢景海初中十七年四月四子守道成婚娶縣學生鄒家麟長女守道於十三年七月畢業通才商業專門任張家口華威銀行事是年五月徙江蘇農民總行七月長女守珏畢業景海師範十二月適周亮祖長子大夏畢業生賡頤不才生於壬申至壬寅而先君棄養居蔭下者三十一年授徒生涯始於癸卯至癸亥而退居空谷耕硯田者廿年有奇癸亥以後朋舊之以事招致者均婉謝之非淡於榮利亦惟爲藏拙地耳所得月薪不值一醉兒女婚嫁學費藉守常所入以輔佐之不致捉襟肘見自癸卯爲始凡日用取與筆之簡册纖屑不遺年杪總核郵示諸兒卽兒曹在外自入學至就事各令詳記出納歲時具報亦所以防其不義之取非禮之用也生平麤糲果腹屏除菸酒所不應費者其遊資乎一館營生艱辛若是而每歲預算必提旅費以爲備兼以室人幼時頻聞外舅歷述山奔海立可驚可愕之狀深爲欣慕繇是歷年寒暑假期偕游吳越燕趙齊魯諸名勝探奇索幽訪搜古蹟不少倦嘗冒雨同登泰岱扶病同赴青島敝篋鶉衣無端奔走人往往非笑之不顧也今年且六十遺債漸能清償孫輩有男四人而屢空則依舊也僻處荒村與木石居每於夕陽西下時逡巡阡陌間與荷鋤野老共話桑麻諒我者謂我無聊鄙我者嗤爲廢物毀譽固不必問而於社會無所建樹於學業無所著述讀書不成讀律未終清夜夢覺其愧恧之心究不能自掩也已民國二十年九月一日述

錫金游庠同人自述彙刊　過內烈　丙申科案　二

榮善昌節略

吉人先生世居無錫開原鄉爲先賢榮子子祺之後裔其族累世務農自清道光季年華洋通商間有賈於滬者父汝棻增貢生精醫理爲人治病輒獲奇效伯父汝楫咸豐辛酉拔貢文名甚盛尤工制藝詞章設館授徒一時榮氏英俊相偕就學如光世彬葆緒光鼐培學守緒守廉汝栻本一先後均蜚聲庠序而先生亦於光緒丙申得采芹焉既游幕山東居停履吉大令同族也旋返里任本鄉學務員竭誠勸導風氣大開於是宗敬德生昆仲倡辦學校而先生遂任公益競化兩等學校教務并大公圖書館館長嗣復任職於上海茂福申總公司常州申新第六紗廠母氏毛弟棣輝元妻華氏生子金聲繼妻朱氏過氏生子不育金聲現服務於茂新麵粉廠孫玉德肄業上海大同大學先生誕於同治辛未五月二十一日今年已逾周甲近患胃脘及膀胱病求治經年時愈時發茲又就醫滬上其於撰箸自述同人等既不能催促而又難久待爰擬節略聊供參閱云

吉人六十一齡攝影

錫金游庠同人自述彙刊　榮善昌　丙申科案　一

薛葆煌自述

緯亮六十齡攝影

薛葆煌字蕙良亦號緯亮世居無錫北鄉禮社鎮父克家府君國學生母丁太宜人兄葆沅優增生有弟二俱早殤有妹二一適常州顧一適葑莊楊妻孫氏武進孫家宕子瑤公次女余生於清同治壬申年十二月十三日卯時六歲先父授讀資性甚鈍入塾後塾師謂此子不宜讀書而先父期望甚切不令輟學計從徐耐餐楊頤君族芝塘永甫諸夫子讀書從族藹吉夫子學作文頗蒙稱許又從族章甫夫子批文覺另換一番境界辛卯夏又從僑寓常州之婺源孝廉黃組雲夫子標批改認眞於八股詩賦始漸有進境甲午十月黃師履壽昌訓導任仍從批改每值安陽書院月課輒作四五卷又得家兄切磋乃大有進步丙申年縣試金邑尊王少谷夫子拔取第七名龍宗師科試以十三名入泮瞿宗師歲試列一等四名未能食餼壬寅年補行庚子辛丑恩正併科鄉試中式第一百四十六名舉人房師爲嘉定邑尊章菡亭夫子鴻森春闈假闈汴梁兩上公車報罷丁未年與楊君少平嚴君堯欽入都應舉貢會考列二等就職鹽大使簽分兩浙偕武進鄒君立如於是冬到省暇與沔陽金聘儒雲南陳少階閩侯蔡獻峯鄭伯琪常熟胡樵史宣城周冠生吳江范葵臣江西胡衡如諸君徜徉六橋三竺間皆以舉貢就職到省者時總鹺爲上海王耜雲都轉召集新舊鹽務人員加以考試宣統元年正月奉委紹鹽局文案委員局長爲宜興楊君恒辰局在紹興城內包公祠包公仲瑜以會稽典史殉粵匪之難者是差無所事事甚非所願是年秋入都供職郵傳部錄事繕摺兼詣內閣領取諭旨承政廳廳長周峋芝先生深加器重民國二年入津浦鐵路局歷充總務警務營業等科科員民國四年秋被裁返里自念生性迂執不合時宜從此息影田園絕意仕進惟以事親課子種竹栽花爲職務詎民國五年正月先君見背六年九月爲大兒鼎琦完婚九年二月生孫女采南十月兒媳孫紫芝病逝十二年次兒守琦畢業於第五中學忽患肺疾於八月間逝世十三年爲大兒續娶十四年孫女殤七月先慈染疫棄養十六年革命軍到錫有不慊於余兄弟者肆意誣陷後亦無恙十七年正月長女綬珍出閣二十年八月大兒經理之永盛公司停業九月間兒媳孫喆華產後病逝有孫三人虎文熊文鶴文變故迭遭心緒益覺惡劣因念先父治家嚴肅性情鯁直勇於爲善遇造橋修路等事尤當仁不讓每以曾文正公治家立身之道諄諄訓誡惜今不聞此語矣予尤喜研究大玄空學嘗以心得驗之已往歷歷不爽見有大言不慚之地師必與辨論指斥其謬誤六十年來飽經世變自慚庸碌無補於時惟有皈心佛乘以冀懺悔愆尤著有丹桂室文集詩詞聯語待刊

張時良自述

景亭五十九齡攝影

張時良字景亭無錫北鄉洛社人始祖宋文節公自河南遷於洛社北張巷即世居焉先祖光瓚公青年即世先祖妣朱太孺人茹苦守節撫養先父家修公成立年七十五歲而卒由三院彙題旌表節孝民國九年復蒙大總統褒予志潔行芳匾額母許氏生良於同治十二年二月十六日子時大姊嫁同邑縣廩生崔菊軒二姊嫁同邑上海廣方言館算學科畢業生丁雲卿妻余氏子一允震國立北京工業專門學校應用化學科畢業媳同邑謝蕙卿長女女一允莊江蘇省立女子蠶業學校蠶科畢業孫男一守一方幼讀孫女一守謙纔週歲

余家累代耕讀故先父家修公勤治農務并設館授徒以糊口時大姊年長已能助治家務余四歲即隨二姊入塾先父并不以余稚而稍恕且督責綦嚴余亦性之所好咿唔成誦時人皆以夙慧譽余實過論也自是詩書禮記依次講受其後先父因事不能兼顧即請武進楊孝廉繼之孝廉講解明晰循循善誘故同塾學友都爲當時俊彥時歐化漸東新學昌明先父即命余赴上海廣方言館就業專習數學一科是校即在兵工廠內故凡機械化電等科皆有專家之指導數學總教授爲留學歐洲畢業生學術淵博數理精通爲時人所敬仰余等春風時雨誠如浸潤於氤氳和氣中歷時數載得獲新知識不少光緒丙申回錫應試以數學第一名受知於龍宗師補入縣學生時年二十有二也

自是即家居讀書再求上進先父恐在家俗務糾纏命余居鎮上開利寺東院僧舍埋首苦讀隔二三日先父必攜肴饌來寺同餐如是者年餘余愧秉性魯鈍未能有所成就及今思之猶不知涕淚之何從也閱年己亥江督劉公坤一專函來聘即束裝赴白門任江南格致書院數學總教授劉公之孫亦執贄而受業焉歲辛丑先父謝世即辭職歸里丁未里人共創養器學校余盡義務任學務主任己酉浙江高等學校專使來聘擬任爲數學總教適丁母喪未果行辛亥革命後由萬安市議事會選任爲本市學務專員翌年復選任爲本市董事民國甲寅蒙無錫縣委爲萬安市副董市政本非所學蕭規曹隨幸免隕越耳辛酉復任爲本市學務委員丙寅洛社商團成立被選爲無錫商團洛社分會副會長戊辰被任爲本市市政籌備員及建設員等才短心長終日碌碌未得有所建樹求欲如往日埋首苦讀東院者不復可得矣

余家本寒苦洪楊之役全村被焚後就原處建屋三間以蔽風雨而若者書室若者臥室均有條不紊蓋先父固一風雅處士也村後小溪一曲養魚千尾宅前清水一塘菱藕徧蒔余自辛丑歸里後亦一承先

志奉養母氏桑蔴田野時與老農相談故事或攜書數册徜徉於綠水濃陰間研求舊學并函請旅日知友唐公在禮購買數學專書數十種以爲揣摩焉

曩於光緒甲辰以所居太隘遂鳩工建屋三間卽今之廳事是時男允震女允莊均生老母年七十精神亦頗矍鑠家門榮幸天倫懽樂無過於此然余自奉頗儉晨起除白粥外無他物飯時亦不計葷素服裝純樸亦不拘而於子女之教育則雖變賣以助其成在所不惜蓋余既無產業以遺吾子女吾當爲其謀畫一豐富之技術俾可永久噉飯也允震授室後曾連舉三男惜次三均夭亡余心滋痛耳年來國事蜩螗人心澆薄社會諸事愈不堪聞乃退而謀攝生之術冀怡養天年抱璞懷瑜以期無玷人品林泉壑谷卽我之歸宿處也諸君子言行學問均爲世推崇得附驥尾於願斯足謹追述往事率直書之筆墨未工所不計也

黃元杰自述

卓儒五十九齡攝影

黃元杰字卓儒系出東漢尙書令文強公諱香後二十九傳至穀溪公諱負孫遷居無錫城塘里子孫建橋名以黃公卽爲黃公橋支越十傳明歲貢生碧山公諱桂載遷南塘老窰頭爲南塘第一世祖九傳曾祖諱錫爵世以耕種摶埴爲業遜淸嘉道間民生敦龐人事簡樸家庭雍穆頤養天年壽至八十九而歿祖諱如松繼承先業亦以耕陶傳家父諱鴻逵秉性儉素寬和容衆每遇外侮輒忍受不校畢生節縮衣食具積資產母鄧氏相夫立業鄉里稱賢元杰當呱呱墮地之時先父年已四十先母年已四十有二矣元杰生淸同治十二年十月二十二日卯時七歲入塾讀書質甚魯非至百遍不能背誦年十六五經尙未讀畢時延沈吉甫先生設帳於家之橫林隔水樓十九出就外傳從范師衡伯秦師鼎臣楊師心栽先後凡六年光緒二十二年丙申龍湛霖宗師科案拔取古學入邑庠年二十有四時先父年邁多病家務悉諉諸元杰元杰責無旁貸遂不復專攻舉子業矣二十七年循秦晉賑捐例由附生報捐貢生復遵照新海防例報捐復設訓導不論雙單月選用並分發委用十一月赴蘇攷驗合格分發鎭江府屬聽候挨次委代三十一年十一月奉鎭江府知府承札委代丹徒縣學訓導會更學制罷科舉教官無所事事代任期滿卽交卸回籍斯職旋亦裁撤矣元杰轉就實業冀得有所發展爰於三十四年以先父餘貲購得南門外南水仙廟左近基地一所建振南堆棧民國八年又購置水仙廟右旁公溢堆棧改名振溢嗣以絲廠業多發達振南棧旁有隙地復於十一年八月鳩工造振元絲廠附以住宅顧元杰於絲廠一業心長才短冒險進行自民國十四年迄十八年獨力經營五易寒暑祇以佐理未得其人終至失敗負債累累元杰年將六秩廻想前途功名等於浮雲事業倏爲陳迹際茲時局丕變世風極奢目前之境遇難保遑計將來之榮辱乎妻朱氏爲邑庠生丙燚公長女子四長頌平名均媳廩貢生曹贊勳女繼孫蔚山女次君式名型媳朱賡堯女三錫俟名圭媳教諭劉贊南女四澄之名圻媳附生過丙烈女諸子自授室後咸就商業女一名正坤適何星齋孫男六孫女三均幼先是元杰有姊名金鳳長元杰九歲父命入塾讀四子書粗知文字並嫻算術代父管理賬務未出字也元杰年十六先母鄧氏見背先父不欲續娶越二年卽爲元杰完婚是時外有嚴父創立基業內有賢姊主持家政元杰得安心求學藉博科名詎意事變突生吾姊忽焉病歿年二十八歲時光緒十八年八月二十六日卯時歿之夕元杰得一夢至今猶留心目中元杰彷彿入劇場戲臺似廟宇左右均有看樓惟右樓接有廂房甚長而左則無其時尙未開演忽左樓坍塌戲臺及右樓與廂房均無恙正詫訝驚醒而吾姊適於此刻歸眞奇矣元杰

自維此夢明明示以先兆戲臺爲主體先父也左右看樓爲附屬先姊與元杰也右樓接有廂房爲示元杰有後也左樓忽倒先姊終矣臺上之戲未演而一家之榮枯消長隱隱演於其間抑尤異矣嗟呼吾姊歿而先父傷心如失左臂元杰就傳於外家內無有解老父悶者頻年抑鬱漸成喘症至光緒二十六年七月十九日亥時竟棄元杰而長逝矣享年六十有七嗚呼痛哉元杰憑藉先人餘蔭得以營謀自立平生忠厚爲懷甯人負我不我負人讀聖賢書務在身體力行動必以正不稍矜飾此元杰寸衷懍懍以期無玷人品者自愧學識譾陋閱歷無多每見當世學士文人或寄託詩詞以遣興或發抒文章以適性輒嘿然不敢僭言惟生平之行事與志趣欲略述以貽後人茲適有蔣留春丁仲祜兩先生發起錫金游庠同人自述彙刊爰卽追溯已往之事實直筆紀錄至於語言之鄙俚文辭之粗俗在所不計耳

黃元杰卓儒氏譔稿

民國二十年八月一日

丁福保自述

疇隱居士姓丁氏名福保字仲祜疇隱其別號也世爲無錫人高高祖諱如琦乾隆癸酉舉人浙江常山縣知縣高祖諱瀚陝西甯羌州知州曾祖諱犕山西獲鹿縣典史祖諱文炳浙江海鹽縣典史咸豐庚申殉粵匪難卹贈雲騎尉世職入祀昭忠祠父諱承祥襲雲騎尉入祀惠山報功祠母薛太宜人爲外祖旭初公次女母生二子一女長名寶書光緒癸巳恩科副貢精繪事次卽福保妹名迎梅適王世昌妻王氏外舅榮杲公女也子四永康惠康士康壽康女二蘭芬雪芬余以同治十三年甲戌六月二十二日亥時生於無錫書院衖舊宅至光緒庚辰七歲始入家塾讀書天性甚鈍非百遍不能背誦

仲祜五十八齡攝影

至十三歲時余兄爲余講解左傳史漢文選徐庚等集每夜讀書非三鼓不就寢頻年學大進余兄長余八歲故其友若裘葆良吳稚暉陳仲英孫寒厓廉南湖俞仲還先生等皆年長於余有至十歲以上者余追隨諸先生後飽聞雅言閎論得益良多己丑年十六好爲選體詩寒厓稚暉兩先生頗加獎勵爲文喜作閎瑋瑰麗之詞是歲江南鄉試經藝題曰偏於羣神余擬作一首稚暉先生閱之批其後云並肩司馬抗手班揚不意年少書生竟得成如此巨著可謂獎掖倍至矣乙未二十二歲余肄業江陰南菁書院閱四庫提要讀書雜誌漢學師承記等書始識治學門徑搜集各種說文擬編說文詁林卽以是年爲始丙申二十三歲補無錫縣學生員丁酉二十四歲治經史之外兼習算術代數幾何三角等法七月室王孺人來歸余父患肺結核數年矣至八月病篤余兄弟迫於嚴命不得已赴南京鄉試遂於八月七日進場十八日回無錫始知余父已於初九日棄養烏乎痛哉斬焉縗絰之中幾忘昏曉椎心泣血抱憾終天余小子絕意功名誓不復應鄉試者以此吾父純厚忠謹以刻苦儉約終其身不克享余兄弟一日之養此福保所以每逢歲時伏臘躬率妻子家祭或值春秋佳節擕麥飯紙錢瞻拜松楸未嘗不愴然飲泣而不能自已也戊戌二十五歲余又以算學考入南菁書院肄業旋爲竢實學堂算學教習己亥二十六歲仍教授算學烏乎先父之喪忽忽已踰大祥矣回念此再期之中居處飲食語言碌碌如平常蓋無一異乎人者幾希之存布衣縞帶耳小子薄劣不能遵古禮今將遇禫又當變吉偶託詩歌不成聲調年終無度歲貲始覺乏錢之苦求人之難乃發憤重讀史記貨殖傳始知謀生有術辛丑二十八歲辭算學教習赴蘇州東吳大學堂肄業暑假後患病久不愈遂赴上海受業於新陽趙靜涵先生習醫兼習日本文字是年立志治生產勤勤終歲僅積國幣三百元可謂難矣是歲大兒永康生癸卯三十歲長沙張文達公聘余入京爲大學堂譯學館算學兼生理衞生學教習月薪百元尋改爲規銀百兩繼又增至百二十兩

文達公謂余講授精勤生徒翕服恐回南應試致曠館課乃咨行江蘇學院免余歲考而不知余自遭先父之喪早已絕意功名矣然匏繫都門非余所好至乙巳三十二歲暑假後竭力辭館遂薦教習數人以自代譯館學生數百人及館中各同事皆送至汽車站蛺車輪徐動猶隨車送行直至汽車遠去始歸余學問甚膚淺以此收場可云幸矣回南後在上海整理書業筆算數學代數備旨形學備旨各詳草皆出版吾國算書之有詳草始此是歲次兒惠康生丙午三十三歲毗陵盛宮保託廉南湖先生聘余爲教讀歲修規銀二千兩余因編刊諸書無暇晷堅辭不往是歲長女蘭芬生戊申三十五歲刊書之外兼爲人治病是歲三兒士康生宣統元年己酉三十六歲赴南京應兩江總督端制軍醫科考試得最優等內科醫士證書旋奉端制軍檄特派爲考察日本醫學專員又奉盛宮保檄特派爲調查日本東京養育院岡山孤兒院專員在日本得唐慧琳撰一切經音義百卷遼希麟撰續一切經音義十卷二書網羅古訓博綜羣籍雖所引各條原書大半散佚然尚可以正經史傳注之譌脫訂古今音韻之得失其有裨於許氏說文之學及編輯隋唐以前之佚書者爲功尤鉅惜其書吾國久佚乾嘉諸老未能一讀之也其後卽以此書付石印以廣其傳庚戌三十七歲是年南京開南洋勸業會余編刊之醫書及所製各藥皆得該會最優等獎憑辛亥三十八歲全家移居上海八月武昌革命起義海內響應滿清亡是歲次女雪芬生民國元年壬子三十九歲四月舅氏薛耀庭先生卒年七十有四余回錫弔喪先後刊行醫學書數十種名曰丁氏醫學叢書癸丑四十歲余之醫學叢書在德國都郎萬國賽會及羅馬萬國衛生賽會皆列入最

錫金游庠同人自述彙刊　丁福保　丙申科案　二

優等得文憑獎牌等物又得內務部獎證二紙甲寅四十一歲四兒壽康生戊午四十五歲余以書籍捐入無錫第一高等小學校圖書館及縣立圖書館值千數百元余性喜書籍歷年所收約十餘萬卷大兒永康忽得精神病是歲余始茹素箋注佛經庚申四十七歲家慈年衰久病自正月起病勢轉重神識日益昏糊漸漸不能飲食延至二十二日戌時棄養享年八十四歲烏乎吾康甯慈惠之母氏竟棄不孝等而長逝邪自先君見背至此二十有三年余今又爲無母之人矣莫報劬勞徒悲罔極豈詩廢蓼莪所能伸其哽噎也辛酉四十八歲余於佛教根本大法無有真知見解不如華純甫君切實不如朱緇卿君以一介凡夫貿然輯書注經未知能免杜撰之過否耶又念佛念經功夫太少知修行頗不易易是歲佛學大辭典出版山東高等檢察廳廳長梅光羲居士以余所編之佛學指南六道輪迴錄佛學起信編呈請司法部作爲監獄教誨書已核准壬戌四十九歲永之姑歿於新廟前舊宅年八十二歲余回無錫料理喪葬事作一切經音義提要余因習道家言者苦於無書可讀乃發家中藏書擇道書中精華一百種分爲十集名曰道藏精華錄付梓以餉閱者兼印道藏續編甲子五十一歲余前因學佛者無入手起信之書故編佛學撮要佛學指南佛學起信編佛學初階學佛實驗譚等十餘種又因佛經猝難索解故用漢儒注經之法箋注佛遺教經心經金剛經淨土三經六祖壇經等十餘種又因學者無檢查之書故印佛學大辭典及小辭典又印翻譯名義集三藏法數及一百十卷本一切經音義皆別印通檢以爲總目余流通佛書之初願至此已告一段落回憶三十年前擬編之說文詁林時作時輟久未告竣今將一切書

稿停辦專心董理詁林一書因作詁林前後序及纂例三十條乙丑五十二歲爲次兒惠康娶會稽道尹黃涵之先生次女爲婦以七千元捐入宗祠採其息爲族人教育之補助費丁卯五十四歲吾家第六次纂修宗譜昉於甲子至今歲二月始行告竣余捐助經費四百元是歲孫女蓁寶生戊辰五十五歲次兒惠康開上海肺病療養院於大西路凡愛克斯光鏡高山太陽燈人工氣胸術等皆備是年說文詁林全書出版鈕惕生葉楚傖兩先生薦余爲江蘇省志編纂員余堅辭不就己巳五十六歲薛梅初表哥卒年六十有三余回錫祭弔送柩至惠山聽松山莊不覺感從中來吾人自呱呱墮地之時本無一物帶來其後所得之眷屬以及功名富貴皆偶然之相値也人生數十年中既有眷屬一切則疾病死喪水火盜賊得失等事自不能免實皆夢幻泡影也蓋世間一切緣來則聚緣盡則散一棺附身萬事都已此時除所作之功德罪孽外無一物可以帶去既無一物可帶則在世時又何必以偶然相値之疾病得失等事動我天君也哉平生一切好惡因緣須與一刀斷絕不可更有絲毫牽罣物來順應物去不留二六時中常提一句佛名誓盡此一生歸依淨土他日臘月三十日大限到來自然別開一番殊勝境界此卽吾人歸宿處也余昔年曾以三千銀元捐助無錫平民學校經費今平校輟辦遂託華純甫先生撥入普仁慈善會爲周濟孤兒寡婦之資焉是歲孫亨寶生庚午五十七歲三兒士康患腎臟結核已二年餘延至五月九日逝世士康天性好學言行謹飭約翰大學三年級學生前年因游學菲列賓而得此絕症年僅二十有三余影印欽定詞譜四十卷全上古三代秦漢三國六朝文七百四十六卷皆出版余在此二十年中

錫金游庠同人自述彙刊　丁福保　丙申科案　三

喜印文學書如漢魏六朝名家集四十家歷代詩話續歷代詩話各二十八家清詩話四十二家全漢三國晉南北朝詩五十六卷又影印聲調四譜唐詩紀事聽秋聲館詞話王荊公百家唐詩選汲古閣五唐人集詩詞雜俎等數十種邇來人不悅學推銷非易折閱甚鉅辛未五十八歲編說文詁林補遺百三十卷須數年方能脫稿回溯自三十五歲來上海刊書行醫至今已二十三年矣其所刊之書若算學醫學雖有數十種皆帶時間性時過境遷宛似已陳之芻狗無足述者所刊佛書二十餘種惟心經精義六祖壇經箋注及佛學大辭典稍有可存之價値此外如少年進德錄少年之模範讀書錄錄陶淵明詩箋注老子道德經箋注靜坐法精義等皆單本零册不足掛齒近十餘年來專致力於說文詁林一書所費三萬數千金勞且糜矣胡樸安先生通告中國學會各會員云丁君所編之說文詁林可謂文學界中之大著作采書一百八十二種一千三十六卷其前錢可廬王南陔所未竣功者至丁君始成之予讀其書有四善焉一檢一字而各學說悉在也二購一書而衆本均備也三無删改仍各家原面目也四原本影印決無錯誤也故無論藏有文字學書或未藏有文字學書者皆不可不備此書于右任先生曰說文解字爲研究國學必備之書自遜清乾嘉以來關於說文之著作品不下一二百種之多學者如欲檢查一字非遍檢各書不可而單文零義之散見於各家文集及筆記中者一時尤難檢閱今丁君編輯說文詁林合原書一千餘卷囊括有清一代許氏之學匯爲淵海檢一字而頃刻卽得得一字而各說咸備凡古書中之所謂某爲正字某爲借字某爲古文某爲異文等昔人窮老盡氣而不得者今費半小時卽可得之

所以此書不僅集許學之大成實亦治說文者最便利之捷徑也汪袞父先生曰往余嘗有志採集清代諸儒治許學之書汰其繁蕪撮其精要爲說文義疏先仿焦理堂作孟子正義之法排比羣籍以爲長編牽於人事因循未果每以爲恨今讀吾友丁仲祜先生所撰說文詁林彙聚大小徐及清儒臧玉林以下諸家有涉說文之書一百八十餘種一千餘卷條分縷析繫諸許書每字之下一展卷間而衆說咸在精粗詳略罔有逸遺此真余平日夢寐所求欲發憤自爲而未能者而仲祜以三十年之力成之乃歎仲祜爲學之篤百倍於余而此後學人治說文者賴此書之成得以不費日力博觀衆家憑籍既富抉擇斯易義疏之出亦將旦暮遇之則仲祜之所以嘉惠藝林者甯有涯涘耶吳稚暉先生跋詁林精舍扁額後曰仲祜先生博精小學又好禪理頻年綜貫許氏書爲說文詁林兩巨編垂惠藝林比迹儀徵長沙而有餘顧先生止逃佛隱海市如慧琳之潛養以餘力治諸經音義其韻致相髣髴額其小築曰詁林精舍聊以寄意其友吳敬恆爲作篆張之拙編說文詁林雖失之駁雜不足以當諸君之稱然在余所刊各書中當以此爲最鉅矣今年重印詁林約年終全書可竣五月二日爲楊筱荔楊石漁兩先生重游泮水之期因同無錫參與謁聖典禮是日在庠諸生同詣孔廟謁聖者共有百五十餘人亦可謂極一時之盛矣余禮謁之餘巡覽從祀諸先儒木主有許愼（光緒元年從祀位后蒼下）輔廣（光緒五年從祀位黃幹下）游酢（光緒十八年從祀位楊時下）呂大臨（光緒廿一年從祀位謝良佐下）黃宗羲（宣統元年從祀位黃道周下）王夫之（宣統元年從祀位孫奇逢下）顧炎武（宣統元年從祀位王夫之下）趙岐（宣統三年從祀位杜子春下）劉因（宣統三年從祀位趙復下）顏元（民國八年從祀）李塨（民國八年從祀）十一位皆近六十年內所新增者故爲舊刻文廟祀典各書所不載謹敬繕錄以誌嚮往

余自十四五歲時喜爲詞章之學後讀朱子小學近思錄等書遂爲宋儒之學其後又爲漢儒攷据之學博而寡要擇焉不精泛騖十年一無所得又因世變日亟謀生大難於是乃專攻算學先後爲算學教習者凡六年又兼習醫學在上海爲人治病者廿三年節衣縮食僅致小康今年欲補讀少年未讀諸書盡發舊編以償素願故杜門謝客已不復爲人治病矣余天性魯鈍口才體力文章學問事事皆不如人故不敢爲奔走賁緣乘機攫利非分之爲而即此閉戶安居有饘粥足以果腹有果蔬足以適口有布帛絮綿足以蔽歲寒有子女足以娛晚景有奴僕足以應門戶代灑掃有敝車一乘足以代步有小屋十餘間足以蔽風雨有老友七八人每逢七日來復之初咸集詁林精舍足以破岑寂而爲麗澤之資有書十五六萬卷時時涉獵足以消餘暇而爲溫故知新之一助此種冷淡生活在十丈紅塵中雖不爲世所欣羨而余則已覺享用之太過矣烏乎年近六十寡過未能讀書不克實踐學道未能深入欲以駁雜不純之學以自文其淺陋聊一覆視輒自恧然倘蒙天假之年一心窮學痛改習染庶幾得存書生之面目也書曰人心唯危道心唯微晚年懺悔未知果有實效否耶濡管綴辭爲之長喟

曹允文自述

允文姓曹氏字慕虞以生之前一夕先妣夢捕魚獲鯉鰱鯽各一故號夢魚後加水旁爲夢漁無錫北下鄉查家橋人宋武惠王諱彬後裔南渡遷望亭明末遷盛巷至曾祖雨亭公諱霖始遷查家橋世業醫故

夢漁五十七齡攝影

十一世祖奕遠公墓在望亭之曹家灣者迄今猶稱曹郎中墳云祖清華公諱茂椿名尤著求治者無不應手效邑人至今稱道弗衰父棫卿公諱標附貢生母王氏同產九人允文居長二三六八爲弟四五七九爲妹二弟及四妹殤允文於前清光緒元年乙亥二月初三日生先祖及祖母席鍾愛逾恆光緒五年允文才五歲即爲延錢秀蓉師教之讀晨起入塾祖母必親自伴送以爲常稍長乃自入塾八歲改延唐景臣師九年秋唐師病故十年延吳簡廷師時四書已卒業始習五經師爲講授課暇兼授讀史論略及十七史蒙求等十一年祖母棄養允文及三弟同文隨父母哀泣持喪如儀並承歡祖父博其喜笑以釋哀思時六弟啓文尙在襁褓僅一齡也十三年春先祖七十壽先考以母喪未終難從

吉凡賓客晉祝者均由允文及三弟答拜先祖顧而樂之慰勉有加十四年改延許伯謙師師工章句辨四聲好吟詠教授多方課暇兼授唐詩及宋元明詩並令習對偶十五年春始學爲詩題爲詠鯉成五絕一首有化龍超白水飛上碧雲霄之句師大激賞持示先考相與一粲時先考喜研關閩濂洛之學於朱子近思錄尤爲服膺顏所居室曰守堅白齋歸安楊先生峴題曰不堅不白不守不獲堅之白之似惠實嫺然則堅白奚賴乎曰老子有言矣安平泰恆於課暇爲允文兄弟講朱子小學既畢業則爲講近思錄並令靜坐收束身心并詔之曰學問之道在求放心此程子所以云心要在腔子裏歟汝輩識之異日持身涉世勿外騖而返求諸已則自可以物來順應矣允文唯唯承命今日之所以不致同流合汚實於此時基之先考好書經史子集略備卷帙最鉅者爲圖書集成允文於讀書餘暇輒率弟輩隨手翻閱附圖以爲樂最後於皇清經解中得胡渭禹貢圖及顧棟高春秋輿圖愛不忍釋蓋以爲性之所近云十六年改延席蔚堂師教授師於允文爲庶舅氏實祖妣氏之季弟博學工詩文循循善誘無俗師尊嚴惡習師弟間儼若家人父子課暇輒爲談古今學術源流及遺聞逸事夜漏三下猶娓娓不倦樂而忘寢允文之蠡解文藝及經史輿地之學自此始所爲史論及經解頗可觀見人學八股輒鄙不屑與爲伍十七年兼從劉石香師受業詩文外授以書目答問俾知目錄之學並摘示說文解字發凡若干條俾研究段氏學至六書音均表不解所謂以問席師始知音韻之學當由顧氏音學五書入手會表兄楊振清來談反切及中音三十六字母暨等韻翻紐圖甚悉心好之朝夕研討逾月而通始知吾錫市廛通行之塘翻以代

語言欺顧客者實基於反切云年十九始學爲八股以備應試顧以爲詩文久已成習慣驟加束縛杆格不相入讀時藝未終篇卽昏昏欲睡覆閱前所研究各書則轄然開朗如還故鄉而重見天日席師以徇所好不加敎督先考憫焉思所以促其就範者遂親自敎督盡屏經史日授時藝一篇俾讀百遍能背誦乃已復爲講授程式及虛小題作法以八銘塾鈔爲課本以驪珠百篇爲參考逾年稍稍就範適値甲午鄉闈末由應試二十一年負笈從秦鼎臣師受業藝乃益進祇以小試未售鬱鬱不自得先考復嚴加督責遂益發憤簡鍊以爲揣摩好讀才調集及通雅集所爲文秦師輒加美評而於子曰述一篇以爲鎔經鑄史茹古含今置之棘闈中亦可奪標而舞其屬望之殷有如是者二十二年丙申科案以經學受知於龍宗師名列全匱縣學第一時錫金分治允文所居爲東鄉故籍隸金匱而無錫縣學第一名則爲秦同培與允文同歲相友善同以經學獲雋爲鄉先輩所讚許稱爲難得云自是以後益加奮勉發家中藏書讀之兼及經世之學而於曾文正全集及庸菴全集等尤爲服膺祇以爲八股所累未獲專心研討爲恨丁酉秋闈報罷嗣後歲科兩試屢列高等家居與三弟同課諸弟妹讀並縱觀藏書互相問難以爲樂會先祖棄養先考繼承醫業體弱事繁且常出診數十里外襆被艤舟往道遠不克歸應翌晨門診遂命讀內經傷寒金匱諸書並閱陳修園全集而以張氏醫通爲參考旁及赤水玄珠醫林改錯暨生理衛生學以幼時耳濡目染久復經先考指示心領神會迎刃而解期月而通佐治門診及出診遐邇無間均稱能繼承先業云先考喜兼營商業初頗獲利嗣以營米業於邑城設洪大行折閱千金至壬寅癸卯營鹽業

而大失敗虧累萬金不獲已割售腴田百畝以償不足則繼以假貸先考以安常處順數十年驟遇逆境恆鬱鬱不自得體益衰羸而允文兄弟又以時會所趨喜閱報章雜誌研究各科學並急欲入校以期深造圖發展先考嘉之喟然曰汝輩能光大門閭家中事吾獨任之勿內顧可也三十年夏京師大學堂招考由各省學政選送高才生吾蘇共二十人允文名列第六宗師唐公親予接見慰勉有加授以咨文令入都投遞是年秋大學堂總監督張公會集各省咨送諸生覆試允文名列第二而第一名陳錫疇第四名王祖訓第五名吳簡均蘇籍最奇者則第三名黃憲爲閩省選送其原籍實係武進以此吾蘇官京朝諸先輩均極口稱道云時六弟啓文肄業譯學館丁君仲祜任該校算學兼生理學敎習顧君眉良任國文敎習相距密邇遂獲時相過從並爲丁君譯述東籍三十一年秋丁君南歸允文亦於歲底假歸省親相遇於滬上款談殊洽並承介紹入文明書局校書三十二年春廣西太平思順道莊公蘊寬創辦師範學堂於龍州聘允文爲史地博物敎員與秦鼎臣師及秦效魯陳自辛孫臥雲華叔衡弼丞等同往有龍州紀行詩及龍江雜詠共四十二首四月鈕先生惕生創辦邊防陸軍敎導團延允文任地理學敎習逾月卽暑假以往返跋涉邊地氣候特殊辭不復兼八月疊接先考手諭謂病痢已向愈勿念而最後一書則言家事甚悉並附積欠款項單一紙頗以爲異急函三弟付郵由法屬安南快遞以詢眞相以平常函件由內地郵遞約須二十日繞道安南之海防則十日卽達也至九月初接三弟快信則先考已於八月十八日棄養遺命以遠故勿電令奔喪俟年假歸葬回念允文就聘時先考鬱鬱不樂以貧故又不能阻

其行起程時先考適赴甘露鎭診病未及面辭詎料竟成永訣長爲無父之人搶地呼天不孝之罪百身莫贖早知如此允文甯願長依膝下又何忍絕裾行役以求名利哉遂辭職奔喪歸莊公知難挽留賻以百金並聲明四十金爲賻儀六十金爲川資拜受卽起程與松江徐君錫芝等同伴行由西江乘船東下晝行夜泊五日至南甯改乘小汽船三日至梧州以候船停一日因與徐君等上陸至府中學晤同鄉裘祝三上海平海瀾兩君並參觀校舍及各項設備而別翌日改乘大汽船啓行兩日至廣州住鴻安棧一宵乘招商安平船經香港至上海凡四日中途遇風浪兩日夜伏艙中未飲食過臺灣海峽始風平浪靜照常飲食登甲板憑眺以九月二十八日抵滬翌日乘滬甯車回錫家中以先得信知歸期派船在城接候已兩日矣午夜抵家叩門號入泣至靈前一燈熒然若明若昧痛哭椎心稽顙不能起時家人已寢驚起環泣先妣泣挽之起曰兒毋然今後兒責任正大也急收涕唯唯承命與弟輩商喪葬事及善後辦法略有端緒暨就寢而天已曙矣自是日從事於履勘墓地及集款兩途不足則繼以乞貸典質至十二月六弟自京師譯學館七妹愼余自北洋女師範先後歸遂以某日某甲子葬先考於鳳凰山祖塋之南迤左另立兆穴先期設奠會葬者數百人先從父梅軒公年近七旬躬親執紼窀穸既安立墓前東西望稱爲吉兆謂龍腿山(俗名牛腿山)似旗堠山之頂現於鳳凰鷄籠兩山間者似鼓左旗右鼓子孫昌熾姪輩勉乎哉汝父有知當亦含笑於地下矣言猶在耳而詎料吾從父遽後吾父二年而歿乎三十三年正月六弟七妹以年假期滿先行北上三弟赴贛就事余亦束裝入都轉就河朔中學之聘任國文史地敎

習校在武涉縣木欒店監督爲訓導劉愼吾兼任同事爲保定張夢深朱化魯及同鄉嚴貽孫學生一班僅四十人風氣未開不欲久居遂以年假歸三十四年正月改就漢陽中學歷史敎習以鄉先輩楊範甫先生任該校監督之故同年四月承北洋女師範總理傅公增湘電招遂將歷史課請武進楊君效生兼代乘京漢車入都晤六弟轉乘京楡車赴津任國文敎員兼授女子高等小學敎科以該校主任爲張君蔚西品學兼優夙所欽佩前在滬上曾相識之故會以與女師範敎務提調吳藹人議國文敎授法不合以吳自命爲桐城派力主高深而允文則以所敎爲第三班程度殊低力主由淺入深以期合乎行遠自邇登高自卑之故遂以年假辭職入都度歲宣統元年春以常州府中學堂監學陳自辛函招遂南歸由陳介見監督屠元博任國文地理敎習三年秋武昌光復謠言蠭起中學以經費支絀解散未幾而吾蘇全省均懸五色旗矣民國元年程公德潛督蘇允文以第十六師師長顧君忠琛之薦任都督府承政處招待官是爲允文改入仕途之始是年夏南京留守府取消程公移甯攜原有職員十分之七以往而以蘇府爲行轅二年一月調允文至甯仍供原職八月二次革命軍起程公倉卒赴滬允文適先期請假回籍未受驚恐未幾而北軍圍攻甯垣逾月而陷城內殘毀允文留存之衣物及積年所編講義暨譯述稿件之擬以公暇整理者均付一炬迄今思之猶惋惜不置幸皮棉各衣已攜歸曬晾存儲故冬令尚可禦寒不致有無以卒歲之感自是灰心進取家居任本鄉董事追隨蔡先生桂初辦理地方自治鄉人以其能承先業也凡有疾病輒踵門求治或延請出診夏秋之交門庭爲滿遂以醫自給如是者二年會無錫

市立女子職業校長華叔衡調任縣立工業校長所遺一席薦允文自代學務委員蔡蔭階手書敦促省立第三師範校長顧述之復以國文歷史兩席屬令兼任已訂約矣而黑龍江省菸酒公賣局長樓公稷臣電招往襄局務余以鄉里難失信遂覆電婉辭翌年復兼縣立女師範歷史地理課民國八年改就京師女子高等師範附屬中學校之聘所遺一席薦程君仲嘉自代遂以二月入都教授國文史地等課時七妹愼余任女高師教習兼附屬中學課妹壻賴仰之任農商部技士寓西城中鐵匠胡同留令暫住而每日到校授課四月兼任國語統一籌備會會員十月校中新舍落成以所遺辦事室爲教員宿舍遂遷居焉與宜興周綱仁嘉興錢介人如皋潘敦安甯鄉黃叔衡崐山顧純一殊相得校長爲江西歐陽曉瀾女士熱心任事校風之良成績之優爲京師女校冠而女教員陳淑吳婉瑾則爲北洋女師範舊生舍監朱聞政則爲前女子職業教員且京師爲允文舊遊之地朋好殊多課暇輒瀏覽風景探訪名跡頗以爲樂九年夏回籍料理長女慈和嫁事方擬攜眷而直皖戰起未成行幸卽平息津浦照常通車遂攜次女惠和入都就學寄宿校中十年春妻張氏攜季女默和來京寓西城屯絹胡同松鶴菴與朱君鹿卿同居長男曾祺執業茂新公司攜眷寓滬次男曾祜三女福和均留錫讀書寄宿校中囑三八兩弟調護會以國庫奇絀校薪欠發長安居大不易而同學顧君贊廷任交通部扶輪中學校長約允文往任教員兼學監以貲臂助誼不可却遂於八月辭職孑身赴津就任寒假回京寓度歲十一年春攜眷赴津次男曾祜亦到津就學寓河北新大路湧泉里以學監事繁且多爲難處遂卽辭去而專授國文歷史是年冬楊味

雲先生奉命督辦無錫商埠設駐津辦事處以便籌備聘任允文爲祕書十二年一月兼全國棉業籌備處調查股股員五月以棉業處減省經費縮小範圍被裁十三年五月商埠局改組改任諮議裁駐津辦事處自是遂專任扶輪教員時三女福和任香山慈幼院教員長女亦以壻任京綏路局員旅京姊妹時歸省視津如第二故鄉每遇變亂輒遷住租界以策安全會有天幸亂兵雖曾闌入而留寓物品絲毫未損十五年秋顧君因事去職允文仍留任教員十六年秋兼授北京大學文科史學系地理及女師大國文而將津校授課時間移動京津各三日如是者一年雖往返殊苦而精神則殊愉快以大學諸生皆勤學守法教室秩序井然絕無軌外行動之故十七年夏革命軍至津北京政府取消學校停頓傳作義任天津警備司令任允文爲政務處科員九月市府成立政務處取消遂回南另覓枝棲以次男曾祜任津浦路天津機廠職員故眷屬仍留津十月以蔡君子平謝君睿初介紹任津浦鐵路管理局總務處文書課課員適課長爲湖北曹君景皋以同姓故殊相契合同事復多朋好樂而安之而津廠改組祜兒被裁不得已遂令奉母及姊妹南歸以鄉間患共匪不能居遂暫住三弟斜橋寓所而令祜兒來京考取軍政部軍需署書記十二月兵工署成立署長爲本部政務次長張公岳軍兼任余由參謀次長葛湛侯總務廳長虞君石介紹任檢驗科少校科員時値草創職員之到科辦公者僅三四人科長爲胡委員霨兼任屬草本科辦事規則呈請署長核定凡重要文件均由允文辦理十八年三月攜眷來京四月署長張公調任上海市長所遺本兼各職由陳公公俠繼任五月承胡科長保升中校由署長轉請部長先行委任

聽候呈薦是月二十日奉委令六月奉薦任狀時各科員額漸次補足檢驗事項日益繁冗技術各員分赴各廠檢驗文件則由允文主辦科長深加倚任每遇出差或因事請假時所有職務輒陳明署長屬令代理同事諸君亦相得無間深用自慰二十年四月胡科長奉派赴德考察所遺科長職務由莊委員權兼任以允文熟悉科務故多所諮詢凡有要件均屬辦理十月莊公調材委會主任所遺職務由李委員世瓊兼任屬修前訂規則成本科辦事細則草案三十五條詳加覆核呈請署長施行自是本科權限與各科界畫分明無稍混淆矣此允文服務之大略情形也至於家庭狀況則幼承先澤除讀書外一切不問年十九娶張氏國學生逸齋公女廩貢生浩椿胞妹由是始知室家之累光緒二十一年長男曾祺生二十三年先祖八秩稱觴四代同堂極一時之盛先祖歿後先考以營繭業遭失敗入不敷出允文兄弟又久蟄思奮急欲求發展遂於三十年秋與六弟先後入都肄業大學堂及譯學館三十一年三弟入江蘇師範學堂肄業八弟大文入竢實學堂肄業三十二年允文赴廣西任事七妹入北洋女師範是年秋先考棄養時獲親侍湯藥啓手足視含殮者僅三八兩弟及九妹惠中耳因五妹已於前五年適陶錫侯爲兒女所累聞赴然後歸也十二月六弟七妹自京津歸喪葬畢復入校余與三弟亦先後赴贛赴豫時以新遭大故家奇窘從前虧累難於清理先妣在家窮於應付以允文及三弟雖按月寄款仍屬杯水車薪於事無濟也而允文是時又復所如輒阻席不暇暖由汴而漢而津而歸就常府中學事宣統元年七妹畢業任京師女師範教員攜九妹惠中入校肄業先妣在家益感寂寞幸有諸婦承歡諸孫於讀書餘

暇繞膝牽衣相爲笑樂慈躬康強無恙以爲愛日方長從此可以甘回蔗境而詎料於二年春與姑母同赴天竺進香後驟現衰象時思睡臥家中米鹽事一任諸婦料理不復問時六弟已畢業獎給舉人籤分法部以七品小京官任用於五月乞假同七九兩妹南歸余及三弟亦歸爲先妣稱六秩觴賓客盈門爲鄉里所稱羨六月七妹適賴仰之先妣尙躬送至邑城料理而病象益見胸部不舒面色淡黃服藥罔效歸後脘痛時作飲食日減西醫謂係胃巖極難療治自是以後日漸沈重臥床不起脘痛難食飲諸藥不效惟吸鴉片則略愈延至七月二十九日竟棄不孝等而長逝矣子欲養而親不逮痛哭椎心長號無已六弟尤以分部未久不獲藉微祿報罔極恩爲憾既已無可奈何遂相與收涕商辦含殮殯葬諸事於是年十二月扶柩安葬於鳳凰山啓先考之兆合焉既畢集兄弟妹會商善後事宜時八弟尙未成婚留主家務兼任小學校長以是校於光緒三十年春由允文秉承先考籌款創辦定名爲堠山曹氏小學校兼收異姓學生兄弟迭主校務並先後延虞爾玉胡開明馮君輝等襄理教科業經七載家中諸幼均就學難中輟故也至於日常飲食及雜務則由妯娌三人輪流料理五日一交替而收付款項則由八弟總其成處分既畢余攜長男曾祺及姪曾祥仍赴常校時兩兒肄業已三年矣三弟赴九江任府中學教員六弟及七九兩妹仍入都如是者一年武昌起義政局變更兄弟三人相繼歸民國元年復分別出外任事以所獲作家用並償宿負是年冬爲八弟成婚四年冬九妹畢業適華應宣五年春三弟任黑龍江省菸酒公賣局科長攜眷往時六弟任長春鹽務稽核處漢文主任余任職業校長眷屬均以子女就學故於

邑城賃屋居住惟八弟以任本鄉學務員留查家橋本宅是爲兄弟分居之始而產業則並未分析時宿負已漸次清償而田產之抵債務由債權人執業者尚未收回迨余客津門三弟由黑省以足疾謝病歸大加清理始行收回從此遂免爲債務所束縛時民國十年也自先考棄養至是凡十五年而吾兄弟始釋重負可謂難矣今則余及六弟暨兒輩之成立者均執業在外八弟以倦遊故課徒自給會三弟自贛省歸以兄弟四人長者年已望六最少者亦四十有三子姓繁衍宜爲將來計因於盛巷祖基集資建築人各一所以爲菟裘便歸老至於鄉間房產收入除納稅及公用外以所餘分析並未將單契分別執管回憶吾舅氏兄弟同居五十年未分析吾兄弟以奔走衣食故雖不能如郭宏文之七世同居感及犬豕而視吾舅氏自問尚無漸德世之以爭產鬩牆或竟涉訟者非惟所見太隘抑亦未嘗學問更憂患而第見可欲思坐食薄於一本之誼故也吾兄弟如此吾不知將來子姪輩如何以此之故今秋余與六弟回錫時三弟曾提議分析免將來轇轕以質諸昆季僉曰然是亦吾舅氏晚年所慮而不得不從宜從俗者也余凡二男四女長男曾祺北京大學經濟系畢業現任江西印花菸酒稅局稽核課長次男曾祜畿輔大學鐵路管理科畢業現任湘岸鹽務稽核處會計課課員長女慈和江蘇省立蠶業學校畢業香山慈幼院女校管理員適顧彥眞次女惠和北京女子師範大學畢業湖南省立第一女師範教員民國十四年夏適許夢琴十七年二月病歿三女福和肄業中央大學藝術科四女默和肄業鍾南中學均未字曾祺娶顧氏孫二振宏此則五十年來余家之大略情形也所恨者余好經史輿地及訓詁音韻之學而不

生於乾嘉以前余好各科學而不生於光宣以後余好經世之學而不生於咸同間追隨曾胡左李諸賢有所建樹而適生於過渡時代值亙古未有之奇局數十年來千變萬化而莫可究詰眇茲一身廁乎其間偪促如轅駒始厄於八股繼厄於境遇有志新學而不獲求深造挾其一知半解以餬其口於四方敝精憊神於教壇粉筆間課暇輒攜禿管爲修文郎遇齷齪不可收拾者輒引吭作三日聰頭目爲之昏眩如入阿鼻地獄而苦不能自拔如是者二十年迄近歲而始獲排脫又復日勞形於簿書案牘俯仰隨人而不獲行其志且復絕鮮暇晷欲將積年著述加以整理彙爲一編就正有道爲豹死留皮計而輒以未遑握管中止此則深用自愧俯仰身世百感交集而不能自已者也或曰汝年逾五十家具饘粥且可重理舊業以醫活人似亦可以歸休矣奚自苦爲余應之曰否昔馬伏波據鞍顧盼以示可用余雖不才不獲如定遠之飛而食肉然較平津射策之年尚不足三載也子非余安知余之所志哉民國二十年十一月曹允文自述

擬古出塞曲

八月胡天已苦寒朔風怒吼雲漫漫紇干山頭雀欲死河冰百丈何闌干日暮雪花殊酷烈片片撲人人面裂荷戈壯士慘不驕鳴笳數聲淒欲絕胡騎憑陵風雨來將軍橫槊陣雲開暖帶貂裘金勒馬雄心直指單于臺單于廬帳金山麓瀚海三千限馳逐流沙沒脛不能前將軍令催雷電速況復胡兵忍且堅前者僵仆後者前那堪中國黎元血遠膏萬里來窮邊君不見三十萬衆屯朔方攘斥匈奴築受降邊庭流血已成海秦皇漢武今安在

都門秋感 四首

寒鴉陣陣起悲風天末斜陽向晚紅省識長安居不易此身只合老雕蟲

禁城秋冷雁飛高禁令森嚴夜寂寥試向新華門外望六街鐙黯月兒驕

霜天畫角不勝寒曉月蘆溝行路難怕聽滹沱嗚咽水西風已度井陘山

驚心歲序鬢如絲黃葉飄蕭欲墮時無限秋懷誰與遣陶然亭上獨題詩

和孫祖羨同學會飲西神山之作

卅年蹤跡等飄蘋辜負秋風故國蒓鱸序蛩聲懷舊雨甲科射策話前塵羨君眠食今猶

昔愧我疎慵鬢已銀悵望西山遊息處題詩難和葛天民

薛緯亮夫婦六十壽詩 四首

似曾同泛秣陵舟穎脫才高羨薛侯報道春明消息滯公車兩度赴豫州

無端京國感滄桑解組歸來鬢欲霜靜炷名香翻貝葉梁溪偕隱卜行藏

老樹扶蘇水一涯梅花繞屋影橫斜暗香浮動黃昏月彷彿孤山處士家

吟詠偏工遯世辭齊眉並羨歲寒姿最難兵氣全銷日恰是重周甲子時

趙母王太夫人七十壽詩 并序

余友趙君挹清任江西印花菸酒稅局長政聲卓著辛未九月在潯陽官邸爲太夫人稱七秩觴郵書徵文敬賦長歌奉祝並報嘉命

中天寶婺森光芒繽紛瑞靄盈萱堂清門鍾福致百祥盤呈甙膳時珍常惟母懿德媲孟光世澤遠溯清河王來歸天水家其昌高燒銀燭夜未央待曉虔拜翁與嫜梁溪水碧鴻案莊相夫卄載汔小康離鸞遽賦心摧傷躬自織績斆敬姜愛子教之以義方雞林發軔龍沙黃還歸從政皖魯疆權酤稱最移潯陽書還封鮓名益彰況復繞膝孫成行母昔劬勞今顯揚起居八座榮柯鄉七旬介壽侑百觴卅載後似今康強俚辭拜獻慚賡颺

莊積慶自述

莊積慶字節卿號介園其先爲明成化進士吏部侍郎諱杲宏治中追謚文節明外史有傳十一世祖諱有仁始遷無錫卜宅於邑之萬安鄉五村里聚族而居迄我高曾皆務農業祖梅村府君諱恒春清授奉政大夫花翎五品銜候補知縣少負大志赴滬經商任洋行買辦洪楊下竄鄉人避兵來滬者爲之謀安全父敬甫府君諱達璋附貢生分省補用知縣母陳太宜人爲外祖翰林院待詔培德公長女生積慶及一妹異母弟頤生桂生衍生梅生四人并妹四妻石塘灣孫氏外舅曉初公長女也子一繼曾娶社埣里徐翰臣女女一適楊翔青積慶於光緒三年丁丑五月生其時祖父在滬服賈商業甚盛舉家隨侍寓所余生之始祖父期望頗厚故取名積慶回溯前塵彈指數十春秋虛生人世學問事業一無所成清夜捫心實深內疚憶自八歲秋間吾祖逝世全家返里積慶在滬雖曾入塾識字不多及到鄉間從王伯厚師授讀頻年患瘡曠課日多十餘歲時先後延胡師伯能孫師秋漁講習經書唐詩無進步可言十五歲從孫幹甫師習時文詩賦十九歲孫孺人來歸二十歲應丙申科試蒙龍宗師考取古學得補縣學生員明年又從孫仰泉師聽講性理道學並從顧眉良孫鶴卿兩夫子研求制藝稍得門徑壬辰六月以丁母憂未赴鄉試其後科舉既停遂由附貢生候選訓導改捐府經歷投效東三省得覩日俄戰爭遺蹟在哈爾濱中東鐵路交涉總局事件蒙總辦宋鐵梅觀察委充發審處幫審委員清理前任移交總分局積案未及一年因祖母陳太宜人盼望念切即行返里嗣後四鄉不靖祖母遷居城內命積慶居鄉服務舊業詎意光緒戊申二月祖母忽無疾而終洎乎民國以來亦曾經一二友人紹介入國民黨籍四年夏間又曾一度應故人招孑身入陝任長安中國銀行國庫股員是冬偕一鏢客押運公債票十巨箱并攜有他行鈔票萬餘剋期解至上海中行檢收手續完畢順道回錫省視甫越一宿連接行長電促入都辦理陝行事務即由鐵路轉赴北平直至陽歷年終其事遂竣復隨行長長驅抵陝逮洪憲變起陝軍陳樹藩逐走陸建章困處圍城中者月餘事平已在夏秋之交矣突聞父病電訊匆促辭去行務即日言旋不幸遽遭大故其後檢查家業始悉極爲清寒不得已與諸弟分析其時購置小婁巷住宅虧欠尚未償清甚至瓶罄罍恥拮据不堪猥以碌碌無能所如輒阻祇得終年在外販賣古董藉博蠅頭兼設冷攤冀可棲息韓康服賈媿未能獨善其身奉倩多情偏又遽痛喪其偶滄桑屢變苦況飽嘗對酒當歌儵閒顧曲不作無益游戲姑安薄利生涯如是者又數年前者返錫邂逅蔣留春孫錫丞兩先生談起徵集自述彙刊事勉承雅命聊綴蕪詞節節支支不免貽譏大雅瑣瑣屑屑聊陳經過平生

積卿五十五齡攝影

楊壽楣自述

壽楣字翰西別署靜齋行三光緒三年丁丑一歲　母沈太夫人以八月十七日亥時生余於湖北沔陽州之新隄時吾　父任新關監督官廨臨江新隄者江邊之地名也　光緒四年戊寅二歲　光緒五年己卯三歲　春隨　母歸省　祖母侯太夫人新隄以上饒竹木浮江下駛價值極廉吾　父招錫匠至新隄自造無錫快（無錫船式）一隻船中裝修精雅時適鄉先輩顧綸卿趙雲九薛子剛潘晝堂太倉張蓀蕁諸丈皆在幕中窗心書畫皆出諸丈之手地距赤壁近吾　父嘗月夜偕諸丈乘舟效蘇子之遊　母乘此舟歸省順流而下抵武昌渡江至漢口中流大風忽起浪湧舵折　母以紅毡裹余束之以帶備母子同沉矣幸有救生船至挾舟以行得達漢口之鮎魚套解裹視余余方酣睡未醒也是晚見岸邊有焚紙鏹者吾　母詢之知風起時覆鹽船二無錫快艙高底平與江船迥異加以舵折而仍脫險亦云幸矣冬仍返新隄由滬赴漢之輪舟已有江永其時當爲招商局之新船也　光緒六年庚辰四歲　母挈余之長沙爲嫡堂弟吉臣名壽枚締婚於長沙歐陽氏是行泛洞庭登君山惜余年幼腦海中不留影象而大成巷宅內有湘妃竹種尙係君山所移也　光緒七年辛巳五歲　始就傅從同邑薛子剛先生名福寅讀　光緒八年壬午六歲　父解新關監督任東歸返里是年從程芙初先生名錫周讀　光緒九年癸未七歲　從姚子輝先生名重光讀　光緒十年甲申八歲　棋杆下舊基建新宅成由大成巷遷居從王仲範先生名鎏讀　光緒十一年乙酉九歲　直督李文忠公鴻章招吾　父北上創辦武備學堂夏初余隨　母暨藕舫三叔入都時　父在都與總理衙門有所接洽寓棉花五條胡同同邑敖仲安先生北來有志入校　父以學堂尙未成立暫留先生寓中授余讀冬隨　父母赴津有以千錢售余小狗者余求　母已允之　父見而斥曰汝不專心讀書而乃玩物喪志乎余聞而立返其狗以後凡購物非必需者輒以三復斯言而止　光緒十二年丙戌十歲　武備學堂於去冬開課暫假水師學堂校舍所聘教習皆德國武官私舍在學堂之後　母暨余與蔭北長兄嫂均隨侍敖仲安先生已爲入校生余由　母及長兄輪流教讀晚則入武備幼學堂習測繪並德文教師爲德海景啟兩先生均旗籍　光緒十三年丁亥十一歲　武備新堂成在天津紫竹林對面之河東即今俄國花園地寓舍即在學堂操場之東亦公中所建　父延吾鄉孟里孫厚齋舅名啟甲至津授課時孫筱槎舅名景康在堂充算學教授與厚齋舅爲兄弟行舅多病筱槎舅輒來代館冬十月南歸來年春正爲　祖母侯太夫人八旬余隨　母先期返里余　父則奉差勘淄川礦取道山東陸路差竣到錫已年底矣　光緒十四年戊

翰西五十五齡攝影

子十二歲　正月十九日　祖母侯太夫人八旬父輩弟兄五人孫男十五人隨班慶祝二月隨　父母北上　光緒十五年己丑十三歲　孫師南回余從族叔子涵名文海讀始學對偶是冬余　父調任營務處遷寓馬家口　光緒十六年庚寅十四歲　夏吾　父授直隸通永道二兄培南由南來偕侍赴通州任畿輔大水吾　父下車即忙賑務二兄旋以　龔太夫人見背奔喪南回余從溧陽史怡芝先生名悠祿讀　光緒十七年辛卯十五歲　從兄味雲北上課余頻年旅外無定師尤多曠學至是始爲詩文端午日味兄命題作試帖詩爲第一次引用端午典對仗頗工味兄加圈獎勉覺興趣叢生即晚又自吟瀟湘八景七絕各一首呈兄評定是秋從兄蘭樵由津來森千由南來與味兄同應順天鄉試味兄告捷吾　父辦賑甫結束又爲根本計大治畿輔各河昕夕勤勞不遑暇食新春　父給余銀四兩遣一僕伴余入都一觀春明氣象臨行命余曰到都住錫金會館館中所住王藎臣七叔汝須拜年稱姻叔四金備主僕住館飯食及館丁何坤年賞多則可游廠甸購玩物余如命以行至廠甸見心愛之物殊多而價皆昂不敢下手乃在松竹齋購小墨匣一個銅尺二方費銀五錢館中飯食五天連賞費銀一兩車資等費銀七錢臨行在致美齋午餐費銀六錢歸而尚餘銀一兩二錢　父嘉余曰孺子尙謹飭也　光緒十八年壬辰十六歲　味兄仍課余專重論文務盡其恣肆奔放首作即限八百字以外不得簡短秋復聘虞山薛寶欽先生名培元北來專課試藝寶師格律綦嚴一字推敲入微事後思之極無謂然爲當時應童子試亦不得不然寶師授課外兼重德行一言一動無不加以訓迪坐必端立必正鎭日督課無疾言無

遽色無倦態無戲容眞嚴師也冬十月　祖母侯太夫人見背年八十有四吾　父聞電即日卸篆奔喪畿輔人士有畿東工賑記立碑通州以誌去思余　母挈余移居都門茶食胡同之方壺齋寓宅俟來春開凍南歸通州居京師東古名潞河城周二十里吾　父管束嚴晨昏定省攻讀之暇不輕出廨居二年不知廨外途徑也惟憶東城角上有文昌宮可以眺遠又西城外城濠荷花頗甚可供夏日游賞南中轉漕北上均至通州交納駐有倉場總督其下有坐粮廳京倉在焉春夏粮艘麕集河干頗繁盛入都計程四十里分水陸兩道陸經八里橋而達東便門水經四閘每閘十里舟無槳櫓以人牽之京西玉泉之水下瀉清可鑑底風景殊佳　光緒十九年癸巳十七歲　春正月　先祖母葬青暘與　先祖菊仙公合兆三月侍　母南歸冬赴江西南昌就婚於陽湖惲氏　用舟五叔送余往並代主婚外舅署鹽道　心耘公夫人毓盈字琴芬小余一歲　光緒二十年甲午十八歲　春偕余妻歸里從滕王閣登舟泛鄱陽過湖口登石鐘山乘輪東下受業於錢子瑞先生名鱗書從兄石臣外甥朱寶湘同齋讀秋初赴寧初應江南鄉試吾　父親送之同舟爲從叔經笙兄範甫蘭樵森千果臣并余六人舟過鎭江金山寺長江水師提督三等男黃公昌歧名翼升駐焉爲吾　父舊交往訪答拜來舟詢子弟應試者幾人對曰六曰必可三人中式余親聞以爲奇榜發果經叔範哥蘭哥均捷不一月軍門薨於位其有先知者乎是冬中日失和吾鄉舉辦團練以吾　父董其事顧丈金魁爲管帶武備生向君國楨楊君壽山王君者化自威海來吳君殿英徐君金壽在里　父令分任教練是年惠山四褒祠成樓下祀　祖考入祀山東肥城名宦

菊仙公　叔祖考岬贈學錄菊人公樓上祀　祖妣傳旨嘉獎侯太夫人　叔祖妣詔旌節烈杜太恭人四褒之義由此祠後潛廬則吾　父所建之別墅也　光緒二十一年乙未十九歲　春應童子試吾父重視一衿期望甚切親送至澄應院考每日親課一藝入場隔夜寒熱喉痛交作翌晨仍扶病入場提覆而未取歸途吾　父一夜未眠訓責備至聞途中報捷船鳴鑼疾駛愧悚交併歸里從錢師日夜攻苦一月後吾　父命題作一起講懼而未敢面呈俟吾　父出私置案頭翌日黎明乘　父未起竊視之則批云一講神完氣足力透題背進乎技矣大喜從此知激刺之來乃進步之階也是冬吾　父服闋候簡入都十一月長男景煥生　光緒二十二年丙申二十歲　夏應院試入泮學政爲龍芝生宗師名湛霖報　父得覆云此次我未送試汝乃徼倖入泮所謂無心插柳柳偏成區區一衿僅不失爲讀書種子更須苦志用功力圖上進汝現已得子爲父者教須有方養須有力汝宜自勉勿受余蔭而憒憒不知也五月　父授山西河東道請假回里掃墓即偕　母北上取道娘子關輕裝入晉命余夫婦攜行李冬初續行溯漢水而上中途過唐心口余岳適奉鄂督檄調大治隄工民夫甚衆抵襄樊上陸歷新野南陽訪諸葛故居游龍門越二崤渡黃至茅津渡而抵晉南之運城時已臘底矣是行水陸四千里同里顧子淵若偕總角舊交山川涉歷幸不寂寞　光緒二十三年丁酉二十一歲　春吾　父調署臬篆余隨行得歷聞喜臨汾洪洞霍州靈石介休平遙各縣而觀光於太原中途大雪夜行萬山中如入琉璃世界但聞狼噑聲甚厲在太原兩月屏絕酬應僅一觀闤市之打鐘寺郭外晉祠風景以未得　父命而未往游吾

父條陳晉撫胡公聘之議辦武備學堂並絳州機器紡織廠省垣設晉豐榨油晉昇火柴等廠均吾　父爲之經始而舉從兄範甫主堂事顧君淵若主廠事四兄味雲入撫幕主文案章制事一面就本屬運城整理書院城內者屬鹽務延同邑顧子眉梁主之城外河東書院屬地方者延錢師子瑞主之兩公皆積學之士研究時事長經世文士風爲之一變吾　父又函商督練新軍項城袁公派徐龐兩武備生教練道轄部隊新操數千年錮閉之地稍稍有新氣惜吾　父與胡公均未能久任而受後來之頓挫然轉移提倡實吾　父與胡公先之夏四月長女晉華生　光緒二十四年戊戌二十二歲　秋吾　父再署臬　母偕而余留河東運城居晉之極南距太原省垣千里中隔韓侯嶺汾水貫之地屬解州轄鹽治而非縣城也城以內巡道兼鹽務以下皆鹽官亦有學校黌舍均鹽籍者城以外爲鹽池居中條山下周百二十里以牆圍之牆以內皆鹽畦鹽丁名曰僧不知何義畦以內皆鹽之結晶定律盜取四兩以上者誅每值南風放山水入畦風過水乾即成鹽塊中條山有石洞每屆曬鹽時自然生風相傳大舜薰風歌即詠此池神廟白石爲基規模宏大祀大舜像與風神山神廟並列又有野狐泉爲風景遊覽之所并三場大使公廨均在牆內河東道署居城之中署西偏有遇安園具花木亭館之勝坐落曰攬翠軒曰集雲館曰修竹山房曰綠中亭曰關紅曰養樹齋幕中有杭州沈丈書言譚丈秋臣同里劉丈石香顧子眉梁錢師子瑞族叔芝岩從政餘暇論文煮酒余亦從焉　光緒二十五年己亥二十三歲　秋吾　父授長蘆運使又留署晉藩余　母偕赴并垣余則挈妻子仍渡黃陸行至道口復易舟至天津冬　父卸晉藩涖長

蘆任十月次女燕華生　光緒二十六年庚子二十四歲　五月拳亂起由涿水蔓延京津十九日津門開戰河東水師營與租界晝夜大炮交轟槍炮彈越城飛舞夜間金蛇萬道火光燭天拳匪叫囂跳躍隨意殺人全城鼎沸眞入恐怖境界而署中衞隊聞炮聲有喜色若謂區區洋兵不難滅此朝食同鄉唐君郛鄭匆匆由京來護送之練軍營兵兩名忽槍端繫紅布急欲求去詢以故則曰加入戰線助拳滅洋亦可見迷信之入人深矣余之觀測知一逞固快而大禍方興顧亦不知懼立署旁高墩方研究炮聲來自何方彈落何處二十一日　父命余率妻子等登舟避城外十三里之楊莊　母仍相從官廨二十三日華洋相持愈烈泊舟處死尸蔽河而至余入城省　父母遇從兄石臣彼爲武備生二十晨在校抵抗潰散遶道來城三日未洗面僅得一餐　父方命其招致同學羅君鴻魁蔡君成勳等募集蘆軍爲城防計

父見余怒目頓足曰汝不率細小南行來此胡爲者余泣　父曰城亡則殉耳我事忙汝速去勿來溷乃父余乃返舟挈眷南下抵德州陸行十八站而至清江浦途中音信隔絕抵浦而知津門已失　父足受傷奉命辦理糧臺退保定　母則先避舟中津門陷後分道往德州是冬議和　父奉命移駐滄州母亦由德州往長兄本値樞垣隨赴行在次兄候補順天避亂山西十月三女錫華生　拳匪之起也直督裕祿實縱之五月初天津即盛傳有童女能爲紅燈照男子服符能避槍炮余不之信顧某晚在運署旁高墩由城缺望至郊外竟有紅燈上下如鄉人賽會調燈者然又戰事未起之前數日每晚輒有燈沿城堞飛馳此明彼滅如流星如燐火其光則與尋常燈火無異津城故大燈光由此門至彼門不過數秒人行萬無此速也心頗以爲奇迨華洋開戰此燈即不再見拳匪始猶雜亂攻敵三四日後僅在後方擾攘更無前進者嗚呼妖孽之來特以促成大禍者乎方事之殷也炮彈時越運署天篷而過蘆蓆受吸力飛舞某日有巨彈穿予　父之辦公室未炸室內玻璃櫥及櫥內之古瓷碗彈未及而受吸力均粉碎余

父移入庫房旁辦公以庫牆較厚或可蔭庇然至六月十六日晚仍有炮彈穿牆而炸余　父適臥爲炸片傷左足血流如注其時城危旦夕亦無醫生呻吟床席待大命之至而已督辦保定糧臺之廷寄日間已到以河北至城交通梗阻夜半始由督署送來乃裹創由轎頭李二背負出城時爲六月十七日黎明津城隨陷蘆軍截後巷戰其詳情另見從兄石漁北洋事變紀略蓋兄任北洋支應局文案局設署中固始終隨余　父也　光緒二十七年辛丑二十五歲　二月吾　父七旬以國難未平里中稱慶而不舉樂十一月兩宮回京吾　父赴保定迎鑾得賜福字冬次子景燏生　光緒二十八年壬寅二十六歲

秋應補行庚子辛丑併科江南鄉試中式一百六十六名舉人主考官戴少懷鴻慈黃策庵均隆房師鄧賓虞之秀闈後北上省親至津門冬　父升授三品京堂督辦順直紡織事旋以病乞假南歸蓋當拳亂受傷之後又以長蘆鹽坨被佔與聯軍幾費交涉始得歸還七十老年心力已交瘁矣是年余援例報捐以知府候選晉撫岑公春煊檄余在蘇辦理秦晉振捐分局　光緒二十九年癸卯二十七歲　春吾

父具疏乞休旨允之時庚子亂後會試改於河南舉行二月偕從叔經笙取道漢口赴汴應試京漢鐵路方綿造僅通至信陽州由州易騾車春雨連綿泥深沒脛騾行十五步而喘再三鞭策又行數十步而

止日行不過二三十里抵汴梁已入場之隔夜同邑沈君林一於封門前甫趕到幾被擯場外也秋　父以事至申行館在舟中即任新關時自置之無錫快也晨起盥漱忽然中風左手足不能展動余適隨侍趕僱專輪拖駛回錫抵西碼頭已過夜午正惶急以半夜無處延醫適見有肩輿出西門者轎燈似南里名醫鄧先生星伯姑妄呼之果然遂延至舟中立方服藥翌晨乃侍奉登岸返宅冬景燏殤　光緒三十年甲辰二十八歲　春復偕從叔經笙兄果臣同赴河南會試仍取道京漢而路工僅至駐馬店試後遵驛取道歸德徐州達清江浦易舟返里夏駐滬電政大臣吳丈重憙檄余隨辦電政並令兼辦無錫電報局余往來滬錫得以常侍父病二姊適同里朱氏侍湯藥尤專自吾　父去冬得病未稍離左右八月三兒景煜生　光緒三十一年乙巳二十九歲　是年余以辦理秦晉賑捐勞績晉撫列保以道員用　父病不減輾轉床褥神智不清　吾母外賴二姊住家晨昏侍疾兩兄馳函交詢余亦數日一報時長兄方以軍機領班章京署光祿寺少卿二兄方任安州知州均以官守未能歸也　光緒三十二年丙午三十歲　夏六月暑濕鬱蒸望邊　父病轉劇精神頓滯沉睡少納大便秘結十七日動風氣逆延至亥時竟爾棄養攀號莫及痛哉痛哉時年七十有五電告兩兄先後解職奔喪回里兩兄眷在京津百日後仍各北上嗚呼余　父少壯丁洪楊之厄出生入死迺遭戎馬者十餘年老而遘畿輔之災拳匪之變終身有艱苦而無安樂位不滿德生平事蹟見行狀及國史並從政之區士民碑記玆不載余自是冬起爲　先君謀窀穸時偕溫丈明遠周君仰之赴四鄉冬二女燕華殤　光緒三十三年丁未三十一歲爲　先覓得墓地於江陰馬鎭前馬橋之西秋蘇常士紳惲侍郎彥彬等臚陳　先君事蹟呈蘇撫入奏請以先君入祀淮軍昭忠祠並附祀李文忠公蘇州專祠旨報可冬江北提督王公士珍檄余赴清江隨辦營務　光緒三十四年戊申三十二歲　春江督端制軍方調余考察日本陸軍軍制以二月東渡六月回成考察日本陸軍紀略一册秋偕二兄培南往來前馬橋治　先君塋壙高守備菊亭　先君從戎時之武弁也近年退老以小尖上之泰孚堆棧託伊經理凡塋工及松楸之植高君亦分任之冬十月　先君安葬溫丈明遠作墓記勒石於墓廬是年七月四兒景炤生　宣統元年己酉三十三歲　春四月北上引見分發河南陸軍部鐵尚書良奏留余入部充一等檢察官遂留京住東城新開路秋八月京張鐵路行開車禮附赴張家口一游冬部派余與本部二等檢察官李君鳳山同赴武昌視察陸軍第三中學復至南京視察第四中學附京漢車以十月至武昌三校校長爲李君鍾岳十一月附輪下駛至南京四校校長爲萬君廷獻事竣假旋在里度歲　宣統二年庚戌三十四歲　春正返京四月奏派校閱陸軍第一二鎭隨員隨同校閱大臣壽尚書勳依次赴北苑保定永平等處兩鎭駐在地以五月差竣回部派兼本部憲政籌備處幫辦秋七月本部以事派余會同部員吳君昭麟赴奉天八月回過山海關宿得游天下第一雄關　宣統三年辛亥三十五歲　春度支部奏調余爲幣制局委員余以上年校閱陸軍勞績由陸軍部列保從優議敘給二品封典六月度支部奏補廣州造幣廠總辦南下省親秋初赴粵八月十一日　吾母六旬兼爲煥兒授室娶山陰胡氏念修號右階之女余以職守未能回斯時適革命軍起武

昌獨立九月廣州獨立由都督胡公漢民派毛君來廠接收余隨返滬時家中全眷均住滬也是冬創辦無錫電話股份有限公司成立　民國元年壬子三十六歲　春四女申華生余奉　母及妻子仍居上海大兒則肄業於同濟專門學校同鄉好友大都僑寓顧君淵若王君正卿均同譜兄昕夕過從正卿往來尤密往往暢談至夜午同餐廣東宵夜而歸自　先君見背自立以來此爲最優閑之歲月冬全眷返錫　民國二年癸丑三十七歲　春正月接辦業勤紗廠另組同益公司資本團租辦之蓋廠爲　先君與　三先叔合創今由余籌資營業另合趙君匊椒孫表兄詢芻等新股二月景煥生孫女杏三月五兒景榮生　民國三年甲寅三十八歲　春本邑分設中國銀行以余爲第一任行長租布行街吳姓屋籌備旋以兼有廠務事繁不能兼顧辭繼任者爲楊敦甫君秋創設潤豐榨油廠告成廠址在南尖爲吾邑小荳餅機器榨油之始先在業勤廠由機司張君彥卿製小機試之再放大廓充而建廠於南尖並招薛君叔平王君正卿合資舉正卿爲經理是年景煥生孫世堅　民國四年乙卯三十九歲　春創辦廣勤紡織公司購地於北郊丁村之長源橋向英國赫直林登廠訂購紗機招致股份建築廠房余與周止庵志輔志俊惲季申薛南溟諸君暨兄蔭北味雲并大兒蔚章九人被推爲董事兄培南暨劉君襄孫爲監察人又公推余爲總經理本年經理業勤又籌備新廠事甚煩忙潤豐油廠營業尙佳以正卿有事北就經管無人公議出租秋因招股事北上冬返里訂購紗機已陸續至英廠派工程師勞司君來裝機始闢廣勤路由車站起至廠二里有半均曠野無居戶僅錫福庵孤峙中途俞巷村舍數間而已廣勤廠締造

錫金游庠同人自述彙刊　楊壽楣　丙申科案　六

艱難資本竭蹶無力兼顧余商之沿路田主私資貼補闢寬田陌勉成車路並於路旁分三段建築工房第一段附近車站二段附近俞巷三段在錫福庵之北又捐資募保衛團六人分兩班設三站以維持治安通運橋以南市廛日密自是漸有注及車站以北者通稱之曰廣勤路而此一片曠原漸漸生動矣余喜太湖風景時游東西管社是秋修紫淵族祖墓重建祠堂三間復捐資募欵葺項王廟建萬頃堂俾游者有休憩之所廟東購地一角有石崖名之曰虞美人崖上有松如蓋名之曰車蓋并擬日後建一亭預題曰駐美冬側室徐氏來歸時年十七字之曰鳳儀余自癸丑經商以來自知讀書半生中途改業非此不足以苟存事無鉅細不辭勞不避苦必躬必親信用修養尤視爲第二生命知得人之難任使非常審慎而諒其甘苦保我威信奬必當而罰亦嚴回思以前爲官僚公子苟不幡然變計者則迄今或不免飢寒耳此亦　先君子持敎之嚴不使濡染習氣而亦自知官僚公子之悞人不淺也　民國五年丙辰四十歲　春交卸業勤紗廠以　先君所遺余兄弟股份盡數併歸三房所得併股之欵並業勤三年所贏移入廣勤作股蘇督馮公國璋以師生之誼聯合在蘇軍界同學王公者化孔公慶塘劉公恩源合上　先君敎澤常新匾額懸之家祠三月江陰兵變馮督派禁衛軍混成一營討之由錫進至青暘而潰二十一日上午退至錫變兵追擊以下午至塘南橋適上海盧護軍使永祥派混成一營先一時趕到立即在梨花莊抵禦原有駐錫陸軍警察大隊兩連輔之列陣於周山浜河邊一時槍炮機關槍聲大作相持至夜半變兵始潰翌晨楊師長春普率援軍由甯來駐司令部於啟泰棧辦善後是役廣勤僅隔一河變兵

右哨線且至河邊以無橋而未波及縣令王公召前維護治安頗力以積勞患病卒於任邑人惜之歐洲大戰起廣勤鍋爐早到引擎未來遂以三千金購得二百匹馬力舊引擎一部八月先開紗錠七千十二月英廠引擎始到斯時歐海均封鎖機廠亦改造軍火工人盡從軍此引擎居然趕成運達亦幸事也是夏潤豐油廠租滿以無人經理出售於唐陳二氏　民國六年丁巳四十一歲　春紗價以歐戰而大起紡價以歐戰而大長機款合廉三月廣勤開成立大會並補行開幕禮來賓甚衆奉余　母涖廠觀之色頗豫慰余心亦稍慰蓋知老人期子心切歷觀締造之艱籌資之苦一旦告成而順利可以測知老懷矣

先君遺命以三千元附入義莊建楊氏小學並捐市房一所收租爲基本金余於是添助基地訂章建舍以去冬成之春季始業溧陽電話兩合公司余與溧人士所組者也亦以是夏告成秋馮公國璋卸蘇督就大總統任以余能提倡實業贈余以惠及民生匾額余　母亦以前淸二品命婦襄助崇陵種樹典禮由宣統給溫仁受福匾額　民國七年戊午四十二歲　紗廠以歐戰營業仍佳正月以去冬購稻贏利二千元置黿頭渚山地六十畝建橫雲小築一間竈屋二間又築涵虛亭於渚上於是余　母六十有七矣春秋雖高氣體尙健神智亦充仍自主家政晨起八時夜以十一時睡午飯後閱報晚飯後核記賬目余省晚安則詢日間酬應並營業情形未睡之前必手燈周視廚房內院有燈未熄而戶未閉者加以警告日以爲常間値驟寒驟暖更來余房詢余衣被言動有不合者雖細必加訓誡譬如坐立不端疾言遽色迎風咳嗽冬日飲冰　母見之必加呵叱視余夫婦始終如小兒女也二月下旬禮佛赴蘇之上方

錫金游庠同人自述彙刊　楊壽楣　丙申科案　七

山適値天氣陰寒歸而又應師統領蘭亭夫人之請游太湖一日歸即畏寒微熱余適以事赴申迨初二日熱度忽加飛函告余初三日趕回則壯熱不退神識迷糊見余僅一言曰汝回乎即不再他語余見狀大駭徧請諸醫以爲痰邪內陷叩天祈禱曾不稍減延至三月初六酉時棄余長逝愴地呼天竟不能贖嗚呼痛哉吾慈愛康强之　母自始病至終僅僅七日此七日中余尙有三日在申歸而僅聞最後之一語天乎天乎何奪吾　母之速也憶　先君見背瞬十二年賴有　母在遇矜躁則得　母一言而平遇艱苦則得　母一慰而解余　母少嫻文學長歷四方更事多而見理明疑難之事既賴稟承强仕之年仍加督責以四十一年依母爲命之孺子一旦失其所恃情何以堪時長兄二兄適均南歸余兩執兄手痛哭曰弟今父母俱無祗有兄長兄以後能管我教我乎我所願也蓋人生不能無過所賴父兄之管束最不幸者莫如尊長舍我而去而自居尊長地位負管束人之責余對兄言亦無可奈何之言也至吾　母懿行茲不盡詳另見事略是年五月女春華生徐氏所出夏以先慈錙銖所積慈善欵萬元建小學於紗廠附近培植工人子弟即以廣勤爲校名費洋六千元更以三千元爲基金餘千元以七百元捐之太倉公園建一坐落又以三百元購洋水龍捐之太倉城內備消防之用時余適與太倉士紳有太倉電話兩合公司之組織因而及此太紳唐公文治顏所築曰樹萱齋並有記是冬葬妾孫氏根法於小菱山泐石以紀端末並爲之銘銘曰却之有道耶乃身殉於情是前生之果耶抑來生之因生而弗償其願耶死而胡靳其名三尺孤墳藏汝魂百年再見於天閽　民國八年己未四十三歲　春創設胰皂廠於宅之

左偏以土法試製行銷尚暢夏四月六兒景鄒生大兒景煥肄業上海同濟大學工科上年以歐戰送回德僑校停學輟至是遣其隨英工程師羅司赴濟南魯豐紗廠學習裝機冬裝機事竣復遣赴英國孟鳩斯德赫直林登廠實習乘英船太弟司行余親送至舟　民國九年庚申四十四歲　吾邑商團於三年停辦至是各業議恢復舉余爲公會會長單君紹聞副之夏遣焜兒留學美國入康奈爾大學秋三女錫華遣嫁適貴池劉氏名之泗劉君世珩號聚卿子聚卿發起購領常陰沙沙田三萬畝集股百萬公舉聚卿爲總理孫君詢芻暨余爲協理定名曰廣業墾植公司劉孫擔認對外余擔認內部銀錢經劃一切事當草創是冬頗增煩瑣大兒景煥在英實習期滿歐戰告終中德邦交恢復遣景煥由英轉德留學完同濟未竟之功　民國十年辛酉四十五歲　夏以胰皂廠在宅左逼窄移之於北郊楊陸巷之長豐橋并招集股份添置機器房屋定名曰廣勤胰皂有限公司所製爲普通皂香皂兩種并附提甘油機秋築于胥樂公園於廣勤學校之後園中坐落兩處一曰胥樂堂一曰養樹齋胥樂堂之樓上爲通俗教育館堂之右爲公共體育場所以備附近居民工廠職工及其子弟遊息觀摩之所蓋廣勤路自開闢以來已成闤市一切公共事業由余倡捐補助立廣勤路事務所以管轄之至是規模略具就其所事分訂章程規則呈請官廳立案計廣勤路事務所規則廣勤區閱報社規則廣勤路菜塲規則馬路規則清道規則修樹規則于胥樂公園游覽規則宴會喜慶賃借胥樂堂章程通俗教育館規則廣勤學校章程廣勤路保衛團章程廣勤路分診所施醫規則並修建北塘錫福庵丁村福林庵以錫福庵右偏駐警察左偏延訂普仁醫院設立分診所福林庵則設廣勤路事務所庵之中庭掘地得泉水甘而洌因鑿石爲銘銘曰得山之氣得地之靈挹潤我鄉是曰福林兩庵重建均另有記冬大兒返國就職第三屆省議會議員廣勤紡織廠內添設布廠由大兒在德購回舊機全副價甚廉內有括絨機可織絨布爲我國製造絨布之始又附設廣勤製造廠其大號車刨銑等機均購之德國其時物價均合巧也　民國十一年壬戌四十六歲　是歲暑假召焜兒回國爲之完娶同邑孫氏表兄鳴圻號鶴卿之女秋仍遣焜兒攜婦同赴美留學秋解散廣業墾植公司將沙田轉售於福利新公司亦尙有贏利解散之議由余竭力主張蓋沙田之漲土著視爲天然之利益今乃有外人集大資本以經營之其怨毒之甚自不待言因之經界訟爭案如蝟集或更利用土棍招集梟盜聚千百人毀塲燒莊無所不至公司雖上達官廳派委勘驗撥警保護徒多剝索無裨實際劉孫二公又皆厲滬不能躬自駐沙余於春間曾往而被困者三日卒用以毒攻毒之法另招一班土棍游民以武力突圍而出且擒其渠收之常熟縣府然過後思之此種經營實業非可爲常寧爲放棄不願作主客之久爭也冬無錫闢爲商埠四兄味雲督辦商埠局南歸十二月葬　母沈太夫人於沙塘營之陳家灣　民國十二年癸亥四十七歲　本年臘底停辦胰皂公司此廠自廓充以來機器房屋地畝已達十五六萬加以原料擱本存貨賬面共達三十數萬如須行銷通暢立住牌子再須歷時墊本余實無此力不進則惟有收歇收歇則廠基機器盡成呆滯即賬面亦不能全歸結果不動產連人欠共達二十數萬外股有三分之一余皆照票面散還之對股友之感情則佳矣而余一人苦矣　民

國十三年甲子四十八歲　正月景煥生孫女丹商埠局劃定界址廣勤區適在埠界中段本年五月將廣勤路事務所經辦橋路工程市政事項併歸埠局接收改事務所爲市民公社廣勤區自民國八年至今頗費經營案牘事實頗多茲附錄移交埠局公函並意見書可以略見一般也

敬覆者准貴局一四〇號函開案准江蘇督軍省長公署咨准內務部咨開准咨稱無錫商埠應劃界址經遴派江南水利局總辦羅樹森會同商埠局參贊高翔商榷當地紳董詳細勘定共計面積三十六方里又一方里之一八二地處平原工商住區均便建築運河鐵路並利交通檢同改正勘定無錫商埠界址圖說明書無錫縣全圖各一份請察核辦理等因到部復核送到無錫商埠界址圖說大致尙無不合自應准予備案相應咨行查照轉咨該埠督辦隨時將辦理情形分報主管各部處核辦可也等因准此除行道飭縣查照外相應咨請查照等因到局准此查此案前經本局遵照公布自闢商埠開辦章程第三條將擬劃界址繪具圖說咨經督軍省長派員勘定咨請內務部核辦在案茲准咨覆前因除分別咨行外相應刷印說明書備函送請查照等因並附勘定界址圖說明一份前來承准此查貴局開闢商埠劃定界址所有廣勤區一帶均在應劃埠址之中前已於一月十二日准貴局一二七號公函知照並附圖一份在案現又准貴局函開業由內務部核准咨覆督軍省長轉咨貴局備函知照前來是商埠界址業經確定埠界內一切設施想必剋日進行敝事務所自當預備結束惟查現劃埠界車站以北曩年一片荒涼自民國八年六月成立廣勤路事務所先後開闢廣勤路幹路自通勤路起至華莊岸止經過一三二一一十五八五五八三等五圖計八華里廣勤支路第一至第十一支路計八華里又一里三分之一內中已舖石片者四華里又一里二分之一橋梁則重建舞鳳石橋一座長新石人木橋二座新建翔鸞長源長豐飛龍等木橋四座其他如學校公園通俗教育館菜場醫院義塚警所保衛團消防隊閱報所清道路燈公廁公碼頭均經次第建設有爲壽楣捐資私立者有爲壽楣所辦各工廠輸資興修者有爲就地新業主集資建設者而一以敝事務所總其成壽楣正元各盡其籌勸維持之責若論經費則荒陬新闢方招徠生聚之不暇貧苦之工民居多既未收分文房捐亦無天然之經費每月收入除錫市公所自十年起至十二年止歲貼警察補助費四百元外餘僅路燈清道等費月收五十餘元支出則月近三百元竭蹶維持以至今日結至去年年底除已經捐墊者不計外結虧洋一千四百十五元零本年一月起四月止結虧洋八百零五元零共計洋二千二百二十一元零此項虧墊均向商號息借貴局既來開闢商埠有維持市政之責敝董才綿力薄勢難再事籌捐應請貴局迅即照數撥還以清債欠所有歷年建築橋路曾於萬國道路公會調查案內繪圖列冊報明縣署轉詳內務部有案經手工程並逐月收入支出亦經逐年呈報縣公署並張貼示衆在案茲特將歷年收支另行具冊呈送貴局一份即祈鑒核是荷此致無錫商埠局民國十三年五月二日　敬覆者本月二十一日接奉貴局一五〇號函開案照本埠界址業經勘定咨部核准所有界內一應事務均應按照前定無錫商埠局暫行章程分別進行查廣勤路一帶道路橋梁多有建築地方事業燦然

可觀皆由貴事務所歷年經畫而成昨准函知埠界確定事務所預備結束等因除令行本局工巡捐事務所楊主任與貴事務所接洽將應歸埠局經理之事交接收管以免諉誤而重地方外相應函請查照施行並希見覆等因承准此茲當接收之前敝事務所應先將意見提出請即尅日先行見覆再由貴局楊主任前來接收可也所有各條附列於後（一）廣勤路歷年所建設之道路橋梁均由敝事務所定有名稱其橋梁名稱已成習慣貴局接收應請仍用舊名至於道路幹路原稱爲廣勤路其餘亦定爲廣勤一二三四至十一支路均歷有年所貴局接收後所有廣勤路幹支等路名稱應請一仍其舊以後不加改易而將來貴局大經路之成最好仍冠以廣勤大經路名義又敝事務所歷來施行市政區域係南至鐵路東至一一圖墩上西至梨花莊北至長新橋今請貴局分區亦照此區域而仍名曰廣勤區（譬如通惠路一帶即可名之曰通惠區阜橋一帶照縣圖即可名之曰景雲區）此爲順從習慣亦爲敝事務所闢萊成聚留一紀念貴局諒不吝此區區名義應請照准見覆（一）車站以北本一片荒蕪焉有所謂學校自敝事務所成立由敝董壽楣首先私立廣勤高初級小學校而近村及工人子弟始求學較便生聚乃繁然而戶口愈添愈多該校學額頗有供不應求之勢原有計劃在廣勤五支路設立初級分校一所基地已購備矣以欵絀未能實行今既隸貴局帡幪應請由貴局就適中地點趕添初級小學一所此則敝事務所開辦五年深知地方情形雖當結束之時而爲地方人民計爲貴局設備計不能不請求貢獻者也（一）敝事務所開辦後因經費支絀無力建設醫院特商由普仁醫院在廣勤區北壩設立分院由敝事務所與該醫院院長李克樂君訂立合同供給錫福庵偏左房屋使用十年其房屋均由敝事務所構造適合醫院之用復因不敷另在隔壁商之廣勤紗廠借給工房四間并由敝事務所另行裝潢並勸該廠按年補助該醫院經費洋二百元此完全由於敝事務所之感情由敝董等諄諄勸募者今敝事務所雖行取消仍勸該廠勉力暫行擔任一俟日後貴局經費充裕應請貴局維持不特此也在埠局範圍中醫院斷不可少且更須有官辦完備之醫院並於警察局設立衛生處專設醫官今幸有該院之熱心貴局允宜扶助而擴張之勿令半道而歸消滅也（一）本區域內所點路燈其價照正價七折計算每月約燈費六十餘元應請貴局逕與燈廠接洽照舊維持（一）清道事宜敝事務所原用清道夫三名每月支工食洋各六元應請照舊支給其地段係分爲三段現在市面日繁垃圾日多應請貴局改爲四段或五段以期貫注而增清潔所有清道章程敝事務所編訂專條如貴局須查取者可派人到敝事務所抄錄（一）廣勤路本不甚寬展近來居戶日多行人繁雜菜攤沿路擺設有碍交通敝事務所疊次呈縣出示取締令菜攤擺設於菜場之內尚有成效今恐交接之際將次廢弛應請貴局注意（一）敝事務所歷年修造之幹路支路計共十六華里有餘內中已舖石片者四華里有餘前曾函達茲姑不論惟橋梁如舞鳳翔鸞長源長豐長新石人飛龍等石橋木橋共計七座又菜場一所連基地一分六釐三毫查核賬册共用經費洋二千七百三十五元現在均歸貴局接收應請貴局將此項經費撥還市民公社爲維持該社基本並辦本地公益

事務明知貴局現在經費不充應懇確實批覆俟後日經費有着之時首先撥還市民公社蓋敝事務所費數年之辛苦成此市場公廠公民之捐助逾萬即敝董壽楣個人之捐助亦逾萬貴局準情酌理以此區區者還之市民仍充市民公益之費當亦所不吝也至於此項菜場橋梁經費賬目連基粮單一紙另行開單於接收時面交楊主任（一）敝事務所創立至今正副董不獨全盡義務且犧牲資財因爲地方公益絕無邀獎之心但所中各幹事勤苦數年每人月支津貼不過三元亦有完全義務職者如果將來貴局辦有成效或遇列保之時則敝事務所之幹事應請一併核給獎敘名單履歷另行開摺俟接收時面交楊主任應請備案見覆（一）本月份敝事務所開支結虧洋二百三十元零二角九分敝董等當此結束之時勉力代維現狀實再無法籌墊應請照數撥還現金以歸莊欠本月份報銷俟接收時面交楊主任（一）除清道章程外所有菜場規則馬路規則道路街邊濶度成案調查上海工部局衛生防疫書册敝事務所均有專章原檔倘貴局有所採擇亦可派員檢錄以上十條凡關於答覆者懇請即日核覆而敝事務所更有陳者貴局既派楊主任前來接收而警察方面並未提及究竟是否歸工巡捐所接收抑另派商埠警察局接收應請併覆蓋關於警察部分尚有房屋生財崗亭電燈電話等問題諸待解決又保衛團因現有警察過少維持夜崗如何措置敝事務所交接以後未便再負責任也此致無錫商埠局民國十三年五月三十日

本年江浙失和八月兵事起吾邑適當後方而側面之宜興與邑西之太湖均與浙江接壤陸則轉運湖則設防形勢非常嚴重地方公衆組織維持會公推余統率商團擔任地方自衛全責安危所繫不敢怠慢食宿於商團公會者兩閱月衣不解帶者兩旬餘十月解嚴而奉軍南下齊奉之戰又起十二月上旬先有蘇州秦洗之變無錫爲對常防區鐵路寸斷局勢尤緊幸不數日即銷滅而廿四日大禍起矣齊督大兵由鎮江潰奔來錫未收容者結合土匪大肆焚掠計九日夜余率商團幷命維持或抗之以力或感之以情奔躍呼號無所不至是役城內幸由商團嚴守得以保全北市則北塘一帶精華所在備重犒請得高旅一連附以商團游巡隊勉力維持尚無焚毀光復門以外馬路一帶則首當其衝殘破不堪矣詳情另見錢子瑞先生商團大事記並控江樓商團紀念碑十二月廿七日爲四兒景炤在滬完娶同邑薛瑩中號慈明女余以兵事困邑城中未能往　民國十四年乙丑四十九歲　正月朔正困守孤城不知所謂元旦亦爲最特殊之過年子正偕錢君孫卿馮君雲初宋君靜庭在車站齊營抗爭呼籲無所不至歸而乘艒艒船繞西門而入飢腸轆轆目眩神昏而仍不得睡守歲者有城上之商團間以子弟自衛團寒披簑而飢嚙年糕城外則火光四五搜刼之槍聲歷落亦宛如除年也顧歲朝崇安寺仍有少數男女游行則入籠之鳥無處可去亦無事可爲聊以苦中作樂耳直至初三日奉軍來齊軍潰初四開城而此一幕武劇方告結束復料理善後諸事至三月杪方得閒　廣勤區電燈廠余辛酉年所創辦者也電機爲三十六啟羅華脫上年以城區耀明電廠與戚墅堰合併電力已充遂以此區域電機桿線歸併之得價二萬元廠基仍歸余有加以修葺名之曰度雲別業地在長寧橋水木清幽以作消夏之所秋惲夫

人病咳寒熱初以爲感冒邀鄧星伯先生診之告余曰咳痰作細白沫此不治之症也余大駭再請西醫診之斷爲肺病自是百方求治熱終不退其傳染致病之由或以夏間赴虞山送其龐氏三姊大殮之故蓋姊亦以肺病歿吁可畏哉是年三兒景焜返國生一子未育大兒景煥供差濟南七月煥兒生孫世奎九月炤兒生孫世圻　民國十五年丙寅五十歲　春惲夫人之病有增無減咳嗽時見血驗痰有肺菌嗟乎已入三期矣暫遷於度雲別業空氣較佳而室殊逼窄夏赴滬就醫覓寓於戈登路七月廿四晚血又大吐夫人泣謂余曰歸乎余曰我先歸爲汝整房榻再來迎翌晨返錫爲之備壽器擬廿六返申而是晨已逝不及見矣幸大兒先二日由濟到申尚及一面諸兒扶櫬以月杪抵家暫厝於丁村之福林庵享年四十有九冬十一月葬於陳家灣之沈家墩　民國十六年丁卯五十一歲　春國民軍到達江蘇建政府於南京夏三兒任蘇州關監督署秘書秋長媳胡氏又以肺病亡距惲夫人之歿正一年肺病無良葯惟賴空氣治療攝生合法於舊式小窗窄院最不相宜當惲夫人暨長媳病時每苦無相當養病之處至是就惠山忍草庵頭造山門旁舊屋三間葺而新之開放東南窗以延日光高鋪其地板以隔潮濕其位置已在山半距地平將近百尺空氣清佳誠足爲療養之所惜限以一人之力未能多擴也落成後署曰仁壽齋作記勒石以明其意他人之向僧人借居者頗聞成效甚著也是年四月炤兒生孫女畹八月焜兒生孫女槐　民國十七年戊辰五十二歲　二月三兒景焜病歿於上海寶隆醫院肺病腸癆也三月大女以傷寒病歿於北京五月四女又以肺病亡自乙丑惲夫人逝世連年死亡相繼無日不請醫生而且日必多起葯費醫費每節以千百元計本年九十日中亡子女三人亦可爲拂逆極矣而五兒又患傷寒幾殆百端調治始以告痊焜兒年二十五遺女一余命以長房次孫世奎嗣之大女年三十一遺櫬燕都派人領回四女年十七已能助余理家事傷哉風鑑家咸謂余　母葬地不吉是夏謹敬遷出暫停於陳家灣之墓廬有郁君與桂願租余皂廠一部裝置絲機改爲絲廠而轉租廠商允之互訂合同更名曰廣勤絲廠並附建廣勤繭行於旁置竈八副是年六月炤兒生孫世堯　民國十八年己巳五十三歲　春爲大兒續娶湖州丁氏乃宏號曉嵐之女夏大兒就隴海路全路總收支處長攜眷赴鄭州九月煥兒生孫世封於鄭八月炤兒生孫女蕊十二月葬大女晉華四女申華於陳家灣前年蕪湖有販土者殺人被繫供出有販土錫人楊姓名漢溪者所指使蕪法院來文移提此間縣署復謂查無其人蕪律師王姓者爲凶手之義務律師派其書記來錫謂與余號字異音同意在索酬余未置意乃上年竟有文來指漢溪即翰西欲傳余往卒乃由地方士紳公呈司法部行文證明大費手續亦可謂無妄之咎矣余自丙寅年起丁口死亡官非退財無所不見皂廠與購馬克虧蝕尤鉅即偶然小有營運亦無不虧蝕廻思曩年歐戰時期紗廠遭逢機會各股東皆得利數倍而余則幾同一夢耳　民國十九年庚午五十四歲　政府厲行陽歷自本年起以陽歷紀月日春爲五兒景榮授室娶宜興任氏德龢號子木之女夏大兒交卸隴海路總收支處長回里長孫世堅以肺病殤冬威海由英國交還大兒任威海專員公署秘書兼財政科長攜眷之威　民國二十年辛未五十五歲　三月景煥生孫世佳於威海四月十一日即陰歷二

月廿四日　先君百齡紀念距　先君之歿忽忽已廿五年矣是日陳　先君手澤遺衣並手繪冊頁山水等里中親友多不知　先君能繪事蓋中年宦鄂時所作平生勞苦以彼時爲稍閒所作瀟湘八景八萬圖共兩冊又立軸一筆法均摹王惲非近人所能及子孫其永寶之　先二叔廉訪公諱以廻號霖士前　先君一年歿叔早歲從戎晚年闡易精醫卜地理隱居於惠山潛廬諸姪中最愛余叔之墓在江陰渡善橋去冬特傍叔墓拓地五分建屋三楹以今春告竣偕姪顯漁奉叔暨配何夫人神位入祀中楹旁室則給守墓者居住藉表姪子追懷之寸心孚威將軍吳公佩孚亦演易者題贈復叟墓廬四字復叟者叔晚年之別號也四月孫女蕊殤七月航海北游首至青島繼至威海時大兒在威任中國實業銀行行長繼至天津北平以八月杪南歸是月大水災徧十六行省漢口與江北災尤重爲百數十年中所未有秋建設周城小學於黿渚後背之南獨山校舍連校具共捐洋二千元復代募基本其詳見校記

孫藩圻節略

屏東孫先生吾鄉朩盦太史次子年二十八補博士弟子光緒壬寅捷江南鄉試官內閣中書遜位詔下遂南旋家居箸有斐瑟齋存稿幷聯語錄存元配張氏無出繼配劉氏生子四女一兩賦悼亡不復續娶

屏東六十一齡攝影

徵得先生玉照印以志景幷附手書於後

仲祜先生留春老兄均鑒飽德飲和不忘宿好頒來金粟責以紀言藩無似讀書不成又無能力不足以致遠謀不足以治生離羣索居坐困廢棄奄忽將老無所表見又何述焉附寄小影遵雅命循大同不敢求異於人而求諒於執事耳諸希裁督敬請大安小弟孫藩圻頓首

謹讀先生復函情深義蘊言簡意賅足以代表自述亟錄付刊用視同人福保注

侯鴻鑑自述

驥叟古之傷心人今之苦行家也姓侯氏名鴻鑑字保三先世宋元間由直豫而南始遷祖諱德宗卜居無錫東里八世祖諱先春明太僕寺少卿以劾奸策逐直聲著中外十世祖諱鼎鉉戶部郎中明社既屋

驥叟六十齡攝影

以孤忠隱華藏十四世祖諱鈞陝西知縣以文學政治著晚年歸營紹衣堂於四郎君巷祖諱絢善綸事宦閩魯五十餘年紅巾之亂親族故舊來歸者悉提挈之兵燹後舊宅為墟即故址營新屋俾近支族人同居遺訓子孫貴自立不置田產父諱士環幕山左善繪事宦臺灣清賦開山受瘴癘病歸以讀書自立克繼先業訓鴻鑑謹志之不敢忘母氏陳外祖父籍浙江官山東同治十年壬申十月十九日母夜夢有小獅墮雲中驚而生鴻鑑於按司獄署故別字夢獅兄鴻錫字晉三嫂杜氏遺孤毓沂年十六殤毓汶留日畢千葉醫學業姪媳顧若亞競志女中畢業松島昌芝生扶桑冠華召棠韡棣壽松國華憶桐姊慶仙適庠生華文澄妹明霞適貢生范廷銓鏡斐競志女師畢業適庠生黃豹光鴻鑑元室

蔣氏淑珍外舅穀甫先生三女生毓渭不育繼室江陰夏氏冰蘭上海務本女學師範生側室蜀蘋生女毓汾畢業競志高中數理科升學上海交通大學轉大同大學理科肄業子毓泉毓海均幼讀鴻鑑生平愧無足述六十年憂患餘生傷心浩刼千萬里漫游世界放膽苦行聊寫孤懷於此日還當自警於將來也余週歲隨家人行二千餘里由濟返錫五歲入塾九歲畢四書誦葩經唐詩十歲孫蘊珊表姊教學詩十二歲元旦賦詩為外舅稱賞徐襄廷表兄因介訂婚蔣氏十三歲游春申澗有石上看雲起白雲無盡時白雲自來往默與我心知句聘之世父評云天機流動除夕有一天風雪過殘年屋漏家貧劇可憐最是不堪堂上母夜寒刀尺動燈前句孫叔方表兄評云悱惻動人十四歲畢五經俞仲還師教讀昭明文選閱近思錄日知錄習詞賦制義十五歲顧子成表兄教涉獵史漢諸子為筆削文論經義此幼年承諸師長教育之力永志不忘者十六歲先嫂以兩姪付託遂設帳授徒為課餘研究訓詁詞章之學藉東林書院官師課上海格致書院時務課寧波辨志文會經古課膏火花紅維持家食豆渣風味瓜訓炎涼荷插鋤霜執卷待月每借酒以澆愁時療貧而託詠自號病驥老人年十七境愈窘飲愈豪態益狂有乾坤一粟酒樓高酣態淋漓看寶刀大笑昂頭向天問果誰並世是人豪句人以狂生目之余性傲放自命非凡品立志堅且遠憤清政日非詬那拉后之荒淫以為亡清者必斯人喜臧否古今人物病朱註四書多謬點輯先賢先儒從祀錄明遺忠詩文錄習滿文編清文檢韻年十八九曾兩度應童子試暨陽落選醉躍江流同伴救起返里丁外艱痛深風木厲志益銳窮三載讀古今名籍日數萬言親加朱墨寒暑不輟

偕丁福保高翃顧祖望范宣汾張畹孫族叔辰奎等專攻詩詞駢文偕許士熊同應江陰南菁書院經史課取膏火以佐家食偕俞丹石胡光煒張翼黃龍驤沈祖籓余夢齡結詩文社於西溪痛甲午之役受辱東鄰研究經世時務憤世疾俗甚嘗醉後作落花篇以寄悲憤嚴毓芬號爲侯落花云廿二歲母病爲余授室室人委婉事姑能服勞余餬口津門燕巢半載歸試白下覽勝江山翌年丁內艱殤長姪購地璨山上里東葬事畢元旦謁墓賦詩誌哀歲以爲例有冷咽霜風謁墓來悲含熱淚灑蒼苔椿萱從此不相見百歲無涯草木哀句廿四歲室人蔣氏病歿積伯道奉倩之傷賦悼亡四十首落花二十章館師古河許氏月餘許生卒改館旱橋街裘氏未三月館舍不戒於火繼館於長安鄉黃氏未期月居停罷官人皆以余爲不祥無敢再延聘者於是漢書下酒時爲罵座灌夫玉唾豪吟頻效倡狂阮籍貧不聊生鬱而成疾酒狂病狂名益噪此弱冠前後之傷心史也迨白門再試鎩羽歸來遭遇蹇而研求新學則縱覽物理化學自習梅氏算學叢書幾何原本四元玉鑑提倡組織西溪算學會輯積志學會月報佐裘葆良先生編無錫白話報考入上海徐家匯南洋公學師範院肄業習法文半日讀書半日教授中院生時總辦何嗣焜總教張敬甫監院福開森同學董瑞椿白作霖吳馨沈叔逵徐與範楊志洵等師友道誼殊堪洄溯既而假歸應戊戌歲試以經古學受知於瞿宗師鴻璣入邑庠任上海時務晚報主筆續娶江陰夏氏應己亥科試補廩膳生創辦務本小學補習英文日文附課南菁書院以膏火濟家用赴金陵秋試夢燦江花價增洛紙三都鸝薦空谷鶯沈偕楊蔭航等組織勵志學會推俞師復秦先生寶鏞爲會長集同人演講新學於竢實學堂未幾爲官廳解散赴滬演說種族主義於味蒓園聞者驚訝吳先生朓蔡先生元培稱善得楊涵脩先生之助偕顧倬秦毓鈞赴日留學弘文師範學院參觀大阪博覽會因福建出品置臺灣館中偕蔡文森顧樹屏秦毓鎏力爭之電東京閩林長民等來阪交涉卒移置四川館偕同學黃芝王章祜卜士銘袁希洛顧倬研教育張卜沖劉揆一經亨頤李家珍朱綺齋談革命著教育概論哀江南付刋江蘇時沐蘭肄業務本女學毓汶亦留東余譯東籍以資學費復承楊先生模撥竢實校欵以助故畢業回國任竢實史地理化樂歌教員而寓排滿意旨於史地教授創辦尋常高等小學校兼江陰西廳師範主任編教育叢書天文學理化博物課本時邑有燬學之變竢實東林三等理化四校均燬越三月案平反余任竢實校長設單級小學於水獺橋適沐蘭歸自紹興明道女學（沐蘭任明道舍務半年）余因創競志女學於表兄廉泉宅出家藏古物售充經費沐蘭質簪餌以佐之集同人組理科研究會又先後獨立創設西城師範學校模範小學女子理科研究會幼稚園等類皆赤手經營憑譯編各科講義版權以濟校用艱難籌措犧牲一切知有校而不知有家蓋自此始此十餘年研攻新學倡設學校之苦心也三十四歲奉周少樸提學使之檄偕蔣鳳梧同任本省視學仍兼競校課務並偕顧倬黃龍驤孫思贊組織商業半日學校粟六風塵提倡痛苦教育實基於此周視各縣學校之優劣開會宣佈對於蘇州上海常熟江陰等縣批評尤嚴毛實君提學繼任江蘇奉派查視浦東中學及黃炎培被控革命事余以成績佳良訓育有法爲之剖白靖江學潮積案三十餘件查視結束著學務箸謀一冊檄令勸學所長劉庭熾實行視察太湖

廳乘筍輿過洞庭東山適得兩面湖光撲眉宇句輿夫蹶仆余墜厓臥書帶草中久之始攀籐上涉江乘輪忽墮江幸張一傘爲舟人所援每借視學之餘游覽山川古蹟研究地史物產採集標本供科學上之需求頗欣然自得惟辦學痛苦負債纍纍歲聿云暮購蓮蓬手槍決心殉學嗣得端督毛學使王勝之華隨寓袁觀瀾劉慶星周舜卿林虎侯諸先生之助始度年關時光緒三十四年也既獨游汴洛武漢登覽鐵塔吹臺黃鶴晴川諸勝北抵京津爲競志籌欵建新校舍病臥春明得同鄉楊範甫先生楊味雲表兄及競校舊生諸希賢陳淑等之籌募並蘇學使樊稼軒之贊助校基始奠翌年就南菁高等學堂監學半載曾自製教育出品及競校教授成績陳列南洋勸業會得金銀獎牌多種時王勝之先生提學江西任余贛省視學由南昌往南贛過三十六灘之險有試聽厓上鳥聲啼一聲一聲行不得句庾嶺採梅贛州講學貴溪論道陸坊還英廬山觀瀑滕閣吟秋歷視諸郡整飭教育風聲所樹聞者震驚至崇義遇虎天柱覆舟鈐山盜刦萍洞奔雷長沙兵亂岳麓孤游險境重重去死一間耳組不嗜烟酒會勸勉同人而首自戒飲以二十年爲期此宣統三年七月事也入京代表江西參預學部全國教育會議返南昌適湖北光復江西繼起以余嚴行視學得罪巨室致遭通緝吳復初都督手片檄囑代表江西赴滬組織新政府以小輪送余趨九江出贛境時邏者密布江干幸脫險返錫整理競校闢地北禪寺巷定新曆元旦行慶祝禮二十一年來提倡新曆迄今未改著民國教育制度二巨冊走金陵謁蔡孑民教長商改教育方針既臨時縣議會成立胡雨人爲議長余被選副議長江蘇縣議會聯合會成立於鎭江余被選爲會長柳貽徵副之民國元年開第一次全國教育會議教部聘余爲會員入京建議教育方針學校系統小學廢講經讀經等案北游明十三陵出居庸關南口夜宿青龍橋觀古長城及詹天佑鐵路殊績歸登泰岱觀日出謁孔林游千佛山大名湖黔婁洞鐵公祠復偕郟鼎元臧祜伍崇宜鄒楫張樹勳同任江蘇省視學居瞻園集思廣益之軒往往高談夜寒辨論教育行政之是非聲震屋瓦而盧殿虎汪原渠濮祁吳邦珍等鼓掌相和豪情雄態不可一世良可思也以五年有半周歷大江南北六十縣駱馬湖遇盜豐縣遇匪鹽河遇梟幾經危難履險如夷二年春往日本參觀大正博覽會游東西京名古屋琵琶湖箱根疏水諸勝歸輯論文游記月售商務中華兩局爲補助競校經費蓋年來競校負笈者日多學舍添建經費尤艱傾余視學之俸譯書之資悉充校用猶不敷也赴粵參觀學校乘廣九鐵路車抵香港游三環往皖省游滁州訪豐樂醉翁之亭抵徐州覽戲馬雲龍之勝尋創辦邑圖書館籌備七閱月四年元旦行開幕禮設無線電於館頂珍羅鄉先哲遺書遺稿並集欵輯印先哲叢刊搜集鄉賢殿試遺墨由京攜回藏館中艱苦從事者七年而退夏參加全國師範校長會議入京過津嚴範孫先生邀往南開學校演講教育半月有天津講演錄迨抵京知袁氏籌安會露帝制自爲意環顧時賢惟嚴先生猶可進言密函商之即往山西過井陘娘子關望太行山色入太原謁晉祠返京提議關於女子高等教育案六件南歸過津站晤嚴先生傾談知入京陳言事已不可爲相與歎息而別恨袁氏誤國擬停競校築哀廬以隱嚴先生貽書曰國事任何變亂學校不應中止舍教育無以培國本毋灰心余感其言仍服務不輟視學長淮則遇雨後

營而蘆牀濕臥往儀徵則冒雪投宿而油紙蔽身奔走風塵絕不因羈旅之苦稍殺余志五年夏游閩登鼓嶺宴耿莊南棹廈門赴鼓浪嶼青年會演說苦教育返錫創辦邑通俗教育館仍以視學兼南京省通俗教育館演講主任訓練演講員分往各縣爲社教宣講時齊省長耀琳擬爲競志請獎余辭之乃以廿年辦學堅苦卓絕爲余請獎四等嘉禾章六年夏赴青島大連抵瀋陽游北陵觀清故宮室及祕閣藏書歸由山海關入北京南返金陵韜園夜話辭省視學離瞻園繭縛諮墅任蠶業校長半年編修身偶言以痛苦覺悟修養幸福爲訓育標準赴安慶演講三日入京由教部派赴河南任全省視學講師三月任豫一師教育課五月龍廷古跡梁苑遺風遍游寄詠奉部令視察汴陝甘教育過偃師至登封觀鎮嵩玉如意訪漢三闕登嵩山玉柱峯抵汲縣輝縣游蘇門山濯足百泉驅車洛陽探龍門伊闕石淙緱山之勝覩銅漏石城量天測景之臺歷大河南北驅車觀音堂策馬轘轅嶺過函谷出潼關道二華入長安覽碑林雁塔之奇蹟視察兵火圍城後之殘餘教育時以軍事蔓延三十餘縣不克西進乃繞道咸陽訪阿房宮遺址經臨潼浴華清溫泉過華陰被刦於敷水槍傷左股死而復生此余四十七歲民國七年六月三日事也嗣爲兵匪挾持渡渭水囚大荔楊村入獄七日飢寒烙鐵手槍備嘗鞭撻痛苦萬狀曷堪言耶迨脫離虎穴乞食太和堡負傷疾走六十餘里抵華陰投宿縣署秦知事招待周至養傷數日鼓勇登華山夜宿青柯坪翌晨獨上仙掌峯攀鐵索登千餘級至千尺幢百尺峽爲守兵所阻力疾攀躋更歷華嶽勝境十餘處下山適兵困華陰縋城而入又與兵匪相周旋者十有八日纔離華陰東過潼關觀作戰餘跡關

山明月白骨寒燐短褐不完淒涼萬態回汴梁吳耐人廳長贈金治裝蘊珊表姊聞余被刦驚而病見余生還悲喜交集病亦霍然屈指汴陝往還四十八日慘遭浩刦萬念俱灰事載西秦旅行記南洋友人編演西秦刦新劇觀者慨然返京報告秋任閩廈門集美師範中學校長時南北紛爭李陳激戰校舍位火線中師生數百人渡海暫避余獨偕周六平孫雨蒼王師梅張效良徐東屏及學生十二人留校上課而北軍司令部居校中槍炮聲隆隆然五晝夜始熄冬偕陳敬賢渡海往臺灣參觀學校及採鑼迭姆鑛石於北投村道汕頭擬往潮州未果返集美提倡痛苦教育草五年計劃期以實行集校師生均表同情往漳州評判漳校成績展覽會未幾南游菲律賓新加坡檳榔嶼馬來半島爪哇南婆羅等處被阻於坤甸入獄於泗水飽受四等國民待遇者凡七日此民國八年九月事也既偕少薇報此遊格祿火山境至奇險浴溫泉冷泉觀猴林與蛇廟覽世界第二著名之茂物博物園共歷南洋二十餘埠以余性喜指繪墨竹贈友好得締交華僑碩彥李清泉李桂堂葉青眼趙樹屏費新民許克誠梁德耀陳新政陳延謙王浩然蔣開遠蔣報此涂九衢王志莘榮渭陽諸君桂東源戴儆原歐陽祺賈文燕諸領事或直接間接贊助競校捐欵或與外人交涉營救余出獄者競校舊生章繩以陳穀亦與有助焉海外情誼均殊可感事載南洋旅行記中年四十九赴泰順講授單級教學法越重灘入萬山中道溫州至樂清登雁蕩高峯朝觀大龍湫五色瀑布夜宿岩洞閉戶捉雲七日勝游有移步換形之奇境北走燕晉歷大同武州山探雲岡石窟之奇策騎恒山登翠屏山懸空寺出大境門抵察哈爾游賜兒山受教部委查東三省教育時方九月在朔風寒雪中歷瀋陽吉林長春渡松花江嫩江乘哈爾濱車抵昂昂溪至黑省齊齊哈爾堅冰在鬚裂膚墮指眞雪窖異境也榆塞歸程寓余姪北京醫院數月往綏遠考察教育出雁門關驅車大清山麓抵歸化訪明妃青塚憑弔西風觀蒙古召廟金佛之珍還京小住入寒山詩社樊山社長及丁闇公孫師鄭宗子威諸社友名宿聯吟極一時風雅之盛擬南游衡嶽適兵事梗阻寒厓表兄以詩沮之遂作閩行任泉州奇樹明新師範校長兼泉城毓德女校教育課時十一年九月四鄉兵亂城校被刦鄉校陷軍事範圍余周旋各軍籌備供應奇樹鄉閭幸保安全且於干戈紛擾中開明新成績展覽會學校絃歌始終未輟迨師範行畢業禮乃偕校董學生家屬數十人離奇樹而某軍團與余感情殊洽途燃爆竹以送行蔣少薇贈眠綠之琴獨送余至廈門而別友誼尤足感也翌年攜眷偕遊鄧尉看梅西湖覽勝復獨泛普渡與印光法師談禪入都重游八大處而入天泰山觀順治帝之遺蛻游北通州田盤山二十里大雨淋頭四十里驕陽灼背自得苦中樂趣南返游浙登禹陵摩挲窆石訪蘭亭曲水流觴處歸偕辛柏森尤鳴梧等發起修北茅蓬建覺樓開覺路時偕蔣遇春內兄范寅伯妹丈及辛尤諸君詠歌小聚十三年春余年五十三以世界科學之無窮盡中國教育之無正鵠孑身作環球九萬一千餘里之游經日美英法比德意瑞印埃越十一國歷亞美歐非四洲雖旅費艱難道途遙遠各國語言之龐雜備受種種困阨而冒險前進之心不稍減每抵一大都會或小街市無不介謁其教育專家文藝名宿參觀其古蹟風景園林宮殿館舍學校市場工場以及建築物娛樂品等胥考察其所以興盛之由深思其所以強弱之故爲吾

國所以不振之針砭是以大而政教風俗山川形勢小而飲食起居服御器物凡寓之於目聞之於耳者無一不筆之於書以供參考至若瑞士雪山之大瀑布葛林威池之天文臺羅馬教皇之教堂巴黎蠟人院之造像驚心動魄蔚爲巨觀尤足增吾智識匪淺不然口不能通各國之語言時不過歷半載之遨遊阮囊羞澀獨往獨還又胡爲而作此苦旅行哉秋風歸棹適齊盧戰爭病臥海上者匝月既繞道還鄉滿天風雪兵圍孤城索餉籌欵追隨邑父老奔走籌助率青年教職員登陴夜守迨元宵援軍至城圍解著無錫兵災記未幾主任吳淞水產專校訓育及教員往北京觀古宮珍品得上古未經洪水之缶器一著春明聽雨記游桐廬釣臺著嚴陵游記避暑莫干山觀潮海寧聽琴九嶷觀晉唐古琴七十二重游虞山西湖諸勝得雷峯塔藏經眞跡十六年革命軍至洪波激蕩競校輟絃誦者匝月余獨居海上三月研究古今金石書畫著歎浦聽潮記游金華龍洞永康方岩諸勝返里開校有倦鳥歸林意得華秋岳寒林飲馬圖徵海內名人題詠以見志十七年春應徐生燕謀隴海鐵路機要秘書之招旅鄭五月餘訪鄭僑遺蹟得漢魏舊拓及古物殊可珍夏代表路局入京列席交通會議秋承程伯廬廳長之招任閩教廳祕書籌備閩省圖書館竭三月之力元旦開館入京參加全國圖書館協會被舉爲監察員返閩赴協和大學講物質精神合一論遍訪福州三山另尌之勝浴溫泉憩西湖游南北公園偕吳育庭石浣蟾等相唱和冬病臥月餘十九年一月閩政劇變程廳長被擄余奉省政府令代行廳長職務力疾視事適全省經費困絀責難備至屢爲各方所窘致晝不安食夜不安枕者六閱月曾一度入京參加全國教育行政會議

提營救閩教長議案報告閩省亂况與蔣部長力爭迨返閩適劉盧激戰六鷁退飛烽火孤城軍事激烈戰時教育尤難支持而大有梅花碧池冷月其苦有難言者越半月兵圍解余題偃武二字以名亭聊存記念七月一日交卸廳篆往馬尾任海軍學校國文教官九月一日教廳交代事畢返錫承陳孟釗廳長之招就江蘇教廳祕書者十有五月鎭江爲古名郡發現鳳石漢碑眞跡遍覽三山九華三寺廻峯之勝偕向復庵視察江南北省校歷三十一縣輯視察錄六編此爲最近廿餘年服務教界之苦行史也二十一年一月周佛海廳長堅邀改任第四科科長仍兼競校課務以校舍不敷建滄一堂移藏三十年採集珍品於珍永樓適以水災國難之頻仍個人商業經濟受影響（余自民五偕夏擎宇唐際虞籌資合股組源順油行藉年利以濟校用）學校家庭雙方受困故元旦第三十三次謁墓有慘淡湖山籠曉煙那堪瞻謁墓門前荆榛滿地逢元日憂患餘生又一年幻境空悲潮湧海壯心不覺雪盈巔嗟予第二壬申歲百感蒼茫淚泫然句嗟嗟風雨雞鳴果誰交警江山鶴唳避世奚從撫今追昔六十年之苦境徒泛濫於經史子集天文地質教育哲學之陳編絕少創造發明之處游踪所至僅歷十六行省三特別區南洋羣島四洲十一國尚有雲貴川桂甘新西藏外蒙北俄南澳未着屐痕多年搜集各種品物僅有歷史品百四十餘種地質標本千六百餘種生物標本七百餘種藝術品四百餘種教育品千餘種而博物院猶未建築編著各書出版者僅有教育叢書社會科學及自然科學各教本病驥文存詩存反省草各種旅行記（本國旅行記二十一種南洋旅行記臺灣旅行記寰球旅行記三種）共五十六種未出版者尚有各種旅行記（以時效關係未刊遊記十二種）各種科學講義百一樓詩存文存病驥詩話求進化室珍品記三十年訪碑記都二十餘種半生教育愧無效能昔年手創七校今存者僅一競志二十八年中之著籍女生有孫卓如楊雪楨諸希賢陳淑章繩以陳毅張杏初楊增錫等八千餘人（學籍占十有三省服務達十有七省留學英美法德奥日均有之）肄業在校者有孫一男等千餘人但校基未固時漂搖於風雨中至余任教於江浙豫閩各校男女學生有徐祖善許鳳藻王光星崔震東金炳堂張鑑秦權唐光漢張春元郭應麟葉昇杜寧鄧漢鎭俞可法魯永貞等三千餘人雖服務社會各盡厥職者固不鮮然刻苦自勵冒險進行出類拔萃者能有幾人其於家庭教育有從弟鴻鈞姪毓汶從姪朝海廣漢拔崙滙瀛勉服務於醫業水產陸軍航空各界子女三人讀書猶未成年而耿耿此心尚多未了世界學術固無涯涘精神科學與物質科學形上形下者果如何而合一乎吾國地寶蘊藏果如何而開發乎漫游未到之區果何時而補其遺憾乎辛苦經營之競校果何時而基金鞏固永永生存乎博物院之五館（擬建圖書史地生物藝術教育五館）果何時而實現乎鄉賢遺著故友遺稿果何時而悉付梓人乎刻苦自立父祖遺訓果如何而傳之後人乎之數端者自修未畢夙願未償幸余苦行猶在幼稚之年未臻頹唐之境蒼茫四顧又曷敢自卸其責哉際此外侮風雲戰氛日惡內憂災祲痛創同深今後歲月縱不知尚有幾何年而傷心幻境痛苦前途均難豫測本一息尚存不容稍懈之精神奮發蹈厲以求吾學苦所當苦行所當行無論世界社會至若何歷程中抱吾目的以求責任所當爲大同有望絕無畏葸之心萬物競存各具犧牲之念朝聞道夕死可矣先聖有訓永矢勿諼蓋棺論定待諸後人而已

錢珍自述

錢珍原名錦城字席儒江蘇無錫縣人系出宋吳越武肅王後十一傳至尙父公諱迪始遷於金匱梅里鄉堠山之麓祖緗耘公諱穀道光癸卯科舉人揀選知縣庚申之變奉憲委辦錫金團練卽於是年殉難時北門長安橋之住宅與四堡橋之別墅胥遭兵燹蕩然無片瓦之存父小耘府君諱顯基國子監生藍翎五品銜湖北候補縣丞母王太宜人外祖叔畦公長女生珍及女三長適同邑孫景渠字希張陝西長武縣典史次適吳學萊字念岵習申韓之學歷遊贛楡宿遷等幕三適秦鐸字振孫陸軍上校常軍步隊團團長妻吳氏外舅方之公長女生子女各一子光榮業繪事兼工傳神娶張村唐紹曾女女錦霞適西漳陸耀圻肄業光華大學余生於光緒乙亥十月十二日卯時幼年多病六歲隨宦鄂渚七歲始入塾讀書師爲楚人言語不通遂致聲音句讀舛錯良多雖間受庭訓而未遑更正加以遷徙靡常四五年中時讀時輟至十一歲返錫入家塾則訛音別字絡繹連綿雖曰四子業已讀完實則溫習經年等於重行教讀耳年十七從竇曉湘表母舅習制藝十八應童子試弱冠卽爲蒙師戊戌歲案受知於瞿宗師入邑庠翊年科試一等嗣後兩戰秋闈均遭鎩羽歲癸卯應高梅坡司馬之聘至浙紹南塘分府教讀其二子兼辦書啓者三年丙午錫金創設公立師範學堂遂入肄業畢業最優等後爲城南小學教員者五年戊申正月府君棄養享年六十有三喪葬盡禮民國元年革命軍起余乃入戎幕任常軍步隊第三營書記長不二年而軍隊遣散再事舌耕任城東小學校長乙卯八月王太宜人棄養享年六十有八哀毀之餘勉力喪葬丙辰表弟王衡企分發入閩委任水部門貧民工藝廠總理招余偕往協理廠務丁巳以省款支絀該廠與福建工藝傳習所合併表弟去職而余留任監學督率技師工徒數百人終日營營幸無隕越廠有棉織絲織漆器雕刻竹木皮革等科以絲織出品不良欲圖改善是年夏蒙福建省長李委赴江浙二省調查絲織各品經兩閱月而竣事銷差後蒙在省公署記名以薦任職任用戊午年終該機關又須改組余以子身旅外有倦遊意遂賦歸田庚申外舅方之公年老多病招至達昌祥綢號襄理監視一切自是改入商業壬戌長安橋家祠經族人推余管理該祠原爲高祖荆川公捐建余乃與教育局接洽借款五百元作爲項首再事摒擋將舊屋修輯添建房屋五間租與教育局開辦南尖小學所得租金藉作歲修及修輯祖墓之用第以經費支絀布置爲難迄今未復舊觀殊深抱憾總計生平毫無建樹而勞人草草未嘗有一日安閒欲築茅屋三椽聊蔽風雨年近六十虛願徒存庸愚無能所以致此夫復何言民國二十年十二月錢珍略言

席儒五十七齡攝影

俞霖自述

俞霖原名錫霖字雨三一字慰三錫邑天授鄉人系出宋南渡功臣紫芝公後自六世祖允孚公遷居芙蓉山俞闕巷家世耕讀傳至二十世曾祖考聲九公諱大鵬兼營商業家道漸起祖考養初公諱孟雛父

雨三五十六齡攝影

名雲生字葆仁妣過孺人生三子四女長卽霖次家振縣學生員三宗振兩江師範畢業生大妹適西漳高秀岩二妹殤亡三妹適南錢錢亮叔小妹適前洲唐標如霖以清光緒二年丙子四月朔日申時生於里第未彌月染游火症在危險時期中夜不舉火者兩月有奇我母之心力交瘁矣既而霍然皮盡脫如蛇之蛻而不自知焉壬午七歲始入家塾請過增貢生(學銘易更名)念孺師教讀四子七經等書過師有春日寄興詩并註句云不厭蘧廬窄居停舊主賢(光緒八年壬午安硯俞養初姻世家館設老宅屋雖窄小村極幽僻)百年丹矱在兩代絳帷連(養初令嗣葆仁世講曾於同治七年戊辰延大兒葆起授業今予又教葆仁子雨三等兩代世交實爲快事)巷僻春歸晚牆低月上先撫琴傷老大(時年六十)猶理少時絃霖習聞之下卽喜吟詠丁亥年十二學作五言律詩尤爲性之所近戊子中秋

先祖謝賓客時有諸孫讀書不輟之遺命霖謹志之不敢忘是年從朱茂才(丙炎)亳然師較八法同里有字會考與試名常不居後明年學作時文起講過師評云有童年可造之姿等語壬辰奉家長命始應童子試又從錢副貢(福煐更名熙元)頌眉胡孝廉(再福)捷三顧明經(雲麟)達夫諸師游時尚搭截題文此非心之所好也甲午先祖母朱太孺人六十初慶乙未霖授室妻同鄉顧家莊顧(瓚)春園公四女丙申大兒松濤生今畢業上海交通大學丁酉更請許優貢(樾)伯蔭師教授戊戌縣試孫邑尊(元贊)加批文清暢妥適細膩熨貼詩莊雅賦清妥中有秀麗韻府試有郡尊(泰)加批各作一律穩愜具徵功候院試受知瞿宗師(鴻璣)補學官弟子時年二十有三己亥長女鈺生今畢業北京女子師範大學庚子江南鄉試舟已僱定爲拳匪事停止遂無進取心辛丑李宗師(殿林)歲試拔取一等食餼壬寅次兒福庚生今執賈人業其年春侍家君乘航赴城中途忽來旋風舟覆沒水布帆壓身料無生理後遇救皆得出險時光緒二十八年二月十九日也是案科試大弟杏栽(家振)與大妹聟高秀岩(瑩)同游庠霖列一等是時父母俱存兄弟無故甯非一樂事哉癸卯館城北施氏奉舊金匱邑侯汪(鳴鳳)照會爲本鄉扇董固辭不獲然非素願也甲辰先祖母朱太孺人七十正壽是歲館外家顧氏唐宗師(景崇)歲試列一等明年科試又一等調入南菁全省高等學堂肄業同邑蔡子平(培)張遜如(士傑)過莘耕(養基)等與霖訂蘭譜丁未殤女瑞貞生戊申由南菁歸在家設改良私塾以教鄉之子弟聘同案須(蘭階)師範生過(瑞吉)爲教員開地方風氣先聲凡六載後因就館上海遂中輟清宣統三年辛亥城鎮鄉地方自治選舉當選本鎮議事會議員更選爲董事會總董一如重負在身不得擺脫者民國紀元壬子夏正月先母棄養春秋五十有八鞠育之恩未獲報於萬一陟屺興嗟霖於是爲無母之人矣甲寅先祖母朱太孺人八十志慶並爲大兒松濤完姻本市議事會復選舉霖爲總董自知才不勝任時就館上海辭職未准丙辰家君花甲初度上元節念壽星佛先一夕由滬乘下午十一時火車歸省過蘇州有小雨至錫月出明同白晝時鐘正二點卅分遂步行抵家天將曉人未起此次冒險一路聽犬吠鷄鳴託庇平安若在今日則有行不得也之歎庚申聘任縣立乙種實業學校教員以校務未能兼顧辭天下市正董職又未准心益戰兢時有臨深履薄之慮是冬長孫永和生五世同堂自今伊始辛酉爲次兒福庚完姻壬戌次孫同和生甲子春先祖母朱太孺人壽登九秩命不稱觴移筵資爲本族宗祠基本金夏次媳謝氏病歿冬齊盧之役家君以大母年高未便遠行隨侍居鄉僻命霖率孫曾輩避兵北地每日必南行省視一度乙丑館本鄉過氏過家遇盜是夕霖適假歸幸而免丙寅家君古稀之慶以上有老母在堂亦不稱觴霖等遵命不敢違丁卯館滬魏氏夏五月三孫端和生戊辰館城東陳氏兼任競志女學教員秋季爲次兒福庚續娶庚午長女鈺任浙江省女中學教職招游杭州諸名勝某日晨由松木場起程步至靈隱午餐同登北高峯折入上中下三竺等處復回靈隱乘汽車直達湖濱晚膳盡一日看山之興不覺腰脚軟弱及歸家先祖母朱太孺人已病革呼之尚應此最後之一聲也後以館事羈城至臨終時(壽九十有六歲)霖未及侍側迄今思之猶隱隱抱憾不止冬四孫惠和生辛未館城西唐氏家中被盜刼霖適不家幸未傷人然損失頗鉅不匝月案破明知萬物與人皆有定數亦未之深究三月望日爲楊孝廉

筱荔先生重游泮宮之期陶丹翼(世鳳)吏部吳松雲(濤)學博楊石漁(模)仁山(楷更名道霖)兩郡守亦同日舉行集邑之在庠生詣孔廟謁聖公園聚餐攝影楊孝廉自作八十重游泮水述懷紀事詩同人多有和章霖勉成七律二首句云泮水重游率舊章暮春三月正當王孝廉公是精神健清靜吏眞姓字香歷算八旬爲領袖歸田廿載尙空囊公園五老今高會多士同稱介壽觴(其一)感慨滄桑世變遷先生齒德兩兼全徧栽棠蔭留他省復采芹香等少年梓里榮歸繼陶令梅園高隱勝逋仙自慚後進寡才學弄斧班門不敢前(其二)霖近十年來溷跡教育界中或錫或滬有似水萍風絮行蹤靡定不知爲誰奔走爲誰忙者竊念受生以後而少而壯而艾大凡平樂間有奇厄輒得救星所謂死生有命也曾日月之幾何自笑俞兒五十又六齡矣前紀壬午同學今存者惟有過愛樹舅父與霖二人而已人生如朝露斯語信然昔孔子有言曰舜其至孝矣五十而慕霖也何人馬齒加長不如舜也遠甚梓鄉服務但求無媿我心菽水承歡未克盡循子職尙幸平生寡疾衣食不闕如日在父父子子兄兄弟弟夫夫婦婦間序天倫之樂事嗃嗃嘻嘻猶是少年景象也傳曰君子素其位而行不願乎其外如謂來日正長家山無恙芙蓉峯下可以棲遲霖當隨嚴君後率家人奉敎於君子退而甘食其土之所有以盡吾齒使後世子孫爲農者服先疇爲士者食舊德世世相傳苟能承耕讀之家業是亦足已

方矩自述

方矩字絜卿別號斗南老圃無錫北鄉懷仁市方村橋人自始祖勝玖公在明洪武初年由安徽池州遷錫聚族而居有三百餘戶類多務農爲業間有就商或爲他業者惟余家耕讀傳家已數世於此先祖佩玉公壹意以先嚴芙初府君栽培讀書冀其有成不意適遇洪楊之變顛沛流離卒不果故先嚴令矩讀書督課綦嚴七歲卽延華惕三師及族叔祖蕙芬公課余讀至十二歲令負笈出外就傳從陸雪帆先生遊五年後從黄柳生先生遊繼又從過海琴及姊丈過毓先名師王慰三同邑范衡伯諸先生習制藝先後計八年矩生平爲文下筆遲鈍縣府試雖屢列前茅每每苦於院試至己亥年倖以府試第一得補諸生否則恐仍不能青一衿也然年已三十先嚴去世亦八年矣不獲親見書至此爲之泫然厥後家務羈身不克專心上進又以科舉將廢無意功名帖括之學本非素志徒博虛榮亦復何益所以未赴秋闈遂守寒素家風教讀四方歷任懷下市師範講習所及輔仁中學教務凡八年其間兼任競志代用女子中學高級嗣後精力衰頹不能再任校事卽就陳肇卿先生家塾二年又就唐叔耀先生之聘教讀其孫輩爾時精力愈不濟矣一年辭歸竊思矩半生無善狀可述第以族中素無宗祠似失敦本追遠之意遂於庚子年召集族中父老謀建宗祠僉曰善卽鳩工庀材不期年而告成今方村有巍然宏敞之祠宇實由矩所提倡者民國乙卯溯吾先祖佩玉公自咸豐乙卯纂修家乘以來屈指適屆一週再不續修恐無以追合族淵源及長幼親疏之別復集合族中父老倡議續修不期年而蕆事此二者雖非矩一人能力所致然苦心孤詣舌敝唇焦經之營之始克告竣董理圖務卅餘年鄉民有鬥經余排解均幸息爭民國十年因里中無學校商之教育當局建設一校名曰方郁小學卽於本年春季成立迄今里中學童得有就學之所焉惟余所引爲憾事者次兒起元負笈中學將屆畢業患病殤亡現祗有長兒起鳴及次女起睿廁身學界執教鞭以爲人師今余垂垂老矣馬齒徒增年逾耳順精神已衰弱不堪較之七十八十者遠不如也握管述此良用愧恧

絜卿六十二齡攝影

胡介昌自述

胡介昌原名承禧字茲儔別署西麓係出西涼李暠唐李淵後始祖昌翼公爲昭宗之幼子母何后初生時卽遇梁王朱全忠之變昭宗何后先後被弒義祖三公挈公避難江南潛居徽之婺源胡村遂從胡姓長通五經以明經登後唐同光乙酉進士義不屈仕詔聘皆不起時稱爲明經先生嘗建橋於朱源溪上人號爲太子橋元尚書汪澤民更其名曰明經橋而親記之至今橋仍歸然獨存由是明經胡氏遂爲徽之大族與普通胡姓不同原郡仍歸隴西歷來胡李不結親從祖訓也十六世祖彥誠公因兵亂遷居林村曾祖爾謨公行貨至錫暫居東鄉安鎮父茂臣公還城購地築屋居住卽今西城根之遺廬也茂臣公隱居教授優遊自適母氏王早卒無出繼母氏侯爲四郎君廟巷世進士第繼勳公之次女生余兄弟四人介昌居長誕於同治十二年癸酉十二月三十日亥時因在立春以後故作甲戌生辰算幼從父讀成童舞象始就學於竇師叔英習制藝文庚寅歲居家爲童子師壬辰癸巳間送文於表兄顧子成評閱甲午丁父艱益致力於制藝卽請陶師芍洲指示門徑是時學業粗進服闋後始出應童子試己亥科試蒙瞿宗師鴻禨拔取古學以第七名入泮應江南鄉試兩次一終場一因病鎩羽歸由此不求進取專教生徒迄今四十二年未易一業亦未間斷雅不喜新學雖表兄廉南湖侯保三屢函敦勸而雲無出岫之心泉有在山之願蕉裘自守玉不被制庶幾形神之克全也民國紀元諸事革新世風日澆人心日益險惡因於乙卯冬邀同錢祖耆華子才諸前輩陳整頓風俗意見書十二條於縣公署是時縣知事爲丁方轂實行者五事其餘七條亦令警局隨時諭禁其批示有該稟關係禮教存亡至深且大如第一第三第五第十一第十二各條本知事固宜分別照辦其餘須邦人君子或著書垂誡或苦口勸導尙願併力進行亟起共治等語又以斗大錫城遊戲場多至六七處曾屢呈請禁啓明髦兒戲館及各遊戲場並電省請令停辦啓明由是封閉者再旋得省令准以城外兩處爲限城內不准復設啓明卽由城內遷往城外馬路惜當時城中紳士無繼起爲言者苟有人不畏强禦出而仗義執言吾知錫邑風俗定不致敗壞頽靡如今日者每翻檔案爲之憮然癸亥歲余適五旬馬齒徒長寡過未能乃將五十年來事事物物所見所聞之變遷撰成小詩百八十首每首係以註語付諸剞劂遍贈同人以作地方過去之紀念藉吐半生在喉之骨鯁顧刻書無多未及半載已爲人盡取無餘甲子以還又是一番世界擬在此十年中續紀百八十首精神不繼惟恐有志未逮耳

西麓五十八齡攝影

丁卯秋余以受暑鬱故腰右生疽一其大如碗口敷治月餘將就痊矣飲濃厚之西洋參湯兩茶杯其夜卽大發熱疽之餘毒竟下注足部致兩膝不能屈伸亟請名醫鄧星伯診視鄧醫內外兼治約兩月餘左足始復原狀右足則攣踠不伸幾成癱廢至今猶勉強扶杖行由是杜門不出以吟詠自遣日與虞雪二社諸君子唱酬遠則黑塞遼東嶺南山左近則大江南北各詩人如澄海蔡瀛壺歙州吳東園南平洪乾若濟南郁巨川王墨仙秀州沈溪民合肥李孝瓊女士等又有虞山錢景周南鐵叔姪高郵楊璧漁崑山潘逸園青浦項涵公周浦朱太忙潤州繆逸叟同邑强化誠等函牘紛馳殆無虛日前後共積詩三千餘首詩餘數十闋擬於癸酉六旬稱觴之日移貲刊成之蚓吟蛙唱不自知其言之醜也

妻秦氏爲探花第子明公之次女篷室任氏子二基昭基會女三汝琬汝珏汝珊皆幼讀余事事較遲先君生余已三十六歲而余則二十四娶妻二十六入泮三十三得子三十五學作詩詞秉承遲性莫不由天故余有十遲詩以誌無事不較人遲似乎遲爲唯一之幸運矣乃鬒髮則早白精力則早衰與前之十遲不稱此殆顧虎頭所謂蒲柳之姿未秋先零者非耶介昌行能無似學殖荒落既不足以傳世亦不足以動人祇以　留春先生情意殷殷發起錫金游庠同人自述彙刊以期聯絡友誼披圖如對故人且欲使各家子孫保藏其書垂諸久遠意良法美莫愈於此爰特不揣譾陋粗述梗概以貢於在庠諸大君子之前務希有以規誨爲此則介昌所私衷禱切者爾系之以詩曰

自信生涯不入時　頻年如醉亦如癡　乾坤有我翻添孽　湖海無交祇守雌

已往滄桑增感喟　未來歲月費猜疑　寸衷傾向諸君吐　還乞諸君目笑之

民國二十年辛未中秋前一日胡介昌自述於西龕講舍

施昌第自述

施昌第字瑞庭別署羨雲系出元公之後施父以邑爲氏七傳至先賢施子諱之常迨第七十一世孟懷公始由崇明遷錫數傳後子孫繁衍支派頗分予曾祖宮梅公諱曾培於嘉慶丙辰歲案入郡庠祖仲雅公諱善國學生先考楨甫公諱鑑淵於同治丙寅科案入郡庠先母蔡太夫人爲外祖蓮塘公女幼嫻禮敎工刺繡尤長書算惟體質羸弱享年僅四十有五繼母馬太夫人克勤克儉善操家務戚黨稱爲賢母生子四女五伯仲兩兄均未冠而夭季弟生一月而殤長三四女兄均早卒予行居第三幼時多病七歲始入塾讀書天資魯鈍非多讀不能背誦時聘趙協卿先生在家設敎二年後繼聘俞

瑞庭五十五齡攝影

葆之先生俞師循循善誘爲予講解書史旁徵曲引正課外令予抄錄先正格言俾得身心有益後俞師因年高薦龔硯山先生自代龔師督課綦嚴讀書不叶聲調必遭呵責時予年已逾弱冠所作詩文句多率直幸賴龔師時加筆削由淺入深茅塞頓開文理之得以粗通學問之得有進步皆承龔師之培植也

旋龔師忽患神經病辭館去乃聘孫藹人先生授課二年後出就外傳從范衡伯先生遊范師學識淵博文辭絢爛從此獲益良多予十九歲始應小試臨試時輒生畏縮之心緣自知作文平淡無奇未能超羣軼類至廿三歲爲光緒二十五年己亥科案縣試止場未列前茅初覆亦未能前列衾影懷慚甚爲懊喪先君爲予言不必再覆還是在家自修以觀郡試如何於是恪遵嚴諭終日勤讀由先君命題間日作制藝一篇以求文思之純熟謄正後再請范師斧政幸赴郡試蒙王鹿峯太守拔取冠軍是年遂受知於溯南瞿鴻禨宗師入邑庠壬寅秋試薦而未售鎩羽歸來未匝月而先嚴見背爲可痛爾服闋後滿擬再赴南闈以圖進取無如清廷下詔廢科舉知當世競尚新法而舊學非所用也厥後家居無事最喜翻閱內經及各種醫書而於衛生之道稍事研求辱承温丈明遠過丈玉書訂忘年交指示南鍼獲益匪淺然年逾卅齡記憶力薄弱兼之家務羈身此道竟未能得其奧妙頗以爲憾予生平才疎識淺不善詞令而於世務人情未能洞悉所以向不干預外務家居北郭之外屢經時局變更家室每致不甯猶記丙辰三月廿一日澄軍圖佔錫城直逼吾邑北隅槍砲橫飛全城危岌幸盧軍抵禦有方未幾卽告敉平然已飽受驚惶矣甲子秋江浙搆釁錫地幸免戰爭之苦不意歲闌戰禍突起於常鎮之間潰兵數萬退踞錫站大肆焚掠城外適當其衝是時予居守家中僅令子女趨避他方潰兵兩次降臨任意搶掠損失不貲此豈定數使然耶言念及此不禁爲之三歎予元室楊夫人爲同邑容照公三女秉性賢明善治家政使我無內顧憂相處卅餘年以家事積勞患肝疾五旬外時發時愈精神萎頓於戊辰九月三十日溘逝所遺子

二女四男婚雖畢女嫁未完中年失偶爲大不幸空幃兀坐鬱結胸襟旋由吾妹慫恿遂謀續膠之舉己巳夏繼室陸女士來歸爲同邑景山先生女也幸舉室雍和聊以自慰今有孫男四孫女一食指浩繁將來兒輩能否量入爲出勤儉治家亦惟聽其自然而已予兄弟早亡僅留弱妹一人詎料庚午十月竟先我而去予欲哭無淚所謂事到傷心淚轉無別來一載尙有伊人縈於夢寐也嗟乎生不逢辰年將周甲旣經昔年桑海又看今日風雲來日大難言之可慨兹因蔣留春丁仲祜兩先生函約同人各爲自述爰不揣譾陋拉雜書此

民國二十年辛未十月施昌第瑞庭氏自述於怡悅齋時年五十有五

鄒呈桂自述

鄒呈桂字頌丹居錫城東河頭巷淸光緒己卯九月十七日生父壽平府君諱常保郡庠生母氏侯生二子長爲先兄繼志幼好繪事十餘歲卽工詩詞駢儷頗爲師長所激賞次卽呈桂先大伯父樂平公諱常泰先三伯父道平公諱常訓均無子以先兄嗣樂平公後呈桂嗣道平公後兼祧本生四歲患瘧時愈時發六歲入家塾從侯師策三煥識方字以瘧症不絕輟課日多十歲始畢讀四子書十一歲七月瘧更大作淹纏半載僉謂將成瘧癆十二歲正月又發天花諸醫束手獨汪藝香先生斷爲此是生機痘愈以後瘧根可絕其言果驗歷從錢師史才麟書顧師鳴皋慶祺顧師振新沐潤讀五經十六

頌丹五十三齡攝影

歲四月先君棄養六月先兄又因哀毁病歿至是門衰祚薄不絕如縷回溯當年猶不禁淚下也十七歲從顧師梅梁棟臣讀周禮爾雅公羊傳十八歲習制義余素好算術暇輒背誦幾何並瀏覽各種算書於時文不甚重視雖蒙顧師奬許而根柢實淺二十歲戊戌授室娶同邑榖生王公讚鈞次女是年初應童

子試己亥遊邑庠學使爲善化瞿子玖協揆鴻禨辛丑歲試一等列前茅學使爲大同李蔭墀少冢宰殿林以丁嗣母艱未食餼壬寅癸卯兩科鄉試均以守制未與嗣後歲科試亦不復赴癸卯校修吾族大統宗譜兩更裘葛而告成先是顧師梅梁謂余宜讀英文余深韙其說卒以目疾屢發於蠅頭小字不能久視以致有志未逮此爲余終身憾事是時默察大勢漸入商戰時代乃決計棄儒習商乙巳周舜卿先生籌備信成銀行余得同學章君履平之介紹前往謁見考詢之下奬借備至但余於銀行之學素非所習謬然從事不免貽誚濫竽乃束裝東渡悉心練習丙午歸國遂服務於上海信成銀行閱半載調往北京分行丁未九月仍回上海戊申冬長春創設大淸銀行監督張君伯訥總辦唐君慕潮邀余前往協理該行事務余初以道遠辭卒因函電交馳辭不獲命乃離滬赴長正在擘畫開業事宜而德宗及慈禧太后哀詔迭至停頓兩月己酉二月開幕適西人麕集競購大豆匯兌營業頗稱旺盛庚戌七月調任南京大淸銀行經理獲交恩施樊雲門增祥臨川李梅菴瑞淸湘潭吳康伯璆南陵徐積餘乃昌諸公辛亥八月武昌起義各省響應金陵風聲鶴唳遷徙一空余以職責所在力持鎭靜九月十六日戰機已迫始將行務結束並囑全體同人先赴城外而余則留駐行中十七日晨疊聞鎗聲探知督署前開戰城門緊閉不得已馳至意人羅力飛家暫避嗣由英德兩國領事商准江防營張統領勳於薄暮開城專放外僑離境余幸隨同羅君方得出城羅爲金陵關稅務司與余可稱患難交旋調濱江關稅務司余亦蒞哈過從益密今雖物化猶未去懷光復後南京以國都重地首設中國銀行余仍任經理之職時孫中山先生任臨

時總統令飭財部命余代兌軍用鈔票雖兌現數目定有限制而準備不足應付頗難其後政府北遷黃克強先生任留守一夕贛軍譁變四出搶掠幸銀行防範周至未遭殃及壬子一歲之中日處困境心力交瘁年終迭上辭呈旋奉核准並論將銀行裁撤余宛如囚人釋縛喜可知也乙卯任黑龍江官銀號經理該號創立有年濫發紙幣庫儲不充所放之款又多呆滯余欲圖整理無從着手尸位七月知難而退丙辰冬朱子橋將軍出任廣東省長余與王君奎元同擬應召赴粵嗣爲他事所阻未果丁巳三月先室王女士患痘逝世十一月續娶同里子安許公恩植女卓爲繼室辛酉與唐君驤廷程君敬堂等創辦麗新染織整理公司壬戌大宛農工銀行於上海分設匯兌處余主任其事甲子兼任上海蒙藏銀行協理丙寅改任經理仍兼農工匯兌處事十月先母病篤余在滬得電馳歸迨抵里門不意已於一小時前見背終天抱恨悲痛曷極丁卯大宛農工銀行擴充資本易稱中國農工銀行設分行於上海余乃辭去蒙藏專任農工經理己巳正月該行董監事會改組余遂辭職庚午辛未任駐滬九豐麵粉公司暨慶豐紡織公司事自愧修名未立歲月蹉跎而年已五十有三矣綜計余厠身商界先後二十餘年雖無成績可言而操守謹嚴差堪自信性無所嗜惟好遊覽名山大川搜求古蹟足跡所經之地計燕齊豫晉察哈爾遼吉黑浙皖贛鄂諸省每涖一處必詢土人以前代掌故雖如滕王閣黃鶴樓早經改建亦必往尋其址流連良久而去至若匡廬天台雁蕩嚴瀨富春六橋三竺北固金焦天下第一關居庸潭柘玉泉明湖陽泉鴨江等處或一再至或三四至所見如匡廬之三疊泉金井玉淵天台之石梁瓊臺雙闕各極造化之

雄奇而尤以雁蕩大龍湫之五色瀑爲神妙此則寤寐所不能忘者今歲四月遊奉化雪竇寺歷千丈巖登妙高臺適逢雨師駕至千丈巖之瀑布如長蛇蜿蜒而下亦頗足觀昔嘗與許君溯伊約五年遊衡嶽再越五年遊峨眉迄今已逾十稔彼此俱以雞肋虛縻不克踐約蒿目時艱未知異日能償宿願否子十長亮熙嗣先兄繼志後肄業北京交通大學鐵路管理科未畢業而歿娶同里周氏次尙熊畢業於美國密歇根大學化學工程科歷充光華大學教員江蘇郵包稅總局駐滬經征處進口部主任出口部主任無錫郵包稅局局長現充商務印書館出版科員娶蘇州汪氏次禹烈畢業於上海光華大學商科歷充浙江省立第一中學省立高級中學英文教員現充實業部國際貿易局西文編譯員娶嘉興褚氏次寰照上海市政府登記醫士娶同里朱氏次詒燕歷充上海農工銀行墾業銀行行員現充中國銀行行員娶同邑秦氏次良薰歷充上海蒙藏銀行助理員江蘇郵包稅局稅務員現充無錫上海銀行行員娶蘇州楊氏次春煦肄業聖約翰大學附屬中學殤次元杰肄業輔仁中學高中部聘同邑范氏俱王女士出次森然肄業輔仁中學初中部次健爲肄業唐氏小學校俱許女士出女二長貫時殤王女士出次怡如肄業蘇錫女子中學校許女士出孫三長鎭埏詒燕出次序均寰照出次肇域詒燕出孫女二長錫貝寰照出次鏡涵詒燕出俱幼讀傅沅叔先生藏園自述有美富之收藏有流傳之著作誠足自豪譾陋如余有何足述時屆歲闌日兵壓境商賈輟業兀坐無聊姑將生平所歷之事實略敘梗概撫今追昔亦復何求所望干戈永戢共樂昇平於願已足未識天時人事許我否乎

丁鵬振自述

鵬振丁氏字志青更字逸清係出南塘進五公後進五公子姓最繁衍散居於邑之西南近鄉者都爲進五公後文年公支派自十一世祖諱明遠卜居邑之西南揚名鄉落霞橋丁莊子孫遂世居焉家世務農

逸清五十一齡攝影

間亦有讀者曾祖勝明公當清道光季年營鐵業於滬上海禁初開重尙然諾堅苦卓絕差足於衣食祖鳳岐公納貲爲浙江候補縣丞得瘵疾未及需次而歿年僅三十有三父學基府君諱國楨方在提抱也祖母陳太宜人性嚴整勤操作門以內事犂然秩然余父有兄而早殤且夙患痰飲疾周旋於內者陳太宜人之力爲多余少時猶及見之也祖母自奉極儉所咽皆粗糲而於延師課余兄弟讀必豐其飲饌余年十四業門嚴雲汀夫子就館於余家從受左傳及唐宋八家短篇古文日能背誦左傳二百餘行且學爲制義余祖母偶聞嚴師稱善則笑言欣然不意即於是年二月逝世年六十有八余父哀痛之餘不及詳訊余等課程而心殊惴惴若恐以怠廢遭詰責年十六始入城從周季梅夫子習應

試文是時風氣揣摩幾於家八股而戶試帖於史學地理學掌故諸書偶一及之每逢月之三八日作制藝一題及門衆互爲觀摩他山攻錯獲益綦多年十九受知於瞿宗師鴻禨補常州府學生員是年冬行婚禮余婦程孺人來歸軔雲公之第三女也嗣後在家讀余父令日閱九通三十頁作日記無稍間邑故有東林書院爲兩邑輪月課士地等第前列者給膏獎余時鄉居逢課期晨曦入城接卷歸食早餐往返三十里不以爲苦會廢八股改論策余課列第一尋改爲四季課余又以第一終年二十一始抗顏出爲童子師後督學江蘇者爲唐宗師景崇余以歲科試列一等得食餼適清廷詔罷科舉遂不果余年二十四歲秋婦程病瘧甚繼以產驟不起得訊倉皇由孟里徒步歸婦已於先一日夜半謝世結褵五載生女一適胡雲九讀黃門哀誄黯然若有餘傷是年初冬奉宗師唐札調入江陰南菁書院肄業旋余列爲文科高等班後以預科畢業然無甚心得也是時出洋就學者踵相接同學如蔡君培張君士傑先後渡海赴日本以底於大成余以寒素故且母氏蔣太宜人爲外祖志堂公次女年四十後即患怔忡弱症偶愈又病雅不欲重堂上憂故就本邑華氏補公兩等學校之聘始爲小學教員余年已二十七矣余父於春正月患病驟見背菽水奉養悲深失怙而余繼妻楊氏又於秋間產後染病淹滯逾月亡淒涼身世哽不能聲余遂長爲小學教員中人矣計爲補公教員校長者二載爲公立城南小學校長者二載半爲東林縣立高小教員者二載嗣就滬上周氏教讀之聘又三載就本鄉私立王氏培本高小學校之聘又三載中間爲鄉議會議長爲勸學員爲學務委員爲鄉董之副爲鄉行政局分辦事處主任雖壘奉當局傳令

奬借而久暫不一有非出於得已者所謂學者如是耶所謂用者如是耶余不得而知也先是繼妻楊孺人無出歿後又娶於榮生女名蘭生男二而前者殤後者名驥程年十五現爲輔仁中學生又生女名梅年亦十三矣方梅之生也其母病風醫者爲血枯服藥愈矣愈後半年而又病病不治漸拘攣其手足艱澀其飲食迄今左右維護之者二女蘭與梅也此則余家庭之不幸其奈之何也母氏蔣太宜人年將望八雖以久病之身左手與左足均瘓廢而視聽無恙余離家時兄鵬程能辨視之弟鵬雲能調節其飲食也飢來驅我甯處不遑近又就教讀聘於滬上陳氏非商非學隨俗浮沉以餬其口忽忽光陰余年且五十有一矣每謂居今之世高論身心之學無當於實用而又不能離羣以索居也於是有家庭小社會之集合地所謂動靜語默彝倫日用要求其心之所安而已夫能心有所安家庭庶可集合也則亦行其素可矣述以誌感

楊承實自述

楊承實原名承溥字裒臣一字詠涑晚號九峯遺黎系出宋先儒文靖公淸初八世祖諱應科由皖省婺源避難來錫是爲遷錫始祖實文靖公之十九世孫也再傳至允彰公以布業起家饒於貲卜宅於蓮蓉橋畔之後竹場巷遂占籍焉子孫世守其業迨曾祖藪生公始棄商就儒時鄉先達顧響泉孫平叔劉仰孺皆受業師也嘉慶庚辰姚文僖公案臨江左試卷已邀入選因詩中冰姿誤寫冰婆乃被擯故曾祖父述懷詩有文章憎命達一字誤平生之句運蹇時乖懷才不遇家道中落祖父樂三公復棄儒就商而先君春山公亦習賈於八士橋勤儉治家仆而復起先母錢太孺人生子遽夭旋亦溘逝

裒臣六十五齡攝影

先繼母華太孺人爲東亭望族嫻於禮教同治六年丁卯十月十八日戌時生承實於八士橋之章挺秀堂承實當三歲時右足患疽歷三年而潰又三年才愈七歲出就外傅往返悉由先君抱持之時有人謂此子恐成殘廢難於造就何如令習一藝以謀終身之溫飽而先君弗顧也年十四疽復發醫治經年雖愈而足跛矣感觸前言益自刻勵年十七學爲制義弱冠出應童子試雖偶列前茅而輒不售蹭蹬試場十五六年至光緒辛丑受知於李宗師蔭墀補入縣學生時已三十五歲矣所幸雙親在堂喜慰期望先君顧而樂之並誡承實曰或人之言亦愛汝之意汝其勉之回憶承實常從章凌洲高子登章用楫過逸翰錢頌眉丁修梅朱惠孚陳肇卿諸夫子游耳提面命循循善誘得青一衿追念師門曷勝銘感顧諸師都歸道山唯肇卿夫子則猶健在也兩試秋闈雖逢曠典空入寶山旋亦詔罷科舉矣於是專事課徒藉維生計詎意三十年來疊遭危險死裏逃生且非一次憶某年偶趁航船風利舟覆陡遭滅頂幸而獲救又某年家中失愼驚覺尚早得免葬身火窟辛亥大水淹及住所晨夕不安丙辰甲子兩遇兵災一日數驚然而卒皆履險如夷天之佑我不可謂不厚矣所可憾者民國二年癸丑痛遭失怙時二月初九日也去年庚午十一月廿二日又遭失恃承實年六十四歲從此遂爲無父無母之人矣可慨也娶江陰梧塍鎭顏氏爲外舅則强公次女生三子俱不育女六遺嫁者三餘亦殤以兄子家琦爲嗣孫男一名維棫蓋自承實以下又皆棄書服賈云

民國二十年辛未菊秋楊承實詠涑氏自述於華氏書齋時年六十有五

陳麟章自述

蓉濱逸士姓陳名麟章字芳泉又號芳釗世居無錫青城市芙蓉圩南濱玉祁鎮系出宋南渡龍川先生諱亮後七世祖諱九錫六世祖諱漢廣五世祖諱志復至高祖諱新累代遊庠阨於鄉闈未能發展迨曾

芳泉六十四齡攝影

祖諱德佩棄儒就商開設布莊積有恆產祖父諱有度承先業以光大門閭不惜厚儀請名師教導諸兒伯父諱謨早歲采芹食餼例得恩貢家父諱讃叔父諱誥相繼名列膠庠先父獻廷公例加附貢生品學兼優素有令德清名著於時宣統登極詔舉孝廉方正先母杜太宜人勤勞內政懿德可欽舉案齊眉有孟光風焉生子五女三今寥落生存有二胞兄附貢生名國章及麟章與九妹適增生考職一等孫蔭培也麟章室馮氏生年同相偕白首食不兼味衣不重裘常親自炊爨不假手於婢僕有三子長祖涵業商次祖範美專學校畢業三祖賢十二歲入無錫中學肄業兩年有志發憤刻苦精研國文算學諸科屢占優等惜患肺勞咳延至十八歲逝世曷勝痛哉有二女皆出閣有四孫均在童蒙襁褓

間麟章五歲入塾識字讀孝經一本聽父言掩書背誦記憶性不落人後然在校至十七歲古文尚未讀畢因身瘦形尫每年夏秋期內瘧疾爲祟讀書間斷日多習制藝至一載完篇十九歲應童子試二十三歲縣試第八名府試十六名院試提覆見遺嗣後縣府試屢列十名而院試提覆總是名落孫山之外光緒辛丑孫邑尊批示試卷云該童屢試前茅一衿未獲豈大器必俟晚成耶知音賞識銘佩不忘是年入泮已三十餘歲矣因自作七言詩一首其中云遲我功名十年晚太息爹娘望眼穿閱三年唐宗師拔取優等旋爲優行廩生鄉試一次因水土不服腹鳴時痛時瀉三場未畢自苦隻影一身先趁江輪旋里翌日而夒從此絕意功名然設館課徒終非久計光緒二十八年與族兄邑庠生含章發起租行合股收繭是歲薄有餘利二十九年放量移挪巨款合買春夏之繭是年繭身惡劣存貨絕少主顧來春脫售資本十耗其五累年積蓄一如風捲塵沙於烏有寸心抑鬱頗覺難堪乃知遭一番顛覆多一番經驗仍從繭事中進行悉心研究經營至數十載銖積寸累未遭失敗復有志在本鎮振興商業因與滬巨商吳登瀛合資創建絲廠規模宏大詎料連年營業不振股本虧蝕殆盡幸未孤注一擲不致負債累累也麟章承父遺風潔身自愛花柳場中足跡罕到一身不染二色一心素懷四知勿徇私勿愛財勿爲非禮勿受汚名勿趨炎附勢勿欺貧陵寡勿與小人爭是非勿與兄弟爭長短勿嗜煙酒而斲喪神氣勿貪口腹而恣殺牲禽一切樗蒲游戲亦所痛惡避之若浼焉民國初年被舉本市副議長繼復選任縣議員現今委充絲廠協會會員無錫商會會員無偏無黨一惟義之與比鄉里有紛爭事前來訴說每每善言勸導遂渙然冰釋而去與人往來守信用一諾如千金之重寗人負我我不負人本鎮建築校舍倡捐在先城鄉諸君子皆聞風興起樂助以成其事從此教育開展學子盈前如杜詩云大庇寒士盡歡顏信不誣也至於鋪築磚路修理橋梁周濟貧民凡種種善舉解囊慨助未嘗慳吝麟章時届四十四歲父母八秩雙壽稱觴大哥長嫂周甲並慶兄弟和協夫婦完全洵是天倫樂事回憶家慈四十七歲時暑疫病危麟章尚幼由兄國章衣不解帶目不交睫煑煎湯藥盡心侍奉乃能轉危爲安其後家慈年逾七旬目有微翳麟章每日伸舌舐睛淚水含咽不厭苦澀一心惟期速愈雙目果然漸明亦是家庭幸事麟章患痔數十年便後不能行動且生一痞血水潰流竟成廢人據醫生云非刀割不可古有大英雄刮骨療毒談笑自若目爲天神麟章雖一介儒生素有豪氣不怕危險不告父母不聽旁人沮撓直情徑行至博習醫院將痔痞割除淨盡復用烙鐵燙平兩星期後身體霍然如獲再生又是生平快事麟章一生力求儉約樸實有餘而才華不足卽薄有貲財僅於去年住宅翻造廳樓三間另購基地一方築平屋五間三側廂并置租田百餘畝可以棲身可以餬口仰不愧俯不怍僧道不信惡人不近爲儒爲商素位而行雖不能建功立業爲當代之偉人而安分守身尚不失爲克家之肖子也

殷曰同自述

炳文六十二齡攝影

炳文姓殷氏名曰同字伯觀炳文其號也世居無錫北鄉之齊家社迨高高祖始分居魏家宕南峙鳳阜北帶龍潭東隣玉祁約里許境内民情樸實風俗淳厚曾祖諱大田以槽坊起家祖諱裕昌耤耕讀自給父松卿府君諱序待人誠懇宅心忠厚文章道德鄉黨共仰值時亂世荒隨絕意進取終其身以教授爲業講解詳明聲著遐邇從遊者甚衆享年八十歲母章氏有賢德相夫教子克勤克儉終日紡績以補家計詎晚年失明復躬操井臼享年七十四歲妻吳氏同邑邑庠生吳培長女性情溫柔言笑不苟而治家有方教子綦嚴曰同之得有今日得力於内助者匪尠生子五樹薰樹荃樹菁樹芳樹蔚樹薰名震夏字宇霆現任國民政府文官處科員樹菁字錫朋現充申新三廠物料處副主任樹芳字滋畹前國民革命軍五十一師一百五十一旅旅部副官適值洛陽爲唐生智倒戈灰心而歸現任本邑積餘學校教職樹荃樹蔚早世弟玉文錦文玉文早世錦文習醫孫男五孫女三

炳文六七歲時隨先大父讀詩品朱子家訓千家詩八九歲隨先父讀論孟十六歲畢五經即學爲八股文嘗患耳病不急進取二十一歲始觀場復以體弱中止者再二十五歲老友張景亭保薦江南方言館學習算術未畢業即歸家訓蒙重習時文二十九歲縣府試頗順利院試亦列前茅詎提覆後名落孫山因累卷之故三十一歲始青一衿稍慰父母之心

炳文以家無恆產急於謀生鄉闈一試即習醫業命次子樹荃幼讀醫書長從醫師冀欲爲近世醫中妙手不意二十二歲七月得溼溫症竟死於業師誤投藥石炳文遂從此不談醫道三十四歲應華紳觀韓先生之聘教授國文算術秋九月華紳特任安徽太湖縣約日同往因染瘧疾不果三十六歲助族叔質卿族弟良佐滌新等創辦明德小學於齊家社開地方風氣之先三十八歲助薛君伯謙劍鋒掌教禮社開明小學及玉祁進化小學四十一歲襄辦玉祁東鎭啓明小學是年八月武昌起義十二月質卿叔良佐弟熱心救國投筆從戎置酒作別因心緒惡劣致爲酒困跌傷左足幸無大礙翌年春命長子樹薰肄業第三師範學校四十四歲設立商業學校於玉祁就學者頗衆四十九歲充市立第十一小學分校校長五十一歲應禮社薛季周先生之聘爲私立羣智高等小學校主任命三子樹菁肄業公益工商中學畢業後旋復考入江蘇省合作社指導員養成所五十五歲應薛紳仲華先生之聘爲私立達初中歷史地理教員是年四子樹芳由第五中學轉入公益商業中學後又令其考入江蘇省立水陸公安隊教導團官長班五十八歲薛紳應大學院蔡院長之聘將私立羣智高小及立達初中改歸縣立炳文遂解職歸里頻年以先人敝廬不足庇寒寄人籬下終非久計乃招諸子作一度商摧建築樓房一幢將舊宅讓與小弟居住六十歲新居落成計費三千餘金今年六十二歲矣精力衰頹耳目聾瞶因同志介紹盛情難却勉應北塘李紳之聘教授女生三名幸不曠課而矣

炳文自幼喜學書畫故充當教員時每爲學生講書法畫法雖時尙教員不能過也惟不能製成巨幅因童年習書畫時輒遭嚴師樸責每至手背墳起是以終身不敢放膽落墨至於楷法則出入顏柳歐蘇及名人筆意今雖久已荒落然興之所至猶是塗鴉不止焉平日有詩文數百篇楹聯二三卷一俟日後付梓當郵奉諸君以博一粲

施嘉績自述

錫山施氏支派雖分本源歷歷可溯余族七十一世祖德二公於明弘治間始由崇明遷錫居邑城之北。迄今又經十七世曾祖宮梅公諱曾培附貢生祖少伯公諱贊憲國學生候選州同祖妣張姚太孺人生伯父附貢生叶華公暨邑庠生子明公繼祖妣趙太孺人生先父雋珊公出嗣二叔祖詹事府主簿蘭畦公諱惠後故余家分居城中稅務前先父諱邦彥以軍功保分省補用縣丞並加五品銜賞戴藍翎妣秦太宜人早卒繼母徐太宜人係外祖渭芬公女生嘉績及嘉猷嘉謨嘉祥兄弟四人今僅存余與弟嘉猷姊妹五人姊適蔣士榮妹適楊鍾杰二妹適楊鴻珍三妹適秦秉鈞四妹適唐有源均已寡居妻華氏外舅邑庠生翰仙公女也子一道周女三鳳英玉英菊英媳榮氏若芬早卒繼媳莊氏西珠孫男慰曾孫女以仁慶仁敏仁季仁余生於清同治十一年壬申正月二十四日光緒丁丑余年六歲乃延堂兄迪初啓蒙戊寅復延吳縣附生過仲吹夫子教讀過師館余家久前後至十五年循循善誘余

獻臣六十齡攝影

與諸弟及諸姊妹獲益殊多乙卯余族始修錫山統譜曾叔祖叔隅公委家嚴董其事譜局即設余家麟慶堂凡譜之規例均由曾叔祖叔隅公主政惟曾叔祖宦游南北不恒家居歸必至局一行或留信宿乃去余尤不忘懷者曾叔祖有奇癖凡進見時不問老幼必疊鼻惟時口中輒呼自一至十有數字之吉語以相報且隨時變換雖更數人亦無重複者想見詞華之博又性好酒值天氣炎熱時每置酒葡萄架下所侑酒物悉爲海味有奇形如人者余戲呼爲長人短脚其箸亦爲特製長可尺有五且終日不食飯惟略麵食而已更喜吸淡巴菰其煙斗煙袋之大亦越尋常出行時常使一僕攜火隨其後每晨床前遺下之煙可掬也傳稱公放縱不羈此種特殊狀態余至今猶未忘之乙酉年十四歲方讀五經畢試握管學作文丙戌余乃出外就傅從廪生趙翼孫表兄游丁亥又從廪生丁雲章夫子游戊子余始應童子試是年秋丁師病故余極感傷蓋余之學業得力於丁師者多也嗣後歷從附生丁植甫增生丁修梅增生楊珍甫諸夫子游壬辰余年二十一妻華氏來歸與余同庚性溫和而勤樸處中饋事尤能井井有條故能得翁姑歡一家至今賴之甲午長女鳳英生乙未歲案郡試正場余名列第三郡尊湖州詹太守覆試時凡前列者必面試人各一題試起講一優劣恒當面立評之其劣者絕不稍假以辭色及閱余文顧余而笑謂尚明通余以是知此次考試或能不擯出十名之外也及終覆余名幸列第二是案院試覆雖提而不售十二月一日男道周生辛丑年三十歲館於梅村欽獻琛氏學生三正可藉以用功及郡試初覆余即得濕溫病服藥亦鮮效果以名常列在前心戀不舍祇得扶病隨覆及試畢病益加至院試時乃合人參蛤蚧丸而往是案幸得邀倖總覆時以點名鵠候久力已不支及應名登堂忽仆於地一時堂上點名亦停少頃余已清醒起立後整理衣冠仍擬接卷入場蒙李宗師諭速行回籍調治今天一場已免連明天一場都免且囑兩承差扶余出場乃亟賣棹言旋及隔日抵家已氣息僅屬矣幸家嚴精醫理服藥數劑至三日而病轉機七日而病已霍然但余身體大虧調養至五閱月之久始得復元故李宗師之曲意成全余至今銘感不忘不然殆矣壬寅余仍館欽氏是年秋補行庚子辛丑恩正併科乃赴金陵應試考錄遺後旅居無事在古玩店購得翠玉翎管帶鉤等數事以備家嚴明歲周甲上壽并儲有闈場恩賞之中秋月餅費制錢二百文以表祝嚴慈雙柏之意蓋余雖不能得祿而養此戔戔者亦國家之帑舉以奉親用申誠敬癸卯余館北門外丁仲芳氏八月十二日爲家嚴六旬正壽誕辰余與諸弟擬爲稱觴同學兄許君彝定先期箸成壽文已將書屏矣家嚴聞知急命余婉謝余謂他可謝此已成文似不可謝家嚴謂如是則受其文而璧其屏他日吾族如有修譜機會或列入譜中庶不負許君之盛情矣余與諸弟謹遵命時適有演髦兒戲者在城賣戲有主角患病甚劇至家嚴處求治病愈後堅欲送戲以表謝忱余與諸弟皆力贊受之值園中菊花盛開乃邀諸親族聽戲賞菊藉賓博雙親歡否則絕無點綴爲子之心終有未安也甲辰余就溪北日新小學校長之聘校董蔣可贊先生爲一格致家曾創辦耀華耀徐兩玻璃廠者校址即借姊丈蔣仲懷家西鄉之有私立學校以是校爲始三月家嚴已得氣喘之症惟不甚盛然仍出外應診不爲意也至十一月十四日忽氣喘大作夜不能眠急請諸名醫診治亦藥石無靈不謂至

二十日申刻竟棄不孝等而長逝矣此誠侍奉無狀以致如此余之悲痛爲何如耶先父天資優異才識過人且有膽量未弱冠即遭粵匪之亂乃投筆從戎歷參楊勇愨公李文忠公幕殺賊平捻屢建奇功然先父於功名素淡視同敝屣事平即辭職旋里時當兵燹之後舊宅盡燬乃於城中稅務前祖基上築室數楹聊蔽風雨繼則建祠宇修墳墓輯家乘吾族自七十一世祖起至今世次釐然墳墓一一可考者皆先父之功也且秉性公正凡親族有爭執事經先父片言勸解有如冰釋至於書法懸針畫宗沒骨均能各極其妙善歧黃術一經醫治輒應手愈後竟隱於醫以仁心濟世惜余不能繼承先業至今年華老大一事無成思之曷勝慚愧乙巳余仍承乏日新族中又議將錫山統譜續修并舉余任採訪監局事余以族中諸尊長命不可違且錫山統譜爲先父所手訂義無可辭乃於年終辭去校長職務得專力於譜事丙午正月余擬定預算並各支送稿繳款章程且限定在九月內告竣以節靡費舊例凡贅壻養子必註明其本姓始准列譜已非漫然登載者可比余按傳有非類不歆之語律詳不得用計驅逐養子之條如爲贅壻養子不若於本支中另立一嗣以奉祭祀庶幾於理於律可兩無遺憾至嗣產問題祇須對於贅壻養子不取其特別捐分少許之田產以畀承嗣之人則覬覦可償而糾紛亦袪事且易於妥洽亦敬宗睦族之一道也後經闔族會議均照原議辦理及開局後各支有以贅壻養子來局報告者悉依此議實行頗見順利乃有武進鄒堰支特其族大丁多以本屆修譜總局刪去特別捐一項無以遂其藉端斂錢之目的始則控余於武進縣謂余新訂之例違背祖訓請將毗陵宗譜獨自修訂繼見縣批以余之立論

爲是并不准另修又懼不守章程爲錫局所不滿遂請一與錫合修之文告擕之來錫以便接洽蓋已延期三月矣結果擔任三月之局費始允其請乃展期至十二月二十四日發譜是役也余族各支緜亙至雲陽毗陵暨陽琴川吳門合吾邑共六縣譜之裝訂較舊譜加增四册計共三十六册爲時未逾一年茍非正直不阿與夫財政公開恐無此迅速也丁未余年三十六歲値賦閒無事有舊友顧君道生招余佐戎幕蓋顧君名忠深前曾相約同入安徽武備學堂肄業時余方從事制藝且多家務以致不果至是顧君已畢業任陸軍第九鎭三十三標二營管帶余即束裝前往就司書之職并每日任前隊講步兵師範一小時暇與同袍澤研究軍事學並練習各種操法惟余素未在營辦理文墨一切程式諸多未諳幸有顧君令叔芹生先生長書記隨時指教得免隕越奈余在營僅六閲月顧君已升調安徽軍政要職余亦病莫能興祗得告退返里八月開原私立公益兩等小學校長榮君吉人聞余回錫函招助理任國文歷史體操教員兼管理員從此余又由軍界一轉而入學界矣時西鄉風氣未開聞校中欲添體操一科大爲反對頗有退學者後經多方勸導且見城中各校均有此科絕無强迫當兵事實於是退學者仍復入校可見凡事創辦之難戊申校董試辦女學余兼任競化義務教員蓋公益競化經費均爲麵紗實業家榮宗敬德生昆仲所擔任後公益自一校推廣至四校競化亦然余則常在第一校也己酉女玉英生辛亥女菊英生民國元年壬子年四十一歲仍任公益競化兩校教課甲寅女鳳英畢競志師範科業八月余任競化校長丙辰爲男道周授室媳榮若芬濟成親家之次女也丁巳媳以宿疾復發遽卒年二十有三蓋若芬爲競化第一班學生天資穎悟好學不倦於各科學無不擅長其楷書視學孫仲襄先生嘗索之以傳觀各校自升入競志中學後尤爲其師楊瀚如鄧傳若諸先生所稱賞奈嬰本原病以致不永其年惜哉三月競化開十週紀念會十二月長女鳳英于歸國立東亞大學鐵道科畢業生秦懷謙戊午余得江蘇檢定委員會准充高小國文正教員許可狀七月男道周畢國立南京高等師範數學理化業辛丑年五十歲仍任競化校長壬戌正月爲男續娶江蘇省立蠶桑學校畢業生莊西珠蓋伯章親家有四女此則其仲也癸亥九月長孫女以仁生乙丑九月二十七日孫男慰曾生家慈望曾孫綦切至是乃竟如願以償其喜可知及彌月之辰會開湯餅親族鄰右畢集乃邀女賓中之年在六十以外八十以内者共得十人團坐一席計共七百三十有五歲因繪一湯餅耆年圖以誌盛藉留鴻爪焉丙寅競化與公益合開二十週紀念會佳賓之蒞止甚衆六月二孫女慶仁生是歲女玉英畢競志中學業丁卯家慈年屆八秩家慈淑愼溫恭親族中素稱賢母且好奉佛終年茹素日多本不允余等有慶祝之舉乃諸親族頻以盛儀見饋却之不得勢難中止惟有守家慈勿多傷生命之戒故介壽之辰席上所用者均爲海味及罐頭食品無持殺者人見家慈之愛及生畜咸謂宅心如此必當永享遐齡自耄耋以至期頤未有艾也是年暑假後學校開始招余友吳君養正至校共事養正與余少同游長同學及入泮又爲同案歷任縣立女子職業城北第四小學校長辦教育數十年自教育局改組竟在被黜之列余故代爲謀事但兢兢自好之士無端受此挫折心常怏怏乃至校不半月而病作轉輾床褥者二月餘以致不起一介寒儒身後一無所有幸有諸同案與其平日交好爲開一追悼會集得奠金二百餘元及營葬事畢所餘祗百餘元耳并托人謀得儒寡會並遺族恤金等欵俾得暫維生活以待其子之成立嗟乎黃鍾毁棄瓦釜雷鳴時會使然夫復何言但吾友不善處變以致并生命而犧牲也不禁爲之一嘆九月三孫女敏仁生戊辰正月次女玉英于歸光華大學文學學士諸龍翔己巳七月三女菊英畢競志高中業庚午五月教廳以余不合校長資格由無錫教育局轉來指令飭校董會即行撤換人有爲余不平者余謂我未研究教育并速成簡易等師範亦未一入其不合資格亦固其宜且余已精力就衰從此正可退讓賢路不再濫竽以遂余養親課孫之素願孰知居停謂合教廳之資格則不合余之資格試問吾錫教育界中在一校歷二十餘年久於其任者有幾堅不允余所請余祗得靦顏暫留非戀棧也九月四孫女季仁生辛未年六十歲三月與侯保三蔡松如陸仲謙諸君約得同庚者八人在梅園香海前合攝一影保三先生題詩其上有云壬申墮地呱呱日屈指東風吹六秩花開甲子集梅園期以廿年名世出洵韻事也是年秋先進丁君仲祜蔣君留春以科舉停後凡在庠同人已幾如僅存之碩果發起每人各撰自述一篇彙刊成册以資考證辭不獲命祗得將一生經過拉雜書之聊以塞責云爾

中華民國二十年十二月施嘉績獻臣氏述於六有書齋

程宏遠自述

宏遠皖南源婺人同治甲戌生常熟西鄉烏墩長兄生十年繼以長次二姊然後及余母病新痊人以爲瑞故小字瑞生及長常戲署懺僧言抗塵走俗如僧人拜懺非上乘也中年長子次女並亡妻復病歿蕭然如僧而罪孽未清又自署罪僧邇來心力俱衰事皆退讓遂改署退僧少時喜出遊不知向學嘗兩應常熟試登山嘯傲臨流觴詠以口音相同無詰之者其來應無錫試也以族叔立勳入邑庠在先負笈出入人亦安之念吾人託業及一矜得失亦有命存焉讀孟子拱把之桐梓章塾師貪逸樂讀書數年已無隻字吾父偶令背誦怒不可遏指生書二葉令熟讀背誦時方

頌嘉五十八齡攝影

喜閱小說默觀强記未暮即畢後不令習商而使讀書實始於此然至今碌碌無能慮父母期望亦以此也辛丑府試病偏頭痛下午更劇故交卷獨早府尊德元誤認爲文思敏捷置之前列壬寅科試一春以足疾讀晉書怪晉人放誕故國亂未已入場史學題爲傳咸上書併官省役務農論遂以居官廢事不僅

可併而且可殺若官得其人則役自可省農自可務等爲言閱者是之調入南菁肄業癸卯秋先君子棄養兄及弟均經商於外諸婦妯娌侍老母於家門庭景象爲之一變不得已辭歸訓蒙時子姪七八人長者未十歲幼者五六齡婦女昧於教訓非故縱即酷罰飯時叫囂尤甚奉老母命食與同桌有遺粒責令拾取納諸口惜皆中才曇花一現如吾子者無論矣其餘亦僅浮沈市肆無卓然自立者人事變遷後入補公學堂七年果育學堂一年女子師範六年石塘灣小學一年愛國女學二年職業女學五年榮氏女學五年長此自誤誤人殊覺疚心庚午夏老母復見背悲人生之如夢念形役兮何爲遂重理舊業閉門家居吾兄弟四人兄十年以長常敬畏之季弟又小於余十歲且從余讀惟三弟年相若且嘗同塾親愛之情有出於不自覺者今兄弟髮皆頒白子又生子無慮數十人人情合則親分則疏久久相離安知不視同陌路故强爲結合納諸一堂方今風俗日偸城市尤甚孩提之童欲令悉出於正惟有責之讀書六經爲人根本儘有詞句淺顯明白易知者故常爲刪節以省時日秉性不同或謹厚有餘或跳躍自喜將來果能無忝祖宗與否吾不知也

潘鍾泉自述

鍾泉原名福祥字潔甫生於光緒二年丙子三月二十六日先世於明季由洛社遷至城中寺巷清初九世祖諱志道奉詔旌孝建祠遂曰孝子支嗣後以科第服官起家或蜚聲文苑或樹術畸人俱名傳於世而泉則一無成就烏足述無已則以經過瑣事誌之十五歲時秉承先祖父立人公之教並受業於俞仲還夫子始握管爲文童稚嬉戲不好讀書十七歲壬辰五月初五日先祖父歿二十二歲配吳氏畹瑾字孟懷係外舅榮齋公之長女也二十四歲己亥正月十二日先祖母陳孺人歿二十六歲辛丑春先嚴步皋公病日甚於是憂懼交集夏季蒙李宗師歲試入泮稍慰親心晚矣遲矣先父卽於

潔甫五十六齡攝影

七月二十四日見背哀痛窘迫負擔家務教讀所入不克支持二十八歲赴滬蒙張聿青夫子教授醫業而泉亦教其幼子等讀書此爲出外謀生之始凡二年聿師歿於滬三十歲入文明書局爲襄校三十二歲春赴津爲北洋法政學堂管理員與內子同行渠負笈於北洋女師範學堂是年冬就北京日報副主

筆事翌年仍回北洋原席兼中醫官冬間內子畢業遂執教鞭三十四歲己酉春迎養老母抵津是年冬小女津生生三十六歲辛亥考入北京法官養成所肄業俗謂六十歲學打拳是也可笑可歎其時內人赴長春女師範之聘泉則奉母挈女遷居北京未兩月而武昌革命軍起遂折回津門三十七歲民國元年夏入外交部是年冬再迎母入京翌年內人由長春抵京爲北京女師範及女師大附屬中學教員三十九歲甲寅秋小兒燕生生回溯在南時所生之孩多未養成在北始得子女各一自覺遲暮可慮五十歲時曾自擬一聯云半百艱辛去日苦多來日少奇零分子他生未卜此生休可見潦倒矣五十二歲丙寅八月十八日先母歿於北京本宅竭勝哀痛五十三歲回南仍入外交部翌年冬迎先母靈柩歸葬今年春小女來南省視夏小兒亦來秋內子就江蘇省立松江女子中學之事留兩孩在北一家四散亦可慨已是爲誌時在民國二十年辛未秋季

孫詒鴻自述

孫詒鴻字錫承別署劼盦唐金吾將軍諱萬登謚忠貞三十五世孫八世祖諱繼遠字愼庵候選州同知自休甯遷無錫七世祖諱允曆字渭川歲貢生就職訓導詩入梁溪詩鈔六世祖諱鐘字冰崖國學生俱

錫承五十四齡攝影

贈直隸大城縣知縣太高祖諱洙字蘅塘晚號退士辛未進士山東鄒平縣知縣庚辰壬午兩校省闈詩入梁溪詩鈔高祖諱光顏字少白邑庠生曾祖諱燮字和叔恩貢生就職直隸州州判少孤賴高祖母王氏夙嫻姆訓撫育成人與歷任江西安徽河南學政山陽李侍郎芝齡誼屬通家頻年入幕校閱所得皆知名士曾祖母周氏己未進士河南輝縣知縣握蘭公子庚辰經魁福建武平彰化知縣霽軒公女有淑德祖諱世顯字蓉塘己酉科順天鄉試挑取謄錄候選州同知性忠直庚申督團殉節卹賜祭葬祖母王氏庚戌進士江西建昌府同知甸方公子邑庠生莘農公女治家教子卓著賢聲父諱守銘字仲延增貢生鄉飲大賓選用訓導詩入續梁溪詩鈔品端學粹鄉里欽敬晚年董清節堂事盡謀

碩畫至今稱頌母許氏工書附貢生孟遠公女傳鍾王學有桓孟風生子三長詵鴻優行附貢生花翎五品銜分蘇試用訓導次卽詒鴻三詒鴻佾生女一適優增生華國銓余生於光緒四年四月二十七日三歲患天哮咳嗽屢瀕於危吾父母更相抱持夜不安眠幸名醫汪藝香丈盡力診治節婦錢三姨母悉心維護始得漸愈然一生孱弱病根卽種於此矣八歲始由吾父敎以方字辨析平仄絲毫不苟余於四聲能熟諳無誤者以此嗣後讀畢四子書易詩書三傳三禮以次誦覽史漢文集課外授以先哲格言並太高祖蘅塘退士手編之唐詩三百首令習吟詠書法則由吾母篝燈夜課課畢偶嫌餐膳粗劣因訓之曰吾家世守清芬昔太高祖蘅塘退士致仕歸疏水且不給汝能習得菜根風味庶可無墜家聲寒夜圍爐則又詔以蘅塘退士隆冬讀書恆以一木握掌中謂木能生火藉禦寒冷今汝得福已多云云自幼卽輸以道德導以禮敎故一生略知義理不作非分之思十六歲始握管爲文計先後十七年徑受庭訓未就外傅吾父期望雖殷以余軀體素羸轉以勿急進取相慰丙申十九歲初次觀場縣試終覆府試蒙有夢琴郡守拔取第十戊戌因病未考己亥院試提覆未售辛丑縣試正場蒙方邑尊果卿拔取第七初覆題爲子路無宿諾余起講大意謂天地之化時行物生瞬息不停皆以至誠無私之德或乎萬彙仲氏子稟兩大之正氣崇效卑法重尙然諾故羣情翕服其後處處不脫上文片言折獄並有兩股特寫記者之意吾父及胞兄祖羨閱場作俱以首選相許揭曉果然評語爲一講大處落墨迴絕恆蹊下八比處處語不離宗允稱傑構以二覆名列第二終覆正場案元某君努力奮鬬每題統作兩藝卷頁不敷雙行謄鈔稱爲雙卷余文思遲鈍不能爭勝祇得隨意抒寫純任自然榜發倖得案元評爲倜儻排奡卓爾不羣某君之評云每作必雙具見苦心孤詣惜乎繁冗過當不如簡練爲工至此禮書裘潤之述及方邑尊於初覆後卽向伊詢余家世伊答以素是書家父爲老貢生兄亦在庠方邑尊已點首默許是非小小一縣元得失亦由前定而不可強求乎越日吾父引余謁見方師方師識吾父爲耆舊碩德欽崇倍至余亦渥荷褒嘉有文氣發皇必利鄉闈淵源家學前程無量等語是時處境奇窘府試油燭費向例由縣元出余考費尙竭蹶外加此項雖區區數千何能咄嗟立辦不得已集一小會始克支持府試四場俱蒙德乾一郡尊取列前五二覆題爲且志曰余與陳君澔如確認爲陳代章之且志曰在滕定公薨章者決不命題但考生譁然主試者卽牌示陳代章初覆本章君履平第一陳君澔如第二場後履平語人曰案元是陳非章矣案發陳果第一章果第二是又非朕兆之先見者乎院試詩題爲江風透葛衣余目苦短視未曾親看誤聽江爲東出場始知舛訛幸未被擯蒙李蔭墀宗師錄取第四總覆見試卷並未簽出誤處回憶今正因體弱擬停試曾詣白雲洞呂祖師前叩休咎得籤示云十日灘頭坐一日過九灘東風須藉力人事自全完始恍然上二句旣應縣試下二句又應院試矣縣試正場揭曉至終覆揭曉其間距離十日正場第七初覆第一二覆第二皆灘頭坐也終覆又是第一則一日而過九灘矣至東風藉力人事全完蓋藉縣一之力而閱卷者遂存忽略之心人事乃克底完善跡雖近乎迷信事亦不爲無因是更非先機之見乎著龜者乎翌年壬寅科試前列補增生鄉試僅獲房備癸卯瀕試已束裝又患病中止未幾科舉廢己酉舉優行赴優拔考試後遂以一衿終老追思方師屬望之切徒呼負負方師情意般摯卸篆寓邗江及歸定遠可里後猶時常垂詢狀況積書成册惟性情耿介不願與時俯仰常服膺於吾父菊生傲骨經霜鍊梅抱冰姿任雪侵萬事每思隨分足一生不慣向人求家能清白貧何礙骨自崚嶒瘦不妨爲滌硯池曾染指

因澆花木始低頭等句以是益復忤俗淡於榮利爲贍家計不安顏子之貧嘗投班生之筆早歲以族叔祖之介効用東河蒙陽羨任公筱沅敘勞保縣丞並加光祿寺典簿銜因親老告歸旋應吾父同案友蔡丈心培徐丈石樵聘佐治浙水最後任滬軍都督府書記官終以旅進旅退非余所好故生平業務以敎育爲最久歷就河朔中學辰州中學無錫縣立工業學校私立振藝女學朱子山西山先生徐丈石樵楊君經笙楊君翰西楊君森千果臣伯庚昆仲等家塾敎席所至必殫竭愚誠謬承父兄長老推崇謂愛護如春風之和敎管如秋氣之肅雖金張子弟亦解尊師王謝兒郎且知嚮學迄今猶常通詢問時有餽貽自問卅載舌耕尙鮮過失而陶丈丹翼撰吾父傳譽余爲吾邑名師則當之而有愧矣於侍奉吾父又至無狀然吾父非余卽起居不適飮食不甘憶彙筆豫省時諭中有吾兒行矣吾兒旣行之後老父日夜之寂寞日夜之思想實屬不堪言狀此亦衰年之憾事也所望者早日將職務卸去與將就木之老父仍聚一處待老父瞑目後再出山之語頻年浪游滬瀆諭中附有頹唐暮景日垂危調護維持賴有兒詎料一朝申地去也應識我苦相思之詩余爲稻粱之謀重違親意己未吾父棄養距吾母之沒甫及二年追念吾父壯歲自喪亂中來卒能砥礪文行重興門第吾母慈惠賢淑敎養有方關係吾家至重且大一旦悲與風木爲一生最痛心之事因於每日清晨淨口虔誦佛號及白衣大士大悲咒非敢邀福一以繼承先志吾父於丙子鄉試涉江舟覆得慶更生後卽祇奉大士像所夕頂禮閱五十年如一日一以懺悔前愆近年并薦出世之思爲佛學會社員以衣食累人尙不得不抗塵走俗惟稽首蓮座誠意皈依而已他日苟能壹志坐禪以經卷蒲團娛晚景則愉快非常矣居恆無歲不病丙寅尤病劇幾殆胞兄祖羨已著與胞弟穀侯同

輓之聯云立志不作第二人成名果以第一人平生孝友儉勤庸德庸言洵足取在我爲老來手足在家爲中堅份子曇時幻空解脫同聲同哭又何堪縠侯富有血性友于綦篤余疾甚時籲天求代詎意未及兩載先我而亡痛抱鴒原亦一生最傷心之事至於重輯宗譜隨本房志岳叔祖搜訪嫡裔南至於越北至燕薊東至齊魯西至滇黔皆恪守祖訓非新安一脈概不採錄致與同姓泰啓嚴重交涉勞怨不辭卒能不背吾老譜體例此則可告無罪於我歷祖歷宗者本房志岳叔祖創建惠山忠貞公祠有同姓泰啓自稱忠貞公裔故允其入祠譜牒亦許合修詎詳核彼譜與吾家徽州老譜大謬老譜載十二世吳會公無子嗣姪觀復公生子一梓公孫四曦公騏公驪公騆公泰啓等譜均在梓公外添出君奭君美甚有同是一支而或繫於觀復公之下或更繫於觀復公外添出之觀國觀光等下面觀國觀光等又無本生父可考混雜不堪其非嫡裔可知不得已合出祠另修我則修輯純粹嫡派統譜泰啓於宗綫不明並不辨白一味恃蠻佔祠不去余與胞兄祖羕據理力爭伊始遷地編稿在外散譜然始終混冒我祠名義余素稟承吾父忠厚待人寧人負我毋我負人平生絕之志於處已接物事事皆留有餘地步且茲事是非曲直自有公論故遂予以成全不復深責焉無嗜好惟好善爲懷以一介寒儒事與願違徒深愧恨然念吾父恆勉強爲善輒引朱子待有餘而後濟人必無濟人之日語訓後嗣故時捨一文半文求其心之所安路見瓦礫棊婆等亦必如吾父移置道左因此或感召救星處處化險爲夷憶癸丑任縣立工業學校舍監諸生夜聞足音登然起自瓦上相率驚起余登鄰樓察視甫下梯而樓面坍倒得未罹禍甲子冬在上海渡船冰滑失足幸仆柴船上未遭滅頂回錫翌日火車即斷潰軍到錫余正在北門內天寶銀樓剛去而潰軍入城該樓首被刼害某日過三皇街兩貓狂追屋瓦紛墜距頂僅間毫髮經寺後門聞背後砉然一聲回顧則某肆推槽傾倒危機亦眉睫間耳類此者不可殫述追溯往事心猶驚悸若夫學術則深愧弇陋間有心得而不忍拋棄者錄存經史

錫金游庠同人自述彙刊　孫詰鴻　辛丑歲案　三

備考樂善軒叢稿二種侯節縮衣食積有刊資將吾父手著之凝香書屋詩文集孫氏忠孝節義傳吾母之書法舉隅課子偶存並當代名人撰贈吾父母之壽輓言及碑銘傳序等彙印以償夙願後擬次第付梓非敢問世聊不沒我半生之心血云爾居恆念先世多友愛同居吾父又時以兄弟休戚相關垂誡故兄弟怡怡向不分析臥房洽比夜有驚恐一呼即應於家庭集合間寓古者相友相助之風有事亦不分畛域通力合作兄弟既親如手足妯娌遂視同姊妹凡事無不相見以誠己巳冬安葬吾父母及嫂趙許兩宜人弟縠侯於洞橋世墓用男左女右法左穴爲吾父余兄弟以次附焉右穴爲吾母余兄弟之妻以次附焉今春復浼張君伯楷繪一三代圖惟妙惟肖余祖父無昆季故第一代僅祖父母第二代則伯父母伯父獸之公佾生庚申殉難如例賜卹伯母華太宜人胞兄祖羕承繼吾父母叔父母叔父紹三公浙江候補知縣叔母任太安人清旌節孝民國策令褒揚胞弟縠侯承繼第三代則胞兄祖羕嫂趙許顧三宜人余與妻華孺人胞弟縠侯縠侯未娶胞兄祖羕次子昌枝嗣意在生聚居死亦聚居生死相依不忍散處也後世公同祭掃公同供奉既簡便復團結庶幾相愛相慕克紹家風垂諸久遠歟妻華氏保銘公女刻苦儉約事無鉅細靡不躬親余曾爲集聯曰一身彙作僕萬事不求人黔婁得此洵是一生幸運子昌樹中學畢業服務中國銀行尚能勤慎自持是亦堪以稍慰者耳歲月悠悠光陰忽忽至聖見逝川而興歎古人惜己往而成篇余自慚老大無聞只贏得皓月滿懷清風盈袖此後桑榆之影能有幾時樗櫟之材更無用處白樂天云識分知足外無求焉余亦如斯而已茲因胞兄祖羕與余發起丙申辛丑同案會刊有丙辛同案唱和集蔣君留春丁君仲祜欲擴而大之徵集歷案同庠諸君自述彙訂成帙爰撮敘其大略

周錫縉自述

錫縉號冕臣字讓三光緒己卯生無錫人係出宋大儒濂溪先生元公後自宋進士溪園公諱應始遷無錫十一世祖諱清由石基遷居新安鄉綿長港閱十二世適值洪楊事起舊廬悉燬由曾祖考琢齋公諱崑卜新宅於華大房莊即縉今之居處也世以耕讀爲業祖考佩蒼公諱殿奎咸豐戊午副貢同治甲子舉人大挑二等選授教諭祖妣朱氏先考梅峯公諱壽彭光緒己卯恩貢生就職直隸州州判妣華氏繼妣費氏縉華氏出七歲即失恃有妹一華出未嫁而亡有弟一費出未婚而殤縉幼時除庭訓外並延師在家教縉讀年十六出就外傳負笈於吳松雲先生門下翊年復負笈於陸藹如先生

冕臣五十三齡攝影

門下閱四年值戊戌政變不久仍恢復科舉年二十一復受業於秦晉華先生門下光緒辛丑年二十三受知於山西李公殿林入郡庠爲八股五言之末一案是年十月丁繼母費氏艱先嚴以環境不佳即以家政委任又復襄辦新安鄉鄉董事光緒癸卯年二十五先嚴棄養由陸師藹如推薦繼任新安鄉董事

錫金游庠同人自述彙刊　周錫縉　辛丑歲案　一

時清廷諭令停科舉興學校遂偕陸師藹如倪君翔青等創辦振新兩等小學校餘如平糶賑捐種種公益事均不讓人先清季令辦地方自治被選爲鄉議事會議長宣統辛亥年三十三國體變更又被選爲縣議事會議員洪憲事起自治機關一律停頓深感世道日非人心不古抱消極主義不問世務蟄居鄉曲與鄉老士夫縱談已往掌故唐人詩云開軒面場圃把酒話桑麻田舍翁之樂趣縉親嘗之殊覺津津有味也親友或函電紛馳有勸縉出山者均以不合時宜不善交際婉言拒却之家藏有線訂書萬卷暇輒瀏覽性喜讀老莊諸書是以用世之心益淡今已垂垂老矣得守莬裘以歿於願斯足縉年二十二娶同邑附貢生王公仲甫次女爲室年四十四即賦悼亡未續弦未納妾亦以性情耿介所致子一名家千年二十六女一未字媳同邑邵君涵培次女孫男二長名九虎次名九同孫女一茲因同人徵集自述彙刊爰將已往事蹟現時狀況直書如右

張照南自述

照南姓張氏號潮象別號希隱又號雪巔生於遜清光緒六年之庚辰世居無錫南郊系出宋橫渠先生謚明公後高曾以來世營商業先祖蘭舟公時尤稱鼎盛五歲入學每日識方字百餘至七歲而過師鯉甫設帳余家日課外復教以屬對並授唐詩三百首年十五而四子三傳三禮易詩書畢業年十六過師作古遂從陳師肇卿學爲制舉文兼肆力於詞章年十八又從錢師季常游時清室衰弱新法漸興科舉已成弩末錢師洞燭世變因授以開方勾股三角幾何天元代數八線諸術而旁及於管墨關尹淮南文中諸子年二十辭錢師歸杜門修業於中外輿地歷朝掌故古今名人奏議文集莫不流覽而尤篤好史漢通鑑及有清湘鄉曾氏之文終日丹黃不敢稍休年二十二光緒辛丑歲案遊錫邑庠宗師爲李公殿林是歲成婚娶丁氏壬寅甲辰科歲兩試再取一等本可補廩矣因是時八股已廢學校大興遂棄置不顧逕入南京官立兩江優級師範學堂研究科學以最優等第二人畢業長教於淮北龔梅中學監學於常州府中學主國文專科於上海神州女學先後八載及門數千清宣統元年先室丁氏病歿越歲而娶繼室顧氏民國三年年三十五浙江錢塘道道尹丁君傳紳委任爲錢塘道道視學代理道尹公署第二科科長自是而後遂入政途迄今年五十三矣於浙任餘姚紹興桐鄉各縣公署教育科兼實業科科長南田海寧平湖各縣公署總務科科長於蘇則任南匯淮陰各縣公署第一科科長淮陰清鄉分局副局長無錫縣公安局司法課課長南通市公安局行政課課長江蘇水上省公安隊第二區區部第一科科長二十年來雖無所建樹而兢兢業業清白自矢歷任腴地而猶清風兩袖未改故常此則差堪無慚影衾者也嗟乎滄桑屢變雙鬢早斑壯歲志氣消磨已盡塵世浮泡又何必問惟大兒慈涵已於十八歲畢業大學文科服務於中央無線電台勉能自立頃且抱孫矣次兒慈瀅祇十四歲亦已肄業於私立無錫中學女雪葭一守古者閨門舊訓尚無近世時髦習氣此則余所最堪自慰者也總計生平自齠齡就傳以至弱冠爲余家全盛時代經濟既裕讀書自較易爲力故十五以後得安心於學問之途而略窺諸家之門徑二十以還銳意進取頗思自奮於功名而家道漸衰飢來迫人雖不敢自荒其前修而精神已半耗於衣食且薑桂之性恥於鑽營是以奔走四方垂三十年而到處齟齬至老無成自歎亦自笑也先室丁夫人三十而歿子女三人皆繼室顧夫人出今年已四十有七中饋猶自操勞不肯假手婢僕也因述生平大略如此

潮象五十三齡攝影

遊貫華閣

高閣峯凹裏松風響玉笙僧歸雲外影樵語樹間聲明月自來去交情見死生一龕金粟在嵐翠落窗晴

友人贈碧蘿春汲二泉水烹之

碧蘿峯下採分我洞庭春品擬龍團貴香生雀舌勻情深千里寄水汲二泉新一片冰壺裏相思見故人

讀鄭成功傳

一代興亡付刧灰蛟宮立國有餘哀舟中正朔存宗社海外乾坤闢艸萊孤竹祇高窮餓節文山空負濟時才忠魂夜夜天南哭望斷滇雲鎖不開

病起有感

病餘老眼幾摩挲午醉微醺感慨多教子有書偏懶臥買山無計悔蹉跎三千鬢髮悲明鏡五十功名付逝波秋雨不嫌茅屋漏西風颯颯待牽蘿

重遊東大池

不到東大池六年矣庚午重遊正值桃花盛開因感賦兩絕

楊柳西郊二月新重來池上踏芳春青山莫笑鬢眉改尚有桃花識故人其一　倩影亭亭照水濱飛紅一片逐青蘋桃花莫惜飄零苦留在清波不染塵其二

赴南昌視大兒慈涵病於九江旅次作 望海潮

大江東去片帆西上五更人到潯陽山壓吳頭潮吞楚尾古今多少興亡夜色辨微茫正春風似翦匹練如霜寂寞琵琶一鈎殘月弔紅粧　浮生憂樂靡常恨儒冠誤我辜負年光雙鬢已斑孤燈欲曉又添幾許思量愁眼望南昌料天涯遊子盼斷迴腸兒女情牽兩地倚枕夢還鄉

落花 踏莎行

花事闌珊鶯啼懊惱牡丹謝了荼蘼老春歸何處喚香魂只隨蝴蝶尋芳艸　淺甃苔根輕颺柳梢殘紅滿地無人掃杜鵑欲泣不成聲斜陽燕子來相弔

重游小金山 蝶戀花

一點金山波面小卌載前遊今日重來到七寶伽藍依舊好滄桑歷刧人將老　烟雨樓臺開畫稿九曲龍峯檻外螺鬟繞十里蓉湖添懊惱夕陽簫鼓聲停了

陳作霖自述

陳作霖字湛如別號濟民道號眞如無錫縣人系出宋名將相文正公後世居邑城觀前街清道光初年曾祖純甫公諱培德始由觀前街遷居東門城頭街純甫公業衣莊性豪爽好施與見有窮苦無告者往往暗施以錢而不使之覺以故所入雖豐毫無積蓄祖志初公諱士鎬廩貢生祖母溫氏父啟源字肇卿廩貢生母陶氏爲外祖煥庭公次女光緒七年辛巳八月二十七日戌時生余於東門城頭街舊宅丙戌六歲祖父及父親命入家塾讀書塾師爲朱惠孚先生係先祖門下入室弟子教授兒童循循善誘惟余天性遲鈍讀書非百遍不能背誦庚寅十歲父親爲余講解五經史漢及文選諸書數年稍有進步甲午十四歲父親命余握筆爲文丙申十六歲始應童子試父親對於舉子業督責甚嚴因兩次應試未獲入學遂一意研究虛小題專讀輕清流利之文辛丑年二十一應縣試列第二是年遂以府試案元游庠猶憶府試初覆章君履平第一余第二迨二覆進場題爲且志曰三字按四子書共有且志曰兩句一在滕定公薨章一在陳代章余與孫君錫承均認爲係陳代章之且志曰決非滕定公薨章之且志曰因滕定公薨一章關係國喪主試者決不敢用以命題也惟場中諸生議論紛紛以爲非註明何章不可主試者不得已乃命吏將牌示取去於且志曰下註陳代章三字衆始釋然出場後友人告余曰章君履平見陳代章三字後即語友人云此次案元決爲陳某而非章某案發章君果列第二余第一此亦科舉中之軼事也翌年壬寅余二十二歲清帝詔廢八股以策論試士余赴澄應科試列第一遂食餼並由李宗師殿林調入江陰南菁高等學校肄業時清廷銳意革新南菁故爲書院向由江蘇督學使者兼管所聘山長均係一時知名之士以故大江南北文人學者均以得調入南菁肄業爲求學之階梯在院諸生對於國學皆有根柢吾邑如吳稚暉孫寒厓廉南湖俞仲還諸先生均係南菁書院優秀分子是年該院奉令改爲學校擴充學額添設英文算術格致等科余入校後以年齡較輕對於英算各科較易着手且算術一科曾於戊戌年受業於蔣師留春門下故已略知一二丙午二十六歲唐宗師景崇到校舉行畢業考試試畢取列最優等者共四名第一爲江都葉君惟善號貽穀第二爲丹徒葉君玉森號葒漁之二人者蘇人士所稱南菁二葉是也第三爲鹽城李君秉良號守彝第四即余二葉旋由清廷獎給拔貢余與李君因學年不足改獎優貢余畢業後本擬重入專門學校專心研究英算各科俾學問得以深造祇因迫於生計遂應高淳縣立高等小學之聘擔任該校英文理化等科任事一年因交通不便即辭去翌年改任丹陽縣立高等小學校英文算術格致等科教員由丁未迄己酉共三年庚戌三十歲

湛如五十一齡攝影

又應揚州兩淮師範學校之聘任英文教員翌年辛亥三十一歲仍在兩淮教授英文八月武昌起義海內響應揚州雖爲江北重鎭然地方富庶民情樸實人民革命思想較爲幼稚且有大江阻隔上海報紙須夜間到揚隔日方始送閱以故戰事消息較遲余以重九節放假之暇返里一行甫過江即見兵士滿街輪埠車站戒備甚嚴與揚州雖隔一江而情形迥別蓋鎭江爲南京門戶故清吏特加注意余趁車返錫越二日滬寧火車不通余欲搭輪返揚家父以道路梗阻不允余行九月十六日錫地光復驅逐清吏余即入軍政分府擔任文牘職務民國元年壬子改任縣公署第一科科員並被選爲無錫市議事會副議長二年代理第一科科長旋調第四科科長甲寅三十四歲大兒炎生八月鄧令昶去丁令方轂來余以政治生涯無甚意味遂辭去科長職務擬欲從事商業藉圖發展父親亦以爲然是年冬遂與親友合股租辦潤豐油餅廠是爲余改就商業之始丁巳三十七歲奉父命遷入小婁巷現建新宅原址自立門戶分居各炊該址原有頹屋三楹藉蔽風雨惟數百年舊建築湫隘潮濕甚於舊宅余以父命分居不得已也己未次兒燾生癸亥八月二家叔梅軒公病歿遺囑不立嗣並以惠山宗祠已由風鑑家擇定甲子正月動工命余暫管陳義莊莊務負責建築宗祠十二月三女娥又患臌病而亡三女年十九家事已能料理一旦亡去余妻朱氏頓失臂助甲子正月奉祖母命謹遵梅軒公遺囑在惠山寶善橋河塘上建築宗祠余每日必至惠山一行精神深感勞頓梅軒公臨終幷囑爲先二姑母沭一建立節婦祠並建節婦牌坊一座牌坊石料尙係梅軒公生前於癸亥春間親自定購者也甲午冬兩祠房屋均已完工惟裝修未竣約計建築經費已達三萬餘金余因負擔太重遂稟承祖母及父親暫行停工將裝修等項從緩置辦乙丑夏間因小婁巷住宅破舊不堪地又潮濕易生疾病不得已遂與二弟仲化合建樓屋六楹各居三楹中通以門丙寅又陸續合建大廳門造冬間方始告成丁卯四十七歲國軍底定東南同人出組商民協會余被選爲常務委員戊辰四十八歲余又奉縣政府函聘爲縣公欵公產管理處副主任庚午五十歲縣商會改組余又被選爲常務委員六月管理處改組余又被任爲正主任又兼任無錫市欵產管理委員會委員七月先祖母溫太夫人仙遊享年九十一歲辛未冬商會改選余又被選爲監察委員余學識譾陋對於國文英算均竊取皮毛毫無實際碌碌半生自問無一長足錄所幸父母俱存兄弟無故且有子女各二差堪自慰祖母雖去年仙逝然年已九十有一識者咸謂不可多得矣余生平最不喜烟賭家中無論何種賭具一概屏絕子女均已長大然從未令其見過任何賭博此尙係遵奉先祖志初公之遺訓也至鴉片固無論矣即普通紙烟亦從不入口以故往往得罪親友然知我者尙能諒之惟余雖以烟賭爲戒而事亦有出乎意外者余於清宣統年間赴蘇應提學司優拔考試時方溽暑計考拔兩場考優亦兩場考優首場余名列第六二場余忽患目疾且連考四場精神疲倦已極面容未免憔悴草草了事自知無望不意事後領取試卷卷後被提學司書一拳大之烟字不禁大叫寃枉此又科舉時代之怪事也辛未十月十日錫金兩縣現存遊庠者舉行聚餐會於鐵路飯店蔣師留春孫君錫承發起彙刊自述余對於文字荒疏已及廿年久久無以報命而蔣師催促甚亟不得已拉雜述之如右

殷獻臣自述

質卿殷獻臣先世向居泰州自宋高宗南渡余祖秉常公諱秩扈蹕渡江家於潤之大港爲江南第一世祖三傳至諱安遷居華墅八傳至檢討公諱諒由華墅遷居常郡北門青山十五傳至諱熙明萬曆間由青山遷居無錫玉祁之齊家社迄今三百餘年子姓蕃衍幾三百家概服先疇尠有食舊德者十九世祖諱琨清康熙間始青一衿傳至余已二十七世余小字繼琨有由來也外此姪輩如炳文名曰同係琨公胞兄太學生琮公後裔先余一年入泮族派雖多業儒者僅余兩人具見鄉村讀書成名之難先考諱甯德少經洪楊之刼未嘗學問生平半耕半傭於蘇州某米業性忠厚尤勤儉所入僅能

質卿六十二齡攝影

贍家未置恆產亦鮮蓋藏先妣曹太君雖未讀書頗知禮教尤善鍼黹勤紡織以佐家計余以清同治九年庚午五月二十日巳時生時先考已四十有四先妣亦三十有三中年生子珍愛逾恆八歲就外傳日讀三四十行至十三九經幾全讀惜講解茫然逼論成章十四輟讀至十八此五年中除習農事外暇輒

操管絃間習國技詩書概不過問是殆域於環境耳十八歲八月徒跣視農務偶不經意右足被虺噬痛不可耐幾致命幸早治得愈是年冬先父先母爲余完姻娶劉崧林公長女十九二十兩年爲補助家計隨父傭於蘇州米業彼時足踏肩荷諸苦役無所不爲視梁鴻春粟殆又過之夏秋返家務農春冬赴蘇傭役備嘗辛昧亦爲環境所迫後以不堪苦力求父准余返家二十一歲設塾訓蒙雖儼爲人師然茅草塞胸欲習制藝不得其門心甚苦之因愧生憤因憤思奮日則課徒夜則勤讀如是數年往往終夜不寢甚至冬夜擁被挑燈夏夜足伸兩甕以避蚊噬雖染嘔血之症不稍懈弛自信發憤不後於人從龐茂才琢齋先生討論制藝二年二十四應童試尙盲從耳二十七縣試正場第九社會稍注意余名是年四月丁外艱冢男葆楨已七歲二十八又丁內艱是年仲男葆泰生迭遭大故債臺高築館穀入不敷出室如懸罄室人處之泰然不稍怨懟愧對多矣年三十續修宗譜一面課徒一面與族姪炳文主稿督修族人每因嗣產爭執力爲調解幸賴祖宗之佑安然蔵事未肇訟端三十一移館錫城北塘三十三以府案首拔取爲縣學生員稍負虛名是年秋應庚子辛丑恩正併科鄉試薦卷翌年又應癸卯恩科鄉試薦卷房師評健筆與灝氣相輔而行淵懿樸茂博大昌明五藝相稱真力彌滿知寢饋於此中者深矣想見閱者滿意惜限於福命未售三十五移館浮舟村顧姓時俸入雖稍優然幼男葆華暨諸女先後生人口漸多僅藉舌耕餬口時虞見肘三十七返里借城隍廟創辦明德學堂以開地方風氣奈經費無着就商某董懇撥某廢菴田產爲學堂基本金某董不允致啓訟端反被某董挾恨慫恿羽黨妄控余侵吞季家圩岸甲公款於邑宰實則該項公款另有甲主司管余既無圩田亦絕不過問若輩指鹿爲馬對簿公庭余以橫遭寃抑抗辯不已致干邑宰怒管學三日甚爲遺憾旋由炳文接辦明德學堂余就禮社薛氏私立羣智學堂講習三年半宣統三年夏考入蘇州法政學堂肄業數月光復返里旋應友人之招赴寧垣佐戎幕民國元年任臨時大總統府近衛軍記室旋入第七師戎幕明年春隨征徐州改入第三師戎幕參與討袁戰事觀感所得覺軍隊平日操練徒事步伐整齊而已至於臨陣對敵隨機應變貴有膽氣識略則未嘗討論昔岳武穆謂運用之妙存乎一心誠至言也旋因甯垣變化前綫潰退火車經門台子車站略停余因便急下車忽車又開行不及登車皇遽如喪家狗幸傍晚第一師兵車過勉强設法登車夜行經張八嶺附近又停翌晨視余之原車遺下一輛被撞覆於路側同胞死傷無算慘不忍覩而余以便急易車未遭殃及幸矣嗣雖退入寧垣已被袁軍包圍水陸不通欲歸不得蟄居月餘乘紅十字會救生輪舟轉道返里行李全棄僅以身免民國三年又就禮社羣智學校教職二年民國五年改就張涇橋縣立第五高小學校教職在彼始習易筋經及彌勒氏呼吸朝操又每日記事不少間斷到今健身得益非淺此中尤感恆心之難其初在校同仁競相朝操日記不少懈寖假月止焉寖假年輟焉求其始終如一難乎其選宜乎聖人有得見有恆斯可之歎也課暇輒與同仁合操管絃興之所至時相圍酌聯句雖無佳肴頗饒樂趣尤與嚴茂才慰蒼最相契民國十一年春移硯城中縣立女子師範學校本科國文十二年秋改就周新鎭縣立第三高小學校教職十三年春使楨兒往代縣三職務余就城中私立輔仁中學國文

教席民國十五年一月四日泰兒病歿余甚慟遺妻劉氏並一子兩女既無恆產可以指撥又鮮積蓄可以分潤一切由余負責命也何如是年七月十日室人又因痛子氣瘀而歿年五十八茹苦半生不能稍娛蔗境與余偕老天靳其年耶抑天使余鰥耶因輓一聯云佐我操家數十年方期盡苦回甘倏忽歸真何太促痛卿哭子才半載從此悲生憫死淒涼隻影更難堪室人秉性忠厚自歸黔婁辛苦卌稔有時家無春粟忍飢無怨所育三男四女哺乳一身任之忍勞耐苦莫過於此楨兒畢業於保定軍官學校歷充西北軍邊防軍等軍官中央軍官學校砲科教官本縣公安局長等職泰兒亦肄業保定軍官學校因病返里歷充小學校長多年由縣傳令嘉獎民國八年充西北軍要職歿年三十一華兒曾畢業於省立第二農業學校任小學教師有年因過於勤勞攖肺疾旋帶病肄業本省勞農學院畢業後勉任縣立農教館長遂致失音辭職旋里調養女則長次季均適人子女成行三女葆璉肄業鎭江蠶桑學校守貞不字聽之冢媳蔣兩孫男次媳劉一孫男兩孫女三媳孫一孫男楨兒所入已能自給析爨有年華兒現在調養期中只得暫代撫育之任統計生平館穀所入除贍家外凡男女栽培婚嫁及料理父母妻子喪葬等可謂鞠躬盡瘁於家庭矣環境困人可勝歎哉曩習舉子業時儼有昂首青雲之志奈自高氣節不喜逢迎是以落落寡合清風兩袖故我依然今雖耳目明聰頑健如常然已鬚髮斑白無能爲已幸生平未嘗疾病呼吸早操無間寒暑每日午後趺坐習靜片時漫效攝生到今尙能勉强支持每思息影蓬廬樂此餘年奈以泰兒遺下寡孤四口嗷嗷待哺不得不勉維現狀是殆牛馬之職責未盡耶現仍充輔仁中學

國文講席八年於茲一本孔聖誨人不倦之意誘掖後進聊盡天職非必盡爲噉飯計亦曰良心教育可耳平日撰述如論文傳記詩詞聯語等雅欲彙訂成册就正有道輒爲課務所阻無暇整理卽如前年六十述懷七律十二章尙因疏慵遲未付印暇當付梓送奉吾黨吟壇斧政索和佳章以爲抛磚引玉之需今年雙十節承丙辛兩案諸公柬招會宴鐵路飯店又承孫錫丞先生屢催自述稿件彙刊以留紀念盛情難卻謹撮生平大略以附驥尾民國二十年冬月述

劉翼墀自述

一足散人姓劉氏名翼墀字錫和晚年傷足乃更名夔別署一足散人淸光緒元年乙亥二月二十三日生於無錫西北鄉第十五區之新橋曾祖諱洪祖以賑捐出力保舉縣丞祖諱樽能文工楷書以文童終考諱燿業儒早世妣張太孺人守節撫孤主持家政垂三十年性剛烈有丈夫氣而樂善好施未嘗有吝色有先妣張太孺人事略載宗譜原配曹氏繼娶薛氏姊一適蕁莊楊弟二俱早殤女一曹出適殷庠生質卿先生次子葆泰保定軍官學校肄業歷任西北等軍少尉排長退伍後任小學校長教習等職義女一薛夫人女弟之子字薛江南高等學堂畢業賞給舉人子瑜先生次子炳威現肄業

錫和五十七齡攝影

中央大學光緒六年庚辰予年六歲先君見背始受祖訓年十三畢業五經學五言詩及八股文十六年庚寅先大父棄養慈命從同邑茂才吳秉初師受業焉十九年癸巳予年十九初出觀場適吳師他去乃受業父執戴廣文子晉夫子之門於詩文課業外兼自習算術加減乘除無人指示天元代數茫無門徑

經苦思力索得白芙堂叢書於借根方術豁然悟代數原理乃知西人發明代數本自借根方而來以予初學識淺竟於無意中得遠窮其源竊自幸矣是年正月曹孺人來歸冬十二月遽丁大母憂一歲之中婚喪並舉內外主持均賴先妣任之不以家累分予心也翌年生女七日而殤又明年乙未生女琪貞二十四年戊戌正月曹孺人以痘症逝世四齡弱息啼笑皆非奉倩傷神難支病骨二月上浣縣試有期慈命寓城候榜以殺悲感値豐潤孫公贊元以名孝廉來宰吾邑試卷輒親自評閱當場指點紕繆士論翕服時吾里應試者有麋君琢齋庭耀及予共三人而初覆案出琢齋列第二庭耀第五予第六以五百餘人競爭之前十名而予等三人竟占其三且居同里閈學同師門盛極一時矣方謂聯袂入學操券可期乃院試榜發予三人俱名落孫山是殆剝復乘除之理乎是年冬十月薛夫人來歸結褵纔彌月予由友人招赴上海廣方言館習天文算術及機械學得從上海張子雍茂才寶山袁觀瀾孝廉興化劉省庵桐鄉沈粒民南匯賈步緯同邑孫小槎茂才徐祝三華式如諸師游均蒙靑睞張袁兩師於國文尤獎飾逾恆學識稍廣而結習未忘試期仍回籍應試徘徊歧途業不專精貽誤畢生亦自取耳二十八年壬寅科舉改試策論而院試初分兩場予以首場史學正取第二正場經義取第四遂受知於大同李蔭墀少宰入縣學先慈方病亟中夜捷報抵家急披衣起病亦霍然知其數十年含辛茹苦所殷殷屬望於予者至深且大而予之得以稍慰慈懷者僅此而已心滋痛焉是年補行庚子辛丑恩正併科明年癸卯舉行恩科予兩應江南鄉試僅於癸卯得房師陳增瀾大令舉薦出房乙巳唐春卿宗師科試列一等例得輪補

廩生須納少費先慈力主貸資交納予固辭乃已恐增慈母負擔也先是予已受邑紳孫鎚卿觀察之聘延課子姪秋間公子染疫遽殤明年教其猶子前後二年賓主相得又有同居之子襄茂才爲予同案生卽觀察胞兄之長公子也晨夕相親尤稱莫逆客中不覺岑寂賴此君耳三十二年丙午吾邑徧興學校孫氏立惠北薛氏立開明羣智兩高小予乃辭歸就開明教職任國文算術館穀稍豐漸清積逋先妣始畀予家政而自得少休爲方冀頤養天年稍伸烏哺詎料鞠凶驟降竟於三十四年戊申正月棄孤子而長逝矣予在苫次泣綴一聯云早年失怙獨賴慈親內外費心機卅載劬勞爲不肖終古靡依孰憐孤子幽明通聲氣半生呵護乞先靈友人弔者咸爲酸鼻蓋言雖不文而意實由衷也宣統二年庚戌五月至友薛君仲華以度支部郎中監督南洋方言學堂聘予任主計兼司筆劄乃辭開明職辛亥光復全堂星散予適先旬日告病假歸病中昏昏不聞理亂及病間大局已敉平旋膺羣智聘時校長爲薛君仲華也民國元年兼任本市自治公所文牘三年二月自治停辦改董事辦公處予以羣智教習兼任辦公處文牘惟校俸外僅月支公費五元以總董薛公應和本前議事會議長共事多年傾心相待權利所不計也八年庚申予族續修宗譜蒙衆公推任主稿兼理財政乃辭教職而兼文牘如故族大寵多宵旰不寧亘一年之久賠累數百金精神身體兩感虧損迨辛酉五月發譜後歸家伏枕不醒者三晝夜幸闔族安然克全終始差堪告慰先靈耳十二年癸亥予年五十歲日本地震影響吾邑絲繭業全體失敗予亦虧耗二千金幾破產心緒惡劣內症外瘍將不治病中自輓一聯云二千金不翼竟飛生不能養死不能葬我實不德遂致落魄商場含淚別賢妻禮佛誦經延爾壽五十載無聞遽歿幼而無父老而無兒人孰無情曷若返魂天國傷心呼愛女相夫教子宜其家跋語中有命壻葆泰書之句曾幾何時老者存而少者亡病者起而彊者去矣不能爲予書聯而又使予爲之作聯既痛逝者并自傷矣當是時內弟薛君培昌方以醫術負盛名於毗陵聞訊來視內外兼治旋卽全愈時薛君仲華適任京秩省親假歸覘予里第特就羣校設初中級延予課其子女糈資挹注十三年夏內弟病歿寓次噩耗傳來傷感殊甚而是歲冬月愛壻葆泰又以微疾不起予益慟甚而哭之以文復作聯輓之云有生若寄至死方歸卅載了前因又奚爲河洛帶兵武漢入伍事予如父視汝猶子一朝成永訣復何望殘年菽水末日齊衰回顧前言其何以堪迄今寡女歸寧則挈其兩女一男依依繞膝予一見此景輒爲之痛澈心肺既往則又神爲之移而目爲之眩幸衣食無煩予慮爲稍慰耳然而天之扼我猶未至也十六年正月予赴校授課畢歸途陰雨失足傾跌斷腿骱經年起床已成殘廢適市政設局十七年一月老友薛君子瑜受委任局長仍委予辦文牘十八年八月改組自治區民政廳派第一屆訓練班畢業學員袁君星五來長十五區以予呈縣委任助理員雖位卑祿薄於殘年暮景苟延喘息致足感也袁君以世家子雅好文學嘗以師禮事予以予病足故遇事輒就商於家每逢宴會移席予舍平時尤多饋贈備致敬意十九年夏縣政府考核各區成績有十五區工作最爲努力語而不逞之徒故造蜚語上聞於省奉調省補習之命縣長孫公力予昭雪得准回任袁君因疲於奔命征塵甫卸絕症遽作告假委代纔旬日而出缺予輓以聯云暮年知遇感非常愧

殘廢餘生醴酒不忘草廬頻顧肝膽許論交僚友幾人能抗禮期月治功幸報可恨漂搖環境涼風侵襲驕日長征膏肓成絕症使君還我託空言蓋紀實也在任適屆一年繼任區長爲本區前洲鎮唐君秉銓係第二屆訓練畢業曾受業於品棠詩棠諸族子諸子又予門下士古人所謂門生之下見門生者予方引爲榮幸乃今夏六月微聞外間頗有人欲中傷之自知衰朽蔽賢路二十年宜招忌怨遂決計告退閉戶養晦與世無爭其寡過矣乎著有金屑羽片文集若干卷和聲詩稿若干卷恐遂散佚擬集資付刊以留陳迹未識能償此願否也

孫肇圻自述

頌陀五十一齡攝影

孫肇圻字北䕫亦字頌陀世居無錫孟里生於遜清光緒七年辛巳爲先府君寄舫公第二子三歲遭先妣戴太恭人之喪少時多病八歲始識字十三歲畢讀四子書五經皆府君自課十四歲開筆作文十七習詩古文辭二十二歲壬寅遊郡庠計與童子試者五次是年十二月授室娶金匱華公芝字五女二十九歲己酉考取拔貢三十歲庚戌朝考一等殿試二等殿焉結束科名後無來者旋以徵官遊山左歷辦教育研究所單級學堂辛亥九月歸里嗣後爲市董事爲省議員爲教員爲教員之日尤多庚申任江蘇國語講習所白話文教員學員於文學有相當根柢易文言爲語體事半功倍畢業時興化鈕君贈原刻板橋集爲贄庚申後不復爲人師乙卯先室華孺人病歿丙辰續娶同邑楊農孫先生長女爲繼室丁巳大兒同鈺生己未府君棄養辛酉自金陵移居上海習商賈之事以迄於今於是行年五十一矣五十一年中家庭變故人事得失不遑殫述今日粗知文字勉承家學端賴父師督責唐師期望尤殷平生好飲癸丑旅居秦淮應友人之約日午登舟酣飲幾達旦酒醒何處則榻前酒痕狼籍嘔血可升許不知如何扶醉歸也從此不復縱飲好丹青有時縱筆作山水不求形似間亦作指頭畫乙卯冬指畫老樹寒厓圖題詠者多敝帚彌可珍貴習崑曲自上海穆君贈舊板納書楹始以長生殿詞句雅馴酒酣耳熱往往按拍效明皇口吻聊自怡悅不求賞音甲子而後與緒蘭珊曲乃離口好吟詠庚午整理三十年積稿汰存什一爲蕭心劍氣樓詩存又集定盦詩詞爲綴珍集好遊困於塵俗未能遍歷名山大川然如富春蘭亭黃鶴樓天下第一關足跡所經皆有紀遊之作已入詩存藉留鴻雪凡此瑣屑之事胥爲排遣之資心無所專故不溺於所好家業不豐而又拙於治生奔走衣食不離筆硯猶憶甲寅無以卒歲著俠骨恩仇錄兩萬言版權讓與某書肆易番佛八十尊硯田歲晚乃獲豐收孰謂文字無靈乎有子三長同鈺肄業高中次閏鈺三邇鈺肄業小學女五長儀華孺人出適同邑過靜宜次珍殤三蘩四嫻五莊皆肄業女學自維年逾知命亦復奚求更事雖多何與不朽之業側身無所願爲太平之民敘述大凡聊以誌身世滄桑之感云爾

俞家振自述

杏栽五十齡攝影

俞家振一名錫培字杏栽號奮如係出宋南渡功臣紫芝公後世居無錫天授鄉芙蓉山俞闕巷曾祖考奉政公諱大鵬妣氏過祖考奉直公諱孟雛妣氏朱父監貢生雲生妣氏過兄霖邑廩生弟宗振兩江師範畢業師範科舉人家振於前清光緒壬午二月初四日生於里第戊子祖考捐館舍是年始入家塾從增貢生過念孺先生讀四書五經孝經爾雅幷從茂才朱亳然先生學八法丁酉從優貢生許伯蔭先生習制藝喜作搭截題文其批有云兩岸猿聲啼不住輕舟已過萬重山文境似之等語己亥應童子試並課東林書院習書蠅頭小楷卷尾批云書法娟秀庚子授室妻同邑西漳高國霖次女壬寅二十一歲科試受知李宗師殿林入邑庠丁未肄業江灣蠶桑學堂是歲生女慧貞曇花一現遽爾摧殘戊申由邑侯伊立勳申送蘇省法政學堂紳班肄業庚戌創辦東北塘同仁酒肆錄書一聯云自醫還自飲不醉復不醒懸之室隅藉以寄意尋被推爲無錫縣自治籌備所參議員辛亥光復被選爲無錫縣臨時縣議事會議員壬子丁內艱卅年撫育莫報劬勞廻念恩勤未奉菽水余今遂爲無母之人矣是年被選爲無錫縣議事會議員癸丑男福且生弄璋乍慶種玉成虛誠爲生平失意之事甲寅男福康生重闈喜逐顏開而余懷亦稍可慰耳丁巳聘任爲江蘇省立育蠶試驗所技術員戊午委任爲江蘇省立育蠶試驗所第二分所主任己未調第一分所主任庚申辭職壬戌委任爲無錫縣公署第四科科長未就癸亥委任爲無錫縣立蠶種製造所所長丙寅聘爲江蘇省立蠶桑模範場技術主任堅辭未就戊辰辭去縣立蠶種製造所所長尋復委任爲無錫縣建設局技術員在局力主籌款改建西門太保墩顯應橋更委爲總務課長尋即辭職己巳委任江蘇省農民銀行無錫分行籌備員亦辭未就庚午祖妣朱太宜人棄養循禮服喪不出門戶者六十日溯自始生而後由弱冠涉乎知命之年歎青春之易逝感暮景之將來忽忽駒光殆已歷五十年矣對鏡相觀雖未白頭幾成老翁昔晉趙武年五十而諄諄焉如八九十者今家振德位不及其萬一而年與之齊矣諄諄之態且有過之所幸椿庭蔭茂寡妻刑于兄弟斑白兒童稚齒甘安無聞之常久抱遂初之願先疇服勞以供朝夕之膳當壚賣酒以佚伏臘之費善乎潘岳之言曰逍遙乎山川之阿放曠乎人間之世優哉游哉聊以卒歲家振雖不敏敢請從事於斯語矣

林錫榮自述

叔顒五十三齡攝影

錫榮姓林氏字叔顒先世原籍福建興化系出唐貞元太子詹事茂明公後茂明公生子九人俱爲刺史時號九林是後子孫蕃衍代有聞人在遜清時幷有無林不開榜之稱自先祖漢洲公始因經商至浙江由浙江至姑蘇更由姑蘇遷居無錫時值洪楊亂起蔓延及於錫邑漢洲公乃挈眷暫避於江之北卒以頻年跋涉心力交瘁未幾卽病歿於旅寓子一卽先父竹山公先父竹山公亦早歲經商泊粵氛漸平卽返錫開設商店於城中大市橋由先慈顧太夫人在家襄理一切歷年勤苦所積遂置得稅務前住宅一所及北鄉薄田數十畝後又置得打鐵橋堍及大婁巷口等市房顧先父性仁慈好周急平居遇人借貸無不立應以致晚年來所入不敷所出不得已致變田產及打鐵橋堍市房以償半生心血幾盡付東流後先父卒於清宣統元年正月初七日享壽六十有七生子五長名錫祚字伯英次名錫光字仲賓三卽錫榮是四名錫爵字季巖女五長適陸次適陳三適張四未及出閣而亡均係先慈顧

太夫人所出顧太夫人卒於清光緒十四年四月十八日享壽四十有八及先父繼娶陸太夫人又生子一名錫晉字少山未婚而亡女一適禮社薛今陸太夫人亦已年近古稀矣錫榮生於清光緒五年十月二十日至七歲時始就學於鄰居塾師過仲吹夫子及年十五又就學於楊章甫夫子後又就學於秦晉華夫子先後十餘年間承諸師諄諄敎誨獲益良多壬寅科試余年二十有四蒙李宗師殿林取入邑庠卽於是歲秋應補行庚子辛丑恩正併科江南鄉試翊年秋又應癸卯恩科鄉試兩嘗矮屋風味是後科舉遂廢余亦無意於進取專從事於敎育事業矣歷任日新小學始功小學竢實學校女子職業學校敎員縣立乙種實業學校舍務主任縣立商業學校舍務主任敎務主任及民國十六年秋又任私立陶氏績成學校校長迄今亦已五年矣虛擲韶光絕鮮成績不勝愧赧當余年二十有三娶同邑楊梅初公次女爲室先後凡生子三長炳麟育五月而殤次鴻基今習業於北塘錢莊三明遠亦育數月而殤女四長明雅適陶次明秀適張三明和自幼由弟媳領養尙未出閣四明華亦尙年幼辛未歲弟媳趙氏及弟季巖相繼病故季巖無出承親族公議命兒鴻基兼祧弟媳趙氏及弟季巖喪葬諸費亦均由余爲之負擔余不得不勉力維持但竊念余兄弟五人大兄二兄既經去世今季弟亦先余而亡鴒原之痛殊難言喻余今年亦已五十有三更不能有所建白惟望兒鴻基努力前進以期於成俟授室後或能自立於願已足際此國難當前俯仰上下百感交集適昔年在庠同人函約余作自述一首爰不揣譾陋拉雜書此殊不足以當大雅之一哂也辛未冬月林錫榮自述於稅務前之雙桂軒

孫觀圻自述

補生四十八齡攝影

觀圻無錫人居石塘灣父諱勳烈咸豐壬子舉人內閣中書遷侍讀退隱後建新居閣讀第顏其齋曰退耕草堂奉養祖母馮太夫人晰夕不離曾國藩督兩江曾與爭免全省布捐功在桑梓事具省志余生於光緒十年七月是年先兄子靜卒先兄劬學方蜚聲庠序遽溘逝先君痛甚以補生爲余小名聊以自慰後余卽以小名爲字焉壬辰先君棄養余以孤子自覓涉世途逕迄今垂四十年矣年十三四從山陰蕭伯容范鼎卿兩先生讀兩先生爲名孝廉兄輩從學文時余讀五經未畢也十六七則從同邑侯棠蓀錢季常兩先生學作八股文及散文侯先生謬加賞愛欲申之以婚姻而未果與錢先生之循循善誘課外兼授以英日文皆可感也時新學漸興社會一般人之見解以爲國文有根底方可治西學余遂努力應童子試冀於入泮後負笈滬上壬寅山西李侍郎蔭墀先生督蘇學余以史學受知補縣學生甲辰赴滬游學在滬先後入震旦學院與今爲交通大學之農商部高等實

業學堂中西文月試成績頗不惡同班舉爲班長會丙午夏滬上各校學生送江蘇第一次徵兵赴南京全班同學囑余偕他班班長謁見校長楊杏城先生要求加入時校長寓垃圾橋左近往謁先問已見監學否答未也校長容態藹然允其請未幾放暑假舊例暑假後學生還校必憑校中登報名單而單上無各班長名余卽赴日本游學時孫中山先生在日倡革命以民報爲機關報余爲草敢死論一篇孫先生特引爲同盟會會員適有會員劉某受兩江總督端方之津貼將會員名姓祕密報告會員之囘國者多在滬被捕殺孫先生亦受日本政府勸告離日本而游南洋羣島余遂捨政治而一意求學辛亥秋畢業於中央大學法律科歸應學部試列最優等得法政科進士未幾而武昌起義余南旋以後服務法曹十餘年癸丑任江蘇第二高等審判分廳監督推事甲寅至戊午任直隸高等審判廳庭長對德宣戰時並兼任地方捕獲審檢廳評事己未任山西第二高等審判廳監督推事庚申任天津地方審判廳長辛酉調大理院推事在大理院最久共七年丙寅辭職寓天津執行律師職務兼任法商學院講師津商人某笑謂余不習津語余謂曩在津作司法官力戒徵逐與津人無往來當然不能操津語所言亦事實也在大理院時政府欠薪余兼任朝陽大學中國大學平民大學等學校教員藉校薪自給然於院務則不敢廢弛辭職時交出主稿之判決文猶數十起余之任教員也實出於同院邵君禹敷之慫恿現計任各校講席已將十年編有刑事訴訟法講義民事訴訟法講義及民法要論鉛槧不離手稍補荒落此則得力於益友而書生之報國亦不過如是而已憶戊午歲自津囘錫省母吾母告以先舅父劉聲奇先生如何

獎飾如何期望今作自述覺浮沉人海中曾無特別可自表禶之處過西州門者能無流涕耶抑聞美儒弗冷克林作自傳謂人生如行路使得囘頭重走則改良之處正多凡作自述者當均抱此同感也

黃豹光自述

黃豹光字蔚如無錫人爲明代錫山四諫之斗南先生後裔曾祖諱昇祖諱潤增貢生父諱金鑑恩貢生母氏孫予以光緒戊寅正月二十二日卯時生於城中扶橋下賃廡八歲而孤十二歲時胞兄玉如忽又病故予與母氏及姊妹二人家徒四壁困苦萬狀幸母氏含辛茹苦教育有方雖在饔飧不繼之餘仍勉措束脩令予受經書於陸作人陶質卿從兄淡如諸先生習制義於陶若舟孫季瞻諸先生十七歲即課徒丙申十九歲院試雖提覆名列第十而是屆衿猶未青甲辰二十七歲受知於唐景崇宗師取入縣學予以歐化東漸非研求實學不足以謀生存因即自修算學對於算術代數幾何三角略識門徑復入理科研究會學習博物生理物理化學等等自光緒丙午至宣統辛亥任竢實東林校長及教員凡六年並兼競志女學女子職業工業學校功課民國改元任職民政署學務課是年七月江蘇省立第二女子師範學校開辦招予相助爲理當以半週在錫半週在蘇如是者約半年辭去錫事專任

蔚如五十四齡攝影

第二女師之職十二年兼任私立工商中學教務主任一年迨十六年第二女師改組予即離蘇十六年北伐軍蒞錫四月至七月任無錫縣政府教育局局長七月至十七年三月任無錫市政局總務科長三月至十二月任無錫縣政府第一科長其間七月至十二月兼任無錫市政局總務科長十九年一月至二十年七月任私立無錫中學校校務主任及祕書計自十七歲至五十四歲服務社會已歷三十七年毫無善行可述惟平素小心謹愼不事矜誇一以安分守己爲宗旨囘思在竢實東林時教管學生每視之如子弟對於德智體三育認爲亟應並重者則兼程努進而課外之起居寒暖飲食遊息靡不竭盡心力爲之維護迄今舊時同學猶能囘憶及之在第二女師時建築校舍添辦中學教育注重實用家事注重實習並創立校友會介紹畢業生出任教課十五年間夙夜奉公不敢稍自暇逸至北伐軍到錫廁身行政界中當兩度任職無錫市政局時適爲前任局務淩亂諸待整理雖無成績可言舉凡市政方面應行設置事宜鮮不次第施行淸夜捫心差堪自慰予既不與世爭若投機性質之商業虛擲金錢之賭博絕不過問平日在家庭中布置書畫培植花草藉以消遣間亦出外遊覽山水娛樂身心奈前爲時間所拘今覺精神不濟終爲不快予以髫齡失怙艱苦備嘗婚喪諸大端幸有母氏先事預備通盤籌劃得免債臺高築予自幼至今凡薪水所得暨各項收入必呈繳母氏之手均聽母氏支配用途予有所需則向母氏領取今年四月母氏棄養所有經濟出入親族往來頓感秉承乏人言念及此不覺泣下予娶侯象五公三女鏡斐無出宣統辛亥從兄淡如生第五子願以畀予當即稟明母氏嗣爲予子取名羽吉以教

以養由予擔負今已二十一歲肄業私立無錫中學明年畢中學業擬俟畢大學業始令就事予無祖遺房屋在斜橋下歡喜巷南市橋巷類皆賃屋而居去年購置裏黃泥橋城頭街內樓房一所聊蔽風雨綜予五十年來閱人無多涉世猶淺已覺萬念俱灰百事消極古語有云苟全性命於亂世不求聞達於諸侯予當請事斯語矣

嵇毅復自述

景修五十三齡攝影

嵇毅復字景修無錫人清大學士謚文恭諱璜撝修公之元孫也少受兩人府君諱爾霖庭訓以刻苦讀書勇於爲人致勗府君嗜書入顔平原室晨夕臨池至八十歲不輟自謂腕力不濟欲以傳其子乃命先習篆隸繼學歐顔並摹漢印刻石弱冠後補諸生遨游日本天津廣西等處歸抵上海爲便省親遂就學校教職不問世事與吳縣汪鰲六克壎相遇於務本女學校盡得其所藏周秦漢魏諸碑帖學之互證心得嘗謂唐宋以下書祇供賞鑑而已欲摹何家即得所兢兢不去手者蓋周石鼓漢三頌并王羲之諸帖尤心折黃庭堅喜爲狂草年四十後飽經滄桑身歷奇局遂別號適生五十一後又自署恨父以愛女良英病亡故也毅復行年且五十有三矣行能無似早已知非雖曾忝列膠庠謬稱儒雅初不料何故而生於今之世更不料何故而憂患恆集於一身今且奉倩之傷竟不能免肺病惡疾已奪其一女而復喪其妻家既破矣如此浮生又何述耶祇以辱承蔣留春丁仲祜兩先生不棄夙好殷勤款待既食以佳肴更贈以合影徵求自述敦促再三情何可却爰就客歲應徵書畫社之成文略事點綴聊以塞責拋磚引玉冀諸君示我鴻文印雪留泥願他日得附驥末

過文冕自述

余姓過氏名文冕原名煥榮字冠生世居無錫天授鄉八士橋宋徐王郡馬孟玉公二十五世孫也自郡馬公南渡來錫至八世祖諱巖遷八士橋是爲世居之始傳至十八世祖諱琦字思皇郡庠生鄉飲大賓

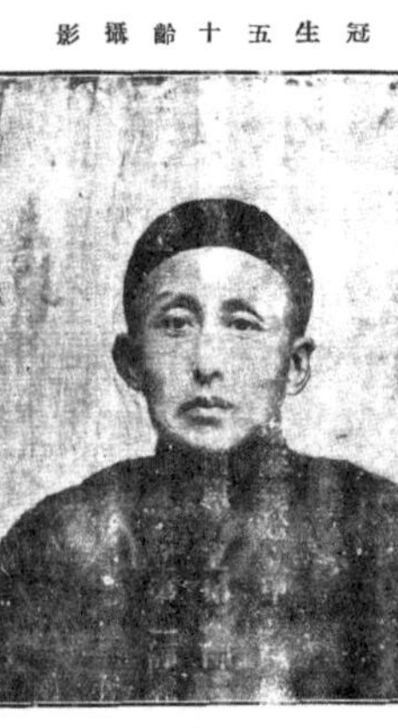

冠生五十齡攝影

十九世祖諱養浩字泰巖邑庠生二十世祖諱佶字人吉邑庠生主修宗譜高祖諱爲度字康侯曾祖諱錫爵字雲昇均邑庠生先祖諱學易更名銘字念孺增貢生少孤由曾祖母唐氏守節撫育俾至成人曾祖母係鄉飲大賓外高祖湛庵公之女通經史能詩文先祖性忠直篤學敦行誨人不倦門下登科第入仕版者甚衆晚歲舉爲鄉飲大賓任天授鄉扇董對於地方興利除弊如水利橋梁道路賑濟積穀團防等公益事務皆秉公辦理鄉人咸稱頌之宣統元年己酉覃恩徵舉孝廉方正地方人士交相推舉先祖堅辭不允先祖母孫氏係塘南儒醫外曾祖月圃公之女有淑德先伯父諱中立字豹起附貢生一生敎授桃李盈門先父諱中行字翰起誥授奉政大夫五品銜候選同知幼從外曾祖月圃

公習醫精岐黃術名噪一時求治者衆門庭若市無不應手而愈朝夕出診心力交瘁至今城鄉之曾經治愈者猶追念其功不置焉吾母華氏係張涇橋處士外祖瀛洲公之女性情和平慈善治家政勤儉操勞敎子女恩威相濟今年七十有九健康如昔先父生三子二女長卽文冕二弟文龢常州中學校畢業現任職乾泰絲廠三弟文黻省立工業專門學校電機科畢業曾任漢陽鋼鐵廠浦東嘉興等處電燈廠技師現任浙江大學工科敎授姊適江溪橋楊志行妹適張涇橋金粹良余以清光緒八年壬午八月二十日卯時生於里第性温厚幼受庭訓從先伯父讀四書孝經稍長從先祖讀五經爾雅史記古文唐詩等均能領悟循序漸進時先祖設帳俞葆仁世伯家余隨從寄宿與其哲嗣雨三杏栽鶴琴昆仲最友善二十歲辛丑始應童子試時猶試八股文旋改試經義策論遂從許師伯蔭學習詩文旋從尤師幹丞講解歷史地理漢唐宋明名家經義文集及經世文編新政奏議等文思頓開並作史事論時務策時尤師提倡新學創設務實學堂余從肄業研究文科兼習理科英文算術余喜習新學實基於此壬寅冬室人薛氏來歸係禮社宿儒外舅卓如公四女淑慎慈祥治家有方甲辰唐宗師景崇歲試取入縣學時年二十有三是夏五月長子元熙生是秋蒙江蘇巡撫端方考取官費派赴日本留學宏文學院師範科敎授者皆日本名師諄諄指導頗有心得乙巳冬畢業回國丙午就聘上海中等商業學校任國文科敎授兼掌圖書丁未就聘錫金初級師範學校任敎育科國文科敎授兼任學監戊申仍任原職先是吾父因城中紳耆堅請寓錫行醫爰僦屋於北門內劉耶橋以應診歷有數年余校在北門外泗堡橋距吾父醫寓甚近暇輒歸省詎意仲春二月吾父遽以肝疾棄養余自此遂爲無父之人矣夏五月長女湘泉生己酉各鄉師資缺乏錫金勸學所董事蔣仲懷先生孫仲襄先生籌設四鄉師範傳習所以期造就師資改良私塾聘余爲主任兼授各科連辦二年成效頗著庚戌冬十二月吾祖考終享壽八十有八辛亥就聘石塘灣惠北高等小學校任國文科歷史科敎授民國元年壬子天下市公所始成立選余爲市議員旋舉爲市學務專員規畫創辦八士橋長安橋東房橋北莊東北塘劉潭橋初等小學校共六所爲節省經費計採用單級敎授編制法奔走視察不辭勞瘁鄉村見此規模皆令子弟入學風氣因之大開夏四月次女湘雲生癸丑續辦學務學生漸增基礎始立甲寅縣議會議决添辦縣立第五高等小學校聘余爲校長事屬創辦頗費經營是年夏就聘南京省立第四師範學校任國文科敎授秋九月次子元德生丁巳夏六月三女湘霞生自乙卯夏就聘上海省立第二師範學校任國文科敎授兼敎室主任試敎主任連任六年成績甚佳蓋余自丙午擔任敎育至此已歷十有五年矣余之講授敎育也注重敎育沿革敎育原理敎授法管理法兼及心理學衞生學總以切於實用爲主余之講授國文也注重文字源流積字成句積句成文謀篇布局之法兼及文典文體總以辭能達意爲主辛酉春申新第三紡織廠開始籌辦榮德生先生鄂生先生請余任查察兼文牘余遂辭師範職就紗廠事甲子春三月伯父考終享壽八十有一夏六月次子元德病亡年僅十一秋九月四女湘菊生旋於庚午十一月病亡年僅七歲家庭多故甚不幸也余任廠務至今已歷十有二年幸無隕越惟思紡織一事必須棉花優美機器善良技術精通工

作勤奮氣候適宜物料節省然後出品可佳利權可挽耳丙寅夏長子元熙北京清華學校畢業派赴美國學習建築工程科辛未夏畢業幸得碩士學位現留美國從著名建築師實習今年卽擬回國長女湘泉蘇州樂益女子中學校畢業適石塘灣孫迪剛次女湘雲現肄業上海同德醫學院本科二年級三女湘霞八士橋小學校畢業現學習圖畫刺繡溯自十八世祖思皇公遞傳至余一脈書香繼承八代今科舉廢學校興長子元熙游學美邦得有碩士學位克紹箕裘是皆祖宗積德所致余無才能何足稱道惟余始辦敎育繼任實業者實欲致力於敎養兩端以盡國民之義務耳然綆短汲深心有餘而力不足對於社會毫無建樹而年屆五旬體力漸弱蹉跎歲月恐不能償吾素願也自今以後益宜惕勵以圖進步侍奉慈親謹守無違之訓勤修職務常存不懈之思昔蘧伯玉行年五十而知四十九年之非余當師其意而知所勉焉辛未冬十二月過文冕述

顧馭鴻自述

竟生五十齡攝影

馭鴻字竟生先世係出涇里梁汾公後曾祖永芳公於咸豐初年徙居邑城兵燹後祖蓮蓀公手創衣肆於北郭旋以營業日振於附郭購置基地築屋數楹遂世居焉父仲華公繼承先業差足敷衍母氏陶於光緒七年夏五月生馭鴻甫閱兩月而先母即以羸疾逝世乃就養於外祖家外祖母鍾愛馭鴻逾恆七歲執贄於高月舟夫子之門蟲習句讀之學十一歲從楊曉江夫子遊楊師熟於四聲於馭鴻特加獎飾謂爲可教十六歲祖母鮑太夫人卒是年復從孫仲襄夫子遊初習帖括之學兼及詩古文辭翌年清廷下詔試士易制藝爲策論乃蒐探歷史輿地格致諸科研求經世之學二十歲祖父蓮蓀公卒二十三歲受知於江蘇學政唐宗師景崇入金匱縣學是年秋七月應蘇省官費赴東留學生考試旋須送省覆試不果行而罷二十五歲娶安徽六安州州同施公虛齋第四女爲室是年正月侯保三先生創辦無錫師範於西橫街遂投考入學夏錫金教育會主辦體育傳習所每於傍晚受課之暇入所

肄習冬畢無錫師範及體育傳習所業二十六歲創辦致穀學堂於盛巷沈氏宅兼任錫金商會夜學校教務二十八歲致穀學校遷往北直街從事擴充是年八月長女韻徵生辛亥三十歲清社既屋致穀學堂亦因款絀停辦是年九月長男純遇生三十一歲無錫市學務處委辦第十校於北門外冶坊場三十四歲夏任無錫縣立第二校（舊名東林）教務三十五歲夏改任無錫縣立第三校（舊名廷弼）教務是年六月次子繼成生三十九歲改任無錫縣立第六校（舊名惠北）教務四十歲春二月次女韻淞生夏改任無錫縣立第一校（舊名竢實）教務四十六歲春國民軍底定江南錫邑懸掛青白旗幟是年秋改任陶氏績成學校教務四十八歲夏兼任培南中學教務暨河上秦氏家庭夜課指導辛未五十歲改任榮氏女子學校教務冬十二月痛遭顯考仲華公之喪竊思馭鴻濫竽教育垂三十年於公私兩方毫無建樹可謂虛度半生深自媿赧所幸長男長女已畢業於中學及師範現均服務社會次男次女正肄業於中小學校馭鴻尚未克釋輔導監督之責任也

沈壽桐自述

西苑四十九齡攝影

沈壽桐字西園一字西苑世居無錫城中曾祖芳圃公嘗知河南閿鄉縣事有循聲祖崑池公嗣曾祖蔭山公嗣祖長卿公俱不仕父雲階公諱煥章郡增生篤學工書母虞太宜人爲國學生直甫公長女生二子皆幼殤生母張太孺人以遜清光緒九年癸未正月二十七日申時產余於揚名鄉青祁虞氏外家初先君避洪楊亂徙鄉課徒自給鄉人有互爭者恆以片言釋之鄰近數十里二十餘年無訟累至是余生衆以爲善氣所致爭相趨賀時先君年已五十有一蘄余之永年而繼書香也因名以壽取翰墨之義爲號焉余少弱不好弄五歲就傅日誦數十百字久而弗忘然多病一歲中常臥床六七月父母欲督教之而無從也從表兄虞君循正長余二歲同學友善每取果餌分啖之并及儕輩春秋假日相率羣兒供至聖先師位於堂中設案陳醴舞蹈歌拜以祭見者異之壬辰冬舉家遷回城中迎迓亭故居先君仍擁皐比或有事外出余代課童蒙恆且自受而書以授人乙未九月

先君棄養余年十三髫齡失怙號痛欲絕復念所讀書僅學庸論孟益惶恐無措翌年丙申附學於中市橋朱念椿世伯家從秦晉華夫子受業午留膳而朝往暮歸以先君在日亦嘗館於朱氏也同硯席者爲朱君鑑涵蓀卿倪君翔青丁君寅清許君卓然秦君懋昭夏君鐵梅鄒君頌丹唐君申伯等濟濟英才望塵莫及自媿椎魯發憤勤讀夜以繼日閱三載始畢五經遂攻時文習制藝漫爲之非所好也喜讀左國孟莊史漢唐宋八家文尤愛東坡奏議老泉論衡昌黎傳序柳州記說諸篇時時展誦揣摩寖似有得性嗜書顧家藏典籍半付兵燹凡屬子史集部暨歷朝文獻中外輿地一切經世有用之書闕而無力備購者多假於人縱覽選錄心胸爲之廓然秦師課以經史時務論說每獨抒己見不作人云亦云語蒙獎益奮因得略識文章規範秦師誨迪朱公培植諸同學切磋之惠沒齒難忘當是時吾邑東林書院有季課錫金兩署有月課以文校士每屆課期輒與宗兄伯偉暨俞孟潔薛耀山趙棨卿張亮如龔稻村諸君爭一日之短長恆恃獎金佐米鹽修脯蓋先君逝後家無擔石儲也壬寅二十歲設帳朱宅是爲舌耕之始甲辰二十二歲夏赴澄應唐景崇學使歲案考以第三名入邑庠計自庚子春遊嬉文場八股義論遞嬗至是凡三應童子試而始青一衿是年縣試終覆俱前列郡試亦然二塲後乃不復覆緣自審已無案元分更不欲徒耗精神時日爭此前十名之虛榮耳先寄父王梅森公先外舅韓瀛洲公謂爲孺子可教丙午入理科會與錢君子泉秦君卓桴蔡君栽菡曹君仁化吳君錦如黃君蔚如錢君湘伯施君獻臣孫君燕賓高君涵叔等同研理化博物兼習代數幾何時余方執教鞭於林氏單級學校半日聽講半日授課

凡二年厥後歷任楊氏私塾秦氏公學無錫理化學校常州半園女學國文史算理化等科常作動物解剖試驗植物野外採集頗得教學相長之益民國元年壬子秦君卓梓爲竢實校長延余任高級國文改諸生課藝均就原本芟蔓存意截者貫之晦者達之要以啟發思想不汨作者性靈爲的每篇所易字平均以百數十計使無過不及且擇文之佳者懸示激勸縣視學孫仲襄先生見而韙之相叙大悅遂深交契尋應許君少宣聘兼任東林校課東西奔馳愈形叢脞甲寅秋秦師任南京第一高等審判分廳長而以典簿一職見畀主司法行政並綜稽核繼倪翔青學兄之任也視事後夙夜兢兢上下翕然蘇省審廳全部月欵代向財廳領解以故常往來於寧蘇間或過家門而不入逾年秦師遷陞農商部參事余亦調任鄞縣地方審判廳書記官長張廳長晏人遇事諮商多所獻納改革不一載病腦辭歸時寓東大街潘宅以迎迓亭故居近市囂隘故去而就此未幾錢君孫卿長三科延余入邑署襄理學務鄒君同一等力勸就之因得審知全縣教育狀况各市鄉學委時以公事來見談次每與語教育貴有精神啓智不在推廣校舍要當慎選教師立一校必使獲一校之功庶不糜款敗俗否則名存實亡其弊且有不勝言者歷丁公石懷王公召泉任從公數載未嘗私一人干一事臯以爲介戊午正月丁先母虞太宜人憂哀毀幾莫能興卜葬靈柩宜秋因權厝揚西祖塋有華某者夙以風鑑名鄉里過見之謂適犯年月煞不速遷一月內將傷三人外家聞而大駭急足來告而内子韓値悲困之餘臥病方劇家人惶恐議徙柩余力止之曰人生受命於天修短有數煞胡爲者今可藉此以破世俗迷信卒不動韓病尋愈果無他異時余甫任

課松江第三中學居喪請代釋經而後往諸生漸洽多乞代撰慶弔文聯稍稍應之而向所不涉詞章之習從此默化矣楊校長喜談新文化客有和之者謂學生須有春夏氣不可肅殺如秋冬余哂應之曰君亦知寒暑往來春秋迭更歲乃克成乎試觀夫木微春夏發育之氣則其幹不長微秋冬歛藏之氣則其質不堅四時運行乃天地之所以生成萬物也果使學子之氣全如春夏能毋苗而不秀秀而不實耶客慚而退時老友倪君恂若設函授國文學校於滬上屢馳書屬助兼爲之選校文課焉庚申夏五四運動起學潮泛濫全國松校亦生齟齬余喟然歎曰學生春夏之氣作矣中等以上校風從此殆不可復肅不圖中國辦學數十年而其效若斯彼詭學以炫世曲學以阿世者責安在哉遂去之是秋改就商入上海福新麵粉廠司文牘王堯臣禹卿兩寄兄實爲之引自是隱身於市居恒與廠同人盱衡時局嘗言農工不振爲我國今日之大患貨棄於地器惟其舊國將焉富中華地大物博舉國上下誠能生衆食寡爲疾用舒而謹庠序之教殫闡歷聖道統之精要以立其體窮研歐美科學之神妙以宏其用則庶可裕邦可興復何虞國幣流出外貨輸入哉衆皆稱善但空言奚補徒自慨耳年來東書高閣學植日荒偶爲酬應詩文聯彙積之固囊可盈篋然隨手拋棄以爲無足存焉者荆室韓氏病痼多年不治丁卯十月卒於西河里蔣宅寓所余自十九歲結褵後凡二十有七載中經變亂餬其口於四方家居日少仰事俯畜胥韓是賴未嘗稍憂内顧倏焉糟糠長逝不禁腸一日而九迴己巳正月繼室賀氏來歸三年間生二子繼立懋治上春繼立患肺脹夭於里而韓氏出之長男繼善又於去冬病殁滬寓所存幼子懋治才二齡一載中兩痛喪明其何能堪輓長男聯云天既篤爾生胡又促爾生如此收場莫非命也汝當送我死乃反先我死遭兹逆境尙何言哉以誌悼耳媳莊氏孫一乾元余境厄半生風清兩袖從商十餘載而故我依然今者知非徒感寡過未能既歎燕幕頻遷復悵駒光虛擲堂上承歡慚菽水饌中所有只圖書戚抱西河望桂蘭兮怯弱氛來東寇聞風鶴而興嗟四顧彷徨百無聊賴時仵杯酒藉抒襟懷客歲丁蔣二先生倡刊遊庠同人自述編余聞而興起既思古無自述之文有之自太史公自序始余何人斯惡可率爾操觚自示其拙遂擱筆臘底倭犯淞滬蘇錫震驚省親旋里人事紛擾倏忽旬餘比晤許丈彝定張君子蔚俟君伯文孫君祖羨錫承昆季僉云同人自述已有數十首付印彙訂力促繳稿毋延乃復怦然心動意謂君子疾没世而名不稱國有史邑有志家有乘士庶人有傳範圍固殊其旨則一然述於人者孰若自述之翔審而眞切爰宗孔子述而不作之旨追叙余四十九年來之經歷如是餘若曾任縣教育會評議調查部員及參預地方選舉等事以其步趨隨衆故不贅右述文雖未工語皆務實竊幸追隨諸先進後俾其名或得附驥而彰焉篇中紀載之疏漏年月之舛訛在所不免尙希知我者有以教正之中華民國二十一年夏曆辛未歲闌沈壽桐西苑氏述於西鼓樓巷七號寄廬

侯汝濟自述

作霖五十四齡攝影

汝濟字竹霖姓侯氏以遜清光緒四年戊寅五月二十五日生於無錫北郭之外黃泥橋吾侯氏自元至正時始祖三高士遷錫後世居邑城之東里道咸間又遷北郭曾祖諱熙載浙江候補縣丞祖諱玉堂考諱元鏡均國子生妣同邑趙氏妻同邑華氏增貢生季萱公女子二廷棟廷藻追溯髫齡出就外傅後從唐桐卿先生游操筆學爲文精研制藝屢應童試歲乙巳縣府試皆前列受少司空灌陽唐春卿宗師知補博士弟子員時奉詔取士改八股爲經義未幾科舉即停罷乃棄儒而賈隨侍先考筱仙府君經營商業先府君創辦紗布業始設肆滙城繼而移錫牌號仁茂紗布行銷大江以北頗稱發達後並營絲繭差幸同事得人委託信任可無需時常監視居恒佐先府君處理家務家以日起民國五年丙辰從叔祖伯文倡議續修侯氏宗譜族人公舉伯文叔祖爲主稿先府君慨捐鉅欵命余協助纂輯從事譜局幾及一年書成體例謬爲時論所推許先是余祖基在映山河之亦園內園爲九世祖霓峯公所手創亭臺掩映花木扶疏頗饒幽景載入邑乘自經洪楊之亂久已鞠爲茂草民國十年先府君出貲向族人歸併搆造樓房一幢舉家遷入方幸舊業重新承歡堂上雍雍穆穆其樂無涯詎先府君遷入未逾一月遽以中風棄養終天之恨曷其有極嗣後綜覈家事店事頗覺勞瘁繼思人生百年如白駒過隙若不自尋樂趣徒自苦耳乃於春秋佳日四出遨遊名勝除九峯二泉京江申浦外如杭之西湖贛之廬山支笻着屐到處流連結烟霞之契訂山水之緣放懷詩酒大慨游興以故年雖逾艾猶有壯容親友見者皆謂望之不過四旬以外耳余賦性淡泊不慕榮利恪守清芬世澤處此亂離時局於世事概不過問冀得優游鄉里頤養天和承先啟後已爲萬幸矣扯雜書此藉卜同人一粲云爾

陳學漢自述

伯雲五十二齡攝影

陳學漢一名學濂字伯雲別署嵩庵居士系出太邱公後隸屬伯修公支世居無錫伯瀆港在西膠山楊巷有家祠自高高祖徽泰公遷居南長街市屋一所計共九進當時伯瀆港陳森泰米行南長街陳開泰錢莊營業均極發展逮咸豐庚申粵寇犯境房屋悉燬嗣後高祖葆元公始業醫常從坊前倪承祖岳丈精研醫理後遂懸壺於蠡漍鎮曾祖與祖父相繼其業蓋在蠡漍行醫已三世矣至先父濟軒公諱光鑣於光緒四年因從族議恢復南長街房屋出資合作落成之後遂遷居焉是爲在城行醫之始余生於光緒六年正月十三日戌時七歲肄業私塾十六歲應童子試多不利退而習醫十七歲與表姊華氏結婚十九歲生女素娥早殤而華女士產後即患閉口傷寒醫藥無效不旬日而卒二十一歲家嚴又病篤且詔之曰患瘧三年一貧如洗四男三女均未婚嫁自知不起汝爲長兄當視諸弟姊妹如子女學漢泣受遺訓未嘗一日忘諸懷也是時二弟學沛與余皆爲塾師三弟學源四弟學江皆從余授讀二十四歲專爲人治病不暇爲塾師續娶高車渡蔣桂堂公長女爲繼室蔣女士深知義理因斥簪珥贖回先父抵借房摺二十五歲伯姊適范是年男耀祖生未幾殤二十六歲受知於唐宗師景崇取入縣學是年男甲元生字明初向在滬行醫現回錫養痾秋間詔罷科舉余乃爲乙巳游庠之末案是年二弟學沛完姻並置南長街楊姓市房二十八歲男莘保生未幾又殤是年三弟學源完姻二十九歲四弟學江奉慈命出贅大河巷顧姓三十一歲男甲履生字曜初現肄業於東南醫學院是年做餘繭獲利將前所置曹顧蔣三姓基地建築洋房一所始與諸弟分居各爨三十二歲清帝遜位民國成立二妹適倪三十三歲男甲莘生亦早殤因置倪姓基地得放出園牆三十四歲置蘇姓基地一方三十五歲又置下岸碼頭矮樓一間三十六歲男甲睽生字旭初現習醫自四十四歲至四十八歲頻年企業失敗幾致傾家幸賴親友相助集成一會得以維持從此誓不再圖企業以舉會完畢債務償清爲止詎意家慈華太孺人又於是年逝世痛哉四十九歲翻造前置南長街市房並於洋房後造添建平屋數間今年五十二歲矣三弟學源出讓承分祖遺市房前段歸余管業四弟學江亦出讓承分祖遺租田刻與二弟學沛議定由余措資留下合作爲祭田竊思醫雖小道亦涵利世濟人之義余自行醫以來門前既不懸牌報紙絕尠宣傳近診則緩步視病遠診間用舟車自奉素守儉約意欲爲子孫稍留餘蔭爾春季楊筱荔先生重游泮水參加謁聖冬季游庠同人徵集自述彙刊爰略舉事實用誌不忘云

吳廷樞自述

潛叟姓吳氏名廷樞字幹卿號適園先世居武進吳下里聚族而居人口繁多十一世祖侍塘公遷居無錫遂世居於無錫爲無錫人焉高高祖贈福建壽甯縣知縣諱棨兄弟七人長諱鼐次諱鼎又次諱熙兄弟進士與秦文恭公蕙田研究經學名著於朝邑志儒林有傳高祖諱兆麟江南鄉試副榜福建壽甯縣知縣調署臺灣鳳山縣知縣以蔡牽餘黨作亂殉難卹贈雲騎尉世職入祀昭忠祠並祀惠山報忠祠曾祖諱雲陞遊幕四川本生曾祖諱金陞襲雲騎尉祖諱玹襲雲騎尉以歲貢就職訓導父諱永安贈候選直隸州州判按廷樞旅居鄂省譜牒未攜於先世科名年歲未能悉記從略母陳太宜人繼母李太宜人兄二長兄廷槐宣統己酉恩貢候選直隸州州判曾任上海澄衷學校上海中等商業學校江蘇省立第三師範學校教員仲兄騰鮫無錫縣學生員弟一廷榕姊三長適程鵬霄次字秦同培未嫁而卒三適顧堅妻高氏側室華氏子一昌煒女一志敏予五六齡時即受書略有智識於己之動作言行稍能記憶前此予不能記也惟聞之父母云予三歲病痘幾無生理時良醫汪藝香先生古之緩和也診之無方可治曰姑以參鬚煎湯服之或有效吾父母彷徨終宵如醫言行之至天明始慶更生自是父母益加憐孔子曰父母惟其疾之憂證之吾父母益信六歲從四先叔父讀入塾不後時所讀亦能不忘叔父曾舉其名以示同學曰汝能若某足矣七歲後從兩兄讀伯兄廕階年少好學弱冠食餼於庠仲兄仲範天資聰穎讀書過目成誦兩兄外延名師在家授予書晚間篝燈課讀日以爲常年十歲慈母見背齠齡失恃寒燠饑渴不能自理吾父愛憐少子業餘之暇又勤顧復年餘繼母來稍長習爲應試之文旁及各種科學年十五隨仲兄應試觀場仲兄以第一名入泮年十八仲兄謝世雁行折翼哀痛逾恒年二十三受知於唐宗師景崇補金匱縣學生員時歐化東漸競習科學邑中學子有理科研究會之組織予入會爲會員二年肄業期滿從事於教育界者二十餘年歷任無錫市立第四第五女子職業無錫縣立第一校長教員兼任私立榮氏女學孫氏勉強學校教員丁卯革命軍抵吾邑學校同時改革廢校長制爲委員制予時任女子職業學校校長以年衰力弱無意學校生活自動退職顧此二十餘年中余雖任事教育界未經若何變更而予家門之內迭遭大故回首念之猶不能無縈於懷予三十歲時遭先父之喪先父精繪事求者盈門日不暇給壽六十五歲未享一日甯閒體素強健遽爾長逝罔極之恩未報萬一思之未嘗不痛心也三十六歲長兄即世長兄長予十一年性沉靜寡言笑予師事三十年一旦溘逝友于之情自非他人兄弟可以同日而語以後家庭之事負擔特重親友有引予就事平津者繼母聞之詔予曰汝性質直絀於交際不宜於外出且我年老忍相離而遠之乎予聞之唯唯終繼母世有囑予遠遊者輒謝之四十五歲繼母棄養享壽七十歲予事繼母三十五年繼母視予如己出病十日而逝遂爲無母之人悲痛曷其有極越二年就王氏館於滬上翌年就李氏館於漢口感歲月之不居歎光陰之流水忽忽已居知命之年學業無成恐自誤以誤人久欲息影家園閉門學畫緣廷樞幼時趨庭之暇常見先君應人繪人物山水心好之先君曰士當讀書明理務爲遠大作畫倘能以餘力旁及之亦未始非怡情適性之事也予聞之期以後日及從事教育校務教務紛纏無暇迨辭離學校就館滬上從友人之慫恿始整理繪事及來漢臯課讀之暇朝夕無事亦常以自遣他日得有進境或可爲垂老消遣之一助云

幹卿四十九齡攝影

彙刊跋語

士棟生性疏忽不善締交而即此當年同賦青衿之數學侶亦終歲不謀一晤離羣索居殆三十餘年矣自民國十八年丙申辛丑兩案同人發起每年雅集一次以聯友誼於是相見問年各道契闊賦詩言志把酒娛情意者徵求攝影彙刊自述文字因緣即種於此所可慮者以素不善與人交之下走而忽任招致文會之中堅其果否能成此舉實甚懷疑爰效將伯之呼急希衆山之響顧應聲而出者有丁子仲祜榮子吉人孫子祖美錫丞昆仲類皆實心奔走竭力張羅而士棟轉得坐守一隅舉囊以括之者偶一思維悚慚交併受稿而後函牘往還商量筆墨互相師資其最足興仰慕之思者橫陽居士少瞻蕭先生年且七十六矣寓書有云麗澤兌君子以朋友講習何悅如之何樂如之宿慧居士叔渭吳先生亦來書曰足下熱心文字古道照人既蒙雅意下交敢不藉作新結納而先生已年近古稀矣西麓叟胡君子壽書來謂先生對於介昌文字一再推敲如此艮友詎易多得未能早交十年遺恨殊深他如素所稔者茍獲聚相逢覺益歡欣相語覺愈浹洽夫乃知學問可以應求文章足以遇合交友原非無道故曾子曰君子以文會友以友輔仁信然刊既竣因記其巔末以告閱者時辛未臘月蔣士棟跋於北郭寓次

校勘記

楊志濂　一頁二十四行十九格侯誤候　二頁七行三十九格賑誤賬

顧　潛　三頁十七行十二格士誤土

尤　桐　九頁十一行五格弟誤第　十頁四行四十格會誤委　十三行二十六格學應删

孫光斗　一頁二十八行二十八格賑誤賬

薛聰彝　一頁二行三十四格郡誤羣

周　璜　二頁中縫歲案誤科案

袁宗沂　一頁十六行二十四格第誤弟

周　藩　二頁十九行十四格籍誤藉

許國鳳　二頁二十五行五格辦誤辨　三頁十三行二十四格賑誤賬

蔣　標　一頁十六行三十七格賑誤賬

陳　綱　一頁二十九行四十格癸誤甲　三十行一格卯誤辰　四格三誤四

丁福保　四頁十七行十格鶩誤驚

侯鴻鑑　二頁二十四行三十六格力誤立　四頁二十三行二十九格少薇上漏蔣　五頁五行十五六格啓明誤毓德

錢　珍　一頁十七行二十二格鍛誤鍛

丁鵬振　一頁二十八行三十五格三誤二　二十九行三十九格一誤三

楊承寶　一頁二十五行二十八格弟誤兄

殷曰同　二頁三行二十三格已誤矣

施嘉績　三頁二十七行六格特誤持

程宏遠　一頁二行五六格婺源誤源婺　十四行三十九格等誤春

劉翼墀　一頁中縫科案誤歲案

沈壽桐　二頁二十行三十四五格己未誤庚申　三十行三格今誤上　二十四格今誤去　三頁四行三十三四格秋間誤客歲

吳廷樞　一頁六行三十一格縣誤緜　十四行六格蛟誤鮫　二十行五格從誤延

目　次　一頁十二行一格光誤先

補遺

陸鎭瀛甲辰　周　駿甲辰　陳　然壬寅

陸鎭瀛自述

景宣五十二齡攝影

陸鎭瀛字景宣無錫人先曾祖父柏福公居於北門外淘沙巷洪楊亂後先祖父榮昌公在北城書院衖南置有住宅一所先伯父振泰公因年近五旬尚未有子商之先父春山公擬以予爲嗣當時邀集親族繕成過房筆據給予收執先母鄒氏生予及弟並姊妹共五人弟名鳳岡年十七患喉痧而歿予悲痛不能忘懷姊一適李妹二適陳適張先母操勞家政教育子女對於予屬望尤殷不意於光緒辛丑七月二十一日丑時忽患絞腸痧而棄養享年四十三歲以予才庸不克於先母生前有所成就藉慰慈懷一旦失恃終天抱憾無或已時先父設銀樓爲業自以手藝微賤喜攀附士夫與之交遊暇輒研究醫理星命等術今篋笥中猶存有醫宗金鑑卜筮正宗星平會海神相全編諸書晚年因嗜酒故得氣喘病於光緒丁未十一月十一日未時竟溘然長逝享年六十歲予遭此大故椎心泣血罔極深恩何由報耶溯予生平自光緒六年庚辰十月初九日亥時呱呱墮地迄今五十有二矣始發蒙時爲蘇師

後從侯太初季誠軒孫燕貽王少屏諸師讀四書五經畢復在副貢張子惠師處受業讀古文觀止東萊博議制擧文排律詩繼作八股試帖及論說予之粗通文字皆子惠先生勤懇教授之力也光緒二十五年己亥科案予二十歲始應小試宗師爲瞿鴻禨二十七年辛丑予二十二歲又應小試宗師爲李殿林二十八年壬寅科案因先母服內未赴試三十年甲辰歲案始蒙宗師唐景崇補入金匱縣學生員時予年二十五歲光緒丙午予入西師範附科肄業一年畢業光緒丁未予二十八歲室人吳氏來歸室人爲外舅耀堂公女也光緒戊申予入西師範附設之手工傳習所肄業一年畢業自室人來歸後所生子女共六人不幸大兒雲泉養至四歲次兒三大養至五歲大女聽寶養至十二歲均因病而殤予以撫育兒女感受逆境對於其他兒女愛護倍至三兒坤元於民國三年甲寅二月十六日午時生現年十八歲在江蘇省立無錫中學高中級肄業明歲暑假可以畢業次女志倫在私立榮氏女學畢業又在競志初中肄業一年三女志勤在白水蕩中心小學五年級肄業予自離師門後在家設塾授徒至宣統己酉始任城西小學堂教習計四年後任宜興蜀山東坡高等小學教員計半年任錫市一校教員計六年任錫市十校校長計八年民國十六年丁卯秋季起任陶氏私立績成學校教務現今已歷五年矣竊維科擧廢後予置身學界忽忽二十餘載一氈坐守似覺毫無建樹顧教育兒童爲培植人才之始倘異日英才輩出追朔淵源亦堪受一時之榮譽然則教育之功效在後日非無希望之可言予敢不黽勉從事哉民國辛未冬日述

周駿自述

渠清四十九齡攝影

周駿字渠清號潔厂又號潔叟生於光緒甲申原籍溧陽係出從祀孔廟濂溪先生後高高祖鎭江郡增貢敬所公娶無錫尤氏後始遷錫故余與幹丞先生又爲老表親焉高祖蕉軒公館於蕩口華氏授課獲秋孝廉屢困秋闈七薦未售華孝廉所著荔雨軒文集中有傳曾祖以平公賈於蘇垣家道漸裕建宅東鼓樓咸豐庚申燬於亂後宅連元街祖瀫石公由軍功保擧七品京秩館於學前楊氏培甫範甫雲甫石漁仁山諸先生咸受業父季梅府君諱紹榮恩貢生部選直隸州州同加四品銜性耿介邃於理學工楷書精醫術尤擅長制藝月課書院輒冠羣英淡於仕進設館授徒四方學子負笈從游者咸賦青衿以歸閒有登賢書掇巍科入仕版者駿不肖幼受庭訓習應試文外旁及經史義理故甲辰歲試得受知於唐宗師春卿先生補博士弟子員翌年赴省應優拔考試後隨外祖過玉書觀察辦理浙省義賑以出力案保花翎五品頂戴會侯師保三創辦無錫師範學堂以第二名畢業嗣肄業法政講習

所歷任公私學校啓明小學各校長凡十年并任競志女中學武進女師範教師宜興東坡高等小學校長美教士慕高文聘任馬可中學教務長先後都七年旣充金陵陸軍軍官學校文科教官江蘇督署陸軍訓練處少校書記官彭澤縣公署第一科科長寶山縣清理積案主任無錫縣政府第一科科員旋奉江蘇高等法院首席王思默檢察官委任爲江都縣法院檢察處主任書記官案牘煩冗公餘且爲人治病日久積勞精神漸覺不支遂辭歸杜門修養誦經禮佛禪參菩提而已娶北塘范氏外舅瀚卿公四女爲室生二子一女長子壽昌年十八病歿上海大學次子蔭昌江蘇第三中學畢業現服務豫康紗廠娶師古河章慶堂秦君有成次女毓貞爲兒媳有孫二長已殤女名蔚倫競志女中學畢業適范次安有外孫二

陳然自述

然原名善字獻可行一先父文卿公身雖業商性喜文學居恒樂與文人學士相周旋雅願子弟就學業儒縱環境困難而栽培然之志趨不稍易寧節衣縮食以供學費其期望之切如此然資稟平庸索解

獻可五十七齡攝影

力與記憶力俱薄弱頻年小試備嘗場屋況味至年二十八始博得一衿平時家務胥由先父勉力支持故然得以專心學業嗣後硯田所入聊佐家計媿未能補其什一也光緒季年執政諸公以科舉制之不良從事改革然順應潮流亦將私塾改良傾私囊募捐款創辦樂羣小學主任校務者二年又以昧於科學智識遂措貲入縣立師範肄業畢業後任職城南小學未及半年即由勸學所派送江蘇省教育會附設單級練習所練習而然之後日機緣悉肇於此溯自庚戌年主辦師範傳習所兩次一在楊墅園一在新瀆橋畢業學生各有三十餘人省視學視察評語謂然爲不愧師範之師範民國改元百度維新小學教育之研究更有特殊之進步而其研究發源地實爲江蘇省立第一師範之附屬小

學校然於是時適在該校任職追隨諸君子晨夕得聞討論民國三年由省立第三師範校長顧述之先生邀然返錫任附屬單級部主任時各省教育界以吾錫學風革新每當春秋兩季來錫參觀者踵相接而尤注重於附屬小學後顧校長爲謀改良地方教育及調查本校畢業生起見先後添設巡廻演講員及巡廻指導員俱令然任其乏自慚學淺成績殊鮮既在宜興縣宣講教育興趣稍濃承地方同志并本校畢業同學提出問題頗多因將演稿答案彙編付刊以留紀念民國十年由省立第八師範鄭勛伯校長延爲該校教育科教員兼附屬主事然自揣學識淺陋未敢久尸其位越二年毅然辭去滿擬閉門自修以廣學問適有商界巨子匡君仲謀慕然虛名聘爲西席專課其子就館三年意甚相得民國十五年改任上海中華職業學校訓育主任在第一學期內學生尚能按部就班至第二學期適值國民軍初到上海時局紊亂有少數工科學生與工場藝徒受外界唆使實行破壞工作經然與潘校長力持鎮定多方調解風潮始息然精神已大感痛苦迨學期終了因即辭職民國戊辰己巳間任北塘蔡氏小學校長幸在校教員戮力同心略著成效暑假後任縣立圖書館館長然媿非宿學於圖書館職務素乏研究視事以來常覺綆短汲深幸賴圖書館學專家杜定友先生時來指導賜以教言俾得遵循然屈指三十年來委身學界絕無善狀足陳而對於家庭則抱有終身大憾回憶甲子暑假至浙省甌海道屬之泰順縣演講距家千餘里交通極不便利致先父病劇音耗稽遲時日詎知家君易簀之時正游子飄萍之際迨聞訃奔喪抵家已過歸煞自今言之尤多餘痛然紬於文墨媿無著作僅有新師範單級教學法行世

無錫縣教育會年刊

（民國）侯鴻鑑　主編

《無錫縣教育會年刊》，（民國）侯鴻鑑主編，民國七年（一九一八）十一月出版。

侯鴻鑑，字保三，號病驥，無錫人。生平見《無錫兵灾記》一書提要。民國二年（一九一三）一月，無錫縣教育會出版《無錫教育雜志》。該雜志爲無錫教育界的學術刊物，發表無錫興學情況和教育論文，還發表一些文藝作品。是年出版三期，以後改爲每年一期，刊物封面上印『年刊』兩個大字。到民國七年《年刊》共出版五期。民國七年這一册共十個欄目：有『言論』、『圖表』、『研究』、『史學』、『記載』、『無錫風俗志』、『雜纂』、『附録』等。該期發表了錢基博編寫的《無錫風俗志》，它是作爲錢基博發起編寫的無錫縣志的一個項目。錢基博的《風俗志》，與舊縣志的風俗部分完全不同。對風俗概念的理解以新的社會學的角度，從『吉凶習慣』、『歲時景物』、『方言』、『里諺』、『歌謡』五個方面科學地加以記述，其中有舊方志所没有的内容。這是寶貴的無錫民俗資料，爲無錫近代文獻中所僅見，意義更非一般。

本書據民國七年《無錫縣教育會年刊》原本影印。

（徐志鈞）

民國七年十一月

年刊

無錫縣教育會

無錫縣教育會年刊目錄 民國六年度

目錄

無錫縣教育會年刊

目錄

六

師範學校脩地方志議

錢基博

博無錫縣人也以省立三師範教職承乏地方修志私念國人今日辦事必侈言效法歐美其實所謂效法者不過用財若泥沙而已於歐人所謂經濟不經濟一語則罔未嘗措意也即如修史一事在文明如英美德法何嘗有侈然繁費特設機關如吾國所謂清史館國史館者然而英美德法未嘗一日無史且其近世史之粹美視吾國且萬萬過之究其所自大率成於其大學教授學生之手焉夫學校者一國文化之所自出而史則發揚文化之記錄也其在大學之教授學生既以發揚國家之文化爲己責而國家亦以此責成之省特設機關之煩費是財用之經濟也而在大學之教授學生尤可本乎日講肄之所得搜集材料實地應用其科學文學之知識以記載社會事事物物不蹈空言亡實之弊則是人才之經濟也今我中華民國史

亦既以屬之北京大學成規具在博在師範言師範誠竊以爲今日各縣縣志或以經費無着放廢不脩而我師範學校教員學生責無旁貸不可不力引爲己任也其理由可得而言者有三(1)師範生畢業任地方小學教員爲地方服務者也脩縣志亦地方服務之一儻得教員本身作則以督促學生進行於不識不知中得培養其地方服務之習慣(2)本教室講肄爲實地研究如脩縣志不可不志物產而志物產必事搜集實物則博物學之採集製作標本也又脩縣志必訪古蹟而以歷史証之則歷史科之實地觀察也至聞見所及而著之文字則作文之實地記載也觀感親切而興味愈濃(3)鄉土史地爲地方小學不可缺之教科徒以無所取材此科遂缺今藉教師指示得以此爲鄉土史地教材之搜集預備是在學校得實地研究之教材而地方省特設機關之煩費計無便於此者其着手方法先由教師指定事項利用暑假寒假春假時間分期督促本校占籍各縣各市鄉之學生就所居之市鄉調查徵訪作記載(分期如暑假徵訪風俗寒假調查古蹟春假採集土產)假後始業交教師分縣分類編製成册如此作數番徵訪日積月累材料不患不豐以之從事編纂鈎元提要成書較易即不由師範教員主筆其足以供地方脩志機關之採摭而資臂助者亦必非淺鮮也愚昧之見是否有當

願同人有以起予

予之實業教育觀

黃豹光

農以出之工以成之商以通之農工商三者爲生利之大宗爲立國之要素其國而富也必於農工商三者積極進行有取之無窮用之不竭之象其國而貧也必於農工商三者一成不變有外以欺人內以欺心之風農工商之關係於國家固若是其大乎哉故在國家應研究若何提倡若何鼓吹若何勸導若何奬勵之法並開博覽會以督促其進步創陳列所以表揚其成績而在實業學校當研究生活之所需要習俗之所通行有缺點則思所以救濟之有流弊則思所以變更之有可以挽回權利者則思所以挽回之有可以補助社會者則思所以補助之惟然上以是求下以是應奚患實業之不能振興哉

或謂國家競言振興實業矣有國立實業學校有省立實業學校有縣立實業學校欲振興何項實業先栽培何項人才則種因得果既無學非所用之譏而爲事擇人更無供過於求之弊今日實業學校畢業生爲數尙少數年以後人才輩出若農業若工業若商業雖未能與先進諸國相提並論而與今之實業諒不可同日而語耳

不知實業不發達其咎固不盡在實業學校而實業學校則有發達實業之責任也試觀實業學校之有畢業生也非一日矣農校畢業以後既不見躬自耕耘講求農學復不見開通阡陌大啟農場而在學校所得之農業知識大抵用非所學或為農商部職官或為農業科教師如是而已即有一二開辦農事試驗場者無非敷衍從事又不能得一般老農之信仰工校畢業者宜較農業易於活動矣顧土木科則多從事於測繪及測量局或從事於鐵道電機科則多從事於電報及電燈廠或從事於教師而染織科往往賦閒無事故投考工校者幾視染織科為畏途焉商校畢業以後若銀行科固有服務於銀行者若關稅科固有任職於海關者然要知所謂商業不止銀行與關稅當培植一般有知識之商人也商業不能振興則已倘有振興之日則公司之組織支店之販賣中國舊有之簿記恐不適用普通商界中人未必咸有商業簿記之知識且中國商界之黑暗達於極點無論何項商店大都均收受學生學生進店之後習於應對灑掃固分所當為茲不具論而商店之如何興衰商情之如何虛實商人之如何保守信用商律之如何嚴重取締當為之剴切講解不憚煩言豈知學生之進商店日出而作日入而息徒供奔走之勞而在該店所不可缺乏之知識往往秘而不宣中國商務之落於人後

此一大原因也而負商業教育之責者不當有以補救之耶

然則實業教育必如之何而後可就管見所及略述如左

一農校宜添設試驗場所也今之農校非無農場也然研究試驗應用試驗均可於校內行之而模範試驗則非校外不爲功今宜添設多處禾麥也菜蔬也果實也畜牧也土壤之應如何區別氣候之應如何觀測以及肥料之應如何恰如分際因已而何處因地制宜所得之作物倍蓰何處因陋就簡所得之作物無幾相形之下軒輕懸殊農家既目覩其成績將一般僅有經驗之農人潛移默化使之知所觀感故曰宜添設試驗場所也

一農校宜增加實習時間也今之農校非無實習也然農校所有雇定之農夫雖藉以輔助學生之所不足而有此項農夫學生對於實習事項凡沾體塗足之事往往鄙而不屑爲芟草除蟲之勞往往不引爲己任蓋爲農場整理計不得不有農夫而爲學生閱歷計農夫應在陶汰之列倘農校有不得已之苦衷不得不雇用農夫莫如增加實習時間使學生工作一切事必躬親他日畢業出校閱歷必更深也故曰宜增加實習時間也

一農校宜多開演講會也今農校與農家視同秦越既無直接談話之機會即無改良習慣之

可言而多設演講會實與社會聯絡之法也植物之如何種殖動物之如何飼養凡所建議輕而易舉蓋人生衣食住之材料舍農業莫屬負農業教育之責者必當用種種方法使人具有農業常識故曰宜多開演講會也

一工業染科宜添設模範染坊也市間之染色坊大部謀利性成毫無學識近今染料多取諸異國不諳纖維無染科之性質姑妄試之姑妄用之故所染之物幾有愈趨愈下之勢工校附設此項染坊對於光熱酸鹼之堅牢度既知互有短長對於絲毛棉麻之染着力復知互有强弱則所染之物色澤鮮明而定價低廉以爲招徠之計所有市間之染色坊初則相形見絀繼則知難而退若是工校之染科畢業生人將爭聘之不暇也故曰宜添設模範染坊也

一工校織科宜添設機織布廠也蘇省各縣之織布廠均以人力不以機力所有種類不能如洋貨之美備所有花紋不能如洋貨之新奇而欲挽回利權不亦戛戛乎其難哉工校附設此項布廠本平時之經驗出品務精美絕倫博社會之歡心取價祇收回成本推而至於絲織毛織麻織既可以位置人才更所以提倡國貨一舉而數善備矣故曰宜添設機織布廠也

一商業宜創設實踐室也查部定實業學校規程商業學校應具備商業實踐室可知商業學

生教授商業簿記以備普通商店使用講解商事要項以冀將來商業發達無非屬諸理論耳惟有實踐室使之現身說法則優勝劣敗如何可以居奇通有易無如何可以億中先得學業上之知識再得實際上之經歷或更與各商接洽學生未畢業時分往各商店實習凡商人所應有之知識俾得完全無缺如令學生負販各物或叫喊於各種會場或兜攬於新年游客雖亦實習商業之一道然所教育之學生非肩挑貿易之人才卽沿門兜售之小販彼辦理商業學校者固未必以是爲教育學生之目的而相習成風忝不爲怪不如創設商業實踐室之爲得也故曰宜創設商業實踐室也

一商業宜延聘商人以充教師也商校之請教師固以畢業於商校者爲合格豈知商界日異月新不知現在狀況無以處於商戰時代惟聘商界通人以爲教師彼日處於市集之間某種商品甲處銷行甚廣者乙處銷行甚滯某種商貨昔日利益甚厚者今日利益甚薄將種種商業情形隨時指導且也某生周規折矩宜於賬司一席某生隨機應變宜於買辦一席他日出而任事略其所短取其所長亦非熟悉商情不可故曰宜延聘商人以充教師也

要之中國之實業學自學業自業學者與業者不相爲謀幾如風馬牛之不相及掌實業教育

者於校內各授相當學業於校外更設聯絡機關毋令受實業教育者無所事事反不如受普通教育者便於升學又不如受師範教育者得為良師是失實業教育之本旨耳所望掌實業教育者將予一孔之見引而伸之推而廣之實業教育之前途庶有豸乎

體育研究會之建議

孫保鑑

造成強固之國家先在養成強固之國民養成強固之國民先在鍊成其強固之身體蓋人必有強固之身體而後精神活潑志氣奮發對於作事自能耐勞忍苦勿致畏難苟安此強國之所以基於健兒而國民身體之健全不可不於兒童在校時期施以適當之體育也體育之主旨不外鍛鍊學生之身體而使之強體育之方法不外練習各種之運動而期於熟此中概略凡在教育界者盡能知而言之奚事喋喋為顧體育一端今既視為重要之務則夫籌為設施以期卓有成效者恐非人自為見校自為政遂可云完美而無遺措施而盡當集羣狐之腋成千金之裘廣徵多數之意見共謀體育之進行於是體育研究會之設不容緩矣吾邑教育早形發達年來於體育一道亦復注重舉凡童子軍也運動會也各校無不接踵繼起具有精神可謂善矣然閉門造車各行其轍即以體操之教材而論有採用德國式者有採用瑞典式者

有採自日本者取材之當否究以何者爲準繩聚訟紛紜莫衷一是夫一國有一國之特心即一國有一國特殊之體育體操之教材採自國外不過一時權宜之計乞鄰之醯喪家之寶又烏足以自得我國國技堪爲體操之教材者正多何妨參互考訂定爲一式以表示其特殊之體育而顯著其立國之特性然此當集思廣益共同研究之非一人之所能謀也曩者吾邑教育會中曾有創設體育研究會之動議而未果行也兹有鑒於體育之重要而念及其教材之不一併諸端之須事商榷用申前議期吾邑教育界諸君有以速其成焉

教育之主旨

葉公夐

處今日之時勢言今日之教育欲教材之改良不得不提出教育之旨趣欲教授之革新不可不揭示教授之方針教育之旨趣將根本於國家乎抑社會乎個人乎教授之方針將根本於實質乎抑形式乎興味乎旨趣一定則教材可隨之而選擇方針一決則方法可因之而改變故欲培植兒童如何之品性灌輸兒童如何之智識則不得不先定教育之目的欲如何培植兒童之品性如何灌輸兒童之智識則不得不先定教授之主義

教育目的

重職業主義

注意授以生活必需之知識技能

言論

教育云者。在定其目的及方法。有意而施諸未成人者也。是故教者不可不先定達之之目的。目的既定。然後得定達之之方法。教育之目的果何在乎。即人生斯世之目的也。古今中外南北東西人生斯世之目的。鮮有同者。即教育之目的。亦不得不隨之而異。與廓美紐斯Comenius自然主義之教育法。盧梭Rousseau客觀主義之教育主義不一。而其所以爲人生斯世之目的則一也。然則人生之目的。如之何而不同乎。此隨時勢而異。隨各地方而異。何則。人生斯世。苟非離羣索居者。必求生存於社會國家之中。社會國家不能發達。即個人不能健全。然欲發達社會國家。非健全個人不可。欲使各個健全。養成盡力於社會國家之人。其教育目的。不可不以發達社會國家爲依據也。發達社會國家。如之何而可乎。此在察社會之弊病。以救之。對針發藥。乃克有濟。救吾國今日社會之急劑維何。曰、生計問題是也。兒童之畢業者。無應用於社會之能力。家境不能升學者。困守家園。與未受義務教育者等。蓋校中所授與社會所事。杆格而不能入。方枘圓鑿。難矣哉。今日盛唱之職業主義。實爲救時惟一無二之良方。何今之教者。猶以部定之教科課程爲標準。有則教之。無則聽之。不問其地方之宜否。社會之合否。兒童得之將來有用否。而拘泥將事也。如是則雖高談職業。侈言實用。亦可謂不揣其本者矣。此吾教育者所當自省者也。

職業主義。今所盛唱者也。然亦有不可不研究者。所謂職業教育者。並非在學校學成種種職業。即將來出而就種種職業之謂也。社會之職業無限。而學校之所教者有限。若謂學校所教者即兒童將來之職業。勢所不能達到目的者也。職業教育之眞理。不過以兒童所授之事項爲兒童將來職業之預備。使之能活用于將來之職業上而已。某教育家云。能達實用主義之教育。即爲職業教育之先聲。旨哉斯言。

上所述者。屬于社會的限制。而兒童心理的限制。亦有不可不討論者。盧騷 Rousseau 之言曰。教育在能使人之性向及能力爲適當之發達。注意于兒童生長之過程。實使安全完成成人生活之方法也。第知兒童心理上之限制。雖將來職業或可預定。而一一授之。亦所謂空費時間而已。故學習者。乃應于實際之境遇而要求者也。然則吾人職業主義之導綫。莫如授以生活必需之知識技能。抑又有不可不知者。欲得職業主義之完滿結果。不獨教授上宜非常注意。而訓練上之陶冶。亦有非可以言語形容者。如販賣部工作部等是也。則教授主之訓練副之。未有不大穫者也。

教授主義

重自習主義　引起兒童之原動力　教師僅有矯正補成整理三作用　發展自分能手之氣概　自習能引起兒童興味　自習能供給社會之要求　自習的教授重應用

兒童者。常生長發達。而滿足其需要。支配其生活者也。所以然者。爲其本身含有原動力之故。種種活動。由遺傳而得之天稟。人人皆具者也。教者。當思引起兒童之自動力。宜如何利用於學校課業。是謂一緊要問題。試觀兒童在校外時。自動力尙嫌過量。何以一入教室。即興致索然乎。若能將校外發現之自動力。使轉而利用於校內。豈非教授之益哉。故吾人之對於教授主義。不外於實質形式兩方面調和其興味。而興味引起之如何。當先知兒童本有一種能動性。據心理學及生理學家言。人當幼穉。性分形骸。均未確定。導之左則左。導之右則右。教育者乘此機會。持一定之規則。薰陶誘掖。以發達其身心。務爲種種措施。潛移默化於無形。然則吾人之教授主義。薰陶誘掖其自動力已足也。孔子一隅三反之言。即今日自習主義之權輿。吾人奚必皇皇於它求。

自習云者。不藉它人之扶助。自學自習而已。則學與習皆非教師之事。由兒童自己之能力爲之。教師不過立于輔助指導之地位。僅有矯正補成整理三作用也。夫使兒童自發展其能力則兒童所得不難見諸實行斯狹義的自習不能以廣義的自習概之自動課業僅可施之低學年而不可以之爲自習終結之目的也自習終結之目的不僅限之于自習而兒童之自學無不包括於其中使教師無所用其矯正補成整理三作用爲主然此以理論言則確乎其不可拔但以實際言則達此甚難例如吾人讀書亦有不明瞭處須就有道而正之者兒童學識的經驗力既不若成人思考力又未充分發達安能無所資於教師故吾人之視自習在養成兒童一種研究之能力其不明瞭處又須指示而引導之不過自習之方法總以兒童之自爲爲歸而已

鳥破卵而飛獸墜地而走人固無是易也則吾人之完全自習方法施之初入校之兒童決無成績可觀也明甚故吾人之自習主義全爲養成自習的作用於初學年兒童漸次發達由共同自習而進之於各個自習於初學年立其根基例如算術科授以分析淘汰補充三能力等則高學年之兒童得題後自不難迎刃而解如是即自習之目的已達故吾人之視自習方法恰與兒童程度相應以發展其自分能手之氣概兒童一己之活力有諸種形式爭勝心構成心好奇心等此種形式常縈迴於兒童之腦中以表視其活動狀態教師教授之工拙即在能

利用其活動力而定。吾人之視自習。亦利用此活動力而達各個的自習者也。

自習主義。爲今日教授法之最切要者。固毋待言。而自習之價值。又非徒養成獨立性已也。兒童至不藉教師之輔助指導時。能以自己之活動力。解决新題。發明新理。由已知進於未知則擴張兒童之發表力啓迪兒童之研究心。舍自習而其道莫由。蓋彼兒童。以自己能力所致。且由辛苦艱難而得者。其興味爲無窮。某教育家云。發明成功之快樂。爲心意强大之奮興劑。可謂至言。反是則雖耳提面命。而兒童之腦筋中。偶然留有迹象。時過境遷。往往消滅。如旅客之於傳舍。然信宿流連。何所留戀。欲使兒童之智識固定。教授之效果永存。則發揮兒童固有之活動精神尚矣。

吾人視自習爲教授法之要件。固當矣。然自習之目的則何在。推理力發達。思考力充足。將爲科學的自習乎。則義務教育年限甚短。達此甚難。抑僅爲書籍的自習乎。則養成無數書籍自習之國民。於社會上毫無裨益。反多此無數不能生活而僅識字之游民。社會生計。將益至於窘迫。而兒童之造就。不亦受其病乎。吾人當思根本上之解决。如何方爲適當。如何方爲合法。則不得不依據教育目的。所貴乎職業教育者。蓋欲使兒童出校後。對於社會上之義務。均能盡力負擔成爲優良之國民而後已苟其僅有高而無用知之能必無所挾以立於競爭之社會亦必無臨機應變之活力以供給社會之要求也則應用尚矣

本此以往則教者於地方上之所必知社會上之所缺乏無不可藉以爲教授之材料又無不可藉以爲應用之事項斯兒童所得之知能皆歸實用而興味亦濃教科書掛一漏萬之病可以掃除適於彼不適於此之害可以消滅而無裨實用之時間可以節省兒童寶貴之腦力不致虛耗當其在校之時對於社會上之情形早已一目了然更因自己奮勉而得之知識其把握力强不若因教師誘導而得之知識其把握力弱之所可比則雖社會情形千變萬化而兒童可本其校中所得一一應用層出不窮此應用的自習即吾人之教授主義是故授一教材不惟使知之且須使能之不惟使理會之且須使應用之也

蠶業與小學校

薛明劍

學生於學校畢業後缺乏生活能力而流爲社會上高等游民實爲今日教育界之一大弊欲求救弊之法舍注重實業教育外其道末由然實業之種類繁多尤須擇本地所有者先行設施譬之求木之茂先培其本求水之長先濬其源欲施行實業教育而於本省實業不加研究

是舍本而逐末也。然則何者爲吾江蘇本地之實業。曰惟蠶業。蓋蠶業實爲吾國四千餘年來固有之實業也。或者曰。十年來吾省之蠶業。上海女子蠶業。江灣蠶業學校爲之倡。繼則省立女子蠶業學校也。省立農業學校附設蠶科也。又另設蠶業傳習所也。蠶業講演會也。雖未能徧及全省。亦不可謂不加研究。而民間之積習。依然收成之不豐如故。至於病毒之蔓延。絲繭之惡劣。較之十年前並無起色。此又何故也。曰、是皆祇知提倡蠶業專門教育。而未及提倡蠶業之普通小學教育也。故不欲補救教育界之積弊與蠶業之發達則已。苟欲補救之。當於小學課程中列入蠶業一科。並授師範學生以蠶業智識。以爲將來教授學生之準備。爰具數說以就正於有道焉。

(甲)國民學校與蠶業

(一)國文課中有關於蠶業者。須詳爲講解。並示以簡單改良法。說明俗尙馬頭娘事等之迷信。

(一)手工科宜授以蠶箔蠶席蠶網蠶簇蛾袋蛾函等之製法。藉便改良時之應用。並可使家庭社會間減少分利。

(一)學校園栽植桑樹。喚起兒童對於蠶業之興趣。並可採取桑葉之利。於學校多一收入欵。

(二)高等小學與蠶業

(一)可擴充國民學校關於蠶業之範圍而施行之。

(一)教授歷史時。將我國歷代關於蠶業之情形間爲講解。

(一)教授地理時。將各國產絲之區指出。並示以現狀。

(一)教授理科農業時。兼授桑樹之栽培法。以便於學校園內實習。並授蠶體解剖法。以便作昆虫標本之用。

(一)於育蠶時。令兒童按日抽出時間輪値育蠶。既可實驗養蠶之方法。又不荒廢學校之功課。誠一舉而兩得也。

(一)於演講會或訓話時。說明外人在我國內地經營蠶業之情形。

(丙)師範學校與蠶業

(一)宜於課程中添設蠶學一科。以爲畢業後擔任教師時模範兒童之準備。

(一)宜於手工課時。令學生作各種蠶業用具。

(一)宜於學校園內令學生。爲桑樹播種、插本、栽植、壓條、接本、刈桑、培壅、收桑等之實習。

(一)宜闢蠶室若干間。令學生實習養蠶。

(一)於假期內令學生回鄉。擔任本地蠶業之演講與調查。既可練習口才。又可考察本地之蠶業。

本會現任職員表

會長	正	張鑑
	副	孫思贊
評議部	部長	孫保鑑
	書記	李崑
	評議員	黃豹光 許棫 顧倬 秦權 秦振鎬 顧祖瑛 顧型 錢基厚 陶守恒 錢承駒 邵宗虎 糜贊治 殷文煒 戴宗德 孫廣鎬 孫倫鑑 鄒仁達 嚴爲霖 趙鵬 蔣士棨 莊蔭梧 陸壽禧 王肱 陸鳳藻 浦武
調查部	部長	秦銘光
	書記	辛幹 龔寶琁
	調查員	孫廣釗 沈壽桐 華國均 過探先
治事部	部長	朱正色
	書記	孫在豐 袁詠棠
	會計	薛明劍
	庶務	高文海

圖表 一

圖表

本會各市鄉會員人數表

市鄉	人數	市鄉	人數
無錫市	一〇六	懷下市	五
天上市	七	富安鄉	三
天下市	一六	開原鄉	一二
靑城市	三二	揚名鄉	一二
萬安市	三二	開化鄉	一九
泰伯市	六	新安鄉	一七
南延市	八	北上鄉	三
景雲市	六	北下鄉	九
懷上市	二二	總計	三一五

無錫各市鄉教育會一覽表

以成立先後爲序

名稱	會長姓字	地址	成立年月	備註
萬安市	孫倫鑑	石塘灣	元年二月	
開原鄉	蔣士榮	河埒口	元年五月	
無錫市	蔡　懋	崇安寺	元年七月	
南延市	華振域	蕩口	元年八月	
青城市	爍贊治	大墩	元年八月	
富安鄉	朱祖烈	新瀆橋	元年十一月	
揚名鄉	莊蔭梧	南橋	元年十一月	
泰伯市	畢　鴻	大牆門口	二年四月	
天上市	李　榕	村前	二年五月	
景雲市	袁詠裳	後塲坊前	二年五月	
懷上市	顧寶琛	張涇橋	二年九月	
懷下市	諸汝賢	安鎮	二年十一月	
天下市	華國均	八士橋	三年三月	
開化鄉	王　肱	南坊前	三年五月	
北下鄉	華昌壽	東亭	三年十一月	

無錫縣市鄉教育行政人員一覽表

縣市鄉	姓名	字	職務
無錫縣	錢基厚	孫卿	縣署學務科科員
	許棫	少宣	縣署學務科助理員
	孫思贊	仲襄	縣視學
無錫市	蔡樾	蔭階	學務委員
天上市	李榕	柏齡	同上
天下市	過丙烈	永伯	同上
青城市	薛景琯	子喻	同上
萬安市	孫廣鎬	寅賓	同上
泰伯市	鄒仁達	惕安	同上
南延市	華振域	書城	同上

景雲市	袁詠裳	鳳起	同上
懷上市	顧裳吉	元伯	同上
懷下市	陳鳳昌	韻九	同上
富安鄉	賈道曾	仲偉	同上
開原鄉	榮蓉昌	吉人	同上
揚名鄉	陳　拯	雲畊	同上
開化鄉	王　肱	干城	同上
新安鄉	惠觀瀾	亦清	同上
北上鄉	浦　武	君彥	同上
北下鄉	華昌壽	少純	同上

圖表 六

無錫縣市鄉公私立學校分類數表 民國六年度

學校別＼市鄉別	無錫	天上	天下	青城	萬安	泰伯	南延	景雲
縣立女子師範	一							
女師範附屬高等國民	一							
縣立乙種工業	一							
縣立高等	二				一			
市立女子職業	一							
市鄉立國民	一一	三一	一二	一七	一三	一三	一〇	一一
市立女子國民			一					
市立夜學校					一			
私立專修	一							
私立女子中學	一							
私立高等		一		一			一	
私立高等國民	一			一				
私立女子高等國民	五							
私立國民	一四	一	一	四	二	一	三	一
私立女子國民	三			一				
學校數	四二	三三	一四	二四	一七	一四	一四	一二
學生總數	五〇三四	一〇七二	七〇八	一二九五	一〇八三	六九〇	七三九	五二八

懷上	懷下	富安	開原	揚名	開化	新安	北上	北下	總計
									一
									一
									一
一				一				一	六
一									二
一六	九	一五	八	八	一一	一二	六	六	二〇九
									一
									一
									一
									一
									三
一			一						四
			一						六
三	一	二	七	六	五		一	二	五四
	一		四		一			一	二
二二	一一	一七	二一	一五	一七	一二	七	一〇	三〇二
一三三三	五七三	六八八	一三七八	八八〇	八六五	五三八	三四二	五八四	八二四六

圖表 八

無錫全縣高等小學兒童畢業後出路統計表 民國六年度

校名	畢業人數	升學：師範	中學	農業	工業	商業	蠶業	鐵路	電報	國文專修	體育專修	美術專修
乙種實業	二六		七									
縣立一高	三四	二	六		三							
縣立二高	三四	三	一三			二					二	
縣立三高	二四	二	八			一						
縣立四高	一七	四	五	二				一			一	
縣立五高	一二		八	二								
縣立六高	一七	二	六		二						一	
錫市女子職業	一五	二	三				二			三		二
積餘	一八	一	五			三						
鴻模	六	一	三			一			一			
公益	三		二									
經正	三	一	三								一	
胡氏	四		三	一								
競志女學	一六	三	七									
濟陽女學	六		二							三		一
冀中女學	二	一〇										
競化女學	三	二	一									
志成女學	六											
統計	二五二	三三	八二	五	五	七	二	一	一	六	五	三

英文專修	小計	就事															小計	預備升學	預備就事
		工廠技師	工場指導	工場實習	紗廠	麵粉廠	錢莊	綢緞	煤鐵	典業	米業	金珠	南貨	習醫	習農	其他			
	七	一	一	六				一		一		一				一	三		七
三	一四														二	六	八	二	
	二〇						一										一	二	二
	一一								一					一		一	三		
	一三										一		二				三	一	
	一〇																	一	
	一一									一				一		一	三		三
	一二																	三	
	九										四					二	六	三	
	六																		
	一一				一	二			一							二	六	四	
	五															四	四	三	
	四																		
	一〇																	六	
	六																		
	一〇																	一	
	一二																		
																		六	
三	一五二	一	一	六	一	二	一	一	二	二	五	一	二	二	二	一七	四六	四一	一二

遊學各省國人數分類統計表 民國六年度

類別 ＼ 省國別 人數	江蘇	直隸	浙江	山東	河南	湖北	湖南	陝西	四川	廣西	雲南
大學	一〇八	四四			三	四	二				
法政專門	九										
農業專門							二				
工業專門	一〇六	一九									
商業專門						二					
醫學專門	三四	三	四								
陸軍		七									
海軍	五			二							
高等師範	一〇〇	一七		二			一	一			
中學	三三一	二	二							一	
甲種農業	三〇					二	一				
甲種工業	三四		一								
甲種商業	三三										
蠶業	二八										
水產	七										
專修	四三	四									
小學	一二七	二	五								
教育機關	三										
報館	二	二									
書局	三九		一						一		一
其他	六四										
統計	一〇九四	一〇〇	一三	四	三	八	六	一	一	一	一

奉天	吉林	黑龍江	日本	英國	法國	美國	統計
			七	三	一	一五	一八七
							九
							二
			四	一			一三〇
			一				三
			二				四三
						一	八
							七
			二				二
	一	一	四				一二七
一		一					三三九
							三三
							二五
							三三
							二八
							七
			四		一		五二
		一	一				一三六
							三
							四
							四二
			三				六七
一	一	三	二八	四	二	一六	一二八七

無錫縣外人設立學校調查表

名稱	所在地	創辦人或團體或個人	學科程度	學生總數	學生人數	教員人數 中國人 外國人	備考
聖馬可學校	無錫市新開河	美國聖公會	中學	共四班	四十二人	中國四人 外國一人	專收聖公會貧苦子弟
類思學校	無錫市三里橋	法國天主堂	高小國民	二班 八班	七人 一五九人	中國七人	
東吳附屬第八學校	無錫市南門外	美國監理公會	高小國民	共六班	一百〇六人	中國七人	
德慧女學校	無錫市南門外	美國監理公會	高小國民	一班 四班	六十五人	中國六人 外國一人	學生人數內有男生七人
浸會學校	無錫市江陰巷	美國白多瑪女士	高小國民	共六班	四十六人	中國三人 外國一人	
聖嬰女學校	無錫市新開河	美國聖公會	高小國民	共四班	二十八人	中國八人 外國二人	兼課英文
亞納女學校	無錫市三里橋	法國天主堂	高小 國民	二班 七班	五人 一四五人	中國六人	
聖路迦學校	無錫市南市橋	美國教士	國民	共三班	三十二人	中國一人 外國一人	專收地方貧苦子弟

領報學校	天上市堰橋	法國天主堂	國民一班	十四人	中國一人
顯靈學校	天上市蠡漍	仝上	仝上	十二人	中國一人
聖心學校	天上市寺頭	仝上	仝上	九人	中國一人
玫瑰學校	天上市西漳	仝上	仝上	三十人	中國二人
主潔學校	懷上市陳墅	仝上	仝上	十六人	中國一人

圖表

無錫縣			歲入數 公 男	歲入數 公 女	歲入數 公 總	歲入數 私 男	歲入數 私 女	歲入數 私 總	歲入數 總 男	歲入數 總 女	歲入數 總 總
初等教育	小學	初等	21550	57	21607	13564	1614	15178	35114	1671	36785
初等教育	小學	高等	4614	466	5080	7569	4998	2567	12183	5464	17647
初等教育	乙種實業	農業									
初等教育	乙種實業	工業		1331	1331					1331	1331
初等教育	乙種實業	商業	987		987				987		987
初等教育	其他										
中等教育	中學						3400	3400		3400	3400
中等教育	師範										
中等教育	甲種實業	農業									
中等教育	甲種實業	工業									
中等教育	甲種實業	商業									
中等教育	其他					540		540	540		540
總			27151	1854	21005	21673	10012	31685	48824	11866	60690

無錫縣			歲出數 公 男	歲出數 公 女	歲出數 公 總	歲出數 私 男	歲出數 私 女	歲出數 私 總	歲出數 總 男	歲出數 總 女	歲出數 總 總
初等教育	小學	初等	92128	593	92721	24030	4719	28949	116158	5312	121470
初等教育	小學	高等	22320	1370	23690	14108	9723	23831	36428	11093	49521
初等教育	乙種實業	農業									
初等教育	乙種實業	工業		3561	3561					3561	3561
初等教育	乙種實業	商業	7541		7541				7541		7541
初等教育	其他		110		110				110		110
中等教育	中學						6950	6950		6950	6950
中等教育	師範			3912	3912					3912	3912
中等教育	甲種實業	農業									
中等教育	甲種實業	工業									
中等教育	甲種實業	商業									
中等教育	其他					540		540	540		540
總			122099	9436	131535	38678	21392	60070	160777	30828	191605

無錫縣			資產數 公 男	資產數 公 女	資產數 公 總	資產數 私 男	資產數 私 女	資產數 私 總	資產數 總 男	資產數 總 女	資產數 總 總
初等教育	小學	初等	104149	140	104289	129796	4575	134371	233945	4715	238660
初等教育	小學	高等	38555	1850	40405	116194	21180	137374	154749	23030	177779
初等教育	乙種實業	農業									
初等教育	乙種實業	工業		6998	6998					6998	6998
初等教育	乙種實業	商業	23000		23000				23000		23000
初等教育	其他		24		24				24		24
中等教育	中學						19506	19500		19500	19500
中等教育	師範			6750	6750					6750	6750
中等教育	甲種實業	農業									
中等教育	甲種實業	工業									
中等教育	甲種實業	商業									
中等教育	其他					100		100	100		100
總			165728	15738	181466	246090	45255	291345	411818	60993	472811

備攷

一學校一覽表內縣立乙種實業學校內商業學生較多且職員經費殊難分析故併列初等教育乙種實業商業欄內計算又無錫市立女子職業學校及懷上市立尋臯女子職業學校因與工業性質較近故列入初等教育乙種實業工業欄內計算私立華英專修學校因近中等教育性質故列入中等教育其他欄內計算萬安市立夜學校因係初等補習教育故列入初等教育其他欄內計算

一表內學校數學生數畢業生數輟學生數教育數職員數均適用學年而歲入數歲出數則適用會計年度

一表內歲入數指學生學費或田產租息各項總數而言其無田產租息者僅計學生學費一項

一表內資產數指自學校開辦之日起至今校中所有校舍田產暨全部什物用具各項總價格及基金資本而言其無田產基金者則計入校舍什物兩項其併校舍係租借者則亦不計入僅計什物一項

轄學生數									教員數									職員數								
公			私			總			公			私			總			公			私			總		
男	女	總	男	女	總	男	女	總	男	女	總	男	女	總	男	女	總	男	女	總	男	女	總	男	女	總
840	6	846	226	63	289	1066	69	1135	492	4	496	150	23	173	642	27	669									
108		108	78	55	133	186	55	241	52	6	58	70	24	94	122	30	152	2		2	4		4	6		6
	40	40					40	40	9	8	17				9	8	17									
									13		13				13		13									
13		13				13		13	5		5				5		5									
				9	9		9	9				6	2	8	6	2	6				2	1	3	2	1	3
	3	3					3	3		2	7				5	2	7	2	1	3				2	1	3
												1		1	1		1									
961	49	1010	304	127	431	1265	176	1441	576	20	596	227	49	276	803	69	872	4	1	5	6	1	7	10	2	12

無錫縣學校統計表 民國六年度

無錫縣		學校數 公 男	學校數 公 女	學校數 公 總	學校數 私 男	學校數 私 女	學校數 私 總	學校數 總 男	學校數 總 女	學校數 總 總	學生數 公 男	學生數 公 女	學生數 公 總	學生數 私 男	學生數 私 女	學生數 私 總	學生數 總 男	學生數 總 女	學生數 總 總	畢業生數 公 男	畢業生數 公 女	畢業生數 公 總	畢業生數 私 男	畢業生數 私 女	畢業生數 私 總	畢業生數 總 男	畢業生數 總 女	畢業生數 總 總
初等教育 小學	初等	209	1	210	533	11	64	262	12	274	10117	1346	11463	2749	835	3584	12866	2181	15047	1031	9	1040	273	43	316	1304	52	1356
初等教育 小學	高等	6	1	7	7	6	13	13	7	20	1101	121	822	943	768	1711	1649	889	2553	137		137	59	36	95	196	36	232
初等教育 乙種實業	農業																											
初等教育 乙種實業	工業		2	2					2	2		263	263					263	263		19	19					19	19
初等教育 乙種實業	商業	1		1				1		1	151		151				151		151	26		26				26		26
初等教育	其他	1		1				1		1	30		30				30		30	3		3				3		3
中等教育	中學					1	1		1	1					270	270		270	270									
中等教育	師範		1	1					1	1		37	37					37	37									
中等教育 甲種實業	農業																											
中等教育 甲種實業	工業																											
中等教育 甲種實業	商業																											
中等教育	其他				1		1	1		1				30		30	30		30									
總		217	5	222	61	18	79	278	23	301	10999	1767	12766	3722	1873	5595	14721	3640	18361	1197	28	1223	332	79	411	1529	107	1636

研究

訓育之研究

孫保鑑

用適當之訓練、養成兒童善良之品性、是之謂訓育、學校之訓育得宜、而後教管易爲力、兒童之品性善良、而後學業日有臻、訓育之重要、不待言矣、顧其爲道也甚要、而其著手也又甚難、非深加研究、行之以漸、則於兒童之品性、不能收潛移默化之效、聊以一得之愚、分述於左、

（甲）養成兒童之知恥心　兒童在校、或有行檢失當之處、每不自知、或知之而不能改其、原生於不知恥、顧恥根於心、何從而激發之、姑以研究所得、述其方法於下、（一）密室訓話、因童兒個別之失檢、召入密室中、用委婉之勸戒、不用嚴厲之呵責、以顧全其體面、而引起其知恥心、（二）公衆訓話、因兒童共同之缺點、須用當衆之訓話者、則不直指其事、先擇其優良之點、從對面徐徐說入、使之返而自省、

(乙)養成兒童善良之習慣　兒童習慣不良、是爲將來立身之累、當此在校時期、宜如何而矯正之、亦訓育上所當研究者也、改良其習慣、約有二端、(一)範以正當之行爲使有所遵守、(二)獎勵優良之學生、使有所取則、

(丙)養成兒童自治之能力　兒童作業、每不能秩然有序、此係自治力薄弱之故、欲養成其自治之能力、在事事導以自動、如運動器械之歸納、課餘游戲品之收管、均宜使之自爲謀、卽游戲之方法及規則、亦任其自行訂定、或視爲不合者則改正之、

(丁)養成兒童愛校敬師之心　兒童對於學校、對於師長、何以引起其愛敬之心、殊費研究、姑就所得者言之、(一)告以母校之歷史、使知成立之不易、(二)告以母校之榮譽、使知愛惜之爲要、顧或謂對學生述母校之歷史可也、至述母校之榮譽則迹近於誇張、因養成兒童愛校心、而長其誇張之習、殊失訓育之本旨、不知告以校譽、在使愛惜而共保之、並非以之炫燿於人、學生知有校譽、即知所以自愛者愛校、似於訓育之本旨、不相背也、至養成兒童之敬師心、在平時示以威儀之可象、和藹之可親、二者兼有、則兒童敬師之心、油然生矣、

以上所述、不敢謂盡善盡美、然訓育之要旨、或不外是、芻蕘之獻、幸指正焉、

讀法教授之新研究

蔡英

年來縣視學之報告無論何鄉其視察甲校之評語莫不曰四年生作文尚淺至乙校亦莫不曰作文程度均淺再至丙校又莫不曰作文程度未能盡合即較優之學校亦不過曰作文尚合而已斯何故哉此豈兒童之能力不及歟學識不足歟抑兒童之不善於搆搭文思與教師之不善教道歟不知皆非也兒童爲萬能之動機教師爲主動之機械非不善也特不注意於讀法中之文法句法字法與文體及段落之層次不在深究時提示講演多加說明故耳夫如是所以兒童之國文成績自無良好之產出安得不有縣視學之種種評語乎英思讀法爲國文之種因綴法爲國文之結果在教方中如不注意於深究及應用則綴法之資料思路之開展層次之分列均末由得也惟是深究可以得剝繭抽絲之益若字法句法段落文體章法等皆非多深究多應用不爲功愈深究則愈明愈應用則愈熟愈明愈熟則於作文時聯字聯句及謀章法等自能得心應手而無遲呆之病若於揭題時再爲稍稍說明題之體例文之篇法則良好之成績自當逐漸刷新茲就管見所及將注意各項分列於左以俟當世教育家研究

而格正之則尤幸矣

甲注意形式上之字法

(子)代名字　字法之中有名字名字之中有專名字公名字代名字三種公名字專名字能識即能用無待轉輾說明而於代名字則非提出說明不可顧代名字中有代於語端與語末者代於語端之字如(其)常用之代於語末之字如(之)亦常用之若以(之)字代於語端(其)字代於語末見者必笑其不妥而加以勒勃故教授時教師必注意說明而證之以成語如(牛力大其性馴)則可若牛力大之性馴則不可又如(農人皆畜之獵人謀捕之)改爲農人皆畜其獵人謀捕其亦不可如是說明之則遇作文時欠解不妥之病自無發現此不可不注意也又有(是)(此)等代字雖不若(其)(之)之常用然遇此等代字時亦不可不說明之如(莫不類是衣於是食於是皆設總站於此莫甚於此皆以此爲京師)等句皆用於句末與用於句中者也至用於句端者如(此二者是謂大總統是爲氣)等句能於深究時提出說明之即於綴法上可無重出疊見之病此當注意說明者一

(丑)狀字　狀字最易混用如(能)(可)二字當初步綴法時往往有手可寫字牛可耕田馬可輓車及傘能遮雨衣能禦寒等病句當讀法時如（牛能耕田馬能輓車茶可解渴衣可禦寒）等句若不簡要說明則兒童不能辨別運用說明之法凡能動之物宜用能字如蠶能吐絲蜂能釀蜜雞能啼手能寫字是也不能動之物宜用可字如簾可禦風傘可遮日水可行船陸可行車是也此當說明者二

(寅)接語字　每篇文中必需接語字以聯綴之若無接語字則支支節節斷斷續續彷彿牟尼之無線故於文中之單獨接語字如(故、則、又、及、乃、即、皆、亦、是、蓋)等皆當分別說明若「則」「即」二字最易混用教師當云則字之接法其辭平而緩即字之用法其辭急而速如(動物有知覺植物則否偶觸其毛則卷而食之)其辭平而緩也如「鏡中之人即汝影也」「他處之受信機即隨之而動」「毋曰乃汝無禮也」其辭急而速也例如以斧斫樹枝枝即下落取刀殺雞血即如注用即字則妥用則字則不妥又有(乃)字亦急速之意如乃創文字弟乃止乃嘆曰等改用則字亦不妥矣此外再有二字相聯之接語字如不特　所以　於是　然後　既而　是謂　其後　未幾　至於等皆

承上文而說明其理與發揮下文之言也此當說明者三

(卯)轉語字　文之有轉語字猶路之有轉折也路無轉折不覺幽遠文無轉折數句即完故文貴有轉折轉折之法有轉於旁面與反面者亦有先言其利而後轉述其害者更有由淺近之理轉入深遠者與一轉即明其理與義者文情之妙不能盡述其轉語字如「或」「若」皆由此面而轉於彼面「但」「僅」皆承上文而轉述其物用之不廣與不佳耳「然」「然而」皆承上文列陳其利害與否而下此種轉語字摘出其利不利害不害也如（然相隔稍遠然重稅繁刑然隨僕隨起然鐵道之建築難然而進退之不可苟也如此）等句皆是「而」字爲輕轉之筆如（而溝澮之水汙穢之物尤微生物所發生者也故相隔雖遠而傳信之速則轉瞬間耳而險要之地又阻焉）皆輕轉之筆也如用然字則不得其輕妙矣「雖然」爲轉承法用於篇中者「然則」爲轉結法用於篇中與篇末者如（「雖然」人好動遷移無常「雖然」骨可製器灰可取鹼）等句皆爲轉承法也如（「然則」雲霧也雨露霜雪也水也一而已）則爲轉結法也若轉結處而用「然而」則不妥用之於轉承更不妥矣如以「然」字之轉語字而用「然而」尙可不

過嫌其繁重不如「然」字一轉之簡捷也故於種種轉語字在深究時不可不注意之兒童經此觀念於綴法時自能採用或爲轉折之文則良好之成績由此脫胎此當說明者四

（辰）歇語字　歇語字亦爲文章之要劑也語云虛字不通不成文如（不可不愼「也」此商之所以可貴「也」非以口鳴「也」米粟是「也」無與他人事「也」是無趙「也」猶舟人自穴其舟「也」）種種「也」字皆爲歇語字若改「也」字爲乎則反問口氣便不同矣「乎」字之用法祇可用於有可字豈字與況字能字不亦二字在上者如（可不愼「乎」豈其然「乎」況其他「乎」能不勞「乎」不亦美「乎」等句講演說明之則「也」「乎」二字之歇語字能用之矣「耳」之歇語字即止之意用一個字作歇者當用「耳」用二個字作歇者當用「而已」「耳」之用法如（僅用爲錢弊及妝飾「耳」故色白如雪「耳」否則守財虜「耳」則轉瞬間「耳」他人則假手於農工商「耳」是也用而已二字亦通但不如「耳」字之簡且捷耳如此說明則於用「耳」字時不至牽用焉哉乎也矣等之歇語字而「矣」字之歇語字則決而完束之意與「乎」「歟」二字疑而未定之

辭不同如（中國之威震於絕域「矣」乙兒在是「矣」陳列市中以待沽「矣」更無畛域之可言「矣」則羊毛之功用益廣「矣」此矣之於也爲常用之字無甚細觧可用之不差矣至「焉」字之用法語氣輕落如平沙落雁着力甚輕不若也字之落重與矣字相埒其講解之口氣爲（得）與（格）之聲音（無錫話）（語曰井有仁焉一句講之則曰井裏有個人（得）（無錫話））如（其價又驟增「焉」各省皆仰給「焉」）此二句皆可講（格）之解法如（泰山屬「焉」且較勝於市「焉」）此二句亦可講（得）之解法如是說明則「焉」字之用法可以無慮矣「哉」字亦決定之歎語字用於句上有豈字顧字者如（苟能識字豈至此「哉」豈可不愛我國「哉」顧不痛「哉」）皆是也教師能以易誤用之「乎」「哉」分別說明之揭示練習應用之至綴法時自無失當之弊此當說明者五

（巳）介字　文之有介字猶堆砌墻垣之有襯塡也牆無襯垣無塡則一虛千動雖美不久也故貴有襯塡文之於介字亦然如「而」「之」「於」等之介字若不介於句中往往有語氣不足意義不達讀之不甚圓潤如（自高「而」下彼安坐「而」食者因物「而」異

食物「而」餘骨折「而」東」）皆非「而」字不爲功且失其練達之美上下不接氣矣此「而」字之介字不可虛也如虛之則若牆垣之失其襯墳雖美不彰矣「於」字亦然如（行「於」平地生「於」自然咸萃「於」此擲杯「於」地其技優「於」獅虎）等句缺此「於」字則句不自然語氣剛强上下亦不接矣「之」之於句中與「而」「於」二字同如（子「之」高吟工商「之」貨凡物「之」下墜也實南北交通「之」樞紐也而毛「之」爲用尤大或精美「之」刺繡吾人常食「之」品可織呢絨及氈毯「之」屬）等句無「之」字以介之則佶屈聱牙艱澀難讀且文不工意不達也故介字之用法皆有定理敎師若不分別講演之則於造句時可以十無一當此當說明者六

乙注意形式上之句法

文以句成集句而成文故在一文之中必集許多長短不齊之散句或整句或錯句或提句或鎖句或排句或疊句或倒句頓句或對句誠句以及斷句歎句遞句等而後得其勢生其情煥乎其有成也矧文之於句也猶鐵道之於木石也鐵道無木石則不成且不堅固而汽車何由過渡哉故有種種句法則文之情與勢皆可由之過渡苟得造句精良則文之氣勢

必若汽車之流利、雖前有拔山扛鼎之項羽、不能當也、又如燃燈然也、杓一滴之油、即有一息之明、明在一隅、光甚微眇、杓一勺之油、即有一刻之明、明在一室、光乃宏大、若杓數勺之油、即有一夕之明、明及全堂、其光灼灼、若日星之炷燿、故文貴有句法、茲擇於國民校中爲必要說明者、復分列如左、

(子)短句　短句爲文之不可少也、有之則文勢振、無之則文勢柔、顧短句中、有一字爲句者、亦有二字三字爲句者、一字爲句、如（先生曰「善」、兒曰「諾」、兒曰「可」、「利」人所欲也「蟲」物之小者也）其所言不同、其振文勢一也、二字爲句者如（金屬之至剛者「色黑」「値錢」金色黄「有光」、「久之」能自寫信、兒得之、「大喜」、等皆簡捷可嘉、其三字爲句者、如（然則雲霧也、雨露霜雪也、水也、「一而已」、鹽之爲用、「至廣也」、「銀色白」、「亦有光」、「蠶吐絲」、「蜂釀蜜」）皆爲短句之俏拔簡潔者、苟能注意說明之、則能運用於綴法矣、

(丑)提句　提一篇之主要而起下文之言者、謂之提句、如（「漢武帝雄才大略、善用兵」「唐太宗勇而知兵」、「趙奢趙之田部吏也、」「軍人至有榮譽之人也、」皆用提句起筆、文勢之振、髣髴提耳雷聲、最能驚人注目、耐人尋味、此種句法、如爲兒童說明、則綴法亦能落出

此種句調、不可不注意也、

（寅）鎖句　文之構成、必合數段而成、每段之中、必合數節而成、欲收束一節與一段之文、必用鎖句以關鎖之、有之則每段之文字清晰、理路井然、無之則行文散亂、事理不清、故作文之能清通者、此其一也、如共和春初國文第五册首課末句、（此全體之功用也）用以關鎖全文者也、否則全文不能醒目、此鎖句之用於篇末者、每段每節之中、亦須鎖句邀清上文、而後得文義雙清、如本册二十二課雨、第三段兩小節、上爲（此成雲之理也）下爲（此成雨之理也）皆爲文義雙清之筆也、若缺上節之鎖句、則成雲之理不達、文亦不清、此鎖句之必用於節末與段末者也、又如第六册四十六課物體、（曝冰於日則冰化爲水、煮水於釜、則水化爲汽、（是一物而三變也）此鎖句之必用段末者、教師若得多方指導、則綴法自有段落、自有關鎖、且自清晰矣、

（卯）排句　排句者、用以敍述一事一物、分列句調、而取文勢者也、況文章之有排調、猶軍士之有行伍、編列成隊、由隊出發、行勢雄壯、其威武之盛、若不可犯者、以其連隊而來也、文章之於排調亦然、其雙排之句、用兩短句爲一排者、如二册有（日初升、荷鋤出、日將落、荷

鋤、歸）是也、用兩長句爲一排者、如六册有（以一蟻比螳螂、則蟻小而螳螂大、以千百蟻比螳螂、則螳螂小而蟻大）是也、用三句爲一排者、如六册首課有（春風和煦、草木萌動、一童子之活潑也、夏雨時行、草木暢茂、一壯年之發達也）與（欲速達、則帆船不如汽船、汽船不如汽車、欲省費、則汽車不如汽船、汽船不如帆船）是也、用四句爲一排者、如八册十七課租稅有（譬如米一升、値錢四十、什一而稅之、則售價必四十四矣、布一疋、値錢五百、什二而稅之、則售價必六百矣）是也、其三排之句、如五册有（黃帝作弓矢、以供戰爭、作舟車、以利交通、作衣服器具、以爲養生之用）是也、上列各種排句、無論其長短與雙排三排、均一排一氣、一氣一勢、文情之妙、由勢暢達、其氣之雄者、若岡巒之體勢、氣之逸者、若波浪之瀠迴、文章之佳、即在於此、敎師苟能諄諄說明之、則於靈敏之兒童、自能綴成各種排句於文中矣、

（辰）疊句　疊句之用法、亦敘述一事一物、重疊其文句而取勢者也、若一字而有數情、一物而有數種、或數用者、皆可用疊句以振其勢而達其情、愈疊則其勢愈振、愈振則愈隆、如建塔、然層層疊之、則取勢愈高、愈高則愈靈妙、愈靈妙則愈覺其奇矣、文之有疊句、豈不同

於塔者乎、其叙情之句、如二册有（時遠時近、時高時低、）或如一字或如人字、居於是、衣於是、食於是、摩其頂、掣其衣、撫其足、）等、皆疊其句而充其情也、其叙物之種類者、如（有針有線、有尺有剪刀、有戈矛、有刀劍、有弓箭、有鳥有魚、有蝴蝶、有蜈蚣、有老人、）等、皆疊其句而備其物之名也、其有一物而數用者、如（能及遠、能攻堅、能耕田、能挽車、可以造橋、可以造屋、）是也、其疊句之趨勢、愈疊而愈見其用之廣、若長江大水、一瀉千里、而滔滔乎無窮

此疊句之效用、不可不與兒童說明之、更能應用之、則疊句之產生、可闇然而日章矣、

（巳）斷句　斷句者、用以斷定事物之利害與成敗者也、行一事、必有利害成敗之不同、造一物亦必有功用廣狹大小之不同、事物不同、則其成敗利害廣狹大小之判斷、隨其所異而定、此斷句之不可無也、有事物之不同、而無相當之判斷以曲直之、則文章雖佳、終不稱其完善也、如第三册第二課末句、（故其知識終不如人、）若無此句以斷之、烏知禽獸之奇者、終不如人而人爲萬物之靈乎、如本册七課末句、（可以解渴、）不有此句以斷之、則茶之功用何在、又如本册二十四課紙、（故產竹之地、出紙亦最多、）不斷此句、誰知竹用之大與用紙之廣乎、故教師常以文中斷句爲之說明、則爲文更佳矣、

（午）對句　對句之於綴法、不若排句疊句之取勢、又不若提句之崢嶸於起筆也、其爲句也、用以前後相對、與字句之整齊耳、其綴方有用以狀事物者、有用以寫情寫景者、狀事物之對句、若（大者盈尺、小者方寸、小則灼肌膚、大則焚房舍）與（有百利、無一弊、北逐匈奴、南取南越）是也、寫景者若（前有青山、後有流水、山上築亭、山下種樹、北負長城、東濱渤海）是也、寫情者、若（以桶汲水、以杵擣衣、披紅帽、戴假面、夏則樹葉、冬則樹皮）是也在狀事狀物寫情寫景之中、綴以對句、則美如雕樑華、如錦繡、讀者自能觸景生情、欣喜無已、故教師以書中之對句、因其所狀所寫而說明之、則兒童自能趨亦趨、步亦步矣、

（未）遞句　遞句者、用以說明一事之利害與一物之狀態及其循環之理也、若不用遞句說明之、則句無情趣、事不顯明、故遞句之於綴法、爲要需也、其說明一物之狀態者、若（鼠比貓小、貓比犬小）又若（竹莖有節、節間生葉、葉長而闊）是也、其說明循環之理者、若（春去夏來、夏去秋來、秋去冬來）與（曝冰於日、則冰化爲水、煮水於釜、則水化爲汽）是也、其在一事之利害、而先抑後揚其意者、若（今縱君家而不奉公則法削、法削則國弱、國弱則諸侯加兵、諸侯加兵、是無趙也）又若（以君之貴、奉公如法、則上下平、上下平、則

國强、國强則趙固）此遞句之切明利害、先闡其意而後發揚者也、不亦可貴乎。兒讀者讀之、自有漸漸進逼之勢、若司馬懿之迫曹、鄭莊公之克段、皆不造其域不止、如此說明、則遞句之用法、自能映射於綴法矣、

（丙）注意文章上之段落

文章之有段落、猶房屋之有前廳後廳左書齋右客堂也、房屋無廳、則淺而易見、甚不雅觀、有廳矣、而無左書齋右客堂、則轉折之妙、直抵廳堂、易見其窮、不能耐人尋味、即文之不壯觀也、有廳矣、有左書齋右客堂矣、一旦遇來賓、則可由門而客堂、由客堂而廳、盤桓至此、情與無窮、其家景之優美、猶文情之妙也、其各室補置之勝、猶各段詞句之華麗也、故文章之貴有段落、旨在於此、當整理段落時、先使兒童將書中意義可分若干段、分定之後、再定首段爲何意、次段爲何意、又次爲何意、更次爲何意、由兒童板書後、再爲訂正、說明其意之所在、復使兒童將各段意義、與書對照、則可知如何話法、即屬何意、嗣後至綴法時、再將題意分段列出、使兒童就各段意義發揮、則有段落之文章、可脫胎於此矣、然此爲助作法也、至第二單元時、揭題後、須使兒童自將題意分段列書板上、教師再爲訂正、而後各自綴之、則

有段落之文章、已半熟矣、及第三單元時、完全由兒童自定各段意義而作之、則有段落之文章成矣、亦卽兒童對題發揮之思考力分解力、可由此養成矣、然予於此法教授多時、成績較優、比諸曩日之教授出題先講一番、使其如何如何作之、與出題而任其妄作之成績、大有逕庭、蓋如何如何之成績、不外千篇雷同、往往師無一言、兒童竟無發表、養成一種依賴性質、滅其發表之能力、最不可也、然欲得此有段落之良國文、必注意於課文中之段落而後可、

(丁)注意文章之章法

文章之優劣全以章法爲轉移、章法善、則文之情景自優、嘗有目共賞、嘆爲觀止、章法不善、則文情自劣、如醜婦之難以悅人、而其所以然者何哉、不觀夫畫乎、施采色、寫成各種山水花木飛禽走獸之狀、其美麗悅目、最易繾綣留情、有愛而不忍去者、惟有同一之花木、或山水、或飛禽、或走獸、往往有偏愛其一者、豈施色之不佳歟、非也、乃章法之不善也、畫然、文亦何莫不然、故講求作文之道、必以章法爲前提、顧章法之中、同一起筆、有直起、分起、論起、陪起、原起、總起、問起、逆起、暗起等法、接法之中、有正接、總接、進接、逆接、引喻接、分接等、結尾之

中、亦有敘結、論結、總結、引結、逆結、翻結等、在四年生、依照第八册綱要中章法表、逐課解釋之、將文之起筆、如何爲妙、如何爲平、以優劣比較之、則兒童自得起筆、接法、結法之道矣、至綴法時、起筆自具一種旨趣、接筆時、自有一種接法、結尾時、亦自有一種結法、斷不若尋常之泛泛下筆也、故此種章法、不可不爲之說明、否則垂髫之兒、何由知哉、

(戊)注意文體

文章之有體格、亦猶房屋之有樓臺亭閣也、譬之建一亭、而亭形若閣、則建築雖美、見者必笑其謬矣、又如建一臺而臺形若樓、見者又笑其謬矣、有人焉、見甲乙二人以蟋蟀相鬬爲戲樂甚、歸而作觀鬬蟋蟀記一篇、其體明明記事文也、而以說義文作之、則閱者必云其不合矣、又如作傳記文、而作說理文之體、則閱者又笑其不合矣、如此文無定格、信口妄言、亦非得良好成績之道也、當爲之說明、記事文者、用以記今人所爲之事、及古人所爲之事也、作法僅敘記可矣、傳記文則專記古來文臣武士與帝皇一人之事跡、或善或惡以敘述之、與記事文不同也、說義文僅記一事一物之意義、有如何之便利、如何之狀態、如何之性質、如何之功用、以及如何之情形、直敘而直記之、說理文則不然、或說其事之靈通與由來、或

說其事之便利與功用、若汽機電話兩課是也、或說其物之由來、或說其循環之理與傳染之道、即水汽循環之理、若鼠疫若霜若物體等課是也、論說文有轉接、有泛說、有論起與論結之別、其論法有先說其利而後論其害者、亦有先敘其事而後論其成敗之得失者、更有先述其益而後論其弊者、此論說文之不同於上列諸體也、教師若能每課注意於文體、使兒童知所取例、則綴法自有文體、不致造閤而爲樓、畫虎而爲犬也、夫如是、讀法教授之注重於形式上者、可謂完全而無缺憾之處矣、雖然、此豈特重於形式哉、特恐教者除教授實質與深究內容而外、不復事形式也、以故而有予之讀法教授之新研究也、

上述諸說、皆以愚見所及、恐未能盡如人意、其間挂一漏十者有之、繁冗者有之、語焉而不詳擇焉而不精者、又有之、復有少於經驗而不足取資研究者、更恐不能無之、尚望鴻才碩學之教育家、其恕我、勿責以東施之效顰耳、

對於教育參觀團之商榷

薛明劍

近世。教育家。皆以教育事業日新月異。非互相交換。不足收切磋之益。而趨齊一之途。故當春秋二季。市鄉教育機關也。縣省教育機關也。以及學生也。學校也。莫不紛紛組織參觀團分赴

各地參觀學校以資考鏡。而廣見聞。吾邑學校之赴外埠參觀。與外縣外省學校之來錫參觀者。日必數起。其裨益於教育前途。豈淺鮮哉。然使參觀無統系。無方針。如走馬看花。徒縻金錢與時間。留一無謂之形跡。豈參觀之本意乎。敢將愚見。臚列於下。以就正於有道焉。

（一）參觀團未出發前須早事預備也。　參觀團未出發以前。宜公推團長或主任一人。主持一切團務。會計員一人或二人。司經費之出入。以免臨時遇事倉卒。並須定一規則與方針。以資遵守。庶不致浪費光陰。貽笑大方也。

（一）參觀員宜自愛也。　參觀員之熱心研究。舉動自愛者。固居多數。而借參觀之名。行游戲之實者。亦不乏人。嘗見其入學校則口啣紙烟。隨意唾涕。歸寓所則嬉笑成羣。相聚賭博。甚或作種種謬妄之行爲。不顧旁觀之訕笑。報紙之登載。嗚呼。個人之名譽本不足惜。其如參觀團之名譽何。此後尚祈有則改之。無則加勉。毋使留汚點於教育界也。

（一）參觀員須認明宗旨也。　參觀之宗旨在取衆人之長。實施改良計劃。故至一地也。須將人情風俗及教育經費調查確實。並須與本地情形互相比較。至一校也。須將其教授訓練設備等項細心考察。並須研究何者可以仿行。何者尚須改良。萬不可一味隨聲附和。

致貽盲從之誚也。

(一)參觀教授時間宜長也。　一地之學校甚多。勢不能一一均往參觀。故在未參觀前。務須探聽優良者參觀之。既入一校參觀矣。尤須虛心考察。不厭求詳。對於一種教授。至少須有一單元之參觀。萬不可如走馬看花也。蓋教員上課。其所授之教材。自與時間互相配合。若不自始至終。靜心體驗。實際上必不能受益也。

(一)參觀員宜分組參觀也。　各人之對於科學。自有特長。故認明宗旨後。又須分組參觀。如某某等擅長某科則觀某科。某某等於某項經驗最富則參觀某項。互將所得。筆諸簡册。以備參觀後之研究與報告。既可省去參觀之時間。又可免參觀時之擁擠。惟關於對外一切交接。除參觀上應問之事項外。仍須由團長或主任名義任之。以免繁雜與不統一之弊。

(一)參觀員宜各備筆記册也。　參觀員宜各備鉛筆與小册。以便將所見所聞者。隨時隨地記之册中。

(一)參觀員對於所參觀之事項。宜加注意也。　參觀員遇有餘暇時間。必請校長與主任教員談話。其應注意之事項甚多。謹述如下。以備參觀員之準則。

(甲)參觀教授上應注意者　(1)教授之分配及教授時間之多寡　(2)教授之段階及形式　(3)教授時之態度及言語　(4)教授之自動及實驗　(5)學生之預習及方法

(6)各科教授法　(7)複式與二部之教授法　(8)書籍

(乙)參觀訓練上應注意者　(1)校訓與級訓　(2)誘導法與抑制法　(3)個性之考察法　(4)自動之養成法　(5)學校與家庭社會之聯絡法　(6)寄宿舍之情形　(7)學生之服務狀況　(8)公共作業狀況

(丙)參觀養護上應注意者　(1)關於體育上設備之事項　(2)運動休息之時間　(3)採光通氣之情形　(4)體育之檢查　(5)疾病之調查　(6)飲食之情形

(丁)參觀設備及其他應注意者　(1)校地　(2)校舍　(3)操場　(4)學校園　(5)校具(6)教具　(7)設立者與經過情形　(8)職教員　(9)學生數　(10)學級編制　(11)教科　(12)圖書　(13)表簿　(14)規程　(15)經費

(一)參觀後須分別報告也　參觀既畢。須由團長彙集各人之筆記。開一研究會。分別何項可以仿行。何項尚宜改良。印刷成册。分送各校施行。一方面再約一地之教師及辦學者。開一報告會。以便將參觀所得者。報告於大衆。以資遵行。如是則教育之進步。庶有豸乎、

對於無錫童子軍之意見

朱承洪

無錫之童子軍、在江蘇省中、與先進之上海相頡頏、且有一部分人謂無錫之童子軍、係中華之童子軍、上海之童子軍、因受西人之訓練、不免與本國國情隔閡、是以一般輿論、謂無錫之童子軍、係純粹的中華童子軍、於江蘇省中、可謂首屈一指、我無錫之童子軍、既享此盛名矣、然則宜如何日進不已、以永久保持此盛名乎、此則急須研究之問題也、

無錫童子軍、以數年之間、驟致千有餘人、可謂發達矣、其發達之原因、識者謂無錫人熱心從事、富吸收力、常趨向新潮流、童子軍之於教育界上、固一新事業也、或謂無錫人俗所謂一窪風、此亦一窪風之作用歟、則吾未敢信、蓋無錫之童子軍、自民國四年夏由第三師範附屬小學校首先成立後、即有無錫市立第一國民學校、私立秦氏國民學校、以及錫市第八二三四十等校、接踵而起、於民國五年春組織聯合會、入會者共十一團、五年秋季、縣立各校及錫市第五第六私立鴻模競進藝芳涇皋等校、繼續成立、六年以後、縣立乙種實業及南延市立第

一第二私立樹滋等校、相繼組織成團、迄今共得三十二團、準此三年來之進步觀之、無錫之童子軍方興未艾也、

求此三年來所以能日進不已者、因童子軍於教育上、實有極大之價值、足以補助家庭教育學校教育社會教育之種種缺點、以養成完全人格、將來必可獨立、而爲社會有用有爲之一員、此固一般辦理童子軍者所自許也、人人抱此宗旨、故無錫之童子軍、已立於穩固地位、所可慮者、故步自封、享盛名而不知進行、夫不進則退、事勢使然、吾無錫之童子軍、宜如何振精神、勵志氣、猛力前進、以求達其神聖無上之目的耶、承洪不敏、敢以愚見所及、進諸商榷問題、而與教育家諸君一研究焉、

(一)聯合會對於分部作事宜切實進行也、　無錫童子軍聯合會修訂之章程、分編輯教練調查庶務四部、甚屬完美、承洪不才、被選爲教練部幹事、然回想此一年中、所幹何事、虛懸幹事之名、毫無幹事之實、愧赧奚似、此固由於承洪之不克稱職、亦未始非聯合會處理事務之不切實也、所謂編輯教練調查各有其事、苟能各部與以相當之事、切實進行、必有成績可觀、今則除選舉某某爲幹事外、一若對於各部之能事已盡、此一年來所以無進步之可言也、今

後欲求進步、須各部與以重任定辦事日程、及應行事宜之綱目、庶幾按圖索驥、半年以後、必得大好之成績、

(一)宜設教練員研究所也、　童子軍成績之優劣、隨教練員而定、今日無錫之教練員、均體操教師任之、實則除體操教師以外、凡關於童子軍方面之事業、苟性情相近者、皆可任爲教練員、集衆教練員而設一研究所、定期研究童子軍課程及訓練方法、以研究所得、編製成書、施行於各團、自可收統一之效、而免衰退之虞、

(一)童子軍教練員宜優待也、　今之教練員、均學校教師、其所任課務、已屬忙碌、而又加以童子軍事、則其勞苦、勢必倍於他人、是宜特設優待法、其法維何、或減輕教練員之課務、或擇課少者任之、或加以薪俸、如學校之任課、然盡如何義務、必給以相當權利、總之以任課忙碌之教師任教練員、無權利而徒盡義務、必不能得良好之成績、非敷衍了事、即因奔波勞頓而忘其所任、是豈童子軍前途之好現象乎、長此以往、恐二三年後童子軍將絕跡於我錫邑也、此優待之法、所以急宜籌設也、

(一)宜舉行大小會操也、　教練員既能專一其事、自有成績可見、於是每半年舉行大會操

一次以覘各團之成績、每一月舉行小會操一次、以促各團之進行、事前宜制定規程、使有所依據、事後宜互相討論、使優者益優、劣者改之、於是各團之訓練有所遵守、而動作自漸趨於統一、苟欲童子軍能力穩固、自非會操不爲功、

(二)宜規定各團之經費也　今之童子軍附屬於各學校、則學校之中、自宜有負擔經費之責任、經費之多寡、宜有預算案、規定每學校必須有童子軍經常費若干、行政長官苟能籌劃經費、以提倡於前、則學校之中自能熱心從事、以效力於後、否則雖有巧婦、難爲無米之炊、將來童子軍勢必致如河魚之就涸、而不能活動也、是以經濟問題、爲童子軍尤要之問題也、

以上所舉、係個人愚見、難免坐井觀天之譏、特所以嘵嘵不休者、目覩夫無錫童子軍功課虛浮、進步殊少、未免貽進銳退速之譏、若能於以上各條、採用一二、則承洪之言爲不虛、而亦童子軍前途之福也、誠能得諸大教育家及辦理童子軍者、更進而教之、則尤幸矣、

史學

西洋體育史

第六章　近時代之體育

薛明劍

歐洲慈善家名Baredow者曾用平生精力試驗體操一科於身體腦力學問上究有何種關係並於一千八百八十年至一千八百九十年間創設體育專門學校肄業者皆爲專門學大家如德人Comke. Solzman. Gutsmotts. John Skien. 瑞士人Pestobzzi Fillenberg. 丹麥人Nachtegall. 瑞典人Sing 以上諸人皆係精於學問者鑑於體育爲人生必需之學識故皆盡力研究嗣後皆成體育大家云

美國大律師及法學博士名 Harstwell 者親赴各國考察體育情形見歐洲各國三十年來體育大爲進步且皆注重合羣之運動如德國公共體育場及游戲場等英法兩國並設大公園於各處以備公衆游玩之所園中游戲器械與游泳池洗浴室等莫不完全無缺另有體

育專家。擔任指導事宜。經費均由國家補助。其宗旨在使人民於假時入內游玩。不致在外肇禍。並於游玩中寓鍛鍊身體之意。尚有幼稚園。專備訓育幼童而設。園中陳設各種游戲。均與幼童之性情相合。設有人家。父母俱出任事時。即可將小孩送入園中。俾由園中教養成人。造就良好之小國民。國中頗有熱心公益之人。身死之後。將其家產。悉充公共體育場之經費者。社會國家之受其利益。何可勝計。至美國之體育。自一千四百九十二年。哥崙布覓得新大陸後。各國人民遷於是地者。不知凡幾。體育亦因以發達。故美國之體育。皆為各國人民所傳往也。他如德國體育大家。名 Chorles Beck. Dr Follen. 者。曾在美國教授體育。至一千八百二十六年美國始設公共體育場。Chicago 地方有公共體育場十處之多。每處建築之費。均需五千萬金。如商業繁盛之區。人烟稠密之地。無空地可闢運動場者。均將房屋拆去。後改建體育場云。一千八百六十二年。美國議會議決。每一學校中須添體操一科。後有 Franklin 者。亦上一條陳。謂體育一科。宜以法律規定之。凡入大學者。須有體操二年以上之程度。各處中等學校。宜授兵式體操。各處小學校亦宜注意體操。自此種主張議決後。全國體育非常發達。故今各學校中無一不有極大之運動場。殆後又經生理衛生學家之研究。於紐約各小學中特請醫生檢驗各學生之體格。如有目疾耳疾等病者。必使趕速醫治之。體格不健全者。常使練習運動以發達之。意在不使身體稍有缺陷。心理家云。身體不完全之人。於立法上極易犯罪。美國瘋病院中。大半皆係身體不健全之人云。現代體育。實爲保護國民康健之要素。故除學校中有體操場外。而於病院瘋病院及公園等處。亦闢體操場與洗浴室等。並謂吾人每星期至少須行體操二次。始可減少其疾病。總之人生與體育有莫大之關係。不可須臾分離者也。刻下中國亦皆倡議設立公共體育場矣。行見吾國體育與歐美各國並駕聚驅之一日也。

史學

四

無錫縣教育會年刊

記載

無錫縣教育概況

（一）佐治員主任一人佐理一人原表記載姓名從略

（二）勸學所長一人原表記載姓名從略

（三）縣視學一人原表記載姓名從略

（四）勸學員四人

（五）學務委員每市鄉一人全縣共十七人

（六）經費

（甲）縣

（子）上年决算總額

三萬三千六百二十七元四角九分五厘

（丑）本年預算總額

三萬八千六百六十四元另臨時費八千一百零四元

（寅）支配狀況

勸學所一千元縣視學一千二百元女子師範學校五千二百二十八元乙種實業學校五千二百十元第一高等小學校四千九百元第二高等小學校四千九百元第三高等小學校三千二百十元第四高等小學校二千八百五十元第五高等小學校二千九百七十元第六高等小學校三千零九十六元通俗教育館六百元圖書館二千四百元公共體育場六百元教員遺族扶助金五百元又臨時費私立商業補習學校補助費一千元公共體育場開辦費二千元預備金五千一百零四元

（乙）市鄉

（子）上年決算總額

十萬零六千九百八十四元四角一分四厘一毫

（丑）本年預算總額

十三萬一千六百零五元

（寅）支配狀況

無錫市一萬三千三百四十二元天上市一萬零四百九十元天下市六千六百六十元青城市八千一百八十九元萬安市一萬二千七百十四元景雲市六千六百零二元泰伯市七千九百四十二元南延市八千九百零六元懷上市九千九百七十元懷下市五千八百六十四元富安鄉九千二百三十六元開原鄉五千九百七十二元揚名鄉五千二百四十六元開化鄉六千三百六十八元新安鄉六千一百二十元北上鄉四千二百零六元北下鄉三千七百六十九元

（七）學校

（甲）校數

計女子師範縣立者一女子中學私立者一乙種實業縣立者一同等學校女子職業市立者二高等小學女子師範附屬一另縣立六私立男七女六國民學校女子師範附屬一市鄉立

男二百零九女一私立男五十四又高小附設者五女十一又高小附設者六其他市立夜學校一私立專修一共三百十四校

(乙)學生數

男一萬四千六百七十五人女三千五百九十一人共一萬八千二百六十六人

(丙)學校學生比較增減數

計上屆民國六年調查學校二百八十八校學生一萬五千二百人本屆比較增學校二十六校學生三千零六十六人

(八)教育會

(甲)縣

(子)會長正一人副一人原表記載姓名從略

(丑)會員數三百零九人

(寅)所辦事務

組織教育研究會並編纂年刊內分言論研究調查紀事法令雜纂彙報各欄

（乙）市鄉

（子）辦理概況

十七市鄉多數成立組織小學教育參觀團及研究會

（九）社會教育事項

通俗教育館計縣立者一圖書館計全縣縣立者一天上市立者一開原鄉榮氏私立者一公共體育場計縣立者一公衆閱報所計全縣十七市鄉共一百零一所各學校亦時有以所閱報紙揭貼大門藉供公衆閱覽

（十）備註闕

江蘇第三次省教育行政會議無錫教育最近狀況報告

（一）第二次省教育行政會議議決後公布之案如下列各條現在之進行若干

(1)籌設公共體育場

無錫公共體育場前因指撥地點與官産處屢有糾葛近始奉省令解決現正設法籌欵預備進行而現在公衆運動多借車站廣場及無錫市公園行之

按公共體育場旋於民國七年十月十八日設備完成開幕成立

(2)整理私塾

無錫學校漸多人民心理對於私塾已不甚傾嚮其有妨碍學校者則嚴令解散之而於距離學校較遠之地方亦間取監督主義

(3)清查各縣教育費項下捐稅欵產

無錫教育費項下捐稅有二成中費及繭捐兩種爲大宗收入二成中費即中資捐由縣帶征專充市鄉教育費無錫市最多繭捐由繭業公所代收向撥市鄉自治經費教育費視各鄉他項事務之繁簡多寡不等計約占總數十分之四至十分之八此外零星捐稅由各市鄉酌量本地情形徵收亦屬無多欵產僅縣教育費項下有舊賓興學田租一項收入不多全年約四千元左右

(4)酌收各項特捐徵收學費以充學欵

無錫教育特捐僅屠宰稅一項由財政廳所派認商帶徵而認商僅顧正稅比較對於帶徵之欵往往視爲無足輕重辦理不甚得力其分配以縣四市鄉六爲標準學費高小每生全

年六元國民三元由各校征收抵撥學欵素屬認眞比較尙稱得力

(5)釐定實業學校辦法

無錫實業學校僅有縣立一所內設工商兩科其辦法尙能注重實習並與工商各界亦多聯絡其同等者有無錫懷上兩市所設之女子職業學校兩所注重裁縫線結刺繡家政各種於校內實習尙屬注意惟與社會不甚聯絡

(6)分劃學區以謀推廣小學

無錫學區仍就原有市鄉劃分十七因學校漸多區域過廣精神轉有難副且民國以來形式組織屢有變更於事實無與於進行有碍似頗非宜故暫主一仍其舊

(7)徵收中資捐

中資捐即二成中費爲無錫特創之稅各縣多抄案仿辦已詳前

(8)文廟特設通俗教育館

無錫通俗教育館因文廟內已設有實業學校特於縣教育會後面租地建築已開幕一年有半

(9)高等小學校增設實業科目

去年曾由高小校長會議議决職業教育實施問題大旨就地方情形學生特性女師附屬注重家事一二兩高注重商業三四五六四高注重農業其乙工工科併注意商業要項與地方有關係者其普通各科教授亦力謀與注重學科聯絡

(10)組織高等小學校聯合會

曾由蘇常道尹召集一次而無錫每於學年開始之前召集校長會議高小由縣行之國民由所在市鄉行之商酌下學年進行事宜著爲成例

(11)小學校利用地方特產材料講授工作

由各校斟酌所在地方情形注意惟眞能利用者尙少

(12)調查學齡兒童

學齡兒童根據戶籍自治取消調查戶籍無專管機關而警察又未編說且亦不甚完備故學齡兒童雖每年由學務委員分任調查然亦不能遽認爲眞確去年調查總數計四萬一千八百三十五人

(13)奬勵國民學校教員

國民學校教員循分供職者多其特別見長者亦少故祇汰其率職者而奬勵尙未實行

(14)籌辦講演會

每年由所在省立第三師範學校於暑假時酌量舉行而無錫亦擬於以後寒暑兩假另委實業學校組織普及農業教育講演會灌輸一般人民農業知識

(二)從前辦事上困難之點何在

人才非無而相當爲難經費亦有而支配終少此亦各地方情形大都相同而無錫似亦不能逃此公例也

(三)今後規劃上進行之方針何在

今後規劃限於貲力進行頗難擬暫從整理因有事業以起地方信仰提倡私立以冀補助公家其如何整理則擬先從用人着手高小注重考察其根底國民注重衡量其方法以爲進退黜陟之標準區區之見是否有當伏祈鈞鑒

無錫教育界記事

民國六年八月起至七年十月止

記載

八月一日縣教育欵產經理處開例會
八月十日本會開全體職員會
八月十五日縣署學務科召集縣立各學校校長會議於欵產經理處
八月二十六日本會開第三十一次例會
同日景雲市開教育研究會
九月二十日縣視學孫君仲襄召集十七市鄉學務委員開第二次會議於欵產經理處
九月廿三日縣視學孫君仲襄無錫市學務委員蔡君蔭階召集無錫市公私各校教員假本會開談話會商榷檢定小學教員辦法
同日山東省立女子師範學校校長周樹楨君到錫參觀
九月廿四日浙江諸暨縣教育參觀團九人到錫參觀
十月一日天津省立女子師範學校校長齊君國梁到錫參觀
同日開化鄉學務委員王干城君偕各校教員來城參觀
十月二日無錫市教育會開全體職員會

十月七日景雲市開成績展覽會

同日景雲市教育會開改選職員會舉定楊毓琛爲正會長楊作人爲副會長

十月十日國慶日無錫市私立秦氏小學侯氏小學奉大總統特獎匾額舉行祝典晚間舉行提燈會者有省立第三師範附屬小學縣立乙種工業第一第二高等小學無錫市立第一第三第四第五第九小學私立秦氏小學開化鄉第一第二小學

同日南延市私立鴻模高等小學職員學生及市立第二小學童子軍遠足至讓皇山行慶祝禮

同日泰伯市第十一小學開游藝會

十月十一日縣立第五高等小學開運動會

十月十四日萬安市教育會開例會

同日無錫市教育會開改選職員會仍舉蔡樾爲正會長陶守恒爲副會長

十月廿一日景雲市教育參觀團二十一人赴蘇參觀

同日浙江鄞縣教育參觀團十人到錫參觀

記載

同日甘肅教育參觀團四人到錫參觀

同日本會開全體職員會商榷無錫童子軍聯合會附設本會事

同日無錫市教育會開新職員組織會

同日懷上市開教育研究會

十月廿四日興化教育參觀團到錫參觀

十月廿六日天上市學務委員衞質文君偕各校教員三十餘人來城參觀

十月廿八日天下市第六小學開懇親會

十一月四日本會開第三十二次例會

十一月十一日山東省第一師範學校教務主任郭君竺泉等到錫參觀

同日開化鄉第十小學開運動會

同日景雲市開小學教育研究會

十一月十二日省立第一師範職員學生三十餘人到錫參觀

同日開化鄉立第一第五小學開聯合運動會

十一月十三日直隸省第二女子師範學校校長范錦榮君暨附屬小學教員到錫參觀
十一月十五日縣立第二高等小學開十五週紀念會
十一月十六日又開運動會
十一月十七日省立第三師範附屬小學開運動會
十一月十八日無錫童子軍聯合會由省立第三師範附屬小學移設本會
同日如皋縣教育參觀團二十餘人到錫參觀
十一月十九日浙江江山縣勸學所長毛晴晨君等到錫參觀
十一月廿五日本會續開特別會
十二月一日無錫市私立競志女學開第十二次學藝會
十二月二日懷上市教育參觀團二十餘人來城參觀
十二月四日富安鄉參觀團十餘人來城參觀
十二月九日泗陽參觀團十八人到錫參觀
十二月十五日無錫市私立藝芳小學開第一次運動會

十二月廿三日本會開全體職員會

七年一月一日縣立圖書館開第三週紀念會並開市鄉學務委員會商榷巡迴文庫辦法

同日無錫市立第一國民學校職教員暨全體學生五百餘人齊集公園行團拜禮

同日南延市第一第九小學私立端初小學開化鄉第八第十小學舉行提燈會私立鴻模高等小學開娛樂會

一月六日江西省視學王貞模吳儲伯兩君到錫參觀

一月八日泰伯市第十小學開懇親會

一月十三日本會開全體職員會

一月十九日開化鄉學務委員王干城君召集本鄉各校校長開校長會議

一月二十日本會開第十次大會改選職員仍舉孫思贊爲正會長孫保鑑爲副會長顧祖瑛黃豹光顧倬顧型許棫錢基厚顧鼎銘秦振鎬陶字恒秦權曹銓胡雨人過丙烈殷文煒糜贊治戴宗德張曜中孫倫鑑馮曉鐘吳棣華竇清袁詠裳張鑑嚴爲霖莊蔭梧陸壽禧朱正色陸鳳藻華昌壽孫雛飛爲評議部職員蔣士榮侯鴻鑑華國均孫廣釗李崑鄒仁

達胡桐蓀爲調查部職員薛明劍邵宗虎金聲孫廣鎬陶大杰爲治事部職員

一月廿二日懷上市私立經正學校開懇親會

同日鎮海縣參觀團五人到錫參觀

一月廿七日本會開新職員組織會舉定張鑑爲評議部長李崑爲調查部長孫廣鎬爲治事部長

同日無錫童子軍聯合會開會

二月十二日縣立通俗教育館開一週紀念會

二月十七日青城市教育會開第九次例會

二月十八日青城市教育會開小學教員研究會

二月廿三日本會開新舊職員交替會

二月廿四日縣立乙種師範假本會開同學會

同日縣立第五高等小學開五週紀念會

三月十日無錫市教育會開臨時會商榷組織參觀團事

三月十七日無錫童子軍聯合會開職員會商榷赴南京會操事

三月念四日本會開全體職員會

同日無錫市教育會開春季例會

同日懷上市教育會開改選職員會舉定嚴爲霖爲正會長姚焚爲副會長

三月念八日省視學兼小學教員試驗檢定主試委員周維城到錫

三月念九日南京暨南學校校長趙厚生君教員汪慟塵君率領學生二十餘人到錫參觀

同日縣立第一高等小學校開二十週紀念會

三月三十日縣立第一高等小學校開運動會

三月三十一日本會開第三十三次例會

四月一二三日教育廳假省立第三師範學校爲檢定小學教員第二區試驗所

四月四日蘇州萃英中學校職員學生五十餘人旅行來錫

四月八日縣立第六高等小學開五週紀念會

四月九日浙江省立第十師範學校職員暨四年級生到錫參觀

四月十三日浙江省立第九師範學校校長包仲寅等到錫參觀

四月十四日縣立第三高等小學校上午開五周紀念會下午開第二次運動會

同日景雲市教育會開小學教員研究會

四月十五日縣立第五高等小學校開第二次運動會

四月二十一日開原鄉榮氏私立競化女子高等小學上午開十週紀念會下午開學藝會

同日開化鄉第十小學開第二次懇親會

四月二十二日無錫市私立藝芳小學職教員學生旅行惠麓

四月二十四日開原鄉榮氏私立公益高等小學及四國民學校幷競化高小國民五女學開聯合運動會

四月二十五日宜興縣立第二女子高等小學職員學生到錫參觀

四月二十六日興化縣教育參觀團沈瓚臣等七人到錫參觀

四月二十七日銅山縣教育參觀團陳公度等十人到錫參觀

四月二十八日省立第四師範四年級生十餘人到錫參觀

五月三日省立第七師範學監暨四年生三十餘人到錫參觀

五月五日靖江縣參觀團十九人到錫參觀

五月六日奉賢參觀團到錫參觀

五月七日武進縣立第一高等小學職員學生旅行來錫

五月八日開原鄉第三國民學校開懇親會

五月九日國恥日無錫市立第一第四小學三等小學競志女學開國恥紀念會

五月十日無錫市立各小學舉行聯合遠足會

五月十二日省立第二師範舍監過冠生君率領第二部學生四十餘人到錫參觀

五月十五日南通代用師範學校教員四年生三十三人到錫參觀

五月念二日浙江德清縣參觀團八人到錫參觀

五月念四日浙江諸暨縣金月如孫挺秀二君到錫參觀

五月念五日省立第五師範四年生五十餘人到錫參觀

五月念七日浙江海寧參觀團居季梅等十二人到錫參觀

五月念七八日無錫市私立濟陽女學開第九次懇親會
五月念八日奉賢參觀團到錫參觀
五月三十一日安徽省立第二師範四年生二十七人到錫參觀
六月十一日開原鄉立第二小學校開懇親會
六月十八日安徽參觀團到錫參觀
六月十九日青城市敎育會開職員會
六月念八日武進縣立師範學校職員學生四十餘人到錫參觀
七月一日縣勸學所成立
七月十四日本會開全體職員會並開評議部職員會
八月四日本會開第十五次大會改選職員舉定張鑑爲正會長孫思贊爲副會長黃豹光許棫顧倬秦權秦振鎬顧祖瑛顧型錢基厚陶守恒李崑錢承駒邵宗虎胡桐蓀糜贊治殷文煒戴宗德孫保鑑孫廣鎬孫倫鑑鄒仁達嚴爲霖趙鵬蔣士榮莊蔭梧陸受禧王肱陸鳳藻浦武爲評議員秦銘光孫廣釗沈壽桐華國均辛幹過探先龔寶琰爲調查員朱正

色高文海孫在豐薛明劍袁詠裳爲治事員

八月十日丁未錫金師範同學會假本會開第五次例會

八月十三日本會開新職員組織會舉定孫保鑑爲評議部長朱正色爲治事部長秦銘光爲調查部長

八月十七日青城市教育會開第四次教員研究會

八月二十六日縣視學孫思贊召集十七市鄉學務委員開第三次學務會議

九月一日本會開新舊職員交替會

同日景雲市學務委員袁詠裳召集各校教員開小學教育研究會

九月五日省視學周維城到錫視察學校

九月十五日無錫市教育會開全體職員會

九月二十二日本會開全體職員會並開評議部職員會

同日上海第五區學務委員胡少元等六人到錫參觀

同日泰伯市學務委員鄒仁達召集本市公私立各校校長開第一次會議

同日天下市教育會開教育研究會並改選職員當舉華國均爲正會長過丙烈爲副會長

九月二十六日江西省立第一師範職員學生三十餘人到錫參觀

九月二十九日無錫童子軍聯合會開秋季大會改選職員當舉唐昌言爲正會長陶守恒秦權爲副會長顧果爲總教練陸士洲爲副教練

同日南延市教育會開常年大會改選職員舉定華君書城爲正會長華君繼升華君衡卿爲副會長

十月六日無錫市教育會開第六次大會改選職員仍舉蔡樾爲正會長陶守恒爲副會長

同日北下鄉教育會開第五次大會改選職員舉定華昌壽爲正會長曹允文爲副會長

同日省立第三師範附屬小學開五週紀念會

十月十日國慶日縣立乙種實業學校無錫市立第四第十小學私立競志女學翼中女學均於本校行慶祝禮晚間無錫市立第一第六私立秦氏唐氏小學縣立乙種實業舉行提燈會

十月十三日北下鄉參觀團十二人赴蘇參觀

記載

同日南匯縣參觀團到錫參觀

十月十四日浙江省立甲種商業學校職員學生到錫參觀

十月十八日縣立公共體育場行開幕禮

十月十九日縣立八校在公共體育場開聯合運動會

十月二十日開原鄉立第五國民學校教員率領童子軍三十餘人赴萬安市遠足

十月念二日天下市開聯合運動會

十月念四日江西省立第一師範學校職員學生二十餘人到錫參觀

十月念七日無錫童子軍聯合會開職員會

十月三十日揚名鄉學務委員陳雲耕君偕各校教員赴蘇參觀

無錫社會教育現行章程及規則

(一)無錫縣立通俗教育館規則

一　本館遵照省飭辦理以謀社會道德智識之增進爲宗旨

二　本館以無錫縣教育費設立定名爲無錫縣通俗教育館

三　本館暫設博物演講二部

四　本館設館長一人經理全館事務主任辦事員一人承館長規畫駐辦全館事務管理員二人承館長及主任之指揮助理館務演講部講員由館長酌量延訂

五　本館經費由縣教育費項下支給每屆會計年度之開始及終了時編製預算決算詳請縣知事核定之

六　本館開放時期除定期休息外每日午後一時起至四時止惟日曜日自上午九時起至

十二時止下午一時起至四時止

七　本館休息時期如左

甲陰歷歲終三日

乙盛暑三日

八　本館職員應守本館辦事細則（細則另訂之）

九　遊覽人應守本館遊覽細則（細則另訂之）

十　有以儀器物品捐贈本館者照優待捐贈物品通則辦理（細則另訂之）

十一　本館遇有變更陳列及整理時得臨時揭示停止遊覽

十二　本館各種規則細則均呈請縣知事核定施行如有未盡事宜得隨時呈請修正

（二）無錫縣立通俗教育館各種細則

博物部細則

一　本部蒐集或定製各種儀器標本模型圖表等加以簡顯之說明供衆遊覽以灌輸一般人民之常識爲本旨

二 本館陳列之物品以合於通俗教育者爲限不騖高深

三 本部設管理員二人承館長及主任之指揮處理一切事宜並保管整理及展覽時之說明試驗等事

四 本館陳列場所暫定二室其區分如左

第一室 (一)幼稚教育部(二)普通科教部(甲)修身類(乙)歷史類(丙)地理類(丁)天文地文類(戊)博物類(己)理化類

第二室 (三)實業教育部(甲)農林類(乙)工商類(四)通俗衛生部(甲)生理類(乙)病理類

五 遊覽人除守本館遊覽通則外應守左列之規約

(甲)自入口入至出口出勿折回

(乙)展覽時遇有疑問可隨時質問駐室之管理員惟不得軼出教育範圍以外

(丙)展覽時切勿以手觸物如質問時有所未明必須試驗者須請駐室管理員將器械試驗之或重大器械非一時所能試驗者須至演講部演講時試驗之

演講部細則

一　本部選擇有益於社會之各種材料開會演講以啓導人民之智識改良社會之習慣爲本旨

二　本部分定期演講臨時演講二種

(一)定期演講　每星期日下午三時舉行

(二)臨時演講　遇有特別機會行之(如名人臨觀或紀念慶祝等日)

三　本館設演講員一人承館長之指揮處理本部一切事務

四　演講人員除常任講員外其名譽講員由本館隨時敦請之

五　聽講人除守本館遊覽通則外應守左列之規約

(甲)依規定之次序不得紊雜

(乙)對演講者無詰問

職員辦事細則

一　本則依本館規則第八條之規定爲全館職員辦事之準則

二　職員辦事時間除定期休息外每日上午九時起至下午五時止凡在辦事時間內不得離任務之場所

三　館長應負責任如左

(甲)延訂館員稽察勤惰

(乙)規畫館務妥定規則

(丙)督同主任辦事員編造預算決算報告公署

四　主任應辦事務如左

(甲)承館長之規畫執行本館各項細則督率本館各員處理事務

(乙)佐理館長規畫本館應行興革事宜

(丙)稽查本館員役之勤惰

(丁)每月彙集辦事情形統計之半年彙報縣知事一次並刊印宣布以驗社會之程度與性質

五　管理員及講員應辦事務如左

(甲)保管儀器物品及整理之
(乙)司本館之編製記錄繕寫收發遊覽劵並兼任會計庶務書記等事
(丙)對遊覽人應爲屬於本館範圍內之各種說明或試驗及範示動作
(丁)對遊覽人應爲屬於本館範圍內之勸告或保護等事
(戊)每日所記遊覽人各種事項用規定書式或表式報告主任由主任報告館長惟講員得於每次演講後報告
(己)掌管本館鈐記文牘編製預算決算並司銀錢出入按月結算送館長處查核
(庚)購置必要物品保存購物發票
(辛)監視工程督察僕役

六 職員因事請假須自行託人代理職務不得來去自由致誤館務

七 館中事務經館長或主任許可後方能執行

遊覽細則

一 本則依本館規則第九條之規定爲入館遊覽者之準則

二　遊覽者應注意於本館規則第六條第七條第十一條之規定一體遵守
三　凡入覽者須持有本館游覽劵（每劵銅元一枚）
四　游覽人如有酒醉或傳染病及精神病者得謝絕之
五　各團體整隊來館游覽者須先期函知本館許可
六　游覽人至本館游覽應注意於本館細則外並應守左列之規約
（甲）入館時不得携帶物品
（乙）遊覽時不喧笑不吸煙不食雜物不隨意涕唾
（丙）對於職員不爲範圍以外之問答
（丁）職員有指導或勸告時勿爲反對之態度
七　游覽人有不守本館各種規則時本館得令其退出

捐贈物品細則

一　本則依本館規則第十條之規定爲捐贈物品者報酬之準則
二　捐贈物品以屬於本館範圍者爲限

三　優待事項列左

(甲)標識捐贈者之姓名籍貫經過事實於所捐贈之物

(乙)以捐贈者之姓名籍貫職業經過事實製爲捐贈物品一覽表懸本館公布處

(丙)贈與本館捐贈物品紀念章

(丁)詳請縣知事比照捐資興學例酌予褒奬

凡捐物品在五元以上不滿二十元者適用甲欵之規定二十元以上不滿五十元者適用甲乙二欵之規定五十元以上不滿百元者適用甲乙丙三欵之規定百元以上甲乙丙丁四欵均適用之

四　有以物品借陳本館須定期取還者標識其姓名籍貫經過事實於所借陳之物

五　凡捐贈之物品陳列方法皆由本館主之但捐贈者得陳述意見於本館以備採擇

(三)無錫縣公立圖書館章程民國七年一月第一次修正

第一章　總則

第一節　本館爲社會教育起見遵照　部定圖書館規程儲集各種圖書供公衆之閲覽以

表章文化發揚國光灌輸常識啟迪國民爲主旨

第二節　本館爲無錫縣社會教育事業其經費由全縣共同負擔詳　部立案定名爲無錫縣公立圖書館

第三節　本館設館址於本縣無錫市公園路建築西式三層樓房一座內分閱覽室藏書室休憩室應接室辦事室等各有定所

第二章　圖書

第四節　本館收藏新舊圖書分購置捐助寄存三種購置圖書視經費之盈絀隨時酌量蒐集按月報銷捐助圖書及寄存圖書另以章程定之

第三章　閱覽

第五節　本館每日下午一時開館五時閉館星期日上午九時開館十二時閉館下午照常閱覽

四月一日至八月三十一日下午延長至六時閉館

第六節　本館在開館時間無論本籍外籍各界人士均得來館閱覽但須守本館閱覽規則

（閱覽規則另詳）

第七節　本館收閱覽費五種如左

一　普通閱覽　每人銅元二枚

二　特別閱覽　每人銅元四枚

三　婦女閱覽　每人銅元二枚

四　兒童閱覽　每人銅元一枚

五　閱覽報章　每人銅元一枚

收費類別另詳閱覽規則

第八節　普通閱覽特別閱覽婦女閱覽如借閱中裝圖書以三種十二册爲限洋裝以三册爲限兒童閱覽以一種三册爲限如册幅過巨或整套裝函者本館得隨時增減其册數

第九節　本館除巡迴文庫出借書籍另有專章外館中無論何種圖書概不借出館外

第四章　館員

第十節　本館設經董一人由縣知事照會任之主任一人館員若干人由經董延請任之分

司職務如左列

經董　總攬全館事務對於主管公署有承受及陳報之義務并督察館員之勤惰而黜陟之

主任　率同館員各司厥職及收集圖書執掌文牘簿册並商承經董編製預算決算等事

館員　編輯員專任審查圖書分類編目並繕寫校勘等事　管理員專任整理檢查保守儲藏等事　庶務員專任收發圖書指導閱覽並收支銀錢繕寫文件整理器具稽查館役等事

各館員除專任職務之外得兼任本館他項職務並得招收練習生若干人由主任商承經董隨時分配之（館員服務規則另詳）

第十一節　本館主任及館員須常川駐館設事務所以備膳宿辦事之處（事務所規則另詳）

第五章　休假

第十二節　本館開幕紀念日（一月一日）　夏歷除夕　夏歷元旦　各停止閱覽一天

第六章　巡迴文庫

第十三節　本館設置巡迴文庫選購通俗圖書配置書箱若干具分送各市鄉傳遞閱覽另以章程定之

第七章　附則

第十四節　本章程或有改良及推廣之處得由主任商承經董酌量修改隨時呈報主管公署施行

（四）無錫縣圖書館收集圖書簡章民國四年一月訂定

本館現有圖書約計五千種一萬八千餘册除籌款陸續添購外另定募集方法三種如下

一捐助

凡藏書家有願將圖書捐助本館者無論多少先將所有圖書名目册數及原購實價詳細開列函致本館經本館審定後通知本人將圖書送來隨給收據爲憑

捐助圖書價值滿五十元以上者本館贈以半年常期閲覽券一張滿百元以上者贈以

一年常期閱覽券一張倘捐助過多當另商從優酬報五十元以內者贈以一月券或酌贈零券

凡捐贈圖書無論多寡既行捐贈永爲本館所有

凡經捐助本館圖書者本館將捐助人姓名列表懸示以彰公誼

一寄存

如有家藏圖書自願寄存本館供衆閱覽者可將圖書目錄册數原價及寄存年限詳細開列函知本館經本館審定後復函通知將寄存圖書送來隨給本館收據爲憑

凡寄存圖書必須加蓋本人圖章如無圖章本館當代爲簽貼標識

寄存本館圖書無論多寡須滿二年以上既滿期限可將本館原收據來館領取

寄存圖書如已滿期仍願寄存者當將原收據來館申明展期

寄存圖書一經本館收到當負完全保管之責寄存圖書知有原來破損不堪翻閱必須糊補重裝者由本館通知本人代爲修理該費由本人任之如本人不願出費當將該書送還

一借鈔

如有家藏舊刻秘本或鈔本願流傳行世而不便寄存在外者可由本人函知本館經本館認為必備圖書即行函知將原書借鈔約期奉還如有遺失汚損等事本館當負完全責任

(五)無錫縣圖書館試行巡迴文庫章程

一 本館因本縣四境遼闊各市鄉散處四週來往不便茲為普及各市鄉閱覽書籍起見特行參照東西各國圖書館設置巡迴文庫辦法置備書箱若干具分送各市鄉傳遞閱覽以期普及

二 本縣全境照現定學區數除無錫市為館址所在地無庸巡迴外其餘十六市鄉計路程之便利定傳遞之先後以次遞送

各市鄉閱覽之順序 天上 天下 懷上 懷下 北上 北下 南延 泰伯 景雲 新安 開化 揚名 開原 富安 萬安 青城

三 每一市鄉先由本館備函將書箱書目簿册等件送交該市鄉學務委員由該學務委員

收到後應出收據寄存本館即由學務委員酌視該市鄉繁庶市鎮或學校公處等分兩項辦法

一　設閱覽所招人定時閱覽

一　定借書章程出借與人閱覽

四　每一書箱在一市鄉境內閱覽期以一個半月爲限（運送期併計在內）限滿由學務委員將書籍檢齊封鎖交送本館所指定鄰近市鄉之學務委員書目簿册等件一併移送所有書籍均蓋有本館圖記如有缺失汚損不符等事由學務委員隨時函知本館以憑查理

五　學務委員俟接到某號書箱照編號簿按數點收後其應如何設置閱覽地方或委托他人代爲收管等事統由學務委員酌度支配如有遺失汚損等事應由學務委員負責

六　每一市鄉閱覽期滿由該市鄉學務委員將本屆閱覽人數及職業並所閱覽之何種書籍册數等列表報告本館迨至年終以備彙編組表藉覘各市鄉閱覽狀況

七　本章程如有未盡事宜應行改良之處由本館隨時修改通知各市鄉學務委員辦理

(六)無錫縣立公共體育場章程

第一條　本塲由縣經費設立定名無錫縣立公共體育塲

第二條　本場以提倡社會體育直接增進地方人民之健康間接補助各種事業之發展爲宗旨

第三條　本塲暫設器械部球部田賽徑賽部及柔軟體操部其游泳技擊兩部俟籌有經費再行添設

第四條　本塲設督察管理員兼場長一人指導員一人其關於書記會計一切事務由塲長支配與指導員分別兼任另以規則定之

第五條　本塲特就明於體育或社會有經驗者呈由縣知事分別延委爲名譽督察管理員或指導員無定額隨時蒞場以輔不逮

第六條　本場運動員無定額凡品行端正有志體育者均得蒞場惟須持有本場入場劵但學校職員學生得以校片或徽章爲憑

第七條　本場入塲劵分普通及常期兩種常期入場劵由本場酌量致送普通入場劵凡持

有地方機關或其領袖紹介函者均得領取

第八條　凡持有本場入場劵者亦得憑劵入覽惟須遵守游覽規則(游覽規則另訂之)

第九條　運動員概不取費但有損壞本場物件者應負賠償及修理之責任

第十條　運動員須遵守本場運動規則(運動規則另訂之)

第十一條　凡各學校或其他團體有欲借用本場者須於一星期前來場接洽

第十二條　本場運動時間依節候之變遷隨時規定

第十三條　本場休假日期就社會之便利特別規定如左

年假一日　清明端午中秋冬至各二日(以上均於次日休息)　每星期月曜日　其他臨時酌定

第十四條　本場兼辦其他通俗教育事宜如演講幻燈分送印刷品等隨時酌量舉行

第十五條　本場附設體育研究會別以規則定之

第十六條　本場場址在無錫西門外棉花巷北倉弄內

第十七條　本章程呈請縣知事核正施行其有未盡事宜得隨時修改呈請備案

（七）公共體育場設備規則

第一條　本場設立無錫西門外大倉舊址計面積十三畝四分三厘二毫

第二條　本場依章程第三條之規定暫設四部如左

（甲）器械部凡單槓雙槓跳箱鞦韆及其他器械運動均屬之

（乙）球部凡網球足球籃球及其他各種球戲均屬之

（丙）田賽徑賽部凡跳高跳遠擲球賽跑均屬之

（丁）柔軟體操部凡徒手體操啞鈴球竿棍棒及其他各種柔軟體操均屬之

第三條　本場應設職員辦事室運動員休息室浴室僕役臥室及器械儲室各一間

第四條　本場應置有關體育各種書籍以備參考惟無論何人不得携出場外

第五條　本場應備救急藥品以防不虞

第六條　本場四周應陸續添種樹木及設排椅以便休憩

第七條　本規則未盡事宜得隨時修正

（八）公共體育場辦事規則

第一條 本規則依章程第四條之規定爲本場辦事之準則

第二條 本塲職員除定期休息外在運動時間以內應恪盡職務不得擅離

第三條 本場職員應辦職務如左

(甲)督察管理員之職務

1分配職務

2稽核勤惰

3逐日巡視塲內秩序并協同指導員爲各項之指導

4規畫各部一切應興應革事宜

5掌管本場圖記

6編製預算決算

7分配僕役職務

8保管各種器械

9擔任演講

（乙）指導員之職務

1指導運動員之練習

2矯正運動員之動作

3檢查運動員之身體

4爲田徑賽運動之評判人

5爲球部各種之公證人

6爲各項運動之評判人

7逐日佈置運動場及檢點器械

8逐日登記運動人數（登記表式另訂）

9輔助督察管理員辦理一切事務

第四條　本場職員辦事應各遵守權限惟遇有互相關係之處仍應協同辦理

第五條　本規則未盡事宜得隨時修正

（九）公共體育場體育研究會規則

第一條 本規則依章程第十五條之規定爲本場職員與合邑體育專家集合研究之準則

第二條 會員資格

(甲)現任各校操體教員及童子軍教練員

(乙)素有體育經驗者

(丙)熱心研究體育者

第三條 本場研究分常會臨時會二種如左

(一)常會定期舉行

(二)臨時會隨時酌定

第四條 研究之事項如左

(一)關於運動員之各種運動及指導方法

(二)關於本塲塲務之進行及改良事項

第五條 研究時須將研究已定事項編成研究錄藉備參考

第六條 關於體育各項研究有得應隨時印刷發佈運動員

第七條　本規則未盡事宜得隨時修正

(十)公共體育場運動規則

第一條　本規則依章程第九條之規定凡運動員應遵守之

第二條　運動時應受指導員之指揮

第三條　入場運動時勿喧笑吸烟及隨時涕吐

第四條　運動員如染有精神病傳染症或不守規則者得令其出場

第五條　運動員休憩時須休憩於本場指定場所

第六條　運動員衣帽須置本場指定場所

第七條　運動員除守本場運動規則外並應守左列各規約

(甲)有同時練習同樣運動者以入場之先後爲序

(乙)有二人以上共同運動時由練習者自行商定人數

第八條　運動員如欲練習各部運動應先向該部指導員說明登記

第九條　各部運動種類及時間規定如左

（甲）器械部

一本部器械暫設天橋滑橋鐵槓雙槓跳箱助躍台鞦韆吊繩吊環浪木巨人步機械等項

二各種器械按運動員之年齡而運動之

三本場鞦韆等附設在天橋上不得同時運動以防危險

四無論何種器械遇有他人練習未畢時不得攘奪爭先致生危險

五練習時均有本場職員在旁監護如不在練習時間任意運動發生危險本場概不負責

六本部器械每項練習之時間以三十分鐘爲限

（乙）田賽徑賽部

一本部運動約分三種（甲）力技（乙）走技（丙）躍技

二力技分擲鐵餅推鉛球兩項運動

三走技分百碼賽跑二百二十碼賽跑四百四十碼賽跑八百八十碼賽跑一英里賽

跑（或各項替換賽跑）一百二十碼或二百二十碼跳欄各項運動

四躍技分遠跳高跳撐竿高跳各項運動

五擲鐵餅與推鉛球時由本場指定地點不得任意勉擲致生危險

六賽跑及跳躍時須度己之能力不得勉强致害身體之發育

七練習跳欄或跳高等項運動須俟跳架取出並經本場指定地點佈置妥當後方可運動

（丙）球部

一本部暫設足球網球場球籃球隊球壘球台球克樂開球等各項運動

二每項運動各有指定地點練習時須報由本場指導員分配人數

三練習足球之時間以三十分至四十分鐘爲限但在正式比賽時得延長時間

四練習網球之時間以十分至十五分鐘爲限

五練習場球及籃球之時間以十分至二十分鐘爲限

六練習隊球之時間以二十分至三十分鐘爲限

七練習壘球之時間以二十分至二十五分鐘爲限

八練習台球之時間以十分鐘爲限

九球部規則另有書籍以備參考

十無論練習何種球時均須遵守規則倘有違犯規則至三次以上者經同時運動員之報告或經本場指導員之覺察得停止其運動

十一各項運動均分兩組每組之中須推舉一人與本場指導員接洽

（丁）柔軟體操部

一本部各種運動人數由指導員臨時酌定

二本部運動有與器械體操發生聯絡關係時得配合他項器械運動

三開始運動時須聽本場指導員之口令

四運動員在未練習之前由本場指導員先行整隊隨後運動

五練習時動作未畢不得擅離原位

六練習時須求形式之整齊及姿勢之正確

七練習既畢由指導員復行整隊俟發有口令始得散隊

第十條　本規則未盡事宜得隨時修正

（十一）公共體育場遊覽規則

第一條　本規則依章程第七條之規定爲來賓游覽之準則

第二條　凡入場游覽者須就本場指定場所不得擱入運動圈內妨害各部之運動

第三條　凡參觀運動時不得任意喧譁

第四條　各種器械切勿擅行移動致有損壞而生危險

第五條　游覽時如有不守本場規則者本場得令其退出

第六條　游覽者須持有本場入場劵

第七條　凡各團體結隊游覽者概免持劵惟須訂定時間先行通知本場認可

第八條　本規則未盡事宜得隨時修正

外埠調查

省名　江蘇

校名　醫學專門

校址　吳縣滄浪亭

姓名

蔡文森 校長　朱筠雲 教員　范紹洛 教員　周復培 教員

華廷笏 職員　華廷棟 職員　金　熹 職員　王家瑜 職員

華　鎮 職員　王紹潞 職員　趙學沂 職員　張巽撰 職員

王　永 職員　王世鐸 職員　顧名璇 職員　薛錫齡 職員

華乾吉　蔣　璟　陸洪鈞　史寶善

諸光燮　朱履中　吳　倬　唐宗暘

顧百旬　孫葆貞　顧憲曾　糜士楠

朱有光　顧嗣誠　朱士洲　秦廣銓

龔　鴻

外埠調查　二

東吳大學　吳縣天賜莊

稽長康教員　林鳳岐教員　林鳳文　孫葆昌

薛學濳　陳鼎瀅　王祖庚　薛瀛生

張韻苞　孫慕顏　朱增榮　陶懋鈞

惠綏芳　袁志浩　陶萃鈞　倪人龍

惠樹敏　史習謙　施錫恩　唐國樑

周廷章　劉　澡　榮達芳　王盛康

陸鼎傳　薛　鳳　王啟周　胡昌年

陸鍾英　孫鏡銘　顧曾述　李間宏

第一師範　吳縣三元坊

范紹洛職員　薛　英　黃俊德　胡　卓

附屬小學　同　前

孫葑清教員　范　權

第二女子師範　吳縣盤門內新橋巷

黃豹光教員　錢承駒教員　華廷輝教員　華　震教員

顧穀嘉　華靜娥　蔡佩蘅　過觀仁

薛　泳　蔣安全　陳　洽　陸蓴芬

■無錫縣教育會年刊■

華　蓋　蔡鏡存　甯寶儀　孫婉籙
王志英　過振武　過素英　俞　鈺
周月樨　王世偉　蔡　潤　蔡維翰
宋鳴葭　蔣婉清　蘇湘貞　胡　葵
陶菊友　馮明霞　孫　棠　孫蓉寶
宋明秀　蔡穎存　趙谷音　嵇良英
謝巾粹　胡競蘊
黃秀芳　黃秀蘭　黃國英　吳　珍
周培玉　劉文詩　劉鳳俄
薛溫賢　薛秉秀　蔡綺存　王昭竝
薛　正　丁　圯　談佩芬
王士佐　張洪志　吳明祥　吳理祥
徐鴻賡　錢壽壬　王裕中　陶志道

附屬小學　同　前

景海女學　吳縣天賜莊

第二中學　吳縣城內草橋

三

外埠調查

外埠調查

四

第二工業　吳縣閶門外下津橋虞炳烈職員

蔡適存　虞際元　嚴元亨　殷之時
錢宗武　程文杰　黄德純　過質彬
過軒先　張文魁　浦應籌　過祖源
龔懋珩　錢鍾瑚　王增　高行徙
過守道　孫乾鎔　吳邦傑　薛寅鵬
孫圖銜

第一農業　同前

王維德　錢文煥　胡金祥　王駿
張鍾俊　張守中　王錫圭　侯繼昌
王傳魯　翁一清　華雄　謝萬鎰
程保圻

女子蠶桑　吳縣滸墅關

李毓珉　任志路　王士英　華承昭
顧梅雲　陸秀芬　張秀韻　胡犖英

法政講習所　吳縣海宏坊

萃英中學　吳縣上津橋

桃塢中學　吳縣閶門外

外埠調查

胡詠絮　華　均　莊西珠　陸蘭芳
曹惠和　諸繼賢　曹竹筠　陸鳳和
張　嫻　林靜芳　沈菊英　過葭笙
過綴秋　胡蘭珍　徐秀霞　薛　惠
張淑慎　汪葆珍　張蘭仙　諸涵英
陸鴻聲
華承榮　許文耀　薛南卿　馮兆嘉
蔣顯祖　陶炳南　黃鴻道　錢鍾亮
蔣逸稚　唐鳴鳳　錢鍾虞
顧大奎（教員）　顧劍青（教員）　朱寶熙　吳　亮
葉正吉　蔣士傑　殷國樑　張　煌
鄭世鑅　張國鑑　薛福元　廉邵成
廉相成　王炳簡　胡屏南　錢育熙

外埠調查

六

過雨春　王煥然　徐叔亮　袁秋泉

吳寶義　姚繼良　過廷楨　趙慧中

殷鴻培　王士毅　丁衡展　周錦奎

胡琢成　丁雄展　陸慕韶

晏成中學　吳縣謝衙前　阮國瑞　張鶴翔　徐錦昌

世界美術專修　吳縣廟堂巷　張邕　唐樑如　錢志仁

大同女學　吳縣城內　柯蕙英

振華女學　同上　薛默先教員

第九國民　吳縣南北橋市　顧鴻

縣立第一高小　常熟　周應夔

里仁鄉第一國民　同前　姚芹生教員

石井第二國民　同前　須滌塵教員

麗則女子中學　吳江同里　鄒家麟教員　吳廷槐教員　華廷輝教員　華貫千職員

吳江中學　吳江城內

顧穀綏教員　高　式教員

龔敬釗教員　秦　澂　胡星曜　陶寶華

張之彥　王懋德　楊錫麟　范　浩

楊永清　秦冲志　毛　荃　諸　飛

諸龍翔　華世銓　秦宏濟　高維蟾

蔡　俊　龔鏡蓉　沈繼善　朱宗源

黃南屏　張範益　倪復初

縣立女師範　同　前

諸希賢教員　王素豪教員

縣立第一女高小　吳江同里

王梁弦　王昭竑　李　錦

縣立第二女高小　吳江震澤

程鵬超教員　華毓英教員

震澤市立第四國民同　前

陳世昌教員

北垻鄉立第一國民吳江北垻

過耀珪教員

第五中學　武進玉梅橋

陳福培教員　孫寶鏞教員　胡炎光　沈全崙

外埠調查　七

外埠調查

八

顧名薰　楊宗駿　單炳遠　薛振遠
黃競生　錢　文　張耀曾　趙鴻賓
秦彥釗　朱文煜　錢恩齡　談炳章
朱復基　是惠霖　張鴻翔　薛毓華
戴炳奎　袁宗澤　孫昌越　許鳳華
呂牧雲　過　圭　過崑源　王蔭棨
孫錫爵　孫彬森　陳租光　張揆曾
談其熉　孫曉樓　嚴同武　華安豹
談元烱　錢國鎔　錢興祖　華　渭
周啓賢　范欽符　錢重慶　孫賓鐘
鄒峻德　孫寶親
鄒慶祥　浦營東　吳　駿　周吉照
周志尙　朱紹張　陳士銑　錢　瑩

縣立師範

武進

縣立女師範	武進	陳福培教員 胡 振教員
縣立第一高小	仝 前	樂莘耕教員 錢志仁 錢 瑩 楊觀海 倪錫坤
縣立第十八高小	武進前港	侯鴻鈞教員
東吳第十二高小國民	武進青菓巷	周 征教員
市立第八國民	武進	樂莘伊校長
彭城中學	宜興和橋	姚景陶 顧孔行 許宗由 王 庸 王復旦 華覺生 殷彭齡 許宗濂
縣立第一高小	宜興夫子廟	張漢徽教員
縣立第二高小	宜興和橋	鄧慶基教員
鵝西高小	宜興楊巷	陶方東教員
明誠女學	宜興西廟巷	蔡鳴喈教員
肇化女學	宜興徐舍	周 傑教員

外埠調查

明谿女子國民 宜興張渚

南菁中學 江陰

十

孫德昭 教員

陳鳳翥 嚴袁根 周邦彥 繆斌

許鳳苞 王錫綬 過育萬 張邦彥

吳邦偉 周鴻年 程銘圻 胡鳳翥

吳鴻鼎 顧高坊 陸道坤 朱宗潞

諸　飛 陸毓琦 顧惠明 榮永春

高維鐈 陳　洪 華貽相 蔣執中

顧鼎祺 顧壽成 朱士俊 何　豪

王煥道 陳增祺 張仁親 朱振邦

方森寶 過晉階 秦宗潞 顧樹業

周　霖 張　謩 顧永德 高昌煒

過心一 楊錫麟 毛　荃 王懋德

鄒寶田 鄒景衡 孫廣鈞 陳士鋒

縣立第二高小	江陰城中	徐祖麟 顧永麒 朱寶祥 胡仲芳 顧孔賢 顧孔行 姚時猷 馮時清
縣立女子高小	江陰	錢彤淑教員
錦帶高小	江陰顧山	須保陞教員
第二國民	江陰河塘橋	諸養正教員 錢載華教員
馬鎮第三國民	江陰馬鎮	顧仲英教員
泗河鄉立第四國民	江陰青暘	須君雍教員
長涇第五國民	江陰長涇	姚國祥教員 張英 華經緯 郭頌聲
體仁國民	江陰青暘	程光圻教員 過振華 周宇清
縣立女子高小	靖江城內	龔暉教員 過明霞教員 華承昭教員
		顧蕙芳教員
進化女學	靖江	華承昭教員
紡織專門	南通	王懋中

無錫縣教育會年刊

十二

外埠調查

甲種商業　南通

繆儲英（教員）　諸泰曾　顧迪吉　周岐
程德和　虞增銓

高等師範　南京

朱進（教員）　施之勉　顧永錫　張開圻
孫錫晉　蔣錫昌　陶賡唐　施道周
錢熊　程昌圻　孫宗彭　鄒鍾琳

附屬中學　仝前

朱籙（教員）　王叔浩　蕭文椿　吳士楨
吳廷佐　陳泰寰　王德宣　薛仲達
孫葉華　孫振鉞　孫景灝　王昌琪
殷宗浩　孫寶信　虞毓麟　徐用楫
倪祖堃　談述曾　談光曾

附屬小學　仝前

楊宗灝　陸文厚

金陵大學　南京

賈鈞　楊世培

河海工程　南京北極閣前

孫壽培　程日照　胡宏莊　華冠時

法政專門	南京紅紙廊	余誠謨
		蔡　浩教員 孫乃湛教員 張士傑教員 楊彬璐
		余尚恕
海軍雷電	南京儀鳳門外	秦福鈞 秦慶鈞 周崇道 華國良
		胡宗淵
第四師範	南京門帘橋	莫善樂
第一女師	南京	李愛整 李君梅 華粲英 吳彝達
		祝韻蘭 蔣　荃 楊　荇 楊海華
		蔣丹雲 蔡鳴喈 俞素瑛 張　輅
		邵修貞 朱若珏 談　英
附屬小學	南京馬府街	薛詠道
第一中學	南京	薛光謙職員 錢壽椿
第一工業	南京復成橋	方守禮 張耀宸 任文鴻 殷文友

外埠調查

外埠調查

第一農業　南京

教育廳　南京

通俗教育館　南京大中橋

縣立女子高小　金壇

工業專門　上海徐家匯

十四

過探先校長　高　鵬教員　朱　籙教員　過錫彤教員

程鵬翥教員　衛　桐職員　嚴　鼎職員　陳　鋒

陳祖康　過觀先　過錫川　鮑映奎

郁映森　陸士銓　過望春　胡慤風

楊熙曾

孫肇圻　朱景宇

顧在範

李毓珍教員

唐文治校長　張廷金教員　鄒登泰教員　顧維精教員

蔡其標職員　張　毅　汪禧成　楊惺華

曹曾祥　姚鴻逵　陸鼎鍠　陸　禾

顧培熙　黃選青　黃修青　范壽康

張　倫　張範中　俞松濤　張寅旭

外埠調査

胡瑞鎭　過錫桐　鄒尙熊　尤寅熙
陸鼎復　胡瑞祥　諸福棠　胡鳴玉
周維幹　劉用臧　江應麟　周浩泉
王鏡民　顧曾錫　顧曾授　楊蔭溥
王　勁　過錫圭　顧懋勛　姚滌新
顧穀同　顧毓曾　楊祖植　張元燾
榮士德　華祖翼　王汝璠　王世偉
華世忠　安鍾瑞　尤巽照　華純安
唐增源　鄒亮熙　嚴同生　諸水本
陸偉周　顧振亞　裘維琳　路秉文
甯樹藩　高宏勳　陳耀炳　鄒忠曜
裘維平　許師衡　唐慶永　唐　虞
蔡　煒　顧穀宜　朱　明　王繼善

外埠調查

同濟德文醫工大學 上海

約翰大學 上海梵王渡

震旦學院 上海盧家匯

朱文沅 華光源 蔡勖存 辛鑑堀
俞仁培 胡健生 楊文炳 顧毓琭
秦鑑源 周承錫 周承恩
周綸 周緒 宋永齡 俞敦培
俞載凡 過涅 榮耀馨 朱宗海
顧毓琦 過溢 楊景煥 鄧根廉
顧曾貽 顧曾祥 顧曾毅 蔣崇武
蔡鎬 高翔
周曰庠（職員） 薛榮祖 李冠傑 過廷勳
薛楚書 丁戊康 朱士嘉 陸補生
薛淵 薛之驊 華壽生 華壽奎
華士鼎 孫鍾英 榮序馨 孫鍾堯
孫儁 孫傑 王順發 楊駿才

學校	地址	姓名
復旦公學	同前	陳正昌 蔣 鑿 秦光煜 華振聲 秦竟成 顧毓炎 陳中和 過鶴奎 林鳳文
大同學院	上海滬杭車站	胡敦復校長 胡憲生教員 華 適教員 郁德基 嵇毅復教員 衛培錦職員 孫祖佩職員 榮鑑心職員 龔鴻圖 徐紹鳳 張國銘 徐漢臣 龔祥霖 江祖岐 顧毅貽 陸建恒 王秋舫 孫秉鈞 華蓮生 鄒鵬運 華蔭桐 侯梁臣 顧仁宇 陳應元 過錫庸
第二師範	上海尙文門	過文冕教員 顧 型教員 孫祖基 錢肇榮 鄧乃鴻 楊昌齡 孫景濂 張學忍
第一商業	上海小南門	孫承烈 高昌祺 高昌黎 舒 耀

外埠調查

外埠調查

學校	地址	姓名
		莊蔭棠　陳庭楨　高昌邦　曹玉亭
		孫　斌　劉俊椿　顧光樞　陳祖武
		汪大銘　陳鴻濟　吳重光
南洋女子師範	上海	王畹蘭　王翕青
南洋中學	上海日暉橋	朱　鏞(教員)　孫　正　陳竹安　陳坤一
民立中學	上海大南門	倪建章　過元熙　張慶培　馮志高
		華士源　秦毓錦　錢光濟　錢亞傑
		徐　城　浦　良　顧曾宏
徐匯公學	上海徐家滙	榮泉馨
清心實業	同　前	胡協臣
澄衷學校	上海虹口唐山路	張榮祖　馬柏青　張行剛　郁蘊璋
		沈榮康　賈燮廷　沈鴻昇
浦東中學	上海浦東	陸鳳翥　張超群　陶志亮　秦光衡

		陳士鋒 趙文華
江南中學	上海靜安寺路	榮文光
惠中中學	上海西門斜橋	張維墉 杜廣圻 杜廣域
務實中學	上海牯嶺路	吳樹周教員 陳錫華 夏洪芳
東吳第二中學	上海崑山路	沈伯勳 錢人鑑 張景泰 陶冠時
		陶勉時 林鳳立
附設法律科	同前	林鳳苞 王傳璧 陳鼎揆
青年會中學	上海北四川路	榮鈞泰 薛樹榮 張嗣興 張繼賡
		趙忠遽 趙忠迪 鄒禹烈 鄒金祥
		丁錫堡 何星齋
青年會中學	上海梵王渡	强宗漢教員 王世澄教員 張愷 張志銳
		龔伯賢 馮永清 强元杲
附屬小學	同前	陳妙賡 顧仲鈞 陳賡杜 張宏遠

外埠調查

二十

		吳　森　談仁生　談雪生
愛國女學	上海天保里	程宏遠教員　張蓴芬　張蕙芬　于蘭英
		唐志英　唐偉英
啟民女學	上海徐家匯	顧毓英　裘毓蘷　許麗卿　秦圓如
		秦信芳　高若雲
縣立務本女子中學	上海西門	嵇毅復教員　張學珍　竺鳳珍　華　珊
		王筱梅　吳文英　王競華　鄒愛貞
		黃翼宗
民立女中學	上海西門	蔡昭青　任學亭
啟秀女子中學	上海虹口	吳彩三教員
惠中女中學	上海西門斜橋	華鳳沂　華鳳沼　華鳳淳
南洋路鑛	上海北四川路	俞　亮教員　胡憲生　徐卓雲　欽士榮
		陶毓燧　趙憲迥　須賚粹　鄒亮熙

		王紀勳			
中國鐵路	上海	榮紹曾	楊建楓	諸虎臣	倪建業
		王宗瀚	張學堯	馮安寶	陳榮圻
南洋商業	上海浙江路	王福庚	王福康	周耀森	畢利蔚
中西商務	上海閘北三畏里	高子根	程鳳初	黃祥頤	鄭錦林
		鄭珊林	吳春波	鄭海舫	胡伯卿
青年會商業	上海福州路	楊宗廉	龔伯賢	沈學謙	王　梓
巽興商業	上海南市	王虎如			
湖州旅滬公學	上海	榮錦堂	沈祖榮	陳　溆	陸士根
		潘春泉	戴鎮華	馮錫庚	鄒孟賢
		潘榮春	榮楨隆	沈雪桂	陳海帆
		趙嗣源	周金壽	黃祖蔭	孫永清
		韋森寶	陳曾望	陳曾慰	史鴻茂

外埠調查

湖州旅滬女學　上海

華童公學　上海

二三

張榮爵　榮耀隆　朱錫耕　龔瑞祥
陳新明　徐榮卿　朱鳳鳴　浦慕達
龔瑞生　張榮炳
趙　最　蔣碧英　馮林弟　胡小英
曹寶貞　祝文娥　毛蕙貞　劉閏臣
王蟄仙　王一林　龔寶珍　朱雲仙
祝慧寶　陳　瑛　祝珊寶　王菊林
周邦藩（教員）　陸佐雲　尹榮寶　楊瑞源
楊德華　金亦坤　曹廷禎　鄭宗岳
汪乃斌　榮保嚴　張青雲　徐錫林
祝乃瑱　嚴成壽　張清永　張興康
王秀毓　陳　模　黃　勳　王　勳
榮瑞增　張晉康　黃　興　陳　植

哈同倉聖明智男學　上海　吳纘札　張馥全　張珍華　華松琴
江塵素　張次靑　周秉彝　孫　斌
鄧叔平　榮渭生　俞　俊　張志榮
過弼臣　浦　烈　黃志考　張振華
黃志義　華家鰲

哈同倉聖明智女學　上海　華筱珍　華　渭　程學敬　程學勤
華素珍　華琴寶

中西女子醫學　上海　張倬雲

中國體操　上海新西門　戴建標　蔣國康　薛　泮

女青年會體育師範　上海崑山路　許杏芬　顧宜菊　袁保珠　顧縠若

又半日學校　同　上　廉紹華

青年會體育專修　上海　許　巖　蔣　震

圖書專修　上海西門白雲觀　顧斯善

外埠調查

外埠調査

圖書美術學院	上海閘北海家橋	張　邕（教員） 談炳仁 錢家駒 顧　視
承天英文學校	上海	沈祖琦 顧時杰
文生氏學校	上海北蘇州路	袁祖華 張寶華 沈乃昌 尤學周
		袁祖裕 汪蓮瑞 周維干 秦　滌
		許榮泉 孫葆眞
振中英文專修	上海	王振亞
縣立第一高小	上海	孫維墉（教員） 季載陽 顧賡杜 蔣漢士
		丁禮生 薛志文 謝棟昌 浦貴濤
		胡鶴年 任元甫 謝鑑昌 許國炳
		王龍如
縣立第二高小	上海	高尙志
萃英小學	上海	高有耀（教員）
務競女學	上海閘北	陳亞貞

學校	地址	職教員
務德女學	上海牯嶺路	吳桂英　王秀英
智競女學	上海	任　鉅(教員)
尙質男學	上海克能海路	王瑞九　張榮增
尙質女學	同　前	王靜似　蔡　誠
守眞學校	上海北四川路	張志剛
明强學校	上海	顧伯範(教員)　楊厚卿　張培德
培立學校	上海新閘	王正邦(教員)　榮鍾應　袁志浩　惠樹敏
		胡炳南　胡昌年　薛壽犀　楊培林
		朱懋曾　徐春祥
青年會夜學	上海北四川路	榮培金
函授國文學校	上海法租界	倪中軫
電報傳習所	上海	秦　濤　榮南昌　王康業　張　鵬
西洋女子傳習所	上海愛而近路	吳德芳

外埠調查

商務書館	上海寶山路	蔡文森 王蘊章 倪蔚 周厚坤 張肇鎮 孫毓修 秦光鼐 孫淇 秦銓 孫景潞 周鳴剛 華迪 華士明 華軒 朱胡彬夏
中華書局	上海四馬路棋盤街	俞仲還 陳協恭 李仲剛 沈明甫 丁雲軒 張蔭森 沈景甫 馬世浩 沈魯玉 王舜初 沈卓夫 華介石 李堯卿 楊宇青 陳仲英 華襄治 孫蒔清 孫駟夫 倪錦昌 孫應時 徐煥章 蕭鴻基 華如璋
華英書館	上海	陳秉興
亞洲日報館	上海望平街	秦毓鈞
時事新報館	同上	龔海臣

第三中學	松江	楊鼎復校長 秦振鎬教員 沈壽桐教員 張耀中教員 錢承駒教員 蔡　定教員 王紹曾教員 顧　淦職員 祝振華職員 韓寶綸 沈嘉祥 顧振羣 張錫堃
聖經學校	松江	胡烈文教員 汪士行教員
沙溪第一國民	太倉	陸寶鑫
海軍學校	吳淞	周崇道
水產學校	吳淞炮臺灣	侯朝海職員 王福庸 安其民 秦冕鈞 孫景洛 石　樸 胡佐壽
甲種女子師範講習所	揚州城內	孫勤修
第九中學	淮安	華泳裳教員
第十中學	徐州	王士侃教員

直隸

北京大學	北京	孫國璋教員 馬雲駿職員 薛如侁 賈念曾

外埠調查

華　超　孫熙文　王汝昌　楊健霄

王士倜　姚鴻逵　吳肇基　高兆麟

王汝鼎　陳綬章　楊濟華　王汝勳

秦恩壽

中華大學　北京　匡文光

國立醫學　北京　薛光釗（教員）　薛季文　劉　曾

工業專門　北京　陳其瑋　張尤震　張友仁

清華學校　北京　王光騏（職員）　顧人傑（職員）　陸燮鈞　趙學海

薛祖康　杜光祖　顧毓琇　趙　深

顧穀成　王兆麒　李　幹　唐炳源

唐慶增　顧謙吉

稅務學校　北京　胡鴻勳

郵電學校　北京　陶鳳山

滙文學校　北京順治門外　王贊卿　韓粤　胡立猷

高師附屬中學　北京琉璃廠　朱兆麟教員

師範附屬小學　北京　孫秉銓教員

女子師範　北京　華心耕教員　吳[illegible]瑾教員　張穀芬教員　楊蔭榆教員

許韻頻教員　曹敏教員　華二田　丁培

王汝蘭　丁小霞　華靜貞　倪詠絮

謝樹英

高等女師附屬中學　北京　孫誦昭教員

附屬小學　仝前　唐始雍教員

交通部鐵路傳習所　北京　秦國潢

農林部農林傳習所　北京　薛仲康

英文研究社　北京　陸志遠

憲兵學校　北京　陸志成教員

外埠調查　二九

外埠調查

國民公報　北京順治門　過耀根　過景鈞

北洋大學　天津　王世濟　蔡　常　張濯塵　李　健

王士佳　過守正　嚴應萬

工業專門　天津　王鈞豪(教員)　陳道章　[illegible]儲業　楊興宗

楊興夏　王世鴻　劉時雨

新學書院　天津　丁煦春

第一女子師範　天津　丁祖任　陸　秀　徐　芝　徐　蘭

陸軍軍官學校　保定　楊邦藩(教員)　楊志浩(職員)　丁　鉌(職員)　薛惠霖

孫寶瑾　華世卓

工業專門　唐山　邵鴻鈞　秦廣鑑　顧曾保　胡方猷

孫寶勤　俞　亨　胡執猷　張志成

浙江

醫學專門　杭縣　華裳吉(教員)　周應鴻　錢壽祺　楊景成

甲種工業　杭縣　張懋珩

女子師範附屬	杭縣	秦竹平教員
商務分館	杭縣	穆純仁
湖州中學	湖州	鄧嘉樂
第十中學	溫州城內	孫福修
第十師範附屬	溫州	韓文光　韓文元
振德小學	仝　前	孫寶仁
縣立女子高小	嘉興城內	蔡蕙珍

山東

第一女師範	濟南	李亞芬教員　趙　沅教員
海軍學校	烟臺	俞　健　程景周

河南

聖安得烈大學	開封	榮寶澧　榮壽澧　畢肇繩

湖北

商業専門	武昌城內	王世鶴　楊曾鹹
文華大學	武昌	尤彭齡　朱培鐸　朱培鑄　宣印潭
德華實業	漢口	尤彭熙　朱培芬

外埠調查

省	學校	地點	姓名	職務
湖南	雅禮大學	湖南	張福良	教員
	明德大學	長沙	張錫良	教員
	湘雅醫學	長沙	華楚書	職員
			尤彭齡	
	嶽雲中學	長沙	汪庚	教員
	第一女師範	長沙	華浩吾	教員
陝西	省立女師範	陝西	吳震	教員
四川	商務分館	成都	范迪康	
廣西	梧州中學	梧州	張蔭熙	教員
雲南	中華分館	省城	張光霽	
奉天	山海關中學	山海關	顧德津	
吉林	女子師範	長春	徐西雲	教員
	第一女子國民	長春	孫俠	教員
黑龍江	省立女師範	省城	秦平蘊	教員

學校	地點	姓名
省立女中學	省城	華冰若教員
日本		
帝國大學	東京	顧　復　殷良弼
中央大學	東京	過守一　龔　瑋　張學堅
明治大學	東京	朱　輝　張召棠
高等師範	東京	孫德修　孫　振
女子高等師範	東京	陶慰孫　陶虞孫
女子醫學專門		楊　霙
高等工業	東京	嚴　望　朱士圭　孫學修　陶泰基
		司馬樑
北里醫學研究所	東京	華阜熙
高等商業	神戶	過受熔
第一高等	東京	陶　熾　陶　烈
精華小學	東京	陶瀛孫

調外埠査

外埠調查

國別	學校	地點	姓名
	音樂專門學校	東京	張淑英
	東亞學校	東京	賈補袞　俞載凡　顧瑩
	預備學校	東京	張桐
	凸版會社	東京	孫含英
英國	皇家大學		裘祝三
	卜立大學		陳淑
	愛丁堡大學		孫貴廷
	谷爾斯密司工藝學校		榮志惠
法國	巴黎大學		許念曾
	紅十字會實習		尤濟華
美國	康內耳大學		陳鳳書　顧振　許坤　高陽
			裘維瑩　過養默
	珀瑪瑙大學		陳樞

普渡大學　徐書
必珠半大學　尤乙照
哈佛大學　胡剛復　胡明復　胡正祥
陸軍士官學校　王賡
痲省理工大學　裘維裕
比洛大學　唐慶詒
哥路拉都大學　薛桂輪

外埠調查

無錫風俗志

錢基博

無錫故荆蠻地厥俗斷髮文身至泰伯來奔其民嚮化遂以立國是後延陵季子宏覽博物慕義無窮去千乘而不顧蓋吳都賦所云端委之所彰高節之所興者迨吳越相攻其民好勇輕死易發怒是時闔閭已遷姑蘇而句吳之禮俗衰矣漢興高祖王兄子濞於吳招致天下娛遊子弟枚乘鄒陽嚴夫子之徒並尚文辭其失巧而少信吳俗又一變矣自是之後雖時代屢更升降不一至於勇或輕發文或寡信大抵不離乎二者而以時上下焉蓋士人足智好議論而在宋時多儒者至明之季世東林諸君子崇正學主持名教遂成風會當時聲氣大廣響從景附或者病之然明清鼎革之際布衣韋帶類能慷慨赴義亦道南之遺教也士習之漓也其桀黠者相與舞刀筆破律令表裏胥役共爲搆煽衣食縣官之庭而有事持其長短蜂聚隼擊上下側目其次好談新聞造作謠詠指斥幽隱一唱百和地方囂然以不靖莫可禁止至於衣冠之族袒跣呼盧濡首決防雖優倡輿臺不擇而有司奉公行法不過單門下里里胥奸黠者藉

無錫風俗志

是爲傾陷囮詐之媒而已至衣冠鉅族挾侶分曹肆筵設席庭宇深嚴雜坐縱博百萬一擲誘引子弟漸及閭閻毀家敗名者纍纍而莫之敢詰也蓋在康熙之世縣人秦松齡嚴繩蓀志縣風俗已著其無狀如此而今加甚焉至於飲博挾娼父子兄弟不相避以爲通脫酣淫亡等盡人稱禮義豈爲我輩設而酒館茶坊在明時大率在縣治左右而爲胥役訟蠹鬻獄之場耳下降而至遜清之康熙則委巷皆有之傳聞某處有佳點佳肴則遠近奔赴縣人黃卬曰此由游食之徒不顧父母妻子惟圖口腹者衆也則甚矣其敝也端方拘謹之士足不履茶酒之肆者蓋康熙以前多有其人既而搢紳貴游之家有託言放達廁身此中者矣迨康熙末有徧地清茶室之謠蓋昔賣清茶唯在惠麓第二泉上至是徧於城市此以知地方遊手好閒不事事者衆也嗚呼縣之人所稱搢紳先生者民之望也苟非潔己自愛以爲民先彼蚩蚩者氓其何仰焉夫民飯稻而羹魚衣食旋給其市井豪舉遊俠之雄連交合衆以飲博相徵逐遇事則逞其拳勇呼噏聚散弱肉而強食爲閭閻患者城中爲夥而居於鄉者則大率男安耕女習織然地薄寡於積聚而河流交通鐵道縱貫物而多賈四方輻輳並至而會故其民益便巧而習事也男女服飾爭麗鬭靡而冠履取具肆中其式歲變旬日徧國中矣衵衣製紬帛袴襪傅綾錦夏

被輕縠冬襲重裘力所及皆致之惟鄉曲老父方領矩步者間布衣耳然而故老傳說康熙時衣服冠履猶尙古樸常服多用布冬月衣裘者纔百人而二三夏月長衫多用枲葛間用黃草縑既而以布爲恥綾緞綢紗爭爲新色新樣北郭尤盛間有老成不改布素者則指目訕笑風氣之轉移蓋莫之爲而爲然由儉入奢不過數十年間事耳故曰撓萬物者莫疾乎風然則康熙六十年中殆吾縣民俗隆汚升降之交乎婦女在康熙以前所服衣裙多刺繡盤金炫奪人目而康熙以後則尙雅淡而服綾緞者繡絕稀惟年長者尙老色少者喜嫩色耳豈所謂炫爛極而歸平淡者耶夫歲月遷流今昔殊致固未有一成而不變者觀習尙之推移亦得失之林也玆著之弁簡首而以吉凶習慣歲時景物方言里諺及歌謠析爲五目條採列左庶幾縣之人有所鑒觀云

吉凶習慣

周公作儀禮著吉凶賓嘉之禮綦詳而韓退之苦其難讀又歎行於今者蓋寡而恨不得及時進退揖讓其間則固矣哉韓子之爲禮也嗚呼程子則通矣其言曰禮之本出於民之情聖人因而導之耳禮之器出於民之俗聖人因而節文之耳然則所謂儀禮者周公蓋因俗

便習而爲之節文如後世國家之承認習慣法耳使其生於後世亦因後世之俗尙便習而斟酌損益以爲之節文斯已耳使其遜於荆蠻亦如泰伯之斷髮文身因其俗而修敎焉耳況吾縣人君子之日進於文者耶述吉凶習慣

冠笄

遜清之初男子十歲以上猶簪髮爲髻裁綢布兩片前後合縫爲帽露其頂蓋古未冠時飾如此至十三四始去頂髻垂辮從時服猶有古冠禮之遺焉迨雍正而後則甫三四齡童子遽辮髮載冠與成人無別而女子則十三歲笄迄今猶然俗稱之曰留頭蓋女子幼時剃前後髮猶之遜清男子至十三歲而留不剃也屆時戚好必餽飾物以助妝將意焉

婚嫁

婚嫁之著禮經舊矣吾縣則大率沿襲古者爲多焉惟納采之禮廢耳蓋男長而逑匹也父則遣媒妁至女氏索女庚帖庚帖者將女之生年月辰書於紅帖而裹以紅封封內則媵以桂圓棗子蓮實及花生諸品每品必雙取成雙之意又太平福字錢各一枚（太平錢宋太宗鑄銅幣而福字錢則係遜清福建福州局鑄於錢幕右鑄福字爲記）繫紅綠線束合則取繫赤繩之意而封面書天作之合字樣皆以祝二姓之

好合也。俗稱曰請口生。與古之問名相當。反置帖竈神前。主人則饗媒妁以茶點。而媒妁如爲婢媼。則自啓主人。甑釜撮米粟以食。若曰某氏女食主人食矣。所以兆婚事之成也。然婚事之成。實取決於日者。日者曰吉。乃倩媒妁往。請於女之父母。得諾。然後行帖求婚。將以銀錠銀錢厥數。錠一。錢二。曰一定雙全。錠一。錢十。曰一定十全。或不用銀錢。而以金銀製如意代者亦有之。則曰一定如意。蓋其諧聲取吉。大率類是。而媵之以糕果。俗稱曰送求允帖。又曰定親。蓋古之所謂納吉是矣。女氏諾。則出允帖。若女年及笄。則幷納徵。俗稱曰送紅連求允帖。男氏帖曰納聘。而女氏帖則曰答聘。將女生年月日時。配以干支字八。書於庚譜。俗稱曰大口生。而先所出者。則曰小口生云。男氏納聘者。必將禮金。俗稱曰茶禮。媵以飾品。而數之豐約稱其家。飾品則三金（金鐲金如意琴簪）三珠（面珠胸花珠鑽條）或兩金（金鐲如意或琴簪如意）兩珠（珠鑽條胸花）以及一金（如意或約指）一珠（鑽條或環）不等。禮金之數。以銀錢百枚。百二十枚。二百枚。及二百四十枚爲度。而送紅時各納其半。納則架長盒。上覆錦幬。中列紙絹八仙。暨茶葉糕菓。曰高綴盒。以紅綠紬裹帖。置其中。而媒妁冠服肩輿導其前。僕棒盒隨其後。至女氏。禮成而反答聘之禮。葱一。千年運一。糕點盒或二或四。又有緞匹冠履文具荷包之屬。別置盒曰回賀。而送紅之禮畢。俗亦稱送紅。曰大定。蓋古納徵之禮而先之求允則稱小定云迨壻年長父母令日者諏吉屬媒妁通辭既得請行請期禮俗稱曰送日脚又曰大送禮如送紅納茶禮之半稱曰後茶而先送紅時所納者則稱曰前茶飾品亦如之而加之以衣裳衣裳之數以八十二、或十六爲度所以盡飾於女也女氏允期則使件娘赴壻家請姑及諸姑（如壻世母叔母之屬）履式歸俗稱曰請鞋樣而女則一一依式製焉將以爲贄也女先嫁一二日祭於祖先曰別祖厥夕父母饗之曰待嫁而壻家先吉期一二日祭祖則曰作冷羹飯又曰過年迨吉期夙興則遣僕赴女氏請禮冠曰請誥命（此禮至民國廢）母號者三女亦泣既反行迎鸞禮曰送花龍媒妁前導而僕捧新婦禮服（俗稱七事衣）及羊酒魚肉羹果花爆之屬隨之赴女氏及門門者有賞曰司閽主人降階揖媒妁入禮成退主人命僕飾裝奩隨媒妁赴女家行于歸禮曰鋪裝裝之多寡稱其家中人之家則衣櫥二箱倍之銅錫器又各倍之茶盤如銅錫器之數謂之二櫥四箱八銅八錫八茶盤椅六几四爲外十件楊妃榻盥器架梳妝馬鞍式檯四仙檯各一方凳四小方杌二爲內十件裝至壻家則主人饗媒妁與女氏之僕既畢然後命駕介媒妁往見女父行相見禮曰作觀翁主人降階迎客升堂無多言天氣晴明則曰天緣甚好而已三揖而退反日薄暝矣然後飾彩輿二而壻則冠服乘其一一輿隨之行行親迎禮。舊稱曰奠雁。而民國以前。則有廢親迎之禮者。厥名曰迎娶。今則親迎而不奠雁也。導以鼓樂。及門。門者閉不納。則犒以金。不足。又犒之。如是者三。然後啓其犒曰小開門錢。壻升堂拜外姑舅。外姑舅饗之。曰請女壻。既徹。壻辭外舅姑。降階乘輿俟於門外。母號泣於室。女則紅兜籠首。啼而出。父或兄擁之入輿。若不得已。而行者然。俗稱曰抱上轎。既入壻門。升堂。厥推齒德尊而夫婦齊眉者之夫人。出揭婦輿。手一荷包進焉。曰進寶。然後夫婦降輿。主婚命司禮者贊之先正容。次行禮。曰結親。北面四揖四拜。曰拜天。夫婦東西向再拜。曰交拜。主婚者西向立。曳紅箋書門中三代先遠宗親八字。二儐左右立。持花燭燃之。又二儐。則一持方斗。斗有小瓦缸二曰穩餅。又秤一。燈一。一捧龍虎篩。篩徑尺許。中粘紅箋書龍虎字。亦左右立。而夫婦東向三拜。畢。衆儐於是導之入洞房。僕人則以兩布袋番傳敷地。而夫婦履以行。是謂傳代。既入房。則先進寶之夫人由方斗內取秤。持挑去新婦籠首之紅兜。而擲諸床頂。然後夫婦坐床。下帳。飲交杯酒。名曰坐床。塞帳。既而夫出拜其父母。揖諸賓客。曰下床。禮所以告成人也。既反房與婦饗合歡晏。俗稱曰食銀花燭夜飯。而新婦弱顏難爲食。食時由伴娘持碗箸食婦。有食必須食肉則曰吃吃肉。玉堂富貴（土音呼肉如玉）食蛋則曰吃吃蛋。代代福祿。食海參則曰吃吃海參。多子多孫。

食魚則曰吃吃魚鯉魚跳龍門而食不盡器則曰有吃有剩其斯之謂善頌善禱歟厥夕大饗賓客賓客皆盡樂入洞房展新婦而索紅蛋則以得數多者爲上百計取謔焉曰鬧新房須臾樂作而女之廟見禮至曰作三朝惟作三朝本應於結婚之第三日行而今則於結婚日行者多焉俗稱曰當夜三朝厥物先麵與花旙次舅姑尊長冠履鞶帨曰上賀又次魚肉果點又次榛栗棗脩烹饌已熟諸物曰房裏盤皆所以敬舅姑者箕帚鞶袠之屬則入婦室至是夫婦冠服出舅姑率之見於祖廟無廟者設位於寢三拜禮畢舅姑張樂饗婦婦南向坐而延諸女賓左右陪焉所以著代也俗稱曰坐三朝既畢夫婦反寢閉房曰掌金門厥明夙興婦盥洗盛服先拜舅姑舅姑賜以飾品或銀錢俗稱曰見面錢以次見尊長內外男女賓客及戚黨之幼者皆相拜曰行團圓禮各以花粉巾袋貨幣之屬爲贄於是翁姑南向子婦北向坐男女賓各東西向坐同桌而食曰食團圓晝飯既子率其婦赴婦家同見外舅姑及婦之尊屬奉糖茶蓮桂等物爲贄俗稱曰回門蓋古請覿之禮而壻之不親迎者行焉外舅姑與婦尊屬則各以銀錢賜壻亦稱曰見面錢既而設筵相饗壻就外席女就內席既徹而反外舅姑命僕具糕點送焉曰送檠歸明日外舅姑及婦之伯叔昆弟謁壻家主人降階迎揖然後坐子婦出拜見然後設

筵褻焉。是曰會親。於是婚禮乃成。此其大凡也。自歐化東漸。吾縣人士。頗有厭棄故常而效西洋婚禮者。所謂文明結婚是也。夫西人婚禮。視吾國爲簡易。而號之爲文明者。蓋有以吾國婚禮爲不文明之意焉。雖然。所謂文明結婚者。實亦人自爲制。而以意爲焉耳。歐化一語。徒號焉而已。歐西婚禮新郎一與新婦訂婚即宜贈一指環而指環宜擇較高價之品中人之家大率以價值一百金磅爲度蓋此爲新婦日常佩用之物而戚友覯瞻之所繫也贈指環之後當時贈以種種禮物其品類爲香奩中之所需要者如金練手鐲之類結婚前之三星期即宜遍發婚期預告單於新郎新婦住居之村鎭俾衆周知而其被邀觀禮之親友對於新郎新婦均須致送相當禮物以表慶賀之意而致送之禮物於婚禮舉行之日例宜陳列客堂以供衆覽每項禮物均宜掛有送者之名片圍以鮮花香草而行結婚禮者例須在市政廳或教堂內領取證書其證書價值在二金磅以上而牧師行禮之酬金自一金磅一先令至五金磅五先令不等新郎於行禮之日例須預備一結婚指環一花球以贈新婦而新婦之伴女所佩花球亦應由新郎預備先期送往富家所辦之花球往往踵事增華而非盡人所能大約新婦所佩之花球其價值約在二金磅左右而伴女佩者則自十五先令至二十五先令不等此最普通也伴女於行禮後更當餽以香奩用物如金針牙扇其價値當在五金磅以上然以五六人計之爲値亦不貲也新郎亦延伴者數人厥職陪新人同進禮堂於行禮時則立新郎右肩之後待蕆事爲新郎整理衣帽支付結婚費用而新郎與其伴者宜先新婦戾止禮堂立講臺之右以俟新婦之姍姍而來新婦則與父或母同車赴禮拜堂新婦之伴女宜先戾止當新婦戾止則分立兩旁歡迎而以童男二人爲新婦曳裙新婦進禮拜堂宜即携其老父或長兄最近男親之手而至講臺之前立於新郎之左牧師祝讚新郎加結婚指環於新婦指行結婚禮既新婦宜以右手挽新郎左臂綏綏同行牧師前導新婦伴女及其父母親戚人等隨後趨進聖堂簽名作誓其伴女父母親友亦以次簽名既而兩家戚友宜一一與新婦握手致賀然後新婦挽新郎之手趨出聖堂與來賓作別出禮拜堂乘新郎預備之花車先行而新婦之母亦即回家以招待賓客之戾止者新婦伴女則以新婦之結婚紀念花球贈觀禮之衆賓衆賓即綴諸胸趨新婦家享宴如未及在禮拜堂與新人接見者則當趨進宴堂之初即宜與新郎夫婦握手致賀新婦趨進宴堂宜扶新郎之左臂同行酒酬衆賓宜推大賓起立致辭爲新郎新婦壽新郎即應起立致謝并致辭謝新婦之伴女而伴新郎之男子則代新婦伴女答辭既新郎之父起立爲新婦父母壽蓋壽筵由女氏備而以新婦之父母爲主其請柬亦由女氏出面而行婚禮時所需之費用則由新郎出之其在行禮以前女氏先須設筵遍請戚友介紹其壻筵席之費自亦不貲而行禮時唱歌隊之犒賞讚美詩之印刷費及禮堂內之陳設費用贈客之結婚紀念品均須由女氏負擔而新婦之粧具不與焉用財視吾國侈而禮節則較簡矣與吾國舊習異者惟跪拜之儀既廢而代之以鞠躬結婚則卜晝而不卜夜新婦不啼不籠首而結婚時則夫婦交贈指環以爲信焉耳凡所革易釐如此而不必壹切遵歐禮也縱使壹切遵歐禮矣然得失亦正難言何也吾國婚禮什九因襲自古委曲繁重不如歐人之簡易固矣然推制禮者之用心豈不曉簡易之易知易從而好爲繁縟苦人難行也哉毋亦曰若是其不苟也者所以爲敬慎重正婚姻之道焉爾夫人情得之愈難則愛護之也愈力今既敬慎重於先亦自不輕仳離於後而一與之齊終身不改則雖欲不敬烏得而不敬雖欲不慎重烏得不慎重周道缺詩人本之衽席婚姻之禮衰而夫婦之道苦君子有懼焉然則吾國婚禮遂一成而不可變矣乎曰奚爲而不可也禮時爲大因時因地而與爲消息以變通盡利孔子所以稱聖之時也古稱六禮而吾縣則有問名納吉納徵請期親迎而無納采然古禮問名本與納采兼行自可合而爲一而納吉則爲告卜兆之吉事近

迷信。删之爲宜。而可易之以納采。惟吾縣送紅連求允帖者往往有之。今既正名曰納采。則未宜與納徵合而爲一。蓋納采使媒氏通言爲訂婚之始。而納徵則以徵婚之成。吉事欲其折折爾。不如於請期時併行之。既告婚期且以財禮將意。爲新婦助粧之需。禮記正義所謂納徵者納聘財而徵則成也。先納聘財而後成婚。春秋則謂之納幣是也。惟現行民律草案稱中國婚姻有納采、問名、納吉、納徵、請期等禮。自古已然。不言財物。文中子曰婚娶而論財夷虜之道也。以財物爲結婚之要件是夷禮非古禮。可知雖彼計議財物者亦自知以婚姻而索財物實爲可恥。故美其名曰聘金。然既以金錢爲目的。則其事同販賣。揆諸婚禮大防烏容許可。故本律規定婚姻專認聘娶婚。於財物不置一辭。所謂聘娶婚者兩家議婚只言聘禮（指飾物衣服言）不言聘金。而聘禮之多寡。不可計較。但求備而已。足是吾縣茶禮一事實爲現行律所不許。第今日細民生計日艱。而生齒則日繁。男子長猶可助父工作資事畜。而女子則職業少得薪又微。養育既難。備嫁不易。俗稱女曰賠錢貨。而溺女之風長。霰集則雨雪。履霜而堅冰。君子懼其漸焉。故爲獎勉父母之育女。而男子之鄭重其結婚計。酌古之禮。從今之宜。於納徵時兼備財禮。儻亦所謂律設大法禮順人情。並行不悖者耶。親迎一禮。於古爲重。然儀禮士昏禮著婿不親迎則婦人三月執贄赴外氏請覿是古人亦非必親迎也吾縣則壻家事繁不及親迎者厥有回門之禮焉用意亦頗相同此結婚以前之禮宜因時地變通者一也至結婚之禮共牢食而合巹酳古之人既食復飲而在縣之人則飲交杯之酒饗花燭之筵先飲後食禮固相當惟交拜之禮古本併行於共牢合巹之中今則飲食無相拜之禮故別定之而縣人頗重視焉吾見所謂文明結婚者亦即交拜之意惟跪拜之儀既廢不用則以鞠躬代之而已此事之當遵時制無可疑者舊習於交拜時有儐相誦讚美詩句與新人夫婦交換紅綠巾等儀而文明結婚亦有來賓頌辭及新人夫婦交易指環之事事殊而意無不同惟共牢合巹之遺舊所未廢而文明結婚於此則略不講然禮不虛行記曰共牢合巹所以合體同尊卑以親之也廢之非所以親之也此結婚之禮宜因時地變通者二也結婚以後古有婦見舅姑舅姑饗婦廟見請覿之禮今皆行之惟古禮廟見請覿在三月以後爲日過久嫌於鼎鼎爾小人矣吾縣則以日易月於三日廟見請覿可謂協時中之宜者自世俗益務苟簡而於結婚日行廟見所謂騷騷爾則野者非耶此結婚以後之禮宜因時地變通者三也竊不自揣損益古今之宜而略陳其固陋以待縣人君子之裁定焉

女既嫁之匝月及其生日。女氏餽物以賀。曰作滿月。曰作生日。而第一歲之端午。則製夏服具角黍巾扇綵勝朱索靈符與絨製龍虎之屬餽焉。曰送夏幛。春夏秋冬各以其時餽物。曰四時八節。

女生子女。告諸女氏。曰報生。使者執雞以將命。男雄女雌。而女氏則以雌配雄。以雄配雌返焉。越兩日。由女氏製文葆具飾品與魚肉麵饅頭食物等屬以賀。曰作三朝。彌月如之。曰作滿月。期年亦如之。曰作朞。始。

生子

子始生。則以火箝向作勢擊焉。曰鐵棒打不殺。蓋祝兒之易育也。越一日而飲以三黃湯（大黃黃連黃芹煎湯）使之瀉利祛腸熱清胎毒焉。至三日。治麵餉鄰里戚好。曰三朝麵。而祭神於產母之室。則曰齋監生。惟監生神之績像。實購諸市。厥像有鬚。而爲男子形者。亦有女而無鬚者。說者謂再產之男女。胥視所得以爲兆焉。既。凡戚好皆致膳羞胡桃芝麻之屬。向候產母。而以銀器（銀鎖銀鐲）及冠履遺兒。厥名曰送庚。迄彌月乃已。彌月。乃爲小兒剃頭。而治麵齋監生。如三朝。迨百日。治麵亦如三朝。惟不齋監生。而以麵一盂過橋。遺年老有鬚者食焉。曰從此小兒過橋無禁忌已。

此則百日所獨也亡何兒碁始矣則治麵齋監生如三朝而男用算盤文具女用針線刀尺厠諸玩具間置兒前觀所取以驗其品性厥名曰晬盤會是也凡子生必擇多子之人拜之爲寄父俗稱曰寄名若曰此某人子矣蓋某人命多子則子易育也若不寄名於人則寄於神所以祈神祐也父不命子名者以俗稱父曰爺命名曰題名而名之父命者則是爺題也爺題者夜啼也謂兒當夜啼云凡命名多惑於術者五行之說故名命之字多取金木水火土之偏傍字蓋兒生必延術者推算生年月日之支干而檢五行之全不全若缺其一則以所缺者命名矣

慶壽

生辰爲壽自古無之吾縣故事獨在歲首蓋亦亡於禮者之禮也夫稱百年之觴於哀哀父母生我劬勞之日仁人小子之所不忍也唐文皇嘗垂泣以對羣臣而遜清孫退谷張簣山諸公遂欲廢此禮然廢之無以遂子孫祈耆保艾之思今不於其人生辰而於歲首在人子既有以遂其私又不傷父母之心其斯之謂亡於禮者之禮焉至其人早世不及年死屆時而子孫爲稱壽者則謂之陰壽以別於陽壽也論者尤非焉然人子不匱之孝罔極之思得已而不已所以致其情於無如何者君子哀其志而矜其遇可也凡長者壽少者則範糖成形或爲錐體或

爲絳桃盛諸盂而用爲贄獻焉是曰糖茶惟陽壽則盂數偶而陰壽奇耳陰壽之儀大率與陽壽同惟陰壽不受賀儀而饗客則治素筵者爲多云

喪葬

將死子爲之浴煎芭蕉湯飲焉云不若是則來生啞已既納飯及銀各少許於其口則以示一生自生至死有吃有用之意蓋古飯含之禮也古用米貝今則飯銀非食道也用美焉爾既死則徹帳棄屋上釋者爲誦起身佛道者誦領路受生經而焚死者之衣履於中庭焚紙轎於門轎夫則以紙剪人形而書已死僕夫之姓名焉所以爲死者乘也轎前懸佛燈籠一佛燈籠者蓋以竹絲糊紙而彩繢大士像其上周盈硃點而硃點則以記誦佛之數者也俗謂冥間道暗有此則光明徹幽界云於是孝子徹冠結（未剪髮易服時爲散髮徹冠結即古人雞斯之意）孝婦去笄纓持紙陌香燭造於社廟（俗稱大王廟）稽顙而拜曰燒回頭香已則匍伏哭泣以出入者三然後歸而爲死者冠服死者左手握胡桃七繫以絲棉纍纍如貫珠而右手則持錫杖錫杖以天竹莖爲秉上綴錫鎚俗謂死者入冥必道惡狗村有此始可以自衞而尸足則履而裹納諸一褌褌盛箔錠以圍於足諺云脚踏褌代代富蓋所以爲子孫致福也既遂納尸於棺而不封焉是曰小殮三日大殮

則敢棺視而舉哀哀親之不復生也記曰三日而不生亦不生矣遂闔棺焉既設位而戚族之聞耗者皆來唁拜主人則班之麻經白帶曰成服而棺之下則置石磨一所以鎮煞也凡人死術者以其年月日干支推算離魂之日數而謂死者如其日而來復是曰回煞少者九日而多或倍焉屆時道者則懸煞神像於死者之室饗以三牲而爲衣冠如尸臥狀置死者床上床前則置舂杵白衣冠拱侍如孝子狀鳴鐃吹螺徹夜不休而室之釘鈎則套以紅紙聞云匪是則煞神繫魂於此也是曰接回若即出殯則戚好皆以是日弔焉自死之日起至第七日曰頭七自是而二七、三七、四七、五七、六七以至七七每更七日曰轉七而轉七時戚族必禮懺致奠焉曰作七終七七四十九日而畢是曰斷七而五七之夜五鼓孝子持燈登屋北嚮而號曰皋某復者三俗稱曰叫五更此尤五七所獨也凡未斷七以前孝子哀慕未忘杜門不貳事茹素不蚤髮不沐浴寢於柩旁俗稱曰伴材坐則席地哀哀哭於柩前設位曰靈位蓋亡靈之所依也靈傍燃燈一光熒熒晝夜不息曰幽明燈而燈之前置一銅磬時擊之發嘈呟聲俗謂有幽明燈則幽界雖冥而明擊磬則死者心地清澈不致昏迷云至斷七而靈徹已當其殯也遂作主而焚靈位於墓焉記曰重主道也殷主綴重不忍棄也周主重徹不敢瀆也今之靈位古之重也。而焚焉。周道也。迨殯其而反也。長孫捧主乘輿。而子則扶輿行焉。今子不扶輿者多夫主不子捧而孫捧者。蓋孫可以爲王父尸。古之道也。反將及門。厥推戚族之年德尊而夫婦齊眉者吉服先進焉。是曰紅綠進門。門外燃豆萁火熊熊。凡送殯者反脊跨而進焉。是曰跨火。既遂安靈捧主入家祠食粉飯而飯之。爲言圓也。取闔家團圓之意。所以致頌禱也。迨週年而斷白。二年又六十日而除服。服色則由白而黃而青而即吉矣。所着孝履無定時。大率以三雙白二雙藍爲定制云。

歲時景物

方志之著歲時景物。昉於梁宗懍荊楚歲時記。攷陳振孫書錄解題載懍自序曰。傳元之朝會。杜篤之上巳。安仁秋興之敘。君道娛蜡之述。其屬辭則已洽。其比事則未宏。率爲小說。錄荊楚歲時風物。自元日至除日二十餘事。纔自比於小道可觀焉耳。然著其風物。稽其俗尚。所以謹節序而察時變者。其亦豳風。錄七月一詩之意也歟。惟民國肇造。改正朔。而蚩蚩者氓。以狃用舊歷。不曉推移。記曰。脩其教不易其俗。齊其政不易其宜。茲述歲時景物而一以舊歷爲據。儻所謂從俗從宜。協之於義而協者乎。述歲時景物。

正月

鬘時。立春前一日。由縣令率佐貳朝服乘顯轎列儀仗。出東門。行、迎春、禮。先時於東郭外之亭子。轎築壇。供紙紮之勾芒神。即俗呼太歲者一。又土牛紙牛各一。土牛之製。以板凳一條。塗以爛泥。裹以蘆席而已。紙牛則依欽天監所頒。以五色紙紮成。空其中。實以五穀。即翌日各官所鞭打者也。官蒞壇廟。先祭一跪三叩首。乃迎神與牛以歸。置縣署大堂。翌日立春之時。既屆。各官又朝服將事。重行祭禮。禮畢。各執絲鞭打牛。既而。紮牛之紙。碎。五穀紛墮於地。則謂豐登有兆。彼此稱賀。重民食也。相傳明季至清初。吾縣迎春臺扛甚盛。嘗以珍珠結簪笠。穿鐵針為簑。扮漁翁。而覓社日生兒。眉髮俱白者。扮東方朔。諸戲畢陳。觀者傾城。迄乾隆時漸降殺。惟縣令及佐貳具儀仗鼓吹數部而已。民國成立。舊歷廢。而迎春之典遂廢。迎春以立春先一日。行其日。謂之春夜。而立春日。則謂之春朝。俗云春朝大於年。朝。舊時士大夫家子弟。必於是日具冠服。謁尊屬拜賀。而晨起煮食粉飥。亦以供祀祖先焉。

元旦。每家晨起開門。即放爆竹二或三。謂之開門炮。取開門大發之意。晨餐煮糕絲粉飥食之。取團圓高升之意。亦以供祀神祈祖先。先一日除夕。於廳事設神位。懸祖先影像。陳列供品。至是由尊屬率子弟以次展拜。既畢。子弟遂謁尊屬拜賀如春朝。既造近親尊屬家賀歲。是日午饗必食麪。取長壽之意。罷炊飯而食隔歲之餘。相戒。不可澆湯。謂年初一吃澆湯飯出門必遇雨也。又禁不得掃地。曰掃則財氣出門矣。晚早睡。忌點燈。兒童有嬉戲不肯早睡者。其父母語之曰。兒盍罷戲乎。臥矣。臥矣。吾行喚兒醒。聽鼠婚矣。鼠婚者。相傳九里橋華氏家有樓。鐍鑰已久。忽聞鼓吹聲。家人駭。伺之。見小人數百。長不盈尺。鼓吹大作。若嫁娶狀。儐禮前導。匳具俱備。旁有觀者。曰。明日嘉禮當更盛。明日。鼓吹復作。主人親視之。花光燈影。照耀滿樓。鸞輿中作嗚嗚聲泣。後有老人坐兜子掩涕而送女。從如雲。俱從壁間去。主人大驚。不數日。聞呱呱聲。生子矣。又數日所生子就塾矣。所延師纖長烏喙。白鬚飄然。向坐兜子老人。手携童子出拜師。師授以中庸章句。家人習見。反以資談笑。一日。有老僧來曰。吾見妖氣起汝家。今爲公除之。但須以牲牷酬神。主人頗不信。家人聳慂之。强諾。僧仗劍作法。噓氣旋繞空際。有金甲朱衣者現。領僧指而退。少頃。空中擲小人數百。僧、飛劍叱之。身首皆兩截。盛以草囤幾盈石。僧曰。衲遠來不敢言勞。驚擾諸神。酬之宜速。言訖而去。主人自念曰。祛怪。神職也。今因怪而索食以爲利。聰明正直之謂何。是亦怪也。忽聞樓角疾聲呼曰。老翁强項如此。吾施術求一飽不可得。吾曹日繁。奈我何。則所謂老僧者。即向坐兜子送女之老人。而金甲神。即爲師授中庸者。回視。草囤所盛數百小人。悉無有矣。自是始出樓來室堂。穴壁胠篋。置穢食器。遺矢淋漓几案間。主人怒。赴江西訴張天師。天師曰。此羣鼠誤食仙草。變幻爲祟耳。乃書符與之。懸樓間。更以小符用桃針針其穴而祟乃已。此明神宗萬歷末年事也。至今遂爲元旦早睡一童話故實矣。臨睡閉門。放爆竹數如晨啟。名曰關門炮云。

新壻謁外舅姑賀歲。率以年初三爲通例云。

初五日祀路頭神以祈利達。謂之接路頭。每於五鼓起祀。各爭先取早。以爲遲則路頭神爲人接去也。今竟多初四晚祀者矣。舊時士大夫家祀於門左地上。蓋古祭行意。而俗以爲財神。商家祀之尤隆。其祀也。每注酒酬神。必以滿爲貴。諺所謂滿滿十分財也。是日晨食薺菜饃糕。謂之路頭糕。麵謂之路頭麵。而商店主人必以是日置酒邀羣夥飲。謂之請路頭酒。飲時主人獻雞。視雞頭所嚮。其人即自引去。職俗名曰吃雞頭。主人不明揚其過也。亦庶幾君子絕交不出惡聲之義乎。清聖祖時。市中店肆以是日祀路頭後方開。而高宗以後。則過元旦即漸開。與平時無異。一由謀利之心急。一由家少儲蓄。求於市者衆。亦民多匱乏之徵也歟。

初七日爲人日。初八日爲穀日。鄉人於是夜看參星過月。西則多旱。月東則多水。所謂參星實

指昴宿而言又有看參星不看紅燈之說謂是夜晴明則元宵陰雨是夜陰雨則元宵晴朗云

初九日俗稱天生日晨食薺菜糢糕舊時洞虛宮玉皇殿燒香以是日爲最盛村氓老嫗先一日晚赴廟宿夜厥明諸廟神皆來朝凡祠山睢陽行災延壽司南水仙西水仙府城隍無錫金匱兩縣城隍九廟所謂朝皇會是也民國成立洞虛宮玉皇殿毀於錫軍乃已

十一日鄉人以是日爲起燈之日燈即龍燈也凡一龍燈分九節或十三節每人掌一節其首節爲龍頭紮有唇舌繪有鬚眉繫以鈴掉時震動有聲自第二節以下爲龍身綴以布而末爲龍尾每節燃燭一而有球形燈一則龍之珠也皆以竹絲作骨紮成而以紅布或紅紙糊之每於正月望前必舉行掉演掉時作龍喜珠狀及龍取水狀或俯或仰或前或後擊鑼鼓爲節且掉且行所經村落之多寡不等壹視其與會與否爲準而與會之村落必至不至必有責言以爲不掉即一村不得太平故有太平龍燈之稱而所經之村落翌日必挨戶湊錢以作油火之費云

十五日元宵節接竈俗以竈爲一家之主監察人之善惡而禍福之去臘上天述職今乃下降故接之也惟懷上市有接十四之說於先一日接耳是日晨食薺菜糢糕而家家製粉飥中實

以糖和猪油作餡名曰元宵又以麵製薄餅裹薺菜猪油作卷名曰春卷皆油煎食之至下午祭祖先畢遂撤供品而收影像焉明季元宵夜燈火極盛清初猶然正街結彩懸燈爭奇競勝康熙以後則絕無之惟好事者爲魚龍寶蓋馬燈毬燈之屬鳴鑼鼓游行街市而已相傳康熙初年吳興祚知縣事時新爲鋪輕罪者囚繫於此四面爲木柵俗呼爲百哥籠封印後多釋放歸家元宵後開印又多入居者矣某歲作燈有以紙糊鳥籠燃火其中而題其上云此燈天下無四面紙來糊過了正月半依舊養百哥吳出觀燈見焉知其諷已繫其人而責之鋪亦旋廢此亦元宵燈火一故實也舊時縣人於是夜斷松木爲薪如其日數架而燃諸門左佐以爆竹銀花曰火爐蓋古糭盆之遺而遊人多登錫山巔眺城內外宛若火龍雍正以後漸衰少燃爐火者十家而三放銀花火樹者百家而一耳今則城居者絕無而鄉農猶以是日薄暮積柴草田岸焚之而放爆竹以祝豐年猶庶幾其遺意婦女以是夜結隊出游舊名曰走三橋今知其名者鮮而婦女之出游觀前益夥到處鑼鼓不絕自元旦始至是夕則徹曉乃已名曰鬧元宵云

崇安寺市自元旦日起兒童爭趨焉所鬻者皆傀儡戲具鎔錫爲小杯盤椅桌小鏇之屬削竹

木爲戈矛。糊紙爲鬼臉。大都賺騙小兒押歲錢耳。無他有用物也。雖然。楚弓楚得。是亦何傷。而比以輸入日本玩具甚可觀。玩兒童尤樂購焉。夫人棄其竹頭木屑之餘。來易我有用之金錢。而長此以往。涓滴不已。其漏卮甯有算耶。君子於是乎有懼。而星相拆字說書彈唱者亦咸集於是。至元宵而止。

畫神拳亦鄉民新年游戲之一。蓋以去臘二十日至新正二十日。冥官封印不理事。諸鬼例得及時相邀爲娛戲。好事者乃於月白風清之夜。集衆爲之。其設備用桌一張。杯箸數事。其餘則刀矛劍戟諸武器。數人各用巾蒙面。各以一人自後扶之行、繞場數匝。鳴鑼焚香。而又一人則書符誦咒。有頃。蒙面者皆身戰頭縮。失其知覺。又有頃。漸開步起舞。或稱關羽。或稱岳飛。皆古英雄。操戈弄戟。擺架子。開門戶。或曰。鬼神之所附也。然吾聞催眠學者云。此完全爲催眠。絕無神怪之可言。而嚮不絕武技之人。所以忽能武技者。則催眠化身之效也。其書符誦咒者。僞耳。蓋非此不足以起人信仰。而蒙之面者。將以收其放心云爾。知催眠之理者。人人可以行之也。前十餘年。以此爲戲者頗衆。今則賭博之風熾。此罕見矣。

二月

初二日晨食熯糕名曰撐腰糕俗傳可已腰疾故名而懷上市人則以是日剪紅紙作圓套梅枝上曰否則梅樹將氣死也遂稱是日爲梅日云

初八日祠山神誕故事諸神例賽會赴祝與於賽會者凡九廟睢陽、行災、延壽司、南水仙、西水仙、府城隍及無錫金匱兩縣城隍至則以秩尊卑設席而本廟神居主席連桌四五祭筵極盛盤裝高果至五六尺惟主席牲不用豕而用犬相傳神始自長興自疏聖澤欲通廣德化爲豕役使陰兵戒家人聞鼓聲始具飯有鳥集鼓上啄食夫人李氏携飯往得見眞形工遂輟故不供豕而代以犬至誕期恒寒冽多風雨而微霰雪俗謂凍狗肉蓋神有四女雨雪風火各有攸司而以掌火者祝父誕歸途必以火災民爲神所不許故惟風雨雪三女來祝黼帷旗幟彩亭雲車纚紛絡繹鼓樂喧塡香霏霧襲夜結燈棚則明星燭龍光耀數里而大蠟燭高及丈圍二尺許尤鉅觀士女游集擁塞街市他神誕日皆然惟大蠟燭則爲祠山神誕所獨翌日舁神出赴各廟謝俗名謝酒會夫賽會迎神他縣皆有之而以生辰慶賀爲會則惟吾縣爲然至民國而此風稍衰

是月上戊日縣人祭家祠厥爲春祭而家祠在惠麓者多以故奉祀子姓雲集焉

十二日俗名百花生日凡花木皆敷以紅紙是謂賞紅蓋以祝發榮滋長也明時是月中旬吾縣北塘香燈極盛蓋蘇松兩郡進香武當山者巨艦百十咸期會於此其將泊也鳴鑼爲號自南而東而西且鳴且行聲震天邑人士聞聲遂傾城出其既泊也懸燈爲記貫索檣首紮燈架或四方或八角空其中而懸於旁燈燈相綴連屬而下如貫珠如星橋其燈數以人數爲準每進香一人人懸一燈每舟若干人即懸若干燈燈光入水燈燈倒映每舟懸若干燈每舟底即映若干燈懸燈後花炮四發煙花入水亦倒映枝枝朶朶上下一色於是香船百計看香燈之船千計香船之燈懸於檣顛而看香燈船之燈懸於船首船舵香船之燈紙燈而看香燈船之燈間以紗燈珠燈水晶明角燈香燈之船鑼聲木魚聲宣佛號聲而看香燈船之船佐以歌聲笑語聲簫鼓聲吹彈絲竹聲聲聲不一人烟如沸水面通紅爲一時勝觀及明季楚中多事進香者裹足迄今不可復見也

十八日俗傳是日馬和尚過江馬和尚凶神也說者謂北風吹和尚過江南則江南災南風過江北則江北災以故是日風向可占歲之凶稔云

三月

清明節亦有在二月中者而屬於三月者爲多俗稱清明逢三月三則婦人之不子者以是日食南瓜卽宜子其先一日名寒食俗稱是日宜種蔬果而懷上市人則以是日爲浪蕩日蓋亦禁火罷炊不事事之意也清明日折楊柳桃花束置於竈家祭旣則擔荷酒食奠祖墓而剪彩紙爲錢繫柳枝植於墓上其不奠墓者亦必出行郊外名曰踏青踏青者大率之惠山舊時不之惠山者多上城環繞周行而以東城多游女尤爲衆人之所聚處託言東林庵看桃花也今則不赴惠山卽往公園而繞城周行者寡矣惟鄉人必以是日懷蠶種登山蓋育蠶者稱上簇作繭爲上山故先以是祝豐收也南延市人則以是日遊鴻山懷上市人遊香山而斗山遊人亦盛舊呼斗山爲清明山是也兒童放紙鳶以是日止俗稱放斷鷂云

初三日西高山遊人最盛諺云三月三螞蟻上高山或遂以此語書紅紙倒貼竈上曰可辟蟻也而以是日戴薺花則謂能已睡云

是月中旬賽會極盛俗名香會其中尤以十四十五兩日臺扛儀從之盛爲一歲最而鄉民十百爲羣手持小木凳炷香挂磬其上口誦神號擊磬爲節五步一拜如是數十里隨會至惠山堠山芙蓉山諸廟俗名拜香又曰報娘恩而其中有手帕裹頭身穿女衣者云代母拜也三日

內晝夜不絕。其尤甚者，縷刺臂肉、繫銅鑼、裝高蹺、扮演故事。意以捨身報父母，而不曉孝子不登高臨危，身體髮膚，不敢毀傷之謂何，其愚罔不可及。而觀者肩摩踵接，空巷以出。惠山堠山芙蓉山，男婦填塞無隙地，居者皆烹炰待客。而遠近村鎮賽會至山者，每戶出紙錢一陌納諸會，會中執事總所納作數十擔，標黃紙爲旗，運至山而焚之，曰解錢糧。

二十八日東嶽神誕，廟在錫山之麓，羣廟皆賽會往祝，而鄉民亦有隨會拜香者。

四月

立夏日薦三新以祀祖先。三新或云蠶豆、櫻桃、梅子，或云莧菜、蠶豆、梅子，其說不一，要之薦其時食而已。凡人必以是日權，俗傳可免制夏，而制夏即病暑之意，謂爲夏所制也。然如坐閾，則不能免矣。是日南延市人和莩頭、荷葉、豆葉、棉莢、花紅爲餅，所謂立夏餅也，食之亦可已制夏云。

初八日僧寺浴佛作會，謂之傳經。厥儀會婦女分兩行對矗立，一僧持銅盤，盤置小銅佛，而注水灌其頂，遞傳以徧。婦女隨投錢於盤，既乃取經傳之，亦次第以徧。其首立者厥名曰傳首經，而施舍倍於人人焉。

初十日。厥爲太平軍破無錫之日。當日死者夥甚。縣人歲以是日燒紙陌道旁。所以郵孤魂之無祀者也。

十五日。府城隍誕。舊時燈彩最盛。蓋廟爲北塘米賈所管。出錢易也。今則米業日替。當年之盛。不可睹矣。

五月

初五日。端陽節。家釀角黍。而以時食薦祖先。溶雄黃於酒。徧灑室中。又以筆濡書王字兒額。爇蓬艾蒼朮以熏於室。而削蒲葉爲劍。插諸門。門貼黃紙朱書之午時符。婦女則剪彩爲人。大如豆。名曰健人。刻繭爲虎。絨纏八角符。下垂五色釧。而簪於首。又以雜彩爲五毒形。彩絲絡之。繫小兒背。曰背符。皆以祓不祥也。蓉湖競渡。自古爲吾縣勝事。龍舟自初一日始。會於北塘。至是日士女傾城出觀。好事者縱鴨於河。視龍舟搶奪以爲笑樂。遊女如雲。畫船簫鼓。停橈中流。而輕薄兒棹小舟往來穿逐。意固不在龍舟也。迨清世宗雍正以後。漸不如曩日之盛矣。民國三年。龍舟一時稱盛。然不於端五。而於六月。可特筆也。蕩口鵝湖龍舟亦著。

夏至日。薦新麥。晨煮麥粥供祖先及五祀。午炊食餛飩。相傳人畏病暑者。可以狗食盆盛而食

爲俗有端陽勿吃粽（即角黍）死則無人送重陽勿吃糕死則無人扛夏至勿吃餛飩死則無坟墩之說

十三日關羽神誕相傳是日雨民無凶飢妖孽之疾謂之磨刀雨云神使刀也吾縣諸神賽會極盛惟神不與不敢褻也大率醵金私祀祀畢即會食謂之關帝會會以北塘爲盛不惟牲牢祭祀而已演戲者數日大抵皆諸米賈之所爲也

十八日行災神誕神俗稱炎聖即張士誠也傳者謂士誠有德於吳吳人立像祀焉明太祖聞之怒下所司縣人懼赭像面諱曰此炎聖也似是火神然縣中患痘者乃禱此或謂是上帝五庚使者主民間疾厄或謂是漢張騫以騫得織女支機石而司蠶桑云是日故事諸神例賽會赴祝

二十八日無錫縣城隍誕故事諸神例賽會赴祝

六月

初四日祀竈而縣人食雷尊素者自是日始以迄二十四日凡二十一日俗傳二十四日爲雷尊誕也

初六日。天貺節。俗有六月六。狗洗浴之說。而鐙檠之屬。亦以是日濯於水。又稱是日曬書。則不蠹蝕云。

十一日。西水仙神誕。故事。諸神例賽會赴祝。

十四日。祀竈。

二十四日。厥爲雷尊素之末日。而神仙素。亦以是日食之。食神仙素者。一日辟穀不舉炊。祇以瓜果充腹而已。是日祀竈。

我聞在昔。大澂小澂。多荷花。六月花放。邑人士。多操舟置酒。往觀荷避暑者。迨雍正後絕不聞矣。

七月

立秋日。薦西瓜以祀祖先。舊俗。是日。取西瓜和燒酒食之。謂可以防瘧痢。

初七日。乞巧。先一夕。於中庭設桌。供時果。銅盆貯井水。和河水。名曰陰陽水。漬雜花。置盒其上。取蜘蛛藏盒中。至是日晨起啓視。結網者爲得巧。而酌盆中水。映日光。浮細針。視水底影。而影之狀不一。或如筆。或如棒錘。如扁擔。說者謂見筆影者。其人巧。而見其他影者則拙。皆小兒女歲爲之而已。相傳是日少鵲。蓋赴銀河作橋以渡牛郎織女云。

十五日。中元節。祀先。祭品以西瓜茄餅爲主。茄餅者。以米粉調水成糊。作外衣。而裹茄和肉。作醢爲餡。油煎成餅者也。俗謂是月十三日。爲鬼放監之期。十四日爲鬼洗衣之期。至是日則爲鬼看會之期。故事。舁城隍神出會。詣壇。焚紙陌。䘏孤魂。而民家亦隨處燒紙陌。以䘏魂之無主者。名曰化䘏孤。其居於鄉者。則備白紙。名曰田角紙。繞於田隅。以祀土神。翌日十六日。厥爲鬼收監之期。宜雨。不雨則鬼歸途必陰損苗也。說者謂十六日雨。人之幸。而十四日雨。則鬼之幸也。蓋十四日鬼洗衣。天雨則溝澮皆盈。既可取飲。又可洗衣。鬼洗衣畢。即曬野茄科稈上。以故相誡愼勿觸損鬼衣。取怒云。

二十五日。睢陽神誕。故事。諸神例賽會赴祝。縣人事睢陽尤虔。每於初一日始。掃除庭宇。張燈結彩。設祭筵。或迎惠山神像。或爲小像長尺餘。袞冕如王侯。坐廳事。合數十家輪具香燭。朝夕捧盤水巾帨。盥洗上食。如事生禮。里中戶懸燈。燈書收災降福字。竟一月。名曰大老爺燈。俗傳明太祖惡無錫民爲張士誠固守。命徐達於平吳後屠其城。達過望亭驛。將下令。忽夢一金甲神立船頭。曳帆行。船駛如飛。比醒。已至五牧。見岸有古廟。達登謁。祀睢陽像。卽夢中見金甲神。

也。城得不屠。民感之。以是報焉。一說。士誠有德於吳。吳民懸燈為士誠也。懼太祖怒。詭稱為睢陽神。又一說。非也。當明兵臨縣。將屠城。賴義士張翼以全。（見歷代兵事志）翼以四月晦卒。民感其德而哀其逝。乃以五月朔日始。戶懸燈。燈四面為門。門內有神。及護從人役像。門有聯。以五色紙鏤細花糊之。上有寶蓋。燃燈用油不用燭。盡一月乃已。所以報也。閱歲逾久。生民忘厥所自。知睢陽神之為張姓。而不知有義士為神。誕七月二十五日。於五月報賽非宜。乃以燃之七月間云。

晦日地藏神誕。夜則燃燭於地。削竹籤塗附香屑。以插階除間而爇焉。謂之燒九思香。比戶皆然。俗說不如是則來生無人緣。必多怨家云。

猛將神。俗傳姓劉。名憎。司蝗。至是稻秀。鄉人必定期迎神出巡視田。既則插小紅旗於田。以示神所祐也。謂如是則蝗不為害云。

八月

是月上戊日。縣人祭家祠。厥為秋祭。而與祭子姓雲集。惠麓與春祭同。

十五日。中秋節。晨食芋。夜祀先。其祭品以月餅為主。而佐以新栗白果及藕等。亦薦時食之義也。市中香店。以是日。聯線香。成方斗形。售諸人。歸實以沉檀香末。插線香於夜。架高臺中庭爇謂之燒香斗。俗稱天門惟是夕與除夕兩日大開云。

十八日。延壽司神誕。神以淸聖祖康熙末年始與於賽會之列。嘗改爲財帛司。不久仍曰延壽司。以爲南斗中神也。故事。諸神以是日賽會赴祝。

二十四日。竈神誕。以新米磨粉作糰祀之。

九月

初九日。重陽節。登高多上惠山。否則登城眺覽而已。以米粉或麵和酒蒸之。曰重陽糕。市中亦鬻之以薦先。

十九日。金匱縣城隍誕。十餘年前。廟中亭臺池館。爲闔縣神廟冠。先誕期一二日。士女已雲集。肩摩踵接。遊人之盛。諸神誕無與倫比。者民國成立。金匱縣廢。廟亦毀於兵。無復當年勝游矣。

十月

初一日。俗名十月朝。挈盒掃墓如淸明。

十一月

舊時。冬至。晨食粉飥。賀冬。亞於歲首。先一日晚。謂之冬夜。祀神。祭先。設家宴。亞於除夕。今祀祭家宴如舊而賀冬之儀廢矣。

十二月

初八日以棗栗菓蔬及豆腐加鹽酪煮粥食之名曰臘八粥歲云暮矣家家束稻草爲帚縛諸竿以拂除屋塵名曰撣簷塵率以十七十八兩日行之厥爲除舊布新之始事自是而後乃屑米和糖蒸年糕忌生人窺視則難熟云不熟則來歲不吉也比戶皆然惟新遭大故者則不撣簷塵不蒸糕云。

二十三二十四兩日送竈神俗有官三民四之說今則非官而官以二十三日送竈者夥矣夫官迷可哂而不曉民貴之義尤可閔其祭品以瑪瑙糰糖餅爲主云二物黏巽甚而竈君此行將以人間善惡奏上帝食此則口膠不得開無慮多言矣夫人不能戒儆自脩而爲無忌憚之小人則亦已耳徒欲防神之口使不得譖於帝不亦小人之尤者耶君子於是覘民情之澆焉

瑪瑙糰者蓋溶紅糖水調粉和白粉而成色如瑪瑙故云。

晦日俗稱除夕晚祀神祭先家宴祝冬夜爲盛惟冬夜不接竈而除夕接竈供神必用大吉利市大吉利市者大栗橘子荔枝及柿餅也既餕屬以紅紙裹銀錢給賜卑幼謂之押歲錢而人

終宵不寐則謂之守歲燃晝燭於寢謂之守歲燭中夜煮食南瓜充飢謂之交南方運鄉之人則以是夕調石灰畫弓矢於門首廣場近亦有畫槍炮者蓋禳解兵災厭勝之意而中堂及寢隨意畫元寶飛錢定勝之屬則取利市之意猶供果之用大吉利市也睡不解衣將鞋藏床頭闔門放爆竹三歲朝啓門亦然震響達旦而庖室之水缸是晚儲水必盈其竈下之薪則攜取盡焉以防火也謂之窮竈倉富水缸云

錢基博曰鄉民歲時賽會之爲搢紳士大夫詬厲舊矣推其初藉祈報之名而行娛樂之事於農功告竣之日家人父子相與鼓腹嬉遊點綴歲景意至美也惟末流所屆寖失本眞爭奢鬬靡舉國若狂而聚賭酗飲作奸犯科之事或因焉所謂搢紳士大夫者睹此流弊乃痛心疾首議禁止夫鄉民之賽會則既以禁而稍衰息矣然其聚賭酗飲作奸犯科者自若曾不以禁賽會而或衰息也不知民之不德蓋教育之不普及地方行政組織之不完善有以致之然而無與於賽會記曰一張一弛文武之道人生日夕勤動不能不及時行樂泮奐優游娛精神舒肢體不論居城市與居農村一也比年城市娛樂以物質文明之日進踵事增華而所謂搢紳士大夫者亦既樂其樂利其利而蚩蚩者氓終歲勤動以求一日之娛樂而不可得夫人情不甚

相遠。儻所謂搢紳士大夫者。易地以處。一平心思之。當必有蹙然不安者。故博以爲城市之賽會可禁。而農村之賽會不可禁。何也。夫農村爲國富之策源地。此歐美經濟學者之公言。使操之過蹙。俾其人憔悴鬱結。意不得發舒。而精神體力。日即於委靡。則國家將隱受其害。寧祇一鄉一邑之榮悴已耶。其不可一也。抑尤有所甚不可者。農民之厭耕稼之勞而寡獲。而慕城市之繁榮。工商業之利進多。亦已久矣。（人民集中於都市生活。歐美政治教育家方引爲大戚。）苟不急爲補救。使之得所慰藉。則良民輕棄其鄉里。別營城市之生涯。而愚者日即於畸邪。流爲飲博之徵逐。馴致田野荒蕪。風俗墮壞。非細故也。記曰。人不能無樂。樂不能無形。形而不爲道。不能無亂。夫所謂道者何也。曰宣其和樂之意也。道之之法。第一以從俗從宜。不害風俗爲主。賽神則當求其有功德於民。嘗爲人民禦災捍患者。隆以祀饗。以伸報功崇德之思。若其地方歷史。無合於此選者。莫若奉一國民崇拜之人物。而淫祠穢祀。與夫怪誕不經之神。皆從廢黜。若夫緣賽會而舉行各種之嬉戲。則務以不至誘惑青年。墮落品性。爲標準。演劇則當取其足資觀感。而淫邪儇薄之戲曲。屏不得演。蓋農民孤陋寡聞。見其感受戲劇之潛化力甚易。觀於豆棚茅舍。鄰里聚談。父詔其子。兄勉其弟。大率舉劇中故實爲談資。與所謂搢紳士大夫者之引經據典。無以異。故戲劇之良楷有繫世道人心不淺所當加意者也期足以感動人之善心而不使放心邪氣得接焉其二宜力持儉約農村之財力有限風氣率淳樸若賽會過事鋪張以聳觀聽既以耗其蓋藏又以長其侈傲其三每年賽會祇宜以一次二次爲度而於農事蠶事畢後行之蓋人情數則厭而勞苦之餘得所懽娛尤視平日爲酣適也此則道之之說也吾聞子貢觀於蜡曰一國之人皆若狂孔子曰百日之蜡一日之澤非爾所知甚矣聖人之見大也嗚呼今之賽會蓋古蜡祭之遺意也漢司馬遷不云乎曰俗之漸民久矣雖戶說以眇論終不能化故善者因之其次利道之宜如何因俗利道以勿拂於民情而納之軌物豈非所謂搢紳士大夫之責歟惟邦人君子實圖利之

方言

方言舊志無之惟今世士夫輒謂中國方言參互文語殊途學不普及實緣於此然中國書同文字雖音讀參差而源流一貫蓋有誦讀占畢之聲既用唐韻俗語猶不違古音者有通語既用今音而在無錫猶用唐韻者有數字同從一聲唐韻已來一字轉變餘字則猶在本部而俗語或從之俱變者在昔姬周之世設大行人屬象諭言語協辭命屬瞽史諭書命聽

聲音所以諜言文之一致也世人學歐羅巴語多尋其語根溯之希臘羅甸今於鄉談顧不知察其聲音條貫上稽爾雅方言說文諸書以推見本始不亦惑哉錄可考見者著於篇所不知者蓋闕如也其有俚言俗語因事孳乳不必有稽於爾雅方言說文諸書而可以詁經證史者倂附於篇末焉述方言

釋辭

𠀀　說文𠀀反丂也讀若呵今縣人語如阿轉入麻部凡發聲言阿字者即𠀀字也縣人小字往往冠阿稱阿某如吳呂子明（蒙）稱阿蒙魏孟公休（康）稱阿九（皆三國時人）於史亦有先例

𠀀喅⿸疒殹　𠀀見前尋說文喅音聲喅喅然余六切⿸疒殹劇聲也於賣切而劇者病甚也縣人病痛呻吟輒呼曰𠀀喅⿸疒殹按春秋左氏昭三年傳民人痛疾而或燠休之正義引服虔曰燠休痛其痛而念之若今時小兒痛父母以口就之曰燠休代其痛也今人呼痛曰燠休休或呼如由或轉呼曰阿育此餘杭章炳麟說也北齊儒林傳宗道暉謁任城王湝湝鞭之道暉徐呼安偉安偉其音即𠀀喅⿸疒殹俗書阿呀喂也單字還音者唐人朝野僉載郭勝靜不被打阿㾰㾰亦同舊唐書安祿山傳祿山呼李林甫爲十郎使奏事回先問十郎何言若但言大夫須

好檢校則反手據床曰阿與我死也阿與即安偉阿掎掎唐書刪阿與字蓋不知爲單字還音語而疑爲冗字也其還音傳燈錄德山鑒語作阿哪阿哪元曲本多作阿嚛又作哎喲又作阿燕蓋皆非本字云

唉 唉烏開切說文應也廣韻慢應莊子知北游狂屈曰唉吾知之音義唉烏來反又烏在反李音熙縣人應聲曰唉正作烏開烏來烏在三反音哀不音熙

侻 廣雅侻可也侻從兌聲自可讀兌易言商兌正謂商量可否也法言孫卿非數家之書侻也若以縣人語通之侻即是對矣

粃 方言粃不知也粃從比聲縣人反遮人言若云不知者則呼曰粃音如屁廣韻亦作屁

咅 說文咅相與語唾而不受也天口切今語如本音俗作⿰口走而縣人則音轉如剖俗作呸

弗 公羊桓十年傳注弗者不之深者也縣人相屬以事而拒不肯則應曰弗按韻會弗不可也不然也史記孔子世家稱弗乎弗乎正與縣人深拒痛絕其事連應弗弗者同

若 ⿰鬼若 論語憲問君子哉若人尚德哉若人公羊莊四年傳有明天子則公羊得爲若行乎若皆訓此縣人指物示人曰若音如諾有時亦含驚駭之義則⿰鬼若字之音轉也說文⿰鬼若見鬼

驚詞。從鬼。難省聲。諾何切。

右發語辭

故。 **故些。** 故。猶此也。莊子齊物論。有成與虧。故昭氏之鼓琴也。無成與虧。故昭氏之不鼓琴也。故與此同義。今縣人語。猶謂此爲故。音轉如個。禮記。禮運。故聖人參於天地。故人也者。其天。地之德。故禮義也者。人之大端也。正義。皆別標爲一節。今縣人謂此爲故。亦多發端言之爲下。語。作凡目。如云某事。則曰故件事。云現時。則云故些。爾雅。故今也。些此也。些息計反。又息賀反。縣人則語。如歇。

舍。 舍。式夜切。何也。孟子。滕文公。舍皆取諸其宮中而用之。猶言何物皆取諸其宮中而用之。也。晉書。元帝紀。帝既至河陽。爲津吏所止。從者宋典後來。以策鞭帝馬笑曰。舍長官禁貴人。女亦被拘耶。舍字斷句。猶言何事也。俗作啥。

難。倒。 禮記大傳注。然。如是也。然字或從草。難作蘸。或體作難。文選。劇秦美新。稱難。除仲尼之篇。籍。李善注。難古然字。而從難。聲則然。古音如難。可知。反言。遮人。古稱然。則今縣人則言難。倒難。即然字。倒有。反意。作難道者。音謁。無義。

右語助辭

居○詩鄭風叔善射忌傳曰忌辭也稍侈則言居詩言日居月諸是也此在語末無他意義縣人言居轉入如格

了○縣人語終稱了猶古人語終稱已禮記檀弓生事畢而鬼事始已已亦作里周官考工記里爲式注里讀爲已聲之誤是其證也今縣人語作了里了一聲之轉耳

右語已辭

釋名

虹○爾雅螮蝀謂之雩螮蝀虹也今縣人呼虹如㖃作呼后切音在虹雩之間虹轉爲㖃若項橐作后橐矣

風暴○詩邶風終風且暴爾雅日出而風爲暴毛傳暴疾也縣人謂疾風時至爲風暴暴音如報

曬○說文曬暴也所賣切縣人呼暴日音正如字

䨞雨○說文䨞雨䨞也從雨各聲盧各切縣人稱降雨曰落雨落當作䨞段玉裁曰䨞下雨本

字今則落行而義廢矣

濛䨚雨　說文䨚小雨也從雨衆聲明堂月令曰䨚雨集職戎切今縣人狀雨不甚亦曰濛䨚雨濛者尋說文水部微雨貌從水蒙聲

圎　說文圎規也規即象天體之圓也圎火玄切縣人稱圓形曰圎圎亦曰圎子音去玄切世皆作圈圈本養畜之閑音渠篆切今人猶言豬圈牛圈與圓圎圎子之圎異

朚朝　說文朚翌也翌者昱之假借別於今日之稱也尙書五言翌日皆訓明日按朚之古音爲誤郞切今縣人謂明日爲門朝則古今音之轉也

月半　月半謂月之十五日也此語由來舊矣儀禮士喪禮月半不殷奠禮記祭儀朔月月半君巡牲

右釋天

馬頭　縣人稱水路泊舟之地曰馬頭始於唐資治通鑑載史憲誠據魏博於黎陽築馬頭爲渡河之勢注附岸築土植木夾之以便兵馬入船也

場許　說文処止也或作處從虍聲則處亦可讀虍經典相承多借所爲處亦借許爲處檀弓

高四尺所正義所是不定之辭今人則作許矣許音近虍所從戶聲亦與虍近魚模轉麻今縣人言處言許音皆如化如言所在曰場處或曰場許則音如場化矣按古人稱幾何曰幾許縣人語亦稱幾化多許亦稱多化

悝 說文里居也通語謂此處彼處曰者里那里而縣人音轉如孔悝之悝悝苦回切或書作塊非也

裏鄉 釋名鄉向也衆所向也匡謬正俗曰俗呼某人處爲某亭是鄉聲之轉今縣人稱內曰裏亨音如向本鄉字裏者尋說文衣部衣內也有內之義焉

右釋地

渾敦 春秋左氏文十八傳季文子稱昔者帝鴻氏有不才子掩義隱賊好行凶德醜類惡物頑嚚不友是與比周天下之民謂之渾敦按心不則德義之經爲頑口不道忠信之言爲嚚今縣人罵多行不義曰葷音如婚帳意即渾敦二字之音轉也

木頭 論語剛毅木訥近仁集解引王注木質樸也按漢書周勃傳勃爲人木強敦厚張周傳贊周昌木強人也酷吏傳尹齊木強少文顏師古以爲強直如木石而後漢書吳漢傳論引

無錫風俗志

論語文李賢注云。木樸愨也。今縣人以樸愨爲詬。亦曰木頭。頭者古稱一人爲一頭。春秋元命包十紀。其一曰九頭紀。即人皇氏。人皇兄弟九人故也。

竵伯嚭　說文。竵不正也。火蝸切。音華。縣人開口呼之音如壞。胡怪切。不正之人曰竵人。不正之話曰竵話。而春秋時伯州犁之孫嚭爲吳太宰。受越人賂。讒殺伍員。長吳王之侈。以亡吳國。吳人惡之。詬曰竵伯嚭。言莫竵於是人也。今縣人相罵曰竵伯嚭。言其人之竵。比於伯嚭也。

鯫頭　詩鄭風箋。誂惡也。正義曰。謉醜古今字。音轉爲鯫。漢書張良傳。載高祖稱鯫生說我。服虔曰。鯫音士垢反。鯫小人也。今縣人斥品性陋劣者爲鯫頭。

孱頭　說文。孨謹也。相承以孱爲之。漢書張耳傳。吾王孱王也。孟康曰。冀州人謂懦弱爲孱。今縣人謂下劣怯弱爲孱頭。孨本旨兗切。今爲旨銜切。

陸顧　陸顧吳語也。三國時陸顧爲吳大姓。吳人問訊。誰何。曰陸顧。若曰非陸即顧云爾。今縣人音譌爲陸斬鳥切箇矣。

僂儸　縣人稱盜黨曰僂儸。古作樓羅。亦作婁羅。唐書回紇傳。加册可汗爲登里頡咄登密施

∴含俱錄英義建功毗伽可汗。含俱錄。華言婁羅也。蓋聰明才敏之意。酉陽雜俎引梁元帝風人辭云。城頭網雀樓羅人。著南齊書顧歡論云。蹲夷之儀。婁羅之辨。五代史劉銖傳。銖謂李業等曰。諸君可謂樓羅兒矣。宋史張思鈞起行伍。征伐稍有功。質狀小而精悍。太宗嘗稱其樓羅。自是人目爲小樓羅焉。蓋幹辦能事之稱。非惡謚也。自盜魁龔之誇獎所部。以殺越人財貨爲樓羅。而人遂用爲詬厲焉。

腳色　通鑑載虞世基掌選。曹受納賄賂。多者超越等倫。無者注色而已。注色者。注其入仕所歷之色也。宋末參選者必具腳色狀。按朝野類要載。腳色者。初入仕。具鄉貫、戶頭、三代名銜、家口、年歲。若注授轉官。則又加舉主、有無過犯。即今之履歷也。以其於人行履無所不備。觀腳色即可知其人生平。故今縣中稱人物。亦曰腳色云。

黃六　縣人誚無憑信曰黃六。其語本之唐人。乃指黃巢兄弟六人。巢次居六而多詐故云。

司務　顧炎武日知錄載。木工。金工。石工之屬。皆爲司務。其名起於宋時。不知何據。今縣人亦有是語。如木工稱木匠司務。縫工稱裁縫司務之屬是也。若百工之徒則稱其師曰師父。其聲與司務混。按說文父矩也。家長率教者從又舉杖。稱師曰師父者。以師道嚴夏楚收威比

於父矩從又舉杖也

蔫子　蔫從草焉聲正韻臭草也縣人斥逐利坿勢以自炫之人曰蔫子譏其為逐臭之夫也若曰不知香臭云爾按不知香臭四字今縣人常語始見焦氏易林曰鼻目易處不知香臭則漢人已有之矣

儔扶　儔扶　儔衆也等類也楚辭王逸注二人為匹四人為儔儔直由切又通作疇漢書韓信傳其儔十三人縣人謂一羣人曰一儔謂同類曰儔扶說文扶並行也讀若伴侶之伴按伴侶為借字扶旅為正字儔扶亦稱儔火儔音如濤火者考司馬法人人正正辭辭火火注言一火與一火猶人人殊之人人也即俗謂火伴古木蘭詩出門看火伴

倗　說文倗輔也步崩切此倗友正字亦為倗黨朋聲今縣人轉入東江故呼倗如幫凡工商游民無不稱幫又凡相輔助亦曰幫本倗字也

底下人　縣俗稱奴僕為底下人亦有本南史張伯之傳褚緭謁范雲雲不見緭怒曰建武以後草澤底下都成貴人唐洋州刺史趙匡議選舉疏有曰授官多底下之人修業抱後室之歎

右釋人

爹　廣雅爹父也南史梁始興王憺詔徵入朝人歌曰始興王人之爹赴人急如水火何時復來哺乳我荆楚方言謂父爲爹故云爹叶火我入哿韻讀如舵今縣人呼父曰爹爹音丁耶切轉入麻韻

公公　前漢書郊祀志天子爲天下父故曰鉅公廣雅公父也今縣人不以稱父而移於祖父疊稱之曰公公猶言公之公云爾

爺爺　爺古文作爺玉篇以遮切音耶俗呼爲父爺字古木蘭詩軍書三十卷卷卷有爺名今縣人稱父曰爺而祖父則疊稱曰爺爺爺爺云者猶言爺之爺爾

娘　親娘　娘唐韻女良切同孃廣韻孃訓爲母古樂府不聞爺孃喚女聲但聞黃河流水鳴濺濺杜甫兵車行耶孃妻子走相送塵埃不見咸陽橋今縣人呼母曰娘呼祖母曰親娘按禮記奔喪問喪注親父母也親娘云者猶言父母之娘云爾

姑姑　姑娘　爾雅父之姊妹曰姑春秋左氏僖十五年傳姪其從姑注謂我姪者我謂之姑是也縣人重呼曰姑姑或同父兄稱曰伯伯以姊妹亦女兄弟也婦謂夫之妹曰小姑唐玉

廷新婦詩未諳姑食性先遣小姑嘗此古稱也縣人則稱曰姑娘娘者尋唐韻集韻韻會並少女之號有小之義焉

娘舅 舅公 舅婆 阿舅 爾雅母之昆弟爲舅詩秦風我送舅氏曰至渭陽舅氏指晉文公則秦康公之母穆姬兄也縣人呼母之兄弟曰舅而繫之娘稱娘舅呼母之父母則曰舅公舅婆廣雅公父也說文婆作媻奢也奢訓張則婆亦女之大稱也舅公舅婆云者猶曰舅之父舅之母也妻之兄弟亦稱舅始見唐書楊行密曰得舅代我無憂矣謂其妻弟朱延壽也縣人呼妻兄弟則曰阿舅加發語辭以別於娘舅焉

姨 內姨 釋名妻之姊妹曰姨姨弟也言與己妻相長弟也詩碩人邢侯之姨傳春秋左氏莊十年傳息嬀過蔡蔡哀侯曰吾姨也注並同母之姊妹曰姨亦著釋名今縣人稱母之姊妹曰姨而妻之姊妹則曰內姨內者古稱妻妾曰內左氏僖十七年傳齊侯好內是也

姆 姆女師也言能以婦道教人者見儀禮士昏禮春秋左氏襄三十年傳注今弟妻稱夫之嫂曰姆以其年資過我若將受教之意也至兄弟之子稱伯母曰姆則隨其母之稱以爲稱焉姆廣韻集韻並莫補切今縣人呼作莫溫切雙聲之轉也

哥　說文。哥聲也。從二可。古文以爲謌字。今縣人呼兄爲哥。哥古俄切。實與翁聲相轉。說文周人謂兄曰翁。古魂切。經典相承用昆爲之。昆與兄爲喉腭相轉。稱兄爲哥。始於唐元宗與寧王憲書稱大哥。又有同玉眞公主過大哥園池詩。白居易祭浮梁大兄文稱大哥。此其證也。然唐時人亦稱父爲哥。舊唐書王琚傳。元宗泣曰。四哥仁孝。稱父睿宗行四也。今惟以稱兄耳。

姊　姊姐本字。子野切。爾雅。男子謂女子先生曰姊。今縣人仍其稱。而書作姐。尋說文蜀人呼母曰姐。則姐爲母稱。非姊也。

小奼　說文。奼少女也。坼下切。今縣人謂處女爲小奼。讀如姐。以姐爲之。亦非。

姪　女子謂晜弟之子曰姪。此義最古。宋周煇淸波雜記引唐碑顏眞卿柳宗元俱以從子稱姪。男某。非古也。左氏曰。姪其從姑。又云。其姪鬷聲姬生光。爾雅曰。謂吾姑者。吾謂之姪。漢書疏廣傳。兄弟之子。皆稱子。不稱姪也。然王伯厚引呂氏春秋黎邱之鬼。善效人家子姪昆弟之狀。則先秦已有姪稱。未爲非古。其說亦信也。

倪子　女倪　孟子梁惠王。反其旄倪。注。倪弱小繄倪者也。倪與兒聲相轉。說文。兒孩子也。韻

會兒倪也人之始如木有端倪縣人稱子曰倪子稱女亦曰女倪女奴含切

親家　廣韻親親家也集韻婚姻相謂爲親今縣人婚姻相謂亦曰親家家音如固按家本有姑固兩音詩豳風曰予未有室家叶上據荼音姑古胡切焦氏易林三足孤鳥靈明爲御司過罰惡自殘其家家叶御音固古暮切則親家之家呼如固亦有本也親家之稱始於漢人西都舊有上陵東都之義百官四姓親家婦女皆會陵見後漢書注引獨斷曰凡與先后有瓜葛者唐書蕭嵩傳載男女兩姻家相呼男曰親家翁女曰親家母簡稱則曰親家正與今同

連衿　爾雅兩壻相謂曰亞注云今江東人呼爲僚壻嚴助傳呼友壻嬾眞子錄云江北人呼連袂又呼連衿也連衿二字見此今縣人亦稱連衿固不惟江北人然矣

右釋親

頭　說文頭首也從頁豆聲徒侯切釋名頭獨也於體高而獨也此頭之本義也縣人謂時之始亦曰頭如稱起頭物之端亦曰頭如稱一頭兩頭蓋從首義引伸也至用之語助辭由來亦久唐宋人詩多有之如鼻頭見白居易詩舌頭見杜荀鶴詩鉢頭見張祜詩五更頭見顧況詩屋山頭見范成大詩

禿頂。說文。禿無髮也。凡物落盡皆曰禿。後漢書張衡傳。蘇武以禿節效貞。謂節毛落盡也。今縣人稱衰老頂髮浩落曰禿頂。禿他谷切。頂說文顛也。從頁丁聲。易大過。過涉滅頂。

䀎。說文䀎目圍也。讀若書卷之卷。今縣人謂目圍曰眼䀎。音去支切。以圈爲之。非。總語曰圓見前別語曰䀎

眼睞毛。說文。睞目旁毛也。縣人謂目旁毛爲眼睞毛。睞子葉切。今音轉子央切。

耳耽。說文。耽耳大垂也。聸垂耳也。耽音丁含切。聸音都甘切。今縣人謂耳曰耳耽。音轉如朶。耽聸訓垂。本由雙聲流轉。古音垂如埵。說文。垂讀若朶。朶訓樹木垂朶朶也。故聸得讀如朶。其在韻部。亦猶冉聲之那入歌類矣。

巴掌。下巴。說文。䩉頰也。從面甫聲。玉篇引春秋左氏僖二年傳。䩉車相依。今作輔。而縣人則稱頰曰巴掌。頰之下部曰下巴。（下巴之巴音近爬）巴即䩉也。讀爲巴者。古無輕唇。輔讀如補。（閉口讀）今音據此轉變。魚模生麻。遂爲巴音。若俗之爲爬矣。惟巴下綴掌。未知何義耳。

⿱此彖。廣雅。⿱此彖口也。今縣人語多謂口爲⿱此彖。相承作⿱⺮觜。俗作嘴。

⿱穴多。說文。⿱穴多厚唇貌。廣韻。⿱穴多唇下垂貌。陟加切。今縣人謂撮唇使其突出爲⿱穴多起。⿱此彖音轉如篤

蓋䆗䆗則脣加厚也又言語舌不調便曰䆗舌蓋從厚義引伸若曰厚舌云爾

胡鬚　胡嚨　說文胡牛頷垂也史記封禪書有龍垂胡髯下迎黄帝又云抱其弓與胡髯乃稱髯爲胡髯矣今縣人謂鬚爲胡鬚（鬚呼如些桑何切）本此然實引伸義縣人謂喉曰胡嚨乃近本義釋名胡互也在咽下垂能歛互物也詩狼跋其胡狼之老者領下垂胡漢書郊祀志師古注胡頸下垂肉也金日磾傳捽胡投何羅殿下晉灼曰胡頸也後漢書請爲諸君鼓嚨胡古人讀侯爲胡息夫躬傳師古注咽喉嚨即今言胡嚨耳

懷　左氏成十七年傳瓊瑰盈吾懷乎又論語陽貨然後免於父母之懷懷皆作褱字解縣人稱胸前曰懷裏本此

佗子　方言凡以驢馬馲駝載物者謂之負佗佗今作馱此通語也負物必曲背故今縣人稱背屈者爲佗子爾雅鮐背壽也鮐背即佗背老人多僂以此狀之台它雙聲莊子德充符衛有惡人焉曰哀駘它蓋醜惡莫如曲背故亞訓爲醜象曲背形駘它者即曲背之謂耳舊說鮐背背有鮐文甚誤

卵　難經足厥陰氣絕即筋縮引卵與舌卷注外腎曰卵按卵今讀魯果切然攷唐韻盧管切

集韻韻會正韻魯管切並臠今縣人呼外腎音正作臠與唐韻等合也

牝　說文牝畜母也從牛匕聲經典釋文引徐仙民作扶死反六朝人輕重脣音不分扶死即匍死猶之扶服即匍匐與匕聲正合也牝畜母之義引伸爲陰器老子曰谷神不死是謂玄牝今縣人謂女陰曰牝正從徐音作平聲呼如毗凡妃媲妣皆從此聲

臀　易困卦臀困於株木注最處底下說文尻髀也或作臋今省爲臀徒渾切縣人仍之釋名臀殿也高厚有殿遝也

脚　脚說文脛也訖約切釋名却也以其坐時却在後也山海經長股之國一曰長脚按詩小雅赤芾在股傳脛本曰股漢書趙充國傳聞苦脚脛寒泄注脛膝以下骨也正與釋名脚却坐時却在後之說相合蓋脚者古人僅指膝以下骨而言今縣人以渾稱足矣

孤踝　釋名踝确也居足兩旁磽确然也今縣人謂脛下骨隆起者爲孤踝踝之言冎也說文言冎象隆骨則足有隆骨處並稱踝亦無悞也踝音誇與孤雙聲孤借爲軱莊子養生主而況大軱乎釋文軱音孤向郭云孤戾大骨也縣人稱孤踝之踝古壞切

脚番　說文獸足謂之番從釆田象其掌移以言人今謂脚掌曰脚番番呼如板

乾毛 說文乾獸豪也廣雅乾謂之豪則不別人獸矣曹憲音汗今縣人謂豪爲乾毛乾讀平聲

右釋形體

襉 說文革中辨謂之韏段玉裁注辨駁文也辨當作辧謂縐文襞疊者俗字作襉襉古衡切謂裙幅襞疊也

踊 春秋左氏昭三年傳踊貴屨賤踊爲刖者所著貫脛而下無跗踊之言通也凡貫脛者皆得此語今縣人謂鞾韤貫脛處曰鞾踊韤踊讀如桶按釋名䩮鞾鞾之缺前壅者後人言深鞾韠壅鞾皆即踊字

補靪 說文靪補履下也從革丁聲今縣人謂衣破處爲補靪云

爪袖 釋名爪紹也此明古音爪紹相同今縣人謂袂端接袖爲爪袖爪即紹也

皮軭 說文軭車笭間皮篋讀與服同今縣人稱布囊爲包伏伏俗加衣旁而古稱包犧即伏羲則包伏同聲一語而二音也今縣人稱皮篋可提持者爲皮包則正當作皮軭矣

㲝 說文引書鳥獸㲝毛音而隴反今書作氄毛釋文引馬融曰氄溫柔貌今縣人稱細毛作

之氄布曰[illegible]俗作絨

被　詩小星抱衾與裯傳衾被也疏今名曰被古者曰衾楚辭招魂翡翠珠被注被衾也釋名被被也被覆人也引申爲着衣亦曰被左傳襄十四年被苫蓋是也被唐韻皮彼切集韻韻會部靡切並音罷而韻會又有攀靡一切音披廣雅䄫被不帶屈原離騷何桀紂之猖被兮前漢書揚雄傳被夫䓹之朱裳皆披音也今縣人語衾如本音而着衣則音如披云

艸薦　說文荐薦席也薦艸也縣人語藁秸之席曰艸薦云

右釋衣服

餈團　說文餈稻餅也玉篇餈餻也釋名餈漬也蒸燥屑使相潤漬餅之也而徐鍇則曰釋名之說非也粉米蒸屑皆餌也非餈也許愼曰餈稻餅謂炊米爛乃擣之不爲粉也粉餈以豆爲粉糝餈上也餈才資切而縣人則炊糯稻爛熟擣之作糕餅而糝以豆粉或松花粉稱之曰餈團團者尋說文訓圓象其形也

䬣子　方言餌或謂之䬣說文餌粉餅也今縣人呼餌之圓者曰䬣子則王念孫所謂䬣之言圓是也子呼如子德切語助辭按縣人名食品多綴子字爲語助如團子粽子之屬

餛飩　衆經音義引廣雅餛飩餅也齊民要術有水引餛飩法一作餺飩相傳晉石崇造顏之推曰今之餛飩形如偃月天下通食者也餛飩之言倱伅也程大昌演繁露謂是虜中渾氏屯氏爲之恐非正字通今餛飩即餃餌別名俗屑米麵爲末空中裹餡類彈丸形今縣人作餛飩正是屑麵爲末空中裹餡特形如偃月而不類彈丸形耳食物志稱餺飩象其圓形非也

點心　凡餅餌之屬不以時食者縣人稱曰點心自唐時已有此語鄭傪爲江淮留後家人備夫人晨饌夫人顧其弟曰治妝未畢我未及餐爾且可點心其弟舉甌已罄俄而女僕請飯庫鑰匙備夫人點心傪詬曰適已點心今何得又請耶見能改齋漫錄

醃·菹　釋名菹阻也生釀之遂使阻於寒溫之間不得爛也廣雅醃菹也今縣人治菜作菹謂之醃亦謂之將七羊切將即菹字將且雙聲相轉菹之爲將猶蘁之爲醬也

蜜餞　說文餞漬也子廉切今縣人稱蜜漬果實曰蜜餞云

洗沙　唐虢國夫人厨吏鄧連以豆洗皮作靈沙見雲仙雜記今縣人稱曰洗沙以和糖作餅餌餡云

味覃 說文覃長味也雙聲相轉侵幽對轉字變作道說文甘從口含一一道也覃之爲道若禫服作導服矣今縣人通謂味爲味道即味覃也味莫比切

香竄 說文歜盛氣怒也引伸爲香氣辛烈左傳襄有昌歜釋文歜音在感反音謁如竄作初感反明世醫方諸書初言辛竄今縣人亦言香竄矣

滫 說文滫久泔也息流切內則注秦人溲曰滫今縣人謂食久味變作泔水臭曰滫云

一頓 縣人呼一次食曰一頓始於晉人晉書謝僕射陶太常詣吳領軍日已中客比得一頓食世說羅友伺人祀祠主人問何爲答曰欲吃一頓食耳

右釋食

廳 廣韻廳屋也他丁切集韻古者治官處謂之廳事後語省直曰廳故加广增韻聽事言受事察訟於是漢晉皆作聽六朝乃始加广今人家會客之所亦稱曰廳以其處受客謁聽言事也

房 說文房室在旁也段玉裁注凡堂之內中爲正室左右爲房所謂東房西房也今縣人單稱房則指臥房言之而臥房必在正堂之傍曰書房則在廳事之旁曰門房則在大門之旁

皆仍室在旁之義也

廂　廊　說文廂廊也廊東西序也是廊即廂也玉篇廂東西序也廊廡下也說文訓堂下周屋爲廡是廊者堂下周屋與廂殊也縣人稱堂下周屋曰廊東西序曰廂絕然兩事與玉篇同然漢書竇嬰傳賜金陳廊廡下師古注廊堂下周屋也則廊之爲堂下周屋舊矣

天井　明唐　巷唐　說文廷朝中也古者朝皆露立廷音轉爲唐爾雅廟中路謂之唐文選西都賦注引如淳漢書注曰唐庭也庭者廷之借字今縣人謂廷爲天井即廷之切音也一稱曰明唐者以唐露處見光明易也凡小巷亦稱巷唐巷古音胡貢切紅去聲如詩鄭風俟我乎巷兮悔予不送兮巷叶送讀紅今呼作盧貢切弄云

亭柱　釋名楹亭也亭亭然孤立旁無所依也據此漢音楹本同亭今縣人謂柱爲亭柱即楹柱也或作庭非也柱不在庭

右釋宮室

鑊子　說文鑊鑴也從金蒦聲胡郭切段玉裁注少牢饋食禮有羊鑊有豕鑊鑊所以煑也今縣人所謂鑊子則煮食之鐵器是矣

盌 說文盂飯器也從皿于聲盌小盂也從皿夗聲方言宋楚魏之閒盂謂之盌縣人謂飯器亦曰盌與方言同

閜盌 方言閜椷也大者謂之閜郭璞音呼雅反今縣人謂大盌爲海盌海即閜之音譌也

⿰阝竷盌 說文⿰阝竷小椷也古送切今縣人稱盌之不大者曰⿰阝竷盌⿰阝竷音如工⿰阝竷盌固非甚小特較閜盌則爲小耳

夬 說文箸飯攲也而縣人則稱箸爲夬讀若快尋說文夬分決也今人以箸可分決羹肉故謂之夬語亦甚古易稱作書契者取諸夬今箸書之箸即本於箸故箸亦可稱爲夬焉

飯盧 說文盧飯器也以柳爲之而縣人則以竹編盛飯之器曰飯盧云

籔箕 說文籔炊䈲也䈲漉米籔也籔音蘇后切今縣人謂漉米竹器爲籔箕箕者說文云簸也淅米者必簸揚之故得箕名籔轉讀如溞爾雅溞溞淅也釋文郭蘇刀反虞侯與宵肴豪相轉若梟聲之操讀如藪矣籔所以溞音訓亦相通也

銚子 說文銚溫器也從金兆聲今煮水銅器縣人謂之銚子銚多嘯切是也而朱豐芑則引說文盄器也從皿弔聲謂蘇俗煎茶器曰弔子即此盄字按盄字亦可用而銚實本字

篦箕　木梳　說文竹部篦導也從竹𥬔聲邊迷切木部梳理髮也從木㐬聲山徂切釋名梳其齒疏也縣人以竹制櫛髮之具曰篦箕而其以木制者則曰木梳梳之齒視篦箕爲疏至篦而繫之箕者按箕簸箕揚米去糠之具言篦之導髮去垢猶箕之揚米去糠耳

繖　繖從糸散聲通俗文云張帛避雨謂之繖蓋是漢末已稱蓋作繖矣縣人仍焉

糞箕　掃帚　禮記曲禮凡爲長者糞之禮必加帚於箕上吳澄曰以帚掃地除去塵穢謂之糞蓋帚以掃地縣人稱曰掃帚箕以糞穢縣人稱曰糞箕世本古者少康作箕帚

斫頭　說文斫柯擊也從斤良聲今縣人謂椎有柯柄可舉擊者曰斫頭斫從良聲呼如郞

把柄　詩小雅傳秉把也古以秉爲柄故縣人謂柄爲把柄亦有本也

簰　簰渡　方言泭謂之簰簰謂之筏郭璞注木曰簰竹曰筏小筏曰泭簰集韻韻會並蒲街切音牌今縣人不論竹木通稱簰音如字而簰可以渡渡亦曰簰猶風吹人吹人亦曰風（如春風風人風乎舞雩等是）今縣人謂渡爲簰渡音如擺

帆　釋名隨風張幔曰帆今縣人語帆音如芃蒲蒙切覃冬之轉或書作篷篷奄也見方言

車　釋名古者曰車聲如居言行所以居人也今曰車車舍也行者所處若居舍也而陸德明

經典釋文引其說則曰古者車音如居所以居人也今曰車音尺遮反舍也蓋陸氏約舉其文又取文義顯明增入音尺遮反四字耳然韋昭云車古皆音尺奢反後漢以來始有居音未詳孰是然可証縣人呼車音尺遮切之爲甚古矣

手梏　說文梏手械也從木告聲古沃切今縣人言手梏從告聲音如靠

和頭　呂氏春秋開春論欒水齧其墓見棺之前和高誘曰棺頭曰和今縣謂棺之端曰和頭本此

右釋器

秕穀　說文秕不成粟也今縣人謂不成粟者爲秕穀轉入如畢

礱糠　說文礱磨也糠穀之皮也今縣人謂磨穀去下之皮曰礱糠

瓤　瓤從瓜襄聲廣韻瓜實女良切音孃而集韻則云奴當切音囊義與廣韻同也縣人呼瓜實音如囊與集韻同

一科　廣雅科本也縣人不論草木一本皆曰一科

一根　說文根木株也縣人稱一株木曰一根

右釋植物

蟲豸 爾雅有足謂之蟲無足謂之豸今縣人渾稱蟲豸

抱子 說文孚卵孚也亦書作抱方言北燕朝鮮洌水之間謂伏雞曰抱伏之言抱猶伏羲之稱庖犧古無重唇音也今縣人呼抱音如捕而稱雞之伏卵曰抱子子者尋禮內則濡魚卵醬實蓼疏卵謂魚子史記龜策列傳粱卵焫黃索隱卵雞子也則卵稱爲子義亦無所不通也

毤毛 蛻皮 方言毤易也郭璞注謂解毤也毤湯臥切音唾今縣人謂鳥獸易毛爲毤毛蛇蟬之屬解皮則謂之蛻見說文而蛻廣韻亦有湯臥一切音唾同毤故縣人語蛇蟬蛻皮之蛻與鳥獸毤毛之毤其音無異

右釋動物

家帑 說文帑金幣所藏也他郎切今縣人稱家財曰家帑帑作當音

符 說文符信也今縣人官檄借券皆謂之符音並如票若餓莩之莩讀摽矣

塺 說文塺塵也從土麻聲楚辭愈氛霧其如塺引申之則凡物之細如塵者皆可曰塺縣人

謂研物成粉爲末一聲之轉也按說文末木上曰末雖亦可引伸訓細不如麼字於誼切近也

坒塵　說文坒塵也從土非聲今縣人有合言坒塵者坒讀如灰輕脣轉入牙音俗作灰非灰訓死火餘盡不作一切塵埃之稱

一涿　說文涿流下滴也今縣人言水凝滴爲一涿涿呼如督古無舌上知紐涿音本如督也

右雜識

釋言

蹶蹶　爾雅蹶嘉也居月居衞二切郝懿行曰東齊里俗見人有善必誇美之曰蹶蹶今縣人呼如踖踖資昔切

歊　喬　爾雅上句曰喬小枝上繚爲喬句如羽喬毛詩漢廣南有喬木傳云喬上竦也考工記轂雖敝不歊鄭元注歊歊暴陰柔後必橈減幬革暴起也今縣人謂物不妥帖頗暴起爲歊音如喬小枝上竦而句曰喬音如鍛須句如羽謂之喬胡髭

下流　縣人斥品行汙下曰下流始見論語子張子貢曰君子惡居下流天下之惡皆歸焉

尋常 春秋左氏成十二年傳郤至曰爭尋常以盡其民注八尺曰尋倍尋曰常言地狹小無關大計也今縣人言無關緊要事曰尋常本此

心很 今縣人斥人心思刻毒曰心很本國語面很不害心很敗國

蒙茸 荀子非相篇仲尼之狀面如蒙倛楊倞曰其首蒙茸然蒙茸說文作髶亂髮也蒙茸亦作鬔鬆廣韻鬔鬆髮亂貌縣人呼之如蓬鬆

改制 縣人以反常相譏曰改制本董仲舒賢良策對三曰王者有改制之名蓋人有常度猶之國制不可輕變也

倜儻 司馬遷報任少卿書唯倜儻非常之人稱焉李善注引廣雅云倜儻卓異也說文倜儻不羈也他歷他朗二切今縣人稱曠放不拘禮法曰倜儻云

釥 方言釥好也郭璞音錯妙反縣人諛人美好曰釥俗作俏

一尐尐 方言尐小也說文尐少也從小乀聲讀若輟縣人狀物之小及少者曰一尐尐音轉若屑

蔫 說文蔫菸也菸鬱也韻會蔫物不鮮也今縣人謂布帛變色萎黃不鮮明曰蔫

亮㬎㬎　說文㬎衆微杪也從日中視絲古文以爲顯字讀若唫縣人形容顯燿曰亮㬎㬎㬎
音變作子林切

𡘋𡘋　說文𡘋大也古回切縣人驚物大每稱曰𡘋𡘋云

顓項項　說文顓頭顓顓謹貌項頭項項謹貌縣人謂迂謹曰顓項項本此項音許月切

𡴀香　說文𡴀草初生其香分布也或從草作芬撫文切縣人稱香甚曰𡴀香合語也音變撫
奔切

硈實　說文硈石堅也從石吉聲爾雅釋言硈鞏也縣人稱堅曰結實當從石作硈不當從糸
作結以結本訓締也

炫紅　說文炫爓燿也從火玄聲段玉裁注爓燿謂光爓燿明也玉篇炫燿光也廣韻炫明也
縣人謂明赤曰炫紅炫呼如暄

爍亮閃爍　說文灼爍光也爍書藥切縣人謂甚明曰爍亮光不定曰閃爍

黤　說文黤忘而息也於檻切縣人謂癡曰黤音轉胡開切俗作憨

發戇　說文戇愚也涉絳切縣人謂婞直曰發戇

涫水　說文涫灒也古玩切縣人謂沸水曰滾水滾涫之轉音也

伏耴　妥耴　說文耴安也丁協切縣人謂物安穩不掉曰伏耴讀如帖凡言妥帖亦耴字也

嫭　說文嫭驕也稽康幽憤詩恃愛肆姐嫭將預切姐茲也切魚模轉麻故嫭爲姐縣人謂小兒恃愛而驕爲姐齒音歸舌爲丁也切

匾　說文匾似小瓿大口而卑引伸凡體卑平者皆曰匾卑眠切音邊縣人相承作扁按說文扁署也從戶冊戶冊者署門戶之文也會意

蔳氣色　說文蔳青黃色也呼罪切今縣人謂人面色雜青黃者曰蔳氣色此與稱不祥爲晦氣相轉俗亦不殊其字

重鎮鎮　廣雅鎮重也縣人形容物之重曰重鎮鎮

醜態　唐祝欽明以經學顯作八風舞搖頭睆目備極醜態盧藏用曰五經掃地矣見唐書本傳今縣人斥鄙狀曰醜態本此

糊塗　宋呂端小事糊塗大事不糊塗見史今縣人斥臨事沒分曉曰糊塗本此

毛病　黃庭堅刀筆云此荆南人毛病謂習氣也實則毛病二字出於相馬者言蓋馬旋毛者

善旋五惡旋十四所謂毛病最爲害見徐咸相馬經言其爲毛之病也今縣人用疵瑕人物意若曰病雖小而害則大也亦以此稱疾病焉

右形容辭

俾 該俾 爾雅俾使也縣人音侈如派凡使命曰派正當作俾又爾雅俾職也今亦音侈如派謂分所應爲應有曰該派正當作該俾

丁 爾雅丁當也凡以是人充當彼人縣人謂之丁名方言侹代也江淮陳楚之間曰侹則丁之音轉矣俗作頂

斯 爾雅斯離也方言廝散也廣雅斯分也陳風曰斧以斯之此斫物使分也縣人稱引裂曰斯

作 爾雅作爲也作本則洛切今縣人呼子賀切音佐由來亦久詩小雅采薇采薇薇亦作止曰歸曰歸歲亦莫仝暮止後漢書廉范傳廉叔度來何暮不禁火民夜作作皆叶暮讀佐俗作做

偃 爾雅隱占也廣雅隱度也縣人稱以身及手比挈物之長短高下曰偃偃隱古通齊語隱

五刃　管子小匡作偃五兵古今人表徐隱王卽徐偃王

華開　爾雅瓜曰華之禮記曲禮爲天子削瓜者副之爲國君華之注中裂之不使析也華音轉爲撝說文撝裂也許歸切華撝相轉猶華蘤相通也縣人謂以刀分物爲華開華音如花

膽　禮記內則桃曰膽之正義拭去毛令色青滑如膽也縣人謂拂拭爲膽本此

貞　周禮天府陳玉以貞來歲之媺惡大卜凡國大貞鄭司農曰貞問也說文貞卜問也縣人謂詰問窮抵曰貞音如丁古無舌上音貞本讀丁也凡貞異於常問以有固必審諦之意故引伸爲貞實貞固今縣人音如丁者亦有堅實意說文丁訓丁實義得兩通

顚倒　詩東方未明顚倒衣裳疏以裳爲衣令上者在下是爲顚倒也縣人則曰丁倒由來亦久宋彭城王詩庭轉方相頭丁倒欺人目是也丁顚雙聲應從頁作頂說文頂顚互訓

爽口　老子五味令人口爽注爽亡也言味美奪口之性使失也

鏤空　春秋左氏哀元年傳器不彫鏤注鏤刻也漢書司馬相如傳鏤靈山師古注鏤謂疏通之以開道也縣人謂以刀刳物中間使空爲鏤空

嗄　莊子庚桑楚篇兒子終日嗥而嗌不嗄司馬彪曰楚人謂嘶極無聲曰嗄今縣人謂不能

言者爲嗄嘶極無聲亦曰嗄通借啞字爲之啞本訓笑易言笑啞啞然史記刺客列傳已云呑炭爲啞其假借久矣

招贅　淳于髡史記稱齊贅壻司馬貞索隱贅壻女之夫比於子如人疣贅是餘剩物也釋名贅屬也横生一肉屬着體也今子招人家爲壻縣人猶曰招贅本此

逮　史記秦始皇本紀以罪過連逮說文逮及也縣人稱以事連及曰逮携人同行亦曰逮惟聲變作帶耳

留神　東方朔上書武帝勸留神王事見漢書本傳今縣人屬人注意曰留神本此

發迹　縣人稱起家曰發迹其語起於漢人司馬相如作封禪文稱公劉發迹如西戎光武詔耿弇今將軍攻祝阿以發迹

多謝　道謝而致其鄭重之意縣人稱曰多謝始見漢書趙廣漢傳曰爲我多謝問趙君師古注多厚也若今言千萬問訊矣

黨　方言黨知也縣人謂了解爲黨音如董俗作懂非也廣韻懂訓心亂

牴章　方言牴會也古人心有預期常言曰會當今縣人語曰牴章章當之音轉矣

簺 方言凡取物而逆謂之簺郭璞音饌今縣人謂爲人任用錢物而陰有所侵盜猶曰簺錢俗借用趲此正逆取之義

茫 方言茫遽也縣人謂作事匆遽爲茫俗作忙

佻 方言佻縣也丁小切王延壽王孫賦作𠃊今縣人謂縣物曰佻音如弔

無寫 方言無寫憐也相見驩喜有得亡之意也今縣人相見存問猶曰無寫（如寫合呼）與古人言無恙同意

甹命 方言拌棄也拌轉爲甹說文三輔謂輕財者爲甹普丁切縣人謂棄身爲甹命而俗有拌死吃河豚之諺甹命又作拌死矣

擽 方言凡相推搏或曰擽縣人猶謂支格曰擽

逭 逭遯 方言逭轉也郭璞音換又管今縣人謂物轉於地人在地轉皆曰逭由逭音轉如袞俗作滾叱人走亦曰滾或曰滾或曰滾蛋滾蛋實逭遯說文逭逃也遯逃逭遯之爲滾蛋猶湆水之爲滾水矣

潚 方言潚清也匹滅切縣人謂挹其清去其濁曰潚

詄求　方言鞅侼強也廣雅詄告也縣人謂所不願而強請之爲詄求詄之言鞅也

喊　方言龕喊聲也今縣人謂大聲呼喚爲喊喊本音減今依廣韻作呼覽切

魏　方言魏能也縣人稱能曰魏不能曰不魏聲小變如會

臺　擡舉　方言物力同者謂之臺又云臺支也縣人謂同力舉物曰臺後世以舉物必藉手遂加手旁作擡廣韻擡舉也縣人亦稱奬拔人曰擡舉見唐元稹詩大都只在人擡舉

藩　說文藩屏也屏爲屏蔽亦爲屏藏地官蕃樂杜子春讀爲藩樂謂閉藏樂器而不作今縣人謂逃隱屏藏爲藩音如畔古無輕唇音藩音如盤盤畔亦相代也

辵　說文辵乍行乍止也讀若春秋公羊傳曰辵階而走丑略切今本公羊傳辵作躇釋文躇與踱同按古音無舌上丑略切歸舌頭即作度音今縣人猶稱散步曰辵徒洛切以其隨意行止也

迭　說文迭更迭也縣人謂新故更代爲替實即迭字入轉爲去耳匡謬正俗引爾雅替廢也謂前人既廢後人代之說雖可通然非其本

徯　說文徯待也胡禮切郭璞爾雅注曰河北人以待爲徯今縣人有所觀望留待亦謂之徯

轉讀爲吾懈切俗作捱

待 說文待竢也今縣人謂竢爲待音如等等待皆從寺聲故音轉呼待如等宋范成大用入詩云父老年年等駕回

齺 說文齺齧也康很切今縣人猶謂噬剛物曰齺

踶 說文踶躛也特計切今縣人謂以足踰人爲踶音如惕俗作踢

跌　合仆　逿 說文跌蹶也本音迭縣人呼如嫡向前跌爲仆說文仆頓也縣人謂前跌仆至地者爲合仆合音如克仆音如薄向後偃爲逿漢書儒林傳陽醉逿地縣人亦謂失據後偃爲逿倒逿音如儻

蹲 說文蹲居也徂尊切今縣人謂居處音讀若登古今音轉也

㐁 說文㐁舌貌從谷省象形他念切按指事字也從一象脣從口象舌從八指舌之延於外也縣人稱以舌延口外啜物曰㐁又啟鎖不用鑰匙而以他物開之者亦曰㐁蓋引伸義也

謾 說文謾欺也謨官切音瞞縣人謂欺隱爲謾俗作瞞古或作滿漢書谷永傳滿讕誣天滿郎謾也

詯。說文。詯膽氣滿聲在人上。荒內切。縣人謂氣滿作聲曰詯。讀渠內切。

謍慰。說文。謍尉也。尉者上案下也。謍者以言案其心也。今縣人謂以甘言勸慰人曰安慰。安當作謍。謍於顚切。與安雙聲。之轉。安。說文訓竫。竫者停安也。義雖可通。然以謍爲本字。

抵讕。說文。讕抵讕也。今縣人謂自食前言自隱前事爲抵讕。讕本洛干切。今轉如賴。

討。說文。討治也。誅討也。縣人謂索取曰討。猶言誅求矣。藝文類聚八十五引秦子曰。有母病瘥。思食新麥。家無。乃盜鄰孰麥而進之。孔文舉聞之。特賞曰。無有來討。無復盜也。明漢末已有是語矣。

誒詬。縣人謂以言語譏恥人曰誒落。落當作詬。說文。誒詬恥也。詬誒詬也。讀詬曰落。雙聲也。

訬。說文。訬擾也。初交切。縣人斥兒童不靜曰訬。

敦。說文。敦詆也。一曰誰何也。縣人謂反言訶人爲敦。呼如鈍。

攷。說文。攷敂也。敂擊也。縣人稱擊曰攷。俗作拷。

𥄎。說文。𥄎舉目使人也。讀若颰。火劣切。縣人舉目使人曰擠眼。擠颰雙聲。

羼。說文。羼羊相厠也。初限切。縣人謂糅雜調和爲羼。

饒 說文饒益也縣人買物欲其增益曰饒音丁要切

䈞 說文䈞𩫖也從亯竹聲讀若篤按亯本訓獻亦爲亯煮（亯變爲烹）反亯爲𩫖猶言重味耳故亯𩫖二部之字多指飲食䈞訓𩫖者亦謂重味今縣人以筍芒肉稱爲筍䈞肉乃是本義汎言䈞厚借篤爲之者則引伸義也

𦏧 說文𦏧用也從亯從自自知臭香所食也讀若庸今縣人相謂而食吃飯吃茶則曰用飯用茶用當作𦏧

𦎫 說文𦎫孰也讀如純孰亦從𦎫凡孰曰𦎫孰之亦曰𦎫今縣人謂以煴火溫肉使極孰爲𦎫音如頓（𦎫聲之敦廣韻亦有頓音）又廣韻云[illegible][illegible]肉音他袞切此亦𦎫之俗字今縣人謂瀹卵不使甚凝爲[illegible]卵（卵音變如蛋）

困 說文困故廬也易言困於石困於葛藟傳曰非所困而困焉則困亦有居處之義故古文困作[illegible]字從止也今縣人謂寢曰困亦取從止之義

龓統 龓 說文龓兼有也讀若聾兼有謂兼併而有之周頌我龍受之謂兼包并有也今縣人稱兼包一切爲龓統二物合併爲龓

貱　貱辭之予也說文貱迻予也彼義切縣人音轉如伯

舀　說文舀抒臼也挹彼注此謂之舀以沼切今縣人稱挹水亦曰舀

俄一俄　說文俄行頃也公羊桓二年解詁俄者謂須臾之間創得之頃也縣人謂少待頃刻曰俄一俄歌戈轉麻作吾駕切

𠈇　說文𠈇市也都隊切縣人稱以銀易錢曰𠈇俗作兌

儦快快　說文儦行貌詩曰行人儦儦釋文表驕反今縣人謂疾走曰儦快快音如麃蒲交切俗書作跑

謾在兆裏　說文兆廱蔽也從人象左右皆蔽形讀若瞽今縣人言被廱蔽者曰謾在兆裏猶言在術中墮其調中耳或云鞔毋官切以皮張急之使四周與框相附著者曰鞔在鼓裏此卽釋名以聲爲訓之例也

⿰票見　說文⿰票見目有察省見也從見票聲方小切段玉裁注目偶有所見也伺者有意⿰票見者無心今縣人亦語⿰票見與目部之瞟音義並同

⿰彡見　說文⿰彡見私出頭視也從見彡聲讀若郴丑林切今縣人尚謂竊視爲⿰彡見呼如張部易與易侈

聲侵部旁轉若易朋盍臧或爲盍簪是其洌也

欱說文欱歠也呼合切今縣人謂大歠曰欱呼匣切

頷說文頷低頭也乎感切縣人謂低頭曰頷倒頭音如歐

奡說文奡嫚也從百（即首字）從夰讀若傲縣人謂仰首曰奡起頭

熯說文熯乾貌從火漢省聲今縣人謂以火煎炙糕餅曰熯音正如漢

⿴衣火說文⿴衣火炮炙也㠯微火溫肉烏痕切段玉裁注以微火溫肉所謂羔也今縣人語曰烏或曰燜皆⿴衣火字之雙聲疊韻耳

炶說文炶火行也今縣人謂引火然燈爲點火當爲炶字廣韻炶有他念一切與點端透二紐相轉

夾說文夾持也從大夾二人古狎切縣人謂臂脇持物曰夾音古壓切此本義也

竭說文竭負舉也豕下云竭其尾故謂之豕禮記禮運五行之動迭相竭也注竭負戴也今縣人稱以肩負物亦曰竭音其鹽切

悑說文悑惶也或作怖普故切縣人謂惶懼曰悑轉入禡韻以憎怕字爲之唐義淨譯佛律

已作怕懼此常正者

滲 說文滲下漉也所禁切縣人謂水下漉爲滲上浸亦爲滲

靠 說文靠相違也口到切今縣人則謂相依爲靠其義相反猶亂之訓治矣

咠咠錯錯 說文聶附耳私小語也咠聶語也詩曰咠咠幡幡咠七入切段玉裁注咠咠今詩作緝緝毛云緝緝口耳聲今縣人狀私小語曰咠咠錯錯倉谷初

投 說文投擿也度候切縣人呼擲物亦曰投音丁候切

捼 說文捼兩手相切摩也奴禾切歌寒對轉廣雅攤按也曹憲音乃旦反縣人謂按摩曰捼音乃都切俗誤用挪非也

摡 說文摡滌也詩曰摡之釜鬵廣韻摡拭也則拭洗之曰摡縣人呼之音變如揩廣雅揩摩也曹憲音看皆反義亦相似然非本字

⿱陝女 說文⿱陝女不媚前卻⿱陝女⿱陝女也失冉切縣人稱人來而避曰⿱陝女言隨勢前卻以避人也俗作閃非閃本訓窺頭門中無避義

㔷 凡逃或謂之㔷說文㔷側逃也盧候切今縣人謂乘隙脫逃曰㔷徽弇如溜

紡。說文。紡網絲也。妃兩切。紡縛古雙聲。故或以紡爲縛義。晉語。獻子執董叔而紡於庭之槐。縣人仍之。呼重唇爲百網切。

緄。說文。緄織成帶也。古本切。凡織帶皆可以爲衣服緣邊。故今縣人緶布帛成條以緣衣邊。曰緄。俗作袞。

勃。說文。勃排也。縣人謂推排重物曰勃。角力推排亦曰勃。

斜。說文。斜抒也。今縣人謂自壺口注酒。抒之他器曰斜。酒音如賒。

作辥。說文。辥辠也。私列切。縣人謂作惡爲作辥。音如孽。

醭。說文。醭醾生衣也。莫江切。縣人稱物生白色細毛曰黴。莫悲切。與醭爲雙聲。

作家。縣人謂積蓄以立家業曰作家。本漢人語。靈帝出自侯門居貧。即位嘗曰。桓帝不能作家。曾無私蓄。此即作家二字之所由來也。

廢。廣雅。廢措置寘置也。凡置物曰廢。與措置寘置同意。史記仲尼弟子列傳曰。廢居貨殖列傳曰。廢著。古無輕唇。廢讀如拜。今縣人謂置物爲廢。其音由拜。轉擺。俗遂用擺字爲之。

絎。廣雅。絎緣也。曹憲音下孟反。玉篇。絎縫紩也。今縣人謂糾縫曰絎。從行聲。音胡岡切。

簉 廣雅。簉。（即副字）簉。盈也。西京賦。屬車之簉。薛綜注。簉。副也。曹憲音簉爲楚驟反。簉訓爲盈。爲副。故有充數之義。縣人謂充數爲簉數。又凡語副人意者。亦云簉他的意。世以湊字代之。謬矣。

經紀 縣人稱料量曰經紀。經紀始見蜀志楊戲傳。曰戲經紀振卹。至稱善殖產曰經紀。則始唐人高宗賜諸王帛勅曰。滕叔蔣兄自能經紀。以滕王嬰蔣王惲皆聚歛也。

長進 縣人稱後生有進境曰長進。始晉武帝稱太子近差長進。（見晉書）宋孝武帝斥子業（即前廢帝）不長進。（見宋書）

唱喏 縣人稱揖曰唱喏。見宋書恩倖傳。前廢帝言奚顯度刻虐。比當除之。左右因唱喏。卽日宣旨殺焉。是宋時已有此語。蓋古人行禮必發聲。如言伏惟萬福之類。故云

快活 縣人稱喜樂曰快活。其語北齊已有之。和士開勸武成帝曰。一日快活勝千年。

杜撰 杜園筍。宋稗史載杜默爲詩。多不合律。故世謂事不合格者。曰杜撰。此說非也。湘山野錄稱盛文肅度撰張文節神道碑。石參政中立問誰撰。文肅卒然對曰。度撰。滿堂皆笑。按文肅在杜默之前。則非起於默明矣。呂藍衍言鯖謂道家經懺杜光庭所撰。多設虛誕。故云

杜撰此亦非也沈作喆寓簡謂漢田何善易言易者本田何何以齊諸田徙杜陵號杜田生今之里語謂白撰無所本者爲杜田或曰杜園蓋本此豈當時識何之易學無所師承而云然耶云云此乃杜撰二字所由始蓋本因杜田又轉而爲杜園宋時孔文仲對策有可爲痛哭太息之語而人誚之曰杜園賈誼是也因而俗語相沿凡文字之無所本者曰杜撰工作之不經匠師者曰杜做而縣人幷以箏之自家園出者曰杜園箏矣

懊憹　懊憹集韻悔也烏浩郎到二切今縣人謂事後追悔曰懊憹

右動辭

笑嘻嘻　易家人婦子嘻嘻釋文引馬融曰嘻嘻笑貌今縣人形容笑態猶曰笑嘻嘻云

忒　忒差也詩大雅昊天不忒鄭箋不差忒也縣人謂差曰忒如過長曰忒長過短曰忒短

毗劉暴樂　爾雅毗劉暴（音僕）樂（音洛）也郭璞曰謂樹木葉缺落蔭疏今縣人狀木葉果實或他物之墜地皆曰毗（呼如別）劉（呼如立）暴樂本此

虹　爾雅虹潰也郭璞曰謂潰敗縣人謂創痕潰敗曰虹去聲

曼　詩魯頌孔曼且碩毛傳曼長也縣人謂甚長曰曼曼長本此

再三再四　縣人語屢屢曰再三再四亦有由來書多方至於再至於三宋史神宗再四慰留

天網恢恢　老子天網恢恢而疏不失言爲惡必報也今縣人訾罪惡事發曰天網恢恢本此

利市　縣人稱得利曰利市本易說卦傳巽爲近利市三倍

一造　造次雙聲論語造次必於是是連語也縣人言一次或言一造（音七到切）

荒唐　莊子天下篇荒唐之言釋文荒唐謂度大無域畔而徐無鬼篇其求唐子則注唐失也縣人斥言行謬妄曰荒唐言謬無比也

多多益善　韓信謂韓高祖曰臣之將兵多多益善見史記今縣人語物之不嫌多者曰多多益善本此

吹毛求疵　鼂錯建議削七國被誅議者冤之數奏暴諸侯王過惡吹毛求疵見漢書言必欲得其過惡也今縣人亦有是語

談何容易　東方朔非有先生傳談何容易意蓋言之易也今縣人亦有是語

遇事生風　趙廣漢好用世吏子孫新進少年者見事風生無所回避見漢書師古注風生言其定疾不可當也今縣人稱好事者曰遇事生風義當本此

蒍 方言楚鄭謂猾曰蒍郭璞音指撝按蒍蘤廣韻皆韋委切古蓋一字後漢書張衡傳注引古今字詁曰蘤古花字方言郭注亦讀訓化之蒍爲花縣人謂人狡猾弄術曰起花頭乾沒人財僞作計簿曰開花帳即方言之蒍是也

湼造 方言譌湼化也凡變詐者多轉化是則譌湼皆可引伸得義故縣人謂造作譌言爲湼造俗作揑

閬阬 漢書揚雄傳閌閬閬其寥廓兮注閬閬空虛也閌是阬之假體爾雅釋詁阬阬虛也說文阬閬也閬阬二字有虛而高大之義故今縣人謂物之高大不適用者曰閬阬阬客剛切

鄭重 縣人重其事稱曰鄭重始見漢書王莽傳非皇天所以鄭重降符命之意又唐白居易詩千里故人心鄭重則廣韻所謂鄭重殷勤之意矣

絡繹不絕 釋名往來不絕曰絡繹文選魯靈光殿賦縱橫絡繹呂向注絡繹相連不絕貌今縣人猶有絡繹不絕之語

⿺辶曼 說文⿺辶曼行遲也從曼聲縣人謂作事遲鈍曰⿺辶曼行遲亦⿺辶曼俗作慢說文慢惰也非本字

噱噱 說文噱大笑也其虐切縣人形狀笑聲曰噱噱俗作哈哈

一達 說文達字得聲於大或從大作㒓㒓下云或曰迭迭下云一曰㒓是㒓迭義本相近故鄭風挑兮達兮傳云挑達往來相見貌往來即更迭義今凡往返一周縣人云來一達去一達音如大

該 該說文軍中約也約成則分定故縣人謂分所應爲曰該該猶當也

及 及唐韻其立切說文逮也廣韻至也自後而至曰及而適當其時亦曰及後時則曰不及如詩摽有梅序男女得以及時是也縣人音轉如忌如來得及則曰來得忌來不及則曰來勿忌忌及雙聲

𢏳 說文𢏳不成遂急戾也從弦省曷聲今縣人謂事不成而急戾曰𢏳呼如蝎

鼓 說文鼓郭也春分之音萬物郭皮甲而出之故曰鼓段玉裁注城䧍字俗作郭凡外障內曰郭自內盛滿外出亦曰郭郭廓正俗字按縣人謂自內盛滿搖動而波出曰郭音與廓近

安䨄 說文䨄安䨄溫也䨄奴安切今縣人謂不寒不冷曰溫暾即安䨄之轉也然唐人用入詩己作溫暾王建宮詞新晴草色綠溫暾暾他昆切

谹 谹洞 說文谹屋響也戶萌切今縣人謂音有所障不能四達曰谹音轉如宏或曰谹洞

洞。乃。餘音。

僎 說文。僎具也。音撰。縣人謂徧具爲僎。如皆有曰僎有。皆好曰僎好。

磊埻 說文。磊埻重聚也。磊魯猥切。埻都罪切。今縣人謂物之重事之艱者皆曰磊埻。

空廓落落 說文。廓空也。爾雅釋詁注。廓落宇宙穹隆至極亦爲大也。疏。廓落大貌。駢雅。廓落空虛也。今縣人狀室之大而空猶曰空廓落落。廓本苦郭切。今作苦谷切。

熷 說文。熷焦也。從火曹聲。作曹切。段玉裁注。今俗謂燒壞曰熷。凡物壞亦曰熷。按縣人謂事不順適亦曰熷。蓋由壞意引伸也。

熚𤈦 說文。熚𤈦火貌。𤈦從火𤈦聲。𤈦籀文悖字。今縣人狀火燃爆聲則曰熚𤈦。蓋古語也。𤈦音如卜。

尷尬 說文。尷尬行不正也。尷古咸切。尬古拜切。今縣人謂事之多枝節而難措理者曰尷尬。尬亦古語也。

懖懖叫 說文。懖善自用之意也。從心銛聲。古活切。通作聒。書盤庚。今汝聒聒。縣人謂善辨而自逞能者則曰懖懖叫本此。

滑泰。說文泰滑也。臣鉉等曰。本音他達切。縣人謂滑爲滑泰。移以言人逃去亦曰滑達。俗作滑遢。

捇刺。說文捇裂也。呼麥切。縣人狀破聲曰捇刺。刺盧達切不同刺刺殺之刺七賜切

殺。廣雅殺減也。縣人謂水漿愈渴曰殺渴。

夠。文選左思魏都賦注引廣雅夠多也。古候切。音遘。縣人稱足曰夠。蓋從多義引伸也。

登時。縣人許登時猶言立時也。宋書劉裕知盧循必寇江陵。登時遣援。北齊書祖珽守北徐州。會有寇。珽忽鼓噪聒天。賊驚。登時退散。語意並與今同。

弗耐煩。庾炳之爲人強急而不耐煩。見宋書。今縣人斥躁急者亦曰弗耐煩。

耳邊風。縣人斥人聽言不注意曰耳邊風。其語本之南齊書。曰吾日冀汝美勿得敕如風過耳。使吾失氣。唐杜荀鶴用入詩曰。萬般無染耳邊風。

辛苦。縣人有往來行役之事。彼此相慰勞曰辛苦。義見書洪範孔穎達疏。辛苦之味入口猶困阨之事在身。故謂殃厄勞役事爲辛苦也。越王爲人能辛苦。見史記。

含胡。顏杲卿爲安祿山所執。極口罵。祿山斷其舌。曰復能罵否。杲卿含胡而絕。見唐書本傳。

故縣人斥語不明白曰含胡也事不深究亦稱曰含胡或作含糊見舊唐書陸贄傳論西北邊守朝廷每爲含胡未嘗窮究曲直

垂頭喪氣　韓全誨等失勢皆垂頭喪氣見唐書今縣人狀不得意亦曰垂頭喪氣云

脚踏實地　司馬光爲人脚踏着實地見宋史今縣人稱實事求是曰脚踏實地本此

烈烈轟轟　縣人狀事業之盛曰烈烈轟轟烈火猛也孟子注轟羣車聲説文喻言有聲有色也見文天祥湖陽縣東山張許雙廟題壁沁園春詞好烈烈轟轟做一場

過橋拔橋　縣人有過橋拔橋之説喻言忘恩負德也元許有壬科目出身會詔罷科舉有壬竟署名詔尾或謂之曰參政可謂過橋拆橋載續文獻通考足証此語由來舊矣

右狀辭

里諺

舊志於里諺略而不詳然傳載輿人之誦詩美詢於芻蕘古者聖人在上道聽塗説靡所不畢記周官誦訓掌道方志以詔觀事道方慝以詔避忌以知地俗而職方氏掌道四方之政事與其上下之志誦四方之傳道而觀衣物是也山木賓禮之相比傳自春秋子惡苗實之

莫知著稱。大學苟可箴戒。君子有取。大抵諺之爲言也。約而達。微而臧。誦者罕譬而喻。聽者相說以解。街談巷議。所以有益於民俗。而爲稗官不廢也。今甄採里諺。析類爲四。曰占候。曰農桑。周官誦訓所謂道方志方慝以詔觀事避忌知地俗者也。曰習慣法。曰格言。職方氏所謂道四方之政事與其上下之志者也。其有諧音赴節成爲謳歌者。別著於篇。述里諺。

占候

星月照爛地。明朝罯勿及。（音忌）

東虹（呼后切）日頭西虹雨。

虹高日頭低。明朝必定被（音披）蓑衣。

日落西山胭脂紅。勿罯雨來定發風。

橫山出雲過山笑。過山出雲雨便到。（橫山在開原鄉 過山在開化鄉）

日早雨淋頭。

東北風。雨太公。

烏頭風。白頭雨。　按以雲色言

雨夾雪。沒休歇。

上火不落。下火滴涿。音篤　按舊歷記日以金木水火土五行分配之故云

庚不落。辛滴涿。　按舊歷記日用支干故云

甲寅乙卯晴。四十九日滿天星。甲寅乙卯落。四十九日雨滴涿。

上看初二三。下看十五六。　按俗稱舊歷一月中上半月初二初三兩日下半月十五十六兩日雨必連雨半月故云

迷露即霧也裏日頭。晒開石頭。

黃昏上雲。五更曉。

丙不藏火。　按俗稱丙日必見太陽火指太陽言

朝看天頂穿。夜看四團讀如突圝。

春霧日。夏霧熱。秋霧涼風冬霧雪。　一說春露謂迷露也太陽夏露雨秋露涼風冬露雪

夏至難逢端午日。百年難逢歲朝春。　按俗稱舊歷元旦立春端午日夏至則稔

兩春夾一冬。無被煖烘烘。兩春兩端陽。斗米換嬌娘。

三月連大皇帝喊餓。

地動出羊毛。夫妻各自逃。

歲朝烏漉。禿高低田稻一時熟。　按俗稱舊歷元旦占候風雲風自東南來紅雲自西北起則稔。

元旦天氣好。民安五穀豐。

種田不識法。看正月三個八。三八無雨莫栽秧。

有米無米。看三個十二。　按俗稱舊歷正月十二二月十二三月十二均須天晴也

正月二十晴。陰陽百無准。

未蟄先蟄。謂未交驚蟄而雷陰濕一百念日。

三七勿及廿一雨。　按舊歷正月中初七十七念七三日天雨不如念一日雨也俗稱念一日雨則稔

雨打百花心。百樣無收成。　按俗稱花朝日不可雨

二月夜雨黃梅根。只怕念九夜裏關子門。

清明曬到楊柳枯。又有乾 音干 麵又有麩。

三月初三曬得溝底白。牛毛草兒盡變黃小麥。

三月初三晈晈晴。蒔了黄秧耘不成。

三月西風麥老公。 謂麥有粉 四月西風麥頭空。 謂麥無粉

春寒多雨水。

雨淥春丁卯。石人餓到跌跌倒。

四月初一晴。條條河裏好種菱。四月初一罯。條條河裏乾 音干 鼕鼕

四月初三晴蕩蕩。鯢 讀如娘 魚進竈堂。四月初八雨糢呵。高低田裏種茄科。 按上句謂兆大水下句謂兆大有年也。

四月十六雲䨴䨴。 䨴䨴音代雲盛貌 高鄉頭上縫袋袋。 言天旱年荒將流離他徙也。

四月十六清亮杆棵墩裏摸蚌。 謂兆大水也

二十分龍念一雨。 按俗稱四月二十爲小分龍五月二十爲大分龍次日雨則稔也

立夏東南沒小橋。 按俗稱立夏東南風兆大水

黃梅無雨半荒年。 按俗稱芒種節後交黃梅

黃梅無大雨。三九少東風。 按俗稱連冬起九三九者冬至後一日至二十七日也

黃梅寒。井底乾。[音干]時裏寒。沒竹竿。 按俗稱夏至爲頭時頭日

高田只怕壬梅雨。[指黃梅中壬日過雨言] 低田只怕送三時。[謂三時將終聞雷聲]三時三送低田白弄。 按三時者俗稱夏至後一日至六日爲頭時又後五日爲二時又後三日爲三時也

五月初一晴。[一說六月初三]長工少條繩。五月初一⿱雨各。長工街上赱。[徒洛切見方言釋言]

夏至端午前坐了種年田。夏至端午後。無車[尺遮反見方言釋言謂戽水也]不動手。

時裏雷。穀疊堆。時裏無雷。秕穀成堆。 按秕不成粟也

時裏西南。鯉魚歸深潭。 按俗稱時裏西南風兆旱

五月裏迷露雨。勒[即在之意]半路。

六月初三一個陣。上晝耘稻下晝困。[困見方言釋言]

小暑一聲雷。半個月黃梅倒轉來。

小暑溫暾[溫暾即安難見方言釋言]大暑熱。

六月十二團團。風種田人一場空。

六月無底。黃荳貴如米。

六月勿出汗。秋後必要亂。　按亂病也暑天宜熱不熱則秋間患病者必多

六月勿熱。五穀勿結。

人在床上滾角落。（滾角落三字諧聲即寢不安席之意）稻在田中吹歌彈曲。

星密密。（讀莫杏切）風狂狂。星稀稀。汗滴滴。　暑夜觀星疏密足以占明日之熱不熱也

天河作壩。必欲耆雨。　暑夜觀天河以占翌日之晴雨也

東霍霍。（諧聲謂電光也）西霍霍。明朝起來乾[illegible][illegible]。（音干）

夏雨北風生。無雨亦風涼。

秋蟲預先十日叫。換棉花老老折了腰。　按俗稱秋蟲先立秋十日叫爲棉花豐收之兆也

早起秋涼修修。（諧聲）黃昏秋熱愁愁。

立秋無雨對天求。萬物田中盡歉收。　一說立秋無雨一半收。雷打秋頭。百事無收。

七月七。勿洗車。（無雨）八月八。仍舊車。（謂戽水）

處暑頭上一個雷。秕穀兩三堆。

處暑勿落澆苗雨雖然結穀也無收。

處暑難得十日陰。白露難得十日晴。

白露裏雨。到處壞處。

白露坐得車場光。三石一畝穩丁當。（諧聲） 俗稱白露不雨而田須戽水則稔

重陽無雨一冬晴。

九月十三晴。釘鞋挂斷繩。

九月南風二日半。十月南風隨夜晏。

秋孛鹿。（諧聲謂秋熱也）損萬斛。

風吹佛面。（十月十三日南風）有米勿賤。風吹佛背。（十月十三日北風）無米勿貴。

小雪勿見葉。到老沒莢結。 此指蠶豆言

冬至前頭七朝霜。有米無礱糠。

冬至遠春四十五。一百念日到清明。

冬甲子雨。白雪飛千里。

雪裏有晴天。

若要麥。見三白。　蓋臘內望雪三次也

臘雪財。春雪晦。

天之晴雨歲之凶稔。鄉農以諺占候。頗有驗者。然縣人習俗相沿事之可占吉凶者實夥甚。如(1)夜中梟鳴。謂其村主有人死亡。俗語稱叫得近。死得遠。(2)人家狗哭。謂其家主有人死亡。(3)夜見移星入北斗者。謂主其人將死。(4)夜見移星入南斗者。謂主永壽。(5)移星白大而遠者。謂主近村有命案。(6)移星紅大而近者。謂主遠村有火災。(7)雞登屋或夜啼。謂主有火災。刺雞冠出血即解。謂之見紅。(8)鵲噪屋頂。謂主大吉。(9)鴉鳴空中。謂主凶。兩鴉對鳴。謂主口舌。(10)朝見蛛蜘附身。謂主見喜。夜見蛛蜘掛絲。謂占鬼見不吉。(11)慧星見。謂主有兵燹。(12)大移星。謂主貴官死。(13)夏時夜中四望無雲。而其內或有成一線之白雲者。謂之白虹。精主傷稻。(14)夜夢看會、看戲、喜事、吃肉、脫齒、笑樂、皆不吉。而夢悲啼、見棺、見火則吉。俗語謂夢凶兆吉。夜夢不祥。謂醒後不開口。即揭起便桶蓋。視之見穢郎解。或曰。說破者吉。(15)夜結燈花。主有客至。(16)看賽會不見菩薩。主不利。(17)看出殯不見棺。不吉。此類不可枚舉。

農桑

二月二。香瓜茄子齊下地。

立夏見三新。　三新大麥蠶豆櫻桃也

立夏無乾穀。　謂穀已浸濕而將播種也

夏至勿要栽秧。

六月田中拔科草。冬至吃一飽。

秋前拔稗。收租放債。秋後拔稗。譬如賣柴。

稻怕秋旱。人怕老苦。

千澆萬澆。不及處暑頭上一澆。處暑勿澆苗。白露勿來覷。

處暑三朝稻有孕。

白露白迷迷。秋分稻秀齊。寒露無青稻。霜降一齊倒。

閏年不種十月麥。謂早種也

立冬小雪麥三時。

右農事

寒食熟只說葉。謂蠶事好而葉將貴寒食寒只說蠶。

穀雨三朝蠶白頭。

三月三雲𩇕𩇕。背了桑葉還轉來。

春蠶不吃小滿葉。夏蠶不吃小暑葉。

小滿三朝絲上街。

右蠶事

習慣法

田低五寸田岸無分。

上漏下濕房主理涉。此言屋有損壞與賃屋者無涉也

四至糾葛賣主理涉。此言買地四至與鄰界糾葛須由賣主理涉清楚與買主不相涉也

哥東弟西。哥南弟北。　此言兄弟分田宅其共有者以此爲分配之準

嫁出女倪潑出水。

父債子得。父債子還。

長房無子。次房不得有子。

嗣出勿嗣進。　此言爲人後者其本宗或無嗣不能棄其所後而還後本宗也

三五不扣。二末幫貼。　里俗遇有緩急集親友作七賢會撳數既有多寡挨收又有前後故權利不能平均其中以四會受損最鉅餘會均貼與會証金若干惟三五兩會雖較四會爲優然不如二末若一律酌扣未得其平故三五兩會應扣之會証金由二會幫貼三會末會幫貼五會也

散二不散三。　此言集成之會或因意外障碍不能繼續舉行二會可散至三會即不能散也

會外之欵。不得在會內扣算。

贖二勿贖三。贖七勿贖八。　此指佃交佃之灰肥而言如須回贖必在舊歷二月七月方可

欠租勿欠額。　例如個人之田應納冬租一石因年歲歉薄減收八折實應繳交租米八斗原

佃無力僅繳四斗其餘須待來年拔還然一至來年不能照上年八折計算仍須實還五斗也

七辭八聘○　此言人家請師如明年不留必於本年七月預辭一至八月即須下聘而不能辭也師之於居停亦然

烏字落白紙上○有憑據○勿鬭口○

格言

敎婦○初○來○敎○兒○初○胎○

從小○看○看○到老○一○半○

三歲○定○八○十○　右三則皆言子弟雖幼父兄之敎不可緩也

勢利和尚賤小男○

棒頭○上○出○孝○子○夬○頭○上○出○逆○子○　右二則言敎子不可不嚴也

你好○我○好○爛○泥○糰○子○好○齋○竈○　此勉夫婦之和好亦左氏所謂苟以至敬雖以潢汙之水可薦於鬼神之意

家和萬事興。

若要好大做小。　即易地山謙謙亨謙尊而光之意

小心強於魏賴（諧聲魏能也見方言釋言）

作（音做）到老學到老學到老學不了。

禮多人不怪。

一個喏問到天下。

不吃苦不　上步吃得苦中苦方作（音佐）人上人。

天下無難事只怕用心人。

將心比心想自己度他人　此即論語己所不欲勿施於人之意

多吃飯少開口閉口深藏舌安身處處牢。

男子勤謹有飯吃女子勤謹有衣穿。

早起三朝當一工。

求人勿如求己跌倒扶起勿如自己爬起。

字無百日功

只要功夫深鐵棒磨成繡花針

拳不離手曲不離口

人爭一口氣佛爭一炷香

與人方便自己方便

逢人只說三分話

眞金勿怕火燒

日裏勿作（音佐）虧心事夜頭勿怕鬼敲門

若要小兒安常帶三分飢與寒

打蛇打勒七寸裏　言處事之貴得要也按俗稱蛇離頸七寸其要害也擊之必死

養多不如養少養少不如養好　此即近今歐儒盛唱道之人類經濟主義也瑞典姬愛倫女士曰劣等人民之多不如優等之少婦女者人民之母也不可不知此義蓋所謂人類經濟者即節儉人類之量而改良人類之質之意也俗稱生育曰養

嫁女。兒。朱。紅。板。壁。討新。婦。蘆。菲。隔。壁。　按此即宋儒胡安定先生所謂嫁女必須勝吾家者娶婦必須不若吾家者

出門。常。帶。三。九。衣。　即備豫不虞之意

來說是非者。即是是非人。

一。兩。黃。金。四。兩。福。　即中庸所謂素貧賤行乎貧賤也

前船。便。是。後。船。眼。

夜飯少吃口。活到九十九。

打狗看主人面。

三百。六。十。行。行。行。出。狀。元。

斧頭吃鑿子。鑿子吃木頭。　按王充論衡効力篇云鑿所以入木者槌叩之也可爲此語作注即事有權限之意

大富由命。小富由勤。

日久見人心。

十個指頭齩齩個個痛　喻父母於子無所不愛也

惡人自有惡人磨

宰相肚裏好撐船

娘有爺有勿及自有　勉人自立之意

家無主掃帚顛倒豎

行則春風有夏雨　言有施而後報也

菜飯飽布衣煖　勸人知足之意

人人要臉樹樹要皮　言養人廉恥也

君子一言快馬一鞭

好男勿吃分家飯好女勿着嫁時衣好馬勿齦回頭草

好男勿當兵好女勿游春好鐵勿打釘

看風使舵到舍山捉舍柴　言隨機應變毋固毋必也

只要自家上進那怕人家看輕

日出十里。日沒十里。　按前句是一鼓作氣之意後句是事急智生之意

搖船無快慢勿消停船吃頓飯。　喻功夫不可作輟也

右訓誥類

三朝新婦婆引刀。月子裏孩童娘引刀。

上梁亻正下梁[illegible]。讀如花開口呼

忤逆勿天打。一代還一代。

年紀活到六十六。笑勿得別人眉頭眼絡。

有錢常想無錢日。莫待無錢想有時。

氣死勿告狀。謂訴訟也餓死勿做賊。

一字入公門。九牛拔不出。

相打無舍奇。勿損衣衫也損皮。

寃家宜解不宜結。

滿飯好吃。滿話難說。

無錫風俗志

吃飯防噎走路防跌

扒得高跌得重

小心天下去得大胆寸步難移

得意不可再往

是非只因多開口煩惱皆爲强出頭

强中更有强中手

籬笆紥得緊野狗咬不進

家火不起野火不來

不癡不聾作（音佐）不得阿家翁　戒察察爲明也

家醜不可外揚

若要家勿和討個小老婆

惡龍蟠勿過地頭蛇

蒼蠅勿叮沒縫蛋　戒毋授人以間也

人不可貌相海水不可斗量

陰地勿如心地好　此爲迷信堪輿家者戒也

好事不出門惡事行千里

鐘在寺裏聲在外頭

雙手祇掩兩口

坐則等困來困則等病來（困寢也見方言釋言）

坐吃山空水要乾（音干）

貪吃懶做近討飯

好漢難當四手

獨木不成火

龍生龍鳳生鳳賊生兒子掘壁洞

人怕出名豬怕壯（肥也）

做賊偸葱拔菜賭錢猜字猜背　亦履霜堅冰之戒也

種田錢。萬萬年。經商錢。三十年。衙門錢。一篷烟。

皇子犯法。庶民同罪。

六親。無靠。靠山。山要倒。靠水。水要乾。　戒人不可不自立也

人爲財死。鳥爲食亡。

好曲。三遍。厭尿臭。　即事君數斯辱事友數斯疏之意

右箴戒類

癩團（即蟾蜍）。蹋蹋。坐。吃則。肥頭。胖耳。耽（音朶）田雞。跳則。一丈。肚皮。餓則。癟（音畢）箱。　刺庸庸者多厚福也

衙門八字開。有理無錢莫進來。

作（音佐）了三年清知縣。也有十萬八千雪花銀。

家裏無銀莫作（音佐）官。朝裏無人莫作官。

上等。之。人。說。說。開。中等。之。人。寫。寫。開。下等。之。人。那。怕。立。只。碑。

想也勿想。想捉隻豬養養。　譏躁妄也

想吃天鵝肉　諺非分妄想也

姑娘嫌嫂醜恐作惡寃家　諺出位也

人在人情在人死兩分開

人無千日好花無百日紅　諺非耐久交也

看人挑擔勿吃力自上肩頭柴也[illegible]

人無廉恥王法難治

天下無難事只怕老面皮

初出貓兒大如虎　諺少不更事也

初學三年天下去得再學三年寸步難行

說柴郎中俗稱醫生無好藥

說眞方賣假藥

藥醫不死病死病無藥醫

甯與凶人相罵勿與沒志氣人講話

無錫風俗志

今朝有酒今朝醉明朝吃酒再理會　譏無遠慮也

瘌痢（頭瘡髮禿也）頭倪子自家個好　譏溺愛也

又要馬兒走得好又要馬兒勿吃草

人望高流水望低

江南望見江北好到了江北喊苦惱　譏徙業也

狗相咬易相好　譏喜怒無常也

窮算命富燒香落魂失志問陰陽

小地出公卿大地葬公卿　譏迷信風水也

肩架（音如街）上擱勿起根燈草　譏不任也

聰明反被聰明誤

聰明一世懞懂一時

日度三餐夜圖一宿　譏惰不事事也

朝怕露水晝怕熱夜怕蚊蟲早點息　譏惰農也

棗硬骨頭酥。

關老爺賣豆腐人硬貨勿硬。

魏讀如會捉老鼠貓勿吽。

身上着了軟被被讀如披家中沒有夜飯米。

閻王好見小鬼難當。譏小人擅作威福也

江山好改本性難移。

敗子回頭金不換。

勿怕凶只怕窮。

賊出關門。

不記當初娘養我但看今朝自養兒。

只有憶倪長沒有憶爺娘。

取則繇來唐僧得惹出禍來孫行者。譏人諉過攘功也

在家似龍出外似蟲關上大門凶。

無錫縣教育會年刊

無錫風俗志

贏則再要贏。輸則想反本。　譏嗜賭也

蜜拌砒霜　譏言甘而心狠也

聚來吃酒千個弟兄。好落難之時無一人。

閒時勿燒香。急來抱佛脚。

宰相兒子。勿如烏龜（俗稱娼家）銀子。　譏世人識貨不識人也

有錢好使鬼推磨。

一張蓆兩連皮。識是識非。

海底可量。人心不可量。

家花勿及野花香。　譏棄所業而生外慕也

肚飢糠也好。飯飽肉嫌肥。　譏不知足也

山山有老虎。處處有强人。

狗咬吕洞賓。不識好人心。

無事不登三寶殿。

天高皇帝遠。　譏夜郎自大也

狗嘴裏吐不出象牙

田雞跳在燈盤裏自稱自。

對牛彈琴　譏失言也

情人眼裏出西施　莊子曰王嬙驪妃人之所愛也魚見之深入鳥見之高飛數者孰知正色

白香山詩天下無正色悅目即爲姝皆可爲此語作注

只許州官放火不許百姓點燈

隔重肚皮隔重山知人知面不知心

誰人背後無人說那個人前不說人

燒火嫌長撐門嫌短　譏無所取材也

鄉下人吃橄欖回頭再思量

勃不倒冬瓜拿茄子出氣　譏遷怒也

不登高山不得知平地好走　譏不更事也

城頭上出棺材遠兜遠轉　譏迂闊而遠於事也

拚死吃河豚　譏口腹之欲也

鴨子裏摸毛象牙夬上尋絲　譏毛舉細故無事尋事也

右諷刺類

歌謠

歌謠舊志不采蓋辭多雅馴旨近俚俗搢紳先生難言焉然吾誦詩國風十五大率出於里巷歌謠之作所謂男女相與詠歌各言其情者也周道既衰風詩不采舊矣今北京大學渙然大號有意采風詩紹絕業釐爲定程布之省縣可得入告厥有四類五方異姓百里殊風詠其辭可以覘其俗一也匡捄時習繩愆糾謬言無罪聞足戒二也征夫野老遊女怨婦辭不狎褻而自然成趣三也童謠讖語似可解似不可解而不假琢飾神韻天籟四也不佞準以甄采一曰觀風二曰砭俗三曰表情四曰童謠儻善讀者即音律之間以求其意超言辭之上以會其歸所謂輕揚和婉如風之爲物托物而不着於物者庶乎得之述歌謠

觀風

一月南門閉得堅。南、塘、荳、腐、到、城、難。清貧。吃。腐。廉。脩。撰。浦后嚴應麟啜粥。盤。中。半。掬。鹽。北門久閉盡驚惶。多、少、人、家、無、米、藏。只、有、府、丞、能、料、事。尤西村魯轎、夫、也、得、飽、粞、糠。東門曠地雜尸埋。無主孤魂實可哀。最、是、施、翁、積、陰、德。施心翁敎藥、囊、費、盡、捨、棺、材。一月西門閉不開。西山柴擔不能來。人家。器。物。皆。燒。盡。燒到。尙。書。柏。木。臺。顧惠巖可學　賦也。明嘉靖中。倭寇圍城一月。城民作四門謠。雖俚鄙未工。然讀此不惟當日圍困情況。歷歷如見。而、南、門、荳、腐、擔、北、門、米、市、之、由、來、已、久。亦可於此証之也。故錄之以爲徵文考獻之一助云爾。

惠山。街。五里。長。踏。花。歸。蹊。底。香。　賦也

一枝。楊。柳。間。枝。桃。紅。綠。相。映。五。里。遙。　賦也。元明之間。惠山綺塍街。喬木古篠。繁英夾路。景物最盛。錄兩謠。可以想見當年之麗都矣。三百年來。洊更兵火。成陰桃柳。斬夷如剗。

南、門、豆、腐、北、門、鰕。西、門、柴、擔、密、如、麻。只、有、東、門、無、甚、賣。葫、蘆、茄、子、及、生、瓜。　賦也。此清雍乾時謠。謠言雖俚。而、四、門、風、物、可、以、概、見。

正月半。龍燈看。二月半。搖車紡紗織布之具得轆轉。得轆者狀轉之速也三月半。鏜鑼旗傘會來看。四月半。鋤頭鐵鈀加田岸。農事忙也五月半。拔科黃秧種種看。一作龍船看　六月半。水車團圝河裏轉。一作船要起水人要換蓋船於

此時上岸脩葺加油也　七月半。田中早稻秀一半。一作盆子大茄餅鑊裏熯八月半。糖燒芋頭吃吃看。九月半。新米糰子領親眷。嘗新也　十月半。家家老小老小孩童也吃到像個玉羅漢。十一月半。前門討債後門潘。音畔見方言　十二月半。拔了鑊子。剩個破湯管讓你看。諸債畢集貧如洗也　賦也。

歲朝宜黑四邊天。大雪紛紛是旱年。但得立春晴一日。農夫不用力耕田。賦也

驚蟄聞雷米似泥。春分有雨病人稀。月中但得逢三卯。指二月言豆麥棉花處處宜。賦也。

砭俗

饒爾。家。富。裏衣。用。布。若是。用。綿。綢。傷風。不。自。由。　賦也。

善有善報。惡有惡報。若要不報。日子未到。　賦也。

善善善。要你善。若是不善。京中那有大官員。惡惡惡。要你惡。若是不惡。那有犯人坐牢獄。作作。作。云音做要你。作。若是。不。作。田地。屋。產。那。裏。有。懶懶。懶。要你。懶。若是。不。懶。街。上。那。有。死。討。飯。　賦也。

生個。兒。子。勝。如。我。要錢。作。什。麼。生個。兒。子。不。如。我。要錢。作。什。麼。　賦也。

村中。出。了。好。嫂。嫂。滿村。姑。娘。齊。學。好。村中。出。了。攪。家。精。弄得。長。村。大。巷。不。太。平。　賦也。

夫妻親來弗是親同床合被兩條心父子親來弗是親只生身子弗生心兄弟親來弗是親同胞共乳弗同心 賦也

臘月八正月八鄉下媽媽要去敬菩薩好大髻假頭髮通草花兒滿頭插好白臉香粉塌青布腰裙一狹狹大紅鞋子綠葉拔（葉拔緊於履跟用以拔履者也）走一步拔一拔青皮石上打滑漿（他達切）甘蔗荸薺紫裹嚼肉饅頭懷裏塞（讀如殺）路上行人看見都笑煞 賦也譏婦女之知盡飾而不知盡禮也

目今時世浪蕩（俗稱無業游民）當道紡綢長衫棉綢夾襖四喜搭連獨牘當票走到煙間老槍揀好走到飯店三分爛糊四分小炒碗半羹飯吃得每（甚也）飽臨時還帳押隻氈帽賣脫田地屋產差人嗤笑賣脫家小譬如爺娘分（勿會二字之急讀音）討無舍念頭關子房門上弔 賦也譏浪子也

雅片本是外國生一到中原絕了我命根閻王未出拘魂票先鮎頭邊引魂燈如何好把洋煙吸一耗精神二費錢三餐茶飯常欠缺四季衣衫不連牽五更寒冷少被蓋六親斷絕眞可憐開門七件無來路只怪八字生來顛倒顛仔細想想無好處懸樑高掛一條繩 賦也雅片之禍烈矣出之作者自怨自艾如泣如訴詞哀而意益迫矣

家花不及野花香家花香來常常有野花香來不久長　比也

山歌好唱口難開櫻桃好吃樹難栽白米飯好吃田難耕鮮魚湯好欲網難張　比也

亮亮月公公挑水灣背折婆婆燒飯公公吃公公吃着一粒穀打得婆婆脫脫哭公公吃着一粒豆打得婆婆東一投西一投　興也譏夫權重也

亮亮高板板橋橋又高脚又小告我如何跑　興也哀纏足女子也

表情

作（音佐下同）天難作四月天作人難做半中年秧要日頭蔴要雨採桑娘子要晴天　比也

亮月團圓天上天荷葉團圓水下面油絮團圓姉房中銅錢團圓郎手用　亮月灣灣天上天菱角灣灣水下面木梳灣灣姉房中鐮刀灣灣郎手用　興也

豌豆花蠶豆花今朝妹子嫁人家娘哭他是我穿針女爺哭他是我一枝花哥哥說他是個賠錢貨嫂嫂罵他是個惹事精惹得貓兒不治鼠惹得狗子不守家惹得桃花不結果惹得李樹不開花　興也

亮月亮亮女倪轉來覗（讀如張）娘娘說道金荷包轉來了爺說道牡丹花轉來了哥哥說道賠錢

貨轉來了嫂嫂說道攬家精轉來了攬舍家賠舍錢勿曾吃着你哥哥分家飯開爺米囤吃爺飯勿曾穿着你嫂嫂嫁時衣開娘箱子穿娘衣 興也

鴉鵲窩（讀如科）偏羅朵（諸聲）阿娘嫌我嫡妹多哥哥嫌我吃飯多叫我出去作逃奴隔則三頭兩年來看看我珠冠緞襖接哥哥我請哥哥到勸花廳上去看看看金銅勺金鑲刀我請哥哥到勸房裏去看看看金鑲八寶象牙床我請哥哥到勸廒間裏去看看看三十六只大廒間四十八間小廒間我請哥哥到勸河裏去看看看三十六只大划船四十八只小划船 興也

童謠

梳子（星名）鑿扁擔（星名）扁擔鑿蘆星蘆星鑿北斗北斗灣灣七個星 賦也

九箭通出三公姜身原是龍尾匈得郎心只憶儂 賦也城中有九箭河今可通舟者第三第六而已俗稱龍山尾內向縣人出門者多思家云

一羅（羅指紋也）巧二羅拙三羅拖棒頭四羅全勿識五羅富六羅窮七羅作長工八羅擔糞桶九羅騎白馬十羅坐官船 賦也

亮月白丁當賊來偸醬缸（喻外侮）醬缸打碎只（壞我金甌）聾子聽見只啞子喊出來折（讀如拾）脚追出去

無錫風俗志　一一八

支手捉住只　比也喻四郊多壘國無人也

三歲老小快活多出門耍唱好山歌手裏拿個金彈子百花園裏打鸚哥打則鸚哥惱起來芙蓉花留我吃三盃芍藥牡丹相陪坐金雀花斜（書如賒注酒也）酒海棠陪　興也

右風俗志博纂而佐徵訪材料者則有省立第三師範學校同學嚴浩程本須希聖安國竇龔達章王寅生糜伯和薛可範楊蔭瀏九人而須希聖嚴浩程本三人尤詳又嚴堯欽先生寫里諺八十四條歌謠五章相示而龔伯威先生則草婚嫁志略相示俾博得有藉手以成此書以志感錢基博記

雜纂

無錫公私立高等小學校國文成績評語彙錄

錢基厚

批縣立第一高等小學校畢業試卷（題爲宋儒者書講學其道德學問恒足厲世而磨鈍今人飽受學校教育而一入仕途學行遽變社會道德轉以墮落其故何歟）

從前士子讀四子書宋儒道學之說深入人心故個人道德猶藉以維繫不替自公德之說倡而學者習爲口頭禪其效未著其弊先見要知公德者私德之擴影也世未有私德不講而能修言公德者大學言修身齊家治國平天下必推其本於正心誠意故曰自天子以至於庶人壹是皆以修身爲本正心誠意者本之本也許魯齋云三代以上惟恐好名三代以下惟恐不好名今之人藉口小德出入名固不甚愛惜而察其所謂大德亦未必不蕩檢踰閑即使好名而名亦可以僞致是較之許魯齋時又爲不及矣日本維新恪守陽明知行合一之說詩曰螟蛉有子螺蠃負之未嘗不爲中國今日道德慨也諸生於社會道德墮落之故既已言之深切

著明而文亦氣充詞沛足以達其所見然要知今之人飽受學校教育而一入仕途學行遽變者非入仕途而始變也仍是從前立脚不牢語云道高一尺魔高一丈佛家以道力戰勝魔力吾儒亦宜以私德發爲公德故更爲進一解如此朱子云德也者行道而有德於心也竊願與諸生共勉之

批縣立第二高等小學校畢業試卷（題爲今中國民俗日漓生計維艱挽此大局從何措手試各書所見以言之）

此亦係論說體論說文字所以發揮義理於通解文字中當屬第四段工夫昔歐陽文忠與黃校書論文書云邱舍人所示雜文十篇觀其用意在於策論此古人之所難工是以不能無小闕其救弊之說甚詳而革弊未之能至見其弊而識其所以革之者才識兼通然後其文博辨深切中於時病而不爲空言蓋見其弊必見其所以弊之因若賈生論秦之失而推古養太子之禮可謂知其本矣此篇癥結全在挽此大局從何措手諸生着眼民俗生計兩端而於挽救之法尚少發揮譬之醫者處方僅有脉案未開藥味是見其弊而不識所以革之者去賈生之文遠矣且民俗生計相爲因果管子云倉廩實而知禮節衣食足而知榮辱諸生文有說成兩

概者尤非是惟文氣頗有充暢者詩曰采葑采菲無以下體取其節焉可也

批縣立第二高等小學校國文會考試卷（題係登吳橋記）

此係游記體當屬雜記文之一種雜記文非簡潔之難而詳盡之難昔亢倜卿跋潘麟生欽行日記云此記隨筆摹寫而叢雜瑣屑之情事能曲折達出至紀黃山之游身所未歷者妙借僕口補出如將兵然多多益善惟淮陰侯能之是題係登吳橋與潘麟生欽行題義範圍廣狹不同僅能就建橋之人略作詠嘆以資感發此則宋人記體尤以簡潔勝矣譬之於詩欽行係屬賦體此則宜用興體賦貴鋪張故主詳盡興貴蘊藉故宜簡潔義固不同文亦宜異作者不可不知也

批縣立第三高等小學校畢業試卷（題爲吾等今後之責任）

欲知今後之責任須明現在之地位高小以上之教育爲國民義務教育國民義務教育者自學生本身言之則爲使有國民之資格自其父兄言之則對於國家盡教育子弟之義務諸生高小畢業則父兄之義務已畢而個人國民之資格亦始完備是諸生今日者一國民也國民先求所以自立不累國家諸生今後責任莫大於是國民教育七年完畢而法律成年必在二

十一歲以後誠以此後能否即成爲國民尚須視其脫離學校能否不負所學爲斷至二十一歲以後則閱時既久人世漸深如其實能自立當然可視爲成人也因諸生文多襲昔人文正秀才天下己任天下興亡匹夫有責等語成套不能謂其非責任而卻不能謂即今後之責任今後者今日以後也故特爲發其義如此

批縣立第四高等小學校畢業試卷（題爲各述以前之經歷及以後之志願）

此係記述體宋人論記述文字以夾叙夾議能有波折者爲佳蓋文體貴曲不貴直叙事文字有議論則隨處提頓波折自生且文字不致枯寂諸生平鋪直叙便覺一覽無餘且文字首尾宜稱題義計有二端一曰以前之經歷一曰以後之志願吾人之經歷甚多而以能撮叙者爲宜如是則前不突畢生之志願無窮而以能敷陳者爲貴如是則後不竭諸生叙經歷處太詳至叙志願處因時促不能成文未免頭重脚輕惟高小文字以有發表思想能力者爲及格（見國民學校令施行細則第四條第一項）如此等命題固宜於發表思想者也

批縣立第六高等小學校畢業試卷（題爲道存則國存道亡則國亡説）

道者所由適於治之路也故曰道存則國存道亡則國亡然道爲虛位必先明何者爲道而後

何道足以維國道與國之存亡關係始明說者釋也述也解釋義理而以己意述之也必如是而後可以謂之說否則僅泛言道而與國家存亡無關或雖涉國家而僅將題面敷衍一過則原語已自簡易明白無待複述似失之矣

批私立公益高等小學校畢業試卷（題爲讀曾文正聖哲畫像記書後）

讀貴讀書得間諸生讀此似皆未得其間且論說與序跋異體諸生多就原作撮述成文似皆一篇曾文正公聖哲畫像記論而與書後體裁稍有不合蓋書後者跋之一體跋有足後之意足後者廣大其義之謂也王荆公讀孟嘗君傳人所傳誦着語不多包孕閎深斯爲得之

批私立競化女子高等小學校畢業試卷（題爲閨房之秀在容儀不在妍華論見徐士俊婦容箴）

劉知幾云論者所以辯疑惑釋凝滯士俊此語本自明白易曉無待於論然既以爲論則必實言其所以在不在之故蓋婦有四德容居其一容謂容貌儀謂威儀左傳云有威而可畏謂之威有儀而可象謂之儀容儀者容之有儀可則者也容儀禮所當謹妍華則近於踵事增華矣不能謂之非容而不得遽謂之儀此士俊所以直言其不在是也諸生於此似尚未達一間用

爲發其義如此

無錫縣立第一高等小學校二十週紀念錄序　錢基厚

朱君鏡澄任縣立第一高等小學校校長之二年適值二十週紀念將輯紀念錄行世問序於予予曰是校舊名竢實自前清光緒丁酉邑人楊範甫先生首倡士大夫明大勢者亦多和之迄今垂二十年如甲辰之重興壬子之更名幾經波折歸然倖存此不可謂非天也抑是校創辦之始尚在中國戊戌變政前一年其時國中未有學校是校當日不啻予中國教育界以一新曙光此其尤可紀念者也無錫爲教育發明最先之邦而不能使無遺憾是校爲地方開辦最早之校而意亦未敢自信此則小子今日所首當引以自責而諸君子諒亦有同心者也書以歸之聊當自儆凡我同人其亦勗哉

無錫縣立第二高等小學校十五週紀念錄序（民國六年十一月）　錢基厚

無錫縣立第二高等小學校者舊爲東林諸賢講學之所後乃因而爲學舍曰書院曰學校名異實同由來舊矣原夫昔人創制之意亦欲諸子地接名區有所觀感興起多而啓發易也今年舊歷十月一日爲改辦學校十五週紀念日同人等將以是日舉行典禮余維縣立第二高

等小學校開十週紀念會在民國元年余第一次佐掌縣教育行政適在茲時曾幾何時而又十五週矣歲月不居忽忽如流以視十週紀念其成績進步又爲何如夫以學校根本言之則教育事業日新月盛雖千數百年永古不磨區區十數年亦何足計況以學校言之則自始至今而十週而十五週一若歷年已多若以東林言之則未有學校即有東林自諸君子講學以來亦既數百年於茲以視十五週孰久孰暫試問有誰爲之紀念者然而東林不必紀念而東林亘古常新學校時有紀念而吾人不敢自信此則吾儕今日所亟宜自反者也吾願居是校者仰先賢之卓絕爲後學之津梁庶幾相觀而善自疆不息則茲會也欣既往尙所以期將來也於其紀念之錄之刊行也遂書以爲之序

無錫縣立第三高等小學校五週紀念錄序 民國七年三月 錢基厚

無錫縣立高小凡六而第三第四第五第六四校皆以民國二年開辦迄今五年或刊錄紀念或舉行祝典第三校長陸君翰飛任職不二年而銳意振興承朱君鏡澄之後前於後喁頗呈日新月盛之觀茲者亦刻紀念錄余序之曰天下事進步無止境而要以能勤愼將事者爲能舉其職余不敏佐掌縣教育行政愧無建設而一切用人不敢稍參私心其所引進皆質樸耐

勞之人不尙捷給不重浮華破感情排勢力涕出而女焉雖非出於自因之私或亦求於所事有濟識見未明則有之矣以云私人則未有也若陸君者當日亦其選也觀其今吾有以信其後

無錫縣立第四高等小學校國文成績序

錢基厚

華君澄波任無錫縣立第四高等小學校長之五年將輯其以前四年平日學生在校國文成績云將以質當世也基厚佐掌教育行政例得附識簡端遂援筆而書之曰高小學科十餘種而國文幾占全學科總時間三分之一是何也國文一科在他國謂之國語科我國以言文異致各地方言不同而惟文字尙能合一故易其名曰國文科國文也者學術之基礎智識之鎖鑰而又無定法可如他學科施以直觀的教授故其爲用甚廣而程功則難然余以爲今日之教育所以異於昔日之教育者以其爲科學的教授也國文雖無成法而既爲科學自有科學的教授方法小學校教則第三條所謂高等小學校教授國文首宜正其發音使知簡單文字之讀法書法作法漸及普通文字之讀法書法作法並使練習言語是也然嫌其尙稍渾括若無一定軌轍可尋曩嘗於縣立第六高等小學校國文試卷略發其端蓋文章之道不外敘事

議論二者議論之文非一蹴可幾叙事之文則有一定義法可尋高等學生無不富於觀察天然能力教授國文即以此爲起點先授雜記文字及既能觀察然後使之整理可授以古人叙記文字再應用於實際則有書牘文字如此則叙事之文略備久之讀書既多積理自富漸次及於議論文字讀法如是作法隨之如此循序漸進庶能日起有功此之謂科學的國文教授方法也茲者縣立第四高等小學校先後任國文者爲余宗人聲一賓四昆仲於教授夙號究心倘亦有取於斯乎至其文字是否與高小程度適合則一俟當世有道君子評論余亦不敢贅一辭也

無錫縣立第五高小學校第一屆叢刊序

錢基厚

辛君柏森任縣立第五高等小學校長三年於其去職之日輯其平日所施行者都爲一卷顏曰叢刊循時稱也綴以一次期有繼也內關於教管方法者則有如三週年教授訓練觀及國文科讀法教授紀略是又關於歷史沿革者則有如三週年小史三週年呈署概况報告歷任職員一覽表第二三年操行統計及勤曠統計畢業生一覽表歷年經費比較圖等先教管方法而後及於歷史沿革者示所尙也基厚受而讀之其是與否不敢置論蓋辛君之意欲以就

正當世有道君子余方承乏教育行政與辛君爲同事未敢稍以阿私之見參其中也所可言者辛君一生謹愼及任縣五高小職則又夙夜不遑康寧孜孜請益退然若不自勝此則數年以來若出一轍未嘗一日或懈者也當日任縣五如是即今日任縣二亦莫不如是韓愈云行成於思毀於惰若辛君者庶幾所謂能思者矣或者其有成乎抑凡事以攻錯而成以自足而敗易曰滿招損謙受益若辛君者又可謂不自滿足者矣庶幾其所受益乎所言也當亦閱是書者所樂聞也遂書以爲之序

無錫縣立第六高等小學校五週紀念錄序

錢基厚

縣立第六高等小學校將以今年四月七日舉行五週紀念會校長孫君克明梓紀念錄以行世余序之曰夫天道五年一小變時閱五週原不能保其無變特有變而善者有變而不必善者此則視處之者之何如耳縣立第六高等小學校自民國二年開辦首其事者爲孫君筱荃欒君子襄次今校長孫君克明任職最久雖僻處一鄉而過其校者輒嘖嘖稱道不置意者其變而善者歟余承乏於茲誠不敢以此緣飾同人而歲月如流忽忽五年後之視今亦猶今之視昔吾不知繼今以往其將進而益善歟抑猶未可知歟今校長孫君克明篤行君子人也天

道十年一大變吾知其亦必有以處此矣

無錫開化鄉立第十國民學校二週概略序

錢基厚

無錫開化鄉立第十國民學校校長湯君時齋任事之二年輯其平日設施爲二週概略問序於余余讀之內分小史教管概要校外聯絡概要本校規程本校表簿本校經費六章而教管概要一章爲最詳蓋一校精神之所寄也而余重有感焉自近世紀以來世界教育主義日新卽以吾國而論有所謂自學輔導主義有所謂實用主義最進而有今日之所謂職業教育要皆一時有志之士研究所得發爲學說用資提倡而其主義又皆相成而不相妨故吾儕今日從事教育不患無主義之可用而患不能博觀採取用之而不得其當如湯君者蓋亦適用自學輔導主義者也抑余以爲歐戰結局將來教育界亦必起一大衝動蓋自歐戰以來歐美教育家鑒於同盟協約諸國戰鬬力之強弱而於世界潮流硬性教育與軟性教育用之孰爲宜久有紛議而要之島國學制不必適用於吾大陸國家可斷言也湯君有心人倘亦以余言爲然乎

錫秀第二卷序

錢基厚

吾邑南洋同學諸子嘗輯其平日在校所著文都爲一卷顏曰錫秀既再刊矣日者三卷一號行世因貽書索序余前嘗瀏覽其一二其文學意趣至深而科學亦所不廢自前清中學以文實分科而吾國文學亦應用與美術異趣由來久矣近世言學術者率以文無實用競言科學然從前不廢文字而吾邑鄉先生如徐雪村華若汀兄弟之流於科學頗有發明近世競言科學而發明轉少此以見中國文字非特無妨科學或亦有裨科學也然矯其弊者則又專致力於文字於科學不屑一措意余以爲皆過也曾文正引周濂溪氏文以載道而以虛車譏俗儒以爲虛車誠不可無車又何以行遠此言是也科學者譬之所載之物也而文字則其行遠之車也明乎此而近世學術之辯可以息矣惟近世科學日繁而文學不過一種則亦不必多廢日力競尙藻績一以實用爲貴斯可矣南洋公學爲高等工業專門學校科學學校也而諸子於治科學之暇亦不廢文學此以見教師之循循善導平日學科之不偏重而諸子之學有體用吾知其有行遠之具矣校長唐蔚芝先生道德文章海內宗仰近年且蟄居海上不問朝局一[illegible]心於校務吾知其必能導諸子以行遠也諸子能自得師可以勉之矣

重刊張端甫遺稿序

龔敬釗

去予家迤東北曲折半里許曰大成巷中有精舍俊夫吳丈所居喬壽廬也戊午長夏丈子曰永延予課子女其廬者一月課餘輒聞日永伊吾聲日永生通德家克自樹立好藏書中外名人遺箸錯雜羅架上會予畏暑輟課日永出一冊示予曰此邑人張端甫先生遺稿也盍省諸予讀未盡卷日永又語之曰端甫先生無子嗣生前侘傺而詩古文益工其攻苦之況諸先哲序且盡之曩所示冊即其師上元梅先生點定吾外王父侯子勤先生爲刊行者歷歲綿邈書已不數覯一日得諸侯子伯父所歸告吾父父喜如獲拱璧既而懼外舅不死故友之誼不著於後人也將命小子重付剞劂冊中圈識皆出友人錢君潛夫手潛夫方纂邑乘江南北號能文傳以鉛槧猶嚮者梅先生之志也吾外王父有知足慰死友於地下矣日永爲予言如是居嘗聞遜清道光間吾鄉師事上元梅先生得古文義法者同時有秦淡如都轉侯子勤孝廉張端甫茂才三人邑彥之得聞桐城緒論實賴三君子耳流風寖廣濡染同光迺誕梁溪七子七子爲文不規規桐城宗派然出於淡如之門者爲多人文於斯稱極盛三十年來英賢凋謝迄今斸存者已無幾人學子競尚怪誕文字遂纖靡穢惡而不復振吳子日永承父志既重刻其外王父侯子勤先生古杼秋館詩文四卷又續付端甫先生遺稿於手民其有人文寥落之思

平昌黎云莫爲之後雖盛弗傳今兩賢絕學得日永而不朽則日永之錫類靡已者洵能由親及疏也已

警世小說金河王序

龔敬釗

余治盎格魯撒遜語二十有五年矣顧未嘗迻譯一書匪畏難未敢率爾將事也歲丁未吾常屬八縣合辦中學於郡城適余倦遊皖水爲毘陵屠子元博家塾師是歲冬兼代某教師授中學英語屠子豪飲課罷歸來輒手小說數卷與余相對飲酒半酣盛稱近今坊刻新小說惟侯官林氏譯爲最佳余因是喜讀林譯書偶取原文與校則林書又似別出機軸不規規原文者余詢屠子琴南先生譯作刊行者已數十種何言皆雅馴讀之不病佶屈耶屠子囅然笑曰聞琴南先生譯書率倩他人述大意先生刓琢而潤色之故書成無弗膾炙人口子研旁行文字久盍取平時篤好之說部擇其能針砭社會者譯之以餉學子也余遜謝明年渡江主靖江高等小學英語講席靖江即古馬駝沙風土清嘉髦彥彬彬如鄉蔣生伯屏年甫十四五深思好學試輒冠其曹時已嶄然以中西文學露頭角矣辛亥八月武漢義起東南各縣響應釁序輟課余南歸參地方行政事踰年生之無錫肄業第三師範學校易五寒暑而學成丙辰秋余任

敎職吳江縣立中學生亦於次年來授中西文於第三高等小學校校在盛澤距吳江城才五六十里回憶十載師弟昕夕相依者二年其餘歲月得以其便相過從或假尺素通謦欬余跡所至生輒隨之芒乎芴乎天故合吾兩人使得商量舊學乎今歲長夏生以書來幷寄示其近譯警世小說金河王一册屬余點定金河王者十九世紀英文豪約翰駱思磴少作也書中詳敘司滑茲與享斯貪暴虐待其弟葛萊克葛愛其兄無少間以是金河遺產卒歸於葛氏一人其諸蒙莊所謂寓言者非與迻而譯之厥生之功荒落如余焉足以饜生望然竊喜生學有成幷嘉其能兼事社會敎育也爲整辭句而訂其意之稍出入者俾不爽原文累黍郵諸生趣付剞劂以塞余責若謂余刓琢潤色如林先生則滋余顏汗已

人海堅舟

山木

世猶海也涉海無舟則漂蕩沉溺非我主之矣或曰操舟所以爲渡此不然夫我畏海爲我無舟使我具舟且堅雖濤瀧壯猛萬怪惶惑我之安居固猶岸也君子不畏海不羨岸非衆生盡渡不渡至於衆生有舟則海固非海而渡於何有焉今者中原陸沉降水橫逆民其爲魚堅舟之求莫切於茲約其需料凡得數事

雜纂

一誠

誠者物之終始。不誠無物。反身爲誠。樂莫大焉。

二仁

仁者人之安宅。不仁者不可以久處約。不可以長處樂。

克己　忠恕

顏淵問仁。子曰。克己復禮。曾子曰。夫子之道。忠恕而已矣。吾身幻。非人幻。吾生虛。非世虛。克己所以忠恕。忠恕所以克己。二者其爲仁之方焉。

三孝

孝。仁之本。

四浩然之氣

孟子曰。仰不愧於天。俯不怍於人。行有不慊於心則餒矣。

五寡欲

孟子曰。養心莫善於寡欲。

不忮　不求

詩曰。不忮不求。何用不臧。忮求由於自不足。守以知足。則浩然之氣生之。

六好學

子曰。篤信好學。

右操心之事六。已之可得而用力者。得而有之。爲最貴。曰德。

一父母俱存

孝子之有深愛者。必有和氣。有和氣者。必有愉色。有愉色者。必有婉容。聽於無聲。視於無形。

二兄弟無故

孟子曰。仁之實。事親是也。義之實。從兄是也。樂之實。樂斯二者。

右事親之事二。不盡在我。而我亦有可得而用力者。得而有之。爲最難。曰福。

一康寧

富潤屋。德潤身。心廣體胖。子曰。父母惟其疾之憂。

二壽

子曰。朝聞道。夕死可矣。孟子曰。殀壽不貳。修身以俟之。所以立命也。

三衣食粗給

子曰。士志於道。而恥惡衣惡食者。未足與議也。

四居處苟合

居福氣。養異體。大哉居乎。子曰。里仁爲美。

右守身之事四。不盡在我。而我之用力當有所止。而不過者。得而有之曰祿。

一好善

窮則獨善其身。達則兼善天下。

友善

一鄉之善士。斯友一鄉之善士。一國之善士。斯友一國之善士。天下之善士。斯友天下之善士。以友天下之善士爲未足。又尚論古之人。

樂善

大舜有大焉。善與人同。舍己從人。樂取於人以爲善。取諸人以爲善。是與人爲善者也。君子莫大平與人爲耆。

右淑世之事一。不在盡我。而我可得而用力者。得而有之曰功。

二傳世

今名。德之興也。君子之教。有私淑艾者。故聖人百世之師也。奮乎百世之上。百世之下聞者。莫不興起也。

右淑世之事又一。是不在我。我勿用其力焉。而俟其自然可也。得而有之曰名。

德。堅舟也。福。海中洲島可憑依者。祿。楫櫂所以行也。功。名。自溺者之得我而定之。故以殿焉。若是。則涉海之具。可謂略完矣。

雜纂

附錄

無錫各學校辦理童子軍概況

一組織法　無錫各校童子軍現有三十二團總其成者爲中華江蘇無錫童子軍團聯合會該會於民國五年春由無錫各團童子軍職員組織而成中設會長副會長總教練副總教練幹事等各職員會所附設縣教育會內按月開會研究童子軍一切事宜凡關於童子軍之宗旨課程編制服裝徽章旗幟及一切進行事宜悉由該會規定至一團之編制隊員滿六人至十二人可成一隊滿三隊至六隊可成一團隊設正副隊長各一人團設正副團長各一人（有暫缺副團長者）團長以外並酌設教練員（無定額）各童子軍組織成立後則將該團組織情形與團長隊長隊員姓名報告聯合會由會中派員調查通過後即註冊承認

二資格

(1)隊員以中華民國之童子年齡滿十二歲至十八歲志願學習童子軍且得家庭之允許者充之

(2)隊長由團長在隊員中選拔學行優良體質堅實爲隊員所信服者充之

(3)團長以備下列各種資格者充之(一)能明白教育原理與童子軍之宗旨及一切組織法(二)人格品性能於童子軍方面發生感化影響(三)立志堅定任事有勇氣(四)年齡在二十歲以上

(4)教練員以對於童子軍課程有一科目或數科目之專門學識者充之

(5)團長及教練員之資格均由聯合會審定

(6)隊員入隊修畢初級課程則升入本級入本級後修畢本級課程則升入優級均由團長考驗及格升級(各級課程表詳後)

三職權

(1)正隊長任指揮本隊之職如分隊教練與上課時之點名司令請假皆屬之

(2)副隊長遇正隊長缺席時代任正隊長職務

(3)團長綜理所屬童子軍團內一切規定事務如編隊及隊員之出隊入隊升級等皆屬之

(4)副團長受正團長之指揮輔助正團長辦理一切事務

(5)教練員受團長之指揮擔任童子軍團規定之教科

四課程　有正課補充課兩種正課爲隊員所必修補充課則由隊員自由選認學習且各團可酌量地方情形特擇設數種任隊員認習今分別述如次

正課分三級

初級課程有五種　(1)知童子軍願詞及規律(願詞規律詳後)(2)知國旗之組織及升旗法(3)能打下列諸結並知其用途(捲帆結繫帆結縮短結稱人結雙套結捉魚結捉狗結)(4)能知童子軍之操法及其禮節(5)能知修剪指爪及清潔指爪與齒牙之方法理由及不可隨意涕唾與必須鼻呼吸之故

本級課程有九種　(1)能知羅盤針之八個方位(2)能知單旗雙旗之記號並知旗語字典之使用(3)能四分鐘行一里路途中所見諸店每四店內將一店牌號或玻璃窗

中所陳列之物詳細報告(觀察每店之時間以一分鐘爲率)或經一分鐘之視察而能於二十四種易於判別之物件內記憶其十六種或參觀一工廠或勝蹟後而能作一詳明之報告(4)能於室外有風處劈柴生火所用火柴不得過二根(5)能於所舉火上煮飯雞卵及蔬菜(6)能穿紐以縫針扣或修補破孔及淸潔衣服一件或鞋襪一雙復能正確傳一口信其字數在十五個以上者或掃除街巷一條其掃去之廢紙與塵土須滿一畚箕者(7)能知正式謁客及宴會時賓主之禮節(8)能知普通消毒法及包裹指傷燙傷或火傷之法並知不潔之物入於傷口之害(6)能於儲蓄機關(不論銀行錢莊其他儲蓄處)有銀半元之儲蓄

優級課程有十種 (1)能游泳至十丈以上之距離如經醫生檢定不能游泳或無適當之游泳場所者可免惟須由團長選定相當之事以代之(2)能於火事失足落河逸馬煤氣充塞觸電諸事之救濟法內知其一種並能爲受傷者束縛綳帶或遇溺者而施人工呼吸(3)能以單旗雙旗收信發信而正確無訛雙旗每分時間內打二十四個記號單旗每分時間內打十六個記號(4)一人(或偕一友)步行(或駕舟)至二十里外復

返至原處或乘牲口往返於四十五里路並筆記旅行之狀況(5)能了解地圖上之一切通用記號與繪簡略地圖並能不用羅盤針而辨別方位(6)能自出心裁製一適宜之模型(無論金土木工厚紙粘土編物結繩均可)或繪水彩畫八枚成一組(材料則各國國旗花卉或勛章綬均可)(7)能烹調魚肉烘蒸糕糰及其他點心(8)於儲蓄機關有銀一元之儲蓄(9)能判別距離面積數量高度及重量所誤不得過百分之二十五(10)能依法自行訓練一初級童子軍(在未募新軍時可暫緩)

補充課共分二十二班

信號班　(1)收發單旗雙旗之號碼曾試驗及格者(2)每分鐘能打單旗至少二十個號碼雙旗三十個號碼(3)譯字碼號爲碼或譯號碼爲字碼每分鐘至少四字(4)能用軍杖表示記號(5)能用警笛(長短聲)表示記號(6)能用燈光表示記號(亦分長短)(7.)能以火焰表示記號(8)能熟習通常之成語記號

扎營班　(1)每次露宿必滿十夜其次數須在五次以上(2)能選擇扎營之地點及避雨法(3)能知營帳之搭法及水溝之開法(4)能知營帳之通氣法及鋪程之整理(

5）能知水之清濾法（6）曾任露宿主任二次並調度適宜者（7）能收拾各種露宿用具

工程班　（1）能閉目或暗中打結八種且甚敏捷（2）能以磚石或木材築一瞭望台（3）能架一小橋於闊十丈之河上（4）能砌行軍時之飯竈（5）能建築一單屋足以棲止三人

攀登班　（1）能知臨時瞭望台之造法（2）能知上山下山之步法（3）能升登二丈高之熟繩或吊杆（4）能利用繩或籐等渡過四丈闊之河面或山谷（5）能升登三丈高之樹木能或帆檣

炊事班　（1）能知懸灶野灶及土灶之造法（2）能適市買柴米油鹽醬醋等應用物品（3）能劈柴生火淘米洗菜（4）能用風勢使火力增加並避煙煤（5）能煮飯粥及普通菜四種（如蔬菜蛋魚肉豆腐等品）（6）能知用膳之坐位飲食之次序及菜之位置（7）能知炊事之清潔及不清潔之害

游泳班　（1）須知一年中之游泳時間及一日中之游泳時間（2）須知氣溫濕溫水溫

三項與人體之關係以防感冒及其他之疾病(3)須熟習順飛逆飛躍入水中(4)須熟習普通游泳法三種(如單手伸雙手伸背泳等是)(5)須熟習沒頂游泳法並能在水底行二丈者(6)穿便服時須能游泳五丈者(7)須能用一種游泳法過十丈闊之河面(8)須知游泳後應如何整理

急救班　(1)能臨時作一病人之床架或擲救命繩(2)能知單獨負人法(3)能知主要動脉之位置及止血法(4)能臨時作一夾板裹縛受傷者之肢體(5)能知人工呼吸法(6)能知盪傷火傷眼毒眼受微塵及各創傷之處理法(7)須有普通之衛生知識

嚮導班　(1)能知所居地方之小巷與捷徑(鄉間在童子軍本部四周十五里以內城市在十里以內)(2)能知二十里以內市鎮之途經並可爲人作嚮導(3)能知五十里以內著名市鎮之位置(4)能詳悉指導他人至醫院電報局巡警局船埠及大店舖(5)須作一地圖繪出所居地方之重要機關並註明大街何道醫院巡警崗位救火會及其他重要之地點(以上種種名稱須詳細紀載)(6)須略知本鄉之古蹟

搖船班　(1)須能搖櫓蕩槳把舵撐篙及擊纜等(2)能明曉該處船人之左舵右舵快進緩進等俗語(3)須知帆檣之用法(4)須知裝貨方法及重心之關係(5)能知未來之旋風及防備之方法(6)須知遇險後之補救法(7)須知搖船往返於十里以上之路程

軍事班　(1)能知陸軍各種兵之服裝與性質(2)能知本國兵隊之編制與官長之階級(3)能知本國兵隊之總數及軍區(4)能知軍人之責任及兵役之義務(5)能知軍隊中之各種禮節

農事班　(1)能辨別土性(2)能知四季農作物之種植期(3)能獨力耕種一地其面積在二方丈以上(4)須種植農作物十種而成績良好者(5)能知普通農作物之灌漑及施肥方法(6)能知修理普通農具

園藝班　(1)能知普通花木之播種法(2)能知修剪灌漑施肥及接樹之法(3)須種花木或蔬菜十種而有成效者(4.)能知普通花木之保護法

養蠶班　(1)知蠶種之保護法(2)知桑之修剪與培植法(3)須獨自養二百個（自

孵化以迄成繭）而成績良好者（4）知普通之選種法（5）能知本地蠶繭之種類及其良否

簿記班　（1）能熟習珠算筆算足以應用於實際（2）有通常之簿記知識（不論舊式新式曾任三個月之簿記實習而無錯誤者）

商業班　（1）能熟習珠算筆算足以應用（2）有通常之簿記知識（不論舊式新式）（3）能辨別銀幣之眞贋（4）能作一通常之書函或擬一簡單之廣告（5）能略知本地商業三年內盛衰之狀況

書記班　（1）書法清秀（2）能謄寫鋼板兼任油印之職（3）能作通常之書函或擬一傳單（4）能熟悉郵局各類之遞寄法（5）曾作三個月之書記實習而辦事稱職者

鄉土班　（1）能知本鄉重要機關之地點（2）能知本鄉戶口之約數（3）能知本鄉最著名之職業界並詳悉其歷史（4）能知本鄉最名之物產及三年內盛衰之狀況（5）能知本鄉之古蹟（6）能知本鄉直接交通市鎮之方位與里數（7）能實地調查本鄉商店與工廠等其報告堪資職業教育之參考者

通譯班　（1）能操簡單之外國語（2）能用外國文字作一簡單書函（3）能從外國書籍或報章中誦讀及翻譯一段文字

遊技班　（1）習熟二種以上之球戲（2）確知運動之益與過度之害（3）能跳高或跳遠並二百碼之快跑分數及格者（4）能於鐵槓上作掛臂掛腿能動作（5）能利用天然物而裝置一種運動器者（6）能知各種運動器械之收拾及事後之整理

音樂班　（1）能嫻習一種樂器（2）能讀簡單之樂譜（中樂西樂均可）

技擊班　（1）須純熟單拳三套（2）能純熟武器三種（如刀槍棍等）

氣象班　（1）須有三個月觀察氣象之資格（2）須獨任二星期氣象報告之職（3）須知觀察氣象之習語（如東虹晴西虹雨東北風雨太公日枷風月枷雨等）（4）須知伯勞與鸚鴣之鳴唱及報知鳥之呼聲（5）須熟悉寒暑表風雨表之各種記號（6）須能不用風針以定風向（7）須知天文台或海岸天氣急變之記號（此條無天文台及非沿海地方可以免除）

五願詞　訂有三條述如次

(1)盡國民之責任
(3)隨時隨地扶助他人
(2)遵守童子軍規律

六規律　共十二條述如次

一曰誠實　童子軍次誠實不期若在昌中以謊言欺人或服務不盡職須繳銷徽章或令出團

二曰盡忠　童子軍須盡心於其軍團國家及所任之職務

三曰助人　童子軍常常以利人爲念如遇人已利害不並立之時甯牲犧自已而利他人並常以救生療傷救濟窮困代人服務自任每日至少作一利人之事

四曰親愛　童子軍待人須親切對於團員猶當互相親愛視若兄弟

五曰禮節　童子軍當遇人以禮對於婦孺老弱猶當曲盡禮節且不可因禮遇他人而受人報酬

六曰愛物　童子軍當救護無害於人之動物並不可無故殺傷動物

七曰服從　童子軍須絕對服從父母團長及其他長上雖以上之人有時所出之命令非所樂聞亦不可不毅然服從及事後可訴述自己之意見

八曰快樂　童子軍無論遇何困難及受何譴責時當勿先笑容當召集時欣然疾往不可稍呈遲緩與畏難態度

九曰節儉　童子軍須節省銀錢以備自己不時之需並可周濟他人

十曰勇敢　童子軍須力持正義不爲利欲所誘不爲威權所懾而有堅忍不拔百折不回之氣概

十一曰公德　童子軍須崇尚公德對於公共之物尤當盡愛護之責

十二曰整潔　童子軍服裝須整潔語言舉止亦宜嫻雅合度不可稍呈粗野態度使他人厭惡

七經費　無錫童子軍經費之籌集尙無明確之規定其擔任方法大都隊員服裝費由隊員自任其餘一切置備費或由職員捐助或由校友會補助或由學校補助或由職員兒童減膳捐充或酌提園藝收入及販賣贏餘而來各團中之服裝費及一切置備費完全受學校

或職員補助者亦間有之

八服裝及用具　(1)帽(褐色或橙黃色用布製)(2)頸布白色約二尺見方(3)襯衣(藍色或墨綠或青色式與西服襯衫同惟加胸帶)(4)肩章(用色帶製色以隊別長約四寸隊長於左胸加白帶二條副隊長加一條以示區別(5)袴　(淡黃或橙黃色短管露膝用布製)(6)腰帶(淡黃或橙黃色以牛皮或篷布爲之(7)襪(藍色或黑色自膝下卷轉約一寸(8)鞋(黑色除雨天外均穿布鞋)以上皆爲服裝至用具除警笛爲隊長所必備外餘如水瓶乾粮袋飯匣斧鋸小刀剪刀炊事具器救急法用品營帳羅盤針等皆爲隊員公用之物或每隊各置一組或數隊合置一組各隨團中經費之多少而定惟杖　(以木製長五尺)旗(布製一尺見方)救命繩(麻繩長在二丈以上)三項乃隊員每人所必備者也

九徽章及旗幟　徽章有二種(1)等級徽章所以表示隊員之等級也初級徽章爲三箭頭形銅質佩於胸前凡隊員修畢初級課程者佩之本級徽章亦爲銅質佩於左袖上形如ㄩ字凡隊員修畢本級課程者佩之優級徽章即以初級本級徽章合併而佩於帽上凡隊員修畢優級課程者佩之(2)作業徽章所以表示隊員作業之優良也其種類與補充課相

當團形綢質上繡各種特別記號以表示各種補充課之特點如救急法徽章補紅十字扎營繡徽章營帳是凡隊員修畢一種補充課即可懸佩一種以示優異

旗幟分軍旗隊旗二種軍旗於五色國旗上加繡剪頭三個與ㄩ字形一個每團各備一面隊旗於白色三角小旗上繪各種獸形懸於隊長之杖頭每隊須備一面

十教練　教練時間大都利用日曜日及課餘時間其每週教練次數各團自二時至五時不等至實施訓練方法各團各有異同茲就聯合會最近調查所得之之狀況參合條舉如左

(1)時由團長講述世界童子軍可泣可歌之事蹟以引起其信仰心

(2)隊員之作事勤奮及能實行願詞規則者每於學校新聞中表揚之

(3)無論中外童子軍如有足資取法者每由教師採作修身科及訓話資料

(4)令於日報中摘錄國內外童子軍要聞作學校新聞資料

(5)時由團長率領隊員至他團參觀作業以喚起其競爭心

(6)每於國慶日開慶祝會國恥日開講演會以喚起其愛國心

(7)將童子軍願詞規律編成歌詞使朝夕詠唱以涵養其德性

(8)每於操練前後令唱童子軍歌歸隊後歌數遍以振起勇壯之氣

(9)購置野戰炮模型及野戰對抗模型以資隊員觀感

(10)聯合他團舉行會操以養成其共同心

(11)遇童子軍開大會時雖嚴寒盛暑必令隊員出席以養成其忍耐力

(12)遇校中開會時令童子軍分任布置以守衛等事

(13)應團體之邀請維持會場秩序以養成其公益心

(14)代師長送信及傳達語言以爲傳遞之實習

(15)分任監護幼小同學課業前後之游散以補助師長耳目所不及

(16)降雪後令掃除道路以養成其功德心

(17)同學中有因運動而受傷時使任救護之責以爲急救法之實習

(18)輪流採辦販賣部中物品及任記帳售貨等事以爲商事之實習並酌提贏餘以充團中經費

(19)輪流管理兒童閱書會書籍及登記閱覽人數以養成處理事務之才

附錄

(20)客至令隊員敬茶通問以熟嫺應對禮節
(21)實習園藝並將收入充作團中經費
(22)減膳以助團中經費並於開膳時代任廚役之職
(23)分組輪流自煮飯食以爲炊事之實習
(24)設儲蓄會令童子軍節省零錢以實行儲蓄
(25)令於課後練習軍笛軍樂以提倡尙武精神
(26)每於休假日出外遠足測閱形勢險要或記憶商肆牌號與陳列品
(27)每於淸晨舉行深呼吸與朝體操
(28)每於淸晨及課後練習長距離之跑走
(29)鼓勵隊員實行冷水洗面
(30)練習拳術及八段錦
(31)不避風雨嚴寒輪流實習露宿
(32)時至野外練習斥候

(33)舉行游泳比賽
(34)常於課後練習攀登架橋搖船等
(35)擇隊員中作業優良與服務勤勉者給以奬牌奬狀以資鼓勵
(36)隊員有不規則之舉動使背願詞規律以促其反省
(37)每隊設功過簿一册每晚由隊長令隊員自行記載

十一團數及人數　無錫童子軍現共有三十二團兹特表其團次校名及人數如左

團次	校名	人數
第一	省立第三師範附屬小學	六十
第二	城廂市立第一國民學校	六十
第三	私立秦氏國民學校	三十
第四	城廂市立第二國民學校	二十八
第五	城廂市立第八國民學校	二十四
第六	城廂市立第三國民學校	二十四

第七	城廂市立第四國民學校	三十七
第八	城廂市立第十國民學校	三十一
第九	私立光華高等小學校	三十三
第十	縣立乙種實業學校	五十四
第十一	城廂市立第六國民學校	三十
第十二	私立益友國民學校	二十二
第十三	泰伯市立第一國民學校	三十
第十四	縣立第四高等小學後	三十二
第十五	縣立第六高等小學校	三十
第十六	縣立第一高等小學校	五十一
第十七	縣立第三高等小學校	三十四
第十八	私立鴻模高等小學校	六十
第十九	私立競進國民學校	二十四

附錄

此外成立者又有數處因尚未加入聯合會故不載

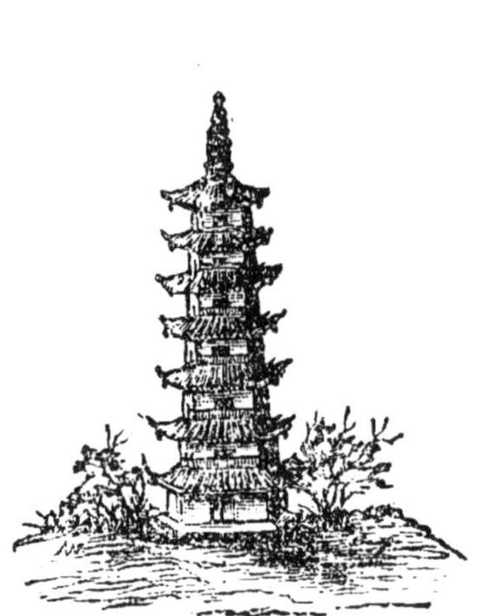

刊誤表

門類	頁數	行數	字格數	誤	正
圖表	十二	一	五	學生總數	學級總數
又	十三	二	二	天上市蠡涵	懷上市蠡涵
外埠調查	七	十三		陳福培	陸福培
又	九	一		又	又
雜纂	十三	六	十二	伯父所	伯文所
又	十八	五	二	居福氣養異體	居移氣養移體

勘誤表

中華民國七年十一月出版

編輯者　無錫縣教育會
發行者　無錫縣教育會
印刷者　無錫錫成印刷公司
寄售處　無錫各書坊

每册定價實銀三角

芙蓉湖棹歌

（清）楊掄 著

《芙蓉湖棹歌》不分卷，（清）楊掄著，清光緒十年（一八八四）刻本。

楊掄（一七四二—一八〇六），字方叔，號蓮趺，著名戲劇家楊潮觀子，清金匱人（清雍正間析無錫縣爲無錫、金匱兩縣）。乾隆三十九年（一七七四）舉人、四十三年進士，官浙江太平知縣。著有《春草軒詩存》、《詩餘》各四卷，《芙蓉湖棹歌》一百首即録自《春草軒詩存》。楊掄當年曾寓居江尖鄒民樓。江尖，一名湖尖，原是古無錫湖即芙蓉湖中的一座小島。該湖經多年圍墾，明中葉後成爲大運河無錫航道的一部分，但仍沿用原來湖名，江尖則在運河中流内保存至今。《芙蓉湖棹歌》一百首，圍繞大運河（含芙蓉湖）及支流惠山浜、梁溪河等，『寄閒情於鄉土，托遠興於風謡』；『開煙水之畫圖，寫雲水之韶濩』，細微入致，情趣盎然，意境優美，雅俗共賞。所咏風土民俗，可補正史之不足。本書有秦瀛、劉嗣綰、孫爾準序及嵇文煒跋，爲抄本《勾吴風土詩》所無，故仍予保留。

本書據清光緒十年刻本影印。

（沙無垢）

金匱楊方珠先生箸

芙蓉湖櫂歌

平江姚孟起署檢

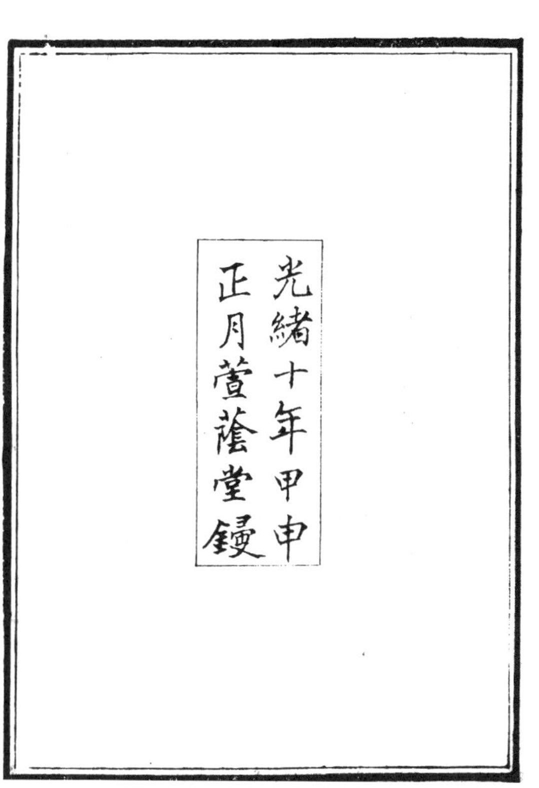
光緒十年甲申
正月萱蔭堂鋟

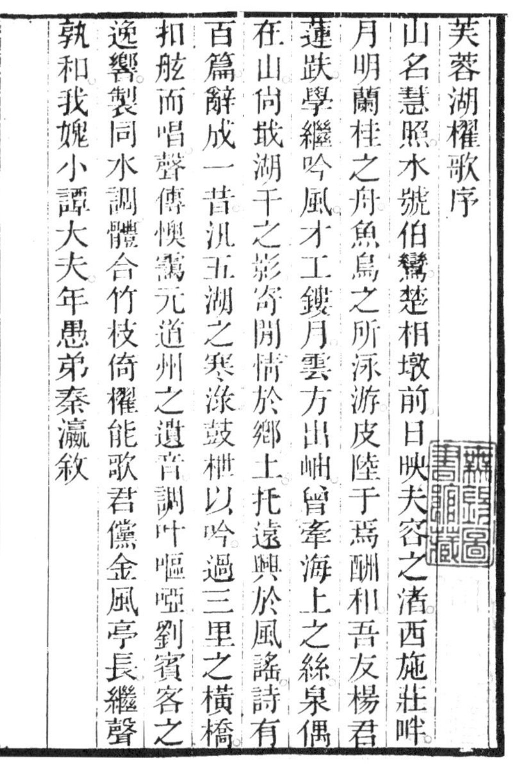
芙蓉湖櫂歌序

山名慧照水號伯瀆楚相墩前日映芙容之渚西施莊畔月明蘭桂之舟魚鳥之所泳游皮陸于焉酬和吾友楊君蓮趺學繼吟風才工鏤月雲方出岫曾牽海上之絲泉偶在山尚戢湖干之影寄閒情於鄉土托遠興於風謠詩有百篇辭成一昔汎五湖之寒漾鼓枻以吟過三里之橫橋扣舷而唱聲傳欸乃元道州之遺音調叶嘔啞劉賓客之逸響製同水調體合竹枝倚櫂能歌君儻金風亭長繼聲孰和我媿小譚大夫年愚弟秦瀛敘

芙蓉湖櫂歌序　一

芙蓉湖櫂歌序

清溪帶水。爲伯鸞之隱居。笠澤一書。見魯望之高致。矧復生長茲邑。是爲土風。愛斯傳焉。烏能已已。蓮趺先生。鳧飛半生。鷗汎一宿。於其寓居湖尖之鄒氏樓也。漁帆望曉。雁櫓聽秋。開煙水之畫圖。寫雲山之韶濩。製芙蓉櫂歌百首。維時先生將以謁選重入都。在山之泉止水鑑其清心。出岫之雲迴風留其逸想。以此眷戀風物。徘徊景光。受而讀之。移我情焉。嗣綰蒋遊閱廿載矣。清歡雨墜。舊爪泥留。十里湖天。遂如隔世。茶夢一闋。松聲四山。桂樹將隱。思秋館之續騷。桃葉不來。愴春江之遺曲。扁舟獨溯。明發波濤。長風在門。殘月方挂。請攜斯卷以佐扣舷繼聲之歌。期之來者。

嘉慶八年歲次癸亥八月年愚姪劉嗣綰拜敘

芙蓉湖櫂歌序

夫容湖古名上湖。又名射貴湖。夫容之名。至唐陸羽皮日休陸龜蒙輩出。始著。舊志稱在縣東北興道鄉。今近在北門城外。相傳湖流浩淼。自東北郭外。逕浸夫容山趾。故名。宋時築隄堰水。溉爲良田。湖波始束。又傳其中多芙蕖。彌望數十里。故以爲名。今考羽惠山記。言湖在山東北九里。南控長洲。東洞江陰。北掩晉陵。其廣如是。而宋胡宿過夫容湖詩有云。碧葉田田擁釣舟者。所傳當不虛也。獨怪魯望襲美。爲唱和詩。汎五瀉舟。日遊其中。而不詳述勝蹟。使後來竟無可考。楊君蓮趺。寓居湖濱鄒氏之樓。帆檣魚鳥。日迫軒戶。即興成詠。爲斷句百首。自敘謂倣朱竹垞鴛鴦湖櫂歌之作。故名之曰芙蓉湖櫂歌。天眞爛漫中。音調諧婉。臚紀靈勝。旁及里俗賽會游戲徵逐。以至謠諺謿語。無不具在。讀者可想見一時風會之繁昌。竹垞多傳軼事。而質樸自合。體裁猶或遜此。昔之所致歎於皮陸者。庶幾補其闕焉。客有言櫂歌實始魏明帝。蓋以揚厲伐吳之勳。而用爲宗廟之樂。晉陸機梁簡文帝。始專言舟楫之事。顧五言而非七言。竹垞所作。其音節特與竹枝爲近。余謂不然。事有不必泥於古者。貴得其實而已。今詩因地紀事。凡古老所流傳。習俗所聞見。黃耶漁娌習而易知。相與扣舷鼓棹發唱於煙波杳靄之際，則名之以櫂歌爲宜。且余讀新唐書，元結爲道州刺史，爲民營舍給田，民樂其政，而結造欸乃曲，使舟子唱之，取適於道路，其體正與此同。今君以名進士宰海濱劇邑，治聲卓然，頃復需次將出，吾知必有良績美詠，繼雲山韶濩之音者，又豈區區操其土風於荒湖之濱，以與魯望、襲美輩比蹟也哉。

嘉慶昭陽大淵獻且月愚表姪孫爾準拜敘

芙蓉湖櫂歌題辭

吳江袁棠

水窗銀燭教雙鬟，幾首新詞唱進鬮。持與金風亭長較，多他一桁九龍山。

湖脣誰種柳毿毿，解綰征橈繫客驂。儂意倘嫌歌未盡，更須草木問嵇含。（湖柳爲嵇曼叔所植）

郎官與託滄洲上，蜀帥功銘劍閣陰。賴有阿兄編土物，遠將詩句慰鄉心。

鄉風愛說女工能，歲計先憂米價增。莫怪道州文體碎，出山還要賦春陵。

茝亭女史顧翎　調寄壺中天

迴塘數里，漸秋風牋綠，吹滿涼意。瀟灑閒園臨岸住，最稱幽人游憩。竹閣來鷗，荷亭延鷺，曲檻通流水。相招蘭艇，還邀漁弟同載。　何殊泛宅龜蒙，筆牀茶竈，寄賞塵囂外。從此雲波幽絕處，好聽漁歌款乃。篷影遮晴，秋燈碎雨，幾度鱸鄉醉。湖干煙月，料應染徧吟翠。

跋

樂天詩老嫗通解。其辭質也。女伶畫壁。解唱黃河遠上詞。其情深也。讀是卷言近旨遠。往贈來答。阮亭之冶春詞。竹垞之鴛湖櫂歌。無以過之。楞香秦大光跋

得風人之旨。現居士之心。較竹垞櫂歌。更爲近古。不特爲芙蓉湖上記事珠也。天眉嵇文煒跋

春草軒詩存

芙蓉湖櫂歌一百首

金廣楊　掄蓮趺氏

塵囂難避山水有緣年來偶寓湖尖頗耽幽趣讀竹垞鴛湖櫂歌百首興之所至隨意口占以博同人一粲

水色山光分外明芙蓉湖上櫂歌聲偷閒領得閒中趣只恐閒來記不淸

那有新詩紀土風四時好景太匆匆請君試過雙河口到眼風光便不同

黃蓮港口十三灣束住江流去不還流進高橋偏吉利又安一座小金山澄江有九里十三灣故老相傳潮水進高橋吾鄉出鼎甲黃埠墩又名小金山

金山小小正當湖竟似驪龍頷下珠九箇峯頭靑未了疑然一角起浮圖形家言小金山是龍珠錫山塔是龍角

淸遊偏耐可憐宵淡月輕煙三里橋見說北塘燈火盛漁燈點點又相招三里橋在湖尖對岸北塘燈火乃蓉湖八景之一

正月東風柳未芽枝枝梅影自槎枒絕憐香雪眞如海占斷山中老歲華

春朝却喜值年朝來往船將神福燒爆竹一聲鑼幾棒斬新旗號順風飄

浮家泛宅白年年隔岸齊排曬網船也要新春集萬福後
梢篷上貼春聯
傍郭遊船一道長開窗先見踏搖娘銀泥勝子宜春帖隔
歲辛盤細細嘗
買個蜻蛉似燕梢尋春日日遶芳郊笑他十棒元宵鼓不
等元宵儘意敲燕梢亦小艇名
傳柑令節乍晴天底事家家沸管絃鬧過龍燈剛半夜滿
船明月滿湖煙
星橋火樹一層層要倣姑蘇土地燈聞說城南花樣巧更
邀名手向毘陵近年邑中亦於二月初試燈城南更盛舉國若狂

隔夜先傳起馬牌燈船早向兩塘排獅蠻已過龍頭口後
隊還穿五里街上年城北燈火由城西上五里街到惠山
一燈分作兩燈看寶善橋頭果勝觀百隊魚龍爭照影滿
天星斗落銀盤橋在慧山河塘
湖樓四面拓窗紗十里黃金野菜花片片風帆天際影淺
斟低唱是誰家
萬斛龍驤銜尾開檣烏檣燕喜徘徊蜀山窰器名泉酒箇
箇船來買一回糧艘北上必集湖尖置買義興窰器及惠泉名酒
春山處處是春臺酒市茶寮次第開知道杏花風信到舊
時新燕可歸來

玉蕊瓊葩迥不侔牛星殿後白雲浮年前一樹瓏璁色要
數溪山第一樓樓在惠山河塘往年玉蘭最盛牛星殿在芙蓉湖上
黃金難買豔陽春三月初三祓禊辰郎向湖西挑菜甲妾
應攜做浣紗人
海棠紅暈幾般般人面桃花出色看莫道春光都爛熳箇
儂偏賞素心蘭
簫聲吹暖賣餳天百囀黃鸝柳正綿多少遊人踏青去落
花蝴蝶滿前川
草色如茵鏡面揩嵌金衫子鏤金釵香泥怕印弓弓小平
底鞵兒又套鞵

正逢櫻筍好時光蠶豆新鮮采滿筐江口鰣魚纔上市果
然風味勝鱘鰉
春風富貴逼人來魏紫姚黃滿院開底事城西偏姓許萬
枝紅豔起樓臺西城許氏牡丹一本數百花高出簷際年來屋已易主花尚如故許牡丹之名仍在也
小小經營鋪面撐半年程本一春晴河塘也像崇安寺賺
得兒童笑語聲城中崇安寺每年新正兒童戲具俱集
細貨賒來果不低粉裝玉琢罩玻璨儘教捏像蘇州好也
要山浜牛腿泥泥孩泥美人必得惠山浜內牛腿河泥團捏便不裂
香籃食藏淨無塵篠枕櫻鞵製更新霧裏看花花似霧數

錢還買竹夫人

百八牟尼手內忙當胷新繫鎖雲囊頭茅峯要明朝上趁早先燒十廟香

半盞琉璃古佛龕幾株楊柳影毵毵明明彼岸燒香去不認荒涼水月菴（菴在惠山浜口對岸即郡城隍廟）

四鄉香會盡成羣細炷沈檀滿路熏多少愿心還不了香錢再化兩三文

護雲關後上山來步步登天首重回轉過峯頭偏不下癡心還望石門開（關在惠山寺大殿後俗諺若要石門開除非邵寶來）

暫停蘭槳儘流連要坐籃輿便上肩做出繁華春世界不

論家計不論錢

疑雨疑晴養麥天飄來榆莢小於錢飼蠶娘子都辛苦笑問今朝第幾眠

太保墩前仙女墩清溪溪畔百花村杜鵑開後春難住細雨輕風總斷魂（仙蠡墩俗稱仙女墩清溪即梁溪中橋唐園薛園杜鵑最盛）

一片黃雲隴上堆綠陰濃處煉丹臺生平未上蓬萊閣山翠撲人如雨來（閣距三里橋里許即元升道院）

舍南舍北近官塘善住菴前打麥場趁著樹陰閨坐好紡車聲裏道家常（菴距蓬萊閣不數武）

北廟錢糧北里支一絲一粟可無私纔過浴佛傳經日又到迎神賽會時（四月十五日爲郡城隍神誕辰北里行店俱集鼇頭是日燈棚煙火極盛）

滿塘燈市喜齊開隔夜先看煙火來枉費中人數家產半宵蠟淚已成堆

鬬豔爭奇各逞能花欄綵幔結三層傳聞謝酒歸來晚師古河邊始上燈（河乃城中箭河之一）

煮酒烹茶設果筵相邀親串好周旋憐他幾日盤飱費半是長生庫裏錢

早辦雙桅出海船黃魚滿載趁冰鮮回來一本團圓戲不謝天妃謝水仙（黃魚船到必在西水仙廟酬神）

頭號沙飛讓戲船排幫畫舫自相連生憎對岸人如蟻手

搭涼篷眼要穿

梨園一部小排當引得三春士女忙看過今番新院本不教頭彩擅風光（蘇班有頭彩二彩名目）

每逢寒食算良辰又屆天中想舊因莫道無情偏有意離騷讀罷弔靈均

三尺青蒲劒出鋒榴花相映蜀葵紅繭符艾虎雄黃酒都應端陽節氣中

年年競渡鬧龍舟要向芙蓉湖上遊西舫東船渾不辨粉花香裏蕩閒鷗

擊鼓鳴笳架纛旂枝枝畫槳捷如飛山塘爭比蓉湖好恍

憶江頭打水圍
拄起鵶叉把幔挑湘簾高拄影條條旁人應怪多唐突靠著紗窗槅不搖
不覺斜陽照綺羅聲聲簫鼓進弦河幸虧一路來船阻細聽新翻水調歌（城中直河名弦河）
遶隄桑柘襯蒹葭水漲黃梅上淺沙二十分龍廿一雨農家月令喜無差
春田決決早翻犁滿把分科要整齊萬點秧鍼隨意插綠雲如水沒高低
耐過春陰暖氣回未曾驚蟄果先雷而今時裏寒如許又

怕黃梅倒轉來（未驚蟄先雷一百廿日陰溼時裏寒沒竹竿半箇月黃梅倒轉來皆俗諺也）
山氣昏濛雨勢連曉來衣帽盡雲煙雷門布鼓銀河瀉舊夢重尋雁宕邊（雨後黃公澗瀑布如到天台雁宕）
黃公谷口好探幽香花橋上水平流遊山空蠟山人屐逐隊同穿七里兜（黃公谷即春申澗七里兜草鞵名）
鎮日篷窗當水居尋鷗覓鷺共相於吹來陣陣聞簫鼓環翠樓前看打魚（樓在黃埠墩）
且尋涼處便乘涼五洞橋頭網幾張網得一條時裏白煮來先放紫芽薑（橋即城西西定橋）
一道城河兩岸平門窗洞達看分明忘機魚鳥偏尋樂要

向人家家裏行
百蜨羅幃百寶奩水明樓畔水精簾明知有箇春人影不靠闌干露玉尖
酒館還開伏暑時船船都傍放生池河亭落地剛剛巧自有涼風兩面吹（放生池在黃埠墩對岸自三月至七月沿塘多開設酒館茶室）
前池種藕藕花香後池養魚魚尾長魚多不怕鈎邊餌花好無煩鏡裏妝
要看荷花趁早晴香光露氣十分清輸他解語如花女未到天明櫂出城（放生池荷花盛時傾城士女一早出城且有在船中梳洗者）
當暑難逢辟暑犀蘭湯浴罷日平西近來白小娘偏好賽

過嘉禾玉乳梨（白小娘甜瓜名又名雪梨瓜）
冰簟疎簾斑竹牀珠蘭茉莉夜來香得消受處應消受便算遊仙夢亦涼
未到中秋早桂開香風一路引人猜待他月影圓如鏡好看嫦娥下界來
最愛千章古木稠借來山色望中收秦園妙處知魚檻一筆倪迂畫裏秋（知魚檻園中水亭名）
梵宇琳宮古佛尊一枝銀杏老盤根前因後果從頭想那有人參不二門（大佛殿東偏即不二禪院）
千葉金蓮久不開長生古檜劫前灰書堂曲水今何在剩

有文莊點易臺大佛殿前金蓮池有千葉金蓮花寺殿東偏有長生檜李相書堂曲水亭舊址俱在寺中邵文莊公祠堂即點易臺故址

參差樓閣又重新陸子泉清不染塵要識竹罏眞古製雨前先試碧螺春二泉本名陸子泉碧螺春芽茶產洞庭山

丹桂香中金粟毬胡園茶室更清幽半池秋水一輪月曾照當時十二樓胡園金桂最盛即鄒氏十二樓故址

白雲洞裏石像高白雲菴外聽松濤珠簾捲過西山雨定見空青鳳九毛洞在石門右有呂仙石像白雲菴在聽松之左張仙殿有珠簾泉泉上石宛如鳳形雨後青質愈顯

一徑清風寶塔鈴仙凫飛去似鴻冥自從五利文成過石泿菴前井不靈錫山靈泉盧眞人書符石投井療疫前明有江右術士竊取符石井水不靈山半即石泿菴

聞說明陽仙蹟奇風吹石臼滿場飛我來欲覓元霜擣要借先生玉杵歸明陽觀盧眞人煉丹處有丁姓者將石臼竊去臼即旋轉如輪舉家不寍故有風吹石臼滿場飛之諺

保障江淮實式憑千秋俎豆拜中丞家家鼓動神絃曲一月收災降福燈睢陽廟在惠山七月二十五神誕合邑敬奉香火比戶懸燈匝月方罷

有夢渾如未夢時悠揚好夢蝶先知今宵夢境迷茫甚夜月秋燈少保祠春三秋九多到于少保祠祈夢

何幸如花受重名花開花落更關情白雲黃葉祇陀寺白

有人來弔玉京玉京道人墓在祇陀寺前

楓林紅到半山樓木落山空雙塔幽爲訪迦陵好詞句慶雲菴小亦勾留雙塔寺慶雲菴俱在錫山之左

手澤如新世澤長當年創始費商量朱衣泉上天香閣又建名山敬業堂惠山文昌宮在大佛殿後　先祖端操公手建文人會課多集於名山敬業之堂

春秋祀典肅明禋幾處祠堂創建新只我更添風木恨一回營奠一傷神乾隆庚子　先人致仕歸里始建　先祖妣俟太宜人節孝專祠於惠山河塘之左

不羡名花有異香三春賣畫豈尋常生前身後芳名播孝子祠邊孝女坊唐孝女名素守貞不字賣畫養親題旌後建坊華孝子祠旁

金剛脚下壽筵開禿丐居然想脫胎只要做人能道地行行都出狀元來惠山小鬍鬚沈姓年七十大開壽筵預知去路先期布置行行出狀元亦俗語也

城西西去是溪河一櫂輕舟蕩裏過盤舍漁莊都入畫山歌遙應采菱歌溪河一帶多菱蕩

是菱是芰有誰論翠婉紅嬌水上痕最喜茶前兼酒後堆盤新煮小餛飩兩角曰菱三角四角曰芰吾鄉菱芰餛飩菱更佳

花果同時物亦靈正思剝棗栗先零層層似裏同功繭香味居然桂露馨大戴禮八月栗零惠山桂花栗香味獨絕

促織聲中蛙鼓鳴星星螢火亂秋蟲妝樓一片荒煙裏斗覺寒生月倍明相傳西子梳粧樓在仙蠡墩側

登高先上望湖亭樹杪秋蟬響乍停七十二峯流不去峯

峯堆遍佛頭青亭在錫山頂可望太湖

裙屐風流又一時每從物外散襟期去年今日茱萸節正和龍山秋禊詞

舊雨新知笑口開霜螯黄雀泛春醅一行飛雁天邊到可有音書遠寄來

朵朵芙蓉帶露鮮海棠開到菊花天休嫌小圃秋容淡五色雞冠老少年

賞菊寧知種菊難不宜陰溼不宜乾試看霜後花如斗綠葉層層沒點瘢

譜上花名細細論諸花終讓鶴翎尊但求疎落偏精雅更

買簽頭供玉盆

稻花齊放綠盈疇盼到登場始解憂更願上流湖廣熟十分年歲喜豐收湖廣熟天下足俗語也

社鼓鼕鼕報賽忙幾家能彀慶穰穰只愁估客帆檣過依舊家無隔歲糧秋收後米多出境慣不能平

曉聽機聲夜紡紗不知辛苦為誰家長頭卷好郎歡喜冒雨衝寒去換花布有長頭短頭之別

花布開莊徧市廛抱來貿去各爭前要知紡織吾鄉好請看江淮買賣船邑中布疋多行於江淮一帶

又是嚴寒數九天蒼茫銀海玉成田何人肯學袁安臥處

處敲篷盪晚煙

歲事將闌臘鼓催門丞戶尉笑顏開那知此日消寒會竟築人間避債臺

過眼風光兩不知堂堂白日去如馳及時行樂人偏巧無事尋忙我也癡

見見聞聞當臥遊不思尋樂不生愁隨他春向花間老笑我心如不繫舟

靜掩衡門興不孤劉綱也許住蓉湖十年不見秦楊柳尚憶溪山舊畫圖秦梧園善山水兼工楊柳家住湖尖

無奈情深故國天夢中蝴蝶儘翩翩他年再譜江南好一度思量一惘然

同邑後學陸賡元校梓

春草軒詩存卷終

右芙蓉湖櫂歌百首。從外祖楊方叔先生所著也。先生爲笠湖公冢子。幼承家學。與弟蘊山。從弟蓉裳荔裳三先生。俱有盛名於時。乾隆甲午。舉於鄉。戊戌成進士。出知浙江太平縣事。告養十年。內艱服闋。謁選得天台令。未之任卒。著有春草軒詩存詩餘各四卷。藏於家。自咸豐庚申邑城淪陷。外氏一家著作如林。同爲灰燼。若伯夔舅氏之絕妙好詞補箋。萃半生心力。爲有目共珍之作。因未付梓。今已絕響。其刊刻傳世者。如笠湖公之春秋左鑑。治平彙要。吟風閣曲。蘊山先生之雙梧桐館集。蓉裳先生之眞率齋初稾。芙蓉山館全集。荔裳先生之桐華吟館集。雖原板盡燬。其書尚有流存。搜羅十數年。幸能先後得之。更得伯夔舅氏之眞松閣詞。匏園掌錄。業經先梓行世。惟春草軒詩存詩餘。與外祖蘿裳先生之聽雨小樓詞。僅有手錄稾本。咸豐初。謹堂舅氏攜赴保定。獲免於兵燹。同治壬申。舅氏下世。書復南歸。一鼇敬謹藏之。其間若存若亡。殆俱有數。久思壽諸棃棗。以限於貧而未果。今年冬月。薄遊姑蘇。陸君炳章慨任剞劂。以詩存一卷。先付手民。風雅尚存。稍酬私志。至其全稾則尚有待焉。卷首序文。爲秦小峴司寇所譔。令嗣淡如都轉。適引退鄉居。本擬書成。乞作後序。以彰繼世著述之美。乃工未斷手。都轉遽歸道山。斯文在茲。大雅不作。爰識簡末。投筆憮然。

光緒九年歲次癸未嘉平月從外孫余一鼇謹識

梁溪竹枝詞

（清）杜漢階 著

《梁溪竹枝詞》不分卷，（清）杜漢階著，抄本。

杜漢階（一六八六—一七四九），字紫仙，號瀛槎，無錫人。世醫，精於外科。清雍正六年（一七二八）秀才，工詩文，著有《逸軒詩草》，《梁溪竹枝詞》一百首即録自此。該竹枝詞從無錫、金匱地名入手，所咏上溯商末泰伯開發荆蠻之地，主體爲清早期邑之風物。山吟錫山、惠山、鴻山、膠山、堠山、芙蓉山、西高山，水唱梁溪、蓉湖、運河、太湖、五里湖、鵝湖，又吟誦梅村、邑城及北塘、南塘諸景。詩風平實，間有獨到之處。如所咏惠山泥人，見出清早期就有手捏戲文的出現。而惠山茶館、壁挂詩屏、几置插花等内容，亦可折射出昔日無錫文風之盛。

本書據抄本影印。

（沙無垢）

逸軒詩草

梁溪竹枝詞 七絶壹百首

勾吳　杜漢階　紫僊

無錫長寧有錫兵有無治亂繫非輕山卑莫道如培塿
逿鎮乾坤永太平 漢時山樵掘地得石銘云無錫寧天下清有錫兵天下爭

聖皇御宇析花封金匱山名達　九重一自分居金匱
縣幾人曾得見山容

盛世文風遍九垓東南多士最多才聲名試問於何始
文物還從泰伯開

吾道南來續聖心顧高重闢舊東林文章理學原兼重
聖世菁莪化育深

儒生美錦腹中藏慣替他人作嫁裳最美少年佳子弟
金鍼度出綉鴛鴦

碧山十老闢吟壇餘韻流傳尚未殘社集蓉湖吟嘯久
更逢新社訂金蘭

九峯三逸憶當年剩有僧居近二泉騷客山行多過訪
石林庵裡鬪吟牋

兎毫撒彩墨生光書法家家學晉唐額髮尚垂盤玉髻
大書屏障更題坊

倪迂逸品本通神古蹟留遺迥絶倫繪水有聲山有影
畫圖傳派最清真

梁溪水秀萬峯青人傑由來本地靈今古名人難悉數
名區自合聚文星

邗名至德古荆蠻城築蘭陵茂苑間境外江潮雖遠隔
春來常得進西關 江陰潮水進西關必發元魁鼎甲

上通京口下姑蘇綉陌花村儼畫圖憶昔　翠華南幸
日　龍舟曾泊在蓉湖

門對龍山水滿渠闌干倚遍看游魚自從　御筆親題
後一片慈雲覆佛廬 放生池　御題慈雲扁額

九點烟嵐號九龍翠屏西峙繞芙蓉　皇亭高建泉亭
上獨占龍山第一峯

小金山寺踞芳洲曲檻迴廊繞碧流蘭若承　恩頒翰
墨烟霞常擁　御書樓 小金山　御題蘭若扁額

山前風景最清幽花逕春深　鳳輦游片石漪瀾堂上
峙　龍章飛舞耀清流

一勺山泉萬古清九龍頷下儲精英無端張陸輕評品
誤落人間第二名

若氷仙洞白雲阿石屋游人日夕過引出流泉成九曲
蓮杯曾泛發清歌

樓空雲起撒青冥何處堪供俎豆馨彩石鍊成翻補地

空中高閣妥神靈
春申古澗滿蒿萊中有樵夫往復回一夜狂風吹雨過
飛泉爭看樹巔來
萬松揮漢傍山嵐詩吟（咏）茶罏剩幾函韻事至今傳未已
行人猶慕聽松庵
石門高掛碧山腰古洞雲封寂不囂自是仙居隔（隔）塵世
疎鐘聲裡篆烟飄
山巔佛塔勢騰空傍建巍亭面面通來望五湖烟水渺
全身已在白雲中
金蓮池水浸莓苔千葉蓮花不復開懸谷尚餘池一角
酒帘飄處看花來
山泉千古只如斯舞榭歌樓異昔時近日山中多盛事
紛紛追遠搆新祠
長史歸來卧草堂秋風攬涕獨江卽歷山剩有千年寺
不祀先生祀梵王（惠山寺宋長史湛挺歷山草堂也江淹過歷山有弔長史詩今湛無專祠）
崇安古寺昔誰居滌硯池存水一渠祝聖道場留古蹟
殿頭猶榜右軍書（崇安寺王右軍故宅也祝聖道場係右軍筆）
北禪禪寺歷千年殿額常懸宋米顛名筆流傳誰保護
多留古剎與山泉（北禪寺中釋迦寶殿米芾親筆）
慧水題名趙子昂惺惺泉瀹茗甌香苧翁已老王孫去

屹屹金城曲似弓河通九箭出三公城西帶束環黌序
兩邑山圍水繞中（九箭通出三公古諺也）
百川萬折盡之東金錫溪湖迴不同西安橋通菰瀆港
分流聚入太湖中
笠澤茫茫水接天峯餘七十繞雲烟兩門開處通呼吸
旱澇無憂好力田（謂獨山門吳塘門也）
湖中山色鬱蒼蒼湖畔山横峻嶺長一帶烟巒（巒）如錦障
閶江山接到吳塘
游客爭稱管社山高人卜築晝常關山為園圃湖為沼
片片烟雲繞户間
鎮山秀拔鬱青葱高踞三州大水東遥認月山何處是
紅旗竿竪綠陰中
華藏山前浴佛場荒墳誰復問循王空留古寺蓮花裡
鐘鼓聲聲打夕陽
鷗鷺曾隨濁浪浮廟門偏向淅江頭多情只有湖中水
環繞胥山日夜流
溪湖相接獨山開滚滚洪濤響若雷豪客携壺曾泛棹
黿頭渚上好啣杯
五里湖中白浪漂順風逆水石塘橋若逢水順風偏逆
舟過龍潭仔細摇

青圻水道棹難通，翻向湖心轉柵東，風起山門湖水立，
舟行膽落怒濤中。

清溪十里水洋洋，溪畔輕烟鎖綠楊，仙女扁舟何處去，
晚風漁網掛斜陽。

湖北堂開儼洞天，滿園梅樹滿池蓮，秋風桂子香飄後，
菊錠踈籬笑晚烟。

水港猶傳罵蠡名，浮家人去片帆輕，黃金鑄像今何在，
蠡瀆滔滔水向城。蠡瀆俗名蠡尖，兆蠡伐吳時濬

迨迨伯瀆過梅村，泰伯城荒水柵存，田父厌泥歸滿載，
風淒露冷泊黃昏。

六

東南巨浸首鵞湖，絶妙烟波萬疊圖，雲外青山遥映帶，
風光得似邑西無。

桫欏林外碧泉流，古洞雲閒可久留，遥望嵩山聲寂寂，
踈鐘曾打舊譙樓。桫欏林、冷冷泉、留雲洞皆嵩山勝景，寺鐘聲聞五十餘里，舊曾取置譙樓

皇山底事又名鴻，高士心欽至德風，怪煞清明游客盛，
一杯誰奠一坏中。

孤峰宛在水中央，水没蒲菰道阻長，石賽端溪爭擷取，
淋漓墨瀋爍文光。

膠山遥聳邑東偏，誰吸汲山中竇乳泉，地遠囂塵無過客，
深藏空谷泛清漣。

堠山峯嶂接膠山，突起雞籠鴨蕩間，游女春深賸袂至，
滿天紅日照紅顏。山無樹木故云

芙蓉山麓近楊婆，休道低鄉蓄水多，曾憶昔年天久旱，
圩心村嫗念彌陀。

西高山遠峙田間，地隔江村水一灣，縣志分明須記取，
高山莫誤認膠山。

蓉湖潮水向南行，流入三河錫水并，同是一河千疊浪，
半河渾濁半河清。

官塘上接晉陵河，古刹亭空少白鵞，遥想臨池滌硯處，
游魚吞得墨花多。

七

高橋横卧儼長虹，活活河流水拍空，斜對石門楊柳岸，
行船最怕吸山風。

百里湖光鬬錦蓮，天隨宅泛一湖烟，築成圩岸風波少，
變作膏腴萬頃田。

西水關西顯應橋，流通水旱救田苗，只因風水關科第，
水阻橋門浪不漂。

城南一望滿窑烟，磚瓦燒來幾百年，掘取高鄉土零賣，
荒田多變作良田。

戶口繁興庶矣哉，百年休養好栽培，市心門面多增價，
僻巷窮鄉店也開。

北塘直接到南塘百貨齊來貿易場第一布行生意大
各鄉村鎮有銀莊
不耕不讀剩閒身不作經商服賈人幸有斯文生意好
舊家多學畫門神
掃除一室供瓶花對幅詩箋壁上遮汲得二泉烹活火
招牌高掛賣清茶
惠山泉酒久馳名酒店齊開遍四城最是江尖風景好
紅闌綠柳遠山横
腐乳遍將海味誇熏乾新法製尤嘉往來過客船多泊
邁認軒名即酒家

八

一犁新雨共披蓑箬笠芒鞋隴上過渴飲一壺甜白酒
臨風嫋嫋唱山歌
春風吹浪設魚磯網得銀魚入饌肥一望烟波飄渺處
小船如鶩疾於飛
秋風唱徹採蓮歌更向菱塘泛碧波絳幘吳雞初鬬罷
香苞挾出海珠多梅聖俞詠芡詩有吳雞鬬罷絳幘碎海蚌挾出珍珠明之句
草蓆南鄉賽虎邱宵深帳底襯衾裯價廉莫說工夫省
月落茅簷織未休
敬姜風範喜猶存勤績蔴紗徧遠村少小女郎都學績
漚蔴池豈獨山門東

崇朝擘績已盈筐揀得新絲白且長織就草練成暑服
臨風常覺夏天涼
女紅勤習曉梳粧鍼線頻拈白晝長繡倦偶來書案畔
花牋閒寫兩三張
清晨抱布換棉花露濕衣襟曉月斜喔喔雞聲高唱後
鄉村婦女尚搖紗
俗尚辛勤足楷模奢於常郡儉於蘇尋芳況有真山水
游玩多誇興不孤
春來日暖氣氤氳拂拂風和草木醺早有清閒幽雅客
尋梅踏破九峯雲

九

佳辰第一是元宵金鼓聲喧徹九霄月夜深閨思遣興
笑呼同伴走三橋
柳芽初折杏初醺燈火城南徹夜分送子觀音逢誕日
東門城外女如雲
東城隔岸碧桃開紅雨繽紛點綠苔日暮游人多悵望
隔溪非復舊天台
燒香暫喫短頭齋軍嶂山頭傾素懷拜禱歸來喧笑語
畫船多半是裙釵
千紅萬紫笑春風富貴花開春已終雅圃香凝題好句
春光獨占在城東東城有牡丹一本花開數百朵額曰雅圃倡和成帙

山中游客日成羣酒盞茶甌送夕曛不獨當鑪多少婦茶香泛處有紅裙

春深百卉共生芳柳暗花明錦綉場彩袖飄飄浮畫舸蓉湖連接到官河塘

野航滿載泊山限踏破蒼蒼一逕苔鄉僻村莊諸女伴一年一度惠山來

異方游女逞嬌姿遥望容顏己早知一樣娉婷諸婦女只多傅粉與塗脂

一丸捻就作嬋娟引得游人絶愛憐常把桃花塢中土換來士女幾多錢

村人裝束拜香來直到芳峰絶頂回買得金剛臍幾百二泉亭下再徘徊

嶽廟重修殿宇新香烟縹緲透蒼旻麥畦松逕清溪曲盡是鄉城看會人

每逢神誕共迎神酒肆茶棚座滿人無數肩挑小經紀閒錢活得許多貧

酒筵彩備水窻間宴客登舟到北關八簋四盆稱盛席不看演戲定游山

梨園歌舞向春山顧曲周郎也破慳欲使游人囊盡解蘇州再去換名班

玉簫檀板日紛紛到處歌聲響遏雲添得幾班新串客登場一曲最超羣

春去山中客漸稀爭看浴佛到禪扉荷包袋問裙邊解傳得頭經帶笑歸

榴紅蒲綠過端陽齊看龍船到北塘香泛湘簾紅粉隱小船多傍畫船行

夏日炎炎暑氣浮攜樽挈榼駕輕舟多來西庭橋隱泊折取荷花當酒籌

唧唧秋蛩鬧砌間朱門深處聽非慳金籠籠取多珍重到處堂開似半閒（苦吟莫向朱門裏滿耳笙歌不聽君唐人詠蛩詩也）

秋風桂子小山幽日暮游人尚不休歸向月中香滿袖沿街買得木樨毬

中秋良夜月華明歌吹喧闐漏已更別有香斗香繞處踈鐘清磬間魚聲

重陽佳節競登高菊盞香浮醉濁醪五夜霜濃楓染後游山餘興尚堪豪

紛飛黃葉朔風狂瘦盡山容色更蒼何處尚牽游子興燒香看戲到龍塘

人來羣慕樂郊中流寓於今集鉅公若買田園計長久溪山應剩與梁鴻（梁溪鴻山以梁鴻留寓得名）

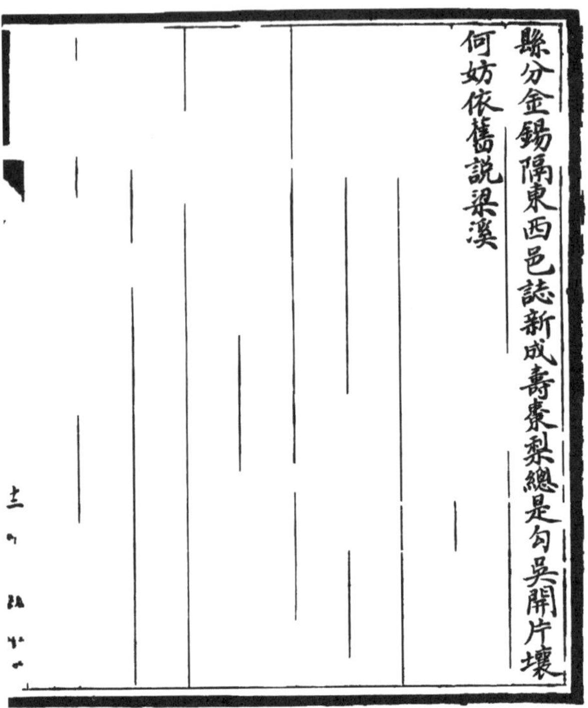
縣分金錫隔東西邑誌新成壽棗梨總是勾吴開片壤
何妨依舊説梁溪

勾吳風土詩

（民國）侯學愈 輯注

《勾吴風土詩》，侯學愈輯注，環溪草堂民國侯氏手抄本。

《勾吴風土詩》爲手抄無錫一地有關風土人情竹枝詞之書。此書爲侯學愈手抄並加注或添改。其中包括秦瀛《梁溪雜咏》及《梁溪竹枝詞》；秦琦《梁溪棹歌》；楊掄《芙蓉湖棹歌》；秦琦《罛船花燭詞》及《石塘漁父詞》；劉繼曾《惠山竹枝詞》；秦琦《惠山竹枝詞》。本書之部分作品在文庫中本已收有單行本，又收入此抄本，其意義如下：本書之《罛船花燭詞》、《石塘漁父詞》、《惠山竹枝詞》爲單行本中所無，亦不見於他書。部分單行本之序跋較重要而此處抄本未載，正好互補。本書有侯氏批注，爲單行本所無。本書爲侯學愈手抄，原書爲孫氏玉鑒堂舊藏，本爲地方文獻之善本。加之頁數不多，爲保存資料及有利於校勘，故收録之。書中所載作者、抄者及内容介紹俱見單行本提要，此處不再重複。

本書據民國侯氏手抄本影印。

（徐志鈞）

勾吳風土詩

戢盦

梁溪雜咏百首

梁溪秦瀛凌滄著
後學侯學愈戢盦註

癸巳夏五之晦門舟中無侶聲懷鄉土偶有所憶輒成
短句共得百首因名之雜咏

無錫沿革

無錫故禹貢揚州之域秦漢時屬會稽郡漢時梁鴻曾
居梅里今其地有梁鴻井故溪水因以名焉

天文星絡斗牛低禹貢揚州又會稽一自勾吳疆域啟東南壯
縣說梁溪

西神山

老子枕中記華山古西神即今惠山山有九峰又名

環溪草堂　戢盦製

九龍[illegible]山舊云柯相所治故名舜山路史載舜子七
人散處江南故山水多以舜名上有舜田不種而禾
龍尾陵道見越絕書及後漢地理志

天關西神九點煙枕中名與華山傳舜柯峰下龍陵道萬古唐
姚一稜田

泰伯廟祠

吳地記吳築城梅里平墟今邑城基甚有泰伯廟祠其
東為冢諸墳舊傳冢諸葬處

周家端委築平墟爭國無端起闔閭三讓祠前一龕土魚腸往
事說專諸

伍相祠

嘉慶癸酉志吴王夫差殺子胥盛以鴟夷之革浮之江
中即今閶江吴人立祠山麓因曰胥山

鴟夷沈革付潺湲覆楚興吴事等閑嗚咽還餘小海唱荒江浪
嚙大夫山

吴王故跡

張涇橋一名涇皋鴨城橋舊傳吴王養鴨處又有麋城
今不可攷

蘆花蘆葉響蕭蕭約畧涇皋放小舠荒草吴王麋鹿徑水鳧飛
上鴨城橋

環溪草堂　巖盦製

西施莊

莊在縣東四十里

五湖何處弔夷光白紵歌成怨夕陽猶有蘼蕪學裙帶東風吹
綠美人莊

黄公澗

舊傳楚春申君黄歇徙時飲馬於此故道自此通黄城

黄公飲馬故城陰寂寞遺宫蔓草深祇有奔流澗邊水潺湲如
訴女環琴

錫山

明顧文康公登錫山云縣無山魁科惜龍不角耳因建塔
於其巔名曰龍光

巍峨龍角聳雲霄穿諸坡前錫已銷治亂紛紛秦又漢斷碑三
尺話寒樵

漢高彪

秦漢以來邑人見於正史者僅後漢高彪一人虞俊節
行比於二龔班史無傳

世家梅李到袁周曾記延陵第一流閑徧漢書前漢傳如何人
物只高彪

梁鴻井

梁溪亦名梁清溪或言梁鴻曾居於此而名鴻山又名

環溪草堂　巖盦製

皇山東有梁鴻井

五噫歌罷客荊蠻都把溪山屬伯鸞此地寓公推鼻祖尚餘古
甃石泉寒

徐偃王廟

石塘山有徐偃王廟邑志稱王子孫散處江南故祀之
開化鄉又有楚項王廟舊傳羽嘗避仇於此

荒村朦朧徧湖鄉茅屋三間祀偃王霸氣江南還並峙重瞳清
廟枕寒塘

顧愷之

愷之善丹青浦長源舍人有句云衣上暮雲吴苑月馬

色晉陽山舍人亦工畫、

布帆安穩到荆州癡絶丹青顧虎頭好與舍人添粉本暮寒山色晉陵秋

王右軍古跡

崇安寺有右軍洗硯池、洛社開利寺有籠鵝亭、

曲沼荒亭傳會多右軍遺跡半傳訛此間不是山陰道安得籠鵝道士過

膠山梁侍郎墓

山舊傳以膠葛得名應是傳會、今山寺故梁蕭侍郎別墅中有金牛跡乳竇泉

足跡金牛石塢蒼乳泉雲竇落花香舊傳膠葛魚鹽地卻爲登臨憶侍郎

秋濤軒

惠山聽松庵有秋濤軒、王孟端紱所建、嘗畫廬山景於其壁、首二句用邵文莊句

惠山山寺正鳴鐘第七峰前一短筇試向秋濤軒裏坐月明初上六朝松

歷山草堂

宋湛長史挺居惠山歷山草堂、江淹過草堂詩云、别鶴唳吳田、又李丞相紳讀書臺在惠山寺後舊有雙溫樹久萎、

歷山長史草堂空舊業吳田鶴唳中短李臺前雙樹死已無黄葉墜秋風

秦皇塢

塢在錫山西、惠山記始皇東巡望氣嘗掘而壓之惠山寺、梁大同年建

秦塢雲深碧澗秋東巡陳跡莽林邱南朝一片斜陽影又上蕭梁古佛樓

滕刺史蕭將軍墓

唐睦州刺史滕邁墓在新橋門外、旁有二石獸、又蕭將軍墓在偃橋、宋前將軍蕭思話父葬此

新橋門外睦州墳石獸蒼涼水上雲束帶空餘荒堰在更無人弔故將軍

北樓

唐劉長卿禹錫、有無錫東郭送友人游越詩、又有登無錫北樓詩、

江海風霜雁影秋郭門送别不勝愁劉郎一樣羈人思落日青山滿北樓

望亭

唐庾肩吾亂後行經御亭詩、有云御亭回首望風塵、逗

血横千里昏之句後二句見李嘉祐自蘇至望亭驛
詩望亭即御亭
泣血横戈劫後春御亭千里黯風塵那堪回首長洲苑江燕初
歸不見人

五里湖
唐陸龜蒙皮日休嘗與泛舟由五瀉入震澤名其舟曰
五瀉舟
五瀉湖光泛碧漪筆床茶竈最相宜舊時逋客吟詩處喚箇扁
舟載陸皮

第二泉
唐李德裕在中書好泉水置水遞以進皮日休詩所謂
郡侯催發只嫌遲又蔡君謨爲歐陽永叔寫集古錄
自序餉以大小龍團惠山泉水鼠鬚筆
水驛吳關急郡符中書堂上煮茶圖他時還博君謨笑壬茗冰
壺伴鼠鬚

南宋行殿
宋高宗南渡嘗駐蹕惠山寺今遺址已無可攷
行殿蒼涼石蘚封僧山猶話宋高宗祇今惟有山頭月曾見當
年駐六龍

竹鑪

環溪草堂　戩盦製

唐皮休詩云松子聲聲打石床[illegible]在山寺後竹鑪山房
明洪武中僧性海卓錫處王孟端竹鑪詩云聲聲帶湘
江兩岸秋第二泉一名陸羽泉
支頤醉向石床眠好煮山廚陸羽泉日日湘江清夢裡茶聲初
破竹鑪烟

秦淮海墓
宋秦淮海先生墓在惠山園瓢公子處度先生自藤州
歸葬於此
園瓢烟鎖翠微重歸葬西神第幾峯馬鬣荒涼尋短碣古藤花
覆墓門松

錢安道
宋蘇子瞻有贈錢安道詩烏府先生鐵作肝又有謁錢
道人京小龍團登絕頂望太湖歌
烏府先生鐵作肝坡翁贈句約休官松花半嶺西神下自試清
泉煮小團

李忠定公祠
宋李忠定公祠舊在膠山今惠山亦有公祠公所著名
梁溪集
忠定祠堂掛女蘿夜深山鬼泣巖阿燈前重讀梁溪集字字中
原涕淚多

環溪草堂　戩盦製

悟空精舍

宋靖康末宗室南遷多奏樂侑食吴越間有趙鼓鼕鼕之謡悟空精舍在惠山青墺宗室若蚓築林深猨鳥下若蚓句也

靖康兵甲戰塵昏尚有鼕鼕鼓吹喧最是悟空精舍好林深猨鶴趙王孫

惠麓小隱

元信州錄事孟潼宋郡王忠厚裔也築惠麓小隱繁華一去江南遠夢覺春山自煮茶高明題句又倪瓚詩巳倩王維圖别業更邀裴迪賦新詩

環溪草堂　戢翁盍製

香火叢林賜孟嘉信州歸煮惠泉茶江南一覺繁華夢不數滕王賦落霞

雪浪庵

宋蔣忠文别業為一梅堂堂後有萬竹亭忠文少時嘗讀書雪浪横山之雪浪庵

籬邊亭角一梅横篛卷寒飔萬竹聲可憶僧廬讀書處排空雪浪掛簷楹

和三唐人詩

唐宋宿富韋居武陵皆有惠山寺詩宋秦淮海蘇文忠惜僧參寥嘗和之一步漪瀾堂文忠句雜珮間琴筑文忠寄焦千之句

三唐詩味别酸鹹後有蘇秦並道濳曾向漪瀾弄明月泠泠琴筑一時兼

青山張浚墓

宋循王張浚墓在青山塢元初為楊璉真伽所發今公仲尚存其右為華藏寺即浚香火院

無言翁仲立斜陽古寺還餘宋道場徧種冬青六陵土更無麥飯酹循王

尤延之來朱亭

宋尤文簡築室梁溪上有來朱亭與朱晦翁講道處遂初堂在惠山舜破山鄉曲未終見文簡鷓鴣詞

環溪草堂　戢翁盍製

萬卷書堂記遂初溪邊亭子號來朱山鄉一曲梅花落付與東風唱鷓鴣

單貞姬祠

祠在惠山寺左華坡即南齋孝子竇故宅古洞斜穿竹重街夾細沙唐張祜詩

重街古洞單家祠最近南齋孝子坡祠外流泉泉上月長留清影照貞姬

五牧麻尹二將軍廟

宋文信國部將麻士龍尹玉戰死邑之五牧明時倭寇

至欲焚其廟忽赭衣人仗劍並立道左遂遁去

亂鴉古木吽秋雲月黑天陰戰鼓聞舊日國殤何代廟赭衣[illegible]仗劍二將軍。

東林庵

王學士達嘗和中峰和尚梅花百咏於東林庵一夕而成又俗諺有綠蘿庵裡看梅花之語庵近東林

東城風雪噪昏鴉學士吟成月已斜一片冷香應入夢綠蘿庵又放梅花。

若冰洞

惠山第一峰下有若冰洞嵩山以嵩頭陀得名又顧逕凡贈延福庵振延上人詩云遠客携琴過逢師乞食歸又云盡日無言説巖花落滿衣

冰洞長歌白雪詞頭陀寺裏更尋師揖來遠客携琴過落徧巖花乞食時。

張中丞燈

俗傳明太祖命徐達砍屠無錫達夢金甲神曳船行駛如飛比醒已過五牧見古廟像如夢中所見實張睢陽故邑人以神誕七月戶懸一燈以答神貺

故驛帆飛似馬騰威靈金甲顯中丞吳民豈是憐蕭銑徧掛張王七月燈。

環溪草堂 戢盦制之

軍帳山

軍帳瀕太湖風濤濺急如矢志稱南唐屯兵於此以備吳越山下有甲仗塢

森森甲仗現兜鍪似箭風濤濺戍樓聞説兵防五湖岸南唐曾此駐貔貅。

吼山

吳地志云堠山周七里登其巔可望虞山堠山一名吼山上有真武廟下有錢華西園別業又名七雲山

古廟嵯峨石峴蹲七雲突兀接西園宛溪東去虞山路醉倚危欄瞰劍門。

環溪草堂 戢盦製

清秘閣

元倪雲林自號淨名居士所居有清秘閣高季迪贈其詩有午榻茶烟病叟禪之句卞玉京葬祇陀寺即故址

午榻茶烟得淨名雲林清秘畫難成於今舊業斜陽裡芳草祇陀弔玉京。

天繪樓

樓在梨花莊內元時沈萬三妾貞香所居萬三歿貞香守志不去有燕子樓之遺風

控江門外暮樓空金粉飄殘失故叢分付斜陽雙燕子梨花寒食繫東風。

西陽山

顧典籍貞觀邑志補、元末明將湯和破吳將莫天佑水師於西陽山、長腰山與西陽山相接、天佑屯糧處

大將旌旗落日黃。東甌曾此擊艅艎。樵人拾得長腰米。知是元明舊戰場。

石門

石門在望公塢旁、有珠簾泉、其下爲白鶴道院、舊志云絕壁之上、海棠花覆數十丈、今無矣、

白鶴聲聲月下喧。海棠露重濕苔痕。雙飛擘破簾泉水。散髮披雲臥石門。

許氏草樓

許給事家草樓在嚴家池上、王孟端曾畫草樓八景、其南爲萬松園、明張尚書寰築、題曰杏花村、

草樓幅幅孟端畫。南去松園別一門。試問烏衣舊時巷。燕泥零落杏花村。

溪山第一樓

樓爲元華鍈別墅、十二欄干句、見張思廉詩、美人句見陳顯曾詩、

溪山勝槩倚蘋洲。何似溪山第一樓。十二欄干憐獨倚。美人遙睇木蘭舟。

三清殿

舊在膠山祥符間、徙於城市東、賜額洞虛峒宮、王梧溪逢有洞虛宮玩月詩、

蕭騷雙鬢拂天風。香殿秋高夜月中。一派仙音親聽得。雲璈吹徹洞虛宮。

嚴家池

池舊爲邑人游冶之所、紅欄綠水、烟光渺瀰、今則僅餘一勺耳、

嚴池一勺感桑田。無復朱闌映畫船。搽盡楊花空拂地。夕陽蕭鼓散如烟。

錦樹山人

明錢長史仲益善畫、成祖呼爲綦仙、自號錦樹山人、首二句見仲益題江南春雨圖詩、

聳山鶻突雲模糊。長蘺遠水連平蕪。春雨江南如畫裏。錦樹還有綦仙無。

二泉精舍

精舍爲邵文莊講學處、舊有海天亭、點易臺、今廢、松風閣在聽松庵後、秦方伯夔築、今久廢、

二泉精舍九峰西。點易臺荒逕已迷。夢醒松風聞鶴語。白雲無恙海天低。

鬭夢
宋方臘之亂有關注者自錢唐避地梁溪一日夢美髯
翁者延之坐使兩女子按太平樂醒猶記其五拍
雙鬟一曲引銅盃五拍歌殘夢乍迴重按梁溪太平樂紫髯吹
笛在瑤臺
宋末雙忠
宋末通判陳炤守常州與太守姚訔同殉難鄭所南載
其事昭先錄炤邑人
宋末孤忠得兩公殘軍轉戰化沙蟲只今剩得昭先錄留判芳
名并史中
環溪草堂 戢盦製
一笠閣
南禪寺唐咸亨中曾改名靈山寺舊有井傳有仙人從
井中出留一笠而去因作一笠閣
扁舟入夢紫衣僧持鉢靈山掛錫曾仙佛重來原不二飄然一
笠閣三層
茅山外史
顧鎮晚泊新安詩晚飯舵樓前楊鐵崖嘗泛舟訪雲林
於清秘閣時句曲外史張雨鄭元祐皆流寓無錫
舵樓晚飯御寒篷泖上吹來鐵笛風一代名流多雅集茅山外
史迹昌印

胡橋
舊有胡都統廟橋下有惺惺泉其北則元時華琏來青樓
址地與駐驄橋近橋為葛御史楦建故名
都統廟前春水生惺惺泉湧石欄平來青樓畔青山色遥映花
驄御史行
張止齋
張士誠將莫天祐守無錫義士張翼說天祐降翼身長
七尺鬚髯若戟
掀髯談笑保孤城排難猶傳義士名杖策軍門探虎穴千秋倜
儻魯連生
環溪草堂 戢盦製
碧山十老
明成化中邑中十老為詩社秦貞靖先生旭為首[illegible]
為行窠即今寄暢園國初秦氏聲樂最盛見莆田余
澹心讌游歌
十老荒亭古澗阿清泉白石到行窠莆田遺老風流劇記得梨
園一曲歌
鄒園
馮龍泉變政龍泉精舍為園後屬顧九華起綸曰玉鹿
後鄒副使迪光築愚公谷即其故址又有十二樓以
居姬侍聲伎觴咏之盛甲江左
玉鹿名園碧澗流龍泉廢後又元邱白楊風送瀟瀟雨莫問鄒

園十二樓

清溪莊武陵莊

清溪莊顧副憲可久別業，施漸有十景詩，漸有武陵莊，

流水清溪敘宴春，白頭漁父自垂綸。武陵翁已匆匆去，渡口桃花冷笑人。

寶界山居

明王僉事問別墅，在寶界山漆塘、石塘，皆近寶界，

梵魚學士早歸田，摩詰高風住輞川。寫徧溪雲共溪雨，漆塘山色石塘烟。

藏春院

高龍川政與錢常山憲結肆情社，家有藏春院，嘗雪夜

環溪草堂　嚴介盦製

飾家姬為塞上粧，炫動閭里，廢後水西樓繼之，

肆情名社管絃場，雪夜妖姬塞上裝。六十年來春院裏，水西樓畔月昏黃。

華重慶

華子潛察嘗使朝鮮，其族子重慶為倭所掠，漂抵其國，

國王知為華氏子，遣使護之歸，朝鮮臣作詩送之云：

身世海天東，經秋落井桐。

飄零身世海天東，異國經秋落井桐。賺得朝鮮贈行句，歸來鴨綠一帆風。

隱居圖

王蓉溪嘗賦如夢令，誌隱居之樂，高房山尚書為作圖，

倪元鎮師其意，寫贈王仲晃，元鎮嘗自號蕭閑卿，

嵐翠溪光稱隱淪，尚書妙繪劇通神。後來更得蕭閑筆，割取雲山贈故人。

茶夢閣

閣在九里涇，姚山人咨隱居處，山人與華子潛善，清風

敞高閣，隱几頹然睡，子潛題句，

清風隱几謝塵喧，有客寒涇訪華門。閣畔茶烟吹不起，事如春夢了無痕。

黃埠墩西水仙墩

環溪草堂　嚴介盦製

水自雙河口而下，先經黃埠墩為天關，後達太保墩為

地軸，霜空起寒笛，見華子潛黃埠墩詩，

兩派河流趨地軸，一樓楊柳擁天關。當窗面面芙蓉水，霜笛秋高月滿山。

北禪寺

寺正殿署書釋迦寶殿，米芾筆，其後為馮龍友竹素園

舊址，今奇石尚存。

粥魚茶版暮禪喧，遺蹟南宮古墨昏。柳外半潭留石丈，月明依舊卧烟痕。

高子水居

水居在漆湖之濱、右曰可樓、前曰月陂、吳子往歸子慕嘗訪高忠憲於此、止水在望湖門內、忠憲自裁處、

月陂風月漆湖吳、樓外詩人繫客帆、祇恨甘陵說鉤黨、泪羅從此弔彭咸。

安氏西林

安桂坡園、西園、池廣數十畝、中有二小山、曰金焦、分勝、其孫行人希范罷官歸、自製一舟、往來吳興武康間、望者以為神仙中人、

烟水西林百頃長、金焦兩點水中央、君家別有神仙客、自掛輕帆入武康。

環溪草堂　嚴金盦製

野翁莊

莊為施廉築、石子迴階引石梁、沈周詩、雨深句、尤尚書嘗題王仲山碧山居句詩、

亂雲拖樹野翁莊、石子迴階引石梁、倘見吏曹還寄語、雨深江向菊初黃、

蓉湖雪美人

明尹嘉賓有梁溪道中遇雪美人、張聽雪在舟中彈琴詩、

一篷寒色渡輕艘、九塢疏鐘隔浦撞、攜得佳人名聽雪、彈將綠綺過蓉江。

旱橋街

俞廉訪憲築讀書獨行二園、駕旱橋以通、畜孫玉局工詩、著茆君歌乃集、有頭白錢翁親聽得月明橋上教吹簫句、

廉訪風流在旱橋、月明涼夜教吹簫、錢翁頭白簫聲斷、留得詞人唱茆苕。

惠山亂冢

惠山嚴家棚一路、荒冢纍纍、無主者多、

一片青山似北邙、拋殘羊虎閱滄桑、清明寒食棠梨雨、何地還堪種白楊。

環溪草堂　嚴金盦製

金匱山房

元征兵秦翁所築、為豪民強姓所占、明特土石於取殆盡、今只一拳矣、舊有玉蘭一枝、花開似雪

金匱山房築石邊、玉蘭如雪照嬋娟、愚公費盡移山力、十笏齋空只一拳。

希夷道院

在六箭河上、道士倪昭奎建、雲林兄也、元祐間賜玄文館、萬壽宮額、趙吳興所書、今廢

五色煙中翦影開、希夷古蹟倚城隈、那堪重問玄文館、舊額吳興付劫灰、

洞陽觀

在燦山。陸羽惠山記言山有古洞，潛通包山，即此觀。廢於隋大業間，宋華陽道士盧至柔結茅居此，改名明陽，至柔化後，顧樑有白鶴南飛之句。

古洞傾頹大業間，噪山洞穴達包山。華陽道士今何在，不見南飛鶴更還。

秋聲閣

在惠山寺後，舊多峭壁，如雲棧梯空，閣形若鳥巢之綴於樹巔，今廢。

峭壁玲瓏綴鳥巢，依稀雲棧壓僧寮。夜闌小閣秋聲起，萬壑松風似海潮。

三十六人冢

明倭寇之亂，邑人何五路等殉焉，瘞城隅，共三十六人。

城南荒冢鳥呼風，無數頭顱泣鬼雄。猶記天陰秋雨濕，寒燐閃出戰場紅。

水北山莊

王孟端號九龍山人，張臨湘亦邑人，工畫，有水北山莊圖。

九龍山人今已無，誰能畫筆繼倪迂。白雲紅樹南塘路，一幅臨湘水隱圖。

錫谷四諫

明初李宗吉、黃極、黃理、施武，皆以直言得禍。嘉靖中，顧可久、楊淮、黃正色、張選四公尤著，有錫谷四諫圖。

前朝抗疏效遺編，李黃施黃四諫傳。錫谷衣冠圖畫在，丹青更好繪諸賢。

東林書院

明東林書院在百瀆港，邵文莊所創，後顧端文、高忠憲即宋楊龜山先生城東講學處，復建書院及道南祠。閹黨搆禍，被燬。末句見陳繼儒過道南書院有感詩。

講堂重闢道南祠，百瀆風烟舊業移。劫火也曾經委鬼，階前早護黨人碑。

任俠

安西林紹芳、葉雪樵之芳，皆負才任俠，又有鄭公履德基尤倜儻不羈，卒為怨家所害。

西林放誕雪樵狂，使酒揮金俠少場。更有鄭生負奇氣，青衫白帽謁天閽。

明末雙忠祠

化得啼鵑萬里歸，馬文肅世奇夢中詠文信國詩也。後殉甲申之難，華吏部允誠、龔舍人廷祥先後死金陵。

啼鵑萬里泣忠魂，同志捐軀又白門。異日兩公身死處，松楸長奉孝陵園。

何將軍

將軍名以培、太僕少卿棟如孫、宏光出走、江南已降、明社遂屋、將軍佩其祖所遺故劍出亡於外、為仇家所首、逮捕至郡、服白衣冠、慷慨就義、

將軍石砧落葉鄉國故劍飄零寶刀澁血痕裹縞白衣冠鬼火青熒髑髏泣。

孫源文買雞皮叟

明甲申之變、孫笨庵源文賦聞雁詩殉節死、五牧買雞皮叟薛行至高橋、聞國變、投水死、

北雁淒涼不忍聞、貞元朝士散如雲、橋邊一箇雞皮叟、七尺偏能殉故君。

環溪草堂

戢盦製

明末遺民

黃漢臣家舒、錢礎日肅潤、鼎革後俱不仕、家舒每食祇脫粟一盂、郡守宋之普欲見之、拒不納、肅潤服古衣冠、縣令夾其脛、幾折、笑曰、變一足、庸何傷、

笨庵已死殉黃巾、汐社蒼涼少故人、脫粟一盂跛一足、青山留得兩遺民。

顧子方

南都防亂揭、顧子方杲為之魁、以攻阮大鋮、幾及於禍、乙酉子方欲赴兵援江陰、行至砂山、為亂兵所殺、

白馬清流竟脫身、冶城鍾虡亦沈淪、男兒拚得沙場死、南國諸生第一人。

菰川莊

莊為華戶部雲、築堵文忠允錫、曾居此、有半生蕉葉難為夢、一枕梧聲忽到秋之句、殘碑句、王穉登詩

白髮菰川一老儒、梧風蕉葉怨凋枯、杖藜躑躅城南寺、破廟殘碑記亦無。

蘇崑生

明季蘇崑生、工南曲、鼎革後、流寓無錫、秦蒼峴宮詹贈一詩、有曾事征南幕、閒關剩一身之句、宮詹曾識吳祭酒於寄暢園、崑生亦在坐、

環溪草堂

戢盦製

暮雨清樽故國春、白頭祭酒話前塵、座中猶有何戡在、舊是征南幕下人。

惠山詩僧

明初有僧慧照、出家惠山寺、能詩、常與高青邱游、又有有讀澈、雲南人、流寓吾錫、著有來南詩稿、半春句即

讀澈詩

老僧結屋古松間、無復青邱夜敂關、輸與南來詩句好、半春家在雪中山。

陽溪丙舍

明嚴尚書一鵬葬陽溪口，子紹宗有陽溪丙舍詩。孫即
中允繩條，自號藕蕩漁人，著有秋水集。中允子泓，自
號青梧，才而善病早卒。

尚書墳上夜烏啼，丙舍淒涼白草枯。秋水無情連藕蕩，西風吹
折到青梧。

顧梁汾

梁汾與兄景文廷文並擅才藻，有二姊亦能詩。梁汾嘗
賦金縷曲寄吳漢槎於塞外，納蘭成德見之，曰：河梁
贈別之詩，山陽死友之傳，得此而三矣。

謝家兄弟左家妹，才似梁汾更絕無。腸斷數聲金縷曲，山陽笛
裡淚先枯。

環溪草堂　嚴盦製

秦留仙

蒼峴先生著有然竹集、碧山集，風雪句，王文簡公簡蒼
峴詩也。

然竹風流擅一時，幾人唱和碧山陲。蕭蕭風雪推篷夜，愛煞漁
洋五字詩。

貫華閣

閣在春申澗側忍草庵內最高處，顧梁汾嘗偕納蘭性德、
陳維崧、姜宸英止宿於此。性德曾留一小像，舊傳其
旁有古姬人墓。

貫華高閣倚空潭，滿塢松雲冷佛龕。名士傾城等銷歇，一僧閒
坐夕陽庵。

馬雲翎

馬孝廉名翀，居西溪，有句云：綠楊天半紅泥閣，朱槿風
前翠袖人。孝廉即文肅孫，號雲翎。

西溪冷落孝廉船，拂面垂楊銷暮烟。斷送紅泥天半閣，更無翠
袖倚風前。

顧祖禹

顧柔謙鼎革後隱居宛溪，子祖禹亦不仕，著方輿紀要，與
黃庭最友善。庭嘗囑祖禹出鄒滔於獄。

宛溪公子閱滄桑，阨塞山川聚米旁。執友平生一江夏，獄中慷
慨出鄒陽。

環溪草堂　嚴盦製

黃傳祖　顧宸

黃心甫傳祖詩學鍾譚，顧脩遠宸闢疆園藏書最富。明
末有聽社七子，黃、顧與焉。

鍾譚詩派黃心甫，甲乙詩箋顧辟疆。舊日敦槃一憑弔，名山社
裡酒鑪旁。

名妓穆素輝

相傳金壇名妓穆素輝，晚歸某公，為築西樓於惠麓
居之。袁籜庵嘗觴於其家，觀演西樓記一齣，盡傾

鏤衣雲落感蕭娘深巷花陰隔短牆一曲西樓人盡醉白頭腸斷有袁郎

陸鐵莊黄夏孫

陸楣黄硎並以古文名於時硎早卒楣巨肩高顴有河朔閒氣

鐵莊文筆掃千軍河朔風流讓此君太息黄生先地下斜陽衰草哭秋墳

徐二璣

崑山徐二璣流寓秦氏也是軒中自號蓉湖逋客與惠間孫朱欄香邵來九為詩社惠先卒

逋客論詩到也軒詩中話舊幾人存朱翁邵叟都□曾識不見城南惠間孫

蔣氏酒樓

宜興陳其年迦陵詞有飲惠山蔣氏酒樓詞

買醉東風爛似泥蔣家樓上夕陽西黄鸝喚客不成夢花落春中廟裡啼

梁溪竹枝詞三十首　邑人秦湘原著　後學侯學愈補註

余既成梁溪雜事詩百首中有所觸復託之歌敘共得三十首以其體之殊於雜事也故以竹枝名焉

社祭

風土記武王封周章小子贇為安陽侯今邑西有安陽山山下有贇廟

闔閭城邊落照黄安陽山下墓門荒神鴉廟裡喧秋社祭鼓聲中賽讓王

試泉門

邑共四門東曰靖海南曰望湖西曰試泉北曰控江

桃花水漲欲平隄波面鷗鷀飛欲齊儂向試泉門外望青山都在縣樓西

射貴湖

北塘射貴湖即芙蓉湖高橋在五瀉口秦望山屬江陰

射貴湖寬白浪高飛虹百尺駕長橋青蒼一抹連秦望風雨澄江有暮潮

黄魚船

黄魚惟出鵞湖者可敵松陵販船來城多泊西水仙廟

梁溪溪口夕陽低赤脚兒童弄釣絲五月黄魚船似屋柳陰低壓水仙祠

六箭河

邑中童謠有云九箭通出三公今城中可通舟者第三第六而已六箭河尤勝兩岸多古木春夏間濃陰如畫與綠波相掩映斜橋在六箭河上

城河闊說曲如弓無復明流九箭通只有斜橋橋畔水碧波影在綠陰中

銀魚

鴛湖出銀魚色鮮味美可敵松陵湖中菱芡亦佳

鴛湖菱芡劇堪憐蝦菜秋風蚱蜢船少小漁娃能打槳銀魚滿載不論錢

環溪草堂　戢盦製

五折蟹

湖鄉多蟹以折出者為最佳號金爪銀螯

九月新霜楓葉丹披綿黃雀早登盤西風又聽爬沙響夜霄折蟹火寒

芙蓉草堂圖

秦方伯梁有芙蓉草堂圖陳文嘉為之圖

芙蓉花開秋水香芙蓉亭子在中央鯉魚風起芙蓉老誰認芙蓉舊草堂

獨山

山在太湖中雙河一通運河一通陽溪

勸郎莫似獨山孤愁雨愁風傍太湖妾住雙河便雙宿夜船不用怨西烏

澼溪橋

澼溪橋背山臨水春時桃花最盛

澼溪流水碧雲村時有東風為掃門斜日漁船添箇箇桃花紅似武陵源

梅花盦

盦在邑西南太湖之濱梅花開時彌望若雪十里不絕

太湖南畔雪縱橫十里寒光沁骨清身在梅花盦裡住花時不用到銅坑

環溪草堂　戢盦製

潘姓菊花

四郎君廟巷潘姓菊花最盛後有趙翁劉南城止水之半藝菊花時載酒徵歌無虛日無有詣潘者矣

趙翁秋圃近重陽檀板金樽獨擅場冷落潘家數叢菊寒城白雁一籬霜

仙蘇墩

仙蘇墩一名仙女墩舊傳范蠡載西施所泊處墩在太保墩西有廟

水仙墩外西溪平仙女墩前楊柳生南北相望不相見惱人烟雨欠分明

才女顧氏

邑有才女顧氏者最愛吳園次詩把酒呪東風種出雙紅豆句寫中壁上題寫貽偈

天然閨閣解吟詩愛唱吳郎絕妙詞呪出雙々紅豆子東風把酒種相思

窯器

窯器店多在蓉湖尖販運宜興窯貨

江南最好焙茶天陽羨旗槍穀雨前買得蜀山新器好爲郎親試惠山泉

十廟香

環溪草堂　巖倉山製

俗以清明前後男女詣各神廟燒香爲十廟香

清明時節風雨稀妾從十廟燒香歸歸來經過蓉湖口只見鴛鴦對々飛

掃蕩營

營在邑西爲元季習水戰處

折戟沈沙舊日營蜻蛉小艇晚縱橫漁人不識干戈恨醉脫蓑衣臥月明

楊園

管社山有楊子淵處士别業丟聲閣最其勝者大渲小渲港名大雷小雷山名皆濱湖

大渲小渲水彎環大雷小雷雲往還湖光三面翠聲閣幽絕楊家管社山

得々樓

王稚登吳孚澤廟詩紅樓先得月孚澤祀龍神世說江湖不至無錫

綠楊深處酒船搖瀲灩湖波不上潮水畔紅樓先得月湘簾幽畫一聲簫

龍母祠

邑諺曰橫山出雲過山笑過山出雲雨便到龍母祠在冀惇山

環溪草堂　巖倉山製

寂寞烏啼深竹林霜風高捲日長陰山雲起過山笑龍女祠前龍書吟

長廣溪

溪在五里湖之南出吳塘門入太湖

長廣溪頭漲綠醅山村一夜落黃梅家々結網垂楊底無數白魚如雪來

三茅會

邑以三月望前後香會最盛俗名三茅會自芙蓉湖羣盡山徹夜不絕

茅家先弟巢雲松九龍山前聞曉鐘唱到天雞殘月落拜香人上第三峰

留郎橋

留郎一名柳浪，在北城隅。前明國初，妓館多集於此，故名。橋邊植柳甚多。

郎似游絲太放顛，妾如柳線慣情牽。願作留郎橋畔柳，春來多解繫郎船。

陽溪

溪多漁家，以捕魚撈蝦為業。

陽溪女兒雙髻丫，烏篷三尺慣撈蝦。落日采蓮船更好，紛紛盪槳入荷花。

十扇船

順治乙酉，黃蜚兵起，自後湖蕩中有盜蹤，泛船俗稱

十扇船

曾聞嘯聚太湖壖，群盜平來已百年。無恙碧波三萬頃，蓬開十扇泛舠船。

賣花檐

邑中花菓多自蘇州光福販來者。

賣花檐上買玫瑰，聞道估船光福來。取次筠籃都入市，枇杷黃後又楊梅。

三里橋

橋臥官塘，為米市繁盛之處。

縮盡長條更短條，送郎又上木蘭橈。妾家三里橋邊住，此是江南折柳橋。

鰣魚

魚以江鮮為貴，而鰣魚又江鮮之美者。邑中每黃梅時節，市肆賣鰣魚，價極昂，非巨商富室不易嘗新也。

河豚雪白刀鱭肥，正月二月江風吹。江村繞過桃花水，又是鰣魚欲上時。

惠山游女

惠山綺塍街，元明間最盛。諺云：惠山街，五里長，蹋花鞋，鞋底香。

三月花開五里街，女郎蹋花紅繡鞋。鞋邊飛過雙蝴蝶，撲去頭來又上釵。

龍山尾

龍山尾內向，故邑人出遊者多思家。

去來年送郎柳未花，今年飛絮徧天涯。妾身願似龍山尾，鈎住郎心只憶家。

梁溪櫂歌百首

梁溪秦琦漆漁著
後學侯學愈戢盦註

秀水朱竹垞太史有鴛鴦湖櫂歌百首，蓋竹枝、浪淘沙遺調也。余邑以梁溪著名，榜人舟子所出沒。壬子夏日閒居無事，雜咏土風，成絕句百首，亦以櫂歌名之。效東施之顰云爾，工拙所不計也。

仙蠡墩

墩舊傳為范蠡進西施維舟處，高十餘丈，面溪北，月山下。

多菱塘

十里梁溪圖畫開，菱塘荻港路灣環。儂家仙女墩前住，門對清流屋枕山。

青圻滸

過仙蠡墩五里許，為青圻滸，垂楊夾岸，多泊捕魚船。

溪頭楊柳碧依依，溪外桃花紅雨飛。一路打魚看不足，纔過陸斷又青圻。

獨山門

當太湖之口，有山兀然，闢開若門，小立於溪湖之界，兩水相接處，洪濤拍天者，名獨山門。門外多捕魚船。

樵青月生小上村，艤慣在雙溪水一方。怕說獨山門外去，暗將薄倖罵漁郎。

梁清溪

出西關，溪流淼淼，闊十餘丈，深三丈，北接運河，南通震澤者，名梁清溪。漢梁鴻嘗居此，旁有蘇秦大王廟。

伯鸞舊宅住溪濱，烟火蒼茫跡已陳。連日舟行罵蘇港，鼕鼕廟鼓賽蘇秦。

黿頭渚

出獨山門，有巨石，俯當湖流，嵯峨蒼老，橫亙數十丈許，直瞰湖中，如黿頭然，因呼黿頭渚。上有小岳陽樓。

黿頭渚下石巉巖，似有神工鬼斧鑱。小岳陽樓憑檻望，鳧鷗點點五湖帆。

六扇船

六扇船女兒多工刺繡。

蓬頭赤脚小漁娃，自溼漁籃立水涯。羨煞貫船女兒好，舵樓閒凭繡弓鞋。

三山

湖中有三小山，東鴨、西鴨、拖山也。

輕舠徑泛鴨西東，不怕蓬萊引去風。愁說東南烟水濶，拖山一髮浪花中。

華藏山石道士

華藏山有石道士廟，相傳渡湖而來，實則前朝古墓之翁仲耳。

誰家翁仲不知年。薜荔蒙頭蘚繡肩。山叟之修談石道士，擔簦並渡太湖船。

賈人

溪水有回復之性，邑人不耐遠游以此。

嫁得商人作遠游。鱗鴻不至幾經秋。梁溪自有回旋水。郎似長江萬里流。

項王廟

東管社有項王廟、相傳羽曾避仇於此、宋張循王墓在青山、

項王廟在横山旁。張王墓在青山陽。黃雞白酒山中社。不賽張王賽項王。

環溪草堂　嚴氏盦製

物産

膠山錢氏貓竹園、玉版筍最佳、軍幛山有本山蘭、南横山有本山茶、

玉版膠山只一家。湖濱物産更堪誇。春前軍幛尋蘭蕙。社後南横採茗芽。

武陵莊

明施漸建、康熙間、族韓雲居之、改曰半園、

中橋斜抱武陵莊。數里深林蔭晝長。小艇緣溪忘遠近。朱藤花落滿船窗。

高子水居

明高忠憲公築別業於五里湖口、上有可樓、公自爲記、

南橋港口掛帆初。掠岸沙鷗跳浪魚。可樓高處日方上。認是高公舊水居。

石塘橋

橋下相傳有蛟潭、每西南風作、則太湖水勢湧而上、

石塘橋路五湖梢。旋水潭深有伏蛟。一夜西南風信急。水痕新漲没隄坳。

許舍山路梗山

路梗以吳越王征南唐時夜行失路得名、許舍舊有寇患、尤待制植楝樹爲城禦之

環溪草堂　嚴氏盦製

路梗於今路漸平。錢王曾此誤宵征。龍從許舍山前樹。可是尤公古楝城。

吳塘門

門爲入太湖之口、漁船多集於此、每賽神、歌謳嘈雜、

吳塘門外盡漁船。歲歲迎神起社前。女弄竹簫男打鼓。櫂歌聲裡夕陽天。

牡丹頭

游舫有名牡丹頭者、艙中寬敞、可坐多人、兼善烹調、

搖舟莫操送遠舟。勸郎須買牡丹頭。朝朝載客尋春去。横笛短

簫劉處游。

水仙祠

西關外太保墩、為明秦端敏公別業、後捨為水仙祠、祀前邑侯劉公五緯、

水仙祠近、試泉門。舊是吾家太保墩。最愛隔溪烟景好。柳陰堤畔買魚喧。

水月庵

庵在蓉湖對岸、面面臨水、景特幽敞、來者須呼渡始達、

一鑑蓉湖水蔚藍。龍山倒影百層嵐。隔塘喚渡人多少。欲過前溪水月庵。

江尖窰器

江尖孤懸湖內、居民多設窰肆、其器販自宜興蜀山、

江尖橫峙水中流。四面清波碧似油。買得蜀山窰器到。綠陰樹下繫扁舟。

北塘燈火

武當山〔春時〕進香船、多集於此〔北塘〕、每晚燈火徹夜、

北塘闤闠一隄通。酒旆茶檣處處同。最是武當香火盛。千家燈火映波紅。

黃埠墩

黃埠水仙兩墩、一名天關、一名地軸、為兩邑鎖鑰、黃埠墩又名小金山、

突兀湖心黃埠墩。回廊曲樹映波紋。風帆葉葉中流下。掠檻開頭兩岸分。

湖干女

蓉湖對岸、居民稠密、小樓曲檻、多賈人眷屬所居、

近水樓臺整復斜。碧欄朱檻護窗紗。自從湖有芙蓉號。女〔兒〕女生來總是〔似〕花。

漁船

三里橋邊、多泊漁舟、每晨入市、售與居人、頗遂成市集、

竹童撐得小吳艘。終日鳴榔傍釣舡。三里橋頭〔邊〕晚來泊。船頭齊出鯉魚雙。

游山船

天妃宮前、泊游山船、多〔總〕善烹飪、游山無僱以讌客、

游山畫舫碧窗紗。案敕湘簾半面遮。欲試船娘好烹手。天妃宮外是兒家。

南禪寺

寺為江南第一叢林、有塔曰妙光、

南禪古寺佛場寬。松竹陰中塔幾盤。夜半客船橋下過。鐘聲隔岸月光寒。

寺塘涇

芙蓉溪水由黃埠墩迤邐而折流入惠濱山上爲寺塘涇

兩岸皆邑姓宗祠浜內有寶善橋游山船多泊於此

游人春日上泉亭九曲龍峯佛項青鬟影衣香晚棹亂畫船都泊
寺塘涇

蔣家酒酤

泉酒著名天下尤以蔣家酤爲最王漁洋遊惠山詩

蔣家新釀不曾沽

小泊蘭橈繫綠楊河壚沽酒碧蘿香絕憐少婦當壚畔自洗螺
杯勸客嘗

五里街

環溪草堂

元明時謠云惠山街五里長踏花歸鞋底香外有橋有
地名柿子樹下者籬花二株皆數百年物相傳爲唐
皮日休別墅中物然不可攷矣

嚴氏盘製

鞋香五里舊繁華出郭樓臺有幾家村落無名尋柿樹園林遺
跡認籬花

塔影莊

莊在東門外僧谷明居之闢花圃數畝奇葩異卉四時
不絕後其徒不能守今成墟矣

最憶城東塔影莊名葩羅列四時香三年彈指華胥夢蔓草寒
烟僅已荒

迎潮館

館在控江門外江潮至青暘而止相傳邑有巍科則由
蕩橋直至蓉湖云

五瀉波平鏡面開潮頭不過者還來靈胥也識科名瑞曾到蓉
湖有幾回

弓河

邑有九箭河明邵二泉先生欲盡通之有者尼之不果惟
二箭通曰新開河勢鬱不暢不若六箭之寬大

弓河曲曲勢迴環斜抱城堙月半彎安得二泉通九箭清流一
道接南關

環溪草堂

東林庵

庵即明學士王達和中峯和尚梅花百咏處

嚴氏盘製

東林禪院夕陽過古木蕭森傍水多百首梅花吟咏地夜深時
聽樵人歌

淺盆潭

繞城由北而東有地名淺盆潭者地幽僻多古木一水
環之春時落花泛波盪漾深碧有桃源間意

淺盆潭抱古城隈水榭風亭迤邐開地僻溪深船過處灘頭時泛
落花來

師古河

河以漢顏師古居得名，今為秦氏世居。兩岸老樹成林，
人家多在陰綠黃葉間也。
師古河流一箭通，人家密林中，多在綠陰春晚，常遮棹，黃葉秋
深落滿蓬。

弦河

邑中自北而南，有河曰弦河，一帶水窗溪閣，頗有幽致。
弦河城北接城南，水碧千家影倒涵，盪得小舠輕似葉，灘頭浣
女最嬌憨。

特菓

邑中時菓半自蘇州光福來者，舟多泊水獺橋。

環溪草堂

光福梅桃入夏饒，洞庭橙橘晚香飄，籐筐竹簍吳船到，盡泊城
南水獺橋。

戢盦制

品泉

陸羽茶經次惠山泉天下第二，甖瓶走千里，好事者以
山中石貯之而行，可不壞。
瓦銚烹泉滾雪花，瓷甌瀹茗鬪春芽，自從陸子平章後，贏得人
人愛品茶。

滸溪桃花

滸溪桃花極盛，見顧梁汾詠花十闋中，今已淨盡，惟管
社桃花特盛。

灣杏花
姚灣多植杏花，時猶有
皆雪，顧梁汾十詠中
惟此獨存
景足清娛，古木猶存
幸少山農翦花設
詠迹多無
汾

滸溪橋祇剩荒村，不見桃花一樹存，紅豔新移西管社，舟行疑
入武陵源。

藕塘蓮

藕塘陽溪水旱又竭，乙未大旱，水涸，所謂蓮竟未見也。
藕塘橋邊多港汊，陽溪一水渺無涯，生來已見陽溪涸，藕蕩何
曾見藕花。

楊園

康熙初，楊紫淵隱東管社，築園以居，有尚志堂、翠聲閣
諸勝，自號管社山人，出則乘鹿，不與世通。

環溪草堂

楊園迤邐五湖邊，臺榭周遭翠嶂連，幽谷不逢騎鹿客，荒塘猶
有釣魚船。

戢盦制

安鎮西林

安小范西林為一邑名勝，鑿池百畝，中有二島，曰金焦，分
勝。
小范西林舊壯觀，金焦分勝結層巒，名人不與名園盡，村市於
今尚姓安。

雪浪庵

庵舊有硃砂墩，曾產砂硃，又有宋時大楓二株，為風拔折。
雪浪庵前溪水流，硃砂墩上翠濤浮，山僧為說狂風信，摧折丹
楓幾百秋。

鴦湖蕩酒銀魚

鴦湖水清洌，釀酒名蕩酒，味極美。又有銀魚，亦鮮美。

鴦湖美酒色深深，繫棹携壺次第斟。洵是水鄉風味好，銀魚如雪網如針。

圩田早租

邑誌有十萬八千芙蓉圩、三萬六千楊家圩，輸租最早。

芙蓉圩是舊時湖，水繞窪田十萬家。齊税年年漲痕淺，紅蓮香稻早輸租。

蓉湖賈客

邑中估客多往來湖湘，以布業為最盛。

湖干多是賈人家，北棹南帆道路賒。昨夜恰纔歸漢口，明朝又復上長沙。

陽山石

陽山之石質細而堅，近年海塘多来採辦。

石工家住陽山陽，歲歲供官採石忙。山空石裂苦未息，載向杭州築海塘。

觀橋

西溪古巨浸也，上有女貞觀，今為觀橋。

西溪一曲貫城漘，昔日洪流拍岸騰。何處重尋女貞觀，小橋流水不容刀。

泰伯廟

舟出南關三里許，東轉為泰伯瀆，通古泰伯城，梅村即古梅里。泰伯墓在鴻山東南阯。

十里清溪綠百瀆，百家小市到梅村。鴻山雖改皇山號，至德崇祠萬古尊。

要巷繡衣坊專諸塔

巷為漢要离所居，兄弟故有大小之分，後為訛姓所居。築繡衣坊，專諸塔相傳刺僚後葬此在巷口。

繡衣坊下景蕭疏，要巷沈沈返照餘。義士不忘魚劍恨，尚留遺塔祀專諸。

伍員祠

祠在胥山旁，為闔閭城。

伍員祠宇鎖山空，一國興亡似夢中。惟有闔閭城畔月，清光猶照古忠魂。

崇安寺

寺後有王右軍滌硯池。

崇安祠宇遠塵氛，滌硯方池記右軍。清磬一聲東院夕，疏篁喬木隱斜曛。

寶界山通惠泉

泉在寶界山中，宋彭城錢紳仲隱此，養二鶴，蓄鶴俸由

明王仲山築爲別業

寶界山中通惠泉，高人當日此流連。仲山別墅今何在，況是彭城鶴俸田。

五牧麻尹二將軍廟

麻尹二將軍，宋文信國部將，與元兵戰死，今有雙忠廟。

五牧橋邊古戰場，頹城遺壘總荒凉。欲尋麻尹將軍廟，老樹寒鴉噪夕陽。

唐平寺

寺建於梁初，一夕疾風暴雨，寺陷成湖，每天旱水涸，則基址見焉。

唐平寺宇浸成湖，陵谷滄桑歲月徂。欲認前朝清淨地，水心尚有舊時墟。

雲林故居

倪雲林故居在東郭祇陀寺側，中有清秘閣，爲藏書畫之處。後却張吳之聘，載藥鑪茶竈，扁舟游五湖間。

清秘閣前多古木，祇陀寺裡總荒烟。即今淺水蘆花岸，誰泊藥鑪茶竈船。

梨花莊

元沈萬三妾貞香居此，性愛梨花，故所居徧植焉，中有天繪樓。

天繪樓基草樹荒，行人還說沈家莊。貞香一去風流盡，誰愛梨花白雪香。

古東林書院

書院舊在南郭保安寺側，中有晚柑亭，鄒文莊有獨遊古寺近南城，白酒青燈坐二更句。

文莊講學在南城，白酒青燈坐二更。前輩風流久銷歇，晚柑亭廢不知名。

校場蔬圃

圃爲明黃太僕故宅，附近高忠憲公止水，爲居民所侵，官爲贖還，建祠其上，旁多隙地，居民多植蔬菓以利。

演武場中路歧迴，鄉[illegible]第剩荒基。居民蔬圃開多畝，不敢侵侵止水祠。

元旦爆竹

邑中風俗，每除夕守歲至曉不寐，元旦則燃爆竹開門。

守歲薰鑪到曉烘，迎年爆竹滿城中。家家元旦開門早，日射高樓一線紅。

齋財神

邑中逢新正初五日，家家虔祭財神，號路頭，盤無果必用荔枝，取一年吉利之意。

祝向錢神酒一卮，新年財勝去年時。平分利市先含笑，向盤中

環溪草堂 戢仝盦製

啖荔支

元宵燈

國初承平時，每年元宵，居民紮燈棚，陳百戲，十三日起，十六日止，綠女紅男，通宵游戲，以南市橋為盛。

元宵鑼鼓夜頻催，霜月團團上早梅，墮珥遺簪香滿路，市橋南畔看燈回。

江鮮

江鱭河豚，皆江鮮之美者，來自江陰，喜者爭購，食之佐以菜薹，味尤佳。

雪圃初融綠暗滋，薹心菜甲長參差，纔看江鱭初登市，又是河豚欲上時。

環溪草堂　戢盦製

芽筍

二月芽筍，來自宜興，曰貓頭筍，味極鮮美，宜興山中亦產，惠齋販來，售貴者甚多。

早筍初萌二月中，貓頭剝破玉玲瓏，航船昨夜宜興到，惠齋筍擔來滿箬籠。

斗山清明會

斗山每逢清明，必舉賽會，城中小販，有趕往趁集者。

踏青過後斷風箏，竹馬兒童賽會聲，農具縛車忙趕節，斗山明日會清明。

花神廟

廟塑花神十二，雲裳霞珮，豔麗如生，兒女之瓣香求禱者，絡繹不絕。

新開廟宇百花神，妙相華嚴畫裡人，傳向閨中兒女喜，瓣香齋揀豔陽辰。

燒十廟香

邑中祠廟凡十，佞佛者每於三月齋宿燒香，為十廟香。

蓮蓉橋畔畫船回，水幔風簾四面開，怪道匆匆移棹急，纔從十廟進香來。

西膠山勝會

環溪草堂　戢盦製

西膠山每逢上巳日，必賽會，山上有仙人禮拜石。

北郭高山聳翠巒，仙人拜石試登探，村村簫鼓繽紛集，道是明朝三月三。

三茅香會

鄉村拜香，必上三茅峰，近來多用旌旗羽葆，相誇耀，亦有白布裙者。

拜香須拜三茅君，三茅峰頂高入雲，旌旗半襍鑼鍮蓋，袴褶新裝縞素裙。

筻幛山香會

筻幛祀真武，以三月三日神誕，村人衆會進香。

長廣溪流長更長，三三兩兩浣村檣，打頭風急且休止，軍嶂山前早進香。

芙蓉山勝會

山以三月十八日為勝會，遠近鄉人游者不絕。

桃花楊柳豔春容，三月游人興更濃，上過䏶山同踐鋪，直須更十八上芙蓉。

仙女墩冰池

向有冰池，每夏間游船至此，輒買以藏魚。

鑿得冰池高幾層，傍溪桃水勢崚嶒，漁船四月開洋早，夏至聲聲喚買冰。

華藏寺傳經會

四月八日，藏華寺傳經會最盛。

龍華勝會春清齋，每歲傳經女伴偕，准擬今年花藏去，沈檀先製小參禪。

許氏牡丹

西門許氏得異種牡丹一本，相傳明時遺種，花特繁盛。

千枝嫩綠漸成堆，暖日薰風拂面來，休悵一年花事盡，許家萬朵牡丹開。

時裏農忙

吾邑農事每至三時，有雨即可插秧，無愆期者。

菜花開處滿田香，蠶豆含青麥漸黃，四月村中齊浸種，龍舟時節插秧忙。

五月鰣魚

鰣魚來自江陰，舟多泊西關水仙廟。

白蠶黃魚正及時，連檣齊泊水仙祠，輸他小艇澄江到，一盞冰鮮雪色鰣。

午節新粧

端午日兒女競剪繭為花，裳艾為虎，以辟邪。

女郎五五玉娟娟，競渡新粧午節前，自剪三盆蠶繭虎，銀釵斜插鬢雲邊。

端午競渡

龍舟競渡，多集蓉湖醬園浜，夕陽簫鼓，一時最盛。

五色旗檣競渡忙，畫船游女競新粧，蓉湖隄外笙歌集，一路衣香並水香。

五月時菓

洞庭枇杷、馬山楊梅為時菓之佳者。楊梅又名驪珠，紅。

枇杷熟後接楊梅，閶說園逢夏五開，鶴頂驪珠光奪目，販船新自馬山來。

霉裏白魚

白魚出湖中，黃梅雨後上市。

黃霉時節雨滂沱，處處陂塘漲綠波，薄暮漁翁舉網，明朝上市白魚多。

山中避暑

邑人避暑多於溪山第一樓々在寶善橋側老木千章一水環之溽暑不到

寶善橋邊碧水流炎天避暑最清幽茶烟半榻渾無事月上溪山第一樓

放生池荷花

池在北塘慈雲寺內有亭池水四面環之夏時荷香四溢游人每乘早涼出城賞荷玩終日

慈雲寺內芰荷香游女如雲泛北塘為愛花開侵早起水腮半掩理新粧

水月軒納涼

軒在北塘放生池對岸軒開正面春湖瀾處望月最宜

畫舫招涼對酒樽放生池畔管絃繁却因柳下涼風好移棹波心水月軒

西定橋

橋為一邑門戶橋洞深邃夏時游船多避暑其下

清溪三面抱西園西定橋高五洞寒長夏磯邊魚網集游船多泊荻蘆灣

暑月乘涼

邑風暑月兒女每出乘涼是芝蘭擷賞茉莉當胸香風披拂聞之醉然皆蓬戶世家則絕無也

茉莉芝蘭幽韻深惜香自是女兒心晚來門巷乘涼去簇々花開徧鬢簪

張睢陽燈

七月朔起至晦戶懸一燈公祀睢陽聖誕實則為明初張士誠說降莫天祐全閩城生命而設假名睢陽也

七月秋陽氣鬱蒸黃昏猶愛溽涼乘瓶花鮮果迎神罷看遍家々雷部燈

蕩口雞頭

鵝湖中產物極多以雞頭為最鮮粒々勻圓人多喜食

採蓮可惜蓮心苦採菱又愁菱刺多儂有雞頭正堪採我舡蕩裡泛清波

溪湖菱塘

長廣溪一帶多菱塘以繩攔之菱有兩角四角之異

菅社山前湖面寬竹籬繩界斷水漫々漁人不敢鳴榔入生恐菱絲拂釣竿

敗棉花

邑中布業極盛每秋間新棉上市賈人往來販與織戶

泠々白露洗清秋八月吳綿冒雨收願得海天晴十日賈船齊約過通州

大王誕

八月初五為大王誕，各里俱演劇敬神，富安鄉有諸葛，大東河里有信陵君大王，可謂不經矣。

賽社同時禮數增，名稱錯雜更無徵。西鄉古廟諸葛，東郭新祠號信陵。

學宫步月

宫學多古柏，每皎月當空，清光漏影，蒼翠可愛。

東帶河流繞學宫，宫牆數仞映波紅。石闌干畔多情月，古柏蒼松落影中。

桂花栗子

環溪草堂

惠山桂花新栗，馳名遐邇，然尤以送子殿出者為佳。　戢盦製

瓜甘梨脆藕絲涼，賞月筵開次第嘗。一種家山好風味，更誇新栗桂花香。

中秋香斗

東河里報恩道院每至中秋誦經禮斗，徹夜不息。

報恩道院對城壕，拜醮脩真羽士勞。竹樹叢中烟霧繞，斗香排徧露臺高。

玉圻蟹

蟹出玉圻，有金爪銀盤之名。

秋深時候蟹偏佳，玉爪霜螯淨似揩。一束寒蒲何處得，朝來先上玉圻街。

圩田早稻

楊蒲圩田租風最好，每至霜降即上城輸租。

不須撲滿貯金錢，多買楊蒲圩内田。水稻登場霜未降，城中早有送租船。

保安寺勝會

十月朔為保安寺道場，游人各攜畫眉來決勝負。

十月西風撲地吹，保安黃葉正飄時。游人不訪東林址，各掌雕籠鬪畫眉。

食味珍品

環溪草堂

堰橋黃雀、張舍鵪鶉俱稱珍品。　戢盦製

秈稻登時黃雀飛，香粳熟後鵪鶉肥。張羅夜入蘆花裡，風露滿天寒濕衣。

寒夜紡紗

邑中機織，以東亭所出長頭布為最佳，行銷大江南北，不下數十萬。

鄉村也解浣溪紗，盡把生涯託紡車。織得飛花白似雪，機聲寒夜隔籬笆。

除夕望歸人

邑中商賈多在蘇常貿易，每歲闌必回家度歲。

百里金閶指顧間，年年度歲望郎還。歷期剩有今朝臘，昨夜應過虎滸墅關。

環溪草堂

戢盦製

芙蓉湖櫂歌百首

梁溪楊掄著

後學侯學愈戢盦註

鏖囂難避，山水有緣，年來偶寓湖尖，頗耽幽趣，讀秀水朱竹垞先生鴛湖櫂歌百首，興之所至，隨意口占，以博同人一粲，詞之工拙所不計焉。

水色山光分外明，芙蓉湖上櫂歌聲。偷閒領得閒中趣，只恐閒來記不清。

那有新詩紀土風，四時好景太怱怱。請君試過雙河口，到眼風光便不同。

黃連港口十三灣，東往江流便不還。流進高橋偏吉利，又安一座小金山。灣汁有九里十三灣，故老相傳潮水進高橋，吾鄉出鼎甲黃瑋璣，又名小金山。

環溪草堂

戢盦製

金山小小正當湖，竟似驪龍頷下珠。九箇峰頭青未了，巍然一角起浮圖。形家言小金山是龍珠，錫山塔是龍角。

清遊偏耐可憐宵，淡月輕烟三里橋。見說北塘燈火盛，漁燈點點又相招。三里橋在湖尖，對岸北塘燈火為蓉湖八景之一。

正月東風柳未芽，枝枝梅影自槎枒。絕憐香色真如海，占斷山中老歲華。

春朝却喜值年朝，來往船將神福燒。爆竹一聲鑼幾棒，車新旗號順風飄。

浮家泛宅自年年，隔岸齊排罾網船。也要新春集萬福，後梢篷上貼春聯。

傍郭遊船一道長。開窗先見踏搖娘。銀金勝子宜春帖。隔歲辛
盤細細嘗。
買箇蜻蛉似燕梢。尋春日日繞芳郊。笑他十棒元宵鼓。不等元
宵儘看竟敲。燕梢亦小艇名
傳柑令節作晴天。底事家家沸管絃。歸過龍燈剛半夜。滿船明
月滿湖烟。
星橋火樹一層層。要做姑蘇土地燈。聞說城南花樣巧。更邀名
手向毘陵。近年邑中亦於二月初試燈城南更盛舉國若狂
隔夜先傳起馬牌。燈船早向兩塘排。獅蠻已過龍頭口。後隊還
穿五里街。上年城北燈火由城西上五里街到惠山

環溪草堂　戢盦製

一燈分作兩燈看寶善橋頭畢勝龗下隊魚龍爭影滿天星
斗落銀盤。寶善橋在惠山河濱
湖樓面面拓窗紗。十里黃金野菜花。片片風帆天際影。淺斟低
唱是誰家。
萬斛龍驤衝尾閘。來檣烏檣燕喜排。個個蜀山窯器足名酒。筒筒船
來買一回。糧艘北上必集湖尖買義興窯器及惠泉名酒
春山處處是春臺。酒市茶寮次第開。知道杏花風信到。舊時新
燕可重來。
玉蕊瓊葩迥不侔。牛星殿後白雲浮。年前一樹瓏璁色。要數梁
山第一樓。樓在惠山河塘往年玉蘭最盛牛星殿在芙蓉湖上

黃金難買豔陽春。二月初三祓禊辰。即向湖西挑菜甲。喜應攙
作浣紗人。
海棠紅暈幾般般。人面桃花出色看。莫道春光都爛熳。儂偏
賞素心蘭。
簫聲吹綻賈鴿天。百囀黃鸝柳正綿。多少游人踏青去。落花蝴
蝶滿前川。
草色如茵鏡面磚。嵌金衫子鏤金鈿。香泥怕印弓弓小。平底鞵
兒又套鞵。
正逢櫻筍好春光。蠶豆新鮮采滿筐。江上鰣魚纔上市。果然風
味勝鯿魴。

環溪草堂　戢盦製

春風富貴逼人來。魏紫姚黃滿院開。底事城西偏生許。萬枝紅
豔起樓臺。西城許氏牡丹一本數百花高出檐際年來屋已易主花如故許牡丹之名仍在也
小小經營鋪面牆。半年陳本一春賺。河塘也像崇安寺。賺得兒
童笑語嘩。城中崇安寺每年新正兒童戲具俱集三月河塘亦然
細貨騾來果子低。粉裝玉琢草玻璃。儘教捏像蘇州好。也要山
浜土脈泥。泥孩泥美人必得惠山浜內河泥團捏乃不裂
香篚飾籬淨無塵。燭花欵式樣更新。霧裏看花花似霧。數錢還
買竹夫人。
百八牟尼手內拈。當胸新繫錦雲頭。某峰要向明朝上。趁早先
燒十廟香。

半盞琉璃古佛龕，數枝楊柳影毿毿。明明彼岸燒香去，不認荒涼水月庵。（庵在惠山浜對岸。）

四鄉鄉會畫成叢，細炷沉檀滿路熏。多少愚心還不了，香錢再化兩三文。

護雲關後上山來，步步登高首重回。轉過峰頭偏不下，癡心還望石門開。（關在惠山寺大殿後，俗謂若要石門開，除非鄰郡來。）

暫停鬧擾儘流連，要坐籃輿便上肩。做出繁華春世界，不論繁計不論錢。

疑雨疑晴養麥天，飄來榆莢小於錢。飼蠶退子都辛苦，笑問今朝當幾眠。

環溪草堂　戢盦並製

太保墩連仙女墩，清溪溪畔百花村。杜鵑聲後春難住，細雨斜風總斷魂。（仙女墩俗名仙人墩，清溪即梁溪。中橋唐園薛園杜鵑最盛。）

一片黃雲隱上坡，綠雲濃處煉丹臺。生平未上芙蓉閣，山上遊人如雨來。（閣距三里橋里許，即元升道院。）

舍南舍北近官塘，善住庵前打麥場。走看樹陰團坐好，紡車聲裡道家常。（庵距蓮蓉湖不數武。）

北廟祭稱北里文，一粟一粟可憐燈。過浴佛傳經日，又到迎神賽會時。（四月十五日為郡城隍神誕辰，北里行店保集聚賽。）

滿塘燈市喜聲閙，隔夜先齊燒火來。杜貫中人十家，坐半宵燈。

淚已成堆。

鬭豔爭奇各逞能，花欄綵幔結三層。傳聞謝酒歸來晚，師古河邊始上燈。（師古河城中箭河之一。）

煮酒烹茶設果筵，相邀親串好周旋。憐他幾日盤飧費，半是長生庫裏錢。

早辦雙桅出海船，黃魚滿載趁冰鮮。回來一本團圓戲，不謝天妃謝水仙。（黃魚船到必在西水仙廟演劇酬神。）

頭號沙飛讓海船，排幫畫舫自相連。生憎對岸人如蟻，手搭涼篷眼要穿。

梨園一部小排當，引得三春士女狂。看過今番新院本，不教頭彩擅風光。（蘇班有頭彩二彩名目。）

環溪草堂　戢盦並製

每逢寒食值良辰，又屆天中想舊因。莫道無情偏有意，離騷讀罷弔靈均。

三尺青蒲劍出鋒，榴花相映蜀葵紅。繡符艾虎雄黃酒，都應端陽節氣中。

年年競渡鬭龍舟，愛向芙蓉湖上游。西舫東船渾不辨，粉花香裡蕩閒鷗。

擊鼓鳴鉦架纛旗，枝枝畫槳捷如飛。山塘爭比蓉湖好，恍憶江南打水圍。

柱趂鴟叉把幔挑，湘簾高掛影條條。旁人應怪多唐突，靠着紗窗櫺不擋。

不覺斜陽照綺羅，聲聲簫鼓過弦河，幸剩一路來船細細

鄰水謠歌。

繞隄春松纖葉底，水湖黄稻上淺沙，二十分龍廿一雨（無雨…）

今年無差。

春田決決早，翻車滿地分科畏旱，萬點秧鍼隨意插，綠雲

水沒高低。

耐過春陰幾日過，夫賣蠶音（此處）雨分時更寒如許，生怕黄

梅倒轉來（梅倒轉來音俗諺也）。（未黴先黴一百廿日陰雨時寒溫半）

山氣昏沉雨聲連，晚來衣帽盡雲烟，雷日鼓鈸河濱賽

谷雁宕，高迎神

環溪草堂　嚴煊製

黄公谷口好棲幽，香花落上水平流，浴山空蟒山人茶隊同

學七里兜。（黄公澗即春申澗）（七里兜草蕩名）

鎮日篷窗當水居，舞龍共相於，吹來陣陣開簫鼓，環翠

前看打魚上。（樓在黄埠墩）

且尋涼處便乘涼，五洞橋頭網幾張，網得一條時裡白，煮來先

放紫芽薑。（西定橋即減渡）

一道城河兩岸平，門窗洞達看分明，忘機無鳥偏尋樂，要向人

家家裡行。

百蝶羅幃百瑣窗，六朋樓畔水明窗朋知有箇春人影，不

干露玉尖。

酒館還開伏暑時，畫船都傍放生池，河亭落地剛剛巧，自有涼

風兩面吹。（放生池在黄埠墩對岸，自三月至七月沿塘多開設酒館茶室）

前池種藕藕花香，後池養魚魚尾長，魚多不怕鈎邊餌，花好無

煩鏡裡妝。

要看荷花起早晴（早露）香光露氣十分清，輸他解語花（如）女，未到天

明權出城。（放生池荷花盛時傾城士女一早出城，且有在船中梳洗者）

當暑難逢闢暑犀，蘭湯浴罷日平西，近來白小娘偏好，賽過嘉

禾玉乳梨。

冰簟疏簾斑竹牀，茉莉（茉莉）夜來香，得消受處應消受，便有遊

仙夢亦涼。

環溪草堂　嚴煊製

未到中秋早桂開，香風一路引人倩，待他月影圓如鏡，好如嫦

娥下界來。

最愛千章古木稠，借來山色望中收，秦園妙處知魚檻，一筆倪

迂畫裡秋。（知魚檻園中水亭名）

梵宇琳宮古佛尊，一枝銀杏老盤根，前因後果從頭想，那有人

參不二門。（大佛殿東偏即不二禪院）

千葉金蓮久不開，長生古檜劫前灰，書堂曲水今何在，剩有文

莊點易臺。（大佛殿前池有千葉金蓮花，殿前有唐時古檜，李相書堂曲水亭俱在寺中，邵文莊公祠即點易臺故址）

參差樓閣又從重新，陸子泉清不染塵，要識竹爐真古韻，雨前

先試碧螺春。（二泉本名陸子泉，碧螺春茶產洞庭山）

丹桂香中金粟毬胡園茶室更清幽半池秋水一輪月曾照當年十二樓○(胡園金桂最盛即鄒氏十二樓故址)

白雲洞裏石像高白雲庵外聽松濤珠簾捲過西山雨定見空青落鳳毛○(洞在石門右有呂仙石像白雲庵在聽松之右隱仙殿後有珠簾泉〻上石窕如鳳形雨後青翠愈顯)

一徑清風寶塔鈴仙鳧飛去似鴻冥自從五利文成過石浪庵前井不靈○(錫山寶泉盧真人書符石投井療疾甚驗前明有江右術士竊符石去井水不靈山半即石浪庵)

聞說明陽仙蹟奇風吹石臼滿場飛○我來欲覓元霜杵要借先生玉杵郎○(明陽館盧真人煉丹處有丁姓將石臼竊去以臼旋轉如飛聲聞鄰家故有風吹石臼滿場飛之謠)

保障江淮式○憑千秋俎豆拜中丞○家〻鼓動神絃曲一月收災降福燈○(雅陽廟在惠山七月廿五日神誕闔邑敬奉香火比戶懸燈匝月方罷)

環溪草堂　戢盦製

有福渾如未夢時悠揚好夢蝶先知今宵夢境迷離甚○夜月秋燈少保祠○(祠中祈夢春三秋九多到于少保)

何草如花受重名○花開花落總關情○白雲黃葉祇陀寺○自有人來弔玉京○(玉京道人墓在祇陀寺前)

楓林紅到半山樓○木落山空雙塔幽○爲訪迦陵好詞句○慶雲庵小飲勾留○(雙塔寺慶雲庵俱在錫山之左)

手澤如新世澤長○當年創始費商量○米衣泉上天香閣○又建名山敬業堂○(惠山文昌宮在大佛殿後先祖端操公手建邑中文人會課集多於名山敬業之堂)

春秋祀典肅明禋○幾處祠堂創建新○我更添風木恨○一回瞻奠一傷神○(乾隆庚子先人致仕歸里始建先祖妣侯太宜人節孝坊專祠於惠山河塘之左)

不羨名花有異香○三春書畫豈尋常○生前身後芳名播○孝子祠邊孝女坊○(唐孝女名素守貞不字畫畫事親坊湮後建坊華孝子祠旁)

金剛脚下壽筵開○兜率居然想脫胎○只要做人能道地○行〻都出狀元來○(惠山小菩薩劉沈姓年七十大開壽筵預知去路先期布置行〻出狀元亦俗語也)

城西〻去是溪河○一櫂輕舟蕩裡過○蘇舍漁莊都入畫○山歌遙應采菱歌○(溪河一帶中多菱蕩)

是菱是芡有誰論○翠碗玉盤水上痕○最喜茶前兼酒後○堆盤新煮小餛飩○(兩角曰菱三角四角曰芡吾鄉菱芡以餛飩菱爲最佳)

花果同時物亦靈○正思剝棗更先零○〻似此同功爾○香味居然桂露馨○(大戴禮云八月果零惠山桂花栗子香味獨絶)

環溪草堂　戢盦製

促織聲中蛙鼓鳴○星〻螢火亂秋蛩○妝樓一片荒烟冥○斗覺寒生月倍明○(相傳西子梳妝樓在仙蠡墩側)

登高先上望湖亭○樹杪秋聲聽作停○七十二峰流不去○峰〻堆徧佛頭青○(亭在錫山頂可望太湖)

裙屐風流又一時○每從物外散襟期○去年今日茱萸節○正和龍山秋禊詞○

舊雨新知笑口開○霜螯黃雀送春醅○一行飛雁天邊到○可有音書遠寄來○

朶〻芙蓉帶露鮮○海棠開到剩花天○休嫌小圃秋容淡○五色雞冠老少年

賞菊寧知種菊難。不宜陰濕不宜乾。試看霜後花如斗，綠葉虧
層沒點瘢。
譜上花名細細論，諸花終讓鶴翎尊。但求疏落偏精雅，更買瓷
頭供玉盆。
稻花齊放綠盈疇，盼到登場始解憂。更願上流湖廣熟，十分年
歲喜豐收。湖廣熟天下足俗諺也
社鼓鼕鼕報賽忙，幾家能穀慶穰穰。只愁估客帆檣過，依舊家
無隔宿糧。秋收後米多出境價不能平
朧聽機聲夜紡紗，不知辛苦為誰家。長頭卷好即歡喜，冒雨衝
寒去換花。布有長頭短頭之別

環溪草堂　戢盦製

花布開莊遍市廛，抱來留去各爭前。要知紡織吾鄉好，請看江
淮賈賣船。邑中布匹多行於江淮一帶
又是嚴寒數九天，蒼茫銀海玉成田。何人肯學袁安臥，處處敲
門逢盞晚烟。
歲事將闌臘鼓催，門丞戶尉笑顏開。那知此日消寒會，竟築人
間避債臺。
過眼風光兩不知，堂堂白日去如馳。及時行樂人偏巧，無事尋
我也癡。
見見閒閒當臥遊，不思尋樂不生愁。隨他春向人間老，笑我心
如不繫舟。

靜掩柴門興不孤，劉綱也許住蓉湖。十年不見秦楊柳，尚憶溪
山舊畫圖。秦楷圖善山水兼工楊柳家住湖上
無奈情深故國天，夢中蝴蝶儘翩翩。他年再譜江南好，一度思
量一惘然。

環溪草堂　戢盦製

蓉湖曲

蓉湖烟水澄清山光瀅遠幽景也而地當孔道畫船簫鼓容與中流至於近水樓臺無不雕甍畫檻有綺麗之觀乙未春假館横塘偶爲彌月寧爾成咏名曰芙蓉曲後之采風或有取焉

江尖四面景偏饒。碧水當門影動揺。賈客艤中閒擊缶。玉人樓畔聽吹簫。

瓿盎瓶罌累疊雙。層尖高欲倚樓牕。新來添買花磁器。爲待漕艘早發帮。

横塘恰跨水當中。一葉蜻蛉兩岸通。爲愛夜來明月好。家家樓閣面朝東。

環溪草堂　　戢盦製

戶外龍峰九曲彎。梳臺開處翠屏環。妾家住久看來慣。畫出雙眉學遠山。

日曖湖樓好曬衣。家一家珩出斜扉。鴛鴦翡翠爭新艷。只望春流碧處飛。

渡船浅小似瓜皮。塘北塘西到處移。趁得百錢堪買酒。日斜繫纜綠楊枝。

估舶桅檣峭似欄。闌闌五兩趁風衘。停橈慣向蓉湖渚。未到塘邊盡落帆。

近水垂楊翠色新。枝枝斜拂畫樓春。商家多少湖湘去。愁說闌干望遠人。

誰家新製木蘭艘。繫在向塘西古柳旁。一派歌聲風送處。雙雙紅粉盡當窗。

環溪草堂　　戢盦製

梁溪詩鈔雜咏

梁溪秦琦漢瞻著
後學侯學愈戢盦註

李文肅

惠山白石塢有唐李丞相紳讀書臺今故址已不可考

長史山居跡已空六朝松韻刼灰中讀書臺尚留遺址屈指詩人首李公

李忠定

忠定建炎行叙其一生去就出處甚詳

趙家甘作小朝廷金國猶知丞相名日月齋光山嶽重楚香三復建炎行

尤文簡

文簡梁溪集板成旋燬於火至本朝遂初堂太史薈萃諸選僅得四十餘首

大家南宋曾推四范陸楊尤譲遂初可惜梁溪全集燬零編摭拾斷殘餘

倪元鎮

元鎮遭元代鼎革後扁舟遊五湖三泖間以終其身

元鎮孫高世絶倫扁舟來往五湖濱只有詩思清於水不染人間一點塵

華栖碧

栖碧翁居梅里元末家燬於兵其集中雁南飛詞乃遭亂時作

溪邊刁斗道邊旗愁殺梅溪老布衣四百餘年烽火息不堪重讀雁南飛

張一梧

止齋先生子大宗伯一梧集中有劍石歌最奇崛

止齋先生捍大患積厚乃生宗伯公劍石一歌最奇崛稱英雄復家擅文雄

錢仲益

仲益錦樹山人集嚴秋水手書長歌最勝仲益又有與叔子丑子義合稿曰三華集

錦樹山人舊集遺只憑秋水寫烏絲長歌已覺清才健惜少錢家三華詞

浦長源

長源工詩雲邊二句為閩人林子羽所稱賞遂以得名

雲邊路繞巴山色樹裏河流漢水聲今日古祠連繡嶺詩人合祀浦先生

王學士達呂山人敏

明洪武初舉明經王學士達呂山人敏皆其選也

明經科目舉遺民多少詩家入選掄惡敏定推王學士格高應讓呂山人

王孟端

孟端號友石工詩善畫有竹爐卷舊存聽松庵後被燬

竹爐卷子付瞿曇友石風流詩畫馳一自舊圖經劫火斷碑風雨聽松庵

盛冰壑

冰壑令東鹿時鄰邑訟不決皆赴訴各心饜去郊外有隙地爭來築室遂成市里號清宮店劍橫秋水斗牛寒先生巡閩留别句也

冰壑先生鐵作肝劍橫秋水斗牛寒棠陰尚有清宮店故里蕭條墓道殘

環溪草堂　嚴盦製

秦卑牧

卑牧有手書春曉曲等篇體近溫李不類集中所登者

淮南詩傳卑牧諸體尤推艷體長滴掇拾賸春曉曲錦囊遺墨卷留珍藏

秦敬脩

碧山吟社始於脩敬先生十老皆邑中隱君子年並高

碧山吟社惠泉邊十老同時集隱賢能得閒身博長健賦詩飲酒亦神仙

邵文莊

文莊乞養家居作點易臺超然臺海天亭諸勝

二泉高躅杳難攀衣白山人伯仲間爲奉萱堂辭魏闕雪泥鴻爪滿家山

秦端敏

端敏歸田後於鳳谷行窩續舉碧山吟社

勳名事業推端敏青史千秋炳不磨剩得閒情續吟社至今鳳谷有行窩

顧洞陽

洞陽詩風格在陶常之間宮保惠巖亦以詩名

氣節棱棱顧洞陽詩篇標格在陶常惠巖亦是能詩者不及先生一字香

環溪草堂　嚴盦製

談都憲

談氏累世貴盛各有詩文傳世大婁巷有繡衣坊

四世蟬纓都憲家文章事業競增華繡衣坊下鳴珂里寂寞荒祠夕照斜

黃斗南

斗南謫遼東二十年日以一詩自課

丹陛扺鱗黃斗南遼陽謫戍紀登三賜環檢點囊中物詩檻隨年啖蔗甘

華鴻山

鴻山詩長於五言同時施武陵姚潛坤及長洲王瑾初

日相唱和稱錫山四友
鴻山學士嚴居穡平淡沖和在五言當日錫山稱四友武陵猶
合讓潛坤
王仲山
仲山工詩文又善書畫早歲辭官爲别墅寶界山中
仲山三絶畫書詩寶界山中早息機不獨風騷今日少誰能解
組着荷衣
華補庵
補庵有别業在南郭日菰川莊後捨爲寺
菰川莊改作禪關背郭臨流野景閒彷彿補庵詩裡畫鳥栖烟

環溪草堂　戢盦製

定一僧還
華起光起龍
鴻山長子起光有内翰集季子起龍有光谷集起光詩
尤工
青鏡流年雙鬢雪黄河明月片帆秋華家棣萼皆編集内翰尤
推筆力遒
顧九華
九華有昆明集山中書懷等什皆指倭寇事
閩道倭奴渡海瀰東南血戰草萊腥詩人萬里昆明外夜夜遥
欄望華星

鄒彦吉
彦吉築愚公谷於惠山其園中亭榭半以禪語題之
壯歲褫官意不聊裁雲剪石惠山椒生平參破真如諦嘯咏歌
懷志自超
安小范
東林諸君子多不以詩名惟安小范有天全堂集行世
人品東林君子高爭鳴學道講風騷同時獨有安光禄小隱膠
山詩興豪
尤鏡湖
鏡湖著梁溪雜事不詭不隨集中錄憤歌一篇知其人

環溪草堂　戢盦製

亦嶽嶽負氣者
雜事梁溪獨網羅肯隨時論作依阿激昂我亦成天性濁酒三
杯讀憤歌
談思永
思永刻唐張祜小洞穿斜竹重街夾細沙之句於石一
時題咏甚多
小洞重街路不迷細沙斜竹滿幽溪自從思永鐫詩石無數名
人彩筆題
安茂卿
茂卿居西林一意爲詩歌列後七子中半船其詩句也

清川長薄繞西林，天付詩人放浪吟。留得才名齊七子，半船容
夢水雲深。

高忠憲

忠憲詩最真樸，考亭謂朱子詩云：「立身須作中流柱，不……」齋自道生平。

高子詩從樸處真，不煩雕琢見精神。立身須作中流柱，忠節詒
芳止水濱。

鄭公履

公履醉後題壁詩奇縱特甚，後為盜所殺。

醉後狂歌語帶顛，奇人胸次獨超然。風清月白春申澗，不作詩
仙定酒仙。

環溪草堂　　戢盦製

顧庸庵

庸庵仙霞討賊歌為周雷二公及阮賊大鋮作

狎客無如百子旗，銅琵荆棘恨南朝。長歌寫到仙霞嶺，我亦胸
中塊壘澆。

華鳳超

鳳超以不雜髮死，與允訣詩：「應盡只今期，便盡不堪回首。」聞長安今祔孝子祠中。

慷慨高歌絕命詞，長安回首不勝悲。疏松影落泉流靜，靈爽常
依孝子祠。

馬忠肅

忠肅官編脩，奉使藩府，不受一錢，後殉甲申之難。所著滄盈居集，頗有以風致勝者。

一錢不受稱清華，殉義從容絕點瑕。怪道詩篇多婉麗，廣平猶自
賦梅花。

王晚仲

晚仲作春溪行，備兵南韶，時作後闖賊陷衡州，遂殉難。

一篙東沉宛中流，副使憂時寄棹謳。烽火孤城人散後，非關卮
膽不能謀。

龔佩潛

佩潛感事詩：「南朝歌舞地，醉煞後庭春。」後殉節秦淮河。公嘗夢文丞相「從今別却江南去，化作春鵑帶血歸」句，至是始驗。

環溪草堂　　戢盦製

歌舞沈沈醉後庭，南朝猶夢幾時醒。孤臣感事終何補，拼作鵑啼
帶血腥。

孫南公

南公聞思宗殉社稷，賦聞雁詩云：「少小江南住，不聞鳴雁哀。今宵清枕淚，知自舊京來。」哭泣數日，不食死。

鴻雁何知吊舊京，斷腸人聽獨關情。嶺猿哀叫巴鵑泣，拼入南
公悲憤聲。

許雲樵

雲樵未從官遭國變披髮佯狂屏居養母嘗賦元處士詩以見志處士謂金仁山也

新蒲細柳哭吞聲。披髮佯狂老一生。磊々郎樽從元處士。尚論吳許近功名。

顧子方

崇禎時子方與復社諸賢作留都防亂檄以討阮大鋮又曰丈夫不問封侯何日但問沙場何日後應史閣部檄起義師至沙山為土匪所殺有所思懷閣部作

防亂留都揭可移。子方才調獨魁奇。生平只願沙場死。秋草無城有所思。

環溪草堂　戢盦製

吳雪帆諸震坤

吳諸同戍鐵嶺吳詩多激越諸則束猶澹宕有正始音

未妨沙漠特々雪。自樂乾坤處々春。同作遼臣居鐵嶺。震坤詩律較溫純。

華紫涀

紫涀有幽居雜咏十首後為養剞劂學正殉交趾難

混跡漁樵華紫涀。團瓢小結足徜徉。他年喋血牂牁外。回首幽居路渺茫。

秦對巖

對巖早入詞館[illegible]再登鴻博又嘗從湖南詩多遒特豪少氣

詞賦氣凌雲。兩度登瀛世罕聞。悔道詩中多雜感。曾將書劍學從軍。

華守齋

守齋詩秀麗工整卓然成家宜入文苑

詩體應推秀麗佳。耕亭實儉逸相差。如何邑志傳文苑。遺卻騷人華守齋。

朱幼安

幼安詩極工晚以友辜連死詔獄遺稿陳其年曾作序

詩人窮困亦多端。傀儡無如朱幼安。不有其年駢體序。誰從身後識方干。

環溪草堂　戢盦製

敖山來

山來著半臘軒詩草時有繡口錦心鐵骨銅筋之目

敖公瀟灑慣雲游。到處詩篇互唱酬。繡口錦心兼鐵骨。一時吟社盡低頭。

顧梁汾

梁汾彈指詞重名海內晚築積書巖於端文公祠側領袖溪山風々三十年

梁汾騷雅重京師。唱遍郵亭彈指詞。晚向積書巖畔住。纏綿風月[illegible]入新詩。

嵇留山

留山隨范忠貞於獄以炭畫壁相唱和曰百苦吟

畫壁吟詩淚淚深書生能保歲寒心金樽檀板烏衣巷耆舊猶傳百苦吟

嚴藕漁

藕漁性恬澹不慕榮利年五十餘始授檢討著秋水集

雅量沖襟嚴藕漁暮年詞賦動徵車怪來詩集名秋水彦澈清瑩水不如

陳朝喈

朝喈太守子出之骨鯁有父風中歲饑驅南北得江山之助詩益豪放峭拔

南陽太守清卿高公子才稱一世豪借得江山助詩膽燕中風雪楚中濤

陸鐵莊

鐵莊詩集名疏快軒雄深雅健雅有唐音

布衣難得姓名彰文苑猶傳陸鐵莊氣韻沈雄風骨健詩才真欲逼三唐

吳粹躬

粹躬為蓉湖七子之一沙陽應城諸篇頗似元道州

蓉湖七子舊知名吳令詩篇獨老成若向湯風燈下讀沙陽行與應城行

顧天石

顧氏詩入選者最多以天石為魁歌行尤擅勝場

古艷斑斕織錦梭關山夜雨入悲歌空勞華胄張珊網剩甲殘鱗轉廠多

李芥軒

芥軒有夕陽村詩集已選刻戴務選皆其未刻稿也

老研律法賞心存寒雨青燈仔細論可惜歸愚操選政零縑惟見夕陽村

楊紫淵

紫淵號管社山人意不在詩所詠有真趣

五里湖邊管社山山人終日閉松關菱塘柳陌依然在名士風流想像間

顧倚平

倚平梁汾之弟才名相埒試不利嘗賦病鶴以自況

王謝門才總不羣倚平何必遜梁汾傷心病鶴神憔悴夢斷層霄萬里雲

邵袁藥

袁藥書宗右軍詩筆瘦健不以綺麗為工

銀鉤鐵畫楷書工行草神摩褉帖中即論詩才亦瘦硬不須刻

翠與裁紅

邵袁翼

袁翼庵武城亞夫墓詩不愧以絃直還輸繞指柔

少年讀史論條侯絃直還輸繞指柔此意邵公先我得曾從廣武弔荒邱

杜雲川

雲川論詩以晚唐為宗嘗手輯叩彈集唐詩

杜老論詩宗晚唐叩彈精選費商量誰繙全集雲川閑好由重搜貽錦囊

華芋園

環溪草堂　　戢盦製

芋園慷慨好施嘉惠於鄉里者甚多

伏義勤施華芋園能令寒谷轉春暄大名原不因詩重為讀公詩永勿諼

顧復初

復初嗜酒著春秋大事表毛詩訂詁議論不落塵腐

經生往往性靈迂偶涉詞章亦槁枯亦有同成五經笥出風入雅是真儒

俞卯若

卯若論詩云近來愛拾滄浪唾多入羚羊掛角門

滄浪詩話本無稽掛角羚羊漫品題我識卯若真解事入門先

要脫町畦

姚柏南

柏南少負雋才工詩詞雍正乙卯夏泛舟蓉湖獲金色鯉烹之風雷大作舟覆竟死水中

畫舫招涼黃埠墩毒龍興雨海波翻汀蘭岸芷年年薦誰弔詩人水底魂

吳揖峯

揖峯詩緣情綺靡名為傑作集中美不勝收

近歲詩家數揖峯端莊流麗似春穠若教專尚王孟體儉腹枯腸轉易從

環溪草堂　　戢盦製

顧諤齋

諤齋所作列女樂府古節古音允推絕唱

詠史無如樂府難須教一唱再三歎誰將妙手耀彤管顧老猶能古調彈

湯振商室秦

宜興湯振商室秦氏二十而寡三十九而卒著有紉蘭集依桂集斷腸早一生茹苦自梁溪至荊溪往來數數從未一遇順風揚帆其命可謂艱矣

高節清才我祖姑一生食蘗復茹荼尤石風裡荊溪路總使愁人淚眼枯

王氏

金沙王次回女適秦幼擅家學少寡所為詩哀而不豔

次回豔體擅金沙咏絮才猶出謝家一自空閨傷別鵠更無綺
語鬪詞華

龔靜照

靜照佩潛先生女工詩著永愁集

汨羅魂斷不堪招有女才名彤史標怪道永愁名著集思親常
在秣陵潮

顧景行

景行頎梁汾妹適侯某有樓香閣集妹適華亦有才梁汾

 嚴金盦製

效少陵七歌有云有姊有姊號文長者曹姑次左芬

虎頭有姊號能文長者曹姑次左芬最是樓香全集好墨波翻
錦筆凌雲

趙氏袁氏楊秋輝

趙氏管社山人室袁氏外室女秋輝均工吟咏秋輝著
繡餘吟

深閨唱和譜新吟恰稱蕭然物外心剩有風流傳弱女裁金織
翠繡餘吟

戴淑仙

淑仙華葵儀室送外云望君獨上最高樓樓上何曾見

去舟只及青山遠相送斷雲落日滿天愁葵儀和之
以詩示淑仙乃合吟此紅賦有所思草

記送夫君遠別離斷雲落日倚樓時詩名猶在吾家溯吾到空
閨有所思

吳氏江碧氏

李芥軒元配吳繼室江碧俱能詩閨中唱和有梁孟風

琉璃硯匣日隨身閨閣聯吟韻事新不用詩緣還比素全家總
合號詩人

孫曉霞

曉霞諸生孫雲女雲朝無子而曾曉霞能侍養又嫁著史山

 嚴金盦製

孫吟有句木蘭通變事所難到底輸奈而甘苦辛之句

不肯傷春不感秋維持名教有詩留懸辛真比曹娥甚叔不承
顏到白頭

嚴氏

嚴氏耦漁孫女幼工詩言稽法父青梧嘗語人曰老夫
衣鉢不傳子而傳女矣八秋自號無求自命多聞殿
任性逍遙已八旬

嚴家衣鉢女孫傳任性逍遙意灑然待到八旬種壽日焚香敬
茗佛吟箋

華青琴

青琴劍光先生女善讀書集中咏古諸作具有史識

高格清才作々苦論詩應讓唐娘只看咏史諸篇作不讓遺山獨擅場

劉海門室

海門室氏幼即工詩閨詞云學梳蓮髻慵無力作試羅衣體覺輕又善衛文海門贈內詩云菱鏡懸時花及第玉釵橫處尺量才

閨詞好句到今稱更有量才尺可憑不櫛未能成進士真教夫婿喚紅綾

罛船花燭詞十首　秦琦

太湖罛船竹枝詞見於朱竹垞集中漁娃風調差可想見丁巳冬有從吳塘門來述罛船嫁娶事者因次其言為花燭詞十首以補竹垞之缺云

泛宅浮家跡類萍漁童只合配樵青新姻舊婭重々結六扇帆開當雀屏

標梅特候正佳期並着船艘艤水湄下碇眠桅平地穩竿燈幡彩颭風旗

祭佛先期備牲羞牺豚蒸粹氣浮々不知誰請迎神曲簫鼓聲中發棹謳

將有婚事先期賽神名曰祭佛并家皆用蒸雞唱漁歌以侑酒

紅帕蒙頭繡袂輕嬌啼別淚兩三聲阿娘結帨施衿罷舅氏前來抱女娉

嫁娶不用輿兩船相並女家親舅即抱新人過船

接艇連檣奏鳳簫漁兒齊聲相雜歌謠三聲請過蘭舟裏便是銀河渡鵲橋

請過蘭舟裏贊者相禮之詞

慶賀筵開樂有餘食單羅列最紛如飣盤第一東坡肉不用鑾刀斫鯉魚

宴客必用東坡肉不以水族爲貴

水風波月夜沈沈燭影揺紅斂拜深玉珮丁冬蓮步緩新郎親自挽衣襟

交拜後用紅綠帛牽襟而入

洞房深處柁樓高合巹杯寬泛碧醪水宿鴛鴦從小慣今宵香夢伴波濤

家船柁樓最高敞中可設席

三日堂前拜舅姑新粧初試伴娘扶分明玉面人如畫不用花冠纍簇珠

廟見時露粧而出

環溪草堂 戢盦製

鄰船姊妹各成行簇擁爭看新嫁娘衫袖聯翩裙褶動見人初學道勝常

女人萬福聯袂平立稍屈揉膝而已

石塘漁父詞十首 秦琦

石塘跨五里湖通長廣溪平隄綿亘罾網畢集丁巳秋八月與客艤舟散步隄上縱觀漁具顧而樂之不覺拍闌干呼鷗鷺也作漁父詞

湖干罾網足生涯漁弟漁兄各自誇喜得陸居安穩甚不須泛宅與浮家

橋根旋水起盤渦罾棲當衝正不頗人道蛟潭波浪惡漁家祇羨得魚多

翠笠青蓑短後衣湖山深處往來稀今宵攬起渾無事攜酒邀朋坐釣磯

環溪草堂 戢盦製

黄蘆爲舍箬爲篷一點漁燈不蔽風貪趁三更魚上水夜寒猶立月明中

沿隄掛網密層層四角垂竿百尺繩昨被雙螯新剪破呼兒蕩槳補魚罾

連天新漲逼黃梅出網銀鱗雪作堆預遣緣流多至麗城中自有販船來

菱花開處魚唼香菱葉綠時魚戲涼罟師下網貪魚樂繞陂先辦種菱塘

十歲漁童慣泳游罾竿能向浪中收莫嫌絕岸風濤險踏上繩橋穩似舟

溪流湖水漾迴環，魚信隨風往復還。西南風急籠氣滿，東北風多罟網閒。

蒸藜炊黍飯隄邊，入饌何須擊鱠鮮。且喜村莊秋稔後，得魚隨地換金錢。

環溪草堂　　戢盦製

惠山竹枝詞三十首

梁溪劉繼曾著
後學侯學愈註

生長蓉湖，背山面水，春秋佳日，恆容與於二泉烟雨間。景物當前，風懷斯託，積成短句，韻各一章，擬付剞劂，俾鄉中牧豎信口歌之。

儂家生小二泉東，屋後香隄五里通。鎮日看山看不厭，雲烟變幻畫難工。

小金山小浸芙蓉，繞檻船頭見九龍。石徑游人渾似蟻，行過二茅峰。山頂為頭茅、二茅、三茅，俗呼三茅峰。

水月庵前晉名石，泉邊聲處柳成墻。喧聲忽起人爭渡，驚醒鴛鴦一夢變。

結伴登舟姊妹隨，琉璃窗亮儘人窺。心知寶善橋邊過，近手鏡親持再畫眉。

繫纜河塘畫舫來，龍頭爭看吐珠瓌。宗祠兩岸輝金碧，一座牌坊浸翠微。祠堂沿河塘，俗稱河塘。

轎到山門列隊序，轉因擁擠步紆徐。路旁買得甜燒餅，要泉亭畔去飼魚。

乘興登高不用扶，半山鈴語在浮屠。錫山更比龍山近，石浪庵前望太湖。

論名當屬各品題，經似楊柳手如荑。狂蜂浪蝶相徵逐，繞過桃蹊又李蹊。

環溪草堂　　戢盦製

紅羅新换踏青鞋，郡婦燒香少女偕。携得金剛肚臍去，寺門大
佛笑當街。燒餅如甚大，呼為金剛肚臍。又稱禹山寺為大佛殿。
熱鬧場中户外開，天鈎道院少人來。一池清水闌干外，只許詩
人看綠梅。
瀟灑堂外碧瀲瀲，堂上千秋御筆新。品茗倚鑪尋舊迹，當年盛
事説南巡。
遠客都來癖見聞，二泉汲癖水云云。滿而不溢堆茶碗，更可誑
錢數十文。注泉令滿，以錢一一投之，可容三四十文，水高出碗外不溢。
陰陰喬木鳥聲喧，傑閣崚嶒寄暢園。山色溪光渾一色，不知户外
有牆垣。

環溪草堂 戢盦製

若冰洞裏露珠圓，點滴能生六月寒。欲怪淋漓垂滿地，出來總
沾濕衣冠。
宿雨初晴霽色饒，遙看飛白瀑青山。幽人擬得天生花，道自黃
公澗裡還。
映山上下好開筵，帶髮尼姑各逞妍。時樣衣裳新樣髻，鎮鞋直
底露裙邊。尼庵有上映山、下映山之别。
叢墳纍纍翠山腰，吟社風流跡已消。日暮誰家作寒食，紙錢灰
後隔林飄。翠山吟社廢已久。
點易臺荒古硯凹，海天石屋掩蓬茅。游人到此無聊甚，石上縱
橫畫卦爻。

桂花杜果松花蕈，湖水鮮菱泉水膠。更有青青蠶豆子，山家風
味勝羊羔。以上數品風味獨勝，惟惠泉酒實非泉水所釀，浪得名耳。
早起梳頭爽氣多，汗衫齊换雪青羅。泥金團扇遮朝日，至德祠
中看白荷。
石堆苔蘚縱橫嶺，秋至胡園有桂花。結簡球兒隨手捧，濃香似
壓鬢雲斜。
魚貫層層上玉皇，夷中婦女信陰陽。年年長線穿元寶，燒徧金
山十廟香。上玉皇在山後。婦女有燒金山香十廟之名。
暮春天氣夾衣輕，各廟爭將勝會迎。茶客到來無坐地，家家門
外搭松棚。

環溪草堂 戢盦製

求籤都說石門靈，山路崎嶇喘不停。携得一枝甘蔗杖，鞵踏
破草青青。
連朝香會接香縢，大德橋頭月未升。無數佳人齊上岸，夜來要看
肉身燈。鄉人以鉤數十作鉤穿肉內，懸燈鑪銅鉦而行，重至數十斤，名曰肉身燈。
珊瑚顆子玉龍頭，清脆銅鈴韻自悠。試馬香花橋上過，金釵忽
墮誦芬樓。
天道人倫自古今，賀藍鐵腳跪庭心。雙忠廟接于公廟，宿夜深
將好夢尋。雙忠祠張睢陽廟後有于忠肅廟，俗稱夢神廟，每二八月賜宿夜者必於此祈夢。
秀嶂街橫樹色鮮，鐘聲搖影落南山。風和因倚游人少，香火鮮鮮
忍草庵。

一籃土産客中添五采泥人巧樣纖要使買他牌高掛起兒童歡喜價難廉（遠客來遊必購泥人以歸）

馬鞍塲上夕陽銜雙櫓何須挂錦帆要向醬園浜裡去酒漿濃處重濕青衫

環溪草堂　　戢盦製

惠山竹枝詞百首

梁溪秦琦瀛涵著
後學侯學愈戢盦録

余既作梁溪櫂歌於河塘風景亦偶及之而山中泉石之勝與夫冶游之習概從畧也因作惠山竹枝詞百首以紀補之

吴兒生小不知愁多借登山作冶游夾道紅欄寺門外春風醉倒酒家樓

苑草偏承綺步芳林花巧惹綃羅香春山景物多明媚故遣佳人鬬靚粧

一帶清溪落澗聲歌船酒舫徧縱横行人兩岸紛如織都為蕭娘作送迎

日午山頭霽色開游船都自北塘來心知寶善橋邊近再把雲鬟整幾回

日日粧樓整髻鬟游心却為一冬閑春風幾度河冰泮便喚輕舠上惠山

船頭侍女髻雙梳頻遞新茶捧玉缸報道山前香會近美人纖手拓紗窗

少女盈盈十五餘含羞欲出又趑趄生憎兩岸人如織特地先教喚筍輿

祝向西天乞佛恩辦香多半為兒孫回頭笑向嬌娃問數得阿羅第幾尊

環溪草堂　　戢盦製

山亭高處綠苔緣，摺摺湘裙翠地鮮。上得層崖嬌欲倚，側身憑着侍兒肩。

溪頭新水碧迢迢，照出花容影動搖。狹路逢人捻秋扇，背闌干立小平橋。

拂面東風日漸長，游人新試夾衣裳。應嫌薄暮迴舟冷，預備吳綿繡裲襠。

籃輿遠地視華嚴，一炷清香玉手拈。行過鑑塘齋止步，先教侍女揭垂簾。

彎彎環曲澗路輪囷，欲溯泉源入翠筠。到得斷崖疑徑絕，回頭故意問旁人。

環溪草堂　嚴金直製

紅粧斜倚傾芬樓，兩鬢宮花翠色浮。望見熟人羞不語，低頭一笑又回頭。

漪瀾堂畔水淪漣，曲榭迴廊別有天。欲試仙人洞深淺，羅衣濕透若冰泉。

畫扇招涼影半衙，袖邊微露玉纖纖。當窗作見金條脫，初卸漂紅淺碧衫。

平頭髻子綰烏鴉，兩鬢如雲壓皂紗。翠葉紅英紛錯雜，新翻巧樣貼絨花。

裙衫楚楚出新裁，藍絕宮羅繡作堆。幾許春情含不盡，一雙蝴蝶鬧枝梅。

巧樣鞋兒巧婦針，輕彈苔點立花陰。春風拂地羅裙颺，卸繡鮮明錯鏤金。

拜香過處綠烟浮，夾道濃粧畫倚樓。裙幔少年方作隊，憐渠一步一回頭。

嵌金三尺翠筠筒，新繡荷囊淺淡紅。簾內呼烟傳侍婢，如蘭香氣漏紗籠。

游山畫舫泊河塘，異嚴湘簾四面張。不待小舟能送酒，調羹妙手有船娘。

輿丁短襖看兒鞋，行步如飛慣飭排。卻為嬌嗔謹防顛，倩人扶扶過橫街。

環溪草堂　嚴金直製

殺粉調鉛寫彼姝，傳神多半仿姑蘇。無端畫手矜能技，門帖偏書錫美圖。

女冠粧裹隱容華，也學調朱傅臉霞。玉腕環攜留客坐，生平不愛著袈裟。

松作龍鱗蘚作斑，千年咏雪老蒼顏。兒家只愛美人石，景簇簇蘿攤髻鬟。

日落山明水鏡開，衣香人影尚徘徊。歸船景色多粧點，新買河塘傳粉孩。

一片分明錦滙隄，山光倒影碧玻璃。知魚檻畔游人集，試問游魚知不知。

隔陂橫石浸迴湍。排出鳬汀與鶴灘。好是美人行岸曲。紅衫翠
袖鏡中看。
酣游便欲作海留。直把山祠作畫樓。屈戌屏風開六〻扇。半街紅
日正梳頭。
重街對面畫嬌娥。一路尋春到華樓。樓畔閑看應暗笑。箇人來
往疾於梭。
園林春草綠繽紛。〻〻弓鞋印鮮紋。行到陂陀遙駐足。玉纖親
自整羅裙。
三〻兩〻踏青游。也愛泉亭洞壑幽。却憶前頭少年隊。香花橋
畔且登樓。

環溪草堂　戢盦製

忽雨飛來薄暮天。河塘傍晚盡迴船。登舟正怕弓鞋滑。又被游
人擁不前。
筠竿千箇草堂開。落葉無聲點砌苔。傍徧欄干春日暮。下階親
折〻枝梅。
凌虛高閣聳層巒。簷山色溪光盡上簾。好是晚來宜畫處。夕陽
紅上塔尖〻。
春宵處〻起吳謳。月色燈光上綺樓。料得夜游人未散。三更猶
是捲簾鉤。
女郎髮短不勝梳。弱柳腰肢態有餘。忽憶今年逢上巳。教娘泉
畔浣衣裾。

牆陰綠繞護芭籬。暫見修篁字跡奇。欲識風流無限思。頻將紅
袖拂新詩。
夜獵吳姬貂鼠冠。紅燈扶醉上雕鞍。繁華消歇愚公谷。雪壓千
峰起暮寒。
山頭飛塔聳孤稜。金碧參差八九層。一景好憑僧衲補。夜來添
上幾重燈。
嶽星誕日是明朝。燈燭香花度一宵。袖薄衫寒宿春徹。樹滿村
婦太無寥。
五里街頭落日曛。游人夾道走紛〻。九龍山氣和烟重。散入晴
空作紫雲。

環溪草堂　戢盦製

寺外崚嶒聳石幢。〻寺邊畫檻倚船窗。山僧亦自修清課。一夜鐘
聲到曉撞。
吳舲日〻載山泉。近泊河塘淺水邊。一色勻圓青石子。苔花蕩
漾水痕鮮。
瀾畔枯藤昔〻花。無名野菓樹椏杈。邨童相戴筠籃滿。盡入名
山采藥家。
九公祠畔接陂陀。古木蕭森樹薜蘿。地僻不嫌人跡少。夕陽山
下起樵歌。
逢門相約共游春。整頓衣裳復選辰。何似豪家女兒好。山中一
住動兼旬。

惜春偏值送春歸獨對青山悵落暉縷縷楊花如有意隨風多上美人衣

溪橋爭渡晚悤悤逗著船娘笑語通歸路不愁纖月落北塘燈火照人紅

深閨少婦最堪憐禮佛燒香不論錢非夜經過白鶴觀勸郎親自禱張仙

第二泉邊少住佳一匳寒碧鏡初揩低頭自把花顏照笑倩檀郎代整釵

泥孩工緻勝蘇州眉目都從妙筆勾郎愛美人能試馬儂憐稚子獨騎牛

環溪草堂　嚴盦製

少婦當壚暇日多生涯共話惜蹉跎三春桃李三秋桂半在連朝陰雨過

晶瓶橄欖隔年新雜唱吳歈意炫人游女香車方簇擁輕風吹送一街春

賣餅家懸小旆齊誰將名氏擅標題金剛日對山門坐堪笑吳兒慣噬臍

纔過清明又暮春眼前景物一番新松花餅餌菰蒲粽盡是鄉郎趁節人

棱絲結就鏤金籃茉莉清香細細含船到高公祠下泊賣花聲滿碧溪南

胡園清絕最宜秋松竹陰中上小樓歸路餘香猶未歇袖邊多繫木樨毬

山家多半逐生涯欲把時鮮壓等儕采得溪菱來管社嘗新共上惠山街

生長鄉村鬭豔遲紅裙猶自覺時宜今朝逢着游山女盡是吳綾繡竹枝

長夏招涼愛品茶畫船面面拓窗紗侍兒日午傳餐罷先進冰盤五色瓜

千葉蓮花無處尋尚留浣沼一泓深無端牽引諸兒女日日池邊聽梵音

環溪草堂　嚴盦製

宿雨初晴捲積氛清晨處處鐘聲聞褰裳擺步黃公澗直到峯腰訪臥雲

盤旋山徑入秋毫峯到三茅勢更高不敢停輿回首望太湖春漲起驚濤

牡丹花譜老僧諳穀雨前頭色正酣金帶錦圍雙塔寺玉樓紅醉九峯庵

依山臨水讓王祠九曲闌干繞四垂好把竹林移並檻香風吹透藕花池

東平殿宇勢崢嶸七月笙歌正賽神古木沈沈紅日隔涼風恰稱倚樓人

八月秋高冷漸催○龍莊錫嶺白雲開○荒祠月暮香烟起○盡向于
公乞夢來○
金風玉露洗秋河○皎潔菱花映素波○一樣惠山湖月夜○清光輸
與水邊多○
風捲松濤靜夜聽○佛檐鈴鐸和丁丁○棲烏出出驚移樹○飛上千
金累址亭○
輕薄紗衫纖藕絲○水紋微漏玉人肌○非穿著退涼風透○正是山
園看桂時○
十歲嬌兒繡紬冠○進香隨母到神壇○雖陽舊恨憑誰說○也向階
前撻賀蘭○

環溪草堂　嚴□□製

春三下浣最清佳○九廟齋參嶽帝階○滿路星旂並簫鼓○游船直泊
綺塍街
山前一水是蓉湖○過客時來試竹爐○跳上岸頭須記取○惠泉新
釀蔣家酤○
日暮山家花亂飛○嫣紅姹紫掩林扉○多情最是河堤柳○繫住游
船不放歸○
龍山塔白錫山青○女伴同登聽塔鈴○行到半山先怯力○倩娘扶
上望湖亭○
七月山中已早涼○蘭橈三五泊斜塘○春葱十指仙仙爬○豔愛剝筠
籃栗子香○

空濛山霧隱朝墩○雲起樓前樹影翻○茶舍爭泉轆轤急○花間啼
鳥一時喧○
大雄殿下綠苔滋○銀杏陰濃覆石墀○笑指樹頭新結子○青青多在
寄生枝○
秋山雨過一分青○漸覺游人似曉雲○試向天星閣上望○桂花如
霰滿空庭○
早蔿初開晚稻齊○重陽時節最清淒○登高不上高峰頂○一簣青
山勢欲低○
塔院門前長綠蕪○入門樓閣轉縈紆○山僧不解來行汲○龍鳳泉
流直到廚○

環溪草堂　嚴□□製

護雲關外柏成圍○羅漢靈泉一勺微○多事祠丁添架閣○緇徒也
許作朱衣○
不二門前繞石欄○爐香春午熱沈檀○觀音自在莊嚴相○却許人
從四面看○
簫鼓叢祠賽社神○頭街還是楚春申○山民不識李園事○艷說三
千珠履人○
穿過山街路轉灣○人蹤不到寺門關○欲尋張祜題詩處○破星
星竹筍斑○
一畝碁盤石肺天○何時落子聽錚然○白雲洞口深深鎖○杜向蒼
苔拜呂仙○

雙溫樹記李公垂陵谷滄桑易幾回猶有青青松柏在碧陰格

蓋讀書圖

長史高世所欽故居遺跡渺難尋流觴倘續騷人事九曲山泉

自在音

丸泥擘竹費茶爐性海高風絕代無劫火不容留寶墨何人重

補孟端圖

吳娘爭競芳姿雪綰烏鬟柳掃眉咫尺清涼尋不到花間苑

落單姬祠

尚書墓道費尋蹤何處山庵問聽松只有石牀無恙在糢糊篆

刻鮮花封

環溪草堂

戢盦製

點易臺荒長綠蕪尚留片石月輪孤關心指與樵夫認此是先

天太極圖

浴日亭邊古杏紅驚枝尺幹倚春風多年竹素園中石移到山

房便不同

十二樓基半作町天鈞堂內誦黃經木香久萎蒼筤盡新種薇

花結作屏

東嶽樓前丹井深轆轤聲靜影沈沈仙人去後山房冷槐樹堂

垂一院陰

鄭園公子號書癡醉後揮毫更崛奇頑石點頭龍聽法壁間生

氣尚淋漓

石門雲樹影深重百尺懸崖劈兩峰聞說能開待何日珠簾泉

水瀉淙淙

一片湖光鏡嶺南山峰坳處結茅庵層層石浪苔紋繡似爲山

靈護石龕

環溪草堂

戢盦製

錫山風土竹枝詞

（民國）秦銘光 著

《錫山風土竹枝詞》不分卷，（民國）秦銘光著，民國二十四年（一九三五）鉛印本。

秦銘光（一八七六—一九五七），字仲實，號頌石，無錫人。幼承家學，喜吟咏。清光緒二十五年（一八九九）秀才，三十四年（一九〇八）京師大學堂畢業，曾任保定師範教習。辛亥革命時在無錫參加光復起義。民國期間，任無錫縣勸學所所長、縣視學、縣圖書館館長等。《錫山風土竹枝詞》作於民國七年至二十一年（一九一八—一九三二），得詩一百五十首，首各有注。所咏遍及無錫城鄉四時八節習俗，城區十廟迎神賽會及鄉間廟會、香會，延及若干廟宇沿革、古迹興衰。對無錫近代旅游業（游船）及園林建設如鼋頭渚、萬頃堂、東大池、梅園、蠡園、公花園、惠山公園以及縣圖書館、大公圖書館等等均有吟咏。對於其熟稔之秦氏軼聞、無錫特産，更如數家珍。錢基博贊之爲『以備一邑之掌故，拾志乘之闕遺』，誠確評也。

本書據民國二十四年鉛印本影印。

（沙無垢）

錫山風土竹枝詞

吾友頌石能爲詩不佞輒好讀之嘗一日過敝齋向索觀新作君謝無有旋歎曰吾苦少詩料耳不佞則笑應之曰詩料正復不少君盍爲錫山風土竹枝詞乎遂手疏邑中逸聞二三十則與之君忻然持去越數日果製十餘首相示不佞亟慫慂之君喜自此時時有所作其時君方任邑視學輶車周歷十七市鄉殆徧雖村農婦稚君無不慇懃諏訪故所攷訂亦愈稱晐洽今歲春初不佞由彭城南旋君袖寫定稿本走質且告曰吾竹枝詞幸已成帙將授之剞氏子爲元功首勳必不可以無一言不佞固甚樂觀斯集之成者雖微君命其何敢遜謝因舉當日談諧本末質書之如此

戊辰臘月日徐彥寬薇生記

君清季肄業京師大學堂出長沙張文達公之門詩格亦於退思軒集爲差近少作尤多風華藻豔惜所著瑞春軒詩詞稿尚謙讓未肯即鋟

行也彥寬再記

序錫山風土竹枝詞竟再跋四集句　　徐彥寬

蓉湖又到冶春時風物家山繫夢思慚愧天涯飄泊久客窗翦燭看新詩

饒舌豐干話昔年瑯嬛前夢總雲烟星霜十易重回首萬卷輸君續墨緣

君撰兹集實由不佞創議時不佞方任邑圖書館編輯事兼修邑志君時來館齋談藝甚樂旋不佞有秣陵之游解職去今適十年而君新爲館中延編四次書目至館纂輯

樂奏鈞天醉未醒劇憐鄉獻太凋零漫將洛社耆英里添築遺山野史亭

君所居中市橋巷舊稱耆英里

勝朝舊事早荒涼司寇風流未散亡彩筆君家幸世守不隨塵劫換滄桑

君祖小峴侍郎嘗撰有詠梁溪雜事詩百首

序

頌碩親家撰錫山風土竹枝詞積十五年之力以得百五十篇意有不盡輔以細注流風舊俗展卷爛然而搜奇采勝往往有邑志之所未備者昔頌碩先君子博學通人焯有文章光緒邑志成以一手世所稱霜傑先生者也吾嘗讀其書而慕之今頌碩嬗其家學託之篇什以備一邑之掌故拾志乘之闕遺可謂文獻世家也於戲邑志放廢不修舊矣而鄉土史地小學定爲教科微君斐然有述作之志於何考信而問業哉弟錢基博

丁年飄泊梓桑之文獻無聞子夜闌珊板蕩之風流欲替輶軒不作稗乘將湮歲戊午徐子薇生編校邑圖書館過從閒話以吾邑風土竹枝詞相慫慂並助以故事數十則如風俗物產之特殊神紘社鼓之興替遺聞軼事之掇拾（古蹟名勝地方事業之變易代謝亦附志之）一繫以詩積百餘首非云好事聊以自娛堪哂錙銖集腋無非成事因人比諸草野閒談敢道不賢識小戊辰五月二十八日頌石記

竹枝詞之草創徐君薇生既督成之且審訂焉戊辰冬末君爲序竟復題句促付鋟卒卒未果時毘陵吳君啓楓任教邑校亦數袖稿走質君亦樂觀是作之成者乃不數年間兩君先後歸道山（徐君於庚午閏夏吳君於壬申仲春即世）今且墓木拱矣撫今思昔不禁黯然乙亥十月頌石再記

錫山風土竹枝詞

無錫秦銘光頌石

鑼鼓喧塡歲事更甌香橄欖舊知名新春半月崇安寺士女傾城第一聲

新正半月爲崇安寺節市舊時寺中茶坊在此時期茗盌上例加鮮橄欖游觀者每稱喫橄欖茶今此風漸替

千門爆竹迓青陽南極星明應壽昌大地春回天錫嘏風光先引老人觴

俗例壽家每於新正半月中擇日祝嘏各家同時並舉閭巷咽闐極一時之盛

金吾初放鬧新年鐙樹元宵不夜天走盡三橋挑菜去月明歸路摜油肩

元宵月夜村俗有走三橋偷菜摜油肩之舉例以走過三橋路旁任拔一菜左右拂其肩背曰摜油肩殆祓除不祥之意

簫鼓聲中玉漏催紫姑乩畔綺筵開香搓糯粉團新薺佇看龍鐙踏月來

正月十五日俗例食薺菜粉團或薺菜年糕是夜每有龍鐙及各種鐙綵雜以鼓樂花爆游行街坊諺云正月半龍鐙看是也

完罷官租一歲遷新春樂事灼財先元宵村酒團欒夜田角熒熒祝有年

正月十五夜鄉村有以稻稈等爇火於田之四隅曰灼田角又曰灼田財邑之南鄉有此風俗

廿四番風到杏花冶春春半在村家惠山山下河塘路選勝人來看採茶

俗於二月間鄉村每有採茶鐙之舉曰掉採茶惠山及八士橋等處有之諺云二月半採茶看是也

回頭有路莫前行此去登高別問程今日南柯同祓禊免教湯火陷羣生

上巳日俗有用紅紙條書三月三螞蟻上高山倒粘灶脚牆上謂可避免螞蟻

上灶

青門生氣朕緜緜，春到清明三月三。記取食瓜詩有詠，要憑佳讖兆宜男。

三月三日清明節，婦女祈子者每於是日食南瓜，南男同音，以爲生男之兆。

清和十日記庚申，雨溼天陰不可聞。無量孤魂誰卹得，殘民猶號太平軍。

洪楊之難，邑城陷於庚申四月十日，殺戮甚慘。事平，以是日爲難日。屆日設壇卹孤於崇安寺，兩邑城隍神素服莅壇，街巷間焚鏹楮屬，至今不革。

石榴噴火照鵝湖，競渡當年弔左徒。一自游龍潛水後，招魂再唱楚些無。

鵝湖龍舟競渡，三十年前一時稱盛，其次則醬園浜。其船身不用時則沈諸河，自遜清之末已久未舉矣。

敬神傳蠟列秋星，假託睢陽爲避明。功德在人原不滅，一鐙千古見民情。

七月朔日始，邑人每於門前懸鐙一月，上有收災降福敬神等字，名爲大老爺鐙相傳張士誠於吳有惠政士誠敗吳民設鐙祀之避明諱因假託張睢陽者睢陽有廟在錫山麓俗稱大老爺廟　一說係義士張止齋事張士誠將莫天祐在錫抗明軍明軍將屠城賴義士得全義士四月晦卒里巷於五月朔至晦戶懸燈以報之嗣改爲睢陽以七月廿五日誕遂於七月懸燈一月　名山小言云金匱志稱睢陽生日新舊唐書皆無考而張士城據吳至正二十四年七月廿五日爲壽齊雲樓見姑蘇軼事是七月廿五爲張士誠生日

浮屠七級疊銀缸萬火齊明照十方送盡初秋惜殘夜新詞最憶顧纑塘

七月三十夜缸尖窰舖每壘缸爲塔然鐙其上名爲寶塔鐙顧梁汾先生嘗有詞詠之

點地星星照夜遲秋光三十已將離善緣好向空王證一瓣心香爇九思

七月三十日地藏菩薩誕日俗以棒香插地及油滯蠟屑就地焚之一家若干

人然燭亦若干對云結來世善緣俗稱燒九思香　一說亦祀張士誠者士誠小名九思蓋諧音也

霜露名山俎豆香春秋兩戊肅冠裳已無五斗休腰折省卻匆匆拜跪忙

惠山祭祠例於春秋丁祭之翌日縣官派佐貳往祭匆匆興蓄徧叩各祠光復後佐貳裁撤官祭亦廢

鬢影衣香步步嬌月明霜坂認三條揚州此夜如同俗閒卻當年廿一橋

元宵中秋月夜婦女每作走三橋之舉往返以經過三橋不走原路爲度

玉輪顧兔廣寒開天上團欒第幾囘爇斗當筵秋正半露香佇盼月華來

中秋之夜俗有供月之舉設果筵露香斗於庭當天爇之或更承以高架輒至宵深謂是夜人靜後每有五色雲氣重重繞月謂之月華見者主貴有八月中秋夜夜華之諺　香斗形如方升口大底小用香枝編成實以香屑插沈檀等

香焚之

香塍稻熟絢霜朝秋老田家樂事饒日叟黃童齊醉倒村村鐃吹待青苗

田家稻熟每祀先農各鄉有此風俗張涇橋近村曰待青苗泰伯北上等鄉曰待秋齋

羹糜團粉暑寒更二至推遷再食新夏薦來牟冬薦穀有年相慶慰勞辛

夏至俗以來麥雜豆類和糯羹粥冬至以新米作粉團均取嘗新之義並以薦先　左傳食新註新穀麥也　詩貽我來牟牟麥也來麥名適合

廿三廿四臘將殘祀灶家家瑪瑙團黑白分明應鑒取所持雖狹迓神歡

臘月廿三或廿四夜俗以小紙轎焚化灶牌曰送灶先祀以瑪瑙團糖餅等團用白粉及赤糖粉各半合之成團熟則成半白半赤黑

匆匆四序箭離弦過去流光劇可憐臘鼓聲中催急景膽除塵涴待新年

殘臘將終俗有膽簷塵之舉例先檢曆擇日屆時縛稻帚徧拭屋宇謂之膽簷塵寓除舊布新意　膽拭物也禮記桃曰膽之疏云桃多毛拭治去毛令色青滑如膽則膽爲拭物之義虞山席蔚孫飼蠶詞中膽蠶花引之　俗作撣

森然畫戟列村居餞臘家家祓飾餘封戶撒灰同守歲一聲爆竹一年除

歲除夜村俗有以石灰畫弓矢兵器之屬或書吉語於庭中門前並用石灰界其戶限及廁所等處謂之封門封坑至如通俗之接灶齋并爇火鑪掃庭宇闔戶放爆竹諸事亦兼有之放爆竹在闔戶時曰關門爆元旦啓戶曰開門爆

上清帝誕上元邊九廟冠裳盡肅然東道兩輪城社主五更待漏去朝天

正月九日玉帝誕諸神黎明往朝曰朝王會以無錫金匱兩邑廟爲行館先一日下午諸神畢集賽會甚盛兩廟分年輪值備供張　玉皇殿在崇安寺東光復像毀會遂廢　九廟爲祠山殿張睢陽賢聖殿延壽司殿府城隍廟南水仙

西水仙廟錫金兩邑廟

諸神班位列東西十廟尊嚴鹵簿齊天惜餘春留祝嘏萬人空巷六街迷

三月廿八日東嶽誕諸神朝於錫山之麓東嶽行宮俗稱聖帝殿鹵簿之盛罕有倫比至則息於廡下東西相向班列甚整　九廟見前并東嶽爲十廟

爝天庭燎徹宵然治水民懷佐績年似翦春風飛曉雪凍成童狗列神筵

南門外祠山殿俗稱張元庵祀漢張渤相傳爲夏禹時張秉之裔能修先業治水江浙間開獨山門有功二月初八日誕例然巨燭高可隱人並童狗供神稱凍狗肉是日前後每有風雪之變謂之張王暴　一說神爲將兵敗遁山中以犬夜吠被害故祀必以狗云

絕域開邊使節回明珠保赤徧童孩梨莊行雨黃梅節水火年年旣濟來

北門外梨花莊賢聖殿祀漢張騫神司痘五月十八日誕有廟市恆在黃梅中

俗稱雨落賢聖殿　曾湘鄉相國以仙露明珠四字題江寧痘神祠扁額　一說賢聖殿祀炎帝

神鐙預慶四時調點綴新秋廿五宵行盡香塍祈福去齊聲宣佛夜如潮

七月廿五日張睢陽誕里巷預於七月初一日起懸鐙一月神廟在錫山之麓廿五之夜村嫗入廟宣佛四鄉往者甚衆

一半秋光三日延青門星斗拱南天願君有壽能延衆誦到菩提便大年

東門外延壽司殿祀南斗八月十八日神誕鄉嫗坐夜宣佛者甚衆

首夏清和半月新湖山管領拱西神捨生一例韓彭醢亭長功成總負人

府城隍廟在北門外硯坳橋又名府殿祀漢紀信四月十五日神誕有廟市

故國棠陰民不忘防倭功在繕城隍西神南郭雙祠廟祈報三春七日長

松滋王侯廟在清名橋俗稱南水仙祀明邑侯王其勤惠山亦有公祠公築城

防倭有功三月初七日神誕有廟市　清名橋原名清寧明萬歷中先太清公太甯公兄弟同建明遺民張夏贊公像載其事　相傳兩公貸人金卻其償償者亦不受遂以建橋

簫鼓炎天舞柘枝西墩太保水仙祠蓉圩功德千秋在六月中旬紀首時

西水仙墩名太保墩原屬先太保端敏公別墅祀明邑侯劉五緯侯築芙蓉圩有功六月十一日神誕有廟市俗稱晒煞西水仙

相宅冥冥一炬中奠居應溯鄭家功畏生夏日同吾祖榴火猶餘最後紅

無錫邑廟俗稱老城隍廟相傳在西大街老縣前因被火昇神至三皇街鄭氏暫駐及廟修復迎神歸擡之不起鄭氏遂捨其居即今廟是五月廿八日神誕有廟市俗稱熱煞老城隍　先高祖永平公宰江西臨川縣有善政祀名宦亦五月廿八日生

巍峨新廟近東林黃菊三秋盼半深士女兩河看祝嘏乞天十日不成陰

新邑廟卽金匱城隍廟在東林之陽九月十九日神誕例於十三日縣官牒吏召羽士設醮壇廟中三日供張甚盛觀者絡繹屆誕日各廟之神咸往祝嘏大小兩河士女雲集至光復後廟廢始止

鼎革功成廟貌摧桓桓士氣壯如雷可憐救國擎天手僅把神居試劫灰

光復時新邑廟駐客軍正殿以前悉毁正殿以後列屋僅四壁焉

劫殘誰與好安排手澤囘思總愴懷收得桑榆差强意絃歌從此到裙釵

新邑廟毁餘改爲女師範校舍最可惜者嘉會堂上有先大父莅風公撰聯係陽羨中丞化道鎔所書姑蘇名手唐仁齋鐫製極精雅今已無存聯句云城郭重新東林化雨常存澤茲竹箭溪山無恙南國遺風猶是栽徧梅花此聯蓋於光緒十年中法之役修城後撰如其存在至今可用

赫赫威靈一霎殫神權天演挽回難報功且幸留殘祀權榜專祠當劫看

十八年戊辰十一月廿五日東門延壽司殿神像被撤其他各廟之神祀古之有功者都去神號改爲專祠如兩水仙廟祠山殿府殿等處先後以神之官職榜於門首

三月新晴上巳天香浜葛埭足流連湖光山色年年好陸賽軍將水賽船

三月三日開化鄉軍將山廟節香會頗盛香船游舫集於燒香浜船歸過葛埭橋並有賽快船之舉

鑼聲鞺鞳互招邀空巷朝山氣盡豪香汛三春喧堰里年年上巳賽西高

堰橋西高山三月三日有香節頗熱鬧　俗稱燒香時節謂之香汛

頂禮芙蓉翠靄間三春半過尚餘閒村兒攘臂皆馮婦不爲朝山爲拔山

三月十八日芙蓉山廟節香會甚盛村人於此每尋釁鬥毆釀禍不顧此風至

今不衰

蠶種將孵桃柳新斗山香市趁陽春踏青過後無農隙不競風箏競賽神

斗山清明會頗熱鬧育蠶者每於清明日溫蠶種懷之於身俗有清明斷鷂之語鷂卽風箏之俗名斷爲禁止之意恐因游玩踐踏豆麥致訪農作也

如龍銜火惠陸間達旦宵聲不閉關看取暮春剛一半香鐙萬隊共朝山

三月十四夜四鄉香會均至惠山名曰朝山進香西城內外觀者塞途達旦不止

如沸鑼聲徹四門宿瘢猶認去年痕村兒作健誇身手虧體居然說報恩

香會中有以鉤針貫臂懸挂鑼鼎之屬或鉤胸背架鐙謂之報娘恩

九龍香汎踏青時隨喜求仙信所之七十二灣山路杳權將甘蔗當笻支

進香惠山者多在清明節邊稱大山上燒香其求織者多至白雲洞登山不燒

香者謂之上大山清明日尤多俗說全山有七十二個搖車灣步行者每攜甘蔗藉以支撐及解渴之用　香汎見西高山註

無多夙願願難成天肯從人命不更桂子香中朝八寺預儲富貴待來生

俗有燒八寺香者以燒徧八寺爲度並須於八月中進香謂來生可得好八字

花開陌上好風光十廟三年歲進香蓄得泉刀能入地今生且爲再生忙

俗於春日有燒十廟香之舉例須周偏三次肩輿陌上並作春游進香時另貯紙鏹標明姓氏鄉貫入廟焚之謂之寄庫　十廟註見前鄉間遠隔者則進香於近處各廟惟必足十處方可

年年佛日道場開一徑湖光泛綠醅隨喜上方原不禁竟無人酬太師來

華藏寺每四月初八日有香節近年石路濱湖一車可達游觀甚衆考邑志宋紹興間敕葬太師張俊於此建寺墓左以奉歲祀賜名華藏後因以名地

新安古寺賽春晴華誕惟憑大士靈宣到南無天默佑踏殘小麥更青青

新安鄉靜慧寺二月十九日大士誕香火甚盛鄰田小麥多被踐踏而事過依然豐稔故鄉人益信仰云

蒲團曾此懺情儂花雨年年浴佛中舊日風流今不見美人名士已成空

長大廈祇陀寺四月初八日佛誕香火頗盛卞玉京爲女道士焚修於此沒葬寺後雲林居士清閟閣亦在焉今遺迹不可復覩　吳梅村過錦樹林玉京道人墓詩傳云墓在惠山祇陀庵錦樹林之原註祇陀講寺在無錫縣東三十里云云似是今之長大廈祇陀寺二說未知孰是

良月將中佛誕開市兒身手氣如雷只因有疾權從屈漫笑王孫胯下來

南門外保安寺穢跡大士稱癩疥菩薩十月十三誕日是日有叫畫眉及角力賭勝諸事患癩者進香時每出大士胯下謂可除病

無多殘夏趁荷辰小隊華鐙夜向晨誰詡胸羅經萬卷屏香烈日禮雷神

六月廿四日爲荷花生日俗有雷尊香之舉每於先一日晚間於供神處陳設鐙彩甚者支搭鐙棚黎明進香於觀前街雷尊殿競旨香卷以多爲貴前者宣之不已後者不得進日高不倦謂之屏香　俗相持曰屏有屏氣不息之義

中流倒映起樓臺紺宇琳宮面面開一點金山鎮湖水甲周兩見刧灰來

黃埠墩舊稱小金山洪楊庚申之刧毀焉至共和九年庚申不戒於火再經焚毀逾四年甲子而有齊燮元潰軍擾錫之變北郭商廛受創最巨

無遮依舊闢千門宏願重恢傑閣存照耀琉璃金映日中央正色本名墩

黃埠墩既毀於火歲丙寅邑人唐保謙興復之小窗四闢仍如舊觀惟瓦則黃色　吾祖莛風公舊有聯云九龍繞郭而來一顆明珠宛在芙蓉煙雨萬馬窺江已去半規浮玉依然楊柳樓臺今此聯已不復矣

琳宮法雨下諸天澗底篔簹不計年見說然萁煎太急大圓一覺未曾圓

軍將山成性寺有額曰大圓滿覺相傳明建文帝書至覺字之半邏者至而罷後人補足之今額上字均金色惟覺字下半之見字作墨色以別之　澗中產竹細枝長節大葉名龍竹

功德重恢迹已陳居然丹碧一時新雷峯圮後龍光起代謝相逢若有因

錫山龍光塔往年寺僧興修中輟甲子年始新之而西湖雷峯塔忽於是年八月間傾圮興廢適同時也

依然正氣作山河指點迷途感應多六十年前追往事叢林一鶴記登科

夢神殿在錫山之麓祀明于忠肅先大父茝風公舉戊午順天鄉試年友人邀伴祈夢惟覺見畫一幀萬木叢中一鶴而已款題嘉平兩月四字比榜發凡主試房薦之姓名均有木字某官名有鶴字與畫悉合大父嗣以軍功保知縣以

摯友倪載軒力爲多倪君係嘉興府平湖縣人兩月爲朋又與款字適合

龍光繼起此重新合浦無由返刼塵撒手可憐成解脫捨身先有墜厓人

南禪寺妙光塔毀於洪楊之劫共和十五年歲丙寅邑人榮德生修復之相傳上有鎮塔寶物失去已久當興修時有某匠攀登失足墜斃

債臺何幸傍瞿曇日暮天寒不可堪我佛慈悲容小住梅花除夜綠蘿庵

東門外綠蘿庵相傳有除夕避債於此者題壁有綠蘿庵裏看梅花句其人後富貴每歲除夕必演劇於庵是日觀劇者例得緩追其償云　一說係明浙江布政使龔勉事

洞房簾箔久荒蕪食譜猶存石鴨無往迹已陳恢不得空留書證未糢糊

石獅庵在沙盆潭河之南以尼善煑白鴨有石鴨之稱共和初年尼去庵廢地歸市有立有書據分存縣與市公所十七年戊辰改爲民居庵舊有兩石獅今

在公園內

犀辟塵埃玉辟寒碧城端只在人間棲鸞影事空陳迹惆悵雙修記惠山

惠山尼庵夙著盛名今已廢庵亦變易當淸嘉道間女冠嶽蓮住惠山福慧雙修庵擅詩畫與文士遊嶽蓮姓王號韻香少爲比丘尼後爲女道士丹徒丁傳靖輯福慧雙修庵小記與貫華叢錄合刊　首句用義山碧城句

美人合住衆香中管領羣芳屬碧翁粉黛兩行釵十二記年月月有嫣紅

錫邑城隍廟俗稱老城隍廟西側有一殿祀一叟旁列女神十二云是花神

一劍酬恩拓霸圖可憐花草故宮蕪瓣香俠骨留殘塔片土居然尙屬吳

大婁巷內專設諸塔相傳卽係專設諸墓居人歲時祀之

長橋落日水天齊刺史遺蹤望欲迷一樣風流談往事鵝湖冢比聖湖隄

鵝湖新橋附近有白樂天衣冠墓相傳樂天過此云死當葬我於此好事者因

營冢焉

桃花三尺女兒墳殿卷餘紅稿尙存不結鴛鴦結文字詩魂終古伴貞魂

馬貞女墓在錫山之麓與詩冢鄰貞女以中表某非禮相犯不屈死先大父冷紅館集有詩詠其事在補鈔卷末　首句用趙秋舲句

篁村韻事兩相侔一例遺珠土一抔等是憐才非棄擲名山藏拙亦千秋

錫山之麓有詩冢爲顧響泉先生選梁溪詩鈔之餘草賈君素齋築冢藏之立碣其上名詩冢蔣君仲和爲之圖吳郡石韞玉撰銘幷序及諸家題詠圖爲族祖誼亭先生家藏其子孫尙世守焉　會稽陶篁村自訂詩稿其不入選者藏石匣瘞焉亦名詩冢梁山舟學士題句云未必見投皆苦海公然藏拙亦名山見秋雨庵隨筆　先司寇公小峴山人文集與顧丈響泉書深爲被埋諸家原稿惜

素面朝天動至尊昭陽夢醒已東昏娥眉零落無人惜三尺桃花傍陡門

石達開女石筠照侍天王有寵天國亡遁梁溪爲丐死葬陡門名小娘墳見慈溪柴蓴梵天叢錄

流傳俗諺豈無端每況精窮說范丹比似陶朱原一系郤教抔土至今寒

蠡瀆附近有范丹墳稱精窮墳以俗稱赤貧者爲精窮范丹故也近鎮有大庵祀陶朱公范蠡

荒冢千墩白骨封河山無恙霸圖空不逢亭長休相問誰向沙場弔鬼雄

泰伯市坊橋瞻橋之間有土堆碁布曰千墩園相傳古征戰地此墩爲叢葬將士處

編木爲基奠一抔佳城鬱鬱鎮中流了然來去應無住此土原如不繫舟

木排墳在鵝湖爲華氏祖墓相傳累土木排而成按邑志明處士華興叔墓在

鵝湖塡土築成今所稱者殆指此

大志居然託聖孫覇啇空使篡名存周家片土今安在不及荊蠻尙有村

梅村附近有荆村蠻巷以泰伯避地得名

鴨城草沒古宮蕪此地當年實沼吳春水綠頭人一舸題橋還認舊名無

懷下市鴨城橋相傳吳王西施豢鴨游樂之所

南國葳蕤憶往時小橋流水認題詞至今采擷無人問數盡相思少一枝

近后宅有地名紅豆樹下者相傳當初有紅豆樹其地新築石梁吾友許君少宣爲題橋柱曾及此樹

金甌歷刧幾多全咫尺長城迹尙傳鎖鑰北門今視昔伊誰自壞不知年

北門外笆斗街內有若城闉者曰長城門下或云舊時城址或云明初莫天祐所築之外城據老者云西門外壩橋等處亦有此址近已湮沒 一說係明邑

倭王其勤防倭所築

片阪留名迹已陳殺身爲國總成仁百年至計防倭策大義當前竟滅親

近東門熙春街頭有橋阪甚小而其下不通河者曰克保橋相傳係明邑侯松滋王公靳子處子名克保時築城防倭其子與役不力被誅

豹尾當年認侍中琱弓玉勒小戎風垂虹立馬空陳迹佳話流傳說駐驄

城內駐驄橋以清聖祖南巡時納蘭容若扈蹕駐馬於此因以得名

籠鵝已事想當時千載猶存滌硯池不爲名園留勝迹蓉芙初日最相思

公園西南隅歸雲隝下原有石砌小池一相傳爲王右軍洗硯池地鄰崇安寺寺址原稱爲右軍故宅者園之西部爲三島人松田築池竟塞焉猶記園東池沼未闢時此池尚栽蓮也　洛社開利寺有觀鵝亭今已廢明嘉靖間先從川公修葺之有文記其事

逐鹿中原得者希一泓清淺孰知幾征袍洗盡蒼生血只爲他人作嫁衣

西門外公共體育場有池曰洗袍池相傳常遇春洗袍處

蓉湖湖上綠波生畫舫尋春載酒行斜日河塘歸櫂晚坐花醉月醬園浜

湖船俗稱花船客集例開惠山河塘晚歸泊醬園浜邀月納涼笙歌徹夜其後改泊小尖非納涼時卽泊各船原泊處　浜廣韻屬八庚

夕涼湖上泛瓜皮消夏人來此入時解唱南唐舊詞句車如流水到今宜

夏日有以小艇張布蓬泛於蓉湖惠麓之間者曰水馬車其式類西湖之瓜皮艇

名園桑海幾荊榛誰爲誅茅洗刼塵此日林泉欣有主解囊還仗挂冠人

寄暢園修葺之後又毀於甲子奉直戰役會族弟亮工以新加坡領事解組歸於乙丑年重新之

名山觴詠孰追攀往事風流去不還豈分絃歌到童稺摩崖片石尚人間

碧山吟社明成化中先貞靖先生倡邑中十老爲詩會處先從川公修復之舊迹久湮無從確指共和初年無錫市就其址建惠山小學發見碧山吟社之摩崖石刻古址遂以確定

鄒園綽楔鎮西神埋骨名山竟未眞地下有知應自悔當年鑄錯是金人

惠山人傑地靈坊明鄒德基書著名於時其地原屬鄒氏園址德基父迪光墓邑乘載在惠山實在開原鄉河埒口德基死於盜喪其元相傳鑄金首殉葬於迪光墓有隧而盜其棺者

二泉一徑對祠堂逭暑人來趁早涼此是讓王高潔地一泓菡萏薦清香

惠山池荷以至德祠爲盛夏日清晨頗有遊觀至此者

捐階佳話說王孫對月成三孰與倫香界重開天半起一樓千古兩詞人

惠山忍草庵貫華閣爲顧梁汾成容若去梯玩月處邑人楊味雲於十四年乙丑興復之於第三層祀顧成兩先生及與庵閣有關係諸鄉先輩戊辰四月落成輯貫華叢錄薈其事

新築龍腰一徑通莘林遙指北茅蓬鶴巢畫本題詩在一角紅牆露梵宮

惠山自黃公澗至北茅蓬近年在山腰築橫徑通之曰龍腰路王雲軒鶴巢繪圖余代題絕句其上藏於庵歲乙丑畢庶澄駐軍於錫以清明節植樹於澗之左畢字莘舫遂名莘林十七年戊辰之春改爲中山林場

西神山寺換崇祠爾許豐功民不知今日褒忠能奪席一番代謝一乘時

惠山淮軍昭忠祠係洪楊平後就惠山寺大佛殿而建共和初年廢而旋復至十六年黨軍南來翌年改爲忠烈祠祀革命諸先烈

鑑底依然水一泓湖山無恙可樓空涼波明月無今古曾照興亡卅載中

五里湖高子水居於三十年前由可桴裘先生等集貲興復數年前被火毀燼裘先生有聯云後左徒二千年謫宦歸來聊尋漁父濯纓樂接太湖三萬頃涼波浩渺曾照孤臣戀闕心外舅楊範甫先生聯云入水不濡至人鍊性如明月裁湖作障終古漁歌滿夕陽又有可樓題額亦裘先生筆

裁湖依舊拓三椽劫後圖形未得還只爲世無乾淨土不留片影在人間

水居於十九年庚午由高氏及地方人士興復舊觀惟勒石之像無可重摹此像本爲先司寇小峴公所藏曾題識其上今已不知所在矣

天外三山湖上頭湖頭黿渚自天浮一從崖石橫雲起小築居然鎭上游

黿頭渚自邑人楊翰西闢果園建臺館游觀日盛臨流石上舊邑令巴州廖綸勒有包孕吳越及橫雲等大字楊君因有橫雲小築等處日以拓展　鄉賢明孫侍郎繼皋有天浮一黿出山挾萬龍趨句

萬頃湖光放眼空美人猶是傍英雄羅浮左顧黿頭右鼎峙名區此建中

管社山萬頃堂亦楊君所闢先黿頭渚而起上有項王廟虞美人崖　羅浮在梅園高處有小羅浮石刻叔父岐農所書

水榭風亭石徑幽一泓清淺湖泉流東池小有西湖勝一代詞宗在上頭

東大池在開原鄉張巷之北石徑通之本鄉人陸培之點綴廬舍疏濬泉流爲游觀之所三面環山先淮海公墓在其上碣書秦龍圖墓宗祠內有一代詞宗扁額

橫斜萬樹足繁華香海濃於處士家等是孤芳殊冷暖東山繼起有桃花

開原鄉梅園爲本鄉人榮宗錦兄弟所闢其山俗名東山園之左近橫山上繼闢桃園亦屬榮氏　香海係康有爲留題梅園小額

五湖一舸水天寬有客操贏此溯原惆悵浣紗人去後千秋猶幸蠡名園

揚名鄉青圻王氏居五湖之濱以商起家十八年己巳王氏禹卿闢園湖濱曰蠡園

廣勤一路闢荒蕪衣被民生業不虛點綴一隅成勝地與人共樂說于胥

邑人楊翰西設廣勤紗布廠於黃泥頭拓展道路達於城區闢市設校並於校側闢公園一區曰于胥樂

遙山相映勢蟠蜿白水池塘此溯源約略亭臺規舊本公園原是盛家園

公園及白水蕩均係明盛冰壑後樂園故址

園林樓館鬱崔嵬福地重新兩境開等樣安排如有意溯源都是一家來

公園係洞虛宮道院及明盛氏園址圖書館係三清殿址及盛氏私財兩處均係道院均出盛氏頗爲巧合

爇香賄得幾村翁廟貌曾酬一炬功至竟民心終不死園林起處廢崇封

惠山李公祠祀合肥李鶴章報其洪楊時收復錫邑之功功實由於提督郭松齡鶴章忌之城廂民房被毀無算祠成日幣致村老若干人捧香迎主入祠鼎革後議廢十八年改爲公園

天際蘭臺瞰紫宸文光上燭動星辰爲成東壁千秋業菩薩端居亦捨身

縣圖書館在舊玉皇殿之陽係三清殿改建頂上鐘樓然有電炬通宵朗照

石渠天祿未云亡十萬縹緗古色香第一快心成盛舉快他悖入化琳琅

縣圖書館光復後建其經費有沒收盛宣懷在錫之典當股分在內

陶朱餘業傍瑯嬛碧簡瑤籤次第探蓄得縑緗能餉士一鄉文化在山南

大公圖書館在開原鄉山南榮巷係榮氏德生所建所藏多善本書

開吳自昔溯文明鄒邑居然擁百城南北後先相對起遙遙堰里等聲名

堰橋胡氏於共和初年經營市立公園圖書館於村前並以家藏書籍實之泰

伯市鄒氏踵而行之闢園館於后宅胡氏以壹修雨人昆仲之力爲多鄒氏以茂如市董之力爲多

滄桑閱盡一拳頑松子無聲打石殘尺短寸長誰解得量人容易量心難

惠山聽松石牀俗稱量人石謂舊時人臥其上修短皆適合　松子聲聲打石牀唐皮日休句卽此是也

巨跡留痕不計年山頭崖石至今傳周家帝武原虛識超海何妨說拐仙

惠山之巓有草履巨跡在石上名仙人跡相傳拐仙履此越太湖而留痕者

漫說亭亭絕代姿介如標格九重知佳人獨立原高世天錫嘉名石不辭

惠山寄暢園小方池上有立石亭亭有致舊稱美人石清高宗南巡時見而賞之更賜名**介如**峯

磐石雙蹲孝子前摩挲贏得路人憐誰知清介天然骨一墮人間便癖錢

惠山華孝子祠前有兩磐陀石褐色潤澤花紋斑然云是瑪瑙石以制錢磨之錢被吸石上不墜游人過其下者每試玩之以爲戲

東抗扶桑日不驕賢侯勞苦念功高至今覩物思前烈汗馬當年視此槽

明邑侯王其勤築城防倭功在民社遺石質馬槽在西城上後移置公園栽花植石以供觀賞

桃柳當年盡爨薪一株獨免念前人流傳有幸重題記終古垂楊此姓秦

五里街大德橋畔秦留樹古楊也先海翁公過其處憩樹下居人將斧焉公予金俾勿伐土人名爲秦留樹先宮諭對巖公有留樹之記吾友錢子泉游息其下又作記以示門弟子大德橋西舊名綺雘街相傳有一株楊柳間株桃之謠今所存僅此樹矣

干雲直上鬱蒼蒼天語當年識不忘喬木何辜同末運得天曾不及甘棠

寄暢園樟樹大數圍清聖祖南巡時頗稱賞之見江南大吏輒詢及此樹光緒季年爲人竊伐

霜皮枯盡骨猶驕比似精忠亦後凋識得三朝桑海變至今八士誤名橋

八士橋古柏夭矯如龍相傳爲元時物八士爲柏樹之誤共和初年一枝猶生今全枯矣古稱老柏黛色參天此則横出屈曲如藤狀土人以木支之不則偃臥下垂矣

蕭爽鬚眉氣尚生雙忠一代著英聲懲奸千古殘肢在白鐵無顔鑄進明

錫麓張睢陽廟内有雙鐵足跪地而無身首者相傳爲賀蘭進明一説身首在山西四川等處附祀者太守許遠廟有聯云國士無雙雙國士忠臣不二二忠臣

鬼門端只在人間若個匆匆去不還業鏡高懸隨處是望鄉何必上青山

青山寺望鄉臺相傳舊有業鏡可鑑亡人有孝子念故父探鏡而殞今鏡之基礎猶在

仇胡擊劍事徒然高隱湖山且樂天留得名園傳大俠至今豔說紫淵鞭

清初西鄉楊維寧紫淵精技擊陰結豪傑爲明復仇不得志構園林於管社山隱居焉園名楊園今荒廢紫淵遺鐵鞭一今藏黿頭渚廣福寺

圖形勒石豈無因首校重恢賴此人不惜摧殘與更始褒忠有愧勝朝仁

清季兩江制府端方因平竢實毀學案邑人爲勒石像於惠山尊賢祠辛亥光復制府在蜀殉節像亦被毀並及其題雲起樓五言詩一首同時泐滅　竢實卽縣立第一小學校

節鉞還山歲月饒平蠻遺事話前朝三聲鳴砲能傳世一系遙承總屬苗

吾邑砲手均屬苗姓其先係先中丞舜峯公開府湖廣平苗俘獲司砲轅門嗣

隨歸田以鳴砲世其業因出於苗遂從苗姓自明中葉迄今不改

才子佳人信有之相逢無奈不同時如何三笑荒唐說鼓板臨衢集市兒

唐解元華學士生不同時而三笑因緣附會鑿鑿彈唱者繪影繪聲焉今東亭鎮有學士故第遺址石柱巍然尚存

中央在水啓閭閻鄰邑流傳市隱兼足繭尋親何處是窮途輾轉到缸尖

錫諺缸尖渚上團團轉此語鄰邑皆知其地環水鄒氏聚居世業陶器地以得名相傳有孝子尋親輾轉於此故諺云然

邑諺云然迹已陳門楣豈必不如人西關甲第曾無誤鑄錯緣何只說秦

先太保端敏公營第於西水關門有聯云九轉三朝太保兩京五部尚書嗣有鄉村某錄其聯懸諸門有非之者則云我根據西水關秦家如有錯錯在西水關至今不認錯者每援引之

祠堂喬木鬱森森問鼎聯翩說至今五世科名八十第詞宗繼起有詞林

師古河宗祠門聯云辰未聯科雙鼎甲高元接武十詞林頗傳誦溯自先宮諭對巖公至伯祖臨七公五世十詞林傳爲玉堂佳話雙鼎甲者味經公穉川公以同高祖兄弟於乾隆丙辰己未相繼登科探花上苑補念公亦於順治乙未以一甲三名及第吾宗鼎甲先後三人而辰未聯科尤推盛事宗祠內有一代詞宗扁額

集腋鍾王勒石看名園清賞昔曾完滄桑歷劫無人問搜剔何年返舊觀

族祖蓉莊公鐫寄暢園帖洪楊之後石已不全縱事搜求無由復舊今完本頗珍貴

摹本歐陽竟亂眞醴泉名拓此稱神一家珍賞存餘瀋片版於今尙姓秦

族祖仲堅其偉兩公以藏本宋拓九成宮醴泉銘鉤摹上石與原本無異洪楊

後存十之七吾祖莄風公跋其尾世稱秦版九成宮

對峙東西識者誰咸通經幢遠堪追摩挲手澤懷吾祖右顧原非沒字碑

崇安寺門內兩石幢鐫尊勝陀羅尼經左者載唐咸通八年爲懿宗年號右者邑志稱無字吾祖莄風公始發見其上有經文云

登陴勒碣控江城是處曾當萬甲兵幸得金湯無恙在未教塗炭到民生

控江樓城防紀念碑記十三年甲子江浙戰禍吾邑兵燹事時商團長楊翰西率衆防城與市董錢孫卿縋城出入接洽潰軍首領自臘月廿四日至正月初四日奉軍至圍乃解其時城外多遭焚掠城內獨免數年前有拆除城垣之動議嗣不果此次城內竟賴以安堵

峨峨雪浪水之涯見說山僧解種茶記得當年登獨露清泉一勺試新芽

開化鄉雪浪山產茶有名山僧每以供客上有蔣子閣獨露堂等處

翦取溪流結水村青菱四角號餛飩嘗新令節秋剛半入市呼來總是孫

青菱八月上市有二角四角兩種四角而肥者稱餛飩菱熟食頗佳開原鄉所產爲上大孫巷尤著

清溪雨過放菱艫溪女如花水映容蕩槳歸來相問答幾聲笑語似吳儂

北上鄉曹墓蕩產菱是處方音已近吳語菱盆曰菱艫　曹墓蕩俗稱如船姆蕩

浮瓜韻事與誰倫薦出冰盤綠玉痕解得箇中能療熱此間黃土卽青門

懷上市黃土塘產西瓜香瓜萬安市石塘灣亦產香瓜均著名

山深五月熟楊梅榴火噴紅助豔開節屆天中爭上市聲聲喚自大浮來

開化鄉山中多產楊梅大浮尤著市上喚售均稱大浮楊梅　浮讀如湖

名品流傳不計年娘娘堂畔早秋天山家景物饒風味嫩栗樨香滴露鮮

惠山桂花鮮栗產媧皇廟前者爲佳俗稱娘娘堂

觀墩名附惠山傳豆子青青月正蠶最是晚春初夏候登盤綠玉薦新三

惠山觀墩蠶豆卽邵文莊公十八畝茶田所產者頗著名立夏日俗以朱櫻青梅來麥三品祀先嘗新曰薦三新輔以蠶豆莧菜等品　來麥名甚古詩曰貽我來牟牟麥也

紺宇新輝伯瀆旁清涼一服叩空王人間療熱無多藥此是清心第一方

保安寺薄荷頗著名稱爲寺前薄荷寺僧近年募建大殿煥然一新

芙蓉尖渚枕湖清近市魴魚此著名等是民勞今昔感安知頳尾不金睛

紅尖渚名芙蓉尖產有金眼魴魚頗著名

水國秋高斷作圍尖團贏得老霜肥持螯盼到黃花節玉爪年年訪玉圻

青城市玉圻產蟹最豐肥名玉爪蟹

一念慈悲福衆生青螺已斷未成烹百千萬刼留殘底要見天心水一泓

華藏寺池中產無底螺相傳爲斷底將烹之螺放生而產者今寺僧於四月初八日浴佛會仍舉行放生事

浙麩包炙麵稱筋攜得筠籠土物新可惜中空虛有表朏盦畢竟擬于倫

油炙麵筋爲吾邑名產竹簍籠之遠道餽贈吴稚暉朏盦咨座談話以學生入校猶麵筋入油釜一發即大説頗雋妙

佳日春秋寶善橋河塘兩岸好停橈觀魚攜餌泉亭去小餅金剛脆辣燒

惠山出品有麵製小餅兩種糖麵者名金剛肚臍鹹者名辣燒餅其油酥之一種頗著名其次堅硬者游人每以飼漪瀾堂前池内朱魚

自儉梳妝不厭貧年年辛苦爲他人朱門羅綺尋常視那管絲絲不著身

天下市塘頭婦女多以絲線爲業頗得名

名絺宜夏色中央許里村家獨擅長晉用楚材人不識服之無斁草名黃

開化鄉許舍里等處所製黃草夏布頗著名絲經者尤佳其原料爲吳江產

北風獵獵聽弓鳴此是烝民挾纊聲今日四郊多壘甚無衣端爲未銷兵

塘頭彈棉弓弦亦頗得名

丹青點綴稱心裁葉子鮮妍五色開造就牧豬功不小草間多慕寄奴來

東亭鎮人善製紙牌女工居多

倒拔山行小伴偕入山拾得草名牌倘逢大藥成三二願採仙莖不採柴

惠山石門下產有一種小草葉背有褐色之點名肖牌草相傳集得如牌成對且得三十二數者可療沈疴此草實隱花植物之一種產幽僻巖竇間村童每入山採之　由石門下登山至頭茅峯下山者謂之倒拔山

傀儡衣冠色色新誰爲作俑土摶人濫觴管趙成佳話咫尺山街賽析津

惠山泥人行銷頗廣與天津齊名

宜僚一藝足生涯圓潔居然可掩瑕丸得山泥當文石二泉路伴選桃花

惠山有售花石子者恆設攤於泉亭門外道傍階石上大都用白堊和以青紅色揉之成紋曰桃花石其純白者作鴿卵狀畜鴿者每以探巢易其卵云

繁華新號小春申洗盡胡塵闢五門指點惠山山下路通衢斜對古秦園

共和初年闢光復門於東北郭俗稱新北門築馬路拓商市有小上海之稱嗣後拓展馬路西達惠山路之盡處與寄暢園斜對是園俗稱秦園

蕞爾繁華浪得名因商闢埠豈氏情兵車過後終陳迹幸是無爲未底成

吾邑商埠闢於十二年癸亥之冬數年以來事業停頓至十六年丁卯春黨軍南來埠遂革

城北重光紀績還十年更甲啓東關青門八箭滔滔去流過東林水一灣

光復門既闢後十年歲癸亥更闢東水關自東門引八箭河水南過東林東折出關

鄉宦同閭再後先六門街市繼咽塡嚴關四扇迎西爽更始從今十六年

共和元年俞師仲還長邑政族弟效魯繼之闢新北門曰光復門十六年黨軍南來效魯再長邑政俞師繼之是冬闢新西門曰西成門兩家同在小婁巷也

長虹通惠路迢迢隔水從今莫問樵善士高風原不滅吳澄姓氏本名橋

通惠路吳橋於共和五年丙辰皖商吳子敬建泰伯市有吳澄橋澄元時學者橋以得名

水利重開待百年村兒攘臂識機先朝山香卷今猶在撤壩應教起九泉

西門外顯應橋自昔惑於形家言築壩遏水淸嘉慶間開原鄉人支浩明以開壩成獄幾不測先司寇小峴公實右之獄得解香會中有開顯應香卷宣誦其

事十二年癸亥水利研究會議決開壩橋遂通　浩明以小字阿鳳著稱

護柵成城志不摧如何門戶豁然開盈庭衆議如充耳不及兵車一度來

亮壩久爲該處河道交通之障礙縣議會屢議開壩而護柵諸人以北柵口商市關係力阻之十四年乙丑春值奉直戰事鑿而通之壩遂撤

溪流東下去如潮束水從今患已消邑有三人陳水利成梁丁卯合名橋

西門弔橋志稱梁溪橋束梁溪之流通湖不暢每釀水患十二年癸亥水利研究會胡雨人著救治旱潦計畫書倡議改造放寬橋門以八丈計由水利工程局主任楊翰西市董錢孫卿於十六年丁卯竣其工

長橋寶善引浜延引入幽深入洞天一自車如流水後垂虹有影不成圓

惠山浜寶善橋環虹映水作大圓形河塘一帶掩映其中一望幽深風景佳絕十八年己巳改建新式橋通車惠山公園此景不復覩矣

虹跨清溪一水平兩鄉孔道紀梁成陶朱有術能千古未許新安獨擅名 仙蠡墩與北橋中隔梁清溪爲開原揚名兩鄉要道以津渡通十九年庚午兩鄉實業家斥資建橋名蠡橋　接壤揚名之新安鄉亦有蠡橋

闢土通虞道路開徵工牒吏羽書催共和新政皆民意不信周家獨子來 十年來建設方面謀省縣交通牒縣徵工築路吾邑先通常熟次及宜興等處十八十九年冬春之間督促興工徵沿路居民出工若干不出工者以金代免其役

江上芙蓉一徑通不須用檝唱車攻廿年大計開榛莽同軌先聲且策功 共和初年錫澄間有鐵路交通之議至十七十八年間開築汽車路十九年八月二十日路之南段通車至二十年秋間全路成　江陰城名芙蓉城

彈指星霜十五年詞成與歲兩團圓假年再記滄桑跡倍繢應追三百篇

詞始作於共和七年戊午至廿一年壬申歷十五載矣得詩一百五十首均爲三五之數

中華民國二十四年十二月

著者　秦頌石

印刷者　無錫文新印刷所　地址　城內崇安寺公園路

無錫景物竹枝詞

（民國）周貽白 著

《無錫景物竹枝詞》不分卷，（民國）周貽白著，民國三十七年（一九四八）鉛印本。

周貽白（一九〇〇—一九七七），原名周夷白，筆名六郎、劍廬、雲縠，湖南長沙人。早年爲演員，二十世紀三十年代開始從事戲劇電影創作和戲劇史理論研究。編有《中國戲劇史》、《中國劇場史》，編寫過《朱仙鎮》、《李香君》、《花木蘭》、《紅樓夢》等影視劇作品。建國後，在中央戲劇學院任教。《無錫景物竹枝詞》創作於一九四七年春，其時周貽白在錫小住，費時一月而成竹枝詞一百零八首，刊於民國三十七年《無錫導游》。此竹枝詞妙在以外鄉人而咏無錫風土人情，且所涉内容廣泛，論地域則包括城中、城郊、四鄉；論山水則山涵惠山、錫山、金匱山、鴻山、華藏、胥山、寶界山，水有梁溪、運河、太湖、蠡湖、鵝湖、黄天蕩等。而其所知古今人事鄉風之凡可褒揚者，無不謳歌之。即如肉骨頭、油麵筋、惠泉酒、惠山泥人等土特産亦在吟咏之列。無錫之爲人杰地靈之邦，令人神往，周貽白的竹枝詞可以佐證。

本書據民國三十七年《無錫導游》影印。

（沙無垢）

無錫景物竹枝詞

周[illegible]

（一）奔走江湖鬢已絲，梁清溪畔偶棲遲：飄零漫說他鄉好，聽我新聲唱竹枝。

無錫一名梁溪，即梁清溪之簡稱，俗以梁鴻曾居溪畔，目爲梁鴻溪，實誤。

（二）聞道江南是水鄉，城中四處有橋樑；東門菜販南門丐，各路粮船集北塘。

無錫俗諺：「東門菜販子，南門叫化子，西門馬牌子，北門小夥子」。今西門已無馬房，業米粮者多集北塘，小夥子，指店中學徒也。

（三）九支羽箭一張弓，十道河流八路通；是處樓台皆近水，無邊風月櫓聲中。

城中有直河，名弓河，分流九支，名箭河，皆通舟楫，居民築室多近水。

（四）俗說流傳事莫稽，右軍捨宅作招提；頹垣破瓦崇安寺，市隼叢喧鳥不棲。

崇安寺相傳爲王羲之故宅，屢燬屢復，丁丑之亂，又遭刼火，今僅留殘址，半成市街。

（五）久鎮山門兩石幢，月明時見影雙雙；刼灰燼掩唐年號，何處淪爲繫馬樁？

崇安寺前，舊有兩石幢，鐫咸通年號，唐代物也。今不知流落何所？

（六）池邊楊柳發新柯，照眼榴花映水荷；獨樂不如供衆樂，盛家園裏任婆娑。

城中公園，原爲明盛顒後樂園舊址。

（七）閒中歲月儘消磨，感事傷時議論多；蚱蜢跳跟知了叫，清風茶墅變虫窠。

公園中矮屋數楹，舊名清風茶墅，邑中士紳常集於此，其人各有混號，或叫或跳，皆以虫名。

（八）競說梁溪產髓尼，禪庵煮鴨想清規；布金誰買祇園地，目睹興衰有石獅。

沙文井河之南，有石獅庵，庵尼以善烹石鴨著名。今庵已廢爲民居，庵前有兩石獅，現已遷往公園西部。

（九）九峯遙對映山河，千朵芙蓉映碧波；一自填平成馬路，玉喉聲斷採蓮歌。

映山河在城內，兩岸植芙蓉，九龍諸峯，參差掩映，故名，今已填成平地。

（十）鎮邑空傳有異珍，黃金符匱早成塵；名山化作闤中影，術數無靈郭景純。

城中舊有金匱山，傳郭璞曾埋黃金符於山下，今山已剷爲平地，建有市房，僅遺湖石數塊。

（十一）邂逅相逢吳市簫，專諸怒比萬人驍；劍鋒直透三重甲，千載應知骨未銷。

專諸塔，在大婁巷內，即專諸刺王僚被殺後埋骨之地。

（十二）春風吹遍古城隈，書院當年育俊才；講學不期戝黨禍，東林桃李爲誰開？

•2•

東林書院，在東門城角，明代東林黨禍，即發源於此。

（十三）天涯待罪有孤臣，辱國何殊即辱身；止水一灣明月在，臣心端似屈靈均。

止水池，在城南水曲巷，即明高攀龍將被逮時自沉處，高氏遺疏，有「臣雖削奪，究係大臣，大臣受辱即辱國，故北向叩頭，從屈平之遺則」云云。

（十四）由來文筆尚空靈，比似川流不滯停；一酌清泉堪了慧，惺惺泉亦惜惺惺。

惺惺泉，在城內胡橋北，相傳泉水可以益智。今亦迷失其處。

（十五）三鳳橋邊肉骨頭，朵頤足快老饕流；味同雞肋堪咀嚼，莫負樽中綠蟻浮。

醬汁排骨，俗稱肉骨頭，三鳳橋所製最有名。

（十六）金丸腐脯吐清芬，食譜宜增油麵筋；創製盛傳梁武帝，南朝舊事戒腥葷。

油麵筋，本邑特產，其法創自梁武帝，（見事物紺珠）

（十七）勝朝文運數江南，更把梁溪作美談；進士九人同一榜，六科曾出三解元。

學宮前有坊，邑人名列鼎甲者，皆有一匾，其左右二匾，作「一榜九進士」，「六科三解元」，皆明代事。

（十八）城隍廟事祀花神，侯伯威儀擬不倫，應是冥曹諸變相，一齊都現女兒身。

老城隍廟，在學宮左近，其偏殿不作地獄相，塑美女十二，曰花神殿。

（十九）年終避債恨無台，且看梅花幾樹開；詩思死然驢子背，綠蘿庵裏獨徘徊。

綠蘿庵在東門外，相傳明龔勉避債於此，題壁詩有「綠蘿庵裏看梅花」句，

（二十）一曲瑤琴四座傾，花間夢醒鼓鼙驚；青燈長伴祇陀寺，老死佳人卞玉京。

明金陵妓卞玉京，善琴，明亡脫籍，出家梅里鄉祇陀寺，死葬寺後。

（二一）寒泉古木寫幽思，高士行藏託畫師，見說雲林清閟閣，不教夷使近簾帷。

祇陀寺側，即元倪瓚清閟閣故址，相傳有夷人過境，求見不得，焚香對閣，再拜而去。

（二二）當風無復大士雄，九術摧吳已奏功；等是荒亡能誤國，鴨城堪比館娃宮。

鴨城橋，在壞下市，傳係吳王夫差養鴨之所。

（二三）不因人熱自爲炊，舂臼時艱賦五噫；欲弔梁鴻何處是？山前溪畔兩迷離。

鴻山，即梁鴻卜居之地，梁鴻溪即由此訛傳。

（二四）七級浮屠閃妙光，陳隋烟月感興亡，千年古剎南禪寺，曾是蕭梁舊道場。

南禪寺，在南門外，寺創於梁太清初，爲南朝四百八十寺之一。有塔名妙光，俯瞰城中，瞭如指

掌。

（二五）大地蒼茫一葉浮，九峯迤邐百泉流；野花開遍閒汀渚，不見溪山勝概樓。

溪山勝概樓，爲元華瑛建，舊址在惠山之麓。今已迷其處。

（二六）亡吳覇越不酬勳，閒煞蘇台舊舞裙；仙女墩前雲縹渺，浮沉兩字古難分。

仙女墩，一名仙蠡墩，傳係范蠡浮西施僱舟處，或釋浮爲沉，疑不能明也。

（二七）得遂初衣隱水居，可樓靜坐日攤書；臨流縱有乘桴想，終是韓彭覆轍車。

高攀龍水居，在五里湖濱，有可樓，爲高讀書之所。高懸壁詩，有「堪嘆韓彭與漢室，功成不遂五湖遊」句。

（二八）蘆花飛起一天秋，五里湖中好放舟；山色清癯聞過雁，水波搖漾浴鸂鶒。

五里湖，一名蠡湖。華淑五里湖賦，有「波問鴛侶，水上鷗羣，鳧鳩栖渚，雁鷺眠汀」句。

（二九）寶界山頭太白峯，漆塘倒影萬株松；濯纓自謝泉通惠，賸得桃花歷亂紅。

太白峯，在寶界山之西，有南北桃花塢之勝。山下爲漆塘，舊植松遍野。宋錢紳隱居其處，鑿泉名通惠，今皆荒蕪。

•3•

（三十）一道長虹阻怒潮，落花時節馬蹄驕；湖邊不用嗔爭渡，山下新修寶界橋。

寶界橋，橫貫五里湖，共六十洞，爲近年邑中大工程之一。

（三一）順風逆水石塘橋，風向南吹水北漂；都說子胥靈未泯，濤聲如聽馬蕭蕭。

石塘橋，界五里湖長廣溪之間，長達二里餘。橋邊有漩渦，水與風勢相左，俗傳係伍員之靈，亦白馬乘潮之意也。

（三二）八駿西行帝業荒，却因仁政露鋒芒；勾吳地僻能招隱，湖上專祠祀偃王。

徐偃王廟，在石塘橋側，徐兵敗，奔彭城武原山以居，其子孫散處揚徐間，石塘立祠，殆其支裔所爲也。

（三三）因樹成庵號鐵龍，巢居自是有宗風；稱名隱寓西來意，世事當知無不空。

鐵龍庵，舊在許舍，相傳有僧名無不空，以鐵鍊結巢巨樹之巔，即以名庵，今尚傳其遺事。

（三四）蠡園三月杜鵑紅，人力居然競化工；游水五湖偷一角，堆山八面象羣峯。

蠡園，在揚名鄉靑祁村，係王姓私產，中多杜鵑花，有游泳池及假山，皆人力爲之。

（三五）一枝楊柳一株桃，路近漁莊興已豪；在水信知魚最樂，春遊爭放木蘭舠。

漁莊，在蠡園近側，俗稱賽蠡園，本養魚之所，沿湖築堤，游人多於此泛舟。

（三六）千墩園裏噪昏鴉，四野悲風泣暮笳；死封前陣為戰鬼，何分猿鶴與蟲沙？

千墩鬪，在泰伯市坊橋附近，相傳其地為古戰場，土墩無數，皆戰士埋骨之處。

（三七）橋上曾停白傅驂，新詞低唱憶江南；鵝湖留得衣冠冢，不數年前海外龕。

鵝湖新橋，有白居易衣冠塚，傳白曾過此，有「埋骨是鄉」語。

（三八）戰罷歸來血染袍，胡兒已作犬羊逃；從今洗盡羶腥氣，笑指河山屬我曹。

洗袍池，在西門外公共體育場側近。傳明常遇春曾於此洗戰袍。

（三九）深閨獨處玉無瑕，黑夜燈前降鬼車；儂自堅貞甘一死，休將薄命比桃花。

馬貞女墓，在五里街路左。貞女為其中表某逼姦不從而死，或以趙秋舲「桃花三尺女兒坟」句題其家。未免擬於不倫也。

（四十）寒食何人薦一尊，萋萋芳草掩詩墳；梁溪他日徵文獻，應有遺珠嘆瓏盆。

貞女墓左近，有詩冢，係顧響泉選刊梁溪詩鈔時，賈素齋收其餘草建冢藏之。原稿有關邑中文獻，其中未必無遺珠也。

（四一）無錫能教天下平，也同篝火聽狐鳴；巍然一座龍光塔，知閱人間幾戰爭？

錫山舊產錫，後錫竭，相傳有讖云：「無錫甯，天下平，有錫兵，天下爭」。（見太平寰宇記）無錫之名以此。山有塔，名龍光，曾燬於戰火，現已修復。

（四二）五里香塍路蜿蜒，惠山端重錫山妍；山岩沁出無聲水，化作人間第二泉。

五里街有坊額，曰五里香塍，從此望錫山惠山，俱在目前，惠泉水伏涌潛洩，略無形聲。皆自山岩沁出。

（四三）繡嶂街前鬼氣多，神祠家廟遍山坡，競將世系誇門閥，各有名人託蔦蘿。

五里香塍，一名繡嶂街，路旁皆家廟，榜題多作名人祠宇。

（四四）節母祠鄰孝子祠，錫山華氏好門楣；一雙瑪瑙簪前石，抵得貞珉沒字碑。

華孝子祠，與華節母祠鄰，門前二石，斑爛五色，俗稱瑪瑙石。

（四五）辟疫睢陽最有靈，立祠遠在宋崇甯；聞呼南八聲如在，正氣千秋仰典型。

張巡廟，創立於宋崇甯時，以其能辟疫也，俗傳係張士誠借名，實誤。

（四六）刀斗驚鳴患已深，築城工竣寇來侵；防倭自昔推賢守，抗日而今報捷音。

明無錫郡守王其勤，築城防倭，倭至賴於不陷，民間因祠之。

（四七）杜鵑聲裏又斜陽，簫鼓繽紛弔國殤；義士題名三十六。實倭功績永流芳。

王公祠兩廡，祀倪五路等三十六人，皆當時出城禦倭陣亡之義士。邑中每賽會，幷祭之。

（四八）庭院無人鳥雀喧，御碑中斷倚殘垣；荒涼應有銅駝感，說甚聞歌寄暢園。

寄暢園，建於明代，余瀏心有寄暢園聞歌記，備述當時遊宴之盛，御碑數方，皆中斷委地。

（四九）聽松石上紫雲騰，古篆摩挲尚有稜；但說短長能合度，更無人問李陽冰。

聽松石，在忠烈祠側，聽松二字，係唐李陽冰書皮日休詩：「松子聲聲打石床」指此。俗傳其石可視人之長短而伸縮，不値一哂。

（五十）漪瀾堂下晚風涼，螭吻噓成水一方；記得髯蘇塵土足，曾來此處踏春陽。

惠泉旁，有堂名漪瀾。堂前一水池，出螭首。蘇軾遊惠山詩：「還將塵土足，一步漪瀾堂。」即此。

（五一）品茶都上二泉亭，椀底龍團數葉青；入口不分香色味，饞人博覽到茶經。

二泉亭畔，爲啜茗處，遊人憩息，都集於此。

（五二）僧家韻事動三吳，活火烹茶有竹罏；宸翰新謳王紱畫，壁間小景任傳摹。

明洪武間，有僧人名性海，以竹罏烹茶，傳聞一時。王紱繪圖記其事，清乾隆仿其筆意，補圖刻石嵌壁間，今尚在。

（五三）六龍隨地闢蒿萊，南渡君臣劇可哀；幾度白雲堂上望，風塵如見九哥來。

宋高宗行殿，在惠山寺後，舊名白雲堂。

（五四）數椽老屋立斜陽，曾把山光比墨光；劫火不知經幾換，藏書猶說遂初堂。

遂初堂，在惠泉山麓，宋尤袤藏書處也。

（五五）世界原同傀儡場，女媧摶土闢洪荒；鄭州妙手無田玘，競把新型仿外洋。

惠山泥人，素稱特產，近多摹仿西洋作風，有聖母耶蘇等石膏像，宋時鄭州田玘，以善製泥孩兒著稱—（見老學庵筆記）。

（五六）九龍山下有人家，步步樓台處處花；兩部梨園星散後，愚公谷口夕陽斜。

愚公谷，在惠山寺右，舊爲明鄒迪光別墅，園林聲伎，盛極一時，梨園至兩部，自名其居曰「九龍山下人家。」

（五七）涵碧池中水獨清，騷壇十老結詩盟；湖山勝蹟留吟社，不負當空皓魄明。

碧山吟社，明秦敬修與里中耆舊唱酬之所，旁有涵碧池，文徵明曾爲題字，石刻今嵌華孝子祠右壁。

（五八）山色淒迷一望中，夕陽回首可憐紅；春來無雨黃公澗，不復清流九曲通。

黃公澗，一名春申澗，不雨即無水。旁有池，曰九曲清流。

（五九）岩洞清幽號若冰，傳聞有路達宜興，無人肯作徐霞客，直溯泉源訪老僧。

若冰洞，唐僧若所冰鑒、相傳可直達宜興。會昌中，詔毀浮屠，若冰隱洞中不出，嗣有人於海上見之，故又名仙人洞。

（六十）救友當年義薄雲，權門屈膝顧梁汾；曇花曾現詞人相，忍草庵前瘞壽墳。

清吳兆騫，以科場案戍甯古塔，顧貞觀爲跪求於明珠相國，始得赦歸，明珠子納蘭容若，與顧以文学相知，死後轉生爲顧孫，名瘞壽，後復夭殤，葬忍草庵前，顧貞觀有詩紀其事。

（六一）貫華閣上第三層，佳話流傳信有徵；中夜去梯同賞月，襟懷一樣玉壺冰。

貫華閣在忍草庵內，顧貞觀與納蘭容若，曾於此賞月，去梯屛人，留連竟夕。

（六二）海天亭圮竹松蕪，點易臺荒滴露枯；華夏淪夷三百載，勝朝遺蹟總模糊。

點易臺，爲明邵寶所建，旁有泉，名滴露，另有海天亭及吟松僑，吟竹僑，今皆不知其處。

（六三）新採堆盤四角菱，產從孫巷味逾恆；剝來出自纖纖手，頓覺哀梨不足稱。

四角菱，「又名餛飩菱」以大孫巷產者最佳，售此者間有婦女，

（六四）寒暑憑他歲月添，江南有夢總香甜；桂花栗子蘭花筍，留得芬芳在舌尖。

桂花栗子，亦惠山名產，以娘娘堂前爲佳，蘭花筍出膠山萬玉亭，香味似蘭，爲他處所無。

（六五）池上紅蓮夜露凝，摩登伽女有師承；華嚴色相虛空劫，冷落瑤台第一層。

惠山尼庵，舊多豔跡，有上映山，下映山之分。洪楊變起，或殺或逃。隱名氏有華嚴色相錄一書，紀其事（見清人說會二集），瑤台第一層。唐裕陵得武才人所賦詞名（見後山詩話）

（六六）無須附葛與攀籐，拾級行來最上層；萬頃烟波收眼底，遠山如畫是宜興。

惠山之巔，可遠眺宜興。

（六七）五湖烟水盡朝宗，此是江南第一峯，險峻不須誇岱岳，名山曾有帝王蹤。

惠山第一峯，與錫山相連，古稱歷山，傳卽舜耕處，事雖附會，聊備一說。

（六八）水光翻動五湖天，絕妙蘇詩石上鐫；幾朵白雲隨浪湧，依然風景似當年。

宋蘇軾登惠山絕頂望太湖詩：「石路縈迴九龍脊，水光翻動五湖天。」好事者以石鐫詩，置於山頂。

（六九）三茅峯上望吳艅，點點寒帆入畫屏；兩岸紅塵飛不到，漁翁家在綠楊汀。

惠山諸峯，以三茅峯爲最高，俯瞰太湖，可見帆影。

（七十）嶺巒起伏似飛龍，無數佳城馬鬣封，未識驪珠誰探得？白楊蕭颯草蒙茸。

惠山一名冠龍山，山下多墓地，信風水者咸謂其地有眞穴。

（七一）太湖王氣滿天浮，築隖曾爲萬世謀；事與秦淮同一例。英雄爭競起徐州。

相傳太湖有天子氣，秦始皇築隖壓之，今秦皇隖是也。其意殆與金陵之秦淮同。

（七二）一徑羊腸到石門，珠簾泉下訪靑墩；攀崖競看仙人跡，草履分明斧鑿痕。

石門，在三茅峯，有珠簾泉及靑墩，崖上有仙人跡，一石鑿草履痕，傳爲拐仙所留。

（七三）白雲洞裏製籤還，山徑紆迴亂石間；默記歸程之字路，搖車七十二條彎。

白雲洞，在石門後，遊人多向洞中求神籤。洞前山路蟠屈，俗稱七十二個搖車彎。

（七四）妾心古井不生波，人苦猜疑莫奈何；妾若負郎如此井，金釵一擲示無他。

投釵井，在梅里堠陽鄉。元華鉉死，或勸其妻陳明淑他適，陳拔頭上釵投井以明志。

（七五）春來正是踏靑時，遊屐羣趨東大池；夾岸遍栽桃柳樹，水心亭子映漣漪。

東大池，在惠山後，舊爲明施策別業，背山築池，境頗清幽。

（七六）夢中醉臥古藤陰，一闋新詞變徵音；芳草斜陽秦七墓，子規啼斷故園心。

宋秦觀墓，在東大池上。秦本籍高郵原籍，其子湛，倅常州，遷葬於此。

（七七）人間那有武陵源？應是淵明好寓言；日日山前車馬亂，可知無計避塵喧。

東大池口，榜題小桃源，近人手筆也。

（七八）路轉峯迴別有天，鑿山新闢白沙泉；同名知否瀟湘水，流向潭州數百年。

東大池後，有泉名白沙，刻石題字，頗矜新異。按白沙泉，爲長沙名勝，鑿泉者殆未知此。

（七九）尋春爭說到梅園，樹密花繁蜂蝶喧；無復暗香疏影裏，一彎流水月臨軒。

梅園，爲邑商榮氏兄弟別墅，植梅成林，花枝繁密，春初遊人多集於此。

（八十）十分春色在枝頭，一片花光耀兩眸；自度何如香雪海？石碑鐫上小羅浮。

梅園有香雪海匾額，爲康南海手筆，並有石鐫小羅浮。

（八一）誦豳堂上燕初還，欲避塵囂遠市圜；誰拆字形成別解，笑他兩豕入深山。

梅園有廳，李瑞淸題匾，作誦豳堂，謔者謂係笑榮氏兄弟爲「兩豕入深山」。

（八二）梅花照影上窗櫺，豔說三間楠木廳；殘帖幾方顚倒嵌，勝他梁印毗蘭亭。

誦豳堂之梁柱，皆楠木爲之，俗稱楠木廳，壁間嵌殘帖，有顚倒其文者。

（八三）萬頃堂前萬頃波，山光[illegible]似水光多；漁

·8·

舟向晚收綸去，到耳聲聲打槳歌。
萬頃堂，在管社山麓，面湖築室，漁舟多於此繫纜。
（八四）楚歌四面霸圖空，廟貌依然父老崇；千載人心猶未死，當時何不返江東。
項王廟，在管社山之東，相傳項羽避仇，曾居此山。
（八五）復國原期仗鐵鞭，誰知無力可回天；攜鋤自種山前樹，投老生涯惜紫淵。
楊維甯，字紫淵，清初謀復明，不成，隱居管社，遺鐵鞭一枝，今藏廣福寺，重十八斤。
（八六）湖上潮來萬馬奔，湍流直向獨山門；昂然氣可吞吳越，近看黿頭似虎蹲。
長廣溪與太湖接壤，有山屹立，名獨山門，下爲曹灣，山石突出，即黿頭渚也。
（八七）秋容未老樹猶青，大小磯山兩翠屏；點綴西風殘照裏，漁舟斜泊水邊亭。
大磯山，小磯山，爲獨山羽翼，遠望如屏風也。
（八八）初春嵐氣日氤氳，遠水長天兩不分；都道江南山色好，何須出岫擬橫雲。
黿頭渚以上，皆峭壁，壁上有「橫雲」二字，舊爲楊氏別業，楊有附逆之嫌，今改爲公園。
（八九）飛雲閣上看雲飛，萬頃波光映夕暉；秘本似臨摩詰畫，青山層疊樹成圍。
飛雲閣，居峭壁之上，面臨太湖，頗得形勝。

（九〇）羣山向拱禹刀陂，青嶂江南景色幽；七十二峯都到眼，春雲藹藹水悠悠。
萬方樓，在廣福寺後，王姓業也。別室五楹，名七十二峯山館。
（九一）近瞰蓉湖遠望山，難分天上與人間；青蓮朵朵成華藏，四面峯巒翠一環。
華藏寺，在青山，面臨太湖，以湖爲沼，以諸峯爲蓮華，故名華藏。
（九二）都把神祇感佛院，池中無屑放生螺；若將動物名詞考，介族原來有此科。
華藏寺有放生池，中產無屑螺，傳係斷屑將烹之物，放生後仍傳其種。實則螺有生而無屑者，名椎實螺。
（九三）南渡偏安信佞臣，昭昭天日竟沉淪；青山寺側循王墓，等似西湖一鐵人。
宋張俊墓，在華藏寺後，俊與秦檜同謀陷岳飛，西湖岳墳四鐵人，俊其一也。
（九四）日薄崦嵫鳥倦飛，胥山東望伍員歸；英魂永逐鴟夷去，響屧廊前夜合圍。
胥山，在華藏寺之西，上有伍員廟，其東爲歸山，子胥死，吳人尙於此望其歸來，故名。
（九五）吳越當年兩構兵，防邊堅築闔閭城；爭王奪霸歸何處？山上青青草又生。
闔閭城，亦在胥山，有土堆，傳即城基。
（九六）孤墳三尺墓碑殘，未必精魄即泊丹？致富陶朱安祀享，於中好把世情看。

精窮墳，在蠡瀆附近，俗傳即范丹埋骨之處。廣福寺有陶朱公祠，與此恰成對照。

（九七）波光反映鏡中顏，黃埠墩高水四環；樓閣參差煙繚繞，似曾相識小金山。

黃埠墩，一名小金山，在北門外三里橋附近，四周環水，有亭翼然。

（九八）隔水呼娘娘不應，缸尖渚上四無憑；勸君莫笑團團轉，孝子尋親血淚凝。

缸尖渚，四面皆水，傳有孝子尋母，環渚而呼，故邑中俗諺曰：「缸尖渚上團團轉」。

（九九）蓉湖臘月釀初成，花比芳馨玉比瑩；飲過惠泉三白酒，連宵杯底困春醒。

三白酒以惠泉釀成，舊推芙蓉尖隔年陳釀爲佳。

（一〇〇）芙蓉尖上晚秋天，隔岸樓臺沸管絃；金眼魴魚紅色鯉，網頭潑刺趁時鮮。

芙蓉尖，即缸尖渚，產金眼魴及紅色鯉。

（一〇一）夜深漁火比星輝，九月青城蟹正肥；玉爪金膏霜滿背，持螯有客興遄飛。

玉爪蟹，產青城鄉玉祁，青殼白爪，味極腴美。

（一〇二）文身斷髮走荆蠻，泰伯高風絕宇寰；嗣響有人爭亦起，不將至德憶皇山。

無錫本荆蠻地，吳泰伯讓國，僻居於此，死葬皇山，泰伯鄉有至德廟，後公子季札，亦避位他奔，而王僚終爲公子光所刺。

•9•

（一〇三）戰鼓鼕鼕助殺聲，刀風箭雨困金兵，血流漂杵黃天蕩，依舊波光照眼明。

黃天蕩，在北門外，傳即宋韓世忠夫人梁氏，親執桴鼓大破金兵處。

（一〇四）將軍凌厲往無前，半壁山河着仔肩，五牧重新麻尹廟，宜將白鐵鑄張全。

麻尹二將軍，爲宋文天祥部將，戰於五牧，爲元兵所困，主將張全不救，力竭而死，文天祥有弔五牧詩，即其地建廟。

（一〇五）金陵王氣委塵氛，猶向天涯戀夕曛；一樹垂楊三尺土，孤村誰弔小娘墳。

太平天國翼王石達開之女，名錡照，曾侍洪秀全，金陵既破，錡照流落無錫，死葬陡門蓁巷，俗稱小娘墳——（見梵天廬叢錄）

（一〇六）陶穀江南鹽事傳，郵亭花月擬神仙；難忘一曲風光好，五部湖中且息肩。

宋陶穀使江南，於驛舍中識營妓秦弱蘭，賦有風光好詞，罷官後隱居五部湖中。

（一〇七）小試牛刀劃五城，輕搖簧舌趙燕爭；寺頭舊是甘羅宅，來聽林間百囀鶯。

寺頭鎮，有甘羅宅。

（一〇八）苦雨連朝不放晴，幽窗聊效竹枝聲；遊蹤一一留鴻爪，恰比蒲牢百八鳴。

中華民國三十五年春，雨窗無事，藉以遣悶，費時一月，共得詩百零八首，此道久疏，趁韻而已。

雲林堂飲食製度集

（元）倪瓚 撰

《雲林堂飲食製度集》，（元）倪瓚撰，明汲古閣舊抄本

倪瓚，字元鎮，無錫人，元代大畫家。據傳，他所記録的倪氏家傳菜肴製作之法，共有五十餘。書名所稱『製度』不同於今之『制度』，乃製作規度之意。該書反映了元代江南無錫一帶的飲食風貌。其中如燒鵝、蜜釀蝤蛑、煮麩乾、雪盦菜等都是做工精緻之菜，有些至今仍是當地之常見菜。清代袁枚的《隨園食單》中把倪氏燒鵝稱爲雲林鵝，日本羽蒼則的《養小録》中也記有此菜，可見風味獨特，膾炙人口。今天的蘇式菜肴有不少也是在書中某些菜肴的基礎上發展而來。該書内容較雜，醬油、蔬菜、麵點、飲料、葷菜混編無序，然而仍不失爲一部有價值的烹飪著作，對研究元代江南無錫的烹飪技術，特别是蔬菜的製作，還是很有益處的。《雲林堂飲食製度集》有碧琳琅館叢書本。書後有明嘉靖間無錫人姚咨所寫跋。

本書據國家圖書館特藏明毛晉汲古閣舊抄本影印。

（徐志鈞）

醬油法每黃子一官斗用鹽十斤足秤水廿斤足秤下

之須伏日合下

煮麪如午間要喫清早用鹽水搜麪團捺三二十次以

物覆之少頃又捺團如前如此團捺數四真粉細末

拌切煮法沸湯內攪動下麪沸透住火方蓋定再燒

略沸便撈入汁

洗香東　檀　暫　萑作末入原蘃蛾雄不對者曬乾

一分麝香少許用鵞梨汁作餅陰乾之

蜜釀蝤蛑鹽水略煮纔色變便撈起擘開留全殼螯脚

出肉股剁作小塊先將上件排在殼內以蜜少許入

雞彈內攪勻澆徧次以骨髓鋪雞彈上蒸之雞彈纔

乾凝便喫不可蒸過橙虀醋供

煮蟹法用生薑紫蘇橘皮鹽同煮纔火沸透便翻再一

大沸透便喫凡煮蟹旋煮旋喫則佳以一人為率秖

可煮二隻喫已再煮擣橙虀醋供

酒煮蟹法用蟹洗淨生帶殼剁作兩段次擘開殼以股

剁作小塊殼亦剁作小塊脚只用向上一段螯擘開

葱椒純酒入鹽少許於砂鍋器中重湯頓熟喫之不

用醋供

煮餛飩細切肉臊子入筍米或茭白韭菜藤花皆可以

川椒杏仁醬少許和勻裹之皮子略厚小切方再以

真粉末擀薄用下湯煑時用極沸湯打轉下之不要

蓋待浮便起不可再攪餡中不可用砂仁用只噯氣

黃雀饅頭法用黃雀以腦及翅葱椒鹽同剁碎釀腹中

以發酵麪裹之作小長卷兩頭令平圓上籠蒸之或

蒸後如糟饅頭法糟過香法煠之尤妙

冷淘麪法生薑去皮擂自然汁花椒末用醋調醬濾清

作汁不入別汁水以凍鱖魚鱸魚江魚皆可旋挑入

減汁內鰕肉亦可鰕不須凍汁內細切胡荽或香菜

或韭芽生者搜冷淘麪在內用冷肉汁入少鹽和劑

凍鱖魚江魚等用魚去骨皮批片排盆中或小定盤

中用魚汁及江魚膠熬汁調和清汁澆凍

新法蛤蜊用蛤蜊洗淨生擘開留漿別器中刷去蛤蜊

泥沙批破水洗淨留洗水再用溫湯洗次用細葱絲

或橘絲少許拌蛤蜊肉勻排碗內以前漿及二次洗

水湯澄清去脚入葱椒酒調和入汁澆供甚妙

雪盦菜用春菜心少留葉每科作二段入碗內以乳餅

厚切片蓋滿菜上以花椒末於手心揉碎糝上椒不

須多以純酒入鹽少許澆滿碗中上籠蒸菜熟爛喫

煮麩乾法以吳中細麩新落籠不入水者扯開作薄小片先用甘草作寸段入酒少許水煮乾取出甘草次用紫蘇葉橘皮片薑片同麩略煮取出待冷次用熟油醬花椒胡椒杏仁末和匀拌麩道擱等再三揉拌令味相入曬乾入甕甇内封臧如久後喫之時覺硬便蒸之

蚶子以生蚶劈開逐四五枚旋劈排碗中瀝漿於上以極熱酒烹下喫之不用椒鹽等劈時先以大布針刺口易開

青蝦卷爊生青蝦去頭殼留小尾以小刀子薄批自大頭批至尾肉連尾不要斷以葱椒鹽酒水淹之以頭殼擂碎熬汁去查於汁内爊蝦肉後澄清入笋片糟薑片供元汁不用辣酒不須多爊令熟

香螺先生敲去殼取淨肉洗不用漿以小薄刀卷批如數梨子法或片批用鷄汁略爊

江螺生取肉酒淨洗細絲如筋頭大極熱酒煮食之或細作縷生胡椒醋食之椒醋入糖鹽少許冷供

鯽魚切塊如鯉魚法半水半酒薑椒醬煮食之令賦

田螺取大者敲取頭不要見水用沙糖濃拌淹飯頃洗淨或批用葱椒酒淹少時清鷄元汁爊供或生川鹽酒入蒔蘿浸三五日清醋供夏不可食

爊肉羹用醬肉先去筋膜淨切作寸段小塊略切碎路肉上如荔枝以葱椒鹽酒淹少時用沸湯投下略撥動急連湯取肉於器中養浸以肉汁提清入糟薑片或山藥塊或笋塊同供元汁

腰肚雙脆鷄脆同前法鷄脆用胸子白肉切作象眼骰子塊仍切碎路如荔枝皮餘如前法

醋笋法用笋汁入白梅糖霜或白沙糖生薑自然汁少許調和合味入熟笋淹少時冷喫不可留久

燒蘿蔔法用切作四方長小塊置淨器中以生薑絲花椒粒糝上用水及酒少許鹽醋調和入鍋一沸乘熱澆蘿蔔上急蓋之置地澆汁令淡没蘿蔔

糟薑法淨布揩去嫩芽每薑一斤用糟一斤半炒鹽一兩半拌匀即入瓶以炒鹽少許糝面封之

煮蘑菇用水淨洗數四至沙泥淨盡然後鷄肉汁肉發之

鄭公酒法白麪三十斤菉豆一斗爛煮退砂木香一兩為末官桂一兩為末蓮花朵藥三十朵用須并瓣碎搗不用房甜瓜爛搗以粗布絞肉約一碗搗辣蓼自

然汁和前拌勻乾溼得中用布包脚踏之令實用二桑葉包裹麻皮扎懸透風梁上一月後取出去桑葉俐曲淨日曬夜露約一月入瓦土甕中密封每麯三十斤約麯餅七十箇

釀法用米河水淘極淨浸十日許漉起再以河水淋之淋米水留澄清水用每糯米一石留一斗作報飯可遲三日浸每米一斗用淋米水八斤麯每石用五斤或四斤作清酒只用三斤每缸可釀米一石用麯搗碎和飯分作四分逐一分先以小缸入水少許攪拌令勻逐一入缸以手捺實以木杓灑水洗之以蘆席

稻草覆之一宿後看缸面有大裂開者以手觀覺溫熱用扒打之待三次打扒後即入報飯仍用麯少許解飯開傾入缸內再蓋打勻再蓋約一月餘熟每二石用灰八圜一半入醅作別袋榨之一半以袋入酒汁中澄清去脚澄二次入餅煮之清酒不要報飯

灰法桑灰粟灰生粟炭灰篩過飲湯圜小盞大又如炭團大火煆通紅三四次爲末用之

煮鯉魚切作塊子半水半酒煮之以姜去皮先薄切片搗如泥花椒爲姜和研勻略以酒解開先以醬水少許入魚三沸次入姜椒略沸即起

又法切作塊子先以香油沸熟以熟油煮姜椒於別器次就油鍋下魚煎色變以煮下稍住火片時下醬水餘如前法

蟹鱉以蒸蟹剔肉用花椒少許拌勻先以粉皮鋪籠底乾荷葉上却鋪蟹肉粉片上次以雞子或鴨彈入鹽少許攪勻澆之以蟹膏鋪上蒸雞子乾爲度取起待冷去粉皮切象眼塊以蟹殼熬汁用薑濃搗入花椒末微着真粉牽和入前汁或澆菜鋪底供之甚佳

鵝饅頭用細餡饅頭逐箇用黃草布包裹或用全幅布先鋪糟在大盤內用布攤上稀排饅頭布上再以布

覆之用糟厚蓋布上糟一宿取出香油煠之冬月可留半月冷則鏇火上炙之

煮猪頭肉用肉切作大塊每用半水半酒鹽少許長段蔥白混花椒入砵鉢或銀鍋內重湯頓一宿臨供旋入糟薑片新橙橘絲如要作糜入糯米擣碎生山藥一同頓猪頭一隻可作糜四分

川猪頭用猪頭不劈開者以草柴火薰去延刮洗極淨用白湯煮凡换湯煮五次不入鹽取出後冷切作柳葉片入長段蔥絲韭笋絲或茭白絲用花椒杏仁芝麻鹽拌勻酒少許灑之溫鑼內蒸千餘蒸食

手餅用頭子麵十分滚湯入鹽攪勻揉麪極熟斡作小碗許大餅子熬盤上漢熟如以鹽水灑之才起以濕布卷覆

鯽魚肚兒羹用生鯽魚小者破肚去腸切腹腴兩片子以葱椒鹽酒浥之腹後相連如蝴蝶狀用頭背等肉熬汁撈出肉以腹腴用笊篱或箕箕盛之入汁肉綽過候溫鑷出骨花椒或胡椒醬水調和前汁捉清如水入菜或筍同供

蜜釀紅絲粉用真粉入胚子攪和勻用濃稻草灰汁或炭灰汁作湯索粉於中即成清鷄汁供鷄絲或肉絲任用作熟斷

熟灌藕用絕好真粉入蜜及麝少許灌藕內從大頭灌入用油紙包扎煮藕熟切片熱啖之

橘花茶茉莉同以中樣細芽茶用湯罐子先鋪花一層鋪茶一層鋪花茶層層至滿罐又以花蜜蓋蓋之日中曬翻覆罐三次於鍋內淺水緩火蒸之蒸之候罐子蓋熱極取出待極冷然後開罐取出茶去花以茶用建連紙包茶日中曬乾曬時常常開紙包抖擻令勻庶易乾也每一罐作三四紙包則易曬如此換花蒸曬三次尤妙

蓮花茶就池沼中早飯前初日出時擇取蓮花蕊略破者以手指撥開入茶滿其中用麻絲縛扎定經一宿明早連花摘之取茶紙包曬乾如此三次錫罐盛扎收藏

煎前茶法用銀茶銚煮水候蟹眼動以別器貯茶傾銚內湯少許浸茶沒然用蓋蓋之候浸茶湮透再以銚置火上候湯有聲即下所浸茶少頃便取〻又少頃再置火上才略沸便啜之極妙

香櫞煎用香櫞舊者亦皆去穰及囊切作絲入湯內煮一二沸取出漉乾別用蜜入水少許煮蜜一兩入水一錢於銀石器中緩火熬蜜熟以調爲度入香櫞絲於內略攪即連器取起經一宿再熬略沸即取起候冷再一沸取起候冷入瓷器貯封之即可少入蜜作薦酒用作湯則旋入別蜜

香灰用杉樹枝灰秋茄子根灰紙錢灰等分和勻飲湯作團入竈內木柴火煅過紅取出碎研再用飲湯團煅至白入細梗子石灰三分之一和團煅過篩細用

凡煅前三種灰至白須煅一〻十次

洗硯法用稻草灰或用燒過灰或香灰寺廟中者亦可隔〻洗之絕妙

汁　用豬精肉二分肥肉一分剁極細入葱椒杏仁
醬少許乾蒸餅末少許和勻用醋醬手閑之以真粉
作衣沸湯下十浮便起清辣汁任供
黄雀去毛以頭及翅和葱椒剁碎釀腹内用好甜酒重
湯頓食酒内入鹽少許
白鹽餅子用鹽不拘多少以水淘化用筲箕鋪粗紙於
底傾水在内放淨鍋上候水滴盡就煮炒乾再入
内以生芝麻少許和之捺實以蝦模作汁傾入石碗
子内作餅大小如意
燒豬臟或肚先用湯煮熟前物入切碎蒜片并粗燥子

雲林堂飲食製度集　十一　汲古閣

合鹽少許就鍋内竹捧閣起蓋鍋慢火燒之鍋内仍
用水一盞
燒豬肉洗肉淨以葱椒及蜜少許鹽酒擦之鍋内竹捧
閣起鍋内用水一盞酒一盞蓋鍋用溼紙封縫乾則
以水潤之用大草把一箇燒不用撥動候過再燒草
把一箇住火飯頃以手摸鍋蓋冷開蓋翻肉再蓋以
溼紙仍前封縫再以燒草把一箇候鍋蓋冷即熟
燒鵞用燒肉法亦以鹽椒葱酒多擦腹内外用酒蜜塗
之入鍋内餘如前法但先入鍋時以腹向上後翻則
以向下

汁　用蟹生開留殼及腹骨股脚段作指大寸許塊
子以水洗淨用生蜜淹之良久再以葱椒酒少許拌
過鷄汁内爊以前骨股蒸熟去殼入内糟姜片子清
鷄元汁供不用不用鳖不可爊過了
海蟄羹用對蝦鮮蝦頭熬汁或入片子鷄脂復入海
蟄只用花頭最好洗淨對蝦決明鮮蝦鷄脂和入供
魚亦可食
煮決明法先洗淨入酒瓶内滿籠糠火煨一番取出擬
水潑之切用
江魚假江蛯用江魚背肉作長段子每箇取六塊如蛯

雲林堂飲食製度集　十　汲古閣

狀鹽酒浥蒸以魚條肉熱汁用魚頭去骨取口頰金
絶色着幷　跋文
雲林堂飲食製度集

後記

無錫是中國吴文化的發祥地。七千多年悠久歷史與文明，造就了『梁溪明秀之區，衣冠禮樂甲於江左』的城市人文傳統和深厚的歷史文化底蕴。數千年來，文脉綿延，永世流芳。邵寶在《錫山遺響》序中曾經這樣描述：『錫之爲邑，在三吴間。山水清麗豐曠，生其地者，多沉雅秀整，以文名家，代不乏人。』文化已經成爲這座城市最本色的氣質。爲傳承吴地文明，建設文化名城，進一步彰顯無錫城市内在精神特質，經過幾年的精心策劃，旨在全面整理地方文化典籍的《無錫文庫》編纂出版工作於二〇一〇年全面啓動，二〇一一年起陸續與讀者見面了。

無錫的城市文化曾經爲中華文化寶庫作出過巨大貢獻。顧愷之、倪瓚、王紱、鄒一桂、賀天健、徐悲鴻、錢松喦、吴冠中，如松秀群嶺，在中國繪畫史上擁有很高的地位；華秋蘋、楊蔭瀏、劉天華、華彦鈞（阿炳），乃韵動天籟，對中國音樂發展發揮了重要作用；李紳、蔣防、尤袤、蔣捷、陳維崧、顧貞觀、嚴繩孫、周濟、劉半農，皆胸懷錦綉，在中國文學史上可謂各領風騷；計六奇、顧祖禹、顧棟高、秦蕙田、嵇璜、錢基博、錢穆、錢鍾書、錢海岳，可稱堂奥廣庭，學造淵源，在中國學術史上卓然大家；顧憲成、高攀龍之東林，唐文治之『國專』，徐霞客之游記，徐壽、華蘅芳之『格致之學』，陳翰笙、錢俊瑞、孫治方、薛暮橋之經濟學，都堪稱中華文化史上的一座座高峰，至今閃耀着炫目的光芒。

深厚的歷史文化底蕴激發了無錫城市的文化自覺。市委、市政府滿懷對鄉土誠摯之情、對文化敬畏之感，以義不容辭的責任擔當，致力於文化强市建設，以科學的理念和方式對歷史文化遺産作全方位的觀照、深層次的發掘、系統性的保護，匯四海之智，舉全市之力，共襄文化建設盛舉。二〇〇六年十二月，無錫市成功申報國家歷史文化名城，標志着新一輪文化意識的覺醒，并迅速轉化爲文化自覺的實踐。近年來，我市全面啓動惠山、清名橋、小婁巷、榮巷、蕩口等五個歷史文化街區和十個古村落保護修復工程，『護其貌，顯其顔，鑄其魂，揚其韵』；鴻山遺址成功保護的經驗被國家文物局譽爲大遺址保護『無錫模式』，并被授予首批國家考古大遺址公園，闔閭城遺址考古發現則確立了歷史上無錫曾作爲吴王闔閭都城的地位；建成開放六十餘座博物館、名人故居和紀念館；對無錫的非物質文化遺産予以重點保護；每年春天舉辦的中國（無錫）吴文化節、中國文化遺産保護論壇成爲文化亮點，享譽海内外。這些舉措遵循規律，探索文化建設體制和機制的創新，形成了寶貴的『無錫經驗』，得到海内外學者、專家的一致肯定。

在注重保護歷史文化遺存的過程中，發掘、整理無錫歷史文獻著作，展示和弘揚無錫城市的思想精神世界，自然而然成爲大家關注的重點。二〇〇六年，市委宣傳部組織無錫文史專家、學者編撰的十七册三百萬字的《無錫文化叢書》正式出版，引起强烈反響，出版後供不應求，在二〇〇八年再版加印。《無錫文化叢書》集中反映了無錫城市文化精華，展示了無錫城市文化特質，彰顯了無錫歷史文化的厚重，同時也告訴人們，文化精神的傳遞是文化繁榮發展的重要内涵，一旦擦去歲月蒙塵，優秀的歷史文化就會轉化成爲取之不盡的精神財富。

爲了進一步彰顯城市歷史文化底藴，二〇〇七年，市委、市政府將全面系統整理無錫文化典籍擺上工作議事日程，明確提出編纂《無錫文庫》。由于無錫歷史文化底藴深厚，卷帙浩繁，内容豐富，編纂工作千頭萬緒，要想整理出一部簡明扼要而又内容翔實、主旨鮮明而又文質彬彬的文獻集成，難度遠大於預想。爲此，我們先後成立了《無錫文庫》工作委員會和編輯委員會，加强對編纂出版工作的組織領導與統籌協調，在尊重歷史、尊重規律、尊重科學、尊重專家的基礎上，積極推進文庫編纂工作。編輯委員會經過反復論證，明確原則，綱舉目張，有條不紊地開展工作。充分憑借地方文史專家的優勢，充分發揮高校人文學院、研究機構的作用，充分依靠出版機構的專業經驗，并邀請國内外著名文史專家指導、把關，形成了文庫編纂的工作合力。

在編輯過程中，我們力求使《無錫文庫》成爲經得起歷史考驗的鄉邦文獻集成。

全面規劃又保持開放結構。面對豐富的歷史文化積澱，没有規劃就不可能形成清晰的編纂思路。在前期編纂工作中，編輯委員會經過二十餘次的論證會和專題研討會，形成并確定了《無錫文庫》總書目，明確了收録範圍和内容主體，立足無錫市區，兼顧江陰、宜興，主要體現無錫本土内容，突出人文科學，適當兼顧其他門類。據此，《無錫文庫》收録圖書五百五十餘種，分爲五輯：第一輯『官修舊志』，收編無錫地方志（含江陰、宜興）；第二輯『地方史料專著』，收編反映無錫地方史料的專著與筆記；第三輯『年譜家乘』，收編無錫（含江陰、宜興）地方名人年譜和望族的家譜；第四輯『無錫文存』，收編歷史上無錫作家詩文和專著的精華；第五輯『近現代名家名著存目』，編撰無錫近現代名家名著的書目提要。爲使文庫具有更大的開放度和包容量，《無錫文庫》注重整體設計，在框架分類上既注意整合，又突出重點，考慮到文庫的涵蓋面和系統性；在書目選擇上既注重經典性，又强調代表性，兼顧到圖書本身質量和作者特點；在出版方式上既總體規劃、循序推進，又采取較爲靈活的方式，成熟一批出版一批，不編序號，爲今後增補書目預留空間。

尊重歷史又反映時代特色。《無錫文庫》注重歷史性與時代性相結合，以嶄新的學術角度和現代學科理念對城市歷史文化進行整理和弘揚。編纂工作充分體現對歷史傳統的尊重，儘可能減少評述性成分，杜絶截割、改篡、增删圖書内容，對節選本衹采取作者的自選本。與此同時，以現代學術視野來看待傳統史料，增加收録有價值的歷史資料和文獻，如對民國時期的一些稿本、期刊、會刊、紀念册也予以應有的關注，收入了部分重要的民間史料。

保持原貌又便于讀者查閲。《無錫文庫》除第五輯外，全部采用原版影印方式，力争選擇最優版本作底本，保持文獻著作的歷史面目。爲了便於閲讀、查證、使用、研究，每一輯均撰寫編輯説明，每種書撰寫提要，并編撰《文庫》書目索引。通過這樣的方式，使《無錫文庫》兼具工具書檢索的作用，增强文化典籍整理的實用功能。

如期完成又精益求精。《無錫文庫》作爲一項重大文化工程，編纂工作面廣量大，必須集中力量，一鼓作氣。我們明確，從編纂工作全面啓動開始，花三年時間完成《無錫文庫》出版工作。《無錫文庫》總書目形成後，五輯的書目編纂工作同時開展，整體推進。我們要求，《無錫文庫》編纂出版工作要强化精品意識，力求思想精深、内容精彩、選編精當、學風精良、裝幀精美。文庫編纂出版的每個環節都反復論證推敲，確保經得起歷史檢驗。

《無錫文庫》的編纂出版工作，得到了鳳凰出版傳媒集團的大力支持，鳳凰出版社在版本選擇、編輯出版方面做了細緻的工作；由於《無錫文庫》收録的資料有三分之二散落在全國各圖書館中，中國國家圖書館、上海圖書館、南京圖書館等一批國内知名圖書館爲此提供了積極的幫助；應邀擔任《無錫文庫》學術顧問的專家，都是無錫籍的文化名人和國内一流的古籍研究專家，他們有的不顧年事已高，有的不顧自身工作繁忙，爲《無錫文庫》的編纂工作付出辛勤勞動；《無錫文庫》工作委員會和編輯委員會成員以及編務人員在文庫編纂出版過程中做了大量的工作。在此，謹向他們表示崇高的敬意和由衷的謝忱！

由於《無錫文庫》收録内容涉及範圍廣、時間跨度長，部分書目已經散佚，可利用資料受到限制，加之編輯委員會水平有限，《無錫文庫》的編纂工作難免會有一些疏漏和錯誤，不當之處敬請讀者指正。

王立人

二〇一一年一月

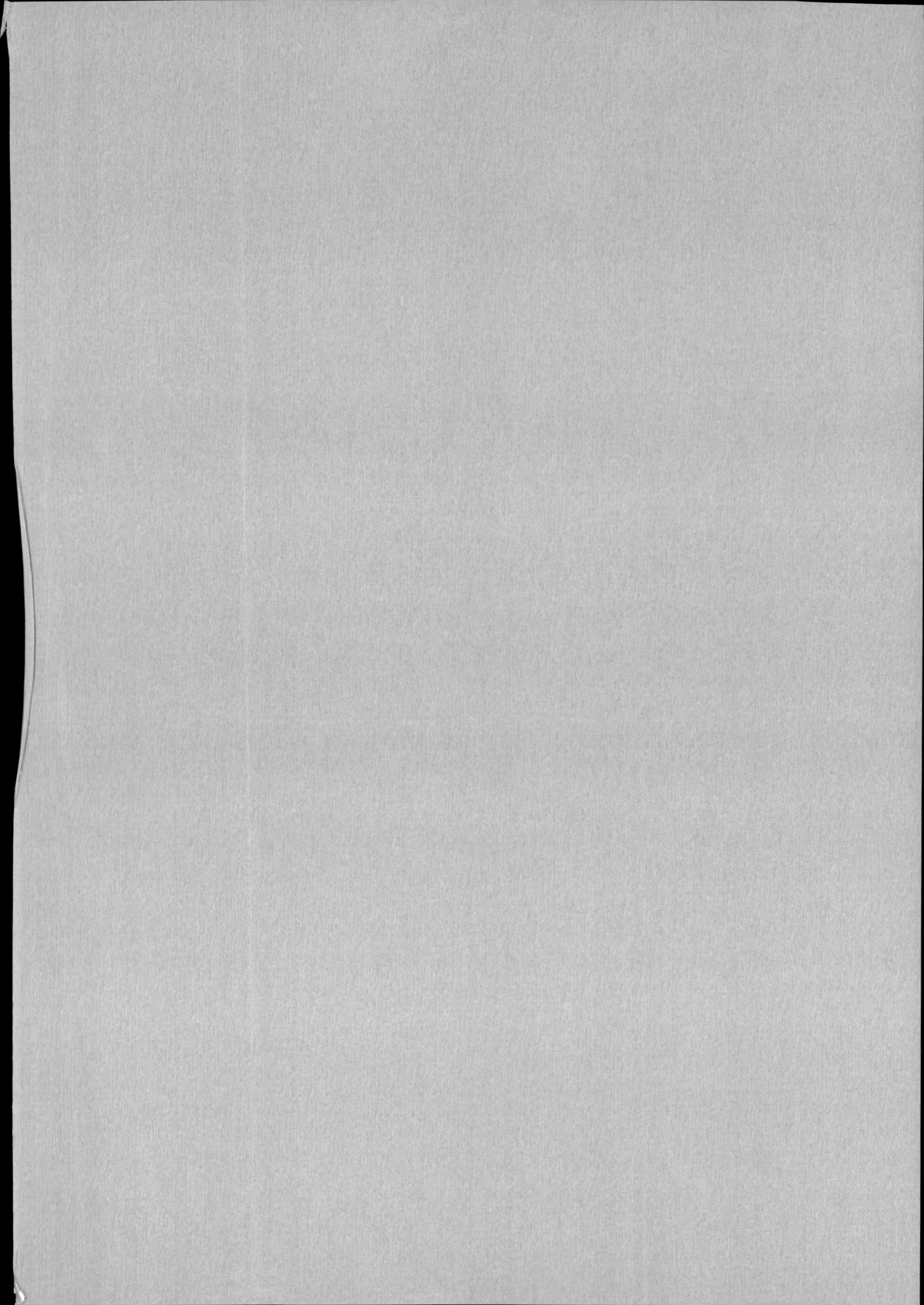